U0488010

李顿调查团档案文献集

主编 张 生

《大公报》报道与评论（上）

编者 宋书强 郭 欣 徐一鸣

南京大学出版社

本书由

国家社会科学基金"抗日战争研究"专项工程
"国外有关中国抗日战争史料整理与研究之一：李顿调查团档案翻译与研究"(16KZD017)

教育部人文社会科学重点研究基地"南京大学中华民国史研究中心"
重大项目"战时中国社会"(19JJD770006)

南京大学人文基金

江苏省优势学科基金第三期

资助

编译委员会

主　编　张　生
副主编　郭昭昭　陈海懿　宋书强　屈胜飞　陈志刚

编译者　张　生　南京大学中华民国史研究中心教授
　　　　　王希亮　黑龙江省社会科学院历史研究所研究员
　　　　　郭昭昭　江苏科技大学马克思主义学院副教授
　　　　　陈志刚　西南大学历史文化学院副教授
　　　　　宋书强　中国药科大学马克思主义学院讲师
　　　　　屈胜飞　浙江工业大学马克思主义学院讲师
　　　　　陈海懿　南京大学历史学院助理研究员
　　　　　万秋阳　南京晓庄学院外国语学院日语系讲师
　　　　　殷昭鲁　鲁东大学马克思主义学院副教授
　　　　　孙洪军　江苏科技大学马克思主义学院副教授
　　　　　李英姿　江苏科技大学马克思主义学院副教授
　　　　　颜桂珍　浙江工业大学马克思主义学院副教授
　　　　　黄文凯　广西大学文学院副教授
　　　　　翟意安　南京大学历史学院讲师
　　　　　杨　骏　南京大学历史学院讲师
　　　　　向　明　江苏科技大学马克思主义学院讲师
　　　　　王小强　江苏科技大学马克思主义学院讲师
　　　　　郭　欣　中国药科大学马克思主义学院讲师
　　　　　赵飞飞　鲁东大学马克思主义学院讲师
　　　　　孙绪芹　南京体育学院休闲体育系讲师
　　　　　刘　齐　南京大学历史学院博士后
　　　　　徐一鸣　南京大学历史学院博士研究生

常国栋	南京大学历史学院博士研究生
苏　凯	南京大学历史学院博士研究生
马　瑞	南京大学历史学院博士研究生
菅先锋	南京大学历史学院博士研究生
吴佳佳	南京大学历史学院博士研究生
张圣东	日本明治大学文学研究科博士研究生
张一闻	日本明治大学文学研究科博士研究生
叶　磊	中山大学历史学系博士研究生
史鑫鑫	南京大学历史学院硕士研究生
李剑星	南京大学历史学院硕士研究生
马海天	南京大学历史学院硕士研究生
张雅婷	南京大学历史学院硕士研究生
杨师琪	南京大学历史学院硕士研究生
潘　健	南京大学历史学院硕士研究生
唐　杨	南京师范大学马克思主义学院硕士研究生
郝宝平	江苏科技大学马克思主义学院硕士研究生
陈梦玲	江苏科技大学马克思主义学院硕士研究生
张　任	江南大学马克思主义学院硕士研究生
黎纹丹	西南大学外国语学院硕士研究生
朱心怡	西南大学外国语学院硕士研究生
杨　溢	西南大学外国语学院硕士研究生
孙学良	西南大学外国语学院硕士研究生
孙　莹	西南大学外国语学院硕士研究生
费　凡	浙江师范大学人文学院硕士研究生
竺丽妮	浙江师范大学外国语学院硕士研究生
戴瑶瑶	浙江师范大学外国语学院硕士研究生
杨　越	西安电子科技大学
曹文博	浙江工业大学外国语学院
余松琦	西南大学含宏学院

序　言

中国历史的奥秘，深藏于大兴安岭两侧的广袤原野。

明治维新以来，日本企图步老牌帝国主义后尘，争夺所谓"生存空间"；俄国自彼得大帝新政，不断东进，寻找阳光地带和不冻港。日俄竞争于中国东北，流血漂杵；日本逐步占得上风，九一八事变发生，中国面临亡国灭种的新危机。

日本侵华之际，世界已进入全球化的新时代，民族国家成为国际社会的主体，以国际条约体系规范各国的行为，以政治和外交手段解决彼此的分歧，是国际社会付出重大代价以后得出的共识。而法西斯、军国主义国家如德、意、日，昧于世界大势，穷兵黩武，以求一逞。以故意制造的借口，发动侵华战争，霸占中国东北百余万平方公里土地、数千万人民，是日本昭显于世的侵略事实。

国际联盟（League of Nations）应中国方面之吁请，派出国联调查团处理此事。1932年1月21日，国联调查团正式成立。调查团团长由英国人李顿爵士（The Rt. Hon. The Earl of Lytton）担任，故亦称李顿调查团（Lytton Commission）。除李顿外，美国代表为麦考益将军（Gen. McCoy），法国代表为亨利·克劳德将军（Gen. Claudel），德国代表为希尼博士（Dr. Schnee），意大利代表为马柯迪伯爵（H. E. Count Aldrovandi）。为显示在中日间不做左右袒，国联理事会还决定顾维钧作为顾问代表中国参加工作，吉田伊三郎代表日方。代表团秘书长为国联秘书处哈斯（Mr. Robert Haas）。代表团另有翻译、辅助人员。1932年9月4日，代表团完成报告书，签署于中国北平。报告书确认：第一，九一八事变之责任，完全在于日本，而不在中国；第二，伪满洲国政权非由真正及自然之独立运动所产生；第三，申明东三省为中国领土。日本为此恼羞成怒，退出国联，自绝于国际社会。

《李顿调查团档案文献集》就是反映李顿调查团组建、调查过程、调查结论、各方反应和影响的中、日等国相关资料的汇编，对于研究九一八事变和李顿调查团，具有重要的参考价值。

如何看待李顿调查团来东亚调查的来龙去脉？笔者认为应有三个维度的观照：

其一，在中国发现历史。

美国历史学家柯文提出的这一范式，相比"冲击—反应"模式，即从外部冲击观察中国历史的旧范式，自有其意义。近代以来，由条约体系加持的列强，对中国社会产生了巨大的影响。中国沿海通商口岸是中国最早接触西方世界的部分，在资本主义全球化的过程中得风气之先，所谓"西风东渐"，对中国旧有典章制度的影响无远弗届。近代中国在西方裹挟下步履踉跄，蹒跚竭蹶，自为事实。但如果把中国近代历史仅仅看成西方列强冲击之结果，在理论、方法和事实上，均为重大缺陷。

主要从中国内部，探寻历史演进的机制和规律，是柯文提出的范式的意义所在。

事实上，九一八事变发生、国联调查团来华前后，中国社会内部对此作出了剧烈的反应。在瑞士日内瓦所藏国联巨量档案文献中，中国各界通过电报、快邮代电、信函等形式具名或匿名送达代表团的呈文引人注目，集中表达了国难当头之时中华民族谴责日本侵略、要求国际社会主持公道、收回东北主权、确保永久和平的诉求，对代表团、国联和整个国际社会形成了巨大影响，显示了近代中国社会演进的内在动力。

东北各界身受亡国之痛，电函尤多。基层民众虽文化程度不高，所怀民族国家大义却毫不含糊。东北某兵工厂机器匠张光明致信代表团称："我是中华民国的公民，我不是'满洲国'人，我不拥护这国的伪组织。"高超尘说："不少日子以前，'满洲国家'即已成立了，但那完全是日本人的主使，强迫我辽地居民承认。街上的行人，日人随便问'您是哪国人'，你如说是'满洲人'便罢，如说是中国人，便行暴打以至死。"辽宁城西北大橡村国民小学校致函称："逐出日本军，打到[倒]'满洲国'，宁做战死鬼，不做亡国民。"陈子耕揭露说："自事变以后,日本恶势力已伸张入全东北,如每县的政事皆由日人权势下所掌握,复又收买警察、军人、政客等,以假托民意来欺骗世界人的耳目,硬说建设'满洲国'是中华人民的意思,强迫人民全出去游行,打着欢迎建设'新国家'的旗号……我誓死不忘我的中华祖国,敢说华人莫非至心不跳时、血停时,不然一定于[与]他们周旋。"小学生何子明来信说:"我小学生告诉您们'满洲国'成立我不赞成……有一天我在学校,日本人去了,教我们大家一齐说'大日本万岁',我们要不说他就杀我们,把我迫不得已的就说了。其中有一位七岁的小孩,他说'大中华万岁!打倒小日本!'日本人听了就立刻把那个小同学杀了,真叫我想起来就愁啊。"

经济地位和文化水平较高者,则向代表团分析日本侵占中国东北的深远危害。哈尔滨商民代表函称:"虽然,满洲吞并,恐不惟中国之不利。即各国之经济,亦将受其影响。世界二次大战,迫于眉睫矣。"中国国民党青年团哈尔滨市支部分析说:"查日本军阀向有一贯之对外积极侵略政策,吾人细玩以前田中义一之满蒙大陆政策,及最近本庄繁等上日本天皇之奏折,可以看出其对外一贯之积极侵略政策,即第一步占领满蒙,第二步并吞中国,第三步征服世界是也。……以今日之日本蕞尔岛国,世界各国尚且畏之如虎,而况并有三省之后版图增大数倍,恐不数年后,即将向世界各国进攻,有孰敢撄其锋镝乎?……勿徒视为亚洲人之事,无关痛痒,失国联之威信,而贻噬脐之后悔也。"

不惟东北民众,民族危亡激起了全中国人的爱国心。清华大学自治会1932年4月12日用英文致函代表团指出:中国面临巨大的困难,好似1806年的德国和1871年的法国,但就像"青年意大利"党人一样,青年人对国家的重建充满信心。日本的侵略,不仅危害了中国,也对世界和平形成严重威胁,青年人愿意为国家流尽"最后一滴血"。而国联也面临着建立以来最大的危机,对九一八事变的处理,将考验它处理全球问题的能力。公平和正义能否实现,将影响到人类的命运。他们向代表团严正提出"五点要求":1. 日本从中国撤军;2. 上海问题与东北问题一起解决;3. 不承认日本侵略和用武力改变的现状;4. 任何解决不得损害中国的领土和主权完整;5. 日本必须对此事件的后果负责。南京海外华侨协会1932年3月16日致电代表团:日本进兵东三省和淞沪地区,"违反了国联盟约和《凯洛格—白里安公约》,扰乱了远东地区和世界的和平。

同时,日本一直在做虚假的宣传,竭力蒙蔽整个世界。我们诚挚地请求你们到现场来,亲眼看看日军对中国人民的生命财产进行怎样的恣意破坏。希望你们按照国际法及司法原则,对其进行制裁。如果你们不能完成这一使命,那么世界上将无任何公平正义可言。在这种情况下,为了民族的生存,我们将采取一切手段自卫,决不会向武力屈服。"

除了档案,中国当时的杂志、报纸,大量地报道了九一八事变和国联调查团相关情况,其关切的细致程度,说明了各界的高度投入。那些浸透着时人忧虑、带着鲜明时代特色的文字表明:九一八事变的发生,对当时的中国社会是一场精神洗礼,每个人都从东北沦陷中感受到切肤之痛。这种舆论和思想的汇合,极大地改变了此后中国社会各界的主要诉求,抗日图存成为压倒性的任务,每一种政治力量都必须对此作出回应。

其二,在世界发现中国历史。

以中国为本位,探讨中国历史的内生力量,是题中应有之义。但全球化以来,中国历史已经成为世界历史的一部分。仅仅依靠中国方面的资料,不利于我们以更加广阔的视野看待中国历史和"九一八"的历史。

事实上,奔赴世界各地"动手动脚找东西",已经成为中国学者深化中国近现代史,特别是抗战史研究的不二法门。比如,在中日历史问题中占据核心地位的南京大屠杀问题。除中国各地档案馆、图书馆外,中国学者深入美、德、英、日、俄、法、西、意、丹等国相关机构,系统全面地整理了加害者日方、受害者中方和第三方档案文献,发现了大量珍贵文献、图像资料,出版《南京大屠杀史料集》72卷。不仅证明了日军进行大屠杀的残酷性、蓄意性和计划性,也证明南京大屠杀早在发生之时,就引起了各国政府和社会舆论的关注;南京和东京两场审判,进行了繁复的质证,确保了程序和判决的正义;日方细致的粉饰,在中国人民和全世界正义人士的揭露下真相毕露。全球性的资料,不仅深化了历史研究,也为文学、社会学、心理学、新闻传播学、艺术学等跨学科方法进入相关研究提供基础;不仅摧毁了右翼的各种谬论,也迫使日本政府不敢公然否认南京大屠杀的发生和战争犯罪性质。

国际抗战资料,展现了中国抗战史的丰富侧面。如美国驻中国各地使领馆的报告,具体生动地记录了战时中国各区域的社会、政治、军事等各方面情形,对战时国共关系亦有颇有见地的分析;俄、美、日等国档案馆的细菌战资料,揭示了战时日本违反国际法研制细菌武器的规模和使用情况,记录了中国各地民众遭遇的重大伤亡和中国军民在当时条件下的应对,以及暗示了战后美国掩饰"死亡工厂"实情的目的;英美等国档案所反映的重庆大轰炸和日军对中国大中小城市的普遍的无差别轰炸,不仅记录了日本战争犯罪的普遍性,也彰显了战时中国全国军民同仇敌忾、不畏强暴的英勇气概。哈佛大学所藏费吴生档案、得克萨斯州州立大学奥斯汀分校所藏辛德贝格档案、曼彻斯特档案馆所藏田伯烈档案等则从个人角度凸显了中国抗战在"第三方"眼中的图景。

对于李顿调查团的研究,自莫能外。比如,除了前述中国各界给国联的呈文,最近在日内瓦"国联和联合国档案馆"中发现:调查团在日本与日本政要的谈话记录,在中国各地特别是在北平和九一八事变直接相关人士如张学良、王以哲、荣臻等人的谈话记录,调查团在东北实地调查、询问日军高层的记录,中共在"九一八"前后的活动,中国各界的陈情书,日本官方和东北伪组织人员、汉奸的表态,世界各国、各界的反应等。特别是张学良等人反复向代表团说明的九一八事变前夕东北军高层力避冲突的态度,王以哲、荣臻在"九一八"当晚与张学良的联系,北大营遭受日军进攻以后东北军的反应等情况,对于厘清九一八事变真相,有着不可取代的意义。

我们通过初步努力发现,李顿调查团成立前后,中方向国联提交了论证东北主权属于中国的篇幅巨大的系统性说帖,顾维钧、孟治、徐道邻等还用英文、德文进行著述。日方相应地提交了由日本旅美"学者"起草的说帖,其主攻点是中国的抗日运动、东北在张氏父子治下的惨淡、东北的"匪患",避而不谈柳条沟事件的蓄意性。日方资料表明,即使在九一八事变发生数月后,其关于"九一八"当晚情形的说辞仍然漏洞百出、逻辑混乱,在李顿询问时不能自圆其说。而欧美学者则向国联提供了第三方意见,如 *The Verdict of the League: China and Japan in Manchuria*(《国联的裁决:中日在满洲》),哈佛大学法学院教授曼利·哈德森(Manley O. Hudson)著;*Manchuria: Cradle of Conflict*(《满洲:冲突的策源地》),欧文·拉铁摩尔(Owen Lattimore)著;*The Manchuria Arena: An Australian View of the Far Eastern Conflict*(《满洲竞技场:远东冲突的澳洲视角》),卡特拉克(F.M. Cutlack)著;*The Tinder Box of Asia*(《亚洲的火药桶》),乔治·索科尔斯基(George E. Sokolsky,中文名索克斯)著;*The World's Danger Zone*(《世界的危险地带》),舍伍德·艾迪(Sherwood Eddy)著;等等,为国联理解中国东北问题提供了有益的视角。另外,收藏在美国斯坦福大学胡佛研究所的蒋介石日记等也反映了当时国民政府高层的态度和举措。

这次出版的资料中,收集了中国台湾地区的"国史馆"藏档,日本外务省藏档,国联和联合国档案馆S系列藏档等多卷档案。丰沛的资料说明,即使是李顿调查团这样过去在大学教材中只是以一两段话提出的问题,其实仍有海量的各种海外文献可资研究。

可以说,世界各地抗日档案和各种资料,不仅补充了中国方面的抗日资料,也弥补了"在中国发现历史"范式的不足,体现了历史唯物主义对历史研究全面性、客观性的要求,自然地延伸推导出"在世界发现中国历史"的新命题。把"中国的"和"世界的"结合起来,才能更深广、入微地揭示抗日战争史的内涵。

其三,在中国发现世界历史。

中国历史,是世界历史的重要组成部分;中国抗战,构成了第二次世界大战的东亚主战场。离开中国历史谈世界历史注定是不周全的。只有充分发掘中国历史的世界意义,世界史才能获得真正的全球史意义。

过往的抗战史国际化,说明了中国抗战的世界意义。研究发现,东北抗联资料不仅呈现了十四年抗战的艰苦过程,也说明了战时东北亚复杂的国际关系。日方资料中的"华北治安战""清乡作战"资料,从反面反映了八路军、新四军的顽强,其牵制大量日军的事实,从另一面说明中共敌后游击战所发挥的中流砥柱作用。1937年12月12日在南京江面制造"巴纳号事件"的日军航空兵官兵,后来是制造"珍珠港事件"的主力之一,说明了中国抗战与太平洋战争的联系。参与制造九一八事变、华北事变和南京大屠杀的许多日军部队,后来在太平洋战场上被美澳等盟国军队消灭,说明了太平洋战场和中国战场的相互支持。中国军队在滇缅战场的作战和在越南等地的受降,中国对朝鲜、马来亚、越南等地游击战和抗日斗争的介入和帮助,说明了中国抗战对东亚、东南亚解放的意义和价值。对大后方英美军人、"工合"人士、新闻界和其他各界人士的研究,彰显了抗日统一战线的多重维度,等等。这对我们的研究富有启发性意义。

李顿调查团的相关资料表明,九一八事变及其后续发展,具有深刻的世界史含义。

麦金德1902年在英国皇家地理学会发表文章,提出"世界岛"的概念。麦金德认为,地球由两部分构成:由欧洲、亚洲、非洲组成的世界岛,是世界上面积最大、人口最多、最富饶的陆地组合。在"世界岛"的中央,是自伏尔加河到长江,自喜马拉雅山脉到北极的心脏地带,在世界史的发展中具有重要意义。其实,就世界近现代史而言,中国东北具有极其重要的地缘战略意义,堪称"世界之砧"——美国、俄罗斯、日本等这些当今世界的顶级力量,无不在中国东北及其周边地区倾注心力,影响世界大局。

今天看来,李顿调查团的组建,是国际社会运用国际规约积极调解大国冲突、维护当时既存的凡尔赛—华盛顿体系的一次尝试。参与各国均为当时世界强国,即为明证。

英国作为列强中在华条约利益最丰的国家,积极投入国联调查团的建立。张伯伦、麦克米伦等知名政治家均极愿加入代表团,甚至跟外交部官员暗通款曲,询问排名情况。李顿在中日间多地奔波,主导调查和报告书的起草,正是这一背景的反映。

美国作为国联非成员国,积极介入调查团,说明了美国对远东局势的关切,其态度和不承认日本用武力改变当时中国领土主权现状的"史汀生主义"是一致的。日美之间的紧张关系,一直延续到珍珠港事变发生。在日美最终谈判中,中国的领土和主权,仍然是美方的先决条件。可以说,九一八事变,从大历史的角度看,是改变日本和美国国运的大事。

苏联在国联未能采取强力措施制止日本侵略后,默认了伪满洲国的存在,后甚至通过对日条约加以承认,其对日本的忍让和妥协,延续到它对日本宣战。但日本关东军主力在苏联牵制下不敢贸然南下,影响了中国抗日战争的形态。

日本侵占中国东北,却始终得不到中国和国际主流社会的承认,乃不断扩大侵略,不仅影响了对苏备战,也使得其在"重庆政权之所以不投降,是因为有英美支持"的判断下,不断南进,最终自取灭亡。2015年8月14日,日本首相安倍晋三在战后70年讲话中承认:"日本迷失了世界大局。满洲事变以及退出国际联盟——日本逐渐变成国际社会经过巨大灾难而建立起来的新的国际秩序的挑战者,前进的方向有错误,而走上了战争的道路。其结果,70年前,日本战败了。"从这个意义上说,九一八事变—李顿调查—退出国联,成为日本近代史的转折点。

亚马孙雨林的蝴蝶振动翅膀,可能在西太平洋引发一场风暴。发生在沈阳一个小地方的九一八事变,成为今天国际秩序的肇因。其故焉在？马克思和恩格斯在《德意志意识形态》中指出:在历史演进的过程中,人的"普遍交往"逐步发展起来,"狭隘地域性的个人为世界历史性的、真正普遍的个人所代替"。近代以来中国人民的历史,与世界历史共构而存续。

回望李顿调查团的历史,我仿佛感受到了太平洋洋底的咆哮呼啸前来,如同雷鸣。

是为序。

张 生

2019年10月

出版凡例

一、本文献集所选资料，原文中的人名、地名、别字、错字及不规范用字等，为尊重历史和文献原貌，均原文照录。因此而影响读者判断、引用之处，除个别需说明情况以脚注"译者按"或"编者按"形式标出外，别字、错字在其后以"[ ]"注明正字；增补的字，以"【 】"标明之；因原文献漫漶不清而缺字处，用"□"标识。

二、凡采用民国纪年或日本天皇年号纪年者等，为尊重历史和文献原貌，均原文照录。台湾地区的文献中涉及政治人物头衔和机构名称者，按有关规定处理，在页下一并说明。

三、所选资料均在起始处说明来源，或在文后标注其详细来源信息。

四、外文文献译文中，日本人名从西文文献译出者，保留其西文拼法，以便核对；其余外国人名，均在某专题或文件中第一次出现时标其西文拼法。不同时期形成的中文文献中涉及的外国人名、地名翻译差异较大，为尊重历史和文献原貌，一般不作改动。

五、所选文献经过前人编辑而加脚注注释者，以"原编辑者注"保留在页下。

六、所选资料中原有污蔑中国人民、美化日本侵略之词，或基于立场表达其看法之处，为尊重历史和文献原貌，不改动原文，或在页下特别说明，请读者加以鉴别。

本册说明

本册文献编纂收录的资料主要是《大公报》(天津版)对李顿调查团的报道和评论,起止时间为1931年10月到1932年7月。

九一八事变发生后,南京国民政府将中日争端诉诸国联。经过数月的争论,国联决议派遣调查团前往远东,调查"满洲问题"和中国的一般形势。国联调查团由英、美、法、德、意五国代表组成,团长是英国人李顿爵士,故又称李顿调查团。作为民国时期具有影响力的重要报刊之一,《大公报》密切关注九一八事变后中日冲突的情势,对李顿调查团进行了大量的追踪报道和评论,披露了许多关于调查团的重要信息。本册文献收录资料的主要内容包括:一、九一八事变发生后,国联讨论并议决派遣调查团到远东实地调查的过程;二、李顿调查团从日本到中国后,在上海、杭州、南京、武汉、天津、北平等地的考察情形,特别是与南京国民政府中央和地方军政要员,以及各地民众团体和各界代表的往来与晤谈情况;三、调查团抵达东北后,在日本和伪满干扰下,赴沈阳、长春、吉林、哈尔滨、大连等地,对九一八事变和中日争端进行实地调查的情形;四、调查团第二次赴日交换调查意见,以及返华后编制报告书的经过;五、《大公报》相关的社评和时事评议类文章,等等。

《大公报》对李顿调查团的报道内容非常详尽。为免芜杂以及和其他九一八事变主题的文献集重复,本册文献的部分内容以节选的方式收录,节选之处加以长省略号(……………)。文献标题原则上采用《大公报》原文标题(个别节选文章采用该篇章节标题为题名),其中,评论类文章题名中加以原版块栏目名("社评"、"短评"、"读者论坛"等),以与报道类文章相区别,便于读者查考。原文大多只有简单句读,标点、断句亦有不准确之处,收录时参考现代汉语规范和习惯对其加以重新标点。文中不少异形词(如答覆/答复、澈底/彻底、取销/取消、部份/部分等)和通假字等使用不合于今日规范、前后字词写法不统一者,为尊重史料原貌,按照原文录入;有碍于读者理解和引用之处,加以按语说明。另外,原文中的译名与今译多有不同,甚至同篇中原译也有前后不一者,也照此方式处理。书末索引归并了若干不一致的译名,可供读者查考检索。

目　录

序　言 …………………………………………………………………… 1
出版凡例 ………………………………………………………………… 1
本册说明 ………………………………………………………………… 1

1. 国联昨于法外长主席下开会，中国要求另定有效办法，日当局昨称决拒绝干涉，日政府抗议驳覆书昨晨送出 …………………………… 1
2. 社评：日本赞成国际调查之狡黠 …………………………………… 3
3. 国联欲敷衍而无法，中国虽迁就而不能，白里安要求休战，日本且反对 ……………………………………………………………………… 5
4. 国联行政院正式会议仅提出派遣调查团案，施肇基宣称问题中心在撤兵，朱兆莘谈将否认非监视撤兵之调查 ……………………………… 6
5. 与施代表两重要训令：提出十六条必须速撤兵，望迅速议决公道切实之办法，否则中国途径惟有第十六条 ……………………………… 8
6. 颜惠庆谒蒋辞行，昨晚赴沪，后日放洋 …………………………… 9
7. 图穷匕见之外交关头！中国将接受国联决议案，国联努力用尽，中国委曲求全，但日本仍主张保留自由行动，日陆军省声明并非终止攻锦！ ……………………………………………………………………… 10
8. 顾维钧谈外交方针：在国联正力争，对日本无交涉，宗旨须定，方法、手段不便自缚；沪各团体电京警告政府勿软化！ …………………… 11
9. 国联决议案定昨晚发表，国府已训令施肇基接受，昨下午五时大会通过即闭幕 ……………………………………………………………… 13
10. 日拟依基本五点直接交涉，国联调查团员一时难选定，施曾向美代表声明不能考量锦州撤军 ………………………………………… 15

11. 英代表归国后对中日事件之演讲,谓调查团如成功可永免战事 ········· 16
12. 德、义派定调查委员 ·· 16
13. 调查团人选大致已拟定 ·· 17
14. 国联满洲调查团德籍委员之谈话:决持不偏袒态度,德国在远东无从中取利之希图 ··· 17
15. 国联调查团人选又生波折 ·· 18
16. 国联调查团迄今尚未派定 ·· 18
17. 短评:不能再坐待 ·· 19
18. 国联调查团人选始决定 ·· 19
19. 调查工作程序于离欧前订定 ··· 20
20. 美国发表护约宣言,因中国行政权被摧毁,向中日声明拥护条约权利,不承认侵害中国独立完整,我外部覆照今日可发出 ·················· 20
21. 国联调查团将以莱登为主席 ··· 21
22. 社评:对日本国民尽最后忠告 ······································ 21
23. 国联调查团名单已得中日同意,将在日内瓦聚齐,经美国来华 ······· 23
24. 调查团工作约三四日间开始,将在日内瓦开首次会议,哈斯已被任为该团秘书 ·· 24
25. 白里安签发国联调查团派遣状 ····································· 24
26. 参加调查团代表人选已定 ·· 25
27. 国联调查团五国委员之略历 ··· 25
28. 决向国联提十五、六条,派顾维钧参加调查团,日军将增兵锦州谋围朝阳 ··· 26
29. 顾维钧谈绝交先决问题:事先须有充分准备,不可以国家为孤注;顾对调查团委员就否未定 ·· 26
30. 白里安通告各国:必须按照两次决议担保,反对占满洲,尽速作结束;英报警语"孰为满洲真盗匪",苏俄对白党联日又大震动 ············· 27
31. 国联对沪局紧急讨论,日对沪大威胁,重光即回任,嘲笑国联调查团仅能旅行 ·· 27
32. 今日中政会决定外交方针,将发一新训电致颜使 ················ 29
33. 陈友仁未辞职前致颜之训电,令向国联提十六条,意在造成新局势与机会 ··· 29

34. 国联滑稽的悲哀：拟专待其"旅行团报告"，使日本作"开门户"宣告 … 30
35. 日阀激怒世界舆论，英报主张列强对日采强烈阵线，颜代表声称中国准备充分援用国联盟约 … 31
36. 国联调查团出发，将自纽约转来远东 … 32
37. 国联调查团希望于九月间提出报告 … 32
38. 国联调查团明日离美赴远东 … 32
39. 中国正式请开国联大会，依据第十五条之正当程序 … 33
40. 津变报告书现已脱稿，即日送平 … 34
41. 短评：难保不引起世界大战！ … 34
42. 国联调查团定下月中旬抵沪 … 35
43. 国联调查团今日抵横滨 … 35
44. 国联调查团昨晚抵东京，定十一日自神户出发大连 … 35
45. 从不抵抗到绝交（续） … 36
46. 国联调查团在东京发表之声明书 … 37
47. 国民外交之提议：武昌中华大学电国难会员，商举国民代表与国际周旋 … 38
48. 日人欺骗世界，殷勤招待国联调查团，以虚伪宣传朦蔽真相 … 39
49. 社评：疆场战与坫坛战须并重 … 40
50. 国联调查团日皇昨宴于丰明殿，芳泽有一片面的演说，并递交日方之报告书，该团将自日本来沪 … 42
51. 欢迎国联调查团，邵华今日访省市当局商洽，市党部并拟召集市民大会 … 43
52. 荒木之荒谬答国联调查团之质问，谓非日本不能保和平，日实业团体施麻醉手段 … 43
53. 欢迎国联调查团，各界组织招待筹备处 … 44
54. 国联调查团将于十四日抵沪，对沪案附带实地调查 … 45
55. 我国公使招待国联调查团，大角又有荒谬的演说，请问满洲和平系何人破坏？ … 45
56. 招待国联调查团，工联会今日开会讨论 … 46
57. 国联仍侧重调解，英法主张辽案候调查团，大会宣言将为原则的声明 … 46

3

58. 国联调查团昨离东京赴西京,后日自神户来沪 …………………… 47
59. 北平政委会缩减政费,招待国联调查团 …………………………… 47
60. 汪昨抵京商沪事,和战方针在慎重考虑中,各中委准备招待调查团,冯到徐已入院静养,医禁见客 ……………………………………… 48
61. 国联调查团昨日行抵日本西京,参加人员将达五六十名 ………… 48
62. 勿使国联调查团受日蒙蔽,高鲁主张选举国民代表向之接洽 …… 49
63. 招待国联调查团,平市府召集各界开会筹备 ……………………… 49
64. 对日本满蒙特殊权益之检讨:献与行将来华之国联调查团 ……… 50
65. 九一八后北宁路沿站损失现经分别查竣呈报铁道部,国联调查团到来亦将提出 ……………………………………………………… 53
66. 欢迎国联调查团北来,北宁路备车往接 …………………………… 53
67. 国联调查团定十四日抵沪,各方准备欢宴 ………………………… 54
68. 对日本满蒙特殊权益之讨检:献与行将来华之国联调查团(续) … 54
69. 国联调查团到沪恐将延迟,招待并不铺张 ………………………… 56
70. 日本四个实业团体招待国联调查团,举排货等问题为中国罪 …… 57
71. 对日本满蒙特殊权益之检讨:献与行将来华之国联调查团(续) … 57
72. 周龙光赴平,请示招待国联调查团办法 …………………………… 60
73. 社评:敬告国联调查团诸君 ………………………………………… 60
74. 国联调查团定今日抵沪,吴铁城代表市民致电欢迎,我国代表团职员名单发表 ……………………………………………………… 64
75. 北平各大学教授抗日会昨成立,通过简章选出理事十一人,议决准备招待国联调查团 …………………………………………… 64
76. 颜惠庆通知国联大会,中国接受决议案并申述最要三点,调查团到沪受严肃欢迎 ………………………………………………… 65
77. 市商会筹备欢迎国联调查团 ………………………………………… 67
78. 到沪后之国联调查团,顾、吴、郭等昨分别宴会招待,离沪前将视察淞沪各战区,莱顿告报界:调查东事出以公正 ……………… 68
79. 汪昨赴昆劳军,随即回京,蒋允任军委会长,但就职有待,顾维钧不就沪和会首席代表 …………………………………………… 72
80. 招待国联调查团,政委会嘱省市当局共同办理,北宁备车以便该团遄赴东北 ………………………………………………………… 72

4

81. 调查团留沪促进和会,郭泰祺报告日可容纳我保留两点,上海和平略有一线光明,京传日军将全部退入租界,谭启秀赴沪准备接收吴淞,林森因外交重大任务今日回京 ………… 73
82. 各国专员视察前线,日机窥常熟,英参赞为摄影,视察报告备供调查团参考 ………… 75
83. 调查团在沪之酬酢:莱顿不谈黑暗但言光明 ………… 76
84. 北平各界筹备招待国联调查团,成立办事处,聘于学忠等为委员,组招待委员会并确定招待办法 ………… 77
85. 日本允撤兵至租界内,但仍坚持我军不得驻沪,和会正式开会尚无确期 ………… 79
86. 南京准备招待调查团,外委会组织招待会办理,顾维钧以恢复公约尊严属望该团,并深信能办到中国领土主权完整 ………… 80
87. 沪开市问题须待工部局警权恢复,六团体函调查团申述 ………… 83
88. 平市招待国联调查团,招待委员名单昨发表,新闻界亦正筹备招待 ………… 83
89. 东北各团体电请国联调查团主持正义:代表三千万民众表示欢迎,希望得一公平合理的解决 ………… 84
90. 市商会昨开会,讨论欢迎调查团事 ………… 85
91. 短评:惟事实有权威 ………… 85
92. 社评:排货责任不在中国 ………… 86
93. 国联对中日案态度强硬,佐藤请担保不排货未予受理,中日应报告实行决议案程度,美决保证中国领土完整 ………… 88
94. 调查团将视察战区,豫定二十一日赴闸北、江湾、吴淞,下周入京,海军已备专轮,北宁专车亦经津浦路局准备 ………… 92
95. 日人毒辣宣传:大阪实业家招待国联调查团,竟谓中国排货系由政府主持,且谓中国无和平前途无希望 ………… 94
96. 招待调查团,商会议有办法 ………… 95
97. 调查团明日视察战区,视察后将详电国联报告,林主席电沪欢迎并盼主公道 ………… 95
98. 暴日攻沪事实俱在,沪各界将真相报告国联调查团 ………… 96
99. 调查团视察战区,今晨与中日代表同出发,南京已定招待程序,留四日北来 ………… 99

5

100. 中国国联同志会今日开大会,讨论招待调查团事宜 …… 100
101. 调查团视察淞沪战区,莱顿询问对平民掷炸理由,炮台被毁,淞镇景象较闸北尤惨,昨巡视各战地已毕,今日不再往 …… 100
102. 日方毒辣宣传谓国民党排外,中央现正起草文字向国联调查团解释 …… 102
103. 中政会讨论外交,林、汪、蒋均出席,罗文干列席报告,决照原定方针相机进行,某委谈东北问题最棘手,国难会议仍定在洛阳举行 …… 102
104. 筹备欢迎国联调查团,昨日省府召集各界代表开会,决由各团体合组筹备委会,二十四日开会商具体办法 …… 103
105. 市商会开会讨论恢复商团等事 …… 104
106. 社评:中日关系之真认识 …… 104
107. 调查团二十八日离沪,如何赴京路线尚未大定,京招待办法已筹备就绪,昨日起邀上海中外当局作私人谈话 …… 107
108. 调查团经过路线,北宁路局规定警戒办法 …… 108
109. 短评:怎能欺人? …… 109
110. 招待调查团专车津浦路已派定负责专员,北宁昨将专车开平试行 …… 109
111. 调查团分两路入京,仍定二十六晨同时离沪,豫定下月五日由京北来 …… 110
112. 欢迎国联调查团,省市府派定负责专员,津变损失统计已译成英文,该团到津即送交以备参考,北宁路专车已备妥极为整洁 …… 111
113. 调查团将经汉口北来,朱庆澜昨访调查团畅谈,莱顿改后日乘江新赴京 …… 112
114. 胡适等电国联秘书长,揭破日人对满阴谋:伪行政院系受日人井熊[熊井]操控,以日方之傀儡视作中国人民代表不仅为一种之损害,且为最大侮辱 …… 114
115. 社评:向国联调查团致意一点 …… 114
116. 调查团定今日离沪,首都各界准备隆重欢迎 …… 116
117. 欢迎国联调查团,各界代表昨在市府开会筹备,决由省市府党部组织筹备处 …… 119
118. 调查团昨分两批离沪,三委员到杭受热烈欢迎 …… 120

119. 东北叛逆政府全由日人胁迫演成,东省居民绝不容与中国分离,望国联以精神压迫促日撤兵——国联同志会致电国联及调查团声明 …… 123
120. 读者论坛:贡献于调查团诸君 …… 123
121. 调查团昨先后抵京,首都各界隆重欢迎,昨无周旋,下榻励志社 …… 126
122. 短评:国联调查团的行程 …… 129
123. 北平法文报一针见血之论,揭穿叛逆假面具 …… 129
124. 欢迎调查团专车开赴徐州候命南行,该团由浦或由汉登车尚未定 …… 131
125. 国府正式招待调查团,汪、罗欢迎词声明中国立场,莱顿谓国联决拥护其原则,破坏领土主权完整者国联决不承认 …… 131
126. 日本与国联:日来盛传即将退出,国联方面视为神秘 …… 136
127. 昨晨中央纪念周褚民谊报告国联调查团行程,再度来华时将在北戴河避暑 …… 137
128. 欢迎调查团莅平,各界招待程序已拟定 …… 138
129. 海圻舰乐队奉调由青赴平,欢迎国联调查团 …… 139
130. 欢迎国联调查团专车昨日下午已开赴徐州,北宁党部特制欢迎标语分发各站 …… 139
131. 调查团昨晨觐见林主席,铁部官舍举行谈话会,调查团定一日赴汉转道北来 …… 139
132. 短评:国联调查团的正式表示 …… 143
133. 读者论坛:请国际调查委员到沈阳邮局调查 …… 144
134. 调查团与当局交换意见,铁部官舍昨再度开会,蒋中正昨在励志社欢宴,调查团行程变更,抵汉后仍将回京转道北上 …… 145
135. 沪商界发表复业宣言,分电林、蒋,主张长期抵抗 …… 149
136. 于右任过济 …… 149
137. 国联调查团抵津时赴站欢迎者以千人为限,向该团陈述文件起草完竣 …… 149
138. 调查团定今晚赴汉,昨晨谒陵,中央党部午宴,今日与我当局最后会谈 …… 150
139. 国联调查团约九、十两日到津,将躭搁半日赴平 …… 153

140. 社评：东三省中日问题如何善后 …… 154
141. 政府意见书昨交莱顿，调查团昨晚离京赴汉，预定五日返京七日北上 …… 156
142. 莱顿对首都报界之谈话："舆论制裁至穷尽时，国联自有实力表现"，沪事应与东北问题一并讨论 …… 158
143. 招待国联调查团，届时决在西湖饭店设宴，商界赴站欢迎代表定为七十人 …… 159
144. 调查团赴汉途中，鄂、赣均派代表赴浔欢迎，何成浚奉令备车，或仍由平汉北上 …… 160
145. 日方教唆伪政府欺朦国联调查团，各机关日顾问有暂行解职讯 …… 160
146. 一幕丑剧：本庄指挥下之汉奸百计奔忙伪造民意，日人对调查团赴沈之布置 …… 161
147. 欢迎调查团程序决定：省市府公宴，民众招待茶会，王主席致欢迎词，省府属稿 …… 162
148. 调查团定今晨抵汉，昨晨过九江受热烈欢迎 …… 163
149. 一幕丑剧：本庄指挥下之汉奸百计奔忙伪造民意，日人对调查团赴沈之布置（续昨日第四版） …… 164
150. 调查团定今晚离汉北上，莱顿表示关心鄂省水灾，今日谢绝宴会，将视察灾区堤工 …… 167
151. 东北叛逆竟欲拒绝顾维钧出关，日内将致电国府请求"原谅" …… 169
152. 国联调查团七日北来，各界预备提出之草案即签字，省市政府日内再产欢迎办法 …… 169
153. 社评：异哉拒绝顾维钧到东北？ …… 170
154. 调查团在汉任务终了，即经浦口转道北来，在津勾留半日即往北平 …… 172
155. 叛逆竟电外部拒绝顾代表，顾谈此举"无异拒绝调查团" …… 173
156. 暴日对我文化侵略，教部搜集证据交调查团 …… 174
157. 何应钦赴京欢迎调查团 …… 174
158. 调查团将出关，临榆县筹备欢迎 …… 174
159. 欢迎国联调查团各界人数已决定，由沈迪家、赵鉴唐赴西站迎迓，欢迎筹备处决定更名招待处 …… 175

160. 国联调查团今日北来,在平勾留十日即出关调查 …………… 176
161. 欢迎国联调查团今日讨论办法:入站欢迎证已预备四千,商会函各业嘱报告人数,省府昨派铁甲车赴德州迎候 …………… 177
162. 读者论坛:为调查团进一言 …………… 178
163. 调查团昨已由浦北上,昨晚十时过蚌,今午后四时至济南,到津在明晨九时,定下午六时抵平,留平一周赴东北,留三星期 …………… 181
164. 日人竟谓中国遗失中日条约,外交部昨日出示原文,调查团明瞭日方欺骗 …………… 184
165. 国联调查团莅汉纪:莱顿爵士对水灾善后极关切,并希望人民与政府澈底合作 …………… 185
166. 社评:欢迎国联调查团 …………… 188
167. 国联调查团今晨抵津,接见民众代表后赴省府午宴,二时半离津,定即晚六时到平 …………… 190
168. 东北事件备忘录——华北工业协会对于调查团之供献 …………… 194
169. 社评:日本对中国抗议之诡辩 …………… 198
170. 调查团昨过津抵平,在津虽仅小勾留获得不少资料,旅平决谢绝酬应准备实际工作,拟十五六日出关,返平后赴日 …………… 200
171. 顾维钧抵平后之谈片:调查团过津甚为满意 …………… 203
172. 关于东北叛逆 …………… 204
173. 张祥麟过津之谈片:调查团十八日左右到东北 …………… 204
174. 各界热烈欢迎声里国联调查团来去匆匆,晨七时半抵津,下午三时后赴平,黎绍芬女士登车献鲜花 …………… 205
175. 读者论坛:谁主持公理正义,于国联调查团此行卜之 …………… 207
176. 调查团昨晨访张主任,晚间晤荣臻询问九一八经过,分日约见各方代表征集资料,日内将与张等正式交换意见 …………… 209
177. 莱顿告汪精卫:维持中国领土与行政之完整将为解决中日争端之一条件 …………… 211
178. 叛逆电报到京,外部拒收,原件退回,顾代表决同调查团出关视察 …………… 212
179. 北宁党部筹备欢迎调查团 …………… 212

9

180. 北宁路改造专车以便起居,调查团不受伪国招待,昨晚旧都怀仁堂之盛大宴会,张主任力述中国统一之重要,莱顿答称愿助中国成功 …… 213

181. 国难会议今晨闭幕,提前结束训政案昨被否决,电致国联调查团请主正义 …… 217

182. 短评:调查团不受伪国招待 …… 217

183. 顺承王府昨日谈话会,原任东北高级官吏均参加,调查团安全问题正计议中 …… 218

184. 日本自承为伪国保镖:因便衣队反对"满洲国政府",现时日军驻满洲实为必要 …… 223

185. 国联调查团专车问事处开始办公通告 …… 223

186. 调查团定十六日离平,前昨两日在平正式调查东省问题,拒顾问题已了,将来行程略有变更 …… 224

187. 马占山恢复真面目,合法黑省府临时设黑河,通电全国宣布伪国证据 …… 227

188. 读者论坛:对调查团的感想 …… 230

189. 调查团将展期出关,症结所在仍为伪满洲国问题,在平询问东北资料昨已完竣,马占山电调查团详述日方阴谋 …… 233

190. 三团体请谒调查团 …… 236

191. 短评:不查自明 …… 236

192. 北宁路沿线员工筹备迎送调查团,令各段查勘路轨以策安全,用热烈精神表示酷爱和平 …… 237

193. 社评:国联调查团出关愆期 …… 237

194. 调查团行期尚未决,日本望其由海道先赴大连,昨在平续见各界代表谈话 …… 239

195. 英文《京津泰晤士报》论"中日直接交涉":初步方案应恢复事前原状,纠纷原因留待会议中讨论 …… 243

196. 社评:警告政府国民反省 …… 244

197. 调查团略定星期二出发,或将分为两组,一出关一泛海,东北难民代表陈述真正民意 …… 245

198. 短评:谁到东北去? …… 247

199. 调查团确定星期四离平,顾代表偕日方委员绕大连,五委员径乘车出关赴沈阳 …… 248

200. 马占山反正经过:某要人函促其觉悟,拜泉会议决定战略,日人伪造民意欺骗调查团 …… 249

201. 章太炎函顾维钧:请为洪皓、左懋第,或囚或杀未尝有悔,牺牲一身以彰日人之暴行 …… 251

202. 短评:章太炎勉顾少川东行 …… 251

203. 罗文干谈话:出关安全责在日本,沪会静候国联解决 …… 252

204. 调查团行期与路线迄昨晚止尚未完全决定,各委员连日在平参观游览 …… 252

205. 平行线问题顾有备忘录致调查团 …… 253

206. 调查团过津赴东省,今晨到秦皇岛换乘中日军舰,预定下午七时抵大连转沈阳,中日代表顾维钧、吉田等三十人同行 …… 253

207. 丁超、李杜电调查团欢迎 …… 256

208. 日军掩饰关外驻军实况,榆沈间日军大部离开铁路线,张景惠有被拘禁说 …… 256

209. 调查团两路赴沈,莱顿等乘舰昨夜抵大连,美、义委定今晨换车出关,日方仍欲阻挠顾代表入沈 …… 257

210. 短评:祝顾代表的前途 …… 258

211. 最近之沈阳:掩饰、滥捕、把持、借款 …… 259

212. 调查团昨晚抵沈,美、义两委员八时先到,莱、顾一行亦平安到达 …… 261

213. 看尔作伪到几时?强迫民意欺骗调查团 …… 263

214. 丁超、李杜电国联调查团,陈述日军在东北暴行,叙事历历,日本何所掩饰? …… 264

215. 调查团抵沈之第二日,叛逆仍图拒顾阻挠调查 …… 267

216. 于冲汉等委托代表向国联调查团声明:求生不得求死不得急待援救,代表东北官绅商民泣诉事实 …… 268

217. 调查团注意义勇军,在平曾与深知义勇军情形者谈话,义勇军之目的在维护正义与和平 …… 269

218. 调查团在沈开始工作,威海卫英领事加入调查团 …… 271

219. 社评:国联从此将充分认识日本 273

220. 调查团之行程：预定今晚赴吉林 …… 274
221. 外部政次仍由郭泰祺负责 …… 275
222. 高安公电 …… 275
223. 读者论坛：中国历史将另起一页 …… 276
224. 调查团两度会见本庄，戈公振一度被拘 …… 278
225. 调查团沈阳调查终了，北行日期未定 …… 279
226. 辽西民众代表致书调查团，陈述苦痛请主公道 …… 282
227. 日军监视傀儡政府要角，防制效法马占山反正，并令以妻子送沈为质 …… 284
228. 马占山义正辞严，切劝溥仪勿为傀儡，责郑孝胥孤注一掷 …… 284
229. 调查团着手起草第一步报告，外部昨始接顾维钧第一电，谓行动困难调查不易入手 …… 286
230. 调查团缓期离沈，将先赴黑龙江视察 …… 287
231. 调查团尚无离沈期，中国代表团动作遭日人严重监视 …… 287
232. 日人严苛监视下在沈之调查团，拟日内赴长春、哈埠 …… 288
233. 苏联公报攻击日本不认识中国，谓日本尚欲重蹈历史之覆辙 …… 289
234. 社评：国联调查团离沈阳 …… 291
235. 调查团昨赴长春，顾维钧同行并主赴黑河，初步报告书已到达国联 …… 292
236. 顾执中谈赴沈经过 …… 293
237. 张祥麟昨过济南旋，任中国代表团驻沪主任 …… 294
238. 初步报告书未表示意见，仅据日方材料述东省军情，国联将于中旬开大会讨论 …… 295
239. 调查团抵长春，五委员昨访溥仪，顾维钧到长后避见宾客 …… 296
240. 沈阳近况：到处见反宣传，中学无开学期 …… 296
241. 调查团初次报告全文遵国联决议述东省现情，昨日下午七时在南京发表 …… 297
242. 颜惠庆向国联报告顾被监视情形 …… 300
243. 调查团昨访郑孝胥 …… 300

244. 调查团昨赴吉林,颜代表将向国联提备忘录,对莱顿初步报告陈述意见,苏俄声明不能正式协助调查团,美国不承认违反公约所获领土 …… 301

245. 沪商会函国联调查团,痛驳日本宣传:中日纠纷纯系日人所造成,证诸事实无一非意在侵略 …… 302

246. 调查团昨赴万宝山,英报严正批评初步报告 …… 305

247. 调查团一度到吉林,莱顿等对驹井郑重质问 …… 307

248. 沪商会函国联调查团痛驳日本宣传:中日纠纷纯系日人所造成,证诸事实无一非意在侵略(续) …… 308

249. 纪沈阳之行 …… 309

250. 沪商会函国联调查团痛驳日本宣传:中日纠纷纯系日人所造成,证诸事实无一非意在侵略(续) …… 313

251. 马占山将攻袭黑垣,我代表团评调查团报告,证明日本不守国联决议 …… 316

252. 纪沈阳之行(续八日第四版) …… 317

253. 调查团抵哈尔滨,国联行政院昨讨论报告书 …… 319

254. 沪租界工部局报告调查团:因战事关系失踪者八三七人,四百八十九人系被日人拘捕! …… 320

255. 纪沈阳之行(续昨) …… 321

256. 国联行政院审议初步报告,日本反对移交大会 …… 323

257. 纪沈阳之行(续昨) …… 324

258. 调查团初步报告书留交九月大会讨论 …… 326

259. 调查团受严重监视,无特许状者不得与团员见面 …… 327

260. 纪沈阳之行(续昨) …… 327

261. 调查团半月后返平,昨晨在哈参加杜穆尔追悼会 …… 330

262. 调查团又一报告书,根据日方报告作成,内容分四点 …… 332

263. 日人攫取东北权利之铁证:曾拟三种重要合同,强迫马占山签字遵守!马占山电告调查团揭穿黑幕 …… 333

264. 纪沈阳之行(续昨) …… 336

265. 纪沈阳之行(续昨) …… 337

266. 纪沈阳之行(续昨) …… 339

267. 叛逆遵奉日人意旨，欺骗国联调查团——鲍观澄致本庄繁之报告 ………………………………………………………………… 340
268. 纪沈阳之行(续昨) ………………………………… 341
269. 调查团即赴黑，叛逆反对调查团会见马占山 ……… 342
270. 纪沈阳之行(续昨) ………………………………… 343
271. 叛逆威胁调查团，竟欲要求调查团离境 …………… 344
272. 纪沈阳之行(续昨) ………………………………… 344
273. 调查团即赴黑，中止与马占山会见 ………………… 346
274. 短评：调查团与马占山 ……………………………… 346
275. 调查团专家数人飞往黑垣 …………………………… 347
276. 调查团返长春，苏俄拒绝假道会晤马占山 ………… 347
277. 调查团一部返沈，留沈五日即往大连 ……………… 348
278. 调查团抵沈阳，叛逆将派赵欣伯等使日 …………… 348
279. 调查团对日严重质问，关于铁路及商租权问题为何不向中央政府交涉，俄京又传东北委任统治 …………………………………… 349
280. 东省委任统治说，罗文干谓外部并无所闻 ………… 349
281. 调查团整理调查材料 ………………………………… 350
282. 调查团下月四日离沈，经北宁路来平，勾留两星期，再赴北戴河避暑编制报告 ………………………………………………… 350
283. 调查团质问内田康哉，质问要点内田均用书面答覆 … 350
284. 调查团回平期近 ……………………………………… 351
285. 淞滨痛心录：日本势力高压下民众之哀鸣，偶语者弃市啼笑皆非，调查团在哈亦受嘲骂 ………………………………………… 352
286. 顾维钧电京报告调查团日内回平，顾抵平后即返京报告，调查团将赴榆关视察，日军撤毁战壕希图掩饰 ………………………… 353
287. 淞滨痛心录：日本势力高压下民众之哀鸣，偶语者弃市啼笑皆非，调查团在哈亦受嘲骂(续) …………………………………… 354
288. 调查团离大连返沈，定下月四日由沈入关来平，北宁路即派专车赴榆迎候，中国代表随员今日抵平 ………………………… 356
289. 颜德庆北来布置招待调查团，王正廷在青游览 …… 356

290. 日军铁蹄下之吉敦、吉垣：侦探密布，青年多被捕，敦化庐舍为墟，新站遭洗劫，国联调查团在哈受惊南返 ················ 357
291. 调查团秘书长哈斯今日到平，昨晚抵榆换车西来，随员六人昨由塘沽抵平 ··· 357
292. 调查团本周内入关，到平留两周赴北戴河，否认将建议采用委任统治制，哈斯昨抵平，调查团四日离沈 ···················· 359
293. 社评：调查团应发表东北真相 ··················· 360
294. 调查团明日入关，王广圻等今晚赴榆迎候 ··················· 361
295. 矢野离沪返平 ··· 362
296. 国联调查团后日可过津，拟不停留即径赴北平，招待专车开榆关迎候 ·· 362
297. 罗文干谈外交：精诚团结表现精神为吾人唯一之出路，国联调查团对我虽表示同情，但纠纷能否圆满解决尚难测，中俄复交问题详慎考虑中 ··· 363
298. 调查团今日入关，晚宿北戴河，明晚可抵平，王广圻、朱光沐等昨赴榆关欢迎 ··· 364
299. 朱光沐过津赴榆关迎候调查团，本市仅作小小点缀 ············ 365
300. 东北之行伤心惨目，一字一泪之顾代表谈话，东北民众希望政府与关内同胞速救！调查团昨晚宿海滨，今晚到平 ············ 365
301. 短评：国民应慰劳顾代表 ··················· 368
302. 国联调查团今日午后四时许过津，东站、总站均无欢迎的点缀 ····· 368
303. 国联调查团昨晚抵平，莱顿即日赴青视察避暑地点，顾维钧到站受国人包围欢迎慰劳，团长谈正搜集材料不能预有主张 ·········· 369
304. 政府与全国国民如何拯救东北同胞？三千万人不堪亡国惨痛——我代表处随员在省目击之情形 ······················· 371
305. 短评：究竟怎么一回事？ ··················· 372
306. 调查团抵平后工作：开始整理所得材料，每日下午二时至五时办公，莱顿及德、义代表明日赴青 ······················· 373
307. 救东北必须自下决心，自己不做国联将无能为力——随调查团由东北返平某君谈话；顾维钧氏之东行观感 ····················· 374

15

308. 莱顿爵士今日赴青,法、义委员及中日代表同往,顾维钧归途过济时将转京报告 ········· 375

309. 莱顿昨赴青岛视察,避暑地点返平后即决定,德、义委及中日代表同行,顾维钧将入京报告 ········· 377

310. 莱顿将赴泰山游览,昨晨过济南晚抵青岛,今晚离青赴泰安游览后北返,顾在济谈"希望国人勿忘东北" ········· 378

311. 挽救东亚危机端赖列强公正行动,顾维钧对和平展望感觉恐慌 ······ 379

312. "愿同胞早日觉悟""牺牲私产共谋救国"——调查团专车服役人员之痛语,闻东北惨况悉举赏金助购机 ········· 380

313. 视察青岛完竣,莱顿等今日游泰山,今晚北旋,明晨过津返平,顾维钧偕刘崇杰等由济南飞京 ········· 381

314. 外部代表谈最近外交:对俄可望复交,反对圆桌会,请看俄国所订互不侵犯条约之蓝本 ········· 382

315. 莱顿今晨过津返平,前晚离青,昨登泰山游览,顾维钧今日由济南飞京 ········· 383

316. 顾维钧昨到京谒汪,提出具体意见书备采纳,顾谈东北疮痍满目睹状心酸,莱顿等一行昨抵平 ········· 384

317. 青岛、泰山纪游:调查团到青参观避暑房屋,编制报告地点回平后确定 ········· 386

318. 罗文干即返京晤顾 ········· 389

319. 泰安访冯记:冯居山麓普照寺,称病不见客,对调查团亦谢绝招待 ········· 389

320. 青岛泰山纪游(以上接第三版) ········· 390

321. 汪、罗、顾昨日详商外交,蒋作宾到京,将代顾在日接洽调查团,顾维钧今日飞牯岭谒蒋 ········· 394

322. 编制报告地点调查团方面无成见,该团俟顾返平后即赴日 ········· 395

323. 伪外长非难顾代表,谢介石致莱顿爵士之一电 ········· 396

324. 国联调查团报告书将在北平、东京两处编制,莱顿爵士昨对外报记者谈话,希望两国依该团建议谋解决 ········· 396

325. 庐山之会决定外交大计,罗、顾昨回京,汪、李今日返,顾已赴上海,即将飞机北旋,汪、罗有借顾北来准备 ········· 397

326. 调查团再晤王以哲,详谈九一八事变真相,一周后将离平赴日 …… 399
327. 调查团赴日确期未定,回华时将先至南京 …………………………… 401
328. 汪昨赴沪,即夜返京,顾、罗今日由京飞平,宋子文意稍活动即可续干,李济深将来平晤张商要公 …………………………………………… 401
329. 读者论坛:园丁的话 ……………………………………………………… 402
330. 汪、罗、顾、宋昨连袂飞平,此来任务专注重外交问题,今晨将与调查团交换意见 …………………………………………………………… 402
331. 调查团报告书九月中旬送达国联,欧洲各界复注意东北问题,叛逆组织拟宣布关税自主 ………………………………………………… 405
332. 汪、罗昨与调查团会见,谈话历三小时尚未详尽,今晨将续商,内容不发表,汪、罗对报界畅谈内政外交 ……………………………… 405
333. 日本之把戏 ………………………………………………………………… 408
334. 沈鸿烈过济北来 …………………………………………………………… 409
335. 社评:调查团与国联立场 ………………………………………………… 409
336. 汪、罗昨与莱顿等两度会谈,顾不赴日、调查团亦展行期,张因身体不适未与汪、罗详谈 …………………………………………………… 410
337. 罗外长昨接见日记者 ……………………………………………………… 412
338. 调查团暂缓东渡 …………………………………………………………… 413
339. 日本军阀气焰万丈,迫日政府承认伪国,准备对调查团发表声明 … 414
340. 北平各界昨开慰劳顾维钧大会,顾沉痛陈述东北惨况,希望奋起挽救三千万同胞,救国要人人有牺牲之精神 …………………………… 414
341. 汪、罗、宋定今晨离平回京,昨晚与张详谈,完全赞同庐会决议,决令顾维钧中止赴日 ………………………………………………………… 417
342. 汪、罗昨夜过济返京,宋子文定今晨乘飞机南旋 ……………………… 418
343. 汪、罗昨已回南京,宋子文已乘飞机抵沪 ……………………………… 421
344. 东北归客谈 ………………………………………………………………… 422
345. 对日抗议破坏海关完整,请国联阻日本承认伪国并通告九国公约签字国,对俄复交问题近无何进步 ……………………………………… 426
346. 调查团下周离平,取道沈阳经朝鲜转赴日本,二十八日首程,四日抵东京 ………………………………………………………………………… 427
347. 国联与远东特委会决展缓讨论,期待调查团报告书之完成 ………… 428

348. 访马记者经过谈:历尽艰苦得晤马将军,归哈被捕,住室被搜查 …… 428
349. 调查团报告书展期提出,中日可无异议 …… 431
350. 美代表麦考易过津赴塘沽,接其夫人今日赴平 …… 431
351. 马占山布告江民:抵抗日军自卫救国,调查团在哈时曾派代表往晤,现采长期抵抗、游动作战策略 …… 432
352. 社评:国联调查团赴日 …… 434
353. 调查团今日赴日本,下午六时离平东行,该团无意发表临时报告书 …… 435
354. 调查团昨过津赴日,一部随员留平整理文件 …… 436
355. 刘崇杰周内入京就职否未定,顾维钧感冒热度甚高 …… 437
356. 调查团出关,昨晚可到达沈阳,何柱国今日来平谒张 …… 437
357. 国联今日开会,决议案已讨论起草,调查团报告书将展期半年提出,目的在反对日本承认伪满洲国 …… 439
358. 山海关印象记 …… 439
359. 调查团赴日 …… 441
360. 调查团今晨由朝鲜东渡 …… 442
361. 国联特委会再度延期,颜代表对国联之重要陈述 …… 442
362. 国联又一幕:决议延长提出报告之期,主席及众代表同情中国,凡违反条约之情势不承认! …… 443
363. 顾维钧昨赴北戴河休养 …… 444
364. 社评:调查团到日后之声明 …… 445
365. 调查团昨晨抵东京,莱顿发表声明书,调查工作注意权益问题 …… 446
366. 又演一幕丑剧:铁道局楼上散传单,要求承认"满洲国" …… 447
367. 调查团将劝告日本:若承认伪国与条约抵触,但日本悍然不顾,无意转圜,并将反对调查团提解决案 …… 448
368. 调查团在东京之行动,莱顿病不久可愈 …… 449
369. 调查团定今日访荒木 …… 450
370. 调查团游箱根,候莱顿病愈发表宣言,荒木妄言反对中国在满主权 …… 450
371. 调查团抵东京后日本报界两波澜:英文报讥评承认伪国问题,日文报攻击有田指为失态 …… 451

372. 调查团访内田,谈话内容不发表,拟下星期内离日赴沪 …… 452
373. 调查团将匆匆离日本,告内田承认伪国为分割中国,内田表分割决心,谓将予承认 …… 453
374. 贝尔特返平 …… 454
375. 国联调查团即再来华,内田两与会谈明示决心,坚持割裂中国但暂不承认伪国,热河局势紧张但尚安谧 …… 454
376. 调查团昨已废然离东京,莱顿希望日本勿即承认伪国,内田辩称并不违背九国公约,南京亦认现状下无可直接交涉 …… 457
377. 调查团今日由日赴青,日阀协商治满新策,将以武藤大将代替本庄繁,日正准备承认伪国,英舆论认为违约 …… 458
378. 韩人谋刺调查团,日人又抓到宣传资科[料],竟谓我国允供给费用 …… 459
379. 调查团明晚可抵青岛,罗外长必要时将北来晤洽,顾代表昨过津赴青岛迎候 …… 460
380. 社评:调查团惟一应尽之职责 …… 462
381. 调查团今日抵青即北来,顾代表切盼国人决心国救 …… 464
382. 调查团北来今晚抵平,莱顿因病将由济南乘机北上 …… 466
383. 调查团为制报告归北平,莱顿病乘飞机到平即入医院,日本表示承认伪国形式可缓 …… 468
384. 短评:劳莱顿 …… 471
385. 读者论坛:望政府勿再因循误国 …… 472
386. 莱顿病已渐愈,总报告下月起草,将组起草委员会分配工作,调查团对热河问题极注意 …… 473
387. 朱鹤翔谈片 …… 474
388. 国联调查委员决在海滨避暑,由绥署及北宁路负招待责任,调查团专车大部员役供使用,彭济群任招待处长 …… 474
389. 调查团昨晨举行例会,莱顿渐愈尚未起床 …… 475
390. 莱顿病渐愈,一周后可出院 …… 475
391. 伪国名义上虽独立实则为日本领地,英伦报纸警辟之论,谓国联与美国均不能恝置 …… 476
392. 莱顿昨又微热 …… 476

19

393. 调查团注意热河消息,希望我方随时供给,报告书下月可开始起草,
    莱顿病渐愈将赴北戴河 ………………………………………… 476
394. 莱顿昨已工作,但尚未出院 …………………………………… 477
395. 报告书下月起草,莱顿已工作但尚未出院,美报载报告书将直率宣
    布日本无理 ……………………………………………………… 477
396. 国联调查团报告书八月底完成,德、义两委员昨赴北戴河避暑 …… 478
397. 顾维钧昨赴北戴河 ……………………………………………… 478
398. 朱鹤祥等返京 …………………………………………………… 478

索　引 ……………………………………………………………… 479

1. 国联昨于法外长主席下开会，中国要求另定有效办法，日当局昨称决拒绝干涉，日政府抗议驳覆书昨晨送出

【南京十三日下午五时发专电】　外部接日内瓦十二日电。此间因国联行政院再次集会讨论东省事件，空气异常紧张，谣言极盛。群众对于行政院将采何种步骤以解决纠纷，亦多所推测。中国代表仍坚主国联应即派国际调查团实地视察，日方对此则极端反对，并表示日本宁愿退出国联，而不愿受国联之支配。同时日方提一离奇提案，主张将东三省改为委任统治地，由日本行统治权，但此说已为华方代表所驳斥。

【南京十三日下午九时发专电】　外部接日内瓦十三日电。本日国联行政院特别会议组织最后变迁如次：白里安代娄洛为主席，娄洛已在途中，英外相里丁与西锡尔爵士及义外相葛兰蒂皆到会，德由前驻罗马尼亚公使穆西斯充代表，美国列席观察员改由驻日内瓦领事吉伯特充任。

【南京十三日下午八时发专电】　十三日国联行政院会议，我国代表声明下列各事。第一声明我国自九月三十日国联行政院决议后，我国政府已经完全依照决议，切实实行：（一）国府已经于九月二十日、十月七日两次明令全国政府机关，切实保护外侨生命财产，确守秩序。九月二十日命令中，并特别声明切实保护在华日侨生命财产之安全。各地方政府无不竭尽全力，为有效之执行。在此十余日间，全国人民虽极悲愤激昂，然无论在何地方均十分忍耐，绝无越轨行动。（二）本国政府因希望日本能接受国联行政院之决议，实行撤兵，于十月二日切实电令东北边防司令长官张学良，迅速派员负责接收日军撤退地方，并切实负责恢复秩序。经已派定张作相、王树常两员前往接收后，即将此事电令驻日蒋公使通知日本政府，迅速电令该国占领辽吉各地方之军官，遵令完全撤退，与我国所派张、王两员接洽。第二声明日本在国联行政院决议后，不但不履行撤兵之决定，实践该国政府所自发表不扩大声明，且更继续在各地实行各种军事行动：（一）十月三日在洮南地方有日军三十余名，押运军械一车，接济蒙匪。（二）十月一日日军在辽源地方运去军械十余牛车，接济蒙匪。（三）十月七日日本飞机五架在新民地方抛投炸

弹多枚，炸死人民三人。（四）十日日军铁甲车一列到通辽，炸毁铁道，同时散放传单，并通告人民已埋放地雷。（五）八日飞机十二架袭击锦州，投炸弹七十余枚，并用机关枪扫射，死交通大学教授俄人一名、工兵一名、平民十四名，伤二十余名。并散发传单，痛诋我高级长官，煽动并威逼我国人民叛离国家。（六）九月三十日以【后】在长江内陆续增加军舰八艘，并增加陆战队，均在上海、镇江、南京直至汉口、大冶等地方示威。在中国海南部增后①加军舰四只，在温州、厦门、福州等地方示威。（七）在东北各地实行挑拨，威逼地方官绅组织非法政治机关，实行破坏中国行政权。（八）十七日飞机在唐山工业区域及其他各地飞翔示威。（九）日兵舰四只到青岛示威。（十）其他日本陆海军行动。第三要求行政院另定有效办法，并请贯澈其原定令日本完全撤兵之主张。

【日内瓦十三日电】 中国施代表已向国联理事会转达中国政府之意，请急筹办法，维持和平，并请派委员前赴锦州，调查日军飞机轰毁情形。又日军前在锦州用飞机散放之传单以及中国政府劝告人民保守镇静、服从负责官府命令俾守秩序之布告文，皆由施氏递交国联行政院。

【日内瓦十月十二日特电】 国联秘书厅本日空气紧张，呈异常忙碌状，刻正筹备十三日行政院召集考虑中日争端之临时会议。政界相信此项会议或将占本星期大半时间，于满洲问题纵不能获得确切解决，但无论如何，亦可促占领区域日军早日撤退，以弛缓紧张空气。一般特别注意驻日内瓦美领事吉伯特将列席会议，充任美国正式旁听员，并以为吉氏或将被邀参加五国委员会。讨论行政院会议将采若何行动，将凭五国委员会作最后决定。行政院会议代理主席西班牙外长娄洛，因该国国会讨论新宪法问题，情形重要，不克出席，行政院会议主席将由法外长白里安充任。英代表出席者为外长里丁与西锡尔贵族，德总理兼外长卜鲁宁因国内政局关系不能到会，德政府委派前任驻罗马尼亚公使封穆西斯充任代表。按德国不派外部高级官员出席，一般认为德政府对远东事件欲采静默态度云。

【日内瓦十二日合众社电】 本晚有欧洲重要政治家数人已抵此，准备明日出席国联行政院会议，考虑满洲形势。中日双方传来消息，称情势愈见恶

---

① 编者按：原文如此，多一"后"字。

劣,但国联行政院会议,将美政府充分赞助能阻止中日间紧张形势,仍为有望。中国请求国联派视察团调查满洲情势,或能邀准,但日政府仍未撤消认调查为不必需之态度云。

....

(《大公报》,1931年10月14日,第三版)

2. 社评:日本赞成国际调查之狡黠

国联行政院为中日问题,自本月十六日第三次开会于巴黎,其消息之沉闷,公表之稀少,比较九、十两月之两会议,完全不同,极堪疑异,至少可认为内容重大之表征。日本对于国联九月三十日决议虽尝声明服从,实际则自由行动,悍然不顾,对于十月二十二日决议更明言不受拘束,而坚执所谓基本大纲五点为与中国商议撤兵之先决条件,其漠视国联,蔑弃公理,久矣夫彰明较著。今进兵龙江,逐我疆吏,占我领土,举动横暴,变本加厉,国联面目为之扫尽。乃东电传来,日本外务省会议竟主声明撤回五项要求,使国联恢复九月三十日之状态,并同意于国联派遣调查员之动议。此事自表面观之似为堂皇,盖国联派遣调查团乃中国最初之要求而日本迭次拒绝者,今日方同意此节,似为对华让步。所谓基本大纲,则系日本提出夙受中国反对者,关于该案第五项承认既存条约问题,国联方苦穷于调解,今日本自动撤回,似为国联解除困难,使中国消融反感。然而,按之实际,此种策略用诸今日,正见其狡黠恶辣,国人不可不察。请申言之,以唤起国人之注意。

一、吾人应知国联现在地位只求能劝阻战事,断不能为我评断是非,争索失地。日本对我战而不宣,所受利益乃较战争尤大,故对他国向不自认为战争。现在龙江得手,南北满悉在其控制之下,当然更无需再取军事行动。国联方苦于转圜无计,下台无阶,如果得一承认派遣调查团之诺言,在国联已可保持面目。中国疆土已失,名实俱丧,国联则自认颜面苟全,撒手不管,中国将如之何?

二、方事之起,日本南陆相曾表示:只要南满到手,即令失去中国南部商场,亦不足惧。今不特辽吉主权归其支配,即黑龙江亦入彼势力范围,踌躇满志,尚夫何求？侵略之事实已经造成,尽可从容经营,徐图消化。拖宕愈久,展布愈宏,对于既成之事实,国联益无如之何。今之欢迎调查,正所以延长时日。迟速之间,利害不同,彼逸我劳,今昔异位,此不可否认者也。

三、外交应付,本贵审时,机会之来,稍纵即逝。方第一次行政院会议,世界舆论几于全体动员,日方形势颇为不利,是以币原一再宣称,愿与中国开始交涉,决不新提要求。第二次会议,中日不至真正开战,已被各国看透,日本乃敢提出五项基本大纲,欲以法理上有瑕疵之条约,藉国际公认保证其效力。国联勘破其奸,置之不理,日本乃仍运用武力,长驱嫩江。今侵略大计完成,一斧两面之外交军事,已到浮屠合尖、两流并贯之局,凡所攫取,岂既存条约所可范围,又岂需要夫国际保证？且毋宁以受国际公认为束缚,故毅然宣称"现在无强求国联与以解决之必要"。此如股票市场,朝夕价格不同,彼已投机得利,自然头角高昂。观夫前日东报曾载英国有一调停案：中国承认条约,日本立即撤兵。此在一个月前或为日本求之不得者,今军事进展之前途希望远越夫条约所许之权益,则中国承认既存条约,或转足限制其无穷之欲望,态度一变,岂无故乎？

四、同一国际调查,中国所求者,视察日本之暴行,立为有效之制止,日本所求者,则以侮辱中国之用心,助长日本之骄横。一为限于争议之现场,一为延亘中国之全土。国联果□所请,则调查报告,开会审议,为期正远,日本大可于此期间充分布置,更不难手造若干新政权,制成满蒙"新国家",藉伪造之民意,供侵略之应声,欺世界之耳目,惑各国之视听。旷日愈久,方术愈多,此种国际调查团,何异乎傀儡登场？中国届时将陷于播弄由人、啼笑皆非之境,国家前途岂堪问乎？

以上所陈,仅系日方提议,国联将如何应付尚难预言。至于中国,仍应坚决主张即时撤兵,盖"中国任何政府,均不能于武力占领之下,接受直接交涉"。诚如施肇基公使致函国联行政院所言,国联如果容纳日本动议,听其延宕,是无异承认其武力占领为既成事实,则中国国民绝对不能承认,此宜预示决心者也。

(《大公报》,1931年11月21日,第一版)

3. 国联欲敷衍而无法，中国虽迁就而不能，白里安要求休战，日本且反对

【南京二十一日下午六时发专电】 蒋积极准备北上御侮，俟大会闭幕后，将召集在京六十余将领，商讨同赴国难步骤及军费缩减后之军需支配，总部一部人员准备随行。

【南京二十一日下午六时发专电】 外交界息。国联二十日秘密会议，决定派调查员赴东省。二十一晨特外委会开会，讨论中国应否接受或赞同此办法。当时发言者甚多，有谓日本开始侵略东省时，中国原要求中立国调查团往东省调查，现在情势略异，日本必即时撤兵，中国自欢迎调查团前来。当经决定，令施使遵行。又闻，日方赞同该调查团来华，将藉此机会怂恿调查中国抵制日货及反日运动，以为狡辩之地步。闻政府将声明，调查区域只能限于东三省。外部事务现由宋子文兼顾照料，重要公事多送宋阅。

【南京二十一日下午六时发专电】 二十晚十一时，外部非正式发表日军占黑垣事。政府已提请国联紧急处置，一面并已向日本政府提出严重牒文。

【南京二十日下午九时发专电】 特外委会二十日晨七时，在中央党部开会，将黑垣失陷情形急电施代表，向国联提紧急抗议。在京各外使亦一度集商，分电平、哈各该国使领馆，探问详情。

【华盛顿十一月二十日路透电】 相信美国如接有邀请，将允可派代表参加赴满之国际调查团。

【巴黎十一月二十日路透电】 美国驻英大使道威斯今晨与白里安氏协商一小时。会后，道氏声称，因美国非国联会员，故彼列席行政院会不但不甚适合，甚或将令行政院会感觉窘迫。美国一方面对于国联求获和平之努力虽抱同情，但于采取途径时，必须保守其判别之充分自由云。

【巴黎十一月廿日路透电】 国联行政院决定派遣调查团赴满之提议，予现时难关以一种解决方法。据闻日方接受派遣满洲混合调查团，附有条件数项，但日方既在原则上承受派遣调查团之举，故现局已失去一切锐性。据推测，行政院将坚持划出某种中立地带，并由双方担保停止敌视与挑衅。据白里

安氏告知国联,称关于华方态度料想不至有任何不合理反对,并料在某种保障下中国将同意派遣调查团。此项调查团之派遣将不影响撤兵问题,此问题将随日本意向,并须视日侨生命与财产之安全以及中国愿否谈判一通常条约为判。因本日下午会议之结果,行政院十月二十四日决议案成为废纸,任何强制提议均不再提。行政院开会历二小时,顷间情感大为宽慰,紧张空气弛缓。据承认,行政院采取此项办法或将受若干指摘,但在现时环境下,实系最为明智。二十三、二十四两日或将再行开会,可无虑有任何严重反对。

【巴黎十一月二十日合众社电】 国联行政院各理事本日继续开非公开会议,讨论中日满洲条约法律问题。各理事分小组开会,集中研究两种提议:第一,提议关于缔结一远东"罗迦诺条约";第二,提议委派中日调查团两组,同时在满洲与欧洲工作,解决中日争端。前项提议如能实现,可规定一种担保,使侵略国家之军事行动将受订约国联合军力之干涉。此约将根据现时中日间条约。后项提议系国联秘书厅所提,规定委派一委员团监视日本撤兵,同时在欧召集一混合调查团,解释中日条约地位。刻间法国外部与巴黎各大旅舍中不断作私人间协商,中日双方现仍继续有照会致行政院。施氏函行政院,请注意日军在大兴与乌里淖尔杀伤华军事。施氏正式否认中国与苏俄接洽,购买军器。

....

(《大公报》,1931年11月22日,第三版)

4. 国联行政院正式会议仅提出派遣调查团案,施肇基宣称问题中心在撤兵,朱兆莘谈将否认非监视撤兵之调查

【巴黎十一月二十一日路透电】 国联行政院于本日下午四时四十分举行公开会议。主席白里安氏于综述一般情势时,指陈自上届会议后,行政院曾企图根据国联盟约第十一条,探求解决此问题之和平办法。行政院九月三十日之决议案,仍然有效。行政院必须探求适当方法,尽速使决议案中之规定可以实现。白氏恳中日代表发言时,须以关于终止现局之提议为限。芳泽氏称,日本在精神与字面上充分遵守九月三十日之行政院会决议。氏提议,应在国联

主持下，派遣一调查团至出事地点，收集关于中日情势不偏袒消息。该团无权干涉中日谈判，亦不得监视军队行动。在此种条件下，日本准备以最小限度之可能延缓，撤退其军队至铁路线内。施肇基氏称，日军占领中国领土，系违犯庄严条约与国联盟约，此为问题中心。解决之方法，如不能规定立时停止一切军事行动并立时开始撤退此项军队，于最短时限内使其逐渐完成，则此项问题将无从解决。关于撤兵或撤兵之同意，中国政府除于讨论在撤兵地带获得生命财产安全之详细办法外，不能磋商任何其他条件。中国为求获得迅速完全撤兵起见，请求能以国联会员资格享受在国联盟约第十一条与其他各条下之一切权利与补救办法。芳泽氏挽言，称日政府以为调查事应在中国与满洲境内同样举行。白氏于结束辩论时称，提议之调查团，无疑将可令局部情势趋于平和并获得调解。氏郑重称，此次探求者非一临时之解决方法，而为经久之解决方法。白氏称将研究日方提议，并希望对此事能制成一一致的决议案，一俟获得充分进步，即将重新开会。仅就调查团之莅临而言，对于使空气平静，将收重大效果，在调查团人选派定并着手工作前，须无新冲突事件发生，故必需设法不令任何意外事件扰及和平。当行政院理事鱼贯出议场时，均感宽慰。惟此种宽慰尚系期待性质，因谈判各方仍未脱离荆棘。第二步棘手工作将为起草双方可以承受之决议案。此举将由国联秘书厅与著名法学家协商，着手起草。此项草案经赞同后，将交中日两国代表阅览。此项决议案能于行政院会议中披露前，在幕后须经过若干活动，其日期大概为下星期二三（二十四五日）云。

【南京二十二日下午十一时发专电】 外委朱兆莘谈话。（问）"日本坚持先谈判，后撤兵，我方是否将让步？"（答）"撤兵为当然之事，万难让步。"（问）"日本向国联提议派调查团赴东三省，我方是否同意？"（答）"国联决议案组织专门委员会，规定须中立国代表监视撤兵及接收任务，为我国欢迎，现变为日本主张。此种性质之调查团，我国不能同意。"（问）"日本以宣布中日条约有效为撤兵之代价，我方如何应付？"（答）"条约中之'二十一条'，为全国所极端否认，岂肯加以宣布？"（问）"国联现时袒日倾日，将来是否将使我国接受不满之条件？"（答）"国联如不能有满意之调解时，我惟有自决行动。"（问）"施代表何以不援用盟约十五条？"（答）："必要时当然提出。"（问）"各国能否照盟约十六条规定，对日经济封锁？"（答）"国联如无办法，则盟约等于废纸，世界和平亦不可保。"（问）"日本进兵不已，将如何应付？"（答）"日本现时继续军事动作，是已目无国联，无异对我不宣而战，我方只有为自卫而抵抗。谁为祸首，世界自有公平，何所用其疑惧。"

....

(《大公报》，1931年11月23日，第三版)

5. 与施代表两重要训令：提出十六条必须速撤兵，望迅速议决公道切实之办法，否则中国途径惟有第十六条

....

派遣调查团仍须即撤兵

【巴黎二十四日特电】 国联情势似仍在僵局中。英国与西班牙代表显然欲在决议案中加入一条，声明派遣调查团事不得用作日方延缓撤兵之口实。查英代表团突然赞助中国施代表之观点，颇引起国联方面惊讶，盖英代表团前此并无此项倾向之表示也。施代表宣称，按照行政院决议案现时之方式，可不必转达本国政府，因中国政府定断然将拒绝承受云。

【巴黎二十三日特电】 本日行政院继续讨论起草派遣中立调查团，以终止东省战事之决议案。施代表提议于日军撤退时，由驻在远东外国军队担任保护东省日侨之责，未经会议采纳。又施代表暗示，除非日方立即开始撤退占领区域军队，中国将无从同意调查团之派遣。

【巴黎二十三日电】 施代表昨在国联会上质问国联能否承认华方要求，英代表西锡尔氏当答以可。白里安氏称，刻法政府专候调查中日双方情形之报。德代表称，兹事国联务必设法，俾使中日双方圆满解决。其余各国代表均表示急愿组织调查团。白里安以中日双方对各方言论均无异议，转向双方致谢，并希望调查团在东北之行勿为扰乱者所阻。施代表发言，谓调查固应进行，然日方仍须立即撤兵，以符原议。日代表答称撤兵一节不成问题，日人在东北之生命财产须有安全之保证云。

行政院研究决议案草案

【巴黎十一月二十三日路透电】 国联行政院于今晨十时五十分开会，中日代表均未出席。会中研究国联秘书长德留蒙氏与国联专家拟成之决议案草

案,内容包括组织调查团事件。会议同意根据日本提案而参以行政院意见作成之决议案一件,十二时十分散会。此项决议案将于本日下午通知中日两政府,定二十四日上午十一时再度举行非公开会议。据闻此项决议案将撤兵问题与派遣调查团分开,庶令撤兵事不致受委派调查团或该团行动之影响。又电,今晨国联行政院会切实开始工作,以制成终止满洲危机之神秘的方式。秘书厅起草决议案条款,忙碌直至夜深。决议案全文中规定,日军须尽速撤退至南满线内。此条措词实际与九月三十日通过之决议案相同。该决议案拟委派一三人组成之调查团,佐以中日双方人员,着手调查影响中日关系之全般情势,其措词具有充分笼统性质,包括极广泛意义。该案并说明此项调查团与中日直接交涉无干,并不得以任何方法管理或干涉日军行动。现时正在协商中,结果该案内容大概将有修改,希望于二十四晚或二十五公开会议中提出一具体决议案。

【巴黎十一月二十三日路透电】 顾维钧被任代理外长,不仅在国联方面发生一极良好印象,即在外交界亦然。国联方面与顾氏多熟识,外交界感想,以为顾氏对于现时中日关系,或可收和解影响。

....

(《大公报》,1931年11月25日,第三版)

6. 颜惠庆谒蒋辞行,昨晚赴沪,后日放洋

【南京二十四日下午十时发专电】 颜惠庆二十四日晨到京,先访顾维钧,谈中日事,下午二时谒蒋辞行。颜发表谈话称:"迩来外交形势益见紧张,政府又频加催促,不得不赶早成行。中日问题,最近国联徇日方之请,拟组织调查团来东。我国在未见日方撤兵以前,此种足以延缓撤兵之调查团,当然表示反对。盖中日两国对调查团之希望完全不同:日方志在希望调查团出发后,期得各国承认其出兵为正当;我国以为必待日撤兵后,方足以言调查。良以目下东北形势,在在易生不幸事件,苟不去其导火线,并在日方不正当势力支配之下,何从得有善果。余意国联当不受日之绐也。余已定即晚赴沪,二十七日乘林肯总统号赴美,过沪时并拟与伍梯云一谈"云。

....

(《大公报》,1931年11月25日,第三版)

7. 图穷匕见之外交关头！中国将接受国联决议案，国联努力用尽，中国委曲求全，但日本仍主张保留自由行动，日陆军省声明并非终止攻锦！

【南京二日下午六时发专电】 施肇基已将国联决议草案内容电告政府，并请训示。官方迄现在止，尚未有公布任何内容一部之意。惟据可靠方面消息，政府对于该项决议案已决定予以接受，外部即日训电施使遵照办理。新决议案要点，调查团共派五人，另由中日代表协助之，中立区内中日军均撤退，由中国警察维持治安，剿匪事宜日方得有权处置等。关于南满线以外日军，未定有撤退确期。中国政府对该项决议案未引为满意。

【南京二日下午七时发专电】 顷晤政府某要人，据谈，自东北事件发生以来，国联行政院两度决议，日本皆未能践言。此次国联为各种之努力，以冀得一结束。默察国联因种种关系，未能毅然采有效制裁，努力已濒于用尽。吾人委曲求全，遵从国联决议，国际同情实在我方。吾人本此次决议，静看日本履约与否。若并国联决议复别生异议，在国联即为完全丧失权威，中国政府届时惟有依照九国公约第七条规定，请求召集九国会议，重行讨论。至于直接谈判之说，两日来以重光到京与顾维钧一面之后，此声随之而起，但政府认定在目前日军之暴行未戢时，尚未能作何等准备云。

【南京二日下午九时发专电】 顾维钧二日接见徐州学生请愿团时，谈话要点如下：（一）锦州设中立区事，因在我国领土内，决不可退让一步。惟国联以中日军队接近，恐有触发危险，故有设中立区之提议，俾日军不能再进。（二）张学良与日交涉承认五项原则说，并无其事，外部曾电询得覆，完全不确。（三）重光晤余，系致道贺意旨及日本立场，与对国联态度。余曾以我国立场及态度告之，未及其他中日交涉。我国最重视者为撤兵问题，撤兵未解决前无谈其他可能。（四）驻外公使未发表者，日内亦当遴选有经验学识【之】外交人员充任。（五）与俄复交关系重大，已嘱主管司将对俄交涉经过检呈查核，以凭决定方针。

【巴黎十二月二日电】 国联解决远东问题方案，尚未经官方正式公布。《纽约前锋报》巴黎版揭布决议案大纲六条：（一）明白承认九月三十日国联决议案;(二)中日双方担保避免危及人民生命之任何举动;(三)两国担保关于满洲情势常川向国联提出忠实报告;(四)两国承允始终将一切消息充分供给国联;(五)委派由委员五人组成之调查团;(六)赋予白里安氏权力,俾能观察形势,遇必要时得重新召集特别行政院会议。又据《巴黎晨报》讯,调查团将包含法、英、美、荷、义五国代表各一人。又电,本日下午行政院通过派遣调查员赴满之决议草案,调查团委员五人,原本定三人。

【巴黎十二月二日法国无线电】 法外长照会日代表,声明调查委员会赴东北调查,并无第三国参加干涉性质,不过临时调查,以期划分中立区域,由各国组织联军驻守云。又委员会昨将日方所提改之议案转施代表,闻系请中国方面先行撤退驻军云。

【巴黎十二月一日路透电】 关于派遣调查团之行政院决议案条文,已经日代表赞同,惟日方反对决议案引言中某某数点,并提出一对案。结果行政院仍赞助与日方对案对立之起草委员会观点,但稍加修改,相信与原来声明并无妨碍。行政院希望能于本星期六(五日)举行公开之全会,届时将由行政院全体理事十四人表决引言与决议案。据闻行政院赞同委派有国际声誉之绝对第一流人物,充任满洲调查团委员。

【东京十二月二日路透电】 可靠方面宣称,倘令国联决议案中无赋予日本剿匪权力之规定,则日方将不能加以接受。

(北平电)施代表电京报告,一日芳泽函白里安,略谓中国军队延不撤退山海关,形势仍险。芳泽并声明无恫吓意义,但望本案速了。

············

(《大公报》,1931年12月3日,第三版)

8. 顾维钧谈外交方针:在国联正力争,对日本无交涉,宗旨须定,方法、手段不便自缚;沪各团体电京警告政府勿软化!

【南京四日下午八时发专电】 重光在京猛力进行直接谈判,急图在现状下先谈判后撤兵。昨今沪各团体纷电中央国府,反对直接交涉,请政府勿软化,同时电顾警告。

【南京四日下午三时发专电】 四日午顾维钧招待新闻界,就各记者问答覆如下:(一)所谓直接交涉,不能一切问题都用一种方法规定,谋如何解决。对外国际上宗旨固要抱定,方法手段不必自己束缚自己。中日间悬案在武力占领之前者,自须撤兵问题先决,方及其他。日军占领各地非特违法,人民痛苦亦深,故撤军愈早愈好。至方针,则待外委会决定。以现今情势言,离开谈判固尚远也。(二)现在根本上中立区无此问题,因中国不承认日方提议。中国军队绝无意前进攻击日军,日军亦已撤退,果系诚意不来找到中国军队,当然不能发生冲突,是即无商量缓冲之必要。(三)撤兵时间,我方看得甚重,每次国联开会,我均本一贯主张,对此问题坚持,三次开会均如此,亦即最主要之点。国联经十月二十四日决议未有结果,若此次仍照十月二十四日大会决议,则此会与不开等。故国联对中国坚持时期问题,当然认为甚对。而此点最为对方所反对,双方往返辩论。国联所提调停办法,精神上实仍有限制相当期内日兵须撤回,不过字面上施代表只争到一半,亦只能谓让步。吾人并非放弃,吾人放弃者仅字面有不同。现在决议案大意谓九月三十日决议案仍有效,日本撤兵愈速愈好,如国际调查团到华,日军如仍未撤回,调查团应立即报告国联,并建议办法等语,由此观之,日军当于调查团到华之前撤退,甚为明瞭。(四)调查团范围与时间,凡足以摇动东方和平之事件,均可调查,一方提出之建议,亦可立即从事调查。至调查之时间则未定。(五)剿匪一层,日方提案本拟置诸决议案中。我方力争,不应在国际会议提此,得未列入决议案。国联认为有理,亦坚持不能加入。日亦坚决。最后调停办法,由白里安于宣言时有此陈述,但吾人仍不能承受,施代表仍力争中。

【南京四日下午十时发专电】 法使韦尔敦四日午赴外部谒顾维钧,询问我政府对日本锦州问题提案之意见,日本提案能否接受。顾答此项提案,中国政府绝对不能接受。中政府此次将东案提出国联,请主持正谊,督促日本撤兵,若国联竟请中国军队自向本国领土内撤退,岂能承受。官方对国联调查团中德人萨尔夫将选入为调查员,甚表冷淡,因萨对东省问题演说批评等,对中国往往发非必要之苛刻言论。

············

(《大公报》,1931年12月5日,第三版)

9. 国联决议案定昨晚发表，国府已训令施肇基接受，昨下午五时大会通过即闭幕

【南京九日下午七时电】 外部接巴黎电。国联行政院八日晚讨论决议案及主席宣言，并定九日下午五时举行大会。该决议案对锦州问题并未提及，调查委员会亦仅调查东省现状，对日本撤兵并未规定期限，内容极宽泛笼统。美国驻英大使道威斯对该决议案已表赞同。顾维钧接电，特于九日晨八时谒蒋报告，并访戴季陶、宋子文商办法。十时特外委会开会，就国联决议案郑重研究，至午后一时散会。结果以该决议案第五款对日军撤退未定期限，认为国联对日过于软弱，惟为维持国联决议案之法律的效力起见，仍表示接受，已致紧急训电于施代表，令于投票前提出三项保留，如国联同意，我即接受决议案。又外部息，关于国联决议案内剿匪一条，国府又训令施代表，嘱继续坚持要求删除，倘行政院将该条载在白里安说明内，亦须坚持反对。

【南京九日下午七时发专电】 九日顾维钧未到部，重要公文多在官舍批阅。金问泗以下各司科长均到部照常办公。顾处事审慎，悉秉承特外委会意旨。

【巴黎十二月八日路透电】 国联中国代表团公布一本国财政部通知，称倘令所谓沈阳新政府干涉满洲海关抽税事，则将该关封闭，倘令此项干涉发生，由日方肩负完全责任。

【上海九日电】 据九日巴黎电，行政院定本日下午五时举行公开会议，午刻举行非公开会。倘经芳泽请求，或将决定于明日闭幕。行政院理事强烈赞同，无论是否闭会，于本日下午举行一公开会议，希望本日下午中日两代表团均可接到接受决议案与白氏宣言之完全训令。（又电）行政院今午举行非公开会议，决定于今日下午五时举行一公开会议，届时白里安氏将宣读决议案与宣言。今晨开会时，中日两代表均未出席。公开会议后，行政院将再举行一非公开会，讨论在巴黎开会期中之经费问题。关于此事，据本日法政府宣布，愿拨一批巨额补助费，因此次会议在巴黎举行而不在日内瓦，系为谋白里安氏之便利云。

【巴黎九日上午电】 国联行政院三星期以来之特别会议，大概将以九日下午之公开会议而告一结束。惟中日代表团于本日所接政府最后训令，如不

能完全被接受时,则末次会延期二日,亦非不可能。惟大概可不致如此,盖行政院对日本争持各点几于步步退让,而中国则显然切望用某种妥协方法,除去日军前进之威胁。在中日代表以外之十二理事委员会于九日晨开会,最后将决议草案与以文字之整理,并探询争执双方对此项方式是否同意。设置中立区之理想,现时似已确切放弃。行政院将以双方担保维持东省之现状为满足,而保持一非正式中立区。决议案原拟列入一条款,令调查团提出临时报告,视立时撤兵是否可行,顷因日方反对,将其打消。行政院长期讨论之调查团团员人数将定为五人,但西班牙代表于本晨会议时,曾提议将人数增至六人或七人云。

【巴黎十二月八日路透电】 国联行政院于今晚将决议案及主席宣言最后本文[文本],属稿完竣。当决定将剿匪问题列入主席宣言,而不作为日本之特别保留条件。宣言中将不提及锦州问题。遴选调查团委员人选,由国联秘书长德留蒙氏与有关系国家协商决定,人数规定五名。临时发生意外之惊讶,虽不可谓为绝无可能性,但预料中日双方均不至反对决议案及宣言。将锦州中立区问题搁起不谈之决定,其意义等于行政院以一不确定之道义的妥协,代替一管理军队驻扎之确定草约。惟此节并非摈绝中日对中立区之直接妥协,或日本有提出较易承受之新提案可能,不过行政院暂时不过问中立区问题,准备散会时对于锦州情势不作正式协定。行政院公开会议定九日下午五时举行,希望此会将为末次会。

【又电】 谈判将近结束,预料九日将举行一公开会议。据闻白里安曾致函芳泽,表示希望日军勿越过其现时阵势,双方应避免挑衅事件。中立区问题已搁置,防止冲突由当地军事司令官负责。

【东京十二月九日路透电】 日政府将训令芳泽代表整个接受国联决议案。据巴黎最近消息,日方反对之条款现已删去。(又电)倘令国联决议案第五节关于调查团范围之条款能以删去,则日本将准备加以接受,因该款在实际上可视作规定日军撤退之时限,以故不能接受。又将日本剿匪行动之保留列入白氏宣言之提议,亦可承受,惟在字句上或须小有修改。据闻政府因此将训令芳泽,请求国联行政院将末次会议日期稍展。(又电)据闻芳泽氏遵从日政府训令接受决议案时,关于日本主张之剿匪权,将作一单独之保留声明,内容将注重此举纯系恢复通常状况以前之临时办法,并将提议请白氏将其宣言中关于此问题部分删去。

【巴黎九日法国无线电】 法外长白里安氏昨日下午与日代表谈话,大略系划分中立区问题。旋白氏即将日方意见通告十二国代表。闻日方拟将中立区划至长城,白氏答以此项主张碍难承认。英代表在席间提议予日方一严重答覆,且命驻日各国公使通知日外部,并闻英代表态度强硬,意甚坚决。

....

(《大公报》,1931年12月10日,第三版)

10. 日拟依基本五点直接交涉,国联调查团员一时难选定,施曾向美代表声明不能考量锦州撤军

【巴黎十二月十一日路透电】 起草委员会在下周前预料不能开会,届时将考虑东京与南京方面消息,并遴选调查团委员,此项委员迄今尚未选出。据可靠方面宣称,日政府仍准备根据在日内瓦国联行政院提出之基本五点,直接交涉。

【南京十二日下午六时发专电】 巴黎十一日美联社电。施肇基因繁劳过度,今日离巴黎赴某处休息。又关于国际条约与公约不能适用于东三省之说,施使已正式否认。

【南京十二日下午六时发专电】 顾维钧电张群云:"顷接施代表电开,昨日巴黎开会,据巴黎某报载称,弟曾向道威斯微露中国军队可向锦州撤退之意。查道威斯昨日上午曾邀弟晤谈,彼拟对于锦州问题有所声明。弟告以中国对此问题无任何提议,所有中立区及锦州撤军各节,我方绝对不能考量。道威斯声明因未发表,某报所载显系谣传,特电接洽等语。查日来外交消息,每多误会。上开各节,希酌告二十四公会诸同人,以明真相。弟顾维钧叩。文(十二日)。"

【南京十二日下午八时发专电】 巴黎十一日美联社电。起草委员改今日午后开会,商议成立调查团问题。大约此事非短时所能办,盖于五国各种专家之中,选出工程家、法学家、经济家、军事家与普通商业家各一人,殊非易事,恐须费相当时日。

....

(《大公报》,1931年12月13日,第三版)

11. 英代表归国后对中日事件之演讲，谓调查团如成功可永免战事

【伦敦十二日电】 一九一四年战前任外长之葛雷贵族与西锡尔贵族，因国联行政院闭幕，昨自巴黎遄返。二氏昨晚在伦敦向示威者演讲满洲情势，葛雷称，彼以为有一般极端人士称满洲争端暴露国联之弱点，此种观察不无错误。氏称在大战前，此种事件定将引起莫大纠纷，故彼颇感谢有国联之设立。氏称日本在满洲地位，具有一有力之理由，□彼在向国联申诉前，骤行采用武力。彼以为此种举动与国联盟约或非战公约不符。西锡尔氏谈及国联派遣满洲调查团事，称彼信此为一极重大之机会，倘令侥幸成功，或可永远避免远东之战云云。

(《大公报》,1931 年 12 月 14 日,第三版)

12. 德、义派定调查委员

【巴黎十七日法国无线电】 关于东三省调查委员会应派委员一节，法国外交部主张委派赛利尼将军，但陆军部之意拟派德古特将军。今双方相持，故须待明日之阁议决定。闻义国已派定商宰氏，德国已派定前菲洲属地总督雪南氏。据称政界方面对于此节极为重视，盖自欧战以来，德国素未参加远东国际行为，而今乃为第一次也。

【巴黎十二月十五日合众社电】 国联行政院起草委员会本日会议全日，刻正讨论满洲调查团人选问题。该委员会本日与日代表团法律顾问伊东氏及中国代表胡世泽协商，因此项人选之指定，须先征得中日双方同意。调查员现尚未正式任命，但预料在十七日前，至少有数人可以发表。

(《大公报》,1931 年 12 月 18 日,第三版)

13. 调查团人选大致已拟定

【巴黎十二月二十一日路透电】 日内瓦电讯。满洲调查团人选将如下列：（一）李登贵族 Lord Lytton——英人，前任孟加拉国省长，代理印度总督，氏将任调查团主席；（二）克劳德尔将军 Claudel——法国陆军军官；（三）希尼博士 Schnee——前任德国东非洲总督；（四）卜蓝迪尼伯爵 Aldo Brandini——前任义大利驻德大使；（五）哈因斯 W. D. Hines——美人，欧战时任驻法美国铁道主任。该调查团出发期，大约在来年一月底。

【伦敦十二月二十一日路透电】 路透社得悉，前电日内瓦方面满洲调查团人选预测，仍须视作未成熟之拟议，因上述已经接洽诸人中，多尚未表示同意。以故上述名单仍未提交中日政府，在调查团正式成立前，必须征得两国同意。但无论如何，该团在一月底以前，大致不能成行。一般视作颇有允任团员把握之哈因斯氏，曾在凡尔赛和约下充任内河输运问题国联仲裁人，嗣又代表国联调查莱因、多瑙两河航务。预料日本驻土耳其大使吉田忠一氏①在回国充任调查团日本襄助员以前，将道经巴黎，对各项问题能有明瞭认识。

(《大公报》，1931 年 12 月 23 日，第三版)

14. 国联满洲调查团德籍委员之谈话：决持不偏袒态度，德国在远东无从中取利之希图

【柏林二十四日特电】 国联委派之满洲调查团德籍委员、前任东非洲总督希尼博士，关于其此行使命，本日向新闻记者发表下列谈话："余深感此行所负责任之重大。余将竭尽力量，以副一般希望德国能持不偏袒态度之至意。德国对中日两国，有最良好之友谊与极发达商务关系之联络，对于与两国有关之任何事件，均不能漠视。因德国对中日两国之利益相同，故能守严格公正态

---

① 编者按：原文如此，应为"吉田伊三郎"。

度。关于本人,虽在国外服务垂三十年,但迄未到过远东,与中日双方均不发生个人关系。故余可坦然称述,余心中对此事件无殊一张白纸,惟余对于满洲争端中精微复杂之许多问题,当然曾予以敏锐注意。余此次东行,毫不存偏见,亦无□阿私,准备听取双方理由。余决定以最客观态度,观察此项事件而提出报告。德国在远东无从中取利之希图,吾人对远东与如其他各处,一律只有一种注意,此种注意点具无上之重要性,且为全世界所共同。此注意点无他,即根据普遍之公理与正义,保障和平。余参加调查团之工作,对两国将维持完全不偏之态度与同情。吾国与中日在经济与文化多方面均有联络"云。

(《大公报》,1931年12月25日,第四版)

15. 国联调查团人选又生波折

【巴黎十二月三十日路透电】 因物色英代表困难,满洲调查团之组织又发生周折。现悉美代表将不由哈因斯氏充任,大概将为一美国将军,惟并非道威斯将军。中国代表胡世泽顷为此事向白里安氏催促,称有尽速将调查团派出需要。白氏答称,尚未接到邀请英国政府指派调查员之答覆。

【三十一日南京电】 巴黎电。国联因鉴于锦州情形又形紧张,拟令中立调查团提前来华,视察一切。惟查五代表中,闻有二人势须更动,故能否早行,尚难逆料。

(《大公报》,1932年1月1日,第三版)

16. 国联调查团迄今尚未派定

【巴黎一月三日路透电】 满洲调查团人选虽经继续努力规定,但据本晚所得讯,主席之指派,现仍未决。

(《大公报》,1932年1月5日,第三版)

17. 短评：不能再坐待

锦州已被暴日占领，国际联盟的中立调查团至今尚未派出。

国联之不可恃，已成赤裸裸的事实。无论如何，中国自己是要有办法的！

空言抵抗业已失败，外交又毫无办法。新政府如在风雨飘摇之中，外交当局复有流言之惧，真是怎样得了？

处今日的环境，已无万全之策，惟有全国互谅互助，决定一定的方针，竖起脊梁来挺，干！不能再坐待了！

（《大公报》，1932年1月5日，第四版）

18. 国联调查团人选始决定

【巴黎五日新联电】 国联调查委员会之委员人选如左，已见最后的决定：英国前印度总督莱顿爵士、美国麦克劳易、义国前驻德大使亚尔徒布兰乔尼、德国前德领亚弗利加提督希尼博士、法国军事参议官克劳德尔将军。

【华盛顿一月五日合众社电】 美国委派满洲调查团美国委员，在若干日延迟后，本日美政府正式发表，以美陆军麦克劳易将军接受此职。氏为最合该职理想之人，因其熟悉远东情形，且为美政府执行半官任务甚为圆满。氏现年五十七岁，自一八九七年毕业于陆军学校，即为美陆军服务。一九二二年升至少将，一九二九年升任中将，曾任罗斯福及搭虎脱二总统参谋，并随伍德将军在古巴及菲律滨任参谋。尝受外交训练，为一能干之军官。一九一五至一九一六年指挥墨西哥边境之骑兵，一九一七至一九一八任职于法国参谋本部，并在法统率第六十三步兵旅。一九一八、一九一九年任美国在法军队之运输司令，一九一九年任赴亚美尼亚，及一九二一年赴菲律滨之美军参谋长。一九二一至一九二五年任菲律滨总督帮办，一九二三年为美国救济日本大地震之领袖。一九二八年顾理治总统曾任其监督尼加拉圭选举。

（《大公报》，1932年1月7日，第三版）

19. 调查工作程序于离欧前订定

【伦敦七日电】 满洲调查团委员五人名单，将于星期五（八日）在日内瓦公布。该团于离欧前，将先在日内瓦聚集，订定工作程序，并设法能与国联行政院作迅速满意之通讯。英莱顿爵士已允任调查团英代表，该团主席将由行政院指定。

【巴黎一月六日合众社电】 在任命美代表麦劳考易［麦考劳易］将军为赴满调查团委员后，起草委员会已完其艰巨之工作。莱顿爵士已接受邀请，为英国委员。预测调查团赴满实际工作，尚须数星期。据十二月十日之决议，调查团将首研究满洲情况，然后再考察中国本部情形。

(《大公报》，1932年1月8日，第三版)

20. 美国发表护约宣言，因中国行政权被摧毁，向中日声明拥护条约权利，不承认侵害中国独立完整，我外部覆照今日可发出

【南京八日下午十一时发专电】 美国照会称，最近锦州方面之军事行动，业将一九三一年九月十八以前中华民国政府在南满最后存留之行政权破坏无遗。美国政府仍深信国联行政院近日所派之中立调查团，必能使中日两国现时困难易得最后之解决。但美国政府鉴于目前情势及其自身之权利与义务，认为有对于中日两国作下列通知之义务，即美国政府不能承认任何事实上之情势为合法，凡中日两国政府或其代表所订立之任何条约或协定，足以损及美国或其人民在华条约上之权利，或损及中国主权独立或领土及行政之完整，或违反国际间关于中国之政策如通常所谓门户开放政策者，美国政府均无意承认；又凡以违反一九二八年八月二十七日中日美三国在巴黎签字之非战公约之方法，所造成之情势或缔结之条约或协定，美国政府亦无意承认之。……………

(《大公报》，1932年1月9日，第三版)

21. 国联调查团将以莱登为主席

【伦敦一月七日路透电】 据日内瓦讯称,莱登爵士将任国联满洲调查团主席。又电,麦克考易将军将代表美国,任满洲调查团委员。

【日内瓦一月七日路透电】 莱登爵士将任满洲调查团主席,但现时尚在与白里安等诸理事及中日代表间继续磋商,故尚未决定。

(《大公报》,1932年1月9日,第四版)

22. 社评:对日本国民尽最后忠告

自美国前日向中日两国提出关于"满洲问题"照会,引起国际公众之注意,昨日一般形势未见开展。我国复牒虽据传业已草就,尚待最后决定。日本正以天皇被炸事件,内阁辞职,虽经慰留,政情似仍不安,对美正式答覆,亦尚未有消息。仅据昨日东京路透电述官方舌人谈话:"日本并无意在现行条约应享之权利外,再有所取求之意向,"又称:"日本并无保有领土意向,仅为环境所迫,临时从事占领。"果尔,正与币原外相迭次声明相同。英法两国是否与美一致行动,殊为世人属目。据八日伦敦路透电所传英法态度,认美国非国联会员国,故地位与英法不同,似英法仍将本国联会员国资格努力。而同时华盛顿电亦称:"美国举动,并非表示有不继续与国联合作之任何企图。"由此可见美国与国联始终保持九一八以来之合作政策,证以美国通牒首称:"美国政府仍深信国联行政院近日所派之中立调查团,必能使中日两国现时困难易得最后之解决。"即知美国仍愿尽国联努力处理。因美国此次坚强表示,或于国联之中立调查团工作增加相当力量。质言之:国联最初干预中日问题,本以诱致美国之合作而加重权威,今美国虽以单独行动提出警告,间接实仍为国联助力。本月二十五日行政院开会,转瞬届期,因美国此举而增添活气,是固不难预料者也。

吾人对于中日问题,夙昔持论,以为国联与美国,在本身立足点上,胥应各各努力,防止有关系诸盟约之破坏,然同时主张中国应自定方针,因应国际之形势,为最善之解决。此种意见,至今不变。窃谓中国对于此次日本在东北暴行之扩大,应速向世界公开宣布吾人之最后意见,提出具体的条件,说明中国并无破坏日本合法的条约权利之事实与意志,表示吾人改进东三省中日外交关系之政策,使世界认清中国国家合理的愿望,不再为日本虚伪宣传所蒙蔽。此种步骤,今日已达成熟时期,不容再虚矫浮夸,重失机会。关于此点,从前政府固无公表,现在政府要人连日所传意见,亦嫌笼统虚浮而不切实际。甚愿当轴诸公,以负责之态度,为切实之准备,勿再蹈无方针、无办法之覆辙也。

　　一方面吾人更愿向日本国民再进忠告:中日两国同为黄种,壤土相接,本有不可断绝之关系。东三省与日本,在历史上尤有亲密邻近之渊源。此皆事实,任何人不能否认。然而中日轧轹再四发生,动须经白种国家干涉而后解决,此诚可耻之至。所以然者,责任实在日本。即如欧战期中,日本乘人之危,以"二十一条"压迫中国,攫取山东,不为邻邦留余地。中经巴黎和会之争索,不克收回。至华府会议,中国卒赖英美之斡旋,而后成立交还胶澳之约。此实日本逼成,非中国之责也。近年中国国民运动勃兴,东北民气较前发扬,日本历年在东三省超越条约、逞强任性之行动,不免间遭反抗。而中国在东北进行建设,改良交通,固为国民向上心之表现,不必即为排除日本。况日本在东北经营数十年,人口迄不过二十余万。其主要关系,不外夫取东北地方之工业原料,以三千万华人,为消费商货之对手方。地方有主客之分,商场居供求之列,亲密合作,本无问题,乃日本志在垄断,故意侵凌,不曰"满蒙为日本之生命线",即曰"东三省非中国领土",危言耸听,设辞欺人,必以割裂中国、独占利源而后快。本年元旦,犬养毅撰《新年所感》,竟谓:"近年中国政治家,不解彼等之先辈与日本之真意,盛行煽动大众排日,甚且无视条约,或至企图破弃。此等态度,是直冒渎世界人类,尤以对于日本民族,实为生命的胁威。"又曰:"若不于此机会,解决中日纷争之一切问题,则不安所迫,我民族难保不陷于不能不从大陆退却之运命,此断不可忍之事也。我等不可不有决心,突破任何困难,断然进向根本解决之途也。"以犬养号为同情中国国民革命之人,乃为此欺世惑人之言,宁不可怪?夫日本在东北只有超越条约权利之横行,决无合法地位动摇之危险,彼倡"中国危害其生命线"之说者,实为别有用心之宣传,犬养所谓退出大陆,其一端也。实际日本在东三省,与华人合则两利,分则两害,彼军阀政客,妄以为兵占满蒙,即可以予夺随意,而不知中国民族意识之深刻,今非昔比,虽占尽东三省之土地,决不能得尽三千万之人心。不合作主义不约而同,则纵有飞机大炮,亦不能促工商百业之进行。犬养氏虽能以危言欺惑国民,唤起错误之舆论,而结果中日国民恶感益深,不特东南市场全部丧失,华北商业势力大减,即东三省力征经营之余,亦终见恢复繁荣之无期。苟不速行觉悟,将土地主权交还中国,回复原状,则永久占领固不可能,伪设政权亦终失败。盖民族自决,首应要求撤去外兵,东北独立,断不能甘受日本支配。苟自决与独立为虚伪,则纵令外人不加干涉,中央无力制止,而人心不死,地方断无宁贴之日。恐日本地位之危险,工商事业之不安,远过于前。是则日本冒世界之不韪,招全华之愤恨,果何为者？此吾人所愿忠告日本国民,认清事实,辨明利害,勿终为当局与军阀之宣传所朦蔽也。

要之：吾人认日本民众近月来实受彼邦野心家之麻醉,对"满蒙问题"久入癫易状态。若不及时省悟,促令政府转圜,则以政客军阀之野心幻想始者,必将以两国国民之世代仇讐终。长此反目,终有同归于尽之一日。现在国际形势愈逼愈紧,吾华有识之士,决不以外交多助而得意,日本亦不应因他国之干涉而羞怒。时至今日,日本果能屏除感情,诉之理智,则解铃系铃,决非难事。良以中国所求者,领土之保全,政权之完整,否认条约,本无此心,改善国交,原其素志。日本果能履践历次声明,交还土地,撤退军队,打销建国之阴谋,恢复政权之原状,则根据合理事实,另商善后协定,因友邦之公证,为根本之整理,一扫积案,关系更新,此固中日之利,东亚之福,即于世界和平,亦大有裨益。此当视日本朝野之意思何如耳！吾人既主张中国应决定对日新方针,故更希望日本有新觉悟。当此国际潮流紧张之际,长此激荡,变且不测,为使中日两民族不至竟演成最大之悲剧计,故特对日本国民,尽此最后之忠告！

(《大公报》,1932年1月10日,第二版)

23. 国联调查团名单已得中日同意,将在日内瓦聚齐,经美国来华

【巴黎一月十一日路透电】 中日两国顷已同意国联行政院满洲调查团名单。各委员均已接到此项通知,俟彼等同意后,调查团即正式组成,出发前往远东。预料欧洲方面各委员数日内将在日内瓦聚齐,然后取道美国前赴远东。

该团经美时,将与美代表麦克考易晤面偕行。

【巴黎一月十一日合众社电】 本日法外部公布,中日政府皆已批准中立满洲调查团,该团不久即可赴远东。调查满洲后,将根据国联意志及中日政府同意,再调查中国各部。相信三星期后,该团可开始工作。

(《大公报》,1932年1月13日,第三版)

24. 调查团工作约三四日间开始,将在日内瓦开首次会议,哈斯已被任为该团秘书

【日内瓦一月十二日合众社电】 刻据确息,满洲调查团将在国联指定之日期前到远东。近调查团将在日内瓦英代表莱顿主席下开首次会议,然后赴美,与麦克考易将军同行。在美稍停,即由太平洋赴满。在三月末四月初,调查团方能开始工作。现时在华之国联交通组主任哈斯氏,已被任为该团秘书,国联秘书厅法国人员柏尔、霞瑞、巴杜萧三人被任为调查团助手。调查事为十二月十日行政院所决定,因寻觅适当人物,故颇有延迟。相信三四月后,调查团方能开始工作。决议谓须详加调查。该团详细报告,将于今秋提出。

(《大公报》,1932年1月14日,第四版)

25. 白里安签发国联调查团派遣状

【日内瓦一月十四日路透电】 白里安与国联秘书长对满洲调查团之派遣状,已正式用印。该团人选最后决定如下:柯迪 Cotti(义),克劳德尔将军 Claudel(法),莱顿伯爵 Lytton(英),麦克考易将军 McCoy(美),希尼博士 Schnee(德)。

(《大公报》,1932年1月16日,第三版)

26. 参加调查团代表人选已定

【南京十六日下午十时半发专电】 国联东省调查团中国代表人选已定，顷由外部通知国联，日内发表。

(《大公报》，1932年1月17日，第三版)

27. 国联调查团五国委员之略历

【本报特讯】 国联满洲调查团人选，顷已最后决定。兹探志该团各委员略历如次。

义委员马电柯迪伯爵：一八七六年生于波罗那，法学博士。曾置身外交界，数任驻美国各城义领事，外部常任次长，巴黎和会代表团秘书长。曾任驻荷兰、保加利亚、埃及与阿根廷义公使，一九二五年至一九二九年任驻德、义大使。

法委员克劳德尔将军：一八七一年生于法国伏斯吉，一八九一年卒业于圣西尔军校。一九〇〇年升任上尉，曾驻克雷特与苏丹，参谋学校考试及格。曾随勒费佛尔将军驻华，任参谋长。一九〇七年为营长，一九〇八至一九一〇年毛律坦尼亚一役佐高劳将军，参预摩洛哥战役，一九一四年于坎尼弗拉占领后返国。大战时充吕班将军参谋长，嗣升陆军少将，服务参谋本部。一九一八年为凡尔登法军司令，指挥美法联军克服霍芒，嗣率军攻克欧蒙森林区。一九一九年指挥"远东军"在东欧作战，驻保京苏菲亚与君士坦丁，继曼金将军充殖民军总监。一九二七年五月充军事院委员。曾任安南调查团首领。

英委员莱顿伯爵：生于印度之辛姆拉，为前印督莱顿之子。一九一六至一九一九年任海部文官委员，一九一九至一九二二年任印度次官，一九二二年任孟加拉国省长，一九二五年代理印度总督。国联第十二届会议英代表。

美委员麦克考易少将：一八七四年生，原籍本雪凡尼亚州。曾历充罗斯福总统、塔虎脱总统副官，参与墨西哥、法国战役。曾任菲岛总督，一九二三年任美国赴日调查团领袖，一九二八年充任玻利维亚、乌露圭仲裁委员会主席。

德委员希尼博士：一八七一年生于普鲁士。充任萨摩亚殖民县长，一九零五年任驻英大使馆参赞，一九一二年充德属东非洲总督，一九二四年被选充下院议员。

（《大公报》，1932年1月17日，第四版）

28. 决向国联提十五、六条，派顾维钧参加调查团，日军将增兵锦州谋围朝阳

【南京十九日下午十时发专电】 十九日行政院会议通过请政府派顾维钧为国联东省调查团中国委员。外部决令颜惠庆向国联提十五、十六条，连日当局邀约各条约委员及各专家研究条文解释及提出方式，已得有结果。中央对外部主张可予以同意。

....

（《大公报》，1932年1月20日，第三版）

29. 顾维钧谈绝交先决问题：事先须有充分准备，不可以国家为孤注；顾对调查团委员就否未定

【南京二十一日下午十一时发专电】 顾维钧二十一晨抵京，即赴沪回籍，对记者表示，对国联调查团中国委员一职就否尚未定。对绝交事，谓当以事先有无充分准备为先决问题，内之如军事、财政之配备筹划，外之如国际间之联络与接洽，若均有办法，固无不可，否则徒凭一时愤慨，为万一之希望，以国家为孤注之一掷，则绝交后之利害得失，有非可涉想者云。顾日内回京谒蒋、汪，商洽一切。

（《大公报》，1932年1月22日，第三版）

30. 白里安通告各国：必须按照两次决议担保，反对占满洲，尽速作结束；英报警语"孰为满洲真盗匪"，苏俄对白党联日又大震动

【日内瓦一月二十一日路透电】英代表莱顿伯爵，被推充任满洲调查团主席。该团今晨在此间开会，美代表麦克考易将军，将于该团团员过美时偕行，故今晨会议无麦氏列席。该团开会时，曾讨论出发程序与日期。（又电）满洲调查团团员开会时，商协该团组织问题与调查资料，决定二月初离欧，道经美国赴远东，美代表麦克考易在美等候偕行。白里安氏为委派满洲调查团事通知行政院各理事，称满洲调查团开始工作时所遇状况，将与上届行政院会闭幕时所期望者不同。氏称两次行政院会通过之一致决议案中所列庄严担保，现仍为反对占领满洲领土野心之正式保障。行政院会对此例外情势，应严格的视作临时事件。此项情势必须按照九月三十日决议案，尽速正式结束。波兰"为避免令现时所采方法成为先例计"，对调查团人选未包括非常任理事国，正式表示遗憾。

....

（《大公报》，1932年1月23日，第三版）

31. 国联对沪局紧急讨论，日对沪大威胁，重光即回任，嘲笑国联调查团仅能旅行

【日内瓦二十五日电】本晨国际行政院开秘密会时，中国代表动议请求开非常紧急讨论，当决定于本日（二十五日）下午即进行考虑中日事件，因上海最近形势似臻尖锐化。因近顷新情势之发展，国联调查团有提早出发可能，其权限或亦将扩大。英代表西锡尔氏于开会时，首对白里安氏本届缺席表示惋惜意，日代表附议。

【日内瓦二十四日电】伦敦《每日电讯报》访员得悉，国联秘书长德留蒙

氏于二十五日行政院会中，将呈递辞职书。惟预料氏之辞职，或可展至一九三三年三月起生效。

【上海二十六日上午一时发专电】 日总领村井二十五下午三时赴市府访吴铁城，催询日僧案答覆，并谓前晚重光寓有人放火，事后并检得抗日会徽章布告等。吴答日僧案须请示中央及征询沪各界意见后即覆，至放火事真相待查，或系有人伪造，图嫁祸于人，且放火而遗证物，愚不至此。重光月底可到沪。

【上海一月二十四日路透电】 日航空母舰能登吕号本日下午由日本吴军港开到，碇泊黄浦。据闻此间日纱厂不久或将停工，工人因此失业者将达七万人，家属等受影响者达三十万人。

【上海一月二十五日路透电】 昨晚毕勋路日使重光住宅汽车间半遭火焚，经消防队援救，未波及住宅。据推测，或系因中日情势紧张，有人放火。因沪上近顷发展，在东京与政府协商之日使重光氏将赶忙返沪，预料二十七日可到。

【东京二十五日新联电】 重光因上海事态重大化，奉命急速回任。豫定二十八日由东京出发，搭乘二十九日由神户出帆之长崎丸回沪。

日本抹杀考察团

【东京一月二十五日合众社电】 日官方外交观察员本日谓，数周后国联调查团到满，将遇有既成事实，其报告在最近将来，将不能影响日本在亚洲北部之方针。外交专家谓，调查团抵满，在日人统治下之华人政府及军人之统治，将大体成功，目前结果，调查员将毫无可为，仅能旅行。观察与报告调查之结果，将一任日人完成其统治，欧美各大国政策，亦不受调查团之影响。美国政策在国务卿斯蒂生照会中日两国时业已确定，华盛顿当无更改。英国政策亦显然步武美国，观英国赞成斯蒂生之简单声明及日大使对英国之保证可知。参加九国公约中之葡萄牙因与英联盟，其政策一如英国。荷、比、义皆同情美国。东京外交观察者谓，各国继续不赞成日本行动，但九国公约担保中国行政完整，虽日本亦为九国公约签字者，其在满统治并未破坏九国公约。日官方认定，美国等在目前无所作为，仅表示不赞成而已，日军在满更可为所欲为。

…………

(《大公报》，1932年1月26日，第三版)

32. 今日中政会决定外交方针，将发一新训电致颜使

【南京二十六日下午七时发专电】 外部二十六日接颜惠庆来电，请再颁训示。外部先于二十四电令颜使，提第十六条，并附以对日绝交方针，供颜参考。至是颜以前项训令不足，复来电请再训示。颜电到后，以陈已辞职，无人可回训。二十六日下午，陈铭枢函甘介侯，邀甘出席二十七日中政会，报告国联开会情形及与颜训电办法。此项新训电，约二十七日中政会决定后，即可拍发。据某要人称，自陈友仁辞职，傅秉常、甘介侯亦相继呈辞，适于国联开会之际，代表之请训或发令不能收敏捷之效，极为不幸。彼意救济办法，应付颜使以全权，相机行事，于某种程度下，可不必请训，似较便捷。至于对日方针，原来所拟之：（一）绝交，（二）依靠国联，（三）于国联外再召国际会议。此三种计议是否采一种或二种或全采用，尚在未定，明日中政会议或将详细讨论决定。至于国联方面有无希望，在此一星期内外即可看出。如国联能另辟途径以解决中日纠纷，则尚有可为；若仍用旧调，靠诸调查团，则决无希望。因调查团来华时期须至三月初，调查范围并不限于东三省，而调查之性质不过就法理之结果而为建议书，与以前之法权调查团将无大异，可断言无何结果云。

（《大公报》，1932年1月27日，第三版）

33. 陈友仁未辞职前致颜之训电，令向国联提十六条，意在造成新局势与机会

【上海二十七日下午十一时发专电】 颜惠庆前日电外部，请示国联行政会中我国提案。陈友仁二十四日覆颜训令，内包含政府在会议中所采政策纲要，因尚未经中政会通过，故未发表。据外交界消息，其内容大略：（一）我国代表将在会议中重申述中政府对国联迭次议决案均已遵守，对调查团来华之决议尤表欢迎。（二）我代表郑重申述自十二月十日国联决议案成立后：甲，日本以武力占据辽省府最后所在地之锦州；乙，日不独未遵决议案撤兵，更以兵力迫我军入关，现日军已将东省全部占据；丙，日军更进攻热河，其侵我领土

已越满洲区域以外。日对我作战与军事行动不仅展至热河省境,且展至华北、华中、华南,威迫我承认日本并吞满洲,及迫使我中央与地方政府取缔对日爱国运动。(三)在将来议事日程讨论中,我代表将提议请国联执行盟约第十六条,并声明此是派调查团外矫正日本破坏公约之最有效方法。此训令内并对颜说明,此提案要旨在造成新局势与机会,无论国联通过与否,至少能使根据九国或非战公约开国际会议,解决满案。此案与对日绝交相辅而行,绝交并非趋于战争,乃仅停止中日外交来往,使国际会议易于召集。惟颜氏究竟引用十六条或十一条,尚未接电告。

(《大公报》,1932年1月28日,第三版)

34. 国联滑稽的悲哀:拟专待其"旅行团报告",使日本作"开门户"宣告

【南京二十七日下午九时发专电】 某方接日内瓦电,国联对中日东三省事件虽经颜使痛切陈词,但仍主援用上次议决办法,俟调查团东来调查。十六条难提出,行政会日内即闭会,政府甚为失望。代理外长原推定罗文干,因罗不干,暂由陈铭枢代,罗则声言愿帮陈忙。陈尚谦逊,部务暂由甘介侯代为维持。情报司长张似旭辞职赴沪。

【日内瓦二十七日电】 国联行政院主席保罗·彭考氏,于今日上午再度与中日两国代表话谈。上海现时情势,严重性较见轻减,故或可避免讨论。彭氏拟努力令日人起草一适当之庄严宣言,承认门户开放政策,并声明无扩充领土意向。此项宣言将在行政院公开会议中宣读,作为渡过自现时至国联调查团抵华期间之一种办法。华代表顷正尽力敦促国联调查团各委员赶紧启程,顷已有委员三人抵巴黎,即将出发赴远东。

【日内瓦二十六日电】 星期二(二十六日)国联行政院会举行秘密会议,讨论满洲一般问题,中日两国代表均未出席。关于讨论结果,官方未发表消息。但据可靠方面讯,会中讨论之主要问题,在获得缓和沪局方法,美方对此事态度,尤可视作一种先兆。会议请主席彭考氏与中日双方进行秘密谈判,氏于本日下午与日本及中国代表分别晤谈。据闻双方代表均允请求各该政府,

避免令形势更见严重之举动。（又电）续讯。行政院会决定向日本与中国代表劝告，请采取和缓方法。本晚彭考氏将与二国代表晤谈，相信晤谈结果，整个满洲问题可搁至国联调查团赴华调查并提出报告后再谈。（又电）据可靠消息，行政院会决定为沪事警告日本讯，探悉不确。行政会令主席彭考氏劝双方采用缓和方法。关于德留蒙辞职讯，据闻英法间前曾获有谅解，德氏辞职后，秘书长一席应由法人充任云。

【日内瓦一月二十六日合众社电】 行政院理事数日来讨论上海中日纠纷事件，在未得详确公正之正式报告前，将延缓作任何处置。因上海最近情况之不定，行政院将星期三（二十七日）之公开会议延至星期四，同时诸理事及中日代表间举行私人谈话。据可靠消息，行政院秘密讨论，中日代表皆未出席。如据报告认为必要时，行政院将警告日本政府勿在上海再采取军事行动。合众社记者访中代表颜惠庆氏，陈述中国政府方针如下：颜氏称，中国深希和平解决造成稳定局面，允许关于日本侵占中国领土作直接交涉。

(《大公报》，1932年1月28日，第三版)

35. 日阀激怒世界舆论，英报主张列强对日采强烈阵线，颜代表声称中国准备充分援用国联盟约

【纽约一日路透电】 东京方面宣布，日本不反对国联调查中国情势，各美报均表示满意。《纽约时报》意见以为由国联派员调查之举，或可为日本想出一有体面之下台地步。《先锋讲坛报》称，芳泽所述沪事经过，并不能为日司令盐泽卸责，盐泽用上海公共租界为对华进攻根据，除公共租界外，未能为日军谋一任何方向之退步，并引起租界遭受攻击云。

【柏林二日电】 国联满洲调查团欧洲团员，定三日自海佛尔港乘法邮船巴黎号赴美。德调查团员希尼博士启行时，中国公使刘文岛与日使小幡均在站欢送，刘氏特由维也纳乘飞机飞回。此间对远东事件极为注意，英美舆论均痛斥日阀举动。

(《大公报》，1932年2月3日，第四版)

36. 国联调查团出发，将自纽约转来远东

【巴黎四日电】 国联满洲调查团于三日自此间出发赴海佛尔港，由彼乘巴黎号邮船赴纽约，转往远东。英调查员莱顿伯爵，在朴列茅斯港登轮偕行。

(《大公报》，1932年2月5日，第四版)

37. 国联调查团希望于九月间提出报告

【伦敦二月四日电】 莱顿爵士对记者谈，满洲调查团负责研究引起现在中日纠纷各种问题。调查团将在东京开始工作，彼等将旅行中国满洲及日本，共需时九月。彼等希望在该时工作可以完成，能在九月国联行政院开会时提出报告。

(《大公报》，1932年2月7日，第四版)

38. 国联调查团明日离美赴远东

【纽约十日合众社电】 国联满洲调查团欧洲委员偕秘书随员等，本日抵此。委员长英代表莱顿爵士对记者称，虽近日上海有事，该团仍仅限于调查满洲。但因远东近日危机，委员等已改变其原来计划，将不与胡佛及美国务部人员会商，并放弃各种酬应，急速穿过美陆，赶搭星期六开赴远东之顾理治总统号邮船。美代表在此与彼等会晤，偕赴远东。该团是否在横滨、神户暂停，或直赴满洲，或先赴上海，现时均未决定。

(《大公报》，1932年2月12日，第三版)

39. 中国正式请开国联大会，依据第十五条之正当程序

【南京十三日下午八时发专电】 外部接日内瓦十二日电，今日颜代表正式要求国联秘书长召集国联行政院特别会议，讨论中日事件。该项提议将于明日下午行政院会议中讨论之。中国之要求系根据国联盟约第十五条第九款之条文，日本虽将提出严重反对，但相信行政院当能接受该项提议。

【日内瓦十二日路透电】 今日中国代表颜惠庆通知国联秘书长德留蒙，谓中国根据国联盟约第十五条赋予之权利，提议召集国联大会特别会议。

【日内瓦十二日合众社电】 刻在此间开会讨论远东冲突之行政院十二理事，本日在二小时秘密会议后宣布：理事等关于召集国联大会特别会议讨论中日纠纷事，意见未能一致，故决定十五日举行行政院公开会议协商决定，或由行政院召集国联大会特别会议，或由中国代表自行提出此问题。现信十五日行政院公开会议后，大抵将宣布由中国独立提出召集大会特别会议。据悉此事系由英外长西蒙爵士及此地某某外交家等强烈之反对，谓十二理事不能依中国请求行政院本身以其权力召集特别大会。此间接上海报告，谓所有停战之努力皆归失败，特别指陈如有希望，国联有采取敏捷行动之必要，庶几能影响远东扩大战争危险之解决。

【日内瓦十二日新联电】 本日午后五时半起，行政院十二国会议约开会两小时，决定行政院不负召集大会之责任。其结果，关于中日纷争，依据规约第十五条之解决策，已完全移往大会。然大会开会期尚未决定，因此日本代表团决定今后将不向各理事国代表间作谅解之运动。国联当局正苦心于局面之打开，决定十五日举行公开会议，协议中国之要求。

【日内瓦十三日新联电】 中国代表要求召集临时大会问题，十二国代表因由政治的见地而回避其责任，故惟有任规约第十五条第九项之后段自动的发生效力。关于大会时期，日本方面根据议事规则，认为至少须要四个月。惟秘书厅以为现值军缩会议各国代表会合之际，只须二星期间即有准备之可能。总之，依据条文之解释究竟如何，似将视上海情势之推移方能决定。

【日内瓦十三日法国无线电】 军缩会议中之各代表团对于或将召集国联全体大会之消息，均异常漠视。一般人深恐此项办法能使日本之舆论不悦，盖

日本舆论即今已感受一种不如意的印象，且中日纠纷之解决，亦未必因召集大会而即行顺利。又上述各代表团亦深信特别大会即使召集，终将无裨于事，盖料日本方面仍以镇静态度，向国联召集之各在会国代表将数月以来已向理事会及国际舆论所提出之理证重行陈述而已。

【东京十三日电通电】 国际联盟所派调查团本日由旧金山乘顾理治总统号向日本出发，预定三月五日抵横滨。

(《大公报》，1932年2月14日，第三版)

40. 津变报告书现已脱稿，即日送平

市政府前接平政务委员会外交研究委员会公函，以国联调查团业已东来，嘱将津变事实经过编辑报告书，以资报告。市府接准该函，即着手搜罗材料，连日赶编成册。昨已脱稿，今日即可转送平外交研究委员会收存。

(《大公报》，1932年2月14日，第七版)

41. 短评：难保不引起世界大战！

国联调查团权限广泛而不着实际，所以他们的行踪，本来唤不起中国人注意，尤其当此上海拼命流血之时，更无暇注意他们。

现在由旧金山出发了，委员长李特居然发表一句重要的警告，说"远东的推演，难保不引起世界的大战"。微温的调查团，稳重的英代表，能发出这等言论来，不免有一鸣惊人之感。

世界对日本的低气压，可从这句话里测度几分！

(《大公报》，1932年2月15日，第四版)

42. 国联调查团定下月中旬抵沪

【南京二十七日电】 外交界息。国联调查团定三月一日抵东京,至迟十八日可到沪,即行转赴南京或洛阳,与我政府接洽后,再北上赴东省调查。

(《大公报》,1932年2月28日,第三版)

43. 国联调查团今日抵横滨

国联调查团明日抵横滨,日政府派吉田前往迎接。该团在三月八日以前将留在东京,约九日起程赴沪。

(《大公报》,1932年2月29日,第三版)

44. 国联调查团昨晚抵东京,定十一日自神户出发大连

【电通社横滨二十九日电】 国联满洲事变调查团委员英国莱顿爵士、法国克劳德尔将军、美国麦可劳易将军、德国希尼博士及意国马列斯可特等五氏,已于本早六时,在日政府所派招待委员长吉田大使、有田公使及外交关系者赴码头欢迎之下,乘美轮顾理治总统号行抵横滨。当即转乘专车,于九时十五分抵东京驿。一行拟于三月十一日由神户出发转赴大连,以便依据中日两国政府报告,在理事会之决议范围内调查中国满洲方面情形,而先作成一报告书,征求两国政府之同意,然后再向国联理事会提出。

【东京二十九日新联电】 国联调查团一行,本日午后三时访问犬养首相于首相官邸。

【横滨二十九日电】 国联派遣之调查团已于昨日抵横滨,即乘特别专车至东京。日政府招待甚殷,并将预先印好关于东三省及上海事件之文件,分送代表团,希图掩饰其暴行。

【东京二十九日路透电】 此间各报对国联调查团之抵日皆表欢迎,但谓调查团应明瞭事实之真相,以免感情用事。

(《大公报》,1932年3月1日,第四版)

45. 从不抵抗到绝交(续)

(丙)第三次为十二月十日在巴黎通过的决议。此次决议与前两次不同的地方在那里呢?第一次决议非常含糊,仅空空洞洞的规定日方应将军队撤至铁路区域,而中国须负保护日侨的责任。第二次决议较为具体,对日方撤兵加以时间上的限制。而第三次决议则为设调查团,调查团员得由非国联会员国人——美国人充当。日本初本反对,后因格于情势,不得不承认,但仍斤斤于调查团权力的限制,并声明调查团的报告仅能作为中日交涉的参考,至交涉则仍由中日双方任之,绝对的拒绝第三者参与。此次调查团的成立有一点值得我们注意,就是日本以前一口咬定满州[洲]问题为中日问题,绝对的不容第三者置喙,此次调查团的成立,即为满州[洲]事件国际化的第一声。满州[洲]事件既由第三者出而调查,尚何能说满州[洲]问题仅仅是中日两国间的问题呢?此外还有一点值得附带声明的,就是第三次开会地点在巴黎。巴黎的空气与我国是不利的,法人已中了日人宣传的毒,舆论界早已为日人所收买,颇不同情于我国,即向以公正称的《巴黎时报》,亦多袒日之辞。在这种环境之下而欲发扬正义,那更是一件很难的事。

(三)划锦州为中立区问题。自十一月二十五日至十二月三十一日之间,中国外交当局换了一个新上台的旧人物,刹那之间,全国报纸盛传锦州将划为中立区。虽屡经政府否认,但当时的外交当局确曾一度有此拟议。虽未成为事实,但其经过实堪令人玩味。十一月二十四、五日之间,外交当局向英美法三使表示,请驻日法使向币原征求关于中立区的意见。按照我国外交当局的意见,锦州应在国联行政院指导之下,由英法美及其他中立国军队屯驻,以资缓冲。如国联行政院提出是项主张,则中国军队即撤退至长城以内。十二月一日左右,外交当局又与日使重光葵会见,关于划中立区的事亦有提及。不料此项中立区消息由日本通讯社透出,国内舆论闻之大哗。日本对中立区原则表示许可,但主张此事应由中日两国直接办理,不必劳第三者参加。日本赞成将中国军队撤退至长城以内,仅留小[少]数警察维持治安,至警察权及行政权,则仍属中国,并且当中国地方当局与日领事进行撤兵谈判时,由日本军官参加会议。由此看来,日方意旨显然又与外交当局的期望相左。而同时在国联方面,对中立区事亦不肯作积极的赞同:一则因为中立国军队不敷分配,天津外国军队又不能抽调,且国联又无直接指挥各国军队的权力;二则锦州一带的义勇军势力颇为浓厚,中立国军队如派驻该处,难保不为袭击。因此之故,国联不赞成中立区的提议,而赞成遣派视察员赴锦。划锦州为中立区的主张,遂因此宣告终结。当时外交当局提出划锦州为中立地带的意思,无非欲为某方保存实力,不料国联不肯主张,国人激烈反对,而日人则又欲外交当局百尺竿头更进一步的主张。日本希望由锦州以东,迄滦州为止,一律划为中立地带,所以苏人马相伯等致电外交当局,谓如将锦州以东划为中立区,则锦州以西归何人管理?各方既不讨好,政局亦旋起变化,外交当局连带下台,而此议遂罢。今锦州已在日人掌握之中,中国军队亦已无条件的撤至关内,以上各节,真可谓明日黄花了。(未完)

(《大公报》,1932年3月1日,第五版)

46. 国联调查团在东京发表之声明书

【电通社东京一日电】 国联中国调查委员一行,于昨晚六时接见当地新闻记者,并即由莱顿委员长发出如左之声明书:"(一)委员会之构成。调查委员虽系由五国之个人而成,但并非五国之代表,而系属代表国联者,故应对国联负责。(二)委员会之权限。调查委员即依去岁十二月十日通过国联理事会之议决案而行任命者,故其权限颇为广泛,而完全听任本委员会在劝告的性质之范围内酌量办理。(三)暂定的方针。第一目的在获取中日两国政府所提出之预备的资料,而资决定国联之友谊的方针,故非俟至与两国政府代表会见后,不能作详细之日程。(四)调查之性质。其主目的不仅在作为满洲或上海最近事件之调查机关,而更拟发见使中日两国成立永久的协定之基础,以资国联援助中日两国。故现时吾侪尚未怀有任何见解,且对中日两国均持友谊的态度。又吾侪所切望者,在任务完成后,使中日两国均克知悉国联的援助为有效。最后尚拟奉告诸君者,即国联现除求获保持极东和平以外,实决无他意也。"

(《大公报》,1932年3月2日,第四版)

47. 国民外交之提议:武昌中华大学电国难会员,商举国民代表与国际周旋

武昌中华大学电本报转国难会员,请商举国民代表,与将抵国境之国联调查团接洽,以为政府外交之后盾。兹志原电如次。

"天津《大公报》转吴达诠、张伯苓两先生暨国难会议会员诸公均[钧]鉴:沪战胜利,日本虽困兽犹斗,其伎俩仅能在我国沿岸滋扰,勾结东北民贼,制造伪国或伪政权,并散布谣言,蛊惑国际视听。我全国最近因武装同志在淞沪实施抵抗,国论对外可谓完全趋于统一,惟国际宣传尚少努力,仅凭国内报章及政府或驻外代表,收效当不普遍。日本自九一八后,最注意于国外宣传,甚至其全国小学教员,亦有向国际联盟请愿之举。查前华府会议,九国同情于我,订定公约。其时我国专门委员既多,而国民所推举蒋、余两代表,活动尤力,其效甚显。现国联调查团三月初即将东来,日本既及时制造满蒙伪国,对调查团必造谣,肆其活动。我国若仅恃政府及顾代表之正式周旋,其力量尚不雄厚,应由平、津、沪国难会议会员发起,分别商举国民代表至少九人,先行集会研究,与政府外交政策一致,俟调查团进抵国境,即以国民代表名义与之接洽,尤须对于东北及沪案情况有极坚明之表示,庶正义得伸,外交自有相当之收获。政府敦聘诸公,极一时人望,惟尚未定期召集。诸公中有斤斤注意于枝节问题者,在此国难紧急之时,务恳集中力量,先就救国之重要问题,负责戮力,庶政府收后援之效力,诸公自得民意之皈依。特此紧急动议,即候公决。武昌中华大学公叩。宥(二十六日)。"

(《大公报》,1932年3月2日,第五版)

48. 日人欺骗世界，殷勤招待国联调查团，以虚伪宣传朦蔽真相

【本市特讯】国联调查团现在已莅日本，入手调查中日两国之纠纷矣。调查团初名"满洲事变调查团"，缘国联决议派遣调查团时，暴日尚未侵犯上海，故用"满洲事变"之名称。今日本在淞沪之残暴为日形扩大，世界各国与中国共同经营之远东第一大商埠日见破坏，公共租界之行政权已被侵犯，各国之共同权利已为强夺，上海各国侨商自一月二十八日起目见耳闻之事，与日俱增，已感受切肤痛苦。调查团所调查者，当然为日本在中国领土上之侵犯事件，决不限于满洲事变，东北与东南之日本暴行断难分开，是则调查团委员不待陈说而胸中早有成竹矣。调查团委员共五人：英国莱顿博士、法国甘脱尔将军、美国麦克劳意将军、德国希尼博士、意国马列司可忒氏，均为世界知名之伟人，各关系国政府推选时极为慎重。盖兹事重大，全世界人民咸举首以待调查之公正报告也。

日方言行欺诈，早为世界所共见共闻。至其军阀，尤恣肆暴戾，目空一切，以为武力万能，对外举动直同世界挑战，对内则压逼政府，蒙蔽民众。其在吾东北及淞沪穷凶极恶，轰炸人口繁盛之城市，杀害良民，屠戮妇孺，奸掳淫掠，无所不为，甚至殴辱美国外交官员，伤害外国商民。其疯狂行为且为本国民众所痛恨，尤以教育界与商界，多不直军人所为，公正之舆论家亦畅言不讳，无所顾忌焉。

国际调查团之莅日本也，日本军阀与外交界人作种种朦蔽世界之宣传，意欲颠倒是非，混乱黑白，以遂其称霸世界之野心。惟黔驴之技已穷，徒见其心劳日绌[拙]已耳。

某国族华商人某接横滨及东京函电，述及日人之狡伪，以告其公司之同事华人。据言，日政府接待调查员，礼节备极隆重，特组织招待委员会，委员长为吉田大使，委员有田公使以及其他在职与退休之外交界各重要人物，又延揽精通英、法、德、意语言各界人士为招待员。调查团于二月二十九日清晨六时乘美轮顾理治总统号抵横滨，招待委员会全体在埠恭候，日本各地报馆均派访员二三人同行，本地警察出先并组织极有秩序之各界欢迎团体。调查团当即转乘之专车径赴东京，于上午九时一刻抵东京驿。所有东京与横滨两车站及专车上职员均极整齐，系临时调动。至专车上之侍役，亦临时调用，均为高中以

上之青年学生擅长各国方言者,可见其用心深矣。又云,政府招待员全体在横滨欢迎后,即陪往东京,终日追随,寸步不离。在专车上将预先印就关于东三省及上海事件之文件分送调查团。该文件用日、英、法、德、意五国文字,措词极为圆滑。当日东京各报均□第一页大字登载欢迎调查团词,并显露调查团应明瞭事实真相、不可意气用事等语。又云,东京各热闹区域均有人民演讲,亦警署事前授意布置以表示民气者。至各报访员欲谒见调查团者,须先得招待员同意,并须有招待员在座,方许谈话。至人民团体印有各种英法文小册子及传单甚多,惟任何团体不许与调查团见面。所有一切布置,均由招待委员会分组办理,于两周前早已办妥。又云,调查团于二十九日下午三时进谒犬养首相,日本公私机关团体预备欢宴,其日程如下:三月一日,犬养首相午宴;二日,新闻记者公会午宴,芳泽外相晚宴;三日,日皇午宴,下午五时芳泽外相夫人茶会,国际联盟协会晚宴;四日,德、法大使午宴,下午实业团体观剧及晚宴;五日,海相午宴,下午太平洋问题调查会茶会,大仓男爵及义大使晚宴;六日,游箱根、日光,本馆晚餐;七日,陆相午宴,外务次官晚宴;八日离东京,九日游京都,十日游大冶,十一日由神户乘亚当总统号赴大连,等语。日人之对外宣传与交际极为周密,无微不至,即如此次之招待调查团,情意殷勤,以博好感。惟是小惠小信,焉能欺骗全世界也。

(《大公报》,1932年3月3日,第四版)

49. 社评:疆场战与坫坛战须并重

昨日平津奇谣极多。从午前十时至今晨二时,本报电话机三架,通话无片刻之停,皆为平津各界探询上海消息者。同时慰劳抗日军捐款,昨特别踊跃,零星小数集凑而成六千元之多。由此可见人心不死,自信力强,决不以上海退兵而稍示消极,此诚足以令人感奋无已者也。上海原非久战之地,退兵乃为战略所需,事在意中,无关全局,吾人昨既言之。日本陆军省本已下令穷追,日方更以战胜国自居,提出苛酷的停战条件,乃以外交压迫,终不得不宣布停战。现在上海南市公私机关安然无恙,闸北地方万国商团欲参加保卫,我且未允,可见并未完全入于日军支配。浏河捷报,虽消息纷歧,难于确定,然日军进迫嘉定,已陷于不可能,则敢断言。所可痛惜者,吴淞炮台卒以不守耳。上海为国际商场,吴淞系长江门户,日本虽然占据炮台,在国际干涉之下,必不能久占,我苟固守第二道防线,严阵以待,随时皆可继续作战。

夫现代国际纠纷,外交军事同关重要,疆场战与坫坛战,大率互为策应,同时进行,经[轻]重之间,殊难轩轾。自九一八日祸发生,中日外交战之猛烈不在军事之下,日本在形式上虽似占上风,精神上则迭经挫败。今者国联大会已经开始,不幸于东北问题,似仍委诸调查团报告之后再议,不能不令人失望。然而上海日军之停止追击,则固显然受其劝告与牵制而来,即沪案之善后各端,亦终须国联与我合作,方易为力。故吾人在日内瓦之奋斗,今后仍然不可少,吾人不宜专注重军事而忽视外交。此外则国联调查团方在东京,受日方之优渥待遇,甚至天皇开会欢迎,饱听日方中伤中国之宣传。其最要者,不外谓中国排外,内乱不绝,以及日本在满蒙权益之重要、历年所受华方之侵害等等。观于调查团代表莱顿爵士答谢日本芳泽外相,避免上述演辞之批评,即可知宣传自宣传,调查员固不必尽为所惑。中日争端本以东北问题为根源,国联能否从盟约第十五条适用到第十六条,事关世界全局,非我方片面活动遽能左右,故外交策战应当面面顾到,远近并重;对于国联调查团不宜漠视,对于日本近来出全力在东三省贿买奸民、组织公民团、促成伪建国之罪恶,尤应大声疾呼,揭破阴谋,昭告世界;同时表示决心,声明必施讨伐。关于否认伪建国、伪政权,我外部已有正式声明,此时应向国联再致通告,郑重声叙:如果东三省鬼影政府敢于成立,则中国必大张挞伐。彼时我方征讨叛奸,日本如加袒护,则因以发生之事态,其责任应由日本负之。中国有此一种严正警告,至少可以引起国联重视,使知日本在东三省之鬼蜮行为足以加重中日纷争,并可促进国联注意,急速设法解决东北问题,此今日最亟、最要之外交战略也。至对于国联调查团来华之后,应从种种方面,供给正确文件与资料,如:(一)证明中国并非排外,只求恢复独立国之正当地位;(二)说明中国历年内乱,多由日本阴谋操纵,妨碍中国统一;(三)叙说东三省对中国本身之重要,现在日本手造伪国,独占利权,行将举行集团的农业移民,阻塞中国过剩人口消纳之途,足令中国社会恐慌严重化;(四)剖析日本在东三省之条约地位,揭破其历来非法享有之种种权利,证实中国对日,只有放任过度,并无侵害之事实;(五)揭穿日本强奸民意、创立新政权之内幕,列举日本顾问盘据各种机关,干涉中国内政之事实,以证实"二十一条"要求案中第五项之复活。以上种种,皆须有具体事实,不能杂以感情宣传之议论,使调查团得据为确有实用之参考。一方面则调查团所到之处,宜由民众组织,为秩序井然、热情表现之欢迎,使彼等能明瞭中国民族意识深刻发扬到何等境地。此事宜由民间有志之士预为筹划,要以有组织、有规律、有礼貌、切实不浮而能吸引外人同情心为必要。

要之,外交、军事本应并重,而沪战情形如此,目前坫坛之战,至少与疆场之战同一重要。国人迩来习于国民总动员之说,此正国民总动员参加外交战之时也,幸有志之士努力图之。

（《大公报》,1932年3月4日,第二版）

50. 国联调查团日皇昨宴于丰明殿,芳泽有一片面的演说,并递交日方之报告书,该团将自日本来沪

【东京三日新联电】日皇对于目下滞日本之国联调查委员一行,为慰劳起见,本日正午于宫中丰明殿举行午餐会。日皇着陆军通常礼服,偕后出御千草间,对该委员一行与以优渥之慰劳后,即赴丰明殿之宴。宴罢,复于牡丹间赐咖啡,并种种恳谈,至二时一行始退出。

【电通社东京三日电】芳泽外相昨在外相官邸开晚餐会,招持[待]国联调查委员,永井外务次官及陆、海、铁道、拓务各省次官,并石井子爵等,均行出席。外相当即于该宴会席上演说如左:

"帝国以确保东洋和平为其根本意义,其在国联各次会议中所抱和平精神,亦殊不让于他国。乃不幸而属于邻邦之中国,自明治四十四年革命以来,即内乱不绝,而予远东和平以威胁。各党派则依自方之利害,利用外交问题,收揽人心,实行革命外交。似此种过激的直接手段,自难予中国国民以福利,而足使列强大感不安也。我国虽以邻国关系上颇受影响,迭促注意,仍充耳若无闻,且近年排外的空气更起于满洲,以致不幸事件相继而生,使日本官民感情大受刺戟。于是我方遂不得已而于去岁九月,采取自卫措置以保护国民,拥护权益之手段。要之,刻下中日两国关系颇为复杂,今后华方若能舍弃排外态度,则两国关系之恢复,自非难事也"云云。

莱顿爵士亦演说,谓:"吾侪以在受信者地位,未便对于外务大臣之演说加

以批评之苦衷,当为诸君所谅悉。盖吾侪之任务,非为发表意见而来,而在由日方探求日方之意见、由华方探求华方意见后,即赴现地调查实情,以便向国联再陈关于维持和平之最善方策也。又吾侪以得与国联创设以来之忠实的理事者之阁下畅谈一切,颇为愉快"云。

【电通社东京三日电】 国联调查团于昨日下午五时,经吉田大使之手,由外务省收到关于满洲事变及上海事件之英文报告书,当即开始研究该项问题。该一行拟赴上海逗留数日后,即转赴南京,而于四月由陆路前赴满洲方面,并预定于六月内调查完毕。

(《大公报》,1932年3月4日,第四版)

51. 欢迎国联调查团,邵华今日访省市当局商洽,市党部并拟召集市民大会

国联调查团已抵东京,本月中旬行将抵津。津市各界以该团调查所得与我国在国联会议席上之利害关系极为重要,故拟于该团抵津时作盛大之欢迎会,并筹备英法文宣传品多种,说明东北事变之经过及东北确为我国领土。闻市党部常委邵华拟于今日分晤省市当局,商招待调查团办法,同时请各界名流参加,如教育界张伯苓及工商界王文典,新闻界、外交界闻人均将参加。市党部拟届时召集市民大会,表现民气之激昂,使调查团感觉我民众之力量,日内将与地方当局商维持秩序办法云。

(《大公报》,1932年3月4日,第七版)

52. 荒木之荒谬答国联调查团之质问,谓非日本不能保和平,日实业团体施麻醉手段

【东京五日新联电】 国联调查委员一行本日午前十时二十分访问荒木陆相于官邸,陆军方面田渡、古城两大佐及栂渊秘书官参列。首由莱顿爵士关于

满洲问题询问感想,尤其对于满洲"新国家"日本承认与否,与以种种抽象的、深酷的质问。荒木答称:"对于满洲,于军事上不能简单的说明,乃系日本国家存亡之生命线问题。即由确保东洋和平上言之,则东洋和平究何人可以确保?满洲治安若搅乱,则东洋和平不能确保。总而言之,若想确保东洋和平,舍日本则不成"云。其次,对于满洲"新国家"若向日本表示好意、要求提携之际,则日本对之将如何之推测的质问,荒木答以"若以余个人之意见,则'新国家'之成立颇好"云。继又答对上海事件之质问,称:"我军既已声明停战,但败残兵又复出于逆袭,中国之行动不能认定真实"等语。麦可劳易将军亦有二三质问,然系以书面质问。一行至午后零时二十分辞去。

【电通社东京五日电】 日本经济联盟及日华实业协会、商业会议所、工业俱乐部等,于昨日下午四时半,联合在工业俱乐部内开茶话会,欢迎国联调查团。【团】琢磨、乡诚之助、儿玉谦次、稻烟胜太郎及串田万藏等,均行出席。由团男爵提出关于(一)中国废弃条约之实例、(二)中国排外实状、(三)中国之排外教化运动、(四)中国"赤化"运动等之资料,并答调查委员之质问后,即于六时半开宴,八时起齐赴东京剧场观剧。

(《大公报》,1932年3月6日,第四版)

53. 欢迎国联调查团,各界组织招待筹备处

市党部昨为研讨欢迎国联调查团办法事,特于下午三时召集各界代表开会,共到百余人,由邵华主席。议定先行组织各界招待国联调查团筹备处,以便专司其事。至于内部一切工作,由工、商、教育、新闻、妇女等界,各推一人负责。当场除工界已推出陈文彬、妇女已推出李如蟠外,余因人数不足,着各自动推举,下次开会时均须出席。议毕,至四时二十分散会。

(《大公报》,1932年3月6日,第七版)

54. 国联调查团将于十四日抵沪，对沪案附带实地调查

【上海六日下午十时发专电】 国联辽案调查团将于十四日乘大来公司之雅达士总统号抵沪。沪各团体及市府各机关，于该团抵沪时，决分别招待。该团在沪约有一周勾留，并对沪案将附带实地调查云。

(《大公报》，1932年3月7日，第四版)

55. 我国公使招待国联调查团，大角又有荒谬的演说，请问满洲和平系何人破坏？

【电通社东京七日电】 驻日中华民国代理公使，于昨晚八时在中国公使馆设宴招待国联调查委员一行，日方出席者为吉川大使等。江代办于席上演说如左："诸公依国联理事会之决议，特来调查中日事件，所负责任可谓异常重大。其将来所收成功，不特为中国国民所切望，且亦为谋保障国际和平、确保正义人道之世界各国民所切望。故吾侪希望贵委员会，以公平无私之观察，调查中日事件实情，并以正义人道赞助者之资格，作翔实的报告也"云云。

【东京七日新联电】 大角海相本日午前十时与国联调查委员长莱顿爵士等一行会见，对于南京事件以来之中日纷争事件，详细说明海军方面之态度，并以之质问调查委员。

【东京七日新联电】 本日陆相官邸之国联调查委员招待会席上，荒木陆相有如下之致辞：满洲无和平，则东洋不能和平，满洲若再度扰乱，殊非国民所能堪，故国民为存续其和平，具有极坚之决意，此点希为谅解云。

(《大公报》，1932年3月8日，第四版)

56. 招待国联调查团，工联会今日开会讨论

本市各业工会救国联合会以国联调查团行将来津，党政当局已筹备招待，惟是否民众方面亦须单独筹备及如何进行，均待讨论，因定今日在河北宇纬路本会开临时全体代表大会，共商进行。通知昨已发出，文云："径启者：查国联调查团不日来津，本市各界工会应当有所表示。兹经本会第十次执委会议决，定于本月八日（星期二）下午二时，召集各业工会第二次临时全体代表大会，讨论筹备欢迎事宜。相应函达，即请贵会推派代表二人准时出席为荷。"

(《大公报》，1932年3月8日，第七版)

57. 国联仍侧重调解，英法主张辽案候调查团，大会宣言将为原则的声明

【伦敦七日电】 国联大会委员会四日通过和平决议案，业经中国方面接受。本日中代表颜惠庆氏在大会集会时，宣读宋子文氏接受该决议案电文。大会本日讨论时，英代表西门爵士注重在当地谈判解决争端之重要。氏称，顷间情势不仅关系恢复远东之和平事态，且关系国联之效用。彼等应表明国联将为一负责之和平工具。彼等虽能讨论争端，惟不能明瞭一切事实。氏提议国联调查团将抵东省，各代表应等候该团提出之报告。氏赞成发表宣言，宣布国联之基本原则应为解决争端之唯一根据，宣言中应证实将按照非战公约、国联盟约以及保障中国领土完整与政治独立一切条约之原则云。

....

【日内瓦七日新联电】 预料前途难免许多波澜之国联大会，迄至七日午后之一般委员会，国联主要国之英法两代表始正式的表明各该国之立场。其终局已可由此测定，即大会大体明日举行一般之讨议，九日任命大会之宣言起草委员会，作成含有尊重国联规约及九国条约旨趣之决议案。至包括东三省问题之意见，在小国方面颇为有力，大国方面之意，则以东三省既已派遣调查

委员,似不必再作此举云。

....

(《大公报》,1932年3月9日,第三版)

58. 国联调查团昨离东京赴西京,后日自神户来沪

【上海八日下午九时半发专电】 国联调查团八人刻已离东京,准十一日由神户乘大来公司阿丹穆斯总统号轮船来沪,约于十四日可抵沪。

【南京八日下午七时发专电】 东京八日电。六日晚中国使馆招待国联调查团,英委员谓十三晚可抵沪,十四登岸,抵沪后视情形如何,即赴南京与中国政府接洽。该团秘书哈斯氏并发通知称,该团如无特别事故变更沿途行程,拟在南京、上海共住十日至十二日云。

【电通社东京八日电】 莱顿爵士等中国调查委员一行,于昨日下午六时赴永井外务次官在芝区红叶馆所开之晚餐会,食纯粹日本菜,并观日本舞蹈。该一行于本日作调查资料之最后整理并访问芳泽外相话别后,即于本晚由东京驿出发,前赴京坂[阪]地方,而于九日视察西京,十日视察奈良、大阪。十一日由神户出发,前赴上海。

【电通社东京八日电】 海军大佐汤野川忠一及佐藤市郎两氏,将于本晚九时二十五分,随同中国调查委员由东京驿出发。

(《大公报》,1932年3月9日,第四版)

59. 北平政委会缩减政费,招待国联调查团

国闻社云。北平政务委员会昨日上午十时在顺承王府举行常会,张学良主席。讨论事项:(一)华北各省缩减政费案。决议遵照中央来电,通令各机关办理。(二)筹备招待国联调查团案。决议会同市政府等招待。下午一时散会。

(《大公报》,1932年3月9日,第四版)

60. 汪昨抵京商沪事，和战方针在慎重考虑中，各中委准备招待调查团，冯到徐已入院静养，医禁见客

....

【南京九日下午十时发专电】 各中委纷纷由洛回京，将准备招待国联调查团。各要人均将暂留京，待调查团行后方返洛。此间和平空气甚盛，各要人九日有谈商，下午四时外委会在外部开会，讨论沪事。

....

(《大公报》，1932年3月10日，第三版)

61. 国联调查团昨日行抵日本西京，参加人员将达五六十名

【电通社京都九日电】 国联调查委员一行于本早行抵当地后，即于十时二十分乘坐汽车游览市内名胜处所。本晚七时将出席府市会议所在京都饭店所开之欢迎宴会。

【电通社北平九日消息】 国联调查团定于一日内由神户乘商轮亚丹姆斯总统号赴沪。该一行中委员名单如左：委员长莱登爵士（英国枢密顾问官），委员克劳德尔将军（法国军事参议官）、麦克考易将军（美国陆军少将）、希尼博士（德国旅外德人同盟委员长）、马列斯可特伯爵（义国前驻德大使）。至上述五名委员之随员，则为由国联事务局所派之法、义、荷、德及捷克等国事务局员。此外尚有现尚逗留北平、世界著名之满洲问题法律研究家杨华特氏及加拿大铁路技术家两名随行。及在该一行中，若将秘书及与打字生合计，当达二十余名。日方所派参加人员如左：（国联调查委员参预委员）土耳其大使吉田伊三郎，（随员）外务省条约局第一课长盐崎观之[三]、情报部书记官森乔、欧美局事务官好富正臣，此外尚有三名。

又国联事务局次长伊藤述史，亦将加入该一行中。日陆海军方面随行人员如左：（陆军方面）参谋本部课长渡久雄大佐、参谋本部附澄田睐四郎少佐，

(海军方面)海军大佐汤野川忠一、佐藤市郎。该一行于十四日抵沪后,即在该地于华方委员顾维钧等参加之下,开始作各种调查。在沪逗留一星期后,即转赴南京,由国府方面接受各种报告。然后乘津浦路车,经由济南、天津等地,于本月底或四月一日左右来平。至在平逗留三四日后,是否将乘北宁路车径赴东北,抑将转经大连前往,则尚未定。该一行中,国联方面约占三十名,中日两国亦各略与相等,故度其总数将达五六十名之多。

(《大公报》,1932年3月10日,第四版)

62. 勿使国联调查团受日蒙蔽,高鲁主张选举国民代表向之接洽

国闻社云。前驻法公使高鲁氏昨有电致北平、上海国难会议会员,对将抵国境之国联调查团,主张选举国民代表向之接洽,以为政府外交后盾。原文如左:"北平、上海各地国难会议会员公鉴:武昌中华大学建议选举国民代表与将抵国境之国联调查团接洽,以为政府外交之后盾。此举甚为切要,本人极端赞同,更望早日实现,详细设备,俾国联代表不受日本片面宣传之蒙蔽。查两月以前,《东方杂志》社曾为此事备有特刊。现时印刷所炸毁,已无出版之望,似仍应征集社会中曾有设备者,集中资料,成完备之参考品,以资赠送。此外尚有两点急应注意者:(甲)用善意之忠告,请国联调查团尊重国联主张,本促进世界和平精神,勿以国势强弱之分,偏于某方之袒护;(乙)各调查员应以国联代表立场,抱公正主张,勿以各国居留东亚商家、领事等片面之见,受何种之包围。特此奉闻,余当陆续贡献。高鲁。"

(《大公报》,1932年3月11日,第四版)

63. 招待国联调查团,平市府召集各界开会筹备

平讯。国联调查团日内由日抵沪,即行来平。北平市政府为届时招待,特定于今晨十时在市府招集各界代表开会筹备一切,昨日发出通知如左:"径启

者：国联调查团行将来平，关于招待各事，亟应先事研究，俾臻完善。兹定于三月十一日（星期五）上午十时，在本府会商一切。相应函达，即希准时惠临，至为企盼。此颂台绥。北平市政府启。"

（《大公报》，1932年3月11日，第四版）

64. 对日本满蒙特殊权益之检讨：献与行将来华之国联调查团

一、绪言

"满蒙国策之确立，乃积极的拥护特殊权益而扩大之，以绝对坚持特殊权益之意义为本义。"——见金丸精哉之《树立满蒙国策之根本意义》。

狡矣哉日本，藉所谓特殊权益之美名，历年于东三省享有种种非法之权利，巧成种种非法之悬案。近更盗据东三省，强奸民意，创立新政权，手造伪国，独占权利；而又向世界声称："日本为拥护满蒙特殊权益，执行断然处置，此乃非他人所可容喙之事。如有第三者出而干涉，日本决定无论出何代价，均将予以拒绝。"

妙矣哉特殊权益，不啻为日本之护身符也。

经过三十年悠久时间之满蒙问题，迄至最近，尤为纠结中日国际、摧毁中日邦交、扰害世界和平之主脉。彼帝国主义者固以此特殊权益一语为拥护其国策之前提，然则所谓满蒙特殊权益，果何物耶？兹特加以检讨。

二、所谓满蒙

"所谓满蒙者，依历史非中国之领土，亦非中国特殊区域。我矢野博士尽力研究中国历史，无不以满蒙非中国之领土……最不幸者，日俄战争之时，我国宣战布告明认满蒙为中国之领土，又华盛顿会议时，九国公约亦认满蒙为中国领土，因之外交不得不认中国为主权……"——见田中内阁侵略满蒙积极政策之奏章。

"满洲族崛起长白山下，入主中华之时，以满洲为嫁食品而运至中国。故仅于清朝三百年间,可视满洲为中国假定的领土,迨至爱新觉罗退位,满洲则同时与中国分离矣……"——日贵族院议员赤池浓氏发表谈话。

睹诸以上谬说,日人用心之奸险,可谓无微不至。盖彼认东三省为昔日满族所居之地,非中国领土,满族亦非中国人也。然彼不知事实所在,纵昧画是非,何可抹杀?试痛辟于下:

辽宁、吉林、黑龙江三省,以位于山海关之东,故称东三省,一称满洲。满洲之名,始于明世。明之中叶,有建州酋长李满住者(清室之祖宗,当时赐姓李),因皈依佛法,于是每岁西藏献丹书,称"曼殊师利大皇帝"。曼殊转音为满珠,而汉文于地名惯用洲字,遂作"满洲"。(参考《满洲源流考》《皇朝通考》)实测满洲本族名,而非地名,迄今为部名、族名之统称。

五帝以前,其说无征。舜帝析九州为十二,辽河以西谓之幽州,辽河以东谓之营州。今之营口,古之营州也。《史记·五帝本纪》载:"北山戎、息慎、东长、鸟夷,莫不戴舜之功。"①郑玄注:息慎或作肃慎。《满洲源流考》谓:"满洲亦作满珠,所属曰珠申,为女真之转音,女真源出肃慎。"肃慎者,息慎也,由是言之。自虞舜以来,满洲之地域,世为中国领土之一部;而肃慎之子孙,世为中华历史上主要民族之一。又案《五族源流表》,载肃慎之子孙,居匈奴之东者谓之东胡,汉时为匈奴所破,分为乌桓、鲜卑两部。《魏书·帝纪》谓鲜卑之祖,出于昌意。昌意者,轩辕黄帝之第二十四子也。由斯推之,则知鲜卑出于东胡,东胡出于肃慎,肃慎出于昌意,昌意为黄帝之子。满洲既出于肃慎,更可证明汉、满同为轩辕黄帝之子孙矣。

三、所谓特殊权益

所谓特殊权益、特殊权利、特殊关系、特殊地域,无忌惮的动辄为日本人得意之词令者,即发源于《英日同盟条约》之一项曰:"保全东亚及印度地域两缔盟国之领土权,并防护该地域两缔盟国之特殊利益。"又《石井—蓝辛之约》文曰:"两国政府承认领土相接近国家间生特殊之关系,因之美国政府承认日本在满洲有特殊之利益。"以上两约关于英美承认日本之满洲特殊地位,皆由此起。

顾两约已在华盛顿会议宣布废止,而同时失其效力。华盛顿政府且郑重

---

① 编者按:原文如此,一般作"北山戎、发、息慎、东长、鸟夷,四海之内,咸戴帝舜之功"。

以声明之曰:"凡土地接壤之国家,仅以商务上特殊利益为限,此外皆不承认"云云。

然则特殊权益一语,在国际字典中自此即为消灭,英日两国皆不能引为口实,吾中国民众又安能受此一语之欺骗耶?

四、所谓满蒙特殊权益

所谓满蒙特殊权益,当然须根据条约,而日本在满蒙之条约权利,原始发生于中俄条约。此项条约期限久已届满,其含有持续性之"二十一条",日本人眼光中殆视为有力继承之一替代约定。实际中国人之主观见解,自始即不承认其有效,以曩昔国会既经依法而否决此承诺案故也。对外除在华会郑重声明不承认该约之效力外,对日亦曾为单独宣布无效之通知。且该约内部发生变迁,实质已所残无几。关于满蒙而为日本所争持者,有如下列诸端:

(一)旅大租借期限之延长;

(二)南满铁路敷设权及安奉铁路布设期限之延长;

(三)在南满洲建筑各种工业用之厂屋及经营农业必要之土地商租权;

(四)日本人在南满洲居住、往来及各种营业之自由;

(五)东部内蒙古农业、附属工业之合办经营;

(六)关于吉会铁路之诸协约及协定之根本的改订;

(七)矿山采掘之权利。

上述诸端皆纠结严重,殆无一不与中国生存托命之独立权相撞击。此不过"二十一条"全体之一部。"二十一条"全部之存在性,我国固始终未经承认,而日本持此为特殊权益,哓哓不休,宁非滑稽之事?

华会各项决议案,胥依门户开放、机会均等之旨为原则,与日俄战后日本在满洲之特殊权益思想,殆无一时不在抵触中。九国关于中国之条约明订:

(一)尊重中国之主权与独立暨领土与行政之完整;

(二)给予中国完全无碍之机会,以发展并维持一有力巩固之政府;

(三)施用各国之权势,以期切实设立并维持各国在中国全境之商务、实业机会均等之原则;

(四)不得因中国状况,乘机营谋特别权利,并不得奖许有害友邦安全之举动。

词意至为明显而坚决。若日本所持满蒙特殊权益之根据,一则自认其继承由旧俄移转而来,条约期满效力消失如何,均非所问;一则为根据中日新约及换文,实际"二十一条"之未经国民承认,彼亦未尝置念。日俄战后日本由特殊权益而使朝鲜一变而为保护地,复由保护地名义,未几而成兼并之局。今朝鲜既归属地管领之下,乃更进一步欲引特殊权益,夷我满蒙于变相的保护地之列。其如此蹂躏中国主权,破坏国际公约,实堪令人发指!(未完)

(《大公报》,1932年3月11日,第四版)

65. 九一八后北宁路沿站损失现经分别查竣呈报铁道部,国联调查团到来亦将提出

九一八日军强占东北后,迄上月止,北宁路由山海关至沈阳一段竟由日方组织伪奉山路局夺为已有,自锦州失守迄今,侵害程度占全部三分之二。该局曾于上月初印发全路损失调查表式,颁发各段站、各支路、各关系员司,切实查填,一面由总局制就每日损失调查。兹悉此项表式,自山海关迄沈阳,并打通、通辽、四洮、洮昂等支线,概由驻沈办公处长史梯理员负责饬属填查,已先后查竣呈局,且已制成统计。其直接间接所受之各项损失,有惊人之数字。已照缮分呈铁道部及北平政委会存查,俟国联调查团来华时向之提出。同时史梯理以九一八后路中收入不敷支配,已不能履行其债务上之义务,故单独有详细调查报告,除已详呈英政府外,国联调查团来华时亦将另案报告,以求公理之裁制。又伪奉山路局曾欲接收山海关车站,后经史梯理竭力交涉,未能实行,但已允许设立奉山路局驻榆办事处云。

(《大公报》,1932年3月11日,第七版)

66. 欢迎国联调查团北来,北宁路备车往接

北宁路局近奉铁道部训示,备妥列车,计卧车八辆、头等车二辆、三等车二辆、饭车一辆。拟于本月十五日开往浦口,欢迎国联调查团北来,并派员随行,以便沿途招待云。

(《大公报》,1932年3月11日,第七版)

67. 国联调查团定十四日抵沪，各方准备欢宴

【上海十一日下午十时电】 国联调查团定十四日抵沪，国府派顾维钧为代表欢迎。兹录已定宴会程序如下：十五日午郭泰祺，晚顾维钧；十六日午各大学校长，晚吴铁城；十七日午新闻界，晚宋子文；十八日晚市政府，十九日晚银行公会，二十日晚经济学会；二十一日午律师公会，晚孔祥熙；二十二日午西教士，晚太平洋学会。

【南京十一日下午十时专电】 外部电。郭泰祺、顾维钧、吴铁城等，会同招待国联调查团。京中一切招待事宜，外部正在筹备，届时中央各委及林森等均将集京接待。

(《大公报》，1932年3月12日，第三版)

68. 对日本满蒙特殊权益之讨检：献与行将来华之国联调查团（续）

五、所谓悬案

九一八事变之发生，日本谓由于中国不解决一切悬案及不履行条约，乃为侵害日本满蒙特殊权益，日本为拥护满蒙特殊权益，不得不予以断然处置。吾人就实际情形论之，果如斯乎？抑非然耶？

为欲理解所谓悬案之本质，有叙述其最重要悬案之必要。

（一）土地商租权问题

商租权之由来，已如上述，原于民国四年吾人不承认"二十一条"要求案："日本经营工商业及从事农业，得租借土地"。同条约附属公文："上述商租，包含三十年长期间之租借，并得无条件更新租约之权利"。

按条文之意义，即使租约期满，不问中国人愿否更新租约，且不必另经更新契约之手续，不必支付代价，其商租权仍继续存在。于是日人遂据"无条件

更新"五字,为永远占有中国土地之借口。实在"商租"二字之来历,不过"二十一条"全体之一斑。商租权一语在势且随"二十一条"私相授受之约定同一无效,日人何得视为奇货?

(二) 营业、居住自由权问题

此亦"二十一条"中关于满蒙之一条。自表面观之,似不严重。按日本帝国主义者欲获得此项权利之意志,为于收买原料、贩卖商品之时,可不经买办之介绍而更多获得利润。譬如以前须经过中国商人始能收买之原料农业品(如制油之大豆),以后可依条约规定自由往来居住,自由从事于各种工商业务,于是进货价格自可减少,利润自可增加,同时可予竞争对手之中国民族资本家一重大打击。结果,在满洲日本帝国主义经济之支配,可因以特别巩固。

(三) 铁路问题

年来世界经济恐慌,凡百事业大都陷于不振,此乃世界普遍的现象,南满铁路当然亦难逃此例。而日本以满铁之收入锐减,大声疾呼为"满铁之危机""对满政策之致命伤",乃由于中国违反条约兴修满铁平行线及满铁包围线之压迫所致。

兹将日本所谓满铁平行线及包围之性质略述于下:

A 所谓满铁平行线(纯粹中国资本)

(1) 打通线——一五六.三哩

(2) 沈海线——一四七.〇哩

(3) 吉海线——一二七.五哩

(4) 开丰线——四十.〇哩

B 所谓满铁包围线(纯粹中国资本)

(1) 齐昂线——一一八哩

(2) 呼海线——一三七哩

(3) 齐克线——尚未完成

(4) 洮索线——尚未完成

日本资本支配下铁路——一四六二.八哩(计南满铁路——七〇一.一哩、中日合办铁路七六一.七哩),中国资本支配下之铁路——六一五.八哩。

日本宣传所谓中国大规模平行线及包围线,实况不过如此。从哩数上言之,二者合共为六一五.八哩,尚不及满铁之全长,如与日本支配下铁路全数相较,其劣势则更显然可见。二者相较,中国自办铁路哩数尚不及半数,如谓其能胁威满铁及日本资本所经营之铁路,宁非笑话? 况中国自办铁路,并未通过何等产业区域,亦未具有何等基础营业条件,其结果反为满铁之有力培养线。至打通与满铁线,相隔百英哩,何得谓之平行? 中国自办铁路中,除沈海、吉海两线能连接外,其他六条并无连接关系,何得谓之包围?

上述三端,乃为日本所谓悬案中之最重要者。总而言之,东北人士之国家的自觉,与山东、河北人民之具有哥仑布、鲁滨孙的冒险精神,乃促成东北今日之非常繁荣。繁荣结果虽与日本亦有极大利益,但与其"开疆展土、大地全收"之美梦正相冲突。所谓三百余件悬案,乃正说明日本帝国主义压迫土著势力,而猛烈进行满洲完全殖民地化之历史。

六、所谓生命线

"满蒙为日本之生命线","大和民族之要求为最少限度之生存权",此乃松冈洋右氏拥护满蒙特殊权益之强硬论调,使日本人士闻风兴起,甚至有高呼拥护松冈外交者。其麻醉力之大,于此可以想见。然满蒙果为日本之生命线? (未完)

(《大公报》,1932年3月12日,第四版)

69. 国联调查团到沪恐将延迟,招待并不铺张

【上海十二日下午十时发专电】 国联调查团所乘之阿丹姆总统号,十四晨可进口,但因海面忽起大雾,到沪恐延迟。顾维钧谈,休战事日方以颜惠庆提保留两点内容范围不明瞭,已电询,俟得覆再进行。调查团来,招待并不铺张,我行我素,对日悬案不妨从容查办,日军必须速撤云。

【上海十二日下午三时电】 国联调查团行将抵沪,闻中日双方政府为便利该团调查及监视本国政府利益计,均任命陪查员。我方为顾维钧,已开始在沪筹备欢迎事宜;日方为前驻土耳其大使广田弘一[①],由东京随该团来沪。

【南京十二日电】 国联调查团定十四日抵沪,在京、沪两地约住十日,即

---

① 编者按:原文如此,应为"吉田伊三郎"。

行北上。该团抵京后,将住铁部宿舍或励志社。现外部派总务司会同地方当局筹备招待。

【上海十二日电】 外讯。国联调查团十四日可抵沪,将下榻华懋饭店。英、美、法、义四公使定十六日为该团设宴洗尘。我方招待调查团地点,择定西摩路何东爵士私邸。

(《大公报》,1932年3月13日,第三版)

70. 日本四个实业团体招待国联调查团,举排货等问题为中国罪

五日东京报载,日本经济联盟、日华实业协会、日本工业俱乐部及东京商工会议等四个团体,于四日午后四时在工业俱乐部开会,欢迎国际联盟调查委员。首由会长致开会词,嗣朗读实业家对华问题意见书之要点,其内容如次:(一)日本因排货所受压迫情形;(二)中国违背条约之实例;(三)中国国民教育鼓吹排日思想之实状;(四)主张国际协力促中国觉醒;(五)中国之赤化状态。门野、乡两氏对于莱顿爵士关于对华借款问题之质问,答谓除政治借款外,电信等借款,约七万万日金,均未付本息。麦可劳依氏询排货问题,由船津举实例详细说明。五时半散会。

(《大公报》,1932年3月13日,第四版)

71. 对日本满蒙特殊权益之检讨:献与行将来华之国联调查团(续)

视满蒙为生命线者,其理论之根据约有三点:(一)以满蒙为日本工业原料之重要供给地;(二)以满蒙为日人之绝好投资地;(三)以满蒙为日人之唯一移民地。此问题不待吾人痛辟,彼日人中亦不乏明达之士。兹举室伏高信氏对满蒙之再估价之要点于下。

（一）关于作为工业原料地之满蒙再估价

满蒙自然资源首推抚顺之煤，其埋藏量约十亿吨。然其实收量不出六亿吨以上，假定一年以一千一百万吨采掘计算，不出五十五年而抚顺便成废坑。次则为鞍山之铁，其埋藏量约三亿吨。然此处铁矿乃含铁百分四十以下之贫矿，在经济上之采算为不可能，故制铁事业则由赔损而仍趋向赔损，满铁公司为此除一年损失六十六万元外，其他毫无意义。言及石油，从抚顺油母岩提炼石油一事，似可对日本工业原料抱有多大希望者，实在尽其量仅得制一千万吨之重油，以年军需百万吨石油输入之日本得此补充，实无济于事。

（二）关于作为工业投资地之满蒙再估价

满铁公司之繁荣，其于经济的独占理由可以另作别论外，其余日本在满洲各种工业大抵都集中于满铁沿线附属地，乘欧洲大战之好况而兴起，一时成绩颇佳；然今日都陷于不况之深渊。各工业除铁、煤、大豆、特种物外，其原料均患不能供给，除去一般油房业外，其前途可谓无望。而油房业因北满方面接近原料，占有地利，亦呈露由中国人一手独占之观。

（三）关于作为日本人移民地之满蒙再估价

人口问题自日本视之，乃彼邦将来生活之大问题。然综计在满日本人口，为二〇二五四七人，就中官吏或与满铁公司有关系者为一一四八四七人。观此事实，日本固曾大疾呼以国家力量提倡满蒙移民者，但其结果，日本人之满蒙移住兼其自然之增加，在二十五年间仅不过未满九万人之数。日本人口年为八九十万之增加，从《朴资茅斯条约》以来，已有一千八百万之增加，此九万之移民成绩，于日本人口问题能有多大之解决功用耶？

至日本军部主张，以满洲在国防上甚为重要，不得不占为己有。兹举例于下：

"现今朝鲜已为日本之领土，满蒙则为朝鲜之延长，外蒙、西伯利亚更为满蒙之延长。而朝鲜既为日本民族所居住，其次可发展者为满蒙，更可发展者则为外蒙、西伯利亚。今后百年中日本可居住之地，当为满蒙、西伯利亚矣。"——见佐藤清胜之《帝国国防之危机》。

此问题亦不待吾人申辩，以彼国帝大教授横田喜三郎氏之言对之可也："满洲在日本军事上固甚重要，而中国全部于日本军事上亦甚重要，则亦应占领乎？中欧在日本军事上亦有相当重要，则亦取而代之乎？果如此，煤在军事上占重要之地位，则法国萨尔之煤矿，日军亦必须占领，天下宁有斯理也？"

总之,从经济上、从投资上、从人口移殖上、从国防上各方面探讨,均不能发现满蒙为日本国民之生命线。勿怪乎室伏高信氏谓:"满蒙生命线论仅为一个欺瞒,并非由于日本大众之如何要求,不过仅是满铁总裁、政党、政治家、满洲浪人、帝国主义者及其一部分企业之考案。"

反观吾国内地,人口稠密,生活艰难,如苏省每华方里平均有八十七人,浙省有七十七人,鲁省有六十八人,鄂、赣、粤、豫、闽每华方里平均人数亦皆在五十以上。因人口过剩,无地谋生,遂有"食之者众、生之者寡"之现象。号称"以农立国"之国家,每年洋米进口自九千万两至一万万两,洋面则自四千万两以至五千万两。此种巨额农产物之输入,实为农业国家根本之危机。常年尚可勉力挣扎,一遇凶年,人民即辗转流离,死亡枕藉。如陕西、甘肃、绥远、河南等省,年来饿死灾民都以数十万计;去岁亘十七省之空前大水灾,难民人数约在五千万以上。于是东北乃成关内人口过剩、救济灾黎之尾闾。

不仅此也。东北地大物博,远处边陲,东日北俄,介于两大,现在局势已属非常危急。此固东北一隅之存亡问题,乃中国全民族生存之大关键。

七、所谓究极目的

自日俄战后,日本资本侵进东北,其后更乘欧战之好况,获得巨大利益,迄至今日,竟有十四亿雄厚之资本。日本依此种经济势力,得支配东北,东北无异为日本之半殖民地。

然处此只有独占而无自由之帝国主义时代,除采取积极的攻势,以求贯澈完全殖民地化之政策外,不惟帝国主义之生命无法维持,且恐已获得之半殖民地亦将不能保持。日本有见于此,对东北半殖民地之状态,久惑[感]不满。加之除此种政治的必要外,复有经济上迫切之要求。于世界恐荒[慌]开始之前,日本已呻吟于第三期不况之中,资本之积蓄与扩大,已陷于此路不通之死巷。职是之故,日本乃进占满蒙,欲使满蒙变为完全殖民地化。

试观九一八事变后,日本始则拉拢三省汉奸、强奸民意、创立新政权,日本顾问盘据各种机关、干涉中国内政之事;近更强挟溥仪,建立满洲伪国,将达到日人所谓"亲善之极,融为一体"之趣旨;至其行将举行集团的农业移民,企图永久之占领,尤足令人咋舌。以上种种,事实昭然,有目共睹。而日本犹口口声声无领土野心,然则此即南陆相"舍名求实"之谓欤?

要之,日本帝国主义处心积虑,欲将半殖民地之满洲使□完全殖民地化。

满洲完全殖民地化乃日本帝国主义之究极目的。其究极目的之口头表现,即所谓"拥护特殊权益"。

八、结论

总以上所述,吾人可得结论如下:

所谓满蒙者,乃世为中国完整的领土之一案,中外之人无敢否认。在今日尤为中国内地过剩人口之尾闾,且于政治上、经济上、国防上,胥为中国全民族生存之关键。

日本于满蒙不过有国防邻接关系,比其他外国投资较多而已,并无所谓特殊权益、特殊关系、特殊……其以所谓悬案、所谓生命线而拥护特殊权益者,乃欲使满洲完全殖民地化,亦即实行明治之遗训、田中之遗策,所谓:"欲征服中国,必先征服满蒙,欲征服世界,先征服中国……我大和民族欲步亚洲大陆者,握执满蒙权利,乃其第一大关键也。"

一九三二.三.九脱稿。

(《大公报》,1932年3月13日,第四版)

72. 周龙光赴平,请示招待国联调查团办法

市长周龙光于昨日上午赴平,向张绥靖主任请示招待国联调查团事宜,并报告津市最近情况。闻滞津之何丰林氏,亦与周氏同车前往云。

(《大公报》,1932年3月13日,第七版)

73. 社评:敬告国联调查团诸君

国联调查团莱顿爵士等自经由美国,道出日本,进行调查,预定于今日抵沪,将由沪而京、而平,以赴东三省。今当入我国境之始,正为国联大会新有决议,而日军反准备大举进攻长江之时。吾人窃愿代表公众,述所见以唤起调查团诸君之注意。

按调查团之来,系根据国联行政院十二月十日决议,为"到当地调查一切能危及国际关系、破坏中日和平或一切影响中日两国友谊之事件",故其活动之方面应甚大。决议之日,白里安主席更从而为之辞曰:"调查委员团虽属顾问性质,但范围甚广,该会并将审查一切能影响中日两国邦交之行为。中日两国均得请该调查委员会审查任何事件,并得请该会加以解决。……若中日两国对九月三十日之决议案之担保(按即日军在短期中撤往南满铁路沿线,中国担保保护日侨生命财产安全),在调查委员会抵东三省时尚未履行,该会应即将此种情形向行政院报告。"观此,该委员会除调查之外,并可审查情形,立案解决,更得将当事国漠视九月三十日决议案情形报告行政院。然则就事论事,调查团于维护国联之权威,调解中日之纠葛,其责任诚大矣哉!

夫九一八之夕,日本驻沈军队突攻我北大营,我军以不抵抗而退,两日之间,占领我两省省垣重地,其为预有计画,情节显然。事后虽以破坏铁路,伪造证据,其事之不可信,正与皇姑屯炸死张作霖一案,事后造证,如出一辙。其后攻龙江,取锦州,再三侵略,目无国联。故其违约悖理之事实,本身已有雄辩的说明,本无所用其调查,委员诸君之责任,毋宁在如何考虑解决之策耳。关于此点,窃以为有三大先决问题,应有明确之认识,请申言之。

第一,中国非排外,亦不排日。查日本在国际间中伤中国,最有力之语为"中国排外"。夫中国精神文明虽有数千年之历史,而世变万端,多感于不能适应环境,至物质文明则更不如欧美远甚,故中国数十年来,企求输入欧美文化,实具热诚。又正惟欲充分改造国家,使与诸友邦同力合作,贡献于世界文化之进步,于是益觉因情势变更之理由,旧日一切不平等条约亟应分别厘定。此乃独立国家应有之要求,所希望者不过公道之待遇、平等之地位。缘此而发生之种种运动,自不得目为排外。藉令一时的有一人一事之不合,亦断断不能执一端以概括全体。至于排日之说,则更有复杂事实。中国日本有两千年以上之亲交。二十年前,中国学生负笈东瀛者曾逾万人。中国之军制学制,许多采自日本。孙中山先生革命运动,又尝直接、间接受日本之精神援助。凡中国有识之士,多知中国与日本有提携之必要,盖不特经济上日本有需于中国,而资本与人才,中国亦尽不妨受日本协助。中国革命伟人如孙中山先生,即向不敌视日本,且毋宁希望与日本结亲善之关系。无如日本军阀者流,误认中国复兴非日本之利,于是凡可以破坏中国革命事业、阻挠中国统一局面者,不择手段,径情直行,明明在经济上可以合作,而必以政治之力横施压迫;明明在外交上可以商洽，而必以重兵炮舰悍然相逼。日复一日，年复一年，使中国爱好和平、企求中日经济提携之士，无以见信于国民。而经济绝交之最后方法，乃不得不忍痛实施，以促日本之反省。此乃日本自身对华强暴政策所招之结果，殊非中国国民之本意。吾人敢断言，日本对华政策果能继续的表示其和平亲善之诚意，则中国所谓排斥日货之运动不禁而自绝。此调查团诸君所应详核因果澈底明瞭者也。

第二，中国绝对不能放弃东三省。现在日本以武力政策占据我东北三省，其地有日本两倍之大，农矿森林，宛然天府，日本尝以生命线呼之。实则该地乃华人所开辟，人口三千万，纯粹汉人占百分之九十五焉。中国冀、豫、鲁等省过剩人口，恃为尾闾之泄。日本攘为已［己］有，则我华北民众失一就食之途，影响社会生活异常重大。抑日本自谓在满洲曾流赤血、曾投巨资，此等事实，中国未尝否认。现在东三省路权、矿权多在日本手中，旅顺、大连之租借地，中国亦无强制收回之准备。中国所望者，与日本为经济之提携，不能容忍日本之政治吞并。就事实言，日本在满洲有三四十年历史，而因土质、气候、风俗习惯相差太远之故，日本农民不能移殖，先天的只能从事于工业，于是中国供给土地、劳力，而日本出资本、智识，相与互助，乃成自然之配合。日本顾不能安此，终于滥用政治权力、武力手段，强占三省，结果不能得中国民众之赞助，只有纷乱，必无成绩，可断言也。抑不特此也，东三省与高丽，历史地理素着亲密关系。从前朝鲜人在东三省租地垦殖，服从中国法令，中国官民一视同仁。如吉林延吉、和龙、汪清三县，鲜民占百分之七十以上，畛域化除，固融融如也！乃自民国四年中日条约签字，日本不承认已放弃之对鲜民领事裁判权，于是中日双方为韩侨问题又时起纠纷。迄今韩民在东三省有六十余万之多，而法权、警权随之以生交涉。实则中国初不反对韩侨之移住，所反对者日本警权、法权随以俱来耳。要之，中国在东三省不反对与日本经济合作，不反对用朝鲜人辟治水田，所反对者，日本独占利权，攫我领土，利用鲜民，实施侵略。盖东三省乃我汉族胼手胝足所开发，又为我中国过剩人口之消纳地，且为华北物质建设一切原料所取材之地。日本如以强力夺去，我必以强力取回之，不拘年限，不得不止。此调查团诸君所宜了解者也。

第三，所谓"满洲国"者，乃日本人所创造。日本自非法占领东三省，最毒辣之方法，即为剥夺中国人民之书信自由、言论自由。以宪兵、警察，监视邮政，检查电信，所有关内华文报纸概禁发卖，各地原有华文报纸亦概行改组。

另以日本人意旨，强制发表言论纪事，其关内外私人往来信件，动被干涉。即号为日本人所使用之伪国大员，亦系受日本军警宪兵之监视，且任何机关皆有日本顾问，名备咨询，实操大权。甚至地方自治，亦为指导，每县委员三人，亦以日本人占其二。自上澈下，东三省行政权悉在日本掌握，其军警权更不待论。日本以为如此犹不足以持久，乃使之独立成国，以便将来施行合并，如对朝鲜故事。吾人上文曾言日本在中国破坏统一，其在东三省尤然。彼素不愿东三省与本部合作，故张作霖时代一再援助其独立。彼之反对张学良，即因张氏服从国民政府、维持南北统一故也。彼军既占据辽吉，乃派土肥原大佐来天津，劝溥仪赴东三省成立伪国。溥先不允，土肥乃送炸弹威吓之，并断绝其邸宅之水道以窘之，卒于去年十一月十日晚间挟溥登轮赴大连。时天津万［方］有更［便］衣队之乱，溥改装日本兵，至塘沽上船，事后自称为避津乱，实则津乱固为劫溥赴辽而发也！溥仪既赴东，日人□居之汤岗子，依军阀之意，欲径令复辟，外交官则顾虑国际责言，不甚赞成，遂移旅顺监视，见客且不得自由。其后日本积极进行满洲建国运动，终认溥仪比较可以利用，乃以建立共和先任执政为条件，拥之至长春，以三月九日宣布，一切典礼宣传，概由日本军方包办，日本新闻记者且不得与仪式，其强制伪造可知。夫中国政治上各省政权对中央宣布独立，本非创见，惟从未别建一国，且亦从未有受外人之强迫如溥仪此次之事者。溥仪乃前清皇帝，中国革命时已自行退位，满洲虽系清室肇基之地，三百年来已为纯汉族之所居。此举不特二［三］千万民众所不愿，即溥仪本人亦非出乎自由意志。日本因欲藉溥仪以遮掩世界耳目，为其完全吞并东三省之准备行为，绝对不能以民族自决欺骗国际。盖东三省人之最大多数为与中国本部同一民族，其另建伪国，乃他决，非自决。试观溥仪在长春就职之日，东三省民众在各处皆有反对表示，此种日本之所谓"匪"，实即愤恨日本侵略，不惜挺［铤］而走险，拼生命以为中国民族表现正义之中国志士也！此中真相，尤愿调查团有切实之认识。

以上三点，最关重要。此而明瞭，诸疑悉解。要之，中日两国原有不可离之关系，日本果变已往之武力政策，交还东三省，取消伪建国，则形势一变，国民交谊不难恢复。然而观于日本在东北之进行不已，在东南之侵略方亟，彼本无国联在目，则调查团将如何纠正之？盖又不能不望诸君于明瞭是非曲直之后，有以善处其使命也。

(《大公报》，1932 年 3 月 14 日，第二版)

74. 国联调查团定今日抵沪，吴铁城代表市民致电欢迎，我国代表团职员名单发表

【上海十三日下午二时发专电】 国联调查团乘阿丹姆轮预定十四日午可进吴淞口，吴铁城十三日代表全市市民致电欢迎该团全体委员来沪。兹录我国代表团职员如下：代表顾维钧，秘书长王广圻，总务兼宣传主任张祥麟，议案主任钱泰，招待主任严恩棫及参议暨专门委员多人。又十三日吴铁城接京市党部来电，请尽量引导国联调查团参观沪战区域及文化机关损失焚毁惨状。

【南京十三日下午八时发专电】 中央确定励志社为国联调查团下榻之所。京市卫生局及警厅自十三日起，将下关车站至华侨招待所一带街道扫除清洁。与各团员谈话人员，由中央指定，外部及各级党部分任。

(《大公报》，1932年3月14日，第三版)

75. 北平各大学教授抗日会昨成立，通过简章选出理事十一人，议决准备招待国联调查团

【平讯】 北平各大学教授抗日救国会昨日晨十时在欧美同学会开成立大会，到刘家驹等四十余人，公推邱昌渭为主席。通过简章，选出邱昌渭等十一人为理事，并议决准备招待即将抵平之国联调查团。兹详情如次。

成立意义

开会后主席致词，略谓："日祸益急，国家前途危险，不堪设想。凡属国民，应剑及履及，急起直追，共赴国难，于情于理，两不容缓。吾侪忝主教席于学府，日祸发生时将半载，迄今尚复散漫孤立，毫无足以发挥自由意志之组织，思之殊觉汗颜。爰发起北平各大学教授抗日救国会，秉良心之主张，为救国之工作。报国之道，即在于是"云云。旋由胡石青报告筹备经过。

通过简章

主席提出大会简章，经讨论，通过如下：（一）本会定名为北平各大学教授

抗日救国会。(二)本会以联合各大学教授抗日救国为宗旨。(三)本会会员以个人为单位,与所在学校无关。凡在北平各大学院任教职者,皆得为本会会员。(四)本会设理事会,由全体大会选举理事十一人、候补理事五人组织之。理事缺席时候补理事依次迁补,候补理事得列席理事会,有发言权,但无表决权。(五)理事会得分设各组担任会务,于必要时得设立特种委员会,延请会内外人士加入。(六)本会理事任事半年。(七)本会经费由下列各项充之:1. 会员入会费每人二元;2. 会内外个人捐款;3. 会外团体捐款。(八)本章程由会员五人以上或理事会之提议,全体大会三分二之①通过,得修改之。

选举理事

该会理事十一人,组织理事会。选举理事之结果,邱昌渭、胡汝霖、邱椿、宋介、李光忠、徐治、刘百昭、霍维周、刘世传、刘馥、樊际昌等十一人当选,又余家菊、郭甄泰、李证刚、张忠缓、严济慈、刘永济等六人当选为候补理事,其中严、刘各五票。简章规定候补理事为五人,决改为六人。

通过提案

选举完竣,通过以下二提案:(一)电中央政府、各省军事长官,对日积极抵抗,万勿妥协案,决议通过;(二)国联调查团行将抵平,应如何招待案,决议交理事会研究办理后,并与市政府接洽。至下午一时散会云。

(《大公报》,1932年3月14日,第五版)

76. 颜惠庆通知国联大会,中国接受决议案并申述最要三点,调查团到沪受严肃欢迎

【南京十四日下午七时发专电】 外部确息。我国颜代表对于十一日国联大会决议案,已正式向大会通知接受,并认为中国要求大会承认之原则均已列入该决议案,表示感谢。又特别提及决议案内最重要者三点,即:(一)中日间

---

① 编者按:原文如此,应为"三分之二"。

争端之解决，决不得在军事压迫之下。（二）全体会员国有将纠纷提交和平解决之义务。中国已经运用此项手续，故对于现在事态，当然不负责任。（三）会员国对违反盟约及非战公约所造成之局面及缔结之条约不予承认一节，当然包括傀儡政府在内。

【上海十四日下午十时发专电】 十四日各马路商店停市，表示民意，门窗遍贴欢迎调查团标语，并有"中国拥护九国公约、非战条约、国联盟约"与"反对强权即公理""吾人仅求正义"等标语。阿丹姆总统号因天气关系迟到，先时而到之中外各界均由码头折回。至晚七时半，轮由新关江面上溯，欢迎者小轮两艘遂出发。伍连德等一轮先开，顾维钧、吴铁城及各领事、新闻界暨商界代表一船，共七十余人，到白莲泾，登阿丹姆轮。顾维钧、吴铁城、郭泰祺先与代表团各员相见，致欢迎词，互道寒暄，次介绍各界代表。日方领事及海陆军武官亦到。八时，顾邀各调查员下轮，埠头有公安局警察及乐队行礼奏乐欢迎。还登小轮，顾等与调查员入舱谈阔别意。九时到新关码头，市商会袁履登、贝淞荪、银会陈介、徐新六及领事多人，在码头欢迎。埠头并有潮州同乡会等多人，执上书欢迎标语之白旗，高呼"拥护国联公正调查团万岁"、"中华民国万岁"、"十九路军万岁"等口号。码头探捕戒备甚严。调查团寓华懋饭店，对调查事尚无表示，报界询问，约翌日相见。该团留沪八日，英、美、义三使定十六晚欢宴。

【上海十四日路透电】 国联调查团已于今日下午抵此。当莱顿爵士等委员在浦东大来公司码头登岸时，军乐大作，以电光摄影者拥挤异常。莱顿爵士与路透记者谈话时称，中日双方如欲委员会对结束战事、举行圆桌会议等事加以援助，则各委员亦乐于合作云云。该委员等预定十九日启程赴京，但有无更改，尚难预料。各中国报纸满载欢迎委员会之言论，并希望各委员以第三者之地位，将中日纠纷加以公正之解决云。

【南京十四日下午七时电】 外部以国联调查团瞬将来京，特设招待委员会，派总务司长应尚德为委员长，刘洒蕃、王光、许念曾、王祖廉、葛祖广为委员，与地方当局筹备招待事宜。又旅外侨胞对调查团来华非常注意，连日纷电外部，请转该团维护盟约、主持正义，秉公澈查暴日侵略破坏我国领土行政之真象，报告国联，以期切实制裁强暴。

【南京十四日下午十时发专电】 宋子文偕李调生十四日晨飞沪，帮同招待国联调查团。该团定十九日来京，以铁部官舍为该团寓所。

…………

上海各报著论欢迎

【上海十四日下午四时发专电】 今日各报社论均对国际调查团表欢迎，并致希望。《新闻报》注意四点：（一）中日事件以鲜案与万宝山案为远因，九一八为近因，排货由此而起；（二）九一八为日本确有计画之动作，并非无意侵略；（三）东北伪国与朝鲜独立事同，日本声明无占领土地野心，言行相悖；（四）调查团虽责在辽案，望对于辽案联带之沪事亦加注意。日本于我接受条件后进攻，专意破坏民居、文化机关，乃毁弃和平各约及战时国际公法。《时报》谓，我国土被侵略至数月，人心虽激昂，仍安守秩序，静听政府与国联处置，民族根本之组织，为任何国家所不多见。现人民所属望于调查团者，即为国联所决议、日本所承认之国家土地完整，以及武力下更变情状不能承认而已。惟久假不归，乌知非有，倘任游移搪塞，变化更多，他日虽欲遵此决议而不可得。望调查团运用敏速手腕，毕其任务。《申报》盼望调查团保持第三者立场，持公平态度，注意法律的事实。

（《大公报》，1932 年 3 月 15 日，第三版）

77. 市商会筹备欢迎国联调查团

本市商会于昨日下午四时召集第五十二次常委会议，各委员均行出席，由杨晓林主席。讨论议案颇多，兹择要录左。杨晓林提议，国联调查团不日来津，本会应如何表示案。决议筹备欢迎，其筹备欢迎办法，应提交执监委员会讨论。此外关于文字表示，□以去年天津事变发生后，根据商人的立场，积极预备此次商号损失情形。并定于本月十七日下午四钟，召集执、监委员联席会议，讨论迎国联调查团之筹备及其他事项。又王文典提议，本会例会原系星期二、五举行，究应仍旧□理或酌量变更，敬请公决。决议仍恢复二五例会，届时由秘书处照发通知。其主席应由四常委轮流充当，计：（一）杨晓林，（二）杨西园，（三）王文典，（四）王晓岩。如须举行临时会议时，应按以上规定次序，由主席召集之。

（《大公报》，1932 年 3 月 15 日，第七版）

78. 到沪后之国联调查团,顾、吴、郭等昨分别宴会招待,离沪前将视察淞沪各战区,莱顿告报界:调查东事出以公正

【上海十五日下午十时发专电】 国联调查团五委员及秘书哈斯,十五日上午至宋子文、郭泰祺、吴铁城宅访谒,下午访顾维钧。均系答拜性质,略事寒暄,即辞出。中午郭泰祺在西摩路何东宅欢宴,与宴者有顾、吴及各界中外来宾七十余人。郭致词欢迎,莱顿答谢。下午五时顾维钧假静安寺路程霖生宅招待调查团茶会,邀各国使领、海军司令及沪各界领袖作陪,调查团外,到法、义两使领团、各国海军司令、吴铁城、郭泰祺、虞洽卿等各界中外来宾三百余。由金问泗、张祥麟等帮同招待,顾在室内一一款接。宾主进茶点,谈洽尽欢,门外车马辐辏,至六时始散。晚八时吴铁城就华懋饭店设宴,由顾、郭等作陪,吴致欢迎词后,莱顿致答。十六日午十二时大学联合会在华安公司宴该团,下午五时孔祥熙、宋子文两夫人在孔宅茶会,晚八时英、美、法三使及义国代办邀宴。莱顿语人,该团于离沪前,赴前方作一度视察。(郭、吴欢迎词见另电)

【上海十五日下午十一时发专电】 莱顿晚七时半在华懋饭店见报界,谓此次调查东省事,完全出于公正态度,在沪约留一周至十日,再赴京转往东北,希望舆论界能信仰该团及国联确能成功。离沪前须赴吴淞、闸北等战区一度视察。至沪案和平运动,如受双方邀请,则愿努力,但不自动参加。

【上海十五日下午二时电】 外息。国联调查团十四晚抵沪后,并无谈话发表。主席委员莱顿称,该团在有机会考察沪上情形之前,未能作概括宣言。至在沪调查之范团及勾留之久暂,亦待十五日与各方接洽后始能确定。但若经当事方面之请求,该团势将尽力协助沪事和平谈判之进行。又称,彼希望十五晚可对各报纸发表一宣言。调查团在日本时,莱顿曾对日本各报表示,调查团之任务不仅在调查,其主要点实在将国联全部能力奉献中日两国之前,俾能获得一永久之协妥。该团目前尚无确定之主见,对华、对日同样友视。其抵沪后之行程,将完全在沪商定。如沪事渐趋平静,当即赴京,与中政府当局接洽;若沪局严重,则将在沪进行和平工作。在沪宁两地作初步调查后,再北上赴东

省。调查团虽由英、美、法、义、德五国团员各一人组织,但各该团员并不代表五国,实共同代表国联,并仅对国联负责。美籍团员麦考易于调查工作完毕后,亦将另作报告于华盛顿。该团工作第一步为向中日两政府搜集官方材料,然后再行实际考察。国联对远东方面,除维持和平外,绝无其他企图,其所希望于中日两国者,亦仅为信任耳。

郭泰祺欢迎词

【上海十五日下午八时发专电】 郭欢迎词云:"最近数星期,上海区域发生空前之非常状态,鄙人因此住沪时较多。而国联调查委员团诸君今日莅临,鄙人因得代表国民政府首致正式之欢迎,曷胜荣幸。今日欢迎诸君,并邀本市商学各界领袖参与,鄙人敢信在诸君勾留沪上之期间,如有所咨询,吾人视能力所及,无不尽量赞助。自一九二七年国民政府在南京成立以来,吾人视线移注于日内瓦,以观国际联合机能之发展。盖世界道德及物质幸福相依相系,日甚一日,此有赖于大战后伟大机关以增进之也。自一九二八年以来,吾人对于国家建设之计画,亦曾时常征询国联之意见及其合作。最初国际劳工局局长冯麦斯君来华,不数月,又继以国联副秘书长亚符诺君,□后年复一年,国联与吾人无不诚挚合作。吾人每年得国联所派有关于卫生、教育、劳工、工程及财政专家等之协助各种计画,或已实行,或已着手。去年春间,政府决定设立最高经济委员会,志在与国联密切合作,由国联派遣专家协助,施行一切之国家建设计画,俾我国可得迅速进步之效。去年夏,大水为灾,亘古罕见,富庶之区多被淹没,国联专家亦莅止协助,应付巨灾对于国家之善后工作。吾人已得证明,与国联之具体密切合作为一需要之政府政策。此项政府政策向受民众之竭诚赞助,今日在座之各界领袖可资证明。吾人始终希望在谋和平之方式上我国与国联间有切实之合作,现虽因去年九月东三省可惊之事变以来相继而起之各种事变所阻碍,但亦仅暂时之不幸耳。吾人恳切之希冀与愿望,即系诸君之克己工作,其结果可恢复远东之和平,并在国联及《白里安—凯洛格条约》保障之下,可以获得一永久之谅解,俾四万万人民所组之中华民国能与各邻邦在相互尊重平等之地位,敦睦相处,自由发展其国家生命,俾得尽其力之所能于各种和平事业,足以促进人类进化者有所贡献焉。"

吴铁城欢迎词

【上海十五日下午十时发专电】 吴欢迎词云："诸位国际联盟会所派调查满洲案件之调查委员会各委员道经上海，本市长今夕得藉此机会设宴招待，并表示欢迎之诚意，感觉非常荣幸。调查团诸君皆为世界伟大之领袖，故国联委派诸君来此调查，本市民众皆共庆得人。中国所希望者，只求本案之事实得有坦白确实之表示、虚伪之宣言及捏造之事实得有澈底之暴露而已。现在诸君以一秉大公之态度进行调查，中国自极端信赖。在过去一月余上海所经历之惨状，即君等在旅途中亦必洞悉。全上海民众皆早已渴望君等之光临，尤其本市内闸北、江湾百余万之人民，亟盼君等能及时莅临，满望君等之努力及工作，可以阻止日本海陆空军之惨暴行为。鄙人等本希望诸君来华之日，能见到兴盛之市区及日即发展之村镇，但此刻不幸，只可请诸君观察为日本摧残之灾区。当君等他日行至闸北、江湾时，自可知日本武器肆意摧残之成绩矣。日本并未向中国宣战，然君等将来所视察之地，必能使君等不期而然回念以前欧战之余怖。千万间之屋厦被摧为平地，文化机关如商务印书馆、东方图书馆及多数之大学校，皆被日本军队恣意视为飞机、野炮及纵火之目标，无论妇孺强弱，皆不获免。夫日本军以飞机毁炸人烟稠密、绝无防范之城市，毁炸水灾难民收容所及无辜平民，已将世人所认为文化基础之原则破坏无余，而日本自己所签定之条约亦撕毁已尽。尤有进者，当鄙人等在此欢迎和平使者之际，亦正日本继续占据远离上海二十公里以外之城市之时。日本在上海及其附近于七星期中所造成种种恐怖，犹以为未足，虽中国军队已奉令在前方各线停止军事行动，日本尚且每日增加援军，开入内地。中国和平之希望，既因日本所提完全无理要求变为幻影，而中立国人士友谊努力，亦不能稍减日人野心。上海外国代表设法使上海停战和平，亦因日方不时变迁要求，终归无效。盖日本自去年九一八事件发生后，其侵占中国之野心未曾丝毫稍变。诸位，自中日事件发生以来，中国政府与人民完全信仰国联，深信公理与和平必得最后之胜利。以前国联在技术方面对中国屡加襄助，中国殊深感激，此次感受惨痛之余，仍望由国联中能获得其盟约所赋予之公理。吾人绝不信武力终能战胜公理。日本之占满洲及侵沪，可谓为日本向条约之神圣挑战，吾人对此种挑战果能不闻不问乎？诸位今夕宠临，又听鄙人之陈述，至深感谢。鄙人敢为诸君告者，即中国必尽力与列强合作，以谋世界之公理与和平之实现也。"

莱顿爵士答词

【上海十六日上午一时半发专电】 莱顿在郭、吴席间均致词答谢,词意略同。吴铁城宴,吴致词后,莱顿答谓:"本人可代表同人略表意见。同人昨到沪后,立感上海地位重要、交通繁盛,本日又见人口之众,各国人民相处极洽。然察社会各种情况,深觉上海市长责任重大,而又有多少问题乃本地独有,治理极为不易。顷闻市长演说,同人于上海最近发生之事变,虽不能立断责任之谁属,但于无辜市民之受祸,实深痛惜。市长期望同人一秉至公,同人自信必能做到。关于此事,国联现有种种报告,将来历史更有记载。记载如何虽难预知,但必视为极不幸事件。同人深望此极不幸事件早日告终,不再发生。同人于市民尤于商民深为关怀,盼早复业"云云。宾主酬答时,旁摄有声影片。宴毕,演战地影片。

南京准备招待

【南京十五日下午十一时发专电】 外部十五日接顾维钧电,谓国联调查团在沪勾留之期,预定一星期至十天,即行入京。该团一行计有十五人,来京路程拟定乘海圻军舰,由水道而行。我国招待代表团陪同偕来,日代表松冈亦同来京。该团下榻励志社,顾等住铁道部公寓。外部十五日下午召集市府、警厅代表,讨论警备事宜。

【南京十五日下午七时电】 首都新闻界以国联调查团即将于本月二十左右离沪来京,拟向该团为文字上之表示,希其主张公道,制裁暴日。定十六日下午二时假《新闻报》驻京采访部开会,讨论立言要点。已通知各报及通信社,各推代表一人出席,共策进行。

【南京十五日下午八时电】 国联调查团行将来京,首都各界为表欢迎计,曾经市党部于上星期召集各团体、学校等代表开始筹备。关于欢迎办法,已经妥定,惟欢迎时秩序之维持,议定由各团体推派纠查指挥一人负责。各纠查团指挥定十六日上午十时在市党部图书室开会,商洽进行。

....

(《大公报》,1932年3月16日,第三版)

79. 汪昨赴昆劳军,随即回京,蒋允任军委会长,但就职有待,顾维钧不就沪和会首席代表

【上海十五日下午八时发专电】 沪和议政府曾任顾维钧为我国首席代表,惟顾并未承认。现汪及罗文干又电顾,恳切劝驾。但顾以招待调查团关系重要,须以全神贯注,不克分身,仍覆请另简贤能。

(《大公报》,1932年3月16日,第三版)

80. 招待国联调查团,政委会嘱省市当局共同办理,北宁备车以便该团遄赴东北

国际联盟派遣来华之调查委员会委员一行,已于本月十四日抵上海,不久即将赴东北视察,道出平津。北平政务委员会外交研究委员会奉张委员长令,准备负责招待。该会已函省市两政府,于调查团来津时妥为招待。市府除已将津变损失由公安、社会两局调查完毕,呈送去平外,并拟召集各界共同办理,惟须俟函上海市政府询问该团在津是否有数日之勾留而定。届时即由公安局饬知商民有所表示,并停止一切娱乐宴会,表示民意。又津浦铁路总局昨有电到津,谓已于浦口车站预备专车,以为该团北上之用。并闻北宁铁路局已着手整饬车辆,俾该团抵津后,乘驶转往东北云。

(《大公报》,1932年3月16日,第七版)

81. 调查团留沪促进和会，郭泰祺报告日可容纳我保留两点，上海和平略有一线光明，京传日军将全部退入租界，谭启秀赴沪准备接收吴淞，林森因外交重大任务今日回京

【上海十六日下午七时发专电】 调查团今晨与中外外交当局及各国领事馆关于沪事有私人谈话。该团现决参加沪停战撤兵之接洽，使其成功，以免该团离沪后再发生战事。离沪期原定二十三，现改至二十六。各方感觉协议进步可较速，惟中日当局则守沉默，但已邀请该团参加协议。该团亦接受邀请，又以宴会甚多，工作甚忙，为时日所限，除明日午新闻界之宴、明晚顾维钧宴外，特婉商顾，辞谢十八日经济学会学术团体、十九日朱庆澜、二十二日辛博森之宴，律师公会之宴改二十三晚举行。

【洛阳十六日下午四时发专电】 林森定十七晨十时赴京。路局已备就专车，随从甚简，二三日即回。此行于外交有重大任务。

【南京十六日下午十时发专电】 谭启秀奉蒋光鼐、戴戟电召，十六日晨飞沪。据闻在和平会议以前，日方依照各公使调停办法，将日军完全撤退租界以内，吴淞炮台由我方接收。谭因兼任要塞司令，故奉命前往接收。

【上海十六日下午十时发专电】 顾维钧告记者，调查团二三日后赴战区，由我代表人员陪往，各国使领或同去。赴京现拟改乘火车，通车事现与日方交涉，尚未妥云云。

【上海十六日下午十时发专电】 记者以沪和平事询吴铁城，吴言现仅可谓黑暗中略有一线光明，日方前坚持彼所提条件，但今可望其让步。调查团现仍非直接参加，系敦促各国公使努力云云。

【上海十六日下午十时半发专电】 日运输舰一艘装第十四师团工兵及军械来沪。第十一师团之辎重军实，今日用运送船运走，兵士则备军舰十四艘，十七日起运。十七晨有日本军粮五百吨装汉。又自"一·二八"以来第一批日货今日由神户装来，惟只四五十件。此系日轮恢复商班后之场面，并非有销场。日飞机无撤回意。

【上海十六日下午三时电】 《大陆报》载国联调查团主席委员莱顿十五日

招待报界时称,调查团在沪案和平会议进行之前拟不离沪,极希望该团离沪时,沪地敌对行为将再无爆发可能。

【上海十六日路透电】 国联调查团主席莱顿爵士谈,该团将驻沪,以俟和平谈判开始进行,和平似有把握。莱顿氏拟尽量与近顷事件有关之著名人士晤谈,顷间频频举行私人会议,以期辟一蹊径,召集一组织完备之和平会议,参加会议者有中、日、英、法、美、义各代表。

············

【上海十五日路透电】 此间盛传满洲伪政府正在设法阻止国联调查团前往满洲,或至少阻挠其调查云云。路透社特派员今晚为征实此种消息起见,往访莱顿爵士。据称,彼尚未闻足以证明此讯之消息。

【东京十六日路透电】 据负责方面讯,日政府有训电致沪,原则上赞同协调的休战计划,详细办法由在沪日将领决定。训电详情未披露。

调查团展期入京,将参加和平谈判

【上海十六日下午七时电】《大美晚报》载十六日晨官方消息,国联调查团十五日晚已接受关系方面之请,将参加沪案和平谈判,协助停止敌对行为及撤退日军办法。调查团原定二十三日晋京,刻已改二十六日启程,希望届时中日谈判可得一最后决定。调查团以为双方决定停战办法极为重要,否则该团行后,沪地难免不再发生敌对行为,故十六日和平前途更现乐观。蒋光鼐、戴戟十四日抵沪,即加入和平谈话。

郭泰祺电京报告,外交部覆电指示

【南京十六日下午九时发专电】 行政院接郭泰祺来电报告,谓十四晚第一次和议谈判商定基础原则数项,大致:(一)日方对我国所提出之两项原则可容纳;(二)日方另有新提案,对撤兵区域境内禁止中国军队驻防,沪战事责任应由双方负责,未提及赔偿问题。十六日行政院会议,罗文干曾提出讨论。

【南京十六日下午十时发专电】 外部十六日覆郭泰祺,指示一切。据官方消息,沪会议前途,设日方能诚意接受各友邦好意,不再另生枝节,或不致再生波折。国联调查团如得中日双方同意,拟在沪参加会议后再定期来京。

【日内瓦十五日电】 国联大会派定以十九人组织之委员会,定十六日下午三时半开会,讨论中日事件。中国国民外交后援会,首都工界、教育界均筹备欢迎国联调查团。

日方拟设中立区，我方已严词拒绝

【上海十六日下午三时电】 日来非正式之和平谈话正在进行，颇有开展。闻我方允不再由目前防线进取，日方亦允将第十一师团及第二十四旅撤遣回国。双方第一次会晤，系在十四日午后，到会者除郭泰祺、重光外，英、美、法、义四公使亦在座。第二次会议，今明日即举行。闻首次会议仅谈及双方让步、停止敌对行为问题，此后尚待讨论者，为日军撤退后之警备问题等。日方提议设中立区，由中国警察在外人指挥下警卫地方治安，我方已严拒。又一月二十八日吴铁城答覆日领村井四项要求之覆牒，亦在会议中提及。日方坚称任何办法如违反该项覆牒者，均不能加以考虑。散会后，重光即将结果电告东京请示。

(《大公报》，1932年3月17日，第三版)

82. 各国专员视察前线，日机窥常熟，英参赞为摄影，视察报告备供调查团参考

【苏州十六日下午十一时发专电】 英参赞司徒博、美参赞韦门十二日赴防地，与副师长李盛宗谈："日军有优势，兵器、兵力超过贵军，何能抵抗如许之久？"李答谓："敝军被迫过甚，忍无可忍，人人抱必死之心，故精神愈战愈奋发。此次因战略退守第二防线，否则将笑我不知兵法。日来犯决痛击。"两参赞称善。次李问参赞感想，答："在未战前，日方称在四小时内可驱出贵［敝］军于闸北、吴淞。当时外人鉴于东北事件，半信半疑。结果，日增军至五师团以上，相持至一阅月，实出意料。"司徒博十六晨由常熟来苏，下午三时赴京。外部职员李润民、京卫戍部徐伟，陪同义参赞端那，十六下午三时由京到苏，定十七早转昆山。美副领事芮诺思十六下午二时赴昆山。

【苏州十五日下午十一时发专电】 英参赞司徒博今晨八时由昆山赴常熟，午抵东塘市，见二日机飞翔侦察，即摄一影。继视察白茹，晤李延年及上官云相。下午四时至常熟城内，晚八时返苏。司徒表示，此次视察，备供国联调查团参考，沪事较东省严重，故极注意。法参赞何□玛十五晨九时二十分赴昆

山,转太仓视察。

【苏州十六日上午一时发专电】 十五晚六时,敌三百在杨林口登陆,太仓属吴家祠亦发现敌五六十。十五日下午三时,敌机二架复来常熟。适英参赞司徒博由白茹抵常,在船中又摄一影。司徒语记者云:"日本在国联发表关于中日事件,国联为明瞭事实真相,特令沪各国长官实地视察。现敝团对贵国军事及各重要区域已将视察完毕,日内即可汇报国联。关于日本在国联之申述,可不难大白。"另讯,近安亭之敌十五日向南翔退却,避国联调查团耳目。

(《大公报》,1932年3月17日,第三版)

83. 调查团在沪之酬酢:莱顿不谈黑暗但言光明

【上海十六日下午十一时电】 孔祥熙夫人宋蔼龄、宋子文夫人张乐怡,今日下午五时在孔宅举行茶会,招待调查团。赴会者该团只德、义两委员未到,其余有丹使、义代办、捷使、英美领事及英美各国海军武官等,顾维钧、孔祥熙、宋子文、吴铁城、许世英、郑毓秀等均列席。席用中式,席间并奏国乐助兴,至晚七时许散。英使蓝博森、美使詹森、法使韦礼德及义代办齐亚诺,晚八时假华懋饭店宴调查团,并邀英美各领事及海陆军武官、郭泰祺、吴铁城、顾维钧等作陪,晚十时许散。

各大学欢宴

【上海十六日下午十时发专电】 沪各大学联合会十六日午宴调查团于静安寺路华安公司八楼,主人方面为交大黎照寰、沪大刘湛恩、劳大王景岐、复旦李登辉、同济胡庶华、东吴吴经熊等,各委均到。席间谈及各大学被毁情况。黎照寰致词,代二十大学用英语欢迎,谓:"我国与各国同为联盟会员,乃独于和平时期受近代战争之惨祸。邻邦乘人患难,居心叵测,使我国家生存、经济完整处重大危险中。吾人在威胁侵略攻击下,惟有抵抗。吾人声诉收效极微,然仍信仰世界自有公道,故在艰危中,依然守我祖宗倡造文化所基之理性立场,亦不舍弃世界和平秩序所系之真理。"次王景岐用法语致词,略谓:"欧战以来,人类备受苦痛,政治、经济思想益趋不同,日在奋斗。我辈学界中人代表今日中国,对无数青年代表明日之中国者自负有严重责任,力导使向公正和平道路。惟现觉有最大困难,将如何对青年说法,将使其【不】信武力万能乎？抑当告以世界自有公道,于违反大不韪之举动,全世界将起而反对乎？诸公此次来华公道调查,结果必能使学界所负重大使命易举,国际道义思想应使其实现成为真确明显事实之时间已到。"莱顿致答,谓:"本人曾任过大学校长,与诸君不啻自家人,今略说几句自己人话。过去之黑暗不谈,今但言光明。国联职责在除会员国恐惧,然后再来讲正义公道。吾人不但口头说和平,还望真和平,国联终希望消弭武力。顷王校长所述过于理想,世界非真正和平合作不可,教育界应起而前进"云。

京筹备招待

【南京十六日下午九时发专电】 十六下午二时,首都新闻记者集会,决定茶会招待调查团,并用文字发表。最后推选筹备委员四人,与外部及中宣会接洽筹备。调查团在京留住至多七天,第一天休息,第二天拜访。林、汪、蒋、罗文干、顾维钧、新闻记者、民众团体、中央党部及陵园均拟宴请,地点林在国府,汪、蒋均在励志社,罗在外部,顾在铁部,记者在中央饭店或华侨招待所,民众团体在金陵女大,中央党部、陵园均在原处。中央为招待便利起见,拟专请一常委对团员说话。日随来代表二十人,在下关惠龙饭店招待留宿。

(《大公报》,1932年3月17日,第三版)

84. 北平各界筹备招待国联调查团,成立办事处,聘于学忠等为委员,组招待委员会并确定招待办法

平讯。国联调查团抵沪后,即将来平。北平市军政当局及民众团体现正积极筹备欢迎,并组织招待办事处,函聘鲍毓麟、蔡元培、汪申、周学昌、娄学熙、关蘅麟、王家瑞、于学忠、周大文、邵文凯、朱光沐、沈能毅、高纪毅、汤国桢及外交界名流等为委员,筹备一切招待事宜。该会昨特函知各委员,除加聘外,并请随时贡献意见。至该委员会之组织及招待办法,业经拟定,兹特一并分志如左。

函聘委员贡献意见

（函一）"敬启者：国际联盟调查委员不日莅平，应行招待事务。业经组设招待委员会，于本月十日开会，通过组织章程。按章程第三条，敬请台端担任常务委员。务希随时指导，无任欣盼。此颂台绥。北平招待国联调查委员会启。"

（函二）"径启者：本会奉请执事为委员，业经另函通知在案。兹查招待国联调查团事宜，头绪较繁，端赖本会同人本合作之精神，谋进行之便利。嗣后执事对于招待事宜如有意见，务祈随时赐教。倘无暇莅临，亦盼以书面详晰见示，至为纫佩。此颂台绥。北平国联调查团委员会启。"

招待委员组织章程

（一）本委员会办理招待国联调查团一切招待事务。（二）本委员会设委员若干人，以左列各项人员充任，均名誉职：1. 旅平外交界名流若干人；2. 北平政务委员会指定之委员；3. 平津卫戍司令；4. 北平市长；5. 北平宪兵司令；6. 北平绥靖公署总务处正副处长；7. 北平绥靖公署副官处处长；8. 外交部视察专员；9. 外交研究委员会指定之委员；10. 外交部档案保管处处长；11. 北宁铁路局局长；12. 北平市各局局长；13. 省党部代表一人；14. 各机关团体代表（各一人）。（三）本委员会设常务委员若干人，并以北平政务委员为主席。（四）常务委员须常川到会，遇必要时，得开常务委员会议。（五）本会全体委员会议，由主席召集。（六）重要招待事项，由本委员会公推委员若干人担任。（七）关于招待所用演词及致送调查团之一切文件，应召集全体委员会议决定；遇必要时，得延请专员到会办理。（八）本委员会附设招待国联调查团办事处，承本委员会之命，办理一切招待事宜，其办事规则另定之。（九）本委员会议定事项，随时由常务委员交办事处办理。（十）本委员会附设于北平市政府，俟调查团离平后撤销之。（十一）章程自议定日施行。

招待办法业经确定

（一）组织招待国联调查团委员会，并附设办事处，办理招待一切事宜。（二）招待处由绥靖公署总务处、副官处及平市府、外交部档案保管处、北宁路局、外交研究委员会、平津卫戍司令部、北平宪兵司令部、北平市公安局等机关人员组织之。（三）招待处内计分四股：文书、庶务、会计、接待，其办事规则另定之。（四）调查团到平及离平日期确定后，应用绥靖主任名义电知沿途省市政府，饬属妥为照料接待。（五）请领招待费若干元，以便随时应用，事后核实报销。（六）预向北京饭店订房若干间，以备住宿，并随时供给饮馔。（七）预备新式别克汽车五辆并预雇汽车若干辆，以备乘坐。车上均插标帜（格式另定），以资识别。（八）招待处接待股遴派妥员，常住北京饭店，随时照料。（九）调查团抵平及离平时，应请绥靖主任或派代表及各机关领袖、各团体代表，前往欢迎欢送。招待处届时遴派妥员前往车站照料，并派音乐队赴站迎送。所有车站秩序、沿途警卫，由宪兵司令部及公安局维持之。（十）调查团在平游览各处名胜及各机关团体宴会，另为排列日程。（十一）招待处□延请旅平外交界名流，帮同招待。（十二）游览各处名胜时（如故宫三殿等处），由招待处通知免费，妥为招待，并派员导引。（十三）车站及宴会场所并北京饭店等处，应先装饰电灯及悬挂万国旗。（十四）调查团在平期内，由宪兵司令部及公安局负责保护。（十五）调查团在平期内，各机关团体遇有与该团会晤宴请事项，须先与招待团接洽。（十六）调查团来平时，应预派妥员前往相当地点迎接，陪同来平。其离平时并派员陪送，以便沿途照料。（十七）调查团来去时，均由路局特备专车。（十八）招待及办事各员办事时，得酌支必需之车马费及饭费。

（《大公报》，1932年3月17日，第四版）

85. 日本允撤兵至租界内，但仍坚持我军不得驻沪，和会正式开会尚无确期

....

调查团避免酬应，将赴各战区视察

【上海十七日下午四时发专电】 据路透电称，国联调查团为避免酬应，以便分布时间赴各处视察沪战状况，已将中外人士招宴拒绝。但今晚调查团将赴顾维钧宴，明后等日将赴孔祥熙、宋子文、律师公会、太平洋学会及美国亚细

亚舰队司令之宴。最近调查团主席莱顿氏表示,彼对国联会之观念,以为国际间应防阻侵略行为及给各会员国以公平待遇,但各会员国亦应遵守不侵略之政策而避免向其他会员国进攻。各会员国均应具和平之心,非口头上和平。若养成国际间仇怨冲突,然后希望国联援助以避去因此种仇怨而发生之结果,殊不可能云。

....

(《大公报》,1932年3月18日,第三版)

86. 南京准备招待调查团,外委会组织招待会办理,顾维钧以恢复公约尊严属望该团,并深信能办到中国领土主权完整

【南京十七日下午八时发专电】 外交委员会为招待国联调查团,现已派定委员,组织招待委员会,在外交部开始办理,以便与各处接洽。招待人员并制定证章,以便临时识别。

【北平电话】 辽、吉、黑三省省府秘书长彭济群、李锡恩、臧启芳,十六日联名电国联调查团主席莱顿爵士,代表东北民众表示欢迎之意。

【杭州十六日下午九时发专电】 十六日下午,省党部召集各团体及机关代表九十余人,讨论欢迎国联调查团来杭。当推省党部记者公会等十五机关,组织欢迎办事处。

【济南十七日下午十一时发专电】 鲁当局电沪欢迎国联调查团,并令市府筹备过济时招待。

顾演说中国文化与和平

【上海十七日下午九时发专电】 顾维钧十七日晚八时在荣宗敬宅宴调查团,并邀宋子文、孙科、郭泰祺、孔祥熙、陈友仁、吴铁城及各国海军司令、陆军武官,及英总领、两工部局董事多人。顾演词略谓:"调查团诸君或系政治家,或系军事家,或系外交家,著名于世界。国联指派诸君来华,调查中日纠纷,可谓人选适当。鄙人欢迎诸君系正义及和平之信徒,国难期间虽不能作盛大欢迎,然欢迎却是诚恳而热烈。国联基本原则,多符合中国历代理想。自孔子到

宋儒,鼓吹'民吾同胞,物吾同与'理想,不遗余力,国联精神即是中国文化的精神,所以创议设立国联时,鄙人为首先赞同并参加起草盟约。诸君初入中国国门,谅已察及中国国家之新运动、新生命,以后行踪所至,必益能明瞭。中国版图之广、户口之繁及问题之复杂,生长于中国之邻近者不无忽略,但诸君来自远方,胸无成见,定能用公平眼光观察中国。中国现在处于过渡期间,国家正在改造,新陈代谢,进行极速。近自日兵侵入,事情逐渐扩大,中国所受损害暂缓全盘托出,但中国改造前途因此受极大打击,政府行动亦受严重阻挠。诸君调查期间,当能发现中国人民于中日关系问题,民气极为激昂。但作更进一步研究,便知中国人民愤慨,实系武力政策对付中国之反响。表示愤慨之方式虽各不同,或以言语文字,或在购买外货上示区别,其原因要在中国以外,且非中国所能控制。九一八后,事变影响尤为重大。调查团使命不但中国重视,世界各国亦深关切。远大眼光之政治家,苦心孤诣,以盟约及非战公约导世界于和平。然此项约章是否能为国际关系健全原则,是否有保障和平效力,现成绝大疑问;和平公约能否实行,世界前途如何,亦成问题。然国联对现在远东问题异常努力,不断努力,于维持和平立图一永久解决,且美国诚挚合作,诸君就地调查真相,余深信于尊重中国领土主权完整,必有相当办法,和平公约尊严,必能重行恢复"云。

新闻界欢宴,史量才致词

【上海十七日下午七时发专电】 十七日午,沪新闻界在万国体育会宴国联调查团,邀各西报代表及顾维钧、郭泰祺等作陪。史量才主席,致欢迎词云:"国联调查团诸位先生:诸位来沪,我们于遭遇强权劫持的严重情势中,于遭遇炮火荼毒的惨淡环境中,能得与携来公理与和平之曙光的使者国联调查团诸位先生见面,实在感到非常的荣幸与愉快。在这里我们谨以挚诚,敬致欢迎之忱。调查团诸位先生此次膺受国联郑重的付托,远涉重洋来实地调查中日间不幸的争执,很显然的是负有庄严而伟大的使命。此次的工作,是为中日,为国联。诸位此行,是为全世界爱护公理与和平的人士所共同热望瞩目,在人类文明史上将保有永久不磨的光荣。由去年万宝山惨案、韩人屠杀华侨案,以致九一八日军突然袭取我沈阳及此次上海祸变所造成的中日间不幸的局势,显示世界和平已遇到了巨大的暗礁。此事责任谁属,待诸位先生实地调查之后,必能得公正而显明之答案。调查团诸位先生是正直的,全世界还有无量数正直的人们，是以正直的眼光，致无限的热望于诸位此行。在诸位实地调查之下，我想必能予全世界热望着的人们以正直的答覆。事实与理论都显呈诸位的眼前，我们不必详加陈述，然而我们还有不得不加以说明的，即日本不仅是亲手做下了不正直的行为，并且极力压抑一切正直的呼声。我们是新闻界同人，我们深知我们的责任是共谋人类的和平与福祉，同时对于迫害人类和平与福祉的行为，应当予以严正的揭露。然而青岛的《民国日报》竟被日人焚烧了，上海的《民国日报》竟在日人威胁之下停刊了，此外在福州、在长沙、在北平，都有同样的事情发生。本月十五日天津电，《大公报》又因为刊载一张插画，遭日本领事的威胁。诸位，日本既多行不义，复欲一手抑止我们正直的呼声，掩尽世界人的耳目，可是世界舆论不早已同样发出正直的呼声吗？最近不是更形一致了吗？可见世界人士耳目决不能一手掩尽，而这种行为更决不能为世界正直的人士所原恕。对于国联调查团诸位先生，我们不愿任何要求，但是国联的责任是维护公理、维护和平，我们唯一的要求，亦即公理与和平。但我们认为应当持公理争和平，绝不能以和平牺牲公理。合乎公理的和平是光荣的，是永远的；背乎公理的和平，事实上既绝不能维持其永久，抑且决不为全世界正直的人们所希望。十年来国际联盟调停国际间的纠纷，曾积下了不磨的光荣。我们热望国联常保此光荣，因为国联的光荣即是全世界的光荣，即是全人类的福祉。调查团诸位先生，我们谨为世界人类和平，祝诸位康健。"

【上海十七日下午十时发专电】 莱顿爵士代表调查团答谢，略谓："鄙人等得参与言论界之盛宴，甚为荣幸，但对于言论界人发言必须慎重。余等闻中日均有军阀，但其力量究不如在此舆论界宴会中主席之大。昨日余等应各大学宴会时，余亦如是说，盖因言论界与教育界全为领导人民与指导人民者，因此余等调查团亦须言论界之指导也。顷所告余等者，中国并无如何之奢望，但求与以公正之判断耳。但公正与判断字意不同，判断是经法庭之判断，公正非一国判断别一国即为公正也。余每次谈到和平，余均以为公正将战胜武力，惟有将此意申述，祝中国言论界之健康"云。

(《大公报》，1932年3月18日，第三版)

87. 沪开市问题须待工部局警权恢复，六团体函调查团申述

【上海十七日下午十一时发专电】 调查团对于沪商开市甚关切，市民联合会等六团体特将罢市事实拟具报告书，函送该团。详述日军凭借租界作战，破坏租界警权，强占捕房，擅捕良民，工部局及防守委员会迫于武力不敢发言，纳税华人因工部局不能保障安全，不得不有罢市之举。继谓现工部局尚未完全恢复警权，且对于恐怖区域，现仍受害之纳税商民毫无办法，故迄未敢开市。故上海今日之罢市状态，乃日军破坏工部局警权及扰乱工部局行政秩序非法行为所造成，甚望调查团能劝勉参加防守委员之各国在沪军事领袖，依据防守原则，用其力量，以维公共租界整个安全及秩序，否则上海各国发展商业之进程将因之留一可以破坏之先例云。

(《大公报》，1932年3月18日，第三版)

88. 平市招待国联调查团，招待委员名单昨发表，新闻界亦正筹备招待

国闻社云。北平市招待国联调查团委员会，业经成立。该会附设招待办事处，为执行机关，内分接待、文书、庶务、会计四股办事，由市长周大文兼任处长。又委员会名单昨已发表，兹录如左：主任委员刘哲，委员胡惟德、陈箓、刁作谦、夏贻霆、于学忠、周大文、汪荣宝、唐在复、邵文凯、朱光沐、汤国桢、沈能毅、沈祖同、王家瑞、王永传、高纪毅、鲍毓麟、王卓然、丁文江、蒋梦麟、沈尹默、袁同礼、张煜全、赵泉、沈觐扆[宸]、张允[元]恺、王维曾、沈成鹄、蔡元、周学昌、娄学熙、汪申，委员会之秘书长郑世芬，秘书关赓[庚]泽、李正阳、沈煦、王维新、赵干臣。

又平市新闻界以国联调查团即将来平，特于昨日下午四时，在记者公会集议招待办法，到各报馆、通信社代表三十余人。议决组织成立北平市新闻界招

待国联调查团筹备委员会(并征求天津新闻界意见,如欲共同招待,则将北平市改为平津字样),内设总务、文书、交际三股办事,此外并组一编审委员会,从事编制各国文字之报告书。三股一会人选,亦俱推定。关于招待办法,事前已向市府接洽,市府表示担任招待费用,时间、地点将统由平市招待国联调查团规定云。

(《大公报》,1932年3月18日,第四版)

89. 东北各团体电请国联调查团主持正义:代表三千万民众表示欢迎,希望得一公平合理的解决

国闻社云。东北各民众团体、学术团体代表昨致电上海国联调查团,代表东北三千万民众表示欢迎,并申明希望使东省问题得一公平公理的解决。原文如左:

"上海国联调查团莱顿爵士勋鉴:吾等谨代表东三省三千万人民,欢迎公等莅此多难之邦。孔子云:'有朋自远方来,不亦乐乎',吾等欢迎公等,即曰中国人此种久著之诚意。然万分抱歉者,竟不克欢迎公等至吾人卑陋之庭舍,以其为吾人邻人所毁坏占领也。请视日人加于上海之残暴,日人称为自卫,然其'自卫方法'竟否认吾人之生存权。请视日人加于满洲之欺人'乐园',不止使吾国千万民众流离失所,而且'保护'之,使之死亡。凡稍表示国家思想者,日人皆称之为贼匪而杀戮之。然日人则继续制造土匪,恫吓百姓,一面作长久占领之口实,一面藉以强迫民众请求保护。吾等谨郑重宣言,反对日本野蛮侵略,其行为既蹂躏国际条约,复灭绝人类基础正义。所谓'满洲国'者,完全为日本军人之傀儡,为达到分割中国、实行吞并之阴谋。吾等之缺陷与过失,吾等自知之,吾等承认之,但吾等三千万中国人重新宣誓:吾等之决心,即吾人乡土东三省与吾人自身必永久一致,为中国之一部,与其命运相终始。国际联盟及合众国之关注与劳苦,请公等代表前来作和平正义与国际公道之努力,吾辈中国人莫不同深感佩。吾等本四海兄弟之心,深深信赖贵调查团,希望能得一公平合理的解决,然吾等并不盲于公等前途之困难。国际联盟既以人类最大之牺牲与希望而成立,吾等敬候其证明强权在今日非即公理,同时吾人惟有毅

然准备奋斗到底,使公理之终胜强权也。东三省商会联合会主席金恩祺、沈阳工会联合会会长卢广续、辽宁省教育会会长姬振铎、辽宁省农务会会长叶奇峰、沈阳银行公会主席鲁穆庭、沈阳律师公会代理会长孟傅大、东三省报界联合会主席赵雨时、东北大学代理校长宁恩成、吉林大学校长李锡恩、东三省青年同志会会长王化一、世界妇女和平自由同盟会沈阳分会主席王廖奉献、蒙古文化协会会长达尔罕王福晋、沈阳市教职员联会主席梅佛光、太平洋国际学会东北分会干事王正黼、国际联盟协会东北分会干事王卓然、东三省外交协会主任干事苏上达、东三省基督徒协会主任干事阎宝航、东北医学会干事高永恩、中国经济协会东北分会干事萧纯锦、中国科学社沈阳社友会理事长孙国封、中国工程学会东北分会干事张卓甫、东北政治学会干事赵明高、东北矿学会会长薛志伊、东北留美同学会干事周淑清。"

(《大公报》,1932年3月18日,第五版)

90. 市商会昨开会,讨论欢迎调查团事

本市商会刻以国联调查团行将由沪北上来津,为筹备招待起见,于昨日下午四时假英租界银行公会召集全体执监委员举行联席会议,出席者三十余人,由卞白眉主席。席间除讨论进行筹备欢迎妥筹办法外,对于去年津变商界损失情形亦有缜密之研讨,俾该团抵津时提出。

(《大公报》,1932年3月18日,第七版)

91. 短评:惟事实有权威

国联调查团东来,因路程必须先经过日本,于是日人不劳而获的得到一个"抢原告"的机会。

招待之优异,宣传之努力,已叠见于东方的电讯。虽然调查团未受其欺惑,而且调查团究竟具何权威,成何效率,亦尚在不可知之数,然而"他们"之惯于利用机会,已可见一斑了。

我们所欲为调查团告者就是：必须注意"事实"facts！

《大公报》，1932年3月18日，第九版

92. 社评：排货责任不在中国

关于中日上海问题，依国际间种种斡旋，日来似渐达解决途径，日本于是又依然回到制止排货问题，佐藤代表甚至以此提出于前日之国联特委会。大阪实业家本月十日招待国联调查团，亦置重于此。据传莱顿爵士曾有订立禁止排货协定之意见，可见外人对于日人是项宣传，已颇为之动。此际吾人殊有阐明事实真相之必要，请略言之。

按中日经济界本有不可避的利害冲突，盖中日两国采用新式工业组织，时期相去不甚过远。日本粗制品之销售于中国者，近年因中国制造业渐兴，日本货根本不能不为中国国货所替代。此必然之事，日本人亦早知之。一九二一年十一月三十日华府会议议及中国修改关税税则案，日本代表小田切曾提出说帖，内称："日本商品多半售与中国下级人民，以供日用之需，且由日本输入之货，实为大多数小本制造家之出品。若税则遽行增高，一方面令使在华物价飞涨，平民生活昂贵，一方面且使日本工业大受影响，以故修改税则，自以逐渐进行最为紧要，俾两国人民于经济生活，得以从容调剂。"小田切氏又曾宣称："倘关税遽行增加，多数工厂势必关闭，可以断言。"中政府为体恤日本企业界计，前年订立中日关税协定，提出多类货品另成互惠税率，然中日经济界之利害冲突究难解免。日本大阪市役所商工课去年出一书，题名《支那贸易之趋势》，中有言曰："近时中国国民盛见产业的觉醒，以其丰富的原料、至廉的劳工为背景，各种制造工业以日进月迈之势大为勃兴，向所谓产业革命之机运进行。其尤不可看过者，近时勃兴于中国之产业，主要者为日本现下中心工业之纤维工业及杂货工业，乃至限于类此之简单工业。即自丝制棉制品为始，如绒织、火柴、肥皂等日用杂货与夫其他所谓简易工业之出品，殆无一不出现于中国国货市场。今中国保护自国国产甚为旺盛，同时极力排斥日货，尤以最近数年间两次增加关税。是以日本从来之制品必然的被驱逐于中国市场，盖大势所推移使然也。"此项说明，最为透辟。

欲减轻此项冲突,只有日本努力精制品,而以粗制品让中国自制。其法一方需要技能的进步,一方须有合理化的资本组织,自非短期所可骤致。日本并此不为,惟务以资本移入华境,藉避关税之负担。近年上海日本制造业之发达,原因在此,而其与中国企业界之冲突,遂更转趋激烈。盖彼资本大、技术优,而又利用我之低廉人工,当然非我国货厂家所能望其项背。乃日本以中国土地为地盘,以中国大众为顾客,以中国劳力作工具,顾于主人翁之中国人则决不合作,利不外溢,事必自办,而又事事倚赖政府,处处行使强权,其易引起中国人反感,理也,亦势也!

然日人不之悟,迷信武力,动辄要求政府出兵保侨。如此次上海战事,实日本商人造成者也。阅者疑吾言乎?请看本月十日大阪实业家招待国联调查团,主人方面之言曰:"我等以商工业为中心之大阪实业家,常热望国际间之平和,决非好事之流。惟今兹对于中国问题,日本国民中仍不得不为惩膺中国而立于最前线者,其原因一由于中国漠视国际信义,吾人正当之权益,方为其蹂躏将尽故也。"此数语不啻将商人请兵压迫中国,和盘托出。日人年来常谓上海商工界为宁波财阀,沪战发生,有目为大阪财阀与宁波财阀决战者,非无故也。然而其事之是非则何如?

夫中国为生存计,不能不发展实业。因发展实业而与日本商工业发生利害冲突,此事之无可如何者也。中国亦既以优惠税则待日本,又容认日本在我境内设厂制造,此不可谓非极端好意矣!乃日本所以酬报我者何如乎?平日倚势欺人,不求与地主及顾客结好感,反尔助长国内军阀强暴霸道之行为,信赖武力万能。一旦稍感不安,立即呼吁出兵,欲于卫队保护之下经营商业,抑知其事乃不可能,且适得正反对之结局焉!方沪战未起以前,大阪商人运动强硬对待中国,迭有言论表示,直至今日犹不觉悟,仍望留一部军队永驻上海,而不知中国不用日货,一方面系国货进步当然之结果,一方面实日本官民强霸政策所激成。彼不知釜底抽薪,改变态度,别谋和缓,乃始终倒果为因,坚欲以威胁之法,逼人为其顾客,此人情事理所不许者也。外人果明夫此,庶几对于日本谰言得一正确之判断,知排货责任在日本不在中国!

(《大公报》,1932年3月19日,第二版)

93. 国联对中日案态度强硬，佐藤请担保不排货未予受理，中日应报告实行决议案程度，美决保证中国领土完整

【纽约十七日路透电】 关于"满洲国"要求各国承认事，《纽约泰晤士报》华盛顿访员称，关于此事，美国仍注意保障中国领土主权完整之九国公约。满洲为中国之一部分，美国向即承认之，若任何九国条约签约国有承认该"满洲国"之倾向时，美国必严重唤起彼等对于九国条约之责任。若日本有承认该国之表示，美国亦将为同样之举动。惟至现在止，日本以及其他各与约国，皆未有承认之倾向也。

【日内瓦十七日电】 国联委员会通过三点，将为上海事件和平解决根据。日代表佐藤宣布，上海和会将于十八日开始，委员会当即宣告在复活节期内休会。

【伦敦十七日电】 国联大会十九会员国组成之委员会，本日下午在日内瓦开会，讨论沪局。该委员会因上海顷正在进行谈判中，故决定延会，如遇有紧急事件时，方再度召集会议。

【日内瓦十七日电】 国联大会特别委员会本日考虑上海休战临时协定条款。此项协定因日方提出新要求，发生危机，颇堪认为遗憾。日方要求中最可注意者，为请求上海市长签字，担保以后不作抵货运动。中国代表颜惠庆氏强烈反对此项要求，认为系有意使情势恶化并希图破坏和平之举。经讨论后，委员会决定不干涉上海调解人与谈判人之工作，当即无期延会。国联委员会休会后，一般盼望现莅远东之调查团能早日提出调查报告书，并表明国联将采用何种步骤，以阻止满洲中国领土完整之被人破坏以及如何恢复九一八以前之原状云。

【日内瓦十七日路透电】 国联大会委员会本日讨论沪局两小时余，将与日军撤退条件有关之各种事件讨论明瞭。惟拒绝讨论抵制日货问题，该委员会认此由上海圆桌会议讨论，较为适宜。该委员会将不指明休战条件，仅预闻谈判事件，如得悉有任何事件显然违反国联决议案时，即将从事干涉。委员会除遇有紧急事件发生外，将不开会。

【南京十八日下午七时发专电】 日内瓦十七日电。国联特委会开会,西姆士氏诵读中国发来之电报一通,报告在英使茶话会席上,讨论解决上海事件。其要点有二:(一)在事件解决以前,中国军队暂守原阵地;(二)日军应由现时占领区域及虹口租界附近撤退,公共租界内以日军人数众多,一部日军或暂驻租界附近地方,同时设一委员会,监视日军之撤退云。西姆士氏续称,日本提出之修正案与原案第三条无甚区别。草案中末段谓在和平谈判中,关于原则之问题不应提出。日本之修正案并无理由,与大会之决议案抵触,所开之委员会仅监视军队之撤退及治安等事宜,并不牵及原则问题。

东北与上海事件国联认系同一问题

【日内瓦十七日合众社电】 国联十九会员国组成之特别委员会,本晚在此间举行秘密会议,考虑中日争端。中国政府方面获得一确切胜利:委员会一致同意满洲与上海事件系同一问题,不能分别考虑,在中日情势能圆满处理前,两项事件均须解决。此项决定系维持自沪战开始以来中国政府之主张,而反对日本政府力持沪战须与满事完全分开之说。委员会又决定通过一决议案,请中日政府对上海与满洲现状提出正式报告,在委员会于下届国联大会全会中提出单独报告前,对上海与满洲现状将予以研究。日首席代表佐藤报告,日军顷自上海左近占领区撤退,并有撤退回日者。中国首席代表颜惠庆宣布,中国不能接受日政府对解决沪事草案第三节之修改,因其可视作日本撤军之政治条件,沪事和平解决希望因此稍呈暗淡。颜氏又称,中国政府不能接受日本停止抵制日货之要求,盖休战纯系军事问题,并不包括政治的考虑。佐藤反对国联大会委员会有监视上海和平谈判之倾向。氏称,此项倾向轶出国联权力范围。国联大会主席比代表西姆士氏答称,委员会虽不得指定休战条款,但负有注意大会决议案被尊重履行之责任。氏请中日代表将此意转达各该政府。

【日内瓦十七日新联电】 本日之特别委员会公开会议,与预期相反,态度强硬。议长西姆士、瑞士代表莫他、法代表彭考,均劝告斡旋中日之交涉,并暗示该委员会对于中日问题取积极的态度。午后六时之秘密会议,突然讨论满洲问题,决定促进解决,颇堪注目。

颜惠庆报告沪谈判情况

【上海十八日下午八时发专电】 日内瓦十七日路透电。国联会议十九人委员会今日午后三时十八分举行第一次大会，主席西姆士声称："余闻上海休战与日军撤退之谈判现已进行中，当请日代表佐藤、中国代表颜惠庆供给消息。"佐藤起称："日军第十一师团及久留米之二十四混成旅，已接撤退命令，故将士之将回国者有一万四千人。关于谈判第一次会议，乃在三月十四日举行，余尚未奉命报告详情。但仅可报告者，进行之重要一步业已实现。"佐藤又谓，日政府诚意希望能并合对华争端而得以解决。于是颜惠庆起称，中政府已在英使蓝博森斡旋下发起谈判，并未约定须守秘密，实无不将详情公布之理由。颜又称："余顷接一电，即今日所发者。内称，因日使重光尚未接日政府训令，故今日未开会议。"颜于是解释中国反对关于确认二月二十八日上海市长去函日本之规约，及反对派共同委员会中日人员加入监视撤退区域状况以至商定最后解决之理由。颜谓市长之函，关涉设法中止抵货，此乃政治条件；至第二规约亦属政治性质，且违反国联议决之决议案。盖共同委员团者，即系中日团体之谓，是以业已撤退之侵略者复许反来监视一切状况，实不能忍受。颜又谓时日已过，未获解决，故大局仍满含危险。中日和议之僵局，由各国公使从中斡旋，及国联调查团抵沪后以道德上之感应力，已逐渐开展。中日谈判当时，各电本国政府请示，我方业已接获覆电，然日当局迄未接到该国训令，是否另有枝节，则尚难逆料。然则中日和平前途，正未可乐观云。

大会委员会开会之详情

【上海十八日下午八时发专电】 日内瓦十七日路透电。今日大会委员会开会时，法代表彭考对主席西姆士之主张表示赞成。彼谓大会决议案中所称之监视撤兵委员会，并谓皆为中立国代表，文中所谓"加以援助"一节，即可表示委员会主体仍为中日两国。至于日本提出关于吴市长一月二十八日函件事，视为正式性质，此时不应提出，应俟将来开圆棹［桌］会议再提。此时日代表佐藤起立答覆颜代表及其他演说者之言论。彼谓和平会议进行尚无显著之进步，并非日方过失。日方自三月四日至十四日，即在候中国派代表，以便负责交涉。至于中国方面委员会组织事，彼之意见与西姆士主席完全相同。关于吴市长函件事，彼称此事之提出并非条件，仅为日本希望中日关系早得增进之一种表示。惟此事关系日本经济问题颇巨，在中国政府反对，则日本可不提出，至开圆桌会议时再为提出。最后彼称委员会能给上海正在进行中之会议加以指导，则彼将极端感谢云云。此后委员会即讨论指导上海会议事。瑞士代表莫他言，听佐藤对于吴市长函件一事声明后，各方对委员会所处之地位已渐趋明瞭，委员会所应负之责，即为干涉违反国联决议案之一节云云。西姆士称，委员会为大会之代表，委员会之责任在决议案本其原来之精神实施之，至于就地监视会议进行及决定停战条件等，皆非其责，委员会非经请求不能过问。此后西姆士即请中日代表将委员会意见转达各本国政府。西姆士继称，彼主委员会应即停止，由秘书处负责监视远东形势，如形势恶化，则委员会可即开会，如小事则委员会无开会之必要云云。颜惠庆代表起立称，对委员会中各人所发表之意见表示感谢。日代表亦接受委员会之提议，并称即电日政府请示。颜又称此时应将各方对上海会议共有之观念加以说明，即上海会议之目的，仍在图谋保障上海外侨之安宁及解决一切当地问题，而非讨论抵制日货事。因抵制日货系全国问题，如日军撤退、恢复友谊关系，抵制日货自能自动取消。西姆士建议，请双方在会议中讨论抵制日货事，称上海会议将讨论一切可促邦交恢复之问题。日代表佐藤称，□人深盼上海会议能将抵制日货问题解决。彼又谓关于上海和议条件，彼未接东京政府之报告，故保留一切特权。西姆氏称，在上海会议中，双方皆可自由提出意见。

秘密会讨论东三省问题

公开会议至下午六时闭会，各委员即开秘密会。秘密会首先讨论中国政府所提之备忘录，指明委员会对三月四日大会之决议案及九月三十日、十二月十日行政院之议决案应负之责任。大意谓委员会应向中日政府通知大会决议案之意义，因日本现有曲解决议案、压迫中国承认日方哀的美敦书式条件之事。同时委员会应请中日双方在复活节假期后、委员会重复开会时，提出各该政府对于国联决议案实行至何程度之报告。委员会亦应请国联调查委员会在可能范围内，报告日本对国联屡次决议案其实行已至何种之程度，因经国联之监视，始可阻止日本侵略东省及上海之野心。委员会对中国之备忘录讨论三刻钟之久，结果决定请中日政府提出报告，声明两方对于国联决议案之实行已至何种程度，同时请调查团在最近期内对东三省情形提出报告。有一部委员，谓东三省问题较上海问题尤为重要。西班牙代表主张国联调查团应调查东三省"新国"如何成立与人民对之是否拥护,但结果已遭否决,因众认上海问题有先解决之必要,故不愿令此问题愈趋复杂。至于中国备忘录中其他各点,众认委员会之行动已包含一切。

(《大公报》,1932年3月19日,第三版)

94. 调查团将视察战区,豫定二十一日赴闸北、江湾、吴淞,下周入京,海军已备专轮,北宁专车亦经津浦路局准备

【上海十八日下午九时发专电】 国联调查团定二十五六乘海军特备之轮船入京,二十一日上午九时出发赴战区视察。孔祥熙、宋子文均定十九晚各在本宅邀宴。各省市民众团体纷电沪市府,请转国联调查团,表示热烈欢迎,并望以公正态度,戢暴日凶焰。

【上海十八日下午九时发专电】 调查团今午后以全力从事于工作,征询各方情形。张祥麟十八日下午三时访吉田之秘书盐崎,商调查团赴战区视察手续。决定二十一晨九时出发,除日方任警卫外,其他详细仍待续商。

【上海十八日下午十一时发专电】 市商会晚八时在华懋宴调查团,顾维钧、郭泰祺、吴铁城及中外商界外等到百余人。王晓籁主席,有甚长之演辞,大致从事实上说明不尊重条约常在日方,如设置南满路守备队、辽吉设日警,皆为不尊重条约。此外并说明日人所谓延不解决悬案及铁路平行线,前者咎在日本认地方为对方,不向中央交涉,后者已成各线并不威胁南满路之生存,可见日进兵东北,其借口毫非事实,望该团作公正报告。莱顿答词,述愿公正报告之意。

【南京十八日下午八时发专电】 津浦路推定钱宗渊为招待国联调查团主任,赵国栋、程宗陬、陈炎英、陈德芬为招待专员。特向北宁路借拨花车二辆、饭车一辆,备该团乘坐。全体招待人员随同北上招待,另派护路队十六人随车警卫,并派铁甲车一列压道。

【上海十七日路透电】 国联调查团将视察战区,预料将于二十一日巡视闸北、江湾与吴淞各地。

杭州欢迎调查团游湖

【杭州十七日下午十时半发专电】 杭市各界十七日议决：中等以上学校教联会、浙江大学、之江大学，负责推选人员，赴沪欢迎国联调查团。当推之大代表李培恩、浙大代表陈伯君，起草杭市各界敬告国联调查团书，并致该团电云："兹当沪滨战云弥漫、日军逐渐进迫之时，欣闻贵团诸君不辞劳瘁，远涉重洋，翩然莅止，诚不啻和平福星之降临。夫以贵团受国联之委托，负重大之使命，对于此次日本以侵略行为而引起之中日纠纷事件，深信必能赖诸君之努力，以公正无偏之态度、迅捷有效之方法，得一澈底之解决，以维护世界和平、确立人类正义，杭市各界诚不胜致其无限之热望与欢忱。杭州西湖名胜冠绝全球，沪杭相距咫尺，甚望屈驾贲临，俯赐鉴赏，以舒旅途之疲劳。除另派员诣前欢迎，并面陈杭市各界所望于诸君之意见外，谨电布臆，诸希亮鉴。"

国民外交会之欢迎电

【南京十八日下午七时发专电】 中国国民外交后援会致国联调查团欢迎电云："上海市政府吴铁城先生转国联调查团各委员鉴：慨自欧战以后，世界各国受战祸之惨毒，备尝痛苦。贵会为谋制止野蛮武力之再现，而同扶人群，应运产生，以公理正义之主张，促进人道之光明，全球人士同声钦感。而非战公约、军缩会议所以消灭人类危机者，筹划尤为缜密，本全会代表中国国民，表示敬谢无量。讵料际此非战公约签订之后、军缩会议将开之时，东亚日本竟倾其全国之海陆空军，于一九三一年九月十八日起，用强暴之武力占领我国东三省土地九万余方里，损失人命财产不可数计。尚以为不足，更以海陆空重兵十余万占领我淞沪，炸毁我文化慈善机关。综计上海闸北一隅被惨杀之老幼人民，殆已难计，其待遇之惨酷，灭绝人道之光明。直接受害者为我中国无辜之人民，然间接不啻与主张人道公理之贵会对抗。中国国民深悉贵会维护世界和平苦心，故自闻诸公来华调查之讯，人人欢忻仰望。盖以制止日本野蛮武力之扩大，免除我国人民之横遭杀害，及保障一切中外人士、工商各业之安全，全赖诸公今日以公明之观察，定平正之判断；世界上之公理正义能否存在，人类和平能否永保，亦当视诸公对此次事件判断而决定。本会系四万万人民之结合，为政府对外之后援机关，谨代表全国国民致其希望，并热烈表示欢迎诸公之诚意。特此电达，伏维公鉴。"

（《大公报》，1932 年 3 月 19 日，第四版）

95. 日人毒辣宣传：大阪实业家招待国联调查团，竟谓中国排货系由政府主持，且谓中国无和平前途无希望

十二日大阪《每日新闻》载称，大阪有力实业团体，乘国联调查委员来日之机会，于十日午后四时召请各委员于日本棉业俱乐部举行茶话会，以便发表大阪实业家对于此次中国问题之意见，其内容要约如次。

实业家方面："以商工业为中心之大阪实业家，常切望国际间之和平，决不好多事。然对于此次中国问题，不得不立于膺惩中国之最前线，其原因一在中国忽视国际信义，将欲蹂躏日本之正当权益，至于净尽。此点为公正第三者所应特为注意者。"（稻烟、田岛、冈田等三人）

调查团方面："吾等自应注意此点。惟尤其重要者，为将来之问题，例如如何可救中国之混沌现状，或如何防止中国之顽强排货，极愿诸君能予以解答。"（莱顿）

实业家方面："中国过去三千年历史，从未见长期间之和平，故吾人对于将来不能抱甚大之期待。此次排货系由中国政府主持，在如是状态之下，诉诸实力，实为不得已。"（安宅、小仓两人）

调查团方面："此次事件，诚属基于过去长期间之原因。然今非研究表面情形之时，实宜发见其所由来之真因，而讲对策。关于排货，国际联盟未闻日本有何申诉，以是不能发起一定之行动。"

实业家方面："英国受中国排货时，亦未尝诉诸国际联盟，似知其不能有何效果之故。日本态度实与当时之英国相同。假使诉诸国联，国联有所决定，然中国非完全遵守此种决定之国家。"（西木本氏）

调查团方面："中国当问题发生时，曾对国联主张，谓并非违反条约。此际须充分研究者，为是否违反条约，及为防止将来再行发生此项问题计，是否须照欧洲某国办法，缔结防止排货之条约。"（莱顿）

实业家方面："实无另行缔结新条约之必要。倘中国诚意严守既成条约，则当然不致发生问题。"（阿部氏）

大阪实业家与调查团交换意见后，相约调查团方面如有重游日本机会，将

再举行谈话会云。

(《大公报》,1932 年 3 月 19 日,第四版)

96. 招待调查团,商会议有办法

市商会对招待国联调查团,刻拟俟将来视调查团行期久暂,或加入官厅方面,或联合民众团体另行办理,应按实际情形,再行决定。并推举王晓岩、赵聘卿为向官厅方面接洽代表,王文典、卞白眉为向党部方面接洽代表,杨晓林、杨西园担任内部一切筹备事项。又此间北宁铁路局已备妥专车一列,系头二等车及饭车混合组成,共计二十辆,停于东车站,预备南开,迎接该团北上云。

(《大公报》,1932 年 3 月 19 日,第七版)

97. 调查团明日视察战区,视察后将详电国联报告,林主席电沪欢迎并盼主公道

【上海十九日下午九时发专电】 调查团改二十一日晨七时出发战地,下午四时回沪。备汽车十辆,每辆由日派军官一名附乘,我方仅可去五人,除顾维钧及张祥麟外,余三人未定。调查团路线先闸北,次江湾、真茹,吴淞去否须视时间而定。王景岐谈,各大学联合会业与调查团及中国代表团商妥,于调查团赴战区时决派代表随行云。但据记者以后探悉,究能去否,尚难定。日报公会原拟派一人,今限于名额,已被谢绝。

【上海十九日下午十一时发专电】 国联调查团准二十一日赴战区视察,我国陪往视察者前拟九人,现日方提议至多五人,且须代表团中人。调查团视察战区用汽车由华方预备,日方则每车派军官引导。闻大学联合会向调查团请求派代表同往。

【上海十九日下午十二时发专电】 莱顿爵士语记言:"余自到沪后,除报告抵沪情形外,尚无关于沪案事宜电致国联。现拟自各处战地返后,将详电日内瓦,藉作在沪调查之一结束。至中日停战会议,现正开始,余信不久有好消

息报告于诸位。"

【南京十九日下午八时发专电】 林森电国联调查团，表示欢迎之意，并希对中日争端主持公道，谋一公平之解决。

【苏州十九日上午十一时发专电】 苏各机关团体十八日在青年会开筹备欢迎国联调查团来苏【会】。京沪路局亦令各站准备。

【杭州十八日下午十一时发专电】 杭各界欢迎国联调查团，派代表沈乃正等赴沪，送敬告调查团书。杭教联会电请调查团，注意日军摧残文化。

【上海十九日新联电】 国联调查团定二十五日由此间出发，途中于南京、北平稍为滞留，即赴东三省。抵东省约在四月十日前后。

【上海十九日下十一时发专电】 义代办在领馆晚六时至八时开跳舞会，调查团及顾维钧、吴铁城及各使领均到。晚九时宋子文宴调查团。

(《大公报》，1932年3月20日，第三版)

98. 暴日攻沪事实俱在，沪各界将真相报告国联调查团

十五日沪讯。沪市各路商界联合会、市民联合会、宁波旅沪同乡会、各团体救国联合会、救国十人团联合会、法租界总商联会等六团体，此次联合拟具日本暴行报告书，以人民名义致送国联调查团。加入签名者极为踊跃，约计已近四五万人。该项节略必能促起调查团之深切注意，兹特将该节略引言录下。

节略引言

一九三一年九月十八夜，日本军阀用不宣而战之手段，以武力侵入辽宁，占据沈阳。我国政府为顾全世界间之共同关系，不愿见国际和平、人类幸福之裂痕因是加增，抱"一路哭不如一家哭"之古训，忍痛退让，不予抵抗，而以完全信任国联会之态度，根据会章，提出申诉。乃日本既悍不悔之祸，国联又顾忌多端，遂使日军暴行之范围日广，人民遭劫之痛苦益深。世界舆论群起责难，国联威信岌岌可危，即我国勇于忍耐之人民，对于国联之信仰，亦因以逐渐消失，且有发为怀疑、悲愤及不满意之感想者。惟此种心理前进趋势虽极迅速，然尚未成断案。盖国内领袖人士之意见，以为国联行动迟缓及不采用会章赋

予之权力,或为日本欺骗世界蒙蔽手段所阻碍,倘能以明显可见之事实陈诸各国代表之前,则日本蒙蔽手段或将失其效力,对于国联犹存万一之希望。故在贵代表团莅临调查之前,仍竭力劝慰群众,以最大之忍耐,抑止其悲愤,切盼贵代表团能以目见之事实归报国联,藉以引发各国代表之公论,使世界群众信仰国联之心重复集合,以扶助国联会之生存,使国际和平、人类幸福之工程,不致因日本违约而失却其前进之命运也。故于贵代表团之莅临,属望至殷。此属于世界人类之上海中华市民,在万分哀痛中,所愿悬旗欢迎也。下列各签字者,本其拯救世界人类自杀之精神,抒其充分信任贵代表团之勇气,于竭诚致敬以外,又复缮列报告,详陈管见。愿协助贵代表,以完成保全国际和平、维护人类之使命也。

节略提纲

第一章,引言;第二章,国联会过去工作之感想;第三章,报告事实,第一节,上海事变以前之报告,(一)中国灾祲情形,(二)韩民暴动事件,(三)辽宁事件,(四)嫩江事件,(五)朝鲜之亡国史,(六)锦州事件,(七)日本所称之悬案,(八)日军占据辽吉后之日本言论,第二节,上海事件之报告:(一)三友厂事件,(二)日本武力行动经过,(三)日本进攻上海时之非战运动,(四)日军护侨之结果,(五)破坏租界警权事件,(六)伤害租界公务人员事件,(七)侵害中外纳税人权益事件,(八)外人受辱事件,(九)华人失踪事件,(十)日军破坏万国红会公约事件,(十一)文化机关被毁事件,(十二)最近日军进攻情形,(十三)罢市之解释,(十四)抵制日货之解释;第四章,日军武力暴行与国联关系,(一)商务上之关系,(二)经济方面之关系,(三)世界人类安全之关系;第五章,日本行动之推断,(一)日本军阀及政治家野心,(二)日本出兵辽宁前之非战运动,(三)日本武力与苏俄政治;第六章,贡献之意见,(一)解除人类之厄运,(二)实行国联盟约第十六条第□项,(三)实行国联盟约第十六条第□项;第七章,结论,(一)调查团之责任,(二)对于调查团之希望,(三)调查团对于世界人类历史所负之任务。

江湾报告

此次日军犯沪,江湾适在战事区域,损失綦重。现值国联调查团来沪之便,江湾被难同乡联合会特备就说帖,推举严恩植先生为代表,面陈一切,藉明江湾被灾真相。兹探录说帖原文如下："自一月二十八夜沪变发生后,日军主将以屡攻闸北未逞,乃改变计划,以全力图我弹丸之江湾。飞机炮火,日夜不息,将全区市廛村舍炸毁殆尽,无辜良民死于炸弹枪杀下者不计其数。嗣我十九路军为遵守沪上英公使调停劝告起见,撤退淞沪,日军遂乘机进占,除将炸剩之房屋复□纵火焚烧,尽成一片焦土外,且大肆屠杀,惨酷之状,令人目不忍睹。本会今将调查所得实际状况逐一列后。1. 房屋之被焚者:A镇集①,东自东栅起,迄牛郎庙止,除北弄即印家栅一部份存在外(亦炸毁零落,不堪居住),其余悉数焚毁。除住户不计外,共计大小商铺三百余家,财产损失五百余万金。区乡村现据调查所得,共计村落为南沈宅、白漾宅、陶家湾等三十四个,房屋四千二百间。其余被日军认为军事区域无从调查者,尚不在内。2. 人民之遭惨杀者:如方浜宅须士香家十三口、镇集朱锦堂家三口、季家湾周留留家八口、周家宅周桃桃家十口、二十三图宅吉望三家七口,均属全家被杀。尚有镇集及各村未及逃出被枪毙与烧死者,据本会□埋队队员报告,约有三千余口。3. 公共机关及文化机关之被毁者:公共机关如保卫团、市政办事处、市商会江湾分事务所、崇善堂农会、第三区自治筹备处、时疫医院、水木业工会等,文化机关如第四区教育会里志委员会、中央大学商学院、劳动大学一部份、持志大学、持志中学,本区各市立小学如西江、东江、虬江、陶湾、麦村、燕湾、高境等七校,或炸或焚,俱无完瓦。此外如数百年前古迹古景德观、保宁禅寺,亦为炸弹所毁。4. 唆使叛徒扰乱治安一般情形:日兵到江后,即以金钱雇用一般无知江北愚民为前驱,成群结队,到处纵火抢劫,杀戮良民,使全区无一片干净土,人民逃亡在外,流离失所。5. 强迫拉夫毁尸灭迹情况:日兵近日闻国联调查团将苍沪,因是日事拉夫,使之搬运煤油等引火物。据被掳人侯震吉、陆春明等云,在庙行一带将我无辜被杀良民架烈火焚毁以图灭迹者,不下七八百人。6. 强奸劫掠,虐待无辜良民情形:日兵到沪后,三五成群,或盘踞路口,或掩入居民,翻箱倒箧。除大事劫掠外,并将妇女不分老幼,强奸侮辱,无所不至。以上所述,因时间匆促,不过略举一二,其余详细情形,容俟秩序稍定,再行统计具报"云。

(《大公报》,1932年3月20日,第四版)

---

① 编者按:原文如此,无B项条目。

99. 调查团视察战区，今晨与中日代表同出发，南京已定招待程序，留四日北来

【上海二十日下午九时发专电】 调查团二十一晨将开始视察战区。我方陪往者五人，日方亦派五人，共计十五人，定明晨九时由华懋饭店出发。

【上海二十日下午十一时发专电】 调查团参观战地，定二十一晨八时四十五分由外滩华懋饭店乘我方预备车辆出发，先至闸北，次到真茹、江湾、吴淞，沿途由日方负责保护安全，饮食亦由日方供给。同行人员，调查团方面为团长英莱顿爵士、美麦可考易少将、法克劳德尔将军、德希尼博士（至义马列斯可特伯爵，因在病中，如届时已愈，即同行），又秘书长哈斯等六人。我方为代表顾维钧、总务主任张祥麟、参事王硕荪，其他二人临时决定。日方为代表吉田、大佐渡、书记官盐田崎①、大佐佐藤、炮兵中佐澄田。至我方各大学代表，以日方之限制不能同往，新闻记者要求参加，亦遭拒绝。

【上海二十日下午九时发专电】 国联调查团现已商定留京四天，俾与各方面有充分之接洽。招待程序大约改定如下：第一日上午晋谒当局，正午行政院汪院长宴会，下午新闻界茶会，晚间外交部罗部长宴会；第二日正午国府林主席宴会，下午中央党部茶会，晚间南京市马市长宴会；第三日上午旅京外侨谈话会，下午民众团体茶会，晚间军事委员会蒋委员长宴会；第四日上午参观名胜，正午在中山陵园午餐，下午渡江北上。外部、市府及中山陵均用西餐，林、汪、蒋均用中菜，表示我中华立国之固有文明。

【上海二十日下午三时发专电】 国联调查团主席莱顿爵士十七日在各大学招待席上发言，曾谓任何国家仇视别国、蓄意挑衅，而希望国联出而相助，实不可能，引起我国报界异议。十九日经调查团发言人助理秘书费尔德正式辩正，谓莱顿之言系指一般情形而言，绝非单指中国，我方异词实属误会云。

【上海二十日下午十一时发专电】 英海军提督甘莱，二十日晚八时半在华懋饭店宴调查团。被邀者共二十七人，我方为顾维钧、郭泰祺、吴铁城，席间

---

① 编者按：原文如此，应为"盐崎"。

无演说。

【北平电话】 上海二十日电。辽、吉、黑三省府委员彭济群、臧启芳、李锡恩二十日到沪，代表三省府欢迎国联调查团。

(《大公报》,1932年3月21日,第三版)

100. 中国国联同志会今日开大会,讨论招待调查团事宜

平讯。中国国际联盟同志会定今日午后二时在石驸马大街二十二号该会开临时大会,讨论招待国联调查团事宜。该会理事长熊希龄,昨已通知各会员届时出席云。

(《大公报》,1932年3月21日,第四版)

101. 调查团视察淞沪战区,莱顿询问对平民掷炸理由,炮台被毁,淞镇景象较闸北尤惨,昨巡视各战地已毕,今日不再往

【上海二十一日下午十时发专电】 调查团今晨九时二十分由华懋出发,五调查员及秘书海斯及中日各五员。我方除顾维钧、张祥麟外,为王景岐、戈公振、张廷荣。出发汽车共十五辆,均经日人先行检查,并于车窗贴日文标识。内六辆系调查员乘坐,车头交叉我国旗及各国旗,视车内调查员国籍而异,惟用英旗者有两辆,三辆为日美等电影公司车,二辆为日宪兵卡车。每车均有武装日宪兵一名压车,指示路线,由外滩北去。出发时旁观者极多,所经街路一周来经日兵布置清除,凡战迹可平治者均粉饰就绪,并添筑道路、桥梁于必须绕道之处。日方五员为吉田、盐崎,及大佐渡边、佐藤,中佐澄田。我报界不能去,日记者则大批出发,以利彼宣传。日方谓华记者赴战区,可向日司令部领执照,往日军指定地点,不能随调查团同行。我招待处昨已以此意函覆日报公会。

【上海二十一日下午十时半发专电】 参观战区,经张祥麟与盐崎二十夜

十二时始决定。华备车九辆,日备车三辆。出发时第一车日兵数人,一人立车外指挥路线,第二车亦为日军,莱顿、希尼乘第三车,顾维钧、克劳德尔第四车,吉田、麦可考易第五车,王景岐、白尔顿第六车,其后为张祥麟、戈公振、张廷荣及国联华秘书吴秀峰等。义马列斯可特因目疾,秘书长哈斯因事,均未往。经北四川路、宝兴、宝通等路,直驶真茹。沿途满目瓦砾,不见人烟,交通要道均有日兵把守,真茹防御工事到处可见。调查团下车入暨南大学,由日军官授每人英文日军作战地图一,声言华军退后日军始来此驻扎。乃入致远堂及洪年图书馆,日方指馆外侧门所贴反对调查团来华标语,谓此系暨大学生所贴,莱顿等笑而不言。王景岐嗣谓日军来此已三周,尽可从容布置。十一时折回北站,日军预在站内月台以布栏一小室,桌上置大地图,由日军一少将说明作战情况。莱顿于日军出发处、攻袭处,询问极详,并问当时对无防御之平民掷弹有何必要,论辩颇烈。经一小时出,至商务书馆,见仅存墙垣,乃至东方图书馆详勘。日方声称,馆内重要书籍早已搬出。莱顿以询王景岐,谓变起仓猝,如何搬法,又询书籍几何。王告以约数,并谓商务全部各省府县志,为文化重要书籍,今已全毁,损失无从计数。嗣经北四川路天通庵站等处,参观八字桥、江湾跑马厅等处战地,日方引调查团至屋顶,说明附近作战情形。又往观被毁之劳动大学、江湾车站及跑马场,场内现有美商团四人驻守。时逾一时半,乃驱车至杨树浦公大纱厂内日司令部午餐,首座为老叟菱刈,植田陪席,每人仅虾半只、牛肉一块、腊肠两块。餐后小息,由白川引至楼下。问莱顿仍须往吴淞一行否,莱顿未置可否。顾维钧及张祥麟力谓吴淞地位重要,必须往观,白川无言。三时由军工路往淞,沿江一带皆为防御物遗迹,淞镇内景象较闸北尤惨。三时五十分抵炮台,路上三合土被炸翻起,大炮炮管多炸成两三截,炮口亦毁,且有被移去者。调查团中人谓,此必日军占后重力炸毁,继谓炮皆老而不合用,炸去亦无可惜。凭吊一小时始出,仍经军工路,于五时半返华懋。日人于文化机关被毁,辄以华军在内作战为辞,以答调查团之问。途中风沙甚大,随员等乘车多无篷,回沪时尘垢满面,几如黑人。明日不再往。孔祥熙晚宴调查团于本寓。

【徐州二十一日下午七时发专电】 徐州各界筹备欢迎国联调查团,二十一日开筹备会,推定张明理、王均等十一人为欢迎代表,并通知各机关学校,全体届时参加欢迎。

(《大公报》,1932年3月22日,第三版)

102. 日方毒辣宣传谓国民党排外，中央现正起草文字向国联调查团解释

【南京二十一日下午六十发专电】 中央党部方面因日方在国际宣传国民党以排外为外交政策，兹拟向调查团解释，叙述国民党历史、对内对外政策、党与政之关系。对外政策虽有取销不平等条约主张，但纯为独立国正当要求，且对条约向极尊重，修约亦以外交方式行之，并无所谓排外。原文现正在起草中。

（《大公报》，1932年3月22日，第三版）

103. 中政会讨论外交，林、汪、蒋均出席，罗文干列席报告，决照原定方针相机进行，某委谈东北问题最棘手，国难会议仍定在洛阳举行

....

【南京二十一日下午十一时发专电】 二十一日下午四时，中政会在中央党部开谈话会，到汪、蒋、林、何成濬、陈立夫、方觉慧、石青阳、陈肇英、朱培德、陈铭枢、顾孟余、陈璧君、蒋作宾、李济深、郭春涛、谷正纲、罗家伦、邓家彦、居正、苗培成、曾仲鸣、陈公博、杨杰、邓飞黄等，列席罗文干，主席汪。先由罗报告沪停战会议谈判经过及目前应付方针，决仍照原定方针相机进行。次对国联调查团来京时，政府与各团体之招待及政府当局对调查团应准备之演词报告等，均有讨论。某委语记者，沪会可望有结果，撤兵办法可即成立，最棘手者仍为东三省问题，因此方情形较复杂，伪国已建立，将来能否用谈判方式即可解决，或须依赖出兵之方式，此为目前中央正在考量之问题云。谈话会晚八时方散。

（《大公报》，1932年3月22日，第三版）

104. 筹备欢迎国联调查团，昨日省府召集各界代表开会，决由各团体合组筹备委会，二十四日开会商具体办法

河北省府以国联调查团行将由沪北上来津，关于一切招待事项亟待筹备，特于昨日下午五时假省府大礼堂设宴，召集本市各名流及党工商学妇女代表、省属各厅长、市属各局局长暨新闻界等，开欢迎国联调查团筹备会议。计出席者有省主席王树常，民政厅长王玉科、实业厅长何玉芳、建设厅长林成秀、教育厅长陈宝泉、省委严智怡，市长周龙光、市属各局局长，市整委时子周、王文典、卞白眉，工界代表陈文彬、张广兴，教育界张伯苓及新闻界共七十余人。由王树常主席，首述开会意义，略谓："国联调查团不日由沪北上来津，此间招待办法亟待研讨。按欢迎该团主要事项，第一即为诚恳招待，第二则为此次津变经过事实，应为文字上之预备。关于招待，省府曾电沪当局，表示该团抵津后，预备午膳，以尽地主之谊。刻接复电，该团因行期关系，恐难应约。大家有何意见，自可尽量提出，俾共同研讨"云云。席间发言者计有何玉芳、王玉科、严智怡、王文典、卞白眉、陈文彬、张广兴等七人，佥主张对该团除竭诚招待外，并须妥筹办法，对于中日外交上有所表示。旋张伯苓报告为此问题，伊及王文典君在永安饭店宴请各界筹商之经过。经众参考详细讨论，卒以时间仓促，未能商定具体办法。结果决议在三日内，所有本市各民众团体应各推举代表二人，函报省、市政府及市整委会三方面，然后再于本月二十四日召集正式筹备会议，一切具体办法即均取决于此筹备会。此议决定后，主席当又发言，谓关于推举参加代表前赴车站欢迎者，以不过二千人为佳，缘值兹市面多故之际，倘人数众多，恐于市面治安发生窒碍。全体对此意见，均以为然。遂宣告闭会云。

（《大公报》，1932年3月22日，第七版）

105. 市商会开会讨论恢复商团等事

市商会定于今日下午四时在北马路该会内召集临时常委执监委员联席会议,讨论推举参加欢迎国联调查团代表,及恢复天津商团等事项云。

(《大公报》,1932 年 3 月 22 日,第七版)

106. 社评:中日关系之真认识

国联调查团诸代表自十四日到上海,迄今已逾一周,诸凡言动,颇见公诚。前日视察战地,目击日军破坏情形,其于此次日本以无名之师破坏东南胜地,当能有至深刻之认识。吾人自始以为调查团之来,系为公道之使命,中国但当供给正确事实,资其判断,无事他求。本月十五日上海各大学联合会宴请该团,莱顿爵士答辞中有"任何国家仇视别国,蓄意挑衅,而希望国联出而拯救,实不可能"诸语,颇引起上海报界之非议。该团秘书昨特发表声明,谓莱顿所言系属泛论,并非特指中日问题云云。其实日本在国际间以中国排外排日之说中伤中国,为日已久,吾人固决不信调查团能为所惑,盖中国收回国权运动,努力于不平等条约之修改,在我不过求得平等公道之待遇,在外人不应有误会。藉令理解错误,一经实地考察,立可明瞭,故尽可不辩。惟对排日仇日一节,殊有说明之必要。

本来国际友仇,发之情感,非有确实永久之界限。中日两国有两千年以上之接触,从前日本赖中国文化以建国,即在今日,日本国民如不使用汉字,即表现思想且感困难,就此一点,可见两国关系之深切。中国自前清拳匪之变,各国联军入京,其时同情中国、多所维护者,首推日本。比值帝俄强据东三省,中国将军或死或逃。俄国提出要求,有三省只许驻巡警保安队,不许驻华军,以及奉吉黑将军之任命须得俄国同意等条。当时奋起干涉、助我抗俄者,惟日最力。自是之后,中日邦交至笃,国民情谊极孚。光宣之交,留日学生盛极一时,而留日学生之回国者亦多跻显要。一方面中国革命党人寄居日本,潜谋排满革命,复蒙日本朝野予以便利,故孙中山先生对日本理解甚深。不幸民国成立以还,日本军阀之流对中国动施压迫。一九一五年既借欧战机会,向袁世凯提出"二十一条"要求,且复威胁中国不许宣布,冀避外人责难。迨乎第五项之秘密破露引起各国注意,始于五月七日抽去第五项,而以哀的美敦书之形式逼我承认其他各条,聚九州铁,铸此大错。至今彼声声责我不尊重其既得权,实则权从何来?盖即从此威逼之条约而来者也!民五寺内内阁成立,鉴于大隈内阁"二十一条"案之恶感,乃变更面目,盛倡亲善。不幸适以滥贷巨资,供作军费,形成赞助武力统一之结果,于是一时的政府当局受国民永久之唾骂,而两国国民的感情乃愈见恶化焉。直至一九二一年之末,华盛顿会议开会,日本怵于国际监视之严,对华渐取和缓方针,所谓币原外交是也。中日国民自此亦已渐见恢复好感,如一九二三年日本大地震时,中国南北各界对日本不约而同尽力捐赈救济,是其明证。一九二八年,北京政府开关税会议,日本代表日置益首先动议,赞成关税自主。日置益非他,即一九一五年以"二十一条"向前大总统袁世凯直接呈递之人也!同一日置益,乃代表日本政府前后两种相反之政策,殊予人以奇异之感。讵未几日本田中大将拥政友会之势力组阁,一反币原外交政策,对华取积极的高压态度,竭力遏止中国革命势力之进展。一九二七年六月第一次出兵山东,次年四月第二次出兵山东,五三事件以后更为第三次之出兵。未几复干涉南北战事,警告张作霖,卒于张氏回奉之日,邀截于皇姑屯站而炸死之。当时日议会中有所谓某重大事件者,即指此事,曾迭由议员提出质问而政府回避答辩者也。一九二八年十二月,日本政府以吊张作霖丧为名,派林权助男爵赴奉天,劝阻张学良勿改悬青天白日旗,此亦世界周知之事。要之,日本不愿中国统一,尤不愿东三省与中央合作,乃其传统的政策。中国官民苟反对日本对华政策者,日本概可以仇日目之。实则非中国之仇日,乃日本之仇华耳。即退一步言,中国人真仇日矣,然此系日本军阀对华武断政策所激成。易言之,中国仇日乃日本仇华之结果,其原因在日不在华,故其责任非吾人所应负也。

试再就近三年情形考察,日本人常嚣嚣然宣传于世界曰:"中国在东三省,以铁道政策排斥日本势力。"实则彼所谓因中国方面之并行线而满铁大减收者,考之一九三零年度满铁输送货物,吨数仅比前年度减少百分之一十九耳。(据满铁会社调查课发行之《满蒙事情》)按是年因经济不振之故,日本全国铁道收入减少几逾百分之二十,然则满铁些须减收,夫复何怪?且其减收之原因,更与金贵银贱有关系,商人避昂趋廉,不走南满路而走中国铁路者,取其银本位运费之便宜而已。此种金银比价之差,讵亦中国排斥日本势力所致? 不特此也,中国新修各路,如沈(阳)海(龙)、吉(林)海(龙),无宁为南满之利,此满铁调查课编纂《满蒙要览》所指明者。彼所谓中国以铁路排斥日本势力者,日本军阀野心家欺国民,欺世界之谰言也。日人又常宣传于世界曰:"中国排斥日本移民,妨害日本权益。"实则日本人因生活习惯不同,移住满洲在二十五年中不过二十万人,半数且系官公机关人员及其家族,其真正移民惟朝鲜人耳。而朝鲜人之移殖于东三省,又远在日韩合并以前。及前清宣统元年,《中韩图们江界务条款》成立,许韩人在图们江北购地开垦,初只限于吉林省之延吉、汪清、和龙三县,其后则邻境之珲春县亦成杂居区域焉。又未几而辽、吉、江三省腹地,无不有鲜民足迹焉。鲜民善种水稻,其利甚厚,故中国地主殊欢迎之。然而依条约,韩籍垦民应服从中国法权,其移住内地之鲜农更多愿归化中国。乃日本于民四条约订立后,既否认图们江条约规定,对韩侨仍固执其领事裁判权,复不以日本国籍法适用于朝鲜,以致韩人虽归化中国而日本仍以本国臣民目之,动辄以警察施其监督。于是韩人所到之处,即为日本警权所及之区,破坏条约,妨碍法权,莫此为甚。此为中国对韩侨有戒心之真因,盖非排斥鲜民,乃畏日本警权之伸张与滥用耳。易言之,妨碍朝鲜人之移殖东三省,非中国,乃日本。今不觉悟,反以此为中国咎,宁为事理之平? 就上述具体的两问题观之,日本所谓中国排斥日本势力,其真伪如何,不辩自明。更就九一八以后之事实言,彼已占我辽吉,又复进取江省,既已逐其军警,又复威逼人民,伪组织由彼手造,而偏要强奸民意,勒令祝贺,自由权概被剥夺,甚且偶语弃市。彼所谓仇日者,凡不依日本意旨之所为,皆认作仇日之表示。然必一一如日本之意而后可,则中国早已不国矣! 中国亲善,固应如是乎? 即以东北问题论,中国提出国联,在日本未尝不即认为仇日之一端。质言之,必须奉命惟谨,直接屈服,一切听日本支配,乃为不仇日也。

吾人既述明中日关系之真认识,以证实中国非真排日、仇日,纵排日、仇日,其原因又实出于日本之逼迫,其责任不在中国。国联调查团诸氏,苟能基于此种真认识,平心体察各方情况,研究种种经过,当知吾人所言,乃真忠实不诬也。

(《大公报》,1932年3月23日,第二版)

107. 调查团二十八日离沪，如何赴京路线尚未大定，京招待办法已筹备就绪，昨日起邀上海中外当局作私人谈话

【上海二十二日下午九时发专电】 调查团因时间不敷，现拟延至二十八日离沪，今日继续邀公私关系人物谈话，搜集所注意之调查材料，须至离沪以前，始能停止此项谈话。每日接见人预订有接见顺序，惟往见者姓名并未发表。该团原由我代表团为专租一轮入京，已定太古吴淞号，惟该团现有赴杭说，或将由京杭国道赴京。至由京赴平，已决定过津不停。到平住北京饭店。

【上海二十二日下午六时半发专电】 外讯。国联调查团晋京期暂定为下星期一（二十八日），今日各委员开始向上海方面中外当局作私人谈话，希得其真相，颇为忙碌。大致该团在本周内，尚须与当地各有关系方面会议多次，末次会议暂定星期六举行，星期日休息。该团晋京路线尚未决定，但杭州方面颇望该团能假道该地，俾可一睹日机在杭掷弹之成绩，先由专车赴杭，再由杭乘汽车赴京。但该团或将乘船直接赴京，亦未可知。抵京后，任务完毕即赴北平，闻在津并不停留。二十二晚，太平洋学会在华懋饭店宴调查团。

【上海二十二日下午九时发专电】 各省旅沪同乡团体推代表十余人，今晨九时赴华懋饭店谒调查团，陈述对该团之希望，并面递中英文报告书。

【南京二十二日下午六时半发专电】 顾维钧电外部，国联调查团定二十八日到京。汪、蒋、林、罗正预备招待席上演词，对日军侵略违背条约各点，为详尽之阐明。外部连日接到海内外各团体转致国联调查团电，如雪片飞来，均系请调查团主持公道。

【南京二十二日下午五时发专电】 外交部派组之招待国联调查团委员会，今日下午四时会同地方机关代表在外部开会，讨论筹备招待事宜，一切办法均已决定。调查团因在沪视察战区稽延时日，改期二十八日来京。

【上海二十二日下午九时发专电】 昨调查团在暨大时，日方指洪年图书馆中书籍为华军带走，莱顿大笑，谓退兵时军火尚不顾，何独惜书籍耶？沿途我军战壕，仅八字桥见浅小者数处，其他均被掩没。复旦本为植田司令部，日人指该处华军未抵抗，故未毁。调查团由暨大回时，见炸毁之败墙颓垣，自摄

照片数帧。暨大致远堂内有反对市府接受日方所提四条要求及反对解散抗日会标语,日指为反日之证,比释其义乃非是。莱顿在北站曾询日机所掷系杀人弹抑燃烧弹,日方否认系燃烧弹;问何以中弹起火,则称华军储火药于民房;问不虞伤平民乎,答以十分小心,绝不伤平民;问高在若干丈以上之飞机投弹,何能保其不及邻屋,则再三强辩,仍以十分小心为辞。现日人对调查团用包围办法,华懋之内日人群聚。

【济南二十三日零时四十分发专电】 韩电沪云:"上海市政府吴市长转国联调查团莱顿爵士暨各团员勋鉴:贵团莅华调查,主持正义,维护和平,周历贤劳,良深钦佩。顷接京电,得悉行将北上,取道津浦,经过济南,翘瞻旌旆,无任欢迎。先此布臆,惟希公鉴。山东省政府主席韩复榘。马(二十一日)。印"

(《大公报》,1932年3月23日,第三版)

108. 调查团经过路线,北宁路局规定警戒办法

平讯。北宁路局以国联调查团将来平津,并将赴东省,对于该路沿线警戒事宜,已有周密布置。现规定在该团专车未到以前之路线,由各段警务段长负本管段内完全责任,路警有不敷分配时,即以护路队协助,归警务长指挥。北宁路警戒责任共分三段:平、津间归护路第三队负责,津、唐间归护路第一队负责,唐、榆间归护路第二队负责。如仍有不敷分配时,则由就近驻军协助。该局致军警机关函云:"径启者:查国联调查团业已抵沪,行将转程来津,前赴东省调查,道经本路,所有该团之保护,自然妥善缜密办法,以策安全而敦睦谊。当经决定该团经过本路时警备办法,除饬令各警务段队遵照办理,并呈请北平绥靖公署察核暨分行外,相应函达查照。希即转饬所属知照,将来该团经过本路时,务须与本路当地段警妥为联防,以资保护而重安全为荷。"

(《大公报》,1932年3月23日,第三版)

109. 短评：怎能欺人？

上海现在的情形，是在国联调查团睽睽注视之下，"停战""和平"的空气很浓。但是，实际上并不如此。中国军队是在遵守着不自反攻的诺言，日本方面却仍作种种的军事行动。日军的飞机随便飞行中国的领空，并自上空放枪杀害和平民众。如沪南、杭州一带，每日都有日机飞往，每至又必无端伤害民众。"保侨"吗？那里根本没有日本人。"自卫"吗？恐怕日人自己也有些说不出口吧！

这样的"停战"，这样的"和平"，日人虽善于招待，善于狡辩，也怎能欺人？

（《大公报》，1932年3月23日，第四版）

110. 招待调查团专车津浦路已派定负责专员，北宁昨将专车开平试行

国联调查团业已抵沪，即将北来。津浦路局曾以该路为调查团必经之途，除各大站地方官民分别筹备招待欢迎外，并派专员负责筹备招待事宜。昨据该路办事处消息，本路管理委员会方面，业经邱委员长等拟定办法，计推定该路委员钱宗渊为招待主任，机务处工事课长赵国栋、总务处材料课长程宗阳、总医官陈琰英、工务处副工程师陈德苓等为招待专员，协助钱主任办理一切，并派庶务课长杨圣波担任车上设备及清洁事宜。至于车辆之配备，除就现有车辆由洛阳调集蓝钢车八辆外，并派委员龚柏龄北上与北宁路局高局长接洽，借用优美之花车二辆、饭车一辆。龚氏业于前日来津，闻接洽已告圆满，不日即可运送浦口，并入钢车，以备应用。届时另由铁甲车司令部拨铁甲车一辆压道，并选精壮之护路警十六人随车保护，邱委员长亦拟偕同各员亲自随车迎送。

又北宁路局预备欢迎国联专车计十九辆，业经该局准备就绪，车内外点缀一新，为普通客车所仅见。该局以所备车辆均系现由各处调来，车身是否稳固

尚难知悉，特于昨日下午二时开赴北平，先行试车一次，俟得该团北上消息即行南下云。

(《大公报》，1932年3月23日，第七版)

111. 调查团分两路入京，仍定二十六晨同时离沪，豫定下月五日由京北来

【上海二十三日下午九时发专电】 调查团现定法、美、德三员，偕顾维钧、张祥麟二十六日晨九时车赴杭游览后转京，英、义两员及哈斯等九人，同日乘德和轮赴京，下月五日可抵平。我代表团拟寓平中央饭店。旅沪粤人以广肇公所名义，今午五时茶会，宴调查团。重光晚宴调查团，邀顾维钧，顾已函谢。莱顿于视察战地后，对外仅表示文化机关被毁惋惜意，对他事缄默。

【南京二十三日下午十七时发专电】 关于政府及各团体招待国联调查团日程，已经招待委员会暂时配定。惟俟该调查团抵京后，或须修改。日本对于此次国联调查团来华调查，异常注意，无处不想蒙蔽事实。闻东省日本军事方面已多方准备，掩饰真象，而日本新闻界如电通社、联合社、《时事新报》、《朝日新闻》等亦派员随往，以便作片面之宣传云。

【南京二十三日下午四时发专电】 铁道部二十一日电北宁、津浦、京沪三路局：关于国联调查团乘车事项，部派业务司帮办运输科长杨先芬负责与各路接洽，特分令各该路遴派高级职员会同办理，并将派定员名报部，以便随时与杨氏接洽。

【济南二十三日下午九时发专电】 二十三日济各界代表开会，讨论欢迎国联调查团。议决在市府设济南各界欢迎国联调查团筹备处，济市长闻承烈为主任，王守德、刘心沃副之。

【汉口二十三日上午十时发专电】 汉商会钱业公会二十二日均电国联调查团欢迎，并请主持正义。

杭州招待办法

【杭州二十三日下午十时发专电】 省府接顾维钧来电，国联调查团美、

法、德代表拟二十六日晨赴杭参观名胜，二十七日晨即乘车赴京，先当接洽等语。省府遂于二十三日下午三时，邀集省党部、各厅处、市政府及各团体会商招待办法。决定以西冷[泠]饭店为寓所，宴会程序第一次市长邀请茶会，第二次主席邀请西餐，游览地点指定平湖秋月、六和塔山坟、灵隐、三潭印月、西冷[泠]印社、中山公园。又议决函请各国侨民参加调查被日机炸毁区域及伤亡人口情形，搜集证据，作有系统之报告。招待事务由市府担任，市府乃派代表胡新甫于二十四晨赴沪欢迎。各界欢迎办事处下午三时议决：（一）通告各机关团体学校，各推代表十人到站欢迎；（二）请童子军维持沿途秩序；（三）商店悬国旗；（四）请市商会发起公宴。

（《大公报》，1932年3月24日，第三版）

112. 欢迎国联调查团，省市府派定负责专员，津变损失统计已译成英文，该团到津即送交以备参考，北宁路专车已备妥极为整洁

省市政府日前开会筹备欢迎国联调查团，业志本报。兹悉该团北来过津时，下车与否，刻尚未定。省市政府已电沪询问，如在津下车，则积极筹备招待事务；如在津不下车，则省市政府只派代表欢迎，不再举行招待宴会。至此次津变之损失，省市政府业已编成统计，损失数目颇为详确，已译成英文，俟国联调查团抵津时，送交该团以备参考。闻省市政府已派定黄宗法、陶秘书，届时分别代表欢迎。闻熊希龄氏昨日由平来津，昨日晚车赴京，将与国联调查团偕同北返云。

另讯。迎接国联调查团北来之专车，最初本拟由铁道部令各路出车合组邮车一列，嗣为整齐划一起见，乃改由北宁路一路供给。该路奉到铁道部命令后，即调集所需车辆，于日前在天津配齐，送往北平，由高局长会同绥靖公署招待调查团人员登车检视，对不合意之处临时改正。检视毕，于昨日下午放回天津，静候南京来电，即开往浦口备用。车上设备备极华丽，车役及职员均选通达外国语言者，以便肆应，所有人员一律穿着制服，以昭整齐。饭车由北宁路餐膳事务所负责预备，调查团委员每餐之费约在十元左右。为各委员办公便

利起见，每人为之特备包车一辆，归其个人乘坐，其余人员则坐头等卧车。绥靖公署派往招待者，闻为该署副官长汤国桢，北宁路局大约为车务处长王奉瑞。铁道部昨日又有电致北宁路局，指示应备车数及乘车大约人数，原电略谓："皓电悉。该路筹备国联调查团专车辆数及办法，极为妥善。惟乘车人数一节，现经调查，国联为十七人，日本方面约二十人，我国约三十人，共约七十人。原备头等车卧车三辆，共卧铺四十八位，包车二辆，共卧铺八位，合为五十六位，恐不敷用。应加拨头等卧车一辆，共为四辆，合计头等车及包车卧铺共七十二位，似可敷用。如遇人数加多时，再行电饬加拨。可先将该列车即日开赴浦口备用。除电饬津浦路局外，仰即遵照办理。"

又北路局昨日由平开回之车，共为十九辆。在平奉高局长命，添挂包车二辆，撤去头等卧车一辆或二辆，昨日配就之车，计为机车两辆（每辆上司机、司炉均为三班，以便替换），三等卫队车三辆，头二等合组车一辆，头等卧车四辆，头等饭车二辆，头等包车三辆（拟再添二辆），行李车二辆，守车一辆，头等客厅车一辆。车上执事人员如车务副段长兼列车长黄爵臣，客票稽查兼副列车长庞永远，机务段长王广忠，电气副工程司沈文翰，此外车守，行李员，行车监工，修车监工，修车匠及助手小工，风闸匠，机匠，木匠，油匠，浇油，电灯，暖气，钩夫列车匠等一应人员均全备，极其隆重周到之致［至］云。

（《大公报》，1932年3月24日，第七版）

113. 调查团将经汉口北来，朱庆澜昨访调查团畅谈，莱顿改后日乘江新赴京

【上海二十四日下午十时发专电】 调查团现拟到京后赴汉视察，再由平汉路北上。我代表处钱泰等数十人，定二十六日乘定生轮赴津转平。莱顿因临时有日代表十二人同行赴京，德和舱位不敷，今已另向招商局租定江新乘坐。德和今已开出，江新二十七日天明开行。

【汉口二十四日下午九时发专电】 省府接顾维钧二十三日电，国联调查团定二十六日离沪，二十七日至京，留四日，乘轮来汉转平，请饬市府准备招待，妥为保护。又外部二十三日亦有电致省府，谓调查团有由汉转平意，请妥

慎保护。

【南京二十四日下午八时专电】 国联调查团将于二十七日先后抵京。莱顿一批乘轮入京者二十七晨可到,其由杭转京者二十七日可达。此间政府机关及各团体均已准备欢迎。莱顿爵士等将于三北码头登陆,轮船进埠后,政府代表外次徐谟、代市长谷正伦先登轮,代达欢迎之意,其余欢迎之各团体则分列中山路两旁。调查团即乘外部备就之汽车沿中山路进城,而至励志社休息。政府极盼调查团早日首途赴东北,故在京日程缩为四天。政府对关系东北各项文件证据采集甚多,均由顾维钧在沪面交调查团。

【上海二十四日下午十时发专电】 二十四晨九时,英牧师数人至华懋饭店与调查团谈话,对日军暴行,谓沪无论如何,日侨安全不受危险,日根本无出兵必要。十时半,朱庆澜往晤,谈一时半。朱谓:"本人本三十年从政经验,一论日本侵略行为。(一)日本在东省之行为,全同强盗。彼所欲者即攫取经营之,待我与之交涉,则被攫者已非我有,如抚顺煤矿是。(二)日本在东省之经济势力含排斥性质,不许中外人投资,如锦瑷路美人投资被摈是。日人谓中国排外,实则日本在东省排外力巨而势盛。(三)日本坚决主张破坏中国政治完整,济南、皇姑屯及胁张学良不许悬青天白日旗是其例。"调查团问中国极端阻扰日本在东省发展交通事业,有所闻否?朱谓事诚有之,如吉会路,然此事日本名为发展东省,实别具心肝,一展其交部省昭和四年印行教科书"日本在东三省势力膨胀"一课,即可了然。调查团表示对朱相见恨晚,并询朱对东省事有无办法。朱谓,办法现谈不到,日如尊重条约,诚意和平,自应立即撤兵,我方对联盟公正办法,无不诚意接受。朱末谓日军侵略我国者,多为曾充我国如顾问之类人员。调查团对朱言特别注意。总工会代表约十一时半见调查团,但未到。

【上海二十四日下午十时发专电】 二十五晨,沪百余民众团体代表将往见调查团,呈送日军侵略东北前后与犯沪之意见书。签名于该书者有商店六三一零家,文化界签名者一二六九人。

【杭州二十四日下午一时发专电】 市府欢迎国联代表胡新甫二十四日赴沪,城站已设招待处。

············

日内瓦传来怪讯,郭泰祺发表声明

【上海二十五日上午一时发专电】 郭泰祺因报载日内瓦电宋子文向联盟

抗议调查团在沪久留,声明我政府并未训令颜使抗议调查团对于任何问题之态度,且更不愿抗议其小驻上海以受各界欢迎。现已电我代表团查询,设果有此类意旨公文送至国联,必系电文传递时字句有错误所致。调查团之程序完全与中国代表商榷而定,中国方面似无不满意之理云云。

(《大公报》,1932年3月25日,第三版)

114. 胡适等电国联秘书长,揭破日人对满阴谋:伪行政院系受日人井熊[熊井]操控,以日方之傀儡视作中国人民代表不仅为一种之损害,且为最大侮辱

北平特讯。二十三晚,胡适等电日内瓦国联秘书长德留蒙氏,揭发日人宣传伪满洲国真相。电文译志如下:"吾人抗议日方不断的宣传,称所谓伪满洲国系代表满洲人民之自决。查满洲人民极大多数均为汉人,伪国名义上之领袖溥仪,以前从未至满。凡参加此项组织者,均为性质可疑之以前官僚与军阀,受恫吓与贿赂之胁迫,成为日人之傀儡。伪行政院系受日人熊井操纵,每部均聘有日本顾问。自伪国成立以来,各地义勇军战事愈益增加。以日方之傀儡视作中国人民之代表,不仅为一种损害,且为侮辱。希望国联调查团能不受日人及其傀儡之干涉或操纵,使用独立方法,以证明中国人民之真正志愿,幸甚! 署名者胡适、丁文江、翁文灏、傅斯年、陶履恭、任鸿隽、李济。"

(《大公报》,1932年3月25日,第四版)

115. 社评:向国联调查团致意一点

国联调查团旬日之后将见过平津而出关,开始调查东省问题。查该团此行,负世界甚大之期待,然结果如何,今实不能预断。夫东省问题,本不需调查者也。盖国联行政院去年九月三十日之决议本为此案之结论,日本与中国同时接受,允诺实行。其未解决者,徒以日本言行不符,允撤兵而进兵,允不扩大

而扩大,允迅速恢恢[复]常状,而实际破坏条约,扩张占领,此皆世界周知之事实,国联本身知之尤详,无待调查者也。及十月再开会十三票对一之时,日本自称基本原则者,为拥护条约既得权,其责备中国也,为不守条约。然事实上日本自九一八以后,将两国间一切条约关系步步毁弃。其驻兵南满线依约本应早撤,今姑让一步,驻兵南满线尚有条约上若干根据,而吉林何如?黑龙江何如?辽西、洮南等处何如?彼吉黑两省,任如何曲解条约,亦不能发见日本有何所谓特殊权益,今出兵占领,与所谓拥护既得权者何涉?纵一切依日本解释,亦绝不能自圆其说。此种蹂躏条约之事实亦国联所深知,无待调查者也。然则调查团此行将调查何事乎?最近日本进一步造成所谓"满洲国",将确实的破坏中国领土行政的完整,直接违反九国公约,违反国联约章第十条,更自然违反去年九月、十二月两次行政院一致之决议,事实彰著,更无待调查,然则尚调查何事乎?或者曰,调查团此行,或将注重调查所谓"满洲国"者究竟是否为人民之意志。果尔,则事殊可笑,不值一论。自九一八以后,东三省三千万人民苟不遵奉日本命令,纵吃饭睡觉且不能,遑言政治活动?自九一八以来,自各地之维持会起,至现在之长春伪政府止,凡其中之傀儡角色,苟不得日本关东军所派顾问秘书之许可或列席,试问彼等有无会客谈话之自由?夫私人行动尚不能自主,遑论建国,遑论独立?夫一言蔽之,所谓"满洲国"者,一切系以日本之命令行之,更不止于指导与援助。此种事实,根本自明,无俟举证,更无待解释,所以完全无调查之价值。至于人民心理如何,事更易知。东三省人民与全国人民,同祖先、同历史、同语言文字、同思想感情,本为同胞,并非异类,纵粉其身碎其骨,其最后之一念,只知自认为中国人,彼脑海中根本不能发生"满洲国人"之观念,何以能赞成设"满洲国"?说者或曰:满洲有满族。然满族者,极少数也,且早已完全同化,如伪执政之溥仪即完全用汉文汉语,而全中国人之衣服至今依然为满制。此何可分,何可分乎?况独立建国者,为独立,为建国也。今则澈上澈下受治于日军,独立何在?行政机关皆由日人掌实权,而傀儡拥虚号,予取予求,代人签字已耳,建国何有?是以东三省人民意志感情既绝无脱离祖国之丝毫观念,而事实上更毫无独立国之任何实质。三千万人丧意志自由,囚房生涯,哭笑由人,此诚现代人类欺凌人类最惨酷的一幕。国联调查团倘尚欲于其中搜求民意,藉资研究,则直成一滑稽的悲剧矣。吾现在即敢断言:调查团一旦出关,必所至遇欢迎,而欢迎队中,必有我丧失保护之同胞,持日本直接间接所颁发之旗帜标语,以迎该团。倘问其人曰:君等愿独立乎？脱离中国为本心乎？则其人者必将嗫嚅以答曰：愿。在日军有效的组织之下，吾敢断言，凡调查团出关在公式机会上所得晤见之"中国人"，将一致的答覆"愿脱离中国"。何则？苟一语违犯，灭家亡身之祸立至故也！不见夫日前上海《字林西报》之哈尔滨通信云：庆祝伪国之日，欲得游行队示祝，人辄避之，乃佣雇三百余人，游行一周，市民对之熟视无睹也，而伪官所悬之提灯，俱被人掷碎焉。东省真民意，此著名守旧之英字报得之矣。夫日本占我三省，为猛烈的军国主义之决行，而国联于决议被抹杀、问题益扩大之后，而派调查团，此已为国联无可如何之退步。而调查团使命为促进实行国联决议，易言之，即促日撤兵，迅复常态。同时自行政院两次决议以及最近国联大会之决议一致拥护盟约第十条，否认破坏会员国领土主权之完整，然日本野心今仍猛烈，国联干涉所不乐从，故在此等环境之下，调查团之完成使命，诚亦不易。虽然，今愿向调查团诸公恳切致意，请勿忘一点，曰：倘以调查团之力而不能使日本还三省，中国人不怨。何也？问题重大，责不在诸公也。惟诸公行动，必须始终恪遵国联决议之本来使命，必须以问题之真实情形为研究之根据。倘无为或有意，对于日本命令产生之伪国，而据日本制造之物的或人的材料，以为判断上若干之资藉，而产生一种乡愚模棱的结论，则铸成大错，有负此行矣。自国联处理本案以来，中国人一致对秘书长德留蒙氏表示感念。岂特中国人，凡拥护国联之各国人，当抱同一感想。夫德留蒙氏并无力使日本终止武力侵略，实质上中国并未得到有效的援助，然而感念不置者，诚以彼始终拥护国联立场，不屈不挠，最后宁辞职而不顾，其精神人格有造于世界和平前途者，甚重且大也。今愿调查团诸公亦同样抱拥护正义之决心，纵结果无成，断不媚强权而湮真相，是则不论事实上有无裨补，诸公将告使命之成功。

（《大公报》，1932年3月26日，第二版）

116. 调查团定今日离沪，首都各界准备隆重欢迎

【南京二十五日下午九时发专电】国联调查团莱顿等一行二十七晨十时可到京，美、德、义各代表晚十时亦可到。警厅宣布是日上午七时起，由下关江干至励志社戒严六小时，俟调查团经过后开放。外部二十五日午后派汽车十

辆赴杭，迎由杭转京各员。

【上海二五日下午十时发专电】 王广圻、张祥麟陪同麦考易、克劳德、希尼明晨赴杭。顾维钧先至南站送行后，改乘德和赴京。日代表吉田等均随莱顿赴京，我方大部人员亦由轮去，共六十余人。周象贤今日赴杭准备，钱泰改随顾行。调查团到京寓励志社，我代表团人员寓华侨招待所。赴汉事，到京后始可确定。

【汉口二十五日下午九时发专电】 市府定二十七日开会，筹备欢迎国联调查团，并呈绥靖署函警备部，饬属保护。报界、商会亦将于该团到汉时，分别招宴。

【上海二十五日新联电】 国联调查团今后之日程如下：二十六日离沪，二十七日到南京，滞留四日后即赴汉口，留汉口二日赴北平，然后赴东三省，约留三星期，调查沈阳、吉林及其他各地后，再往东京听取日政府之意见，再回南京，听取中国政府之意见，然后作成最后之报告书。彼等将于五月一日以前对国联行政院提出预备报告书，该项报告书将在东三省旅行中着笔。

接见社团代表，王晓籁等述对日意见

【上海二十五日下午十一时发专电】 国联调查团二十五晨九时至午二时，在华懋饭店接见市商会、总工会等团体代表王晓籁等。各代表以代表上海七十万市民之意见书一份送陈莱顿爵士。调查团与商会及工会代表谈话大要如下。

（一）商会代表谈话 王晓籁问："视察战区，对空前浩劫感想如何？"莱顿答："极为悲惨。吾等视察后，当更努力，以阻止此等惨事再见。至详细报告，须俟回日内瓦时始可公布。"美代表麦考易问："据人谈，中政府无统治全国能力。但此次事变，华人领袖办理救济难民事宜，颇有组织，收效甚广，并闻有市民维持会等团体组织。此种良好成绩，系由人民自动，抑经政府指导发生？"王晓籁答："中国人民向极统一，无分省界，虽政潮起伏，政见各有不同，但对外始终团结一致。"莱顿问："前承市商会招宴，兄弟曾说过，假设中日两国商会主席能被委为议和全权代表参加会议，结果必极良好。此语曾在旅述中对日商人谈及。如诚有此事，则阁下等为被推代表，开会时将代表中国如何发言？"贝淞荪答："和平议案不能受任何人操纵，双方应开诚布公，结果当然良好。不过年来日本铸成大错，图赖武力解决东方问题，不知更易引起敝国人民恶感。敝国年来爱国思潮澎湃，日本如用武力压迫，万不可能。如欲谈判有良好结果，则须废除武人干政。中国近年来军阀渐次消灭，军事领袖颇重民意，已入民治途径。"王晓籁答："中日问题谋根本解决，须日政府履行屡次国际声明所负之责任，尊重中国领土行政完整。至东省问题，中国甚赞同门户开放，但须声明者，以不破坏中国领土行政完整为标准。"

（二）工会代表谈话　首由工会代表傅德衡致词，对于中国政治现状及日人卵翼下满洲伪国之背景，与工人失业影响之严重，为恳切之申述。末由莱顿致答词，谓此次调查，决以事实为重，对于所陈各点表示接受。

今日分批离沪，顾维钧将与莱顿同行

【南京二十五日下午十一时电】　国联调查团分四批来京。一批乘船，二十六晨十一时开行，二十七午可到，计有调查团主席英委员莱顿，义委员马克逊，我代表顾维钧，日代表吉田，调查团副秘书长派尔脱，主席秘书软斯脱，秘书派斯脱考夫及打字员三人，国联秘书吴秀峰，日本盐崎、佐藤等四人，我方刘崇杰、王景岐、金问泗、曾彝进、颜德庆、顾宗林、钱泰及外国顾问，并施肇培、赵铁章、严恩樾、李鸿慈。又一批由杭来京，计有德委员希尼，美委员麦考易，法委员克劳德，调查团秘书万草兹、卡勒尔，美委员秘书白德耳，法委员秘书觉威末脱，美委员随员布勒克斯理及调查团专员窪尔特漾，暨我方之朱鹤翔、魏文炳、萧季[继]荣、王显、张文[汶]、张祥麟、周象贤、周易通、朱少屏、张培荪、王广圻，顾问美人培赛并日代表团等。由杭来京人员，均定于二十七晚在京与乘德和一批会齐。又调查团秘书长及夫人于二十七来京。

首都欢迎办法，隆重热烈中略加限制

【南京二十五日下午十一时电】　调查团来京，欢迎办法业由中央党部、行政院、外交部、市党部及军警各机关代表共同议决如下：（一）英、义调查委员及随员抵京时，政府方面由外交部、市政府、军政部、海军部各派代表一人，前往码头欢迎；（二）码头上用海军部军乐队奏乐欢迎，其余各处概不备乐队；（三）所有迎接调查团车辆概由外交部预备，各车均有标识，无标识者军警不许通行；（四）民众在马路旁欢迎，以自由排列为原则，不得持旗、呼口号、奏乐、贴标语，以免外人误会，反失民众欢迎之意；（五）美、德、法调查委员由杭抵京时，亦由政府四代表欢迎，民众不必参加，并由中央军校军乐队在励志社

门前奏乐;(六)所有调查团留京期间,一切招待及与调查团接洽事宜,统由外交部接洽办理,任何团体不必进行,以免分歧。首都招待调查团日程:二十八日上午拜访当局,午十二时半汪院长午宴,地点铁道部;二十九日上午当局谈话,谒见主席,晚八时主席晚宴,地点国府;三十日晚八时蒋委员长晚宴,地点励志社;三十一日上午游览名胜,午十二时半中委午宴,地点陵园。

叛逆伪造民意,意图欺骗国联调查团

【南京二十五日下午九时电】 京中某机关接东省快信,谓东北一般叛逆以国联调查团即将赴东北,正积极成立各项御用民意组织,俟调查团到达时,令此项组织出面,向该团伪言所谓"满洲国"之成立乃三省人民公意,根据住民自决之精神行动,非日人所主持,此例在欧战后各地多有行之,并非创始云云。该机关某高级职员对记者谈,中央国府对此事应予以深切注意,以免黑白混淆,遗害无穷。最好于国联调查团未赴东省前,应将此次参加叛变重要人物以往之行动及其与日人之关系、东三省在我国历史上地位,及该地居民大多数均由我内地移住、不能脱离我国之理由等及其他种种,作一有系统陈说,分致该团各委员,以免为伪造事实所蒙蔽。在该团赴东省之时,我方应于可能范围内,多派对于东北事情熟悉及对东北历史素有研究之人员随行,以便随时指正虚伪之宣传。

(《大公报》,1932年3月26日,第三版)

117. 欢迎国联调查团,各界代表昨在市府开会筹备,决由省市府党部组织筹备处

筹备欢迎国联调查团昨下午四时又在市府召集各界代表开会,讨论一切欢迎事项。到市长周龙光,党部整委时子周、邵华,教育局长邓庆澜,省府代表陈律师,公会代表李洪岳、赵泉,商会代表卞白眉,工界代表陈文彬、张广兴,自冶监理长刘孟扬及黄宗法、雍剑秋,新闻界等三十余人。由市长周龙光主席,述开会意义,略谓调查团抵津时,闻即径赴北平,如何欢迎,亟应筹备,故今日请各界代表开会讨论。该团抵津,若赴站欢迎人数过多,恐于秩序上不易整

齐,究以若干人为宜,先请讨论。议决以一千人为限,人数由党政工商学新闻律师公会、善团、自治界推定。并由省、市政府、市党部三机关各推代表两人,组织"欢迎国联调查团筹备处",与各界分别接洽。并配少数筹备委员,省方已定省委严智怡(余一人未推定),市府已推定科长沈迪家、张锐两氏,党部已推定邵华、刘宸章两氏,地点暂设在市政府内。所有欢迎旗帜及欢迎人员佩带符号,均由筹备处代办,以咨划一。至该团抵津时,欢迎人员不能一一登车,亦经议定省府主席、津市长、党整委,率同外交人员暨民众总代表、新闻界代表、名流代表若干人,上车表示欢迎之意,以免拥挤。民众总代表昨推定张伯苓、卞白眉两氏,将来或再增加若干人。又拟以津市民众名义致电调查团,表示欢迎。电文推由黄宗法起草,约今明日可发出。旋主席发言,如该团抵津时,若下车□留,应如何筹备,决议由筹备处斟酌筹备。讨论至五时,宣告散会云。

(《大公报》,1932 年 3 月 26 日,第七版)

118. 调查团昨分两批离沪,三委员到杭受热烈欢迎

【上海二十六日下午十时发专电】 调查团法、美、德三员九时至南站,乘专车赴杭,王广圻、张祥麟等陪往。在站送行者顾维钧、宋子文、王景岐、吴铁城等,站内外由警察戒备。各员于欢送之军乐声中登花车而去,顾维钧即回至华懋饭店,偕莱顿、马考蒂赴怡和码头,于十二时乘德和入京。欢送者如前,顾夫人亦到。同行者王景岐、金问泗、颜德庆、徐淑希、吴秀峰、钱泰、吉田、盐崎等。顾于德和轮上答记者问,谓:"此次停战会议,完全根据国联议决案,应无多大困难,奈日方在会议席上并不遵从国联旨趣,故开会至再,尚无结果。总之,此次会议,我方抱定不谈政治问题,倘越出撤兵原旨,因而决裂,日方当负其责,我方当将经过情形及日方越出范围之种种要求报告国联十九国组织之特别委员会。调查团到辽后,当可目睹日军进攻种种实情,报告国联。辽、沪事有联带关系,辽事须沪日军退至一月二十八前原防后再议。"最后顾复谓此次因招待调查团,对停战会议情形不十分明瞭,然我外交当局业经再三表示,决不签订辱国条件,日方真欲对华表示好感,非撤退侵华驻兵不可云云。

【南京二十六日下午十时发专电】 欢迎调查团已布置完了。励志社中焕

然一新,海陵门与新街口搭牌楼二座,并派宪兵加紧护卫。

【南京二十六日下午三时发专电】 日领上村及其秘书随员等,二十六晨由下关日舰全部迁回鼓楼领馆办公。此次随同调查团来京之日代表吉田等一行,将下榻该馆。下关江面日本差轮荣阳丸因调查团将来京,已将布置该轮上之望远镜员兵撤去。

【上海二十六日新联电】 莱顿爵士今晨由上海出发之先,谈话云:"吾等为中日两国及世界认为,必须达到合理的解决,故来此努力。自抵上海后,并未接到日内瓦何项之指示,然随情势之变化而对国联大会负责任。吾等之日程若遇必要随时可以修改,现在决定者,为今早离沪,滞留南京二三日及北平三四日,东三省约留三四星期,即赴日本,滞留三四星期后再返中国。然后觅一清静之海滨居住,从事整理调查报告。回日内瓦约在八月间。"

【汉口二十五日下午十时发专电】 市政府定二十六日召各机关开联席会,讨论招待调查团办法,拟聘周泽敏、吴国桢、周鲠生、陈源、王敏佑、吴任之、叶蓬等为招待员。省市政府、党部、绥靖署、新闻界均拟设宴招待,日期尚待分配。

三委员游西湖,杭市长招茶会

【杭州二十六日下午九时发专电】 国联调查团美麦考易少将、法克劳德尔将军、德希尼博士三委员,二十六晨由沪乘早快车来杭。在松江、嘉兴、长安因有各界欢迎,略停数分钟,下午一时十三分抵站。同行者秘书随员三十余人,及我方欢迎代表王广圻、朱鹤翔、李连芳、张祥麟等。原定随同来杭之日代表隅田、横川等四人,因故未来。杭州各机关、团体、学校百余代表,群众约万人,在站欢迎,异常热烈。全城商店悬旗,沿途由警察、童子军警戒。三委员及随员等下车后,由省府秘书长鲁岱,委员吕苾筹、王徵莹、曾养甫、陈布雷等招待,陪乘汽车十七辆,赴灵隐、中山公园、西泠印社游览,嗣改乘湖艇游三潭印月。五时一刻至汪庄,应赵市长茶会,赵分赠各代表西湖风景照片及土产,以资纪念。八时由省政府、省党部在西泠饭店欢宴,夜即下榻西泠饭店。定二十七晨七时由京杭国道赴京,外交部特备轻快汽车十辆,已自京开杭候用,沿线归江浙两省保安队放哨保护。午刻定在宜兴县政府中膳。

【杭州二十六日下午七时电】 国联调查团麦考易、克劳德尔、希尼等三委员来杭。专车抵站时,欢迎军乐齐奏,党政各要人上车晤谈。各机关团体代表约二百人,高呼欢迎口号,挥舞欢迎旗帜。三委员下车脱帽,笑颜与欢迎者为礼,并在月台摄影后始出站。站外又有欢迎群众数千人,高呼请调查团主持正义等口号,三委员旋登汽车离站。日机轰炸杭市死伤实情,省府已拟就系统报告,交三委员。

【杭州二十六日下午十时发专电】 杭市长赵志游在茶会上致辞云:"调查团诸位代表:本人今日代表杭市,向诸君致其欢迎之意。杭市民众自九一八以来,无日不在忧愤之中,想为诸君所洞解,而诸位今日惠然光临,自当竭诚表示其谢意,并对于国联大会致其感忱。日本代表虽前在日内瓦报告中国乃一无组织之国家,而政府人员又从而指导其民众作排外之举云云。余以为今日诸位驾临中国内地之城市,已有相当机会可以考察而辨明此种报告的性质是否实在。况各国侨民寓居本市已久,对于我国之政治、社会、经济、教育各种组织,多已有明确之认识,必能自向诸君贡其公正之评鉴,固无庸余对此问题再喋喋。其次可告于诸君者,则敝国民众与各国侨民之交接,随二十世纪国际经济互联之潮流,已趋携手,其亲善之事实,可于逐年外交文件之减少一节证明其不诬矣。我国自革命以来,在此新旧过渡时期中,战事未已,诚为不幸,但考各先进国在此相同时期之经过,则二十年之纷扰亦不能谓长。总之,我国民众无一人一时不以和平奋斗为其责任与志向,极愿在此革命过程中,以诚恳之友谊与世界同情之国民切实合作,而臻乎世界和平。唯少数之日本顽旧军阀,实为阻碍世界人道之平和与幸福者。本人因论列和平,而念及为和平而致力于调解中日冲突积劳逝世之白里安先生,敬于此致其无限的敬意与谢忱。"旋麦考易致答词,谓:"我们数人之所以决意到杭州来,为想一视中国真正内地城市之情形,因杭州为中国内地之名城。适间赵市长所告各点,自当转达本团。今日享受半天之美景与诚意,是永远不忘。我们现在是开始调查中日纠纷的症结所在,此问题甚大,将来总希望不再发生。"

【杭州二十六日下午十一时发专电】 嘉兴各界以国联调查团过境,推派代表缮就节略,上车见各代表,要求主张正义,维持和平,同时报告日机每日飞嘉侦察情形。

(《大公报》,1932年3月27日,第三版)

119. 东北叛逆政府全由日人胁迫演成，东省居民绝不容与中国分离，望国联以精神压迫促日撤兵——国联同志会致电国联及调查团声明

国闻社云。中国国联同志会主席熊希龄昨电国联及国联调查团，说明东省情形，请其注意调查方法。大意译志如次：

"中国东北三省自被日军强行占据后，官吏俱失其自由，所有表现尽由日人策动。最近溥仪就'满洲国'执政，亦日人胁迫所演成。据路透社消息，溥仪就职典礼之日，来宾百分之七十为日本人，可以证明一切。其尤足以证明东三省之民众不满伪国成立者，即各地义勇军之奋起是，如黑河、满洲里、沈阳、哈尔滨附近等地，已有风起云涌之势。按东三省居民自山东、河北、河南各省迁徙而来者为数极多，已占过半，绝不容与中国分离。国联调查团抵东三省调查时，可毋向当地华人官吏方面询问，因彼等已受人监视，言语绝对不能自由，有名之绅士等亦早经来平，故进行调查时最好避开日人，而询诸一般普通民众、商人等，当较为翔实可信。敝会对国联保障世界和平，深表同情。不过日人永久占据东省，终将演成世界最危险之一幕不可。因其如此，中国人将来势必以武力收复失地，然又未免不合国联维持和平之宗旨。故甚望国联以最大的精神压迫，不用武力，使日本将东省驻兵撤退，将东省还诸中国。否则，中国惟有一战或抵制日货，以与奋斗到底"云云。

（《大公报》，1932年3月27日，第五版）

120. 读者论坛：贡献于调查团诸君

中日纠纷自去岁九一八事变以来，迄兹数月。中国政府始终信任国联，以为人道与公理必不能因此武力之暴行而毁灭，以故对于暴日之侵略节节退让，冀图国联必能根据盟约实行制止此不幸事件之扩大与残酷，非中国政府与人民有所畏怯，而实出于维护公理与人道故也。殊知暴日得寸进尺，既于短时期内强占我东北二万余方里之领地不足，复于本年一月二十八日开始破坏我全

国金融中心与远东最大商场之上海,炮舰政策无所不用其极。于是国联乃有进一步之商榷,决议应中国之请求,采用规约第十条与第十六条之规定,且有调查团之组织,以解决远东之重大事件。而诸君适当调查团员之选,则□诸君之责任綦大且重,不问可知。今既欣然来华,吾人实表极端欢迎且抱绝大之希望者也。

夫今日之远东事件,其严重性较之一九一四年之巴尔干问题有过之无不及。诚以暴日此次侵略中国之东北,乃其数十年来北进政策之表现。盖暴日自明治维新后,一战胜我,再战胜俄,于是只知武力之足恃而罔顾信义与人道,寝假更欲与美利坚角逐太平洋霸权,然回顾国力与各种原料之供给,尚虞不足,故近年以来对于中国之满蒙积极经营,不遗余力。如于满洲厉行铁路政策与移民(按:日本在满洲之南满铁路株式会社,其职权即如英国用以灭亡印度之东印度公司),即其最大之表现。在暴日以为若□中国之满蒙,作各种原料供给之尾闾,即可进一步而与美宣战,以夺取太平洋霸权,虽酿成第二次世界大战,亦所不恤。其处心积虑,已非一日。然而犹复破坏中国金融中心之上海者,其目的不过在威胁中国政府为城下之盟,以遂其占领东三省之野心而已。故今日暴日之强占中国东三省,即系第二次世界大战之导火线,已无可讳言,请直陈之。

第一,暴日挟其北进政策,数十年来不断向我进攻,吾人已忍无可忍。故自九一八以来,举国同愤,加以上海事件,伤心怵目,无一不足以引起重大危险性之发生。此世界大战不能避免者一也。

第二,吾民族际兹大难当前,为公理与人道计,已下最大之决心,为不断之奋斗。最后虽不能操必胜之权,万一失败,则现在中国国民党所领导之民众,必有第三者起而代之。设不幸而为"赤色势力"所乘,各友邦岂能坐视否乎?此世界大战不能避免者二也。

第三,中国民族现已下最大决心,与暴日相周旋。万一不幸而归失败,东三省一旦为日所有,则暴日必更进一步,一面侵略中国腹部,一面夺取太平洋霸权。此世界大战不能避免者三也。

总上以观,暴日一日不返还东三省,则世界大战之危险性即一日不能消弭。故诸君今日之来,虽曰调查,而其责任实不止此。何以言之?夫调查一语,以法理论,不过系将原被两造所提供之事实再加以考察其有无与真伪,而为将来损害赔偿之资料而已。然而暴日自九一八以来既已强占东三省矣,一月二十八日又复破坏上海矣,则是侵略之事实具在,固无容讳矣。按之国联规约,关于如是重大事件,非仅赔偿即了事,可断言矣。故今日诸君之责任,一面固在考察侵害行为之程度,以为将来损害赔偿之定额,一面尤在能消弭战祸,强制暴日返还东三省,始可谓为尽责。故吾人今日不能默尔而息,且不能不贡献于诸君者:

第一,赔偿问题。夫暴日此次侵略,中国完全处于被害者之地位,一切损失应由加害者负责。

第二,返还侵地问题。暴日违反九国公约,破坏中国领土行政之完整,已昭然若揭。但其目的实在强占东三省,至破坏上海,不过为威胁之条件。故返还侵地,应以东三省与上海同时解决,不能分别办理。

第三,适用盟约问题。按国联规约规定,制裁有二:曰经济封锁,曰武力干涉。万一暴日不受调停,返还所侵中国领地,应将经济封锁与武力干涉同时采用。

以上论列,实吾民族为保障公理、维护和平,有不得不请诸君注意者。诸君达人,当深虑及此。

抑吾人尤有进者,暴日之侵略中国,处心积虑,已非一日。今复于国际间为种种反对事实之宣传,以淆惑世界人士之耳目,如所谓生命线策略,一若非得中国之满蒙,其国脉即行斩绝者。吾人退一步言,暴日自明治维新后,一战胜我,再战胜俄,寝假而有凌驾欧美之势,而其始不过以其三岛为本据,乃自中日战后,割据台湾,灭亡朝鲜,广土众民,宝藏无既。向之以区区三岛犹复称雄于世界,则是以日之现在领土,不惟可以维持其生存,且能增长其侵略之势力。今竟挟其所谓生命线者,与事实适成反映,现在复怂恿建立伪国,以遂其吞被朝鲜之故志。故今日诸君,若只听一面之辞,于满洲问题不予解决,则吾民族誓必奋斗到底,不惟世界战祸难于避免,且可断言最后胜利必归中国,以十九路军之战绩证之,亦已昭然。则吾民族必更进而收复已失之台湾、琉球,更进而扶助已亡之朝鲜独立。万一至此,则暴日之所谓生命线者,吾见其为死命线矣。故今日诸君之来,非但救中国,亦且救日本。日本苟能幡然觉悟,从速回复九一八以前之原状并负担一切损害赔偿,庶乎东亚和平可保,诸君之责乃尽。苟不然者,则诸君此来,若徒如一九二六年之司法调查团,仅为一种书面报告,则是实有负吾民族之期望,而国联威信暨各种公约效力,恐从此扫地无余矣。

(《大公报》,1932年3月27日,第八版)

121. 调查团昨先后抵京，首都各界隆重欢迎，昨无周旋，下榻励志社

【南京二十七日下午一时发专电】 莱顿等一行，由顾维钧陪同乘德和轮，于二十七晨抵京。七时，外部招待人员即赴下关三北码头布置，罗文干、陈仪、谷正伦等亦均至江干迎候。城内至下关，沿中山马路由警备部调派宪警戒备，各机关、学校与全市民众团体代表数万人，分列马路两旁，持欢迎旗帜。九时半，轮抵下关江面，罗文干等欢迎人员乘澄平轮上德和，晤莱顿。由顾维钧介绍，寒暄毕，乃同登澄平轮上陆。时海军部军乐队奏乐欢迎，军警亦举枪敬礼。莱顿脱帽向欢迎者表示谢意，即上汽车入城。罗文干与顾维钧同乘一车，陪莱顿至励志社休息。

【南京二十七日下午四时发专电】 二十七午，顾维钧在励志社宴莱顿。莱对时局甚少谈及，其语人仅谓一路很好。美、德、法代表晚六时可到。新闻记者因受外部招待委员会限制，在下关并未能登轮，励志社中又不能进内，故无法与莱顿晤谈。全市二十七日起悬旗，各要道间张挂标语，书"欢迎和平使者调查团""抗日决非排外"等字样。

【杭州二十七日下午六时发专电】 国联调查团美、法、德三委员一行二十余人，于二十七晨八时乘外交部所备汽车，循京杭国道赴京。各界赴西泠饭店送行者甚众，三委员表示谢忱。据王广圻谈，三委员此行完全游览，并非来杭视察日机掷弹之损害情形，因该处已由美参赞来杭察阅，故不需前往。又该团秘书美人勃兰克思礼谈：这次中日的事，不仅是中国的事，是全世界的事，故国联为全世界和平计，务必努力达到最后成功。又麦考易将军答杭市商会王竹斋云：金融商业影响，不仅是杭州一处，恐全世界亦都影响。吴兴各界以国联调查团由京杭国道过吴兴，在南门汽车站欢迎。

【南京二十七日下午十一时半电】 国联调查团美、德、法三委员与招待人员暨随员秘书等，二十七晚八时许由杭抵京。罗文干、顾维钧等在中山门迎接，导至励志社休息，顾并约全体委员在社晚膳。各委以舟车劳顿，未与任何方面正式晤谈。自明日起，将按外部拟定之招待日程次第进行。

首都热烈欢迎

【南京二十七日下午八时电】 国联调查团英委员莱顿、义委员马考蒂、我代表顾维钧、日代表吉田及各秘书随员等数十人，由沪乘德和轮来京，于今晨九时半到达。至赴杭之该团美委员麦考易、德委员希尼、法委员克劳德尔等，今晨由杭乘京杭国道汽车来京，正午过宜兴，即在该地午餐，沿途及汤山一带，我国均派有欢迎人员照料一切，今晚亦可到京。上午欢迎情形如下。

（一）事前布置 首都警察厅以国联调查团此次来京，为维持沿途秩序起见，特拣选精壮警察一大队，于上午九时起由励志社沿中山路至下关三北码头加派步哨，另以巡逻队往来巡逻。励志社门首由宪兵司令部派干练宪兵站岗，沿途并有各中小学校男女童子军维持秩序，精神异常活泼。

（二）民众欢迎 各界欢迎团体人员于上午八九时即分别整队，手持国旗，伫立马路两旁欢迎。其行列程序为妇女团体、下关学校、社会团体、工人团体及农人团体等，站立于码头至挹江门内；挹江门内至鼓楼一带，为党部、行政机关及商人团体等；由鼓楼至励志社一段，则为大中小学行列，共计数百团体、数万人。各商店住户俱高悬国旗，以表欢迎。

（三）沿途点缀 沿途各处均树有木牌、中英文欢迎标语。在海宁门及新街口广场，更搭欢迎大牌楼各一座，高可四五丈，下面亭式系用蓝白布扎成，四柱均用蓝边白布围绕，中间交接处则用柏枝扎成，行间接间，蓝白相间，颇为壮观。四柱二面悬有"欢迎公正严明国联调查团"、"欢迎和平国联调查团"、"中华国民决不接受丧权辱国条件"、"中华国民决不受强权屈辱"、"抗日决非排外"、"中华民族为求生存而抗日"、"中华民族宁为玉碎不为瓦全"、"上海问题须与东北问题同时解决"等标语。

（四）登岸情形 莱顿等乘怡和公司德和轮，于上午九时四十分抵下关江心。斯时罗文干、陈仪、陈绍宽、谷正伦、外交部招待委员及各机关代表即乘澄平轮前往迎接，旋陆续上岸。事前由海军部派军乐队鹄立码头奏乐欢迎，莱顿、马考蒂等脱帽表示谢意。

（五）进城休息 莱顿等登岸后，即乘外交部招待委员会特备汽车，沿江边中山码头经中山路直趋励志社。罗文干、顾维钧等亦乘车陪同前往。十时三十分到达，当由外次徐谟、励志社总干事黄仁霖等导往客厅休息。时有民众团体推举代表拟谒见调查团委员，陈述我国民众意见。各委员因舟行劳顿，允改日约定时期接谈。

浙主席欢迎宴

【杭州二十七日下午三时发专电】 国联调查团三委员等来杭,二十六日晚八时许鲁主席在西泠饭店欢宴。鲁因病由建设厅长曾养甫代表,并邀在杭各国外侨作陪,计到五十余人。席间由曾□致欢迎词如下:"国联调查团诸君今日惠临浙江省会之杭州,鄙人适因小恙未克招待,至歉。谨代表二千余万之浙民,对于自来与中国友谊敦厚之各国嘉宾,致其十分欢迎之热忱。杭州得各著名的国际宾客惠临,而各位又为努力人类幸福之世界和平的使者,浙省湖山都觉生色,非常荣幸,对诸位尤觉钦佩。今晚招待虽简陋,而诚意则十分恳挚。在过去二周间,诸君足迹曾履饱受残毁之淞沪区域,日本对中国不宣而战之结果与真相,诸君必已洞悉,不久赴东三省实地观察两国纠纷事实,自能说明真相,无待赘述。但最近日本飞机不时飞袭杭州及附近区域之领空,或为诸君所顾闻。飞机所至,人民财产损坏,重量炸弹发自天空,任意放射机枪,对于无防御之市民加以威胁与扰害,如浙大农学院之数百男女学生竟因惊扰而不得求学。此间日侨于事发后已安全离杭,则日军飞机不时来浙,吾人实不能明其用意。尤其杭州距沪远在一百英里以上,此举是否正当,吾人不欲再言,诸君定能以公平无偏之见解判断之。杭州为东方著名历史都市,风景优美,有天堂乐园之称,亦为中国著名丝茶生产中心。今得诸位惠临,尤使本市增无限光荣。如何使此天堂乐园之都市受正义之保障,而永享宁静与和平,则不能不有望诸君之努力"云云。旋麦考易致答词云:"中国信赖国联,谋以和平方法解决中日纠纷,中国代表在日内瓦之成绩甚为良好,此皆调查团所深悉,且可显示中国和平之精神。本人对华事尚有经验,深知华人爱好和平。孙中山先生尝有对外政策之确定,有如西方之圣经。中国对国联之请求,与国联精神实为一致。调查团到沪后,与各界交换意见,于中国政情业已深知。吾人即赴南京,与中国政府领袖接洽一切,然后由宁赴平,会见由满洲退出之领袖后,再赴东三省,在该处将有长时间之勾留,并将赴各地考察。此后行程则由满赴日,由日再来中国,最后回日内瓦,报告调查结果。调查团中日均有代表,中代表顾博士为一著名外交家,故中国对调查团尽可不必置虑。"

【南京二十七日下午九时发专电】 宋子文二十七晨飞京,定二十八访调查团。

(《大公报》,1932年3月28日,第三版)

122. 短评：国联调查团的行程

国联调查团这次到中国，并不止为东北问题，实际还有更广的视察使命。尤其日本人希望他们多□中国内地，藉以证实日本人中伤中国所谓无组织、好排外的弱点。

我们不能说中国的组织好，但是国民爱国御侮，精神一致，想来调查团所到之处都能感觉得到。我们不愿为要洗刷排外嫌疑，就特别求博外人好感，但是我们所求者，不过是独立自由国家应有的要求，想来调查团所到之处，也能体念得到。

这国民一致爱国的精神，东北三千万同胞与我们是一般无二。但是他们因为失去了自由，被人逼迫着要自成个"新国家"，所以真实意志绝对没法表现。调查团只要走的地方越多，越可以了解中国的真民意。将来到了东北，也越可以察觉在日本压迫下的纯粹中国人，一切对外表示都不是他们的自由意思。所以我们很欢迎调查团，多走，多看，多听！

（《大公报》，1932 年 3 月 28 日，第四版）

123. 北平法文报一针见血之论，揭穿叛逆假面具

北平《法文日报》素能主持正义。前日人进攻上海时屡著社论，指责日军暴行。近视国联调查团行将北来之际、"满洲国"积极进行之中，昨日特著社论，题目《门面》，揭穿满洲伪国之假面具。特译之介绍国人，译文如下。

最近庄士顿在《新闻纪事报》发表"论满洲及清废帝"一文。庄氏对此问题颇有研究，因氏一九一九年至一九二四年任清废帝导师及顾问也，援助宣统藏匿日本使馆以避冯玉祥之锋芒者，即庄氏，运筹幄帷［帷幄］，令溥仪逃至天津日本租界生活于日本保护之下者，亦则庄氏。以下为引证庄氏论文中之言论：

"废帝现年二十六岁，一九○三年[①]其叔逝世，无嗣，彼遂即帝位。一九一一年革命，清室逊位，彼尚不及五岁。但因清室与革命党人缔结协定，彼继续

---

① 编者按：原文如此，应为 1908 年。

保有其称号,直至一九二四年冯玉祥之'苦迭打',其称号为'大清皇帝'。因冯玉祥行动并无合法允许之根据,彼□仍保持其皇帝称号。

诚然,彼自一九一一年以后并不在皇帝位,除按照欧洲使用此字空泛之意义外,彼从未为中国皇帝。上述称号,为朝代之称号,而非领土之称号,其列祖在为中国统治者以前即采用之,是以中国人民迫其退位,并无权力取消彼之称号。

再者,大清朝代称号仅代表'满洲'二字,翻译幼帝正式之称号者,常称为'满洲皇帝',仅因漠视或因故意无礼,遂称彼曰溥仪。此为彼个人之名,照例中国皇帝个人名字须避讳。而新闻记者有时使用之亨利 Henry,乃一怪事,余之学生仅用此向余写英文信时为方便计,非正式函件之签字。在中国,皇帝之正式签字,乃一印□。如吾人不愿用彼之正式名字,最好办法可用彼之年号'宣统'称此幼帝。

宣统为一英俊之青年,其颖慧远在普通人之上。彼深致力研究历史及政治科学,对于国际问题与中国问题皆甚注意。彼自然同情日本,因日本曾救其命,但彼对英国之友谊同样深挚。彼颇羡慕英国太子,但全世界中彼最崇拜之人为莫索里尼,尝闻彼言,惟有一莫索里尼可拯救中国于目前紊乱之中。抱此种精神与此种希望,宣统被推为半民治半君主'满洲国'之首领。彼获得此地位,完全由于日本之意志。日人与彼之称号为'执政'。"

此满洲执政(其正式名字为彼老师所不喜,因其为溥仪故也)今后所作者,为仿效莫索里尼之"进罗马",巡游北京、南京、洛阳、西安各地。

历史尚未演至此步,但虽然日本神圣向世界保证日本与满蒙"新国家"并无关系,虽然亨利溥仪宣称"朕即国家",吾人颇能想象其真实事实,即日本统治满蒙事务完全达于百分之百。宣布溥仪就职者为日本之金钱,"新国家"之旗帜亦为"日本制造"(Made in Japan)。

溥仪家属曾电日本国家,申谢其合作同情及援助。但日本正式声明,谓日本不了解溥仪此举意义何在。倘令吾人信任日本官府所言,则溥仪系自动离开紫禁城皇宫,自动来至日本使馆。其优侍[待]无人不知,彼在极端寂寞中,择定天津日本租界为家,由被[彼]自动。除自动外,毫无其他,使彼在紊乱之时离开天津,搭乘高飘日本国旗之日本军舰,因彼为其自己命运之主人,自己灵魂之主脑。直驶大连与沈阳,因其为一完全自立之个人①。彼被宣布为满洲大众之首领,彼之足迹纵未踏过满洲。在长春,高唱独立、响澈霄汉之满蒙

---

① 编者按:原文如此,疑有文句顺序错乱。

政府,其代表之国务总理,其衙门即设于当地日本旅馆。宣统自身与其日本朋友居住一处。不数日后,莱顿调查团到长春之时,"满洲国"即成功设立巩固之政府,设立于其自己之衙门及建筑中。

"满洲国"将告诉吾人,在此住房缺乏之时代,竟能觅得需要之衙门,是如何快乐。"满洲国"之友人将云彼等从无如此快乐,生活即一享乐,前途无限光明……

在调查团到东北之时,日人将完成其"满洲国"。"门面"之建筑不久,吾人可以揭穿在"门面"后进行者为何事。

(《大公报》,1932年3月28日,第四版)

124. 欢迎调查团专车开赴徐州候命南行,该团由浦或由汉登车尚未定

欢迎国联调查团北来之专车由北宁路备齐后,连日在天津东站候命。国联调查团昨日由沪赴京后,铁道部于前□来电,调该车南开。因调查团有拟赴汉游览之说,究在浦口抑在汉口登车,尚难预定,故着该车先开至徐州候命,如调查团全体赴汉,该车即由陇海转汉迎接,否则由徐直开浦口。又一说调查团一部赴汉,一部由浦口偕中日两方人员北来。该专车或须先至浦口,接由浦登车之人,再转往汉口;或将该车分作二部,一部去浦,一部去汉。但该车之配备及工作人员,均系按一整列分配者,如分□为二,或须另由津浦、平汉派□协助云。

(《大公报》,1932年3月28日,第七版)

125. 国府正式招待调查团,汪、罗欢迎词声明中国立场,莱顿谓国联决拥护其原则,破坏领土主权完整者国联决不承认

【南京二十八日下午七时发专电】 二十八晨十时,顾维钧陪莱顿等各委员分乘汽车十数辆,由励志社出外,访谒各要人。首至华侨招待所谒林主席,

林对该团跋涉旅途致慰劳之意。九时往外交官舍谒罗文干,谈约半小时辞出,往铁部谒汪精卫,由顾分别介绍,外次徐谟亦在旁招待。十一时莱顿等至陵园谒蒋,蒋派高凌百迎各委入室谈话,仍由顾介绍,蒋对各委员致慰劳之词,未谈其他。十二时各委复至铁部,赴汪午宴。罗文干定晚八时在华侨招待所宴全团委员。莱顿等预定二十九日上午十时至国府觐见林主席,晚八时赴林宴;三十一日上午十时谒陵,十一时游运动场,十一时半到将士公墓,十二时半赴中央委员之宴,下午二时游花房,三时游明陵;三十日将应各民众团体之招待。该团汉口之行将作罢,即由津浦路北上至平,然后出关视察,闻将至哈尔滨后再折回。

【南京二十八日下午九时发专电】 顾维钧谈,此次调查团各委留沪计十二日,对我国各界陈述之意见甚为注意,故印象颇佳。政府方面已拟有一篇整个意见书,并附日本各种侵略证据,日内即可送交调查团。调查各委日内亦拟与我国当局一度集议,拟请我政府尽量发表意见。

【南京二十八日下午十七时发专电】 二十八日下午三时,莱顿在励志社空场对任警卫之遗族学校童子军训话。五时调查团五委员在励志社开谈话会,交换意见,六时半接见新闻记者。调查团秘书长哈斯二十八午由沪飞京,亦下榻励志社。

【南京二十八日下午七时发专电】 二十八午,汪精卫在铁部宴国联调查团,宋子文、顾维钧、罗文干、陈绍宽、陈公博、顾孟余、朱家骅、陈铭枢、石青阳、刘瑞恒、褚民谊、曾仲鸣、王劼孚、徐谟,及代表处接洽专员王景岐、张祥麟、萧继荣、魏文彬、楼咸等作陪。汪以华语致词,由李浩驹译英语,曾仲鸣译法语,二时尽欢散。(汪演词见另电)

【徐州二十八日下午三时发专电】 国联调查团将由京过徐北上,王均奉令除饬驻津浦路第七师各部届时防护外,并调铁道炮队加紧梭巡。驻归德骑二师张砺生部奉调蚌埠,护路剿匪。津浦路列车四辆,二十六日起出动。

汪院长欢迎词

【南京二十八日下午四时发专电】 二十八午,汪精卫宴请国联调查团,致词云:"各位先生受国际联盟之重托,远来中国,鄙人代表政府谨致无限之敬意。各位先生为调查中日事件而来,各位先生于抵上海后,不辞跋涉,亲赴淞沪一带查看战迹。日本海陆空军所加于中国人民土地之破坏,一切文化上、经济上之建设，为飞机、炸弹及重炮弹击为灰烬，从枪林炮雨之中逃命而出之难民，彷徨无所归，学生失学，工人失业，社会问题极形严重。至于因战事而致死者之家族，孤儿寡妇，凄惶之形，触目皆是。此皆一月二十八日以来淞沪一带所受日本侵略战争之一幅实写，为各位先生所亲接于目、闻于耳者。至于东北情形，亦可推想而知了。各位先生，中国与日本同为国际联盟会员国，负有尊重盟约以保障和平杜绝战争之义务，而今竟不幸两国之间俨然发生战争行为。吾人郑重声明，此次战争行为之发生，中国方面实无何等之责任，中国方面实因受日本不断之攻击，不得已而出于正当之防卫。自从去年九月十八日日本进兵侵占东北以来，中国遵守国际联盟会员国之义务，以此重大事件取决于国际联盟，所有国际联盟行政院之决议，中国无不诚恳接受。而日本对于国际联盟行政院之决议悍然违反，最近且以其陆海空兵力，蹂躏及于东南，本月国际联盟特别大会之决议，亦不值其一顾。所以日本方面不仅为中国民族主权之破坏者，而且是国际联盟公约之破坏者。余如今代表政府，以中国人民之希望及信念，奉告于各位先生：国民政府奉行中国国民党总理遗嘱，努力求中国之自由平等。所谓求中国之自由平等，意义与排外全然不同，盖中国之自由平等，实为中国国家及民族生存上之必要条件。中国曾将此等要求于民国八年间巴黎和会诚恳披露，接着又披露于翌年之华盛顿会议，其后五六年间，中国国民党政府及其所组织之国民革命军由广州出发，统一全国之时，曾将此要求充分表现，因为这是任何国家为其生存上所不能不具之条件，其意义绝非排外。关于此点，希望各位先生加以注意。中国不但没有排外，而且对于各国所订的条约也照样遵守。中国固有废除不平等条约的要求，但中国决没有由单方面进行的意思。中国深知不平等条约之废除及平等条约之订定，不但为中国生存所需要，而且与关系各国间也有共同利益关系，各国必能予以援助。鄙人如今举一例为证，这一次日本侵占淞沪，系以公共租界为军队之登陆点及作战根据，对于中国防备实蒙极大之不利，而中国为尊重条约之故，始终不肯妨害公共租界的安全，但日本军队背公共租界而向中国军队发炮射击之际，中国军队恐损伤及于租界，至于不肯还炮。举此一例，中国政府同人民之忍耐的程度，也就可推想了。各位先生来自日本，或者听得说过中国人民有排日事实，如抵制日货等等，鄙人如今说明实在情形。中国人民之有此等事实，乃是日本对于中国侵略行为所激成。譬如民国四年，日本以哀的美敦书强迫中国签字于'二十一条'，曾因之而引起中国人民抵制日货之事。民国十七年间济南惨案,及去年九月十八日以后,则中国人对于日本之恶感,随日本侵略行为而日益扩大。欲销除此等排日事实,其唯一有效方法在日本销除其侵略行为。中国人民本来没有排日意思,中国人民对于现在情形所抱希望,其志愿为领土与主权之完整,所以对于东北最近傀儡政府之实现,仍为日本当日灭亡朝鲜同一手法,决不能容认。至于在东北从事于经济之开放,则中国人民必乐于与各友邦握手进行。而其希望,则由和平以随其发展,亦与各友邦维持商务之热望没有差别。兹者各位先生受国际联盟之重大使命,来华调查,鄙人深幸有此机会供献其所见,以供各位先生之参考,并愿尽个人能力,助各位先生完成此重大任务。各位先生为公理与和平而劳苦,满注一杯,以祝各位先生康健。"

罗外长欢迎词

【南京二十八日下午十一时发专电】 二十八晚八时,罗文干宴国联调查团于华侨招待所,并致欢迎词。略谓:"诸君:诸君是代表全世界最高的权威(即国际联盟),本部长现在代表中华民国国民政府欢迎诸君,非常欣幸。这次事变发生之始,我们就立即诉诸国联,深信各国正式并自由签订的国际条约,必能为我们作正义的保障。对于国联行政院及大会殚心竭力的工作,以求缓和此次事端或缩小事变的范围,本部长深幸得此机会明白表示中国感谢的热忱。尤其使我们不能忘怀的,即曾充国联行政院主席的一位大政治家的溘然长逝,引起全法国人民的哀悼和人类的同情。诸君莅临中国,适当中国历史上一个最悲惨的时期。当诸君离欧时,东省事变的发展已足危及中国领土的完整,随后日本在上海的军事行动,更促中国社会和政治组织的基础濒于危殆的境地。诸君都知道中国自宣布共和以来,就想法适应政治上和社会上的近代观念,希望由和平而渐进的发展,中国对于全世界的繁荣和进步可以有充分的贡献。我国完全明瞭这种事业的前途横布着许多的困难:在幅员辽阔的国家,差不多占有全世界五分之一的人口,加以交通不便以及其他种种原因,致智识阶级对于民众的努力,未免迟延而少功效。中国政治和行政的组织,与诸君本国不同。中国所有关于领导和发展共和政体的大业至为艰巨,因此各种障碍亦在所难免。我们有时不得不尝试新试验,以促进实现我们的新理想,但我们至少希望没有外来的危险,并获得各国的同情和友助,尤其是土壤相接的邻邦的同情和友助,以继续我们的努力。在我们正在试行解除各种困难和阻碍的时候,不意竟有一邻邦于事前不为预告,也不诉诸国际公法上与中日两国共同签字的条约上所规定的和平解决国纷争的方法，而突然用军事力量攻击我国，先袭我东省，继攻我天津，复攻我上海。我们对于这个邻邦，本来希望和他依据平等相互和互尊主权独立的原则竭诚合作的，乃不料他竟有此等的举动。我们是最爱和平的国家，所以自始即采取最和平的态度，满望着以我和平的态度来改易他侵略的行为，不料此种希望全归泡影。诸君此次在沪时，对于自一月二十八日以来关于上海事变的经过，谅已能搜集适当情报，并以诸君公平的眼光来估计一般和平无辜民众所受的痛苦。我们为保护领土起见，对于侵略者曾经加以抵抗，并为自卫计将继续抵抗。但我们深愿和平，并愿根据国联决议案及现行条约缔订任何公正办法，以解决时局。我们对于诸君调查的结果和诸君对国联的建议很为信赖，我们深知诸君具有大公无我的精神，在调查时所需各项材料和各种情报，自当尽量供给。我们毫不隐蔽，深信坦白无私最足表现我方理由公正。鄙人谨举杯，祝诸君的康健和诸君使命的成功。"

莱顿爵士答词

【南京二十八日下午十一时电】 国联调查团委员长莱顿爵士于汪宴席间代表全体委员致答词，首述调查团感谢中国政府招待之盛意，后略谓："国联本身所负之责任，当然维持其国际之信用。此次中日事件发生，而中国政府始终信赖国际，国联亦甚表同情。且余敢说国联处置此次事件，决不违背破坏任何国家之行政与土地主权之完整的原则，如有违背原则者，国联亦不予以承认。"晚罗外长欢宴席间，莱顿答词，略谓："适聆罗外长讲到白里安为世界和平努力，现已溘然长逝，此诚为全世界足资痛悼之事。但余为白里安虽不幸与世长辞，然世界和平决不因之中止。国际联盟为世界和平之柱石，对此次中日间不幸问题决不辞解决。中国由旧国家一变而为新国家，中间必定经过许多困难，如能万众同德，努力作去，决能迅速的达到预期之成功。"莱顿发言时，态度极诚恳。十时许尽欢而散。

武汉各界准备招待

【汉口二十八日下午八时发专电】 绥靖署二十八日召集各机关代表，商招待国联调查团。决先电京询来汉确期，招待日期亦经分配，计调查团到汉第一日上午省府欢宴，下午何成浚招待，第二日上午各团体，下午市政府，其他团体招宴，俟明瞭该团在汉勾留日数后再决定。新闻界决电调查团，欢迎来汉。

【汉口二十八日下午八时发专电】　日租界以调查团日内将来汉,近日正赶将防御物撤除,一面暗中派人在华界觅反日等标语,摄留证据。日舰鸟羽号奉盐泽令,二十八日由长沙抵汉,参加防务会议。

【汉口二十八日下午八时发专电】　平汉路局以调查团将过汉北上,本路车辆多敝,□不足以款贵宾,二十八日电北宁路局借用已预备之专车全列,早日开汉准备。

【汉口二十九日上午一时发专电】　官方接京电,调查团定一日启程,四日可抵汉。绥靖署聘王世杰、黄建中、周甄春、周鲠生为招待交际员,平汉路推委员周钟岐为招待主任,沿途陪赴北平。

【汉口二十八日下午十时发专电】　绥靖署接军委会蒋感(二十七日)电,谓调查团日内由京来汉,着妥为招待,饬属保护。绥署接电后,二十八日晨召省市政府、党部、警备部及平汉党部会议,主席陈光祖[组]。决组招待处,推席德炳为招待主任,吴国桢总务主任,第一日省府、第二日市府招宴,均用中餐,并奏国乐。又市府二十八日亦开会,决定整饬街市观瞻办法多项,如洗刷广告、整齐招牌、悬挂国旗等。

(《大公报》,1932年3月29日,第三版)

126. 日本与国联:日来盛传即将退出,国联方面视为神秘

【日内瓦二十七日合众社电】　盛传日本将退出国联,国联人员及理事等颇视此为神秘。据近数日来消息,如国联行政院及大会坚持应用某决议及盟约各条于满洲及上海中日纠纷,则日本将退出国联。国联人员谓,日本威吓退出国联,在试探世界舆论。国联中国代表宣称,日本拟恐吓国联调查团,使其勿调查满洲,而此项任务乃国联所指派。此地咸信日本不致退出国联,惟少数日本军阀希望退出国联云。

············

(《大公报》,1932年3月29日,第三版)

127. 昨晨中央纪念周褚民谊报告国联调查团行程，再度来华时将在北戴河避暑

【南京二十八日下午五时发专电】 中央党部南京办事处二十八晨九时纪念周，到中委居正、邵元冲、陈肇英、张道藩、谷正纲、杨虎、陈立夫、褚民谊、邓飞黄等，居正主席。褚民谊报告，略谓："国联调查团昨已到京，下月一日离京赴汉。此次调查团在上海吴淞、闸北一带调查战区状况，对日军毁坏中国建筑物及文化机关甚为注意。尤其英代表莱顿爵士、意代表马考蒂伯爵，对中国文化机关之被摧残更为关心。上海在全国文化的地方可算第二位，综计有大学二十、中学八十、小学七百，学生五万余人，现在均已失学。将上海这次所有的损失统计起来，有十五万万元之多。就中商务印书馆和东方文化图书馆占四分之一，其余是纱厂、商店、市民房屋，现在恢复甚是不易。调查团到京，是顺便来参观，并谒见主席和各要人，因为他们在日本时也曾经见过日皇。现政府虽是已迁至洛阳，但是林主席和汪院长、蒋委员长等均在南京，因此他们来京，并且将往汉口。汉口水灾情形很重，他们见了这种情形以后，就可以想见去年日本乘我国水灾机会，不顾邻国的危难，实行侵略。当日本地震时，各国和我国都竭力救济援助，而日军反于我国水灾甚重的时候占领东北，并进侵上海，调查团看见这种情形，当作何感想？此次中日事件，重要地方还是东北。调查团在南边躭搁不久即将北上，在东北作详细调查，并拟重到东京，到暑假时再来中国，并在北戴河避暑。四全大会决议召集国难会议，由一中全会决议，交行政院召集，并决定讨论范围为御侮、赈灾、绥靖等三大事项。国府已发表会员四百零八人，国内硕学知名之士都在延聘之列。现定四月七日在洛阳举行，还有人主张国难会议在南京□的，但是二中全会决议国难会议应在政府所在地举行，无论何人不能变更二中全会的决议案。现离开幕日不远，如各同志有向国难会议提案，希望集中于御侮、赈灾、绥靖三大问题。"

(《大公报》，1932年3月29日，第三版)

128. 欢迎调查团莅平，各界招待程序已拟定

【北平电话】 国联调查团一行，计有委员及欧美各国代表随员等二十人、日方十四人及中国三十人，预定在平停留七日，平市当局筹备欢迎已大致就绪。该团到平后之寓所，已在北京饭店订房十八间、六国饭店十四间，中央、长安等饭店间数未定。其分配计：调查团卧室二十三间、客厅七间、会议室一所，日本代表用共计十四间，中国代表用共四十间。茶役四十六名，由北平外交部档案保管处雇用，内有二十二人着燕尾服，余衣蓝布长衫。汽车夫亦均着一色制服，以示整肃。并指定怀仁堂、居仁堂及迎宾馆三处为招待宴会茶会地点，刻正赶事扫除布置中。该团到平时，为表示欢迎计，东车站及北京饭店各扎欢迎彩坊，全市各机关、商店并悬国旗一日。到站欢迎人员为易于维持秩序起见，业经预定，计有军乐队百名、军队二百四十名、警察八十名、宪兵二十名、各机关代表二百六十人、新闻记者六人、各团体代表二百五十人、各领馆人员四十人、招待员四十人，共一千一百人，其维持秩序之军警尚不在内。该团下车时，由市长周大文率女生献花圈，下车站后，即由各陪伴大员偕同各代表出站。其陪伴大员之配，计英代表为顾维钧、刁成章、张昌云，美代表为刁成章、赵鉴堂〔唐〕，法代表为陈任先、唐俊夫，德代表为王诉勤、蒋志汉、徐巽充，意代表为唐心畬、沈簣基，秘书长为戴禹农、徐巽言。此外并有普通陪伴大员，为沈祖同、王钦尧、沈能毅等六人。该团在平之程序如下：第一日未定；第二日上午参观三殿、古物陈列所，正午未定，下午参观雍和宫、孔庙、国子监，晚张学良宴请；第三日上午未定，正午北平文化机关及各学术团体代表宴请，下午参观故宫博物院，游景山，晚市长周大文宴请；第四日上午未定，正午国联同志会、全民救国协会、中华民众筹金救国会、北平国难救济会在银行公会宴请，下午平津新闻界茶会，晚辽吉黑三省政府宴请；第五日上午游览西山，正午游颐和园并在该园午餐，下午参观清华、燕京两大学并茶会，晚未定；第六日上午游天坛、中山公园、北海公园，参观北平图书馆，正午北平市商会自治委员会宴请，下午顾维钧夫人、张学良夫人、周大文夫人茶会，晚青年会、妇女联合会宴请。

(《大公报》，1932年3月29日，第四版)

129. 海圻舰乐队奉调由青赴平，欢迎国联调查团

平讯。青岛海圻军舰乐队为中外最负盛名之乐队。平市军政当局以国际调查团行将来平，特向青岛海圻舰队长沈鸿烈借调该乐队来平，备国联调查团来平时奏乐欢迎，以示优遇。昨日青岛海圻军舰有电到平，谓该乐队已由青启行，明后日即可到平云。

(《大公报》，1932年3月29日，第四版)

130. 欢迎国联调查团专车昨日下午已开赴徐州，北宁党部特制欢迎标语分发各站

北宁铁路局备妥之欢迎国联调查团专车，业于昨日下午五时由津开往徐州候命，并派运输处帮办谭耀宗随车负责照料一切。该车先至徐州候命，将来开往汉口抑系驶往浦口，尚难预定。路局方面并于日前通令沿线各站警队，严行取缔闲散军人在沿站逗留，以壮观瞻而免扰骚。至于北宁路特别党部方面，刻已会同该路工会筹划欢迎该团办法，现已制成长约三丈之白布英文标语十余副，原文译为"欢迎和平使者国联调查团"、"欢迎公正严明的国联调查团"，日内即将分发沿线各站悬挂云。

(《大公报》，1932年3月29日，第七版)

131. 调查团昨晨觐见林主席，铁部官舍举行谈话会，调查团定一日赴汉转道北来

【南京二十九日下午三时发专电】 二十九早，汪、罗均至励志社答访调查团。十一时半，调查团五委员由顾陪往国府，觐见林主席，罗亦在座，由顾翻

译。所谈均系普通寒暄语,未及军事外交,十二时一刻兴辞出府。调查团定三十日接见大学代表,三十一日接见工商农各界代表。该团决赴汉一行。

【南京二十九日下午七时发专电】 二十九日下午四时至六时,调查团及政府当局在铁部官舍举行谈话会,我方出席者为汪、蒋、顾、罗、陈铭枢、朱家骅、陈公博,调查团方面为莱顿、克劳德尔将军、马考蒂伯爵、麦考易将军、希尼博士及两秘书,汪主席。桌列长方形,汪之右为蒋,次为罗文干、陈铭枢,次莱顿、马考蒂,次国联两秘书,位与汪对面为克劳德尔、麦考易、希尼博士,次陈公博、朱家骅、顾维钧。此会系谈话会性质,调查团询问意见,中国代表一一答之。三十日下午三时,仍将在原地点续开。调查团决四月一日赴汉,在汉至多留三日,或只两日即赴平,在平拟留一星期,即赴东北。调查团意,务于四月十五日前赴到沈阳。

【南京二十九日下午十时发专电】 二十九日午十二时半,蒋往励志社答访调查团,一时余方辞出。蒋定三十晚八时在励志社中山堂宴调查团全体委员,邀汪、顾、宋、罗等作陪,席间备有各项余兴。蒋备有演词,原文甚长,但蒋阅后或将减短,大致述自东北事变以迄沪变经过,并述中国极端希望和平,但日人如再进攻,则中国为保卫疆土计惟有抵抗等语。闻蒋宴菜用中式,八人一桌,用中式帷披,燃点红烛,极富丽之致。

【南京二十九日下午四时发专电】 国联调查团二十九日晨十一时半到国府正式谒见林主席。国府事前派宪兵一排在二门外站岗,军乐队亦站立二门口,以备莅止时奏乐欢迎。十一时二十分,外长罗文干先至国府迎候。十一时半由我国代表顾维钧陪同莱顿爵士及义、美、德、法各委员暨随员等,由励志社乘车至国府。行至二门口,军乐队奏乐欢迎,下车后由典礼局招待员导至国府楼上主席会客室谒见。林主席与莱顿爵士互致寒暄之词,由顾维钧任翻译,十二时一刻辞出。莱顿赴英领署午餐,义、美、法、德四委员即返励志社。

【南京二十九日下午八时半发专电】 调查团中国代表处由顾维钧召集,定三十日晨开会,讨论该团北上各项工作进行事宜,下午招待新闻记者。

【南京二十九日下午七时发专电】 调查团北上专车铁部已备妥,在徐州候命驶浦驶汉。

【上海二十九日电】 外讯。此间华人正式非正式方面,对调查团赴汉计划反对颇烈。据怡和洋行讯,该行隆和轮已由调查团包定,定四月一日由京赴汉。

【济南二十九日下午六时发专电】　欢迎国联调查团北宁路特备之专车，二十九晨过济，开往徐州待命。

【汉口二十九日下午十时发专电】　调查团抵汉后住所已觅定德明饭店、中央饭店。

【南京二十九日下午七时电】　据某方息，日方对我国参加国联调查团人员前往东省一事异常注意，惟恐日人主使组织叛逆政府之真相暴露。现正阴谋阻止我方人员随往东省，并积极耸动叛逆政府假造民意，欢迎调查团北上，以图破坏我行政之完整。

【上海二十九日路透电】　据报载沈阳讯，伪政府将反对顾维钧伴国联调查团赴满。据称在中国襄助员入满前，必须将其正式地位说明：彼仅能以中立视察员资格至满，不得要求为满洲人民正式代表。上海华报对此讯愤怒指摘，《新闻报》劝政府申述其立场，称满洲仍为中国领土之完整部分，故中国官吏得自由入境云。

林主席欢迎词

【南京二十九日下午十时发专电】　二十九日晚八时，林主席在国府宴请国联调查团，并请我国参加代表团顾代表及重要人员、各院部会长官作陪。当调查团进国府时，各电影社记者并摄取活动影片。宴会时林主席即席致欢迎词云："本主席代表国民政府及中国人民，敬致极诚恳之欢迎于莱顿爵士及团员诸君。吾人之热烈希望与志愿，即在诸君之使命得告成功，庶几远东之重大国际危机得以避免，并使维护某种主义而为此后世界所乐于随从者创一先例。中国人民酷爱和平。吾人常信，时至今日，国际和谐尤更需要，各国间之敌对行为及不和行为，将使各国蒙其损害而一无所获。吾人深愿与远近各邻邦和平相处，是以虽在此已往及现时最难堪之形势之下，吾人仍极力容忍，完全信托国联，因其不但为宽大与文明之世界舆论所拥护，而且是和平主义之具体表现者，即此一端，已能导入世界各国于未来进步与兴盛之域。至于友好关系，则所有国际条约因欲相互维持及保持永久起见，自应以尊重各国领土及政治主权之完整为根据，亦即为盟约基本原则之一。吾人信为耐久之和平非军事力量所能保持，必须有公正与美意才能奏效。本主席深觉对诸君发此意时，实系代表中国上下一致之热诚，望诸君经过此次调查之后，得一公正及一永久之解决，藉以整理中日关系，保安远东和平。此不特中日有利，即有关系各国亦同受裨益也。敬再向诸君表示欢迎之意。"

莱顿答词原文

【南京二十九日下午四时电】 二十八日午晚，汪院长、罗外长先后宴请国联调查团，莱顿答词原文如次。

（一）汪宴席间答词 "贵院长代表中华民国国民政府，与敝团以诚恳之欢迎，鄙人谨代表【团员】表示感谢。鄙人等昨晨莅止贵国首都，民众热烈欢迎，表示信任，而由杭来京之同人，沿途亦复受民众之热诚表示，鄙人等实觉印象甚深，神志为旺。现贵院长又复以代表全中国之民意予敝团以欢迎，且声明信任国联，希望国联以有效之赞助解决此种纠纷，敝团蒙贵院长款待，实觉非常荣幸。敝团承认中国于情感激动极端困苦表示极度之含忍，而中国政府又复具有勇气，将此次纠纷完全交由国联主持。敝团敢信国联必予以证明中国并未误有所信任，鄙人且敢保证敝团尽其能事，以实现该项结果。凡被人信任者，必设法以无负其信任，此乃为全球人类所公认之名誉义务。国联对于各会员国固承认负有此种不负信任之义务，但其帮助某一会员国者又必以不损害其他任何会员国为条件。国联决不能帮助一会员国而损害其他一会员国，但确有许多方法国联可利用之以帮助任何会员国，惟终必以不损害其他会员国之权利为前提。顷闻贵院长云，中国人民只有一愿望，即愿保持领土行政之完整。鄙人今敢立即保证，无论国联如何之解决，要必依此点为一条件，良以国联决不能强其会员国提出任何与各该国条约上所负义务相冲突之办法也。在上述条件之下，国联特派敝团前来贵国，其任务在于国联权力范围内尽量帮助且保证获得一公正不偏之判断焉。"

（二）罗宴席间答词 "顷蒙贵部长致词欢迎，非常感谢。鄙人等此次来贵国首都，诸蒙款待，而民众对敝团之工作又觉极感兴趣，鄙人等实觉愉快非常。今午汪院长席间演说后，鄙人已代表将此意即席声述。白里安君之死实为世界之损失，贵部长适已谈及且已表示非常痛悼矣。努力于国际和平之政治家，实以白里安为最；增进世界对国联之信用者，实又以白里安为唯一之功臣。鄙人犹忆曩在日内瓦某次国联大会开会时，有一代表曾谓鄙人云：'白里安实为现代和平之主要柱石'。现在此项柱石不幸不复存在，然白氏一生之工作，当决不至因白氏之溘逝而相随以俱亡。国联曾遭遇多次之困难，白氏竟能使安然渡过，惟此次之困难，则较从来所经历者更严重、更复杂且更难解决，既以一国家所赖以存在之各原则,呈极端之紧张状态,且将使国联之机具之效力受一最重之试验。以白氏领导之天才,殆不难应付。天之所以为吾人之领导者,且使遭遇困难之国家得一生理上之安慰者,今俱不可复睹,能无令人凄恻耶?本团之派遣,亦即白氏任行政院长所为。白氏今乃于国联最为困难之时期溘然长逝,其为不幸,宁有涯既?唯是白氏之工作既已成绩昭著,鄙人敢信国联终必能战胜难关,而证明实能承受其所担负之重任。吾人深悉中国当此过渡时代,应经过种种特别之困难。中国之幅员既如此广大,交通又如此不便,则因谋国家之统一而发生种种之阻碍者,实属无可避免之事。而此种种困难,原应博得其他各国同情与扶助,即将来解决中日争端之时,亦决不忽视。国民政府果能具有决心与毅力,则自能战胜此种困难。国联方面要必能尽其能事,使中国得有国际之和平,以达到此次目的也。"

(《大公报》,1932年3月30日,第三版)

132. 短评:国联调查团的正式表示

国联调查团到了南京,前天受行政院汪院长的招待。莱顿爵士有答辞一篇,要算得调查团说明他们的使命之正式表示,所以很值得我们注意。

从他的答辞中间,我们可以看出三大要点。

第一,国联对中日问题确有负责任的决心,因为"被人信任者,必设法以无负其信任"。他们把这事认为"全球人类所公认之名誉义务",所以我们相信他们不至于草率了事。

第二,我们所希望的是保持领土完整,他们说道:"立即保证,无论国联如何解决,要必依此为一条件。"所以我们相信他们不至于坐视中国领土被人掠夺。

第三,他们虽然表示可以帮助中国,但"必以不损他会员国之权利为前提"。可见他们的方针,还是置重在调查。

从第一点看,我们愿意相信他们的责任心。从第二点看,我们希望他们注意:满洲伪组织是日本玩的把戏,所以傀儡政府完全是日本变相掠夺中国领土的手段,我们三千万绝对同种族、同文字、同情感、同风俗的同胞,绝对没有另立国家的意思。从第三点看,我们希望他们注意,中国只求自保国权,根本不想妨害他国权利。但是权利是否正当,还应该公正的研究一下!

（《大公报》,1932年3月30日,第四版）

133. 读者论坛：请国际调查委员到沈阳邮局调查

不幸沈阳邮政管理局的职员,因信内说了一句"奉天自治指导部权操于日人",被日本宪兵擅自直接逮捕,勒具永不抗日的干结,并强其用大同元年。此事在日人横行东北的时候,本来算不了一回事,若以法治公理来秤衡,大有研讨的价值。国际调查委员不久当到沈阳,可是日人的恶迹早已销灭,卖国机关久已成立,他们有甚么可查呢？我恐怕他们一履沈阳,就有一般无耻妖孽,高呼"脱离民国,与日本共存共荣"的口号来欢迎他们。这些妖孽跟从国贼赵欣伯、于冲汉学习了数月,喊顺了口,或不幸而言中,他们竟要如此这般的形诸笔墨,向调查委员发宣言。有人说,调查委员到此,中国不是大白,就是大辱,怎样讲呢？譬如臧、张、赵、马、熙,倘若还有几分人格,就该趁调查团到此时,声明一切行为均受日人强迫,并非自由意志,其所以忍辱至今,为的是候调查员到此,表白实情,并请援助,脱离日人势力,免受威胁。这一来,就可戳穿日人的把戏,中国对于世界,可谓之大白。不然的话,顺着日人的旨意,如法泡[炮]制,处处显示甘愿脱离中央,与日人一心一德、共存共荣（赵欣伯的联语）,那不是大辱吗？差幸这时候,邮政方面发生了这么一回事,而且邮政因有国际性的关系,故自沈变后依然整个有系统的存在着。调查团如果真心秉公调查的话,应向在国际方面素来获有荣誉的中华邮政博征广询,而且沈阳的邮务长是意大利人,无偏私之虞。即就日本宪兵擅捕无反抗行为的邮员而论,足以使调查员了解日本在东北一切的非法行为。

赵某被捕,系在公历一九三二年二月四日,其时沈阳早有奉天省政府及行政委员会。被捕的地点,系在商埠地邮政管理局内,其警察及行政管理权,就现状言,应属于奉天省政府。被捕原因,为日人检查邮件,查出赵某信内有"奉天自治指导部实权操于日人"一语。

基于上述事实,邮政管理局既不在日本租界之内,而日人亦从未推广警察权至于邮政局,日本宪兵若是法治国家的人员,应用正当手续,向当地政府交涉,不应直入邮局,擅行逮捕。日人既有了这种行为,则是自承:(一)日人在东北越界捕人,不讲法治,不遵条约;(二)任意破坏当地司法权;(三)非法捕人,妨害国际邮务工作。(联邮国之邮政,不仅办本国邮务,且须担认国际邮务。)逮捕之所以发生,由于日人检查信函,若问日人以何资格检查中国邮局邮件,除了强盗式横霸而外,令人不得其解。沈阳邮政局不在日本租界之内,日人无干涉的资格。若说因军事起见,则山海关以外并无中央政府的武力,而且东三省久已有了日人所称的臧省长、赵市长及所谓"满州[洲]国",则检查邮件一事自应属于臧氏的省政府,或赵氏的市政府,或"满洲国"的新政府,无论如何轮不到日本宪兵跑到中国邮政局检查邮件。若不顾一切,硬要非法检查,强行扣留,这与强盗拦路劫舍有何分别?又何解于新政权呢?调查员到沈阳邮政局调查一下,可得到日人非法行动充分的证据,尤其是东北已有中国官吏,日本又谓[未]曾向中国宣战,而强入分担国际邮务的邮政局,检查扣留,这是不是国际间所应有的呢?中国人不是日本的属民,在本国法律之下,当然有思想言论之自由。赵某的一句话,若照日本的法律是当逮捕讯问的,则勒具干结,永不抗日,强人使用大同元年,这也是日本法定的处治方法吗?大同年是"满洲国"的,人民用不用,自有满州[洲]官吏制裁他,何须日本宪兵代庖?这一切都是极好的材料,可使调查员澈底认识日人在东北所弄的玄虚。故此我请国际调查员,如果到沈阳的话,可向中国邮局广征博询,免受日本人的包围蒙蔽。

(《大公报》,1932年3月30日,第十版)

134. 调查团与当局交换意见,铁部官舍昨再度开会,蒋中正昨在励志社欢宴,调查团行程变更,抵汉后仍将回京转道北上

【南京三十日下午十一时发专电】 国联调查团五委员三十日下午四时仍至铁部官舍,与政府当局晤面,为第二次谈话会。我方汪、蒋、宋、顾、罗、陈公博、朱家骅、陈铭枢、朱培德等均出席,对中日纠纷、东省事件真象交换意见颇多。国联同志会代表程锡庚等三十日午十二时谒见调查团,莱顿于东省事件

有所说明。日代表吉田三十晨十时访汪,彼此表示希望两国早日解决纠纷,恢复和平。

【南京三十日下午十时发专电】 顾维钧对傀儡政府反对其随团北上,特向林、汪请示并与调查团会商。结果认为此非对顾代表个人问题,实关系调查团整个问题,决不容傀儡政府所非议。三十午零时三十分,调查团在励志社接见国民外交后援会代表,对请求主持公道允考量。续悉,调查团与汪等在励志社开谈话会,该团秘书长哈斯由沪抵京亦出席,共商中日问题,尤其对于解决中日问题善后之处置讨论颇详,至六时半始散。

【南京三十日下午七时发专电】 三十晨十时,金大及金陵女大等校校长陈裕光、吴贻芳等五人至励志社,由美委员接见。日代表吉田与调查团同来后,寓下关惠龙饭店。汪、罗、林、蒋欢宴调查团时,均柬请吉田与会,吉田亦辄应会。

【徐州三十日下午五时发专电】 国联调查团行将北上,北宁路备专车两列计十六节,二十九日由该路谭耀宗押乘来徐,候铁部命开浦开汉,视调查团为转移。全车服务人员约九十人。津浦警备部三十日令各机关文云:"国联调查团定四月一日北上,届时不准军人沿站来往。车站内由站员及路警负责,站外由沿站部队及地方官警戒。无论军民,非有临时证不得入站。"

蒋委员长昨晚欢宴

【南京三十日下午十一时发专电】 军委会委员长蒋中正暨其夫人,三十晚八时假励志社中山堂欢宴国联调查团,并邀各院部会长官及我国参加调查团代表等作陪。菜用中餐,共分五桌,调查团五委员分坐五席首座,蒋及各招待人员均服常礼服,蓝袍、黑马褂。蒋于席间致简单之欢迎词,由顾维钧翻译,略谓:"今日得与国联调查团诸委员欢聚一堂,甚为愉快。当此春光明媚之时,得与各委员见面,本想陪同各委员游历各处,为更热烈之欢迎,但现值中国发生不幸事件,诸委员责任重要,不便稽延。中国素为仁义之邦,向以忠厚真诚为交友之基础,不特个人交际为然,即国际交礼亦复如是。中国是有悠久历史、有优美文化之古国,人民众多,地大物博,由旧国家一变而为新国家,在过渡时期,进化自较迟缓,惟政府人民均有决心,前途实有无限希望。诸委员此次周游各地,以考察有历史有文化的国家,我国政府极愿予诸委员以种种之便利及帮助,务使诸委员不致感受任何困难,以尽地主之谊。至关于调查方面,中国政府更愿尽量供给材料，以供诸委员之参考"云云。蒋致词毕，调查团主席委员莱顿起致答词，略谓："今日承蒋委员长盛意招待，十分感谢。吾人深悉蒋委员长为中国现代之英雄，在未到中国以前，已稔知蒋委员长之名，盖因蒋委员长不仅为中国现代之英雄，抑且为世界上一有本领之军事家，同时亦为一有名望之政治家。此次敝团奉国联之命，来到贵国调查东省事件，自当尽力做去，以期勿辱使命"云。莱顿词毕，各来宾随意谈话，十一时许散。

顾维钧昨招待记者

【南京三十日下午六时发专电】 三十日下午，张祥麟代顾维钧招待记者，谓：（一）顾因二时应汪召往谈话，四时又为国联调查团与政府当局在铁部官舍开谈话会，须前往参加，故不及来此。（二）调查团与政府当局之会晤极为重要，内容虽不能言，然调查团对万一日军撤退中国用何步骤接收东省此点极为注意。（三）调查团将改二日赴汉，在汉留一二日，仍返南京，再转车北上。（四）顾维钧二十九日下午访莱顿，系沪和会日本缺乏诚意，特向莱顿为精神上之敦促。三十日上午十一时半，顾复访莱顿，内容不详，但知伪满洲国拒顾前往一事，将为谈话目标之一。顾之充任代表虽为政府派充，实系根据国联决议案，为调查团中之一份子云云。

【南京三十日下午十一时电】 参与国联调查团中国代表处三十日下午三时在华侨招待所招待报界，到中外各报记者及外部情报司帮办李迪俊、亚洲司帮办许念曾等五十余人。顾维钧临时因参加政府领袖与调查团各委员之谈话会，未能亲到，由代表团总务主任张祥麟及参议朱鹤翔，专委朱少屏、戈公振等招待。茶点后，由张祥麟说明中国代表之地位及责任在协助国联调查团，并极愿与报界合作。自调查团到京以来，已由顾代表偕同与政府当局接谈数次。前日吾国当局与调查团已开第一次圆桌会议，讨论二小时之久，本日下午四时仍继续交换意见，对中日问题作详密之讨论。至调查团到京后之言行，就该团主席莱顿爵士在注院长席上答词可见一斑，莱氏是日曾表示国联决不能有侵碍中国行政独立及领土完整之主张。又美国代表麦考易将军在杭州鲁主席宴会答词，亦曾云中国以顾维钧博士为代表，顾氏为外交能手，调查团深所欣仰，中国付托得人，将来陈述中国案由，必能作有利于中国之辩论云云。现调查团定一日或二日赴汉，因长江乃吾国著名区域，故拟往一游，仍由南京北上。日代表吉田此次随同调查团来京后，我国罗外长及林主席宴会，该氏均被邀请，盖该氏乃调查团一份子，自当优待，以符国际礼仪云云。次由李迪俊、赖涟〔琏〕、俞树立、赵敏桓等相继发言。关于报界代表晋谒调查团事，张氏允为接洽。约五时散会。

东北叛逆准备招待

【哈尔滨三十日上午一时电】 东北日本官方与各国领事均开始筹备招待国联调查团，并预备供给材料。关于东北事件各方面之著述，无虑数百万言，刊物不下数十种，顷多在付印中。惟各方面怀疑调查团对东北情势能否有任何转移，甚至对该团有非笑者，与上述绵密之努力适成显著之反比例。南满路局与沈阳日本文武当局顷间开会，商量调查团旅行便利事宜。北平方面虽已为该团筹备直驶山海关专车，以便该团经过主要作战地点前往沈阳，惟此间赞成该团由津乘轮赴大连，在旅大勾留二日，在沈阳躭搁四日，在长春躭搁一日，视察后主要团员即回沈阳，一部分至哈尔滨及齐齐哈尔，在东北共计躭搁两星期，然后经由朝鲜赴日，在西京附近之奈良，缮具报告。赵欣伯将为长春伪政府之招待委员会主席，前大连市府参议、现任伪沈阳市长阎泽溥[①]及其他重要伪官届时将发言，尽量粉饰现局。此种宣传文件刻在准备中，预料于调查团抵东省前，颁发予该伪官等。

调查团之一种报告

【日内瓦三十日电】 国联调查团向国联秘书长德留蒙氏报告，称该团于二月二十九日至三月十一日在日时，曾调查日本政界与商业界人士对于远东问题之观点。嗣该团在沪正式向中国政府代表接洽，并与中外知名人士讨论关于中日关系之全盘问题。报告中又称，该团顷在南京，将于本月底赴平。

....

（《大公报》，1932年3月31日，第三版）

---

① 编者按：原文有误，应为"阎传绂"。

135. 沪商界发表复业宣言，分电林、蒋，主张长期抵抗

【上海三十日下午十一时电】 沪市民联合会等团体合组之复业委员会发表忍痛开市宣言，并电林主席，无违长期抵抗之旨，拒签丧权辱国之条约。又上海各路商联会等团体电蒋，请向国联调查团本拥护国联意旨，表示长期抵抗决心，全国人民必为后盾。

(《大公报》，1932年3月31日，第三版)

136. 于右任过济

【济南三十日下午九时专电】 于右任今晨过济，张学良代表鲍文樾同车赴京谒汪、蒋，报告华北近况及欢迎国联调查团。
....

(《大公报》，1932年3月31日，第三版)

137. 国联调查团抵津时赴站欢迎者以千人为限，向该团陈述文件起草完竣

津市各界筹备招待国联调查团情形，已志前报，兹悉关于招待部分正由省市政府筹备中。至各界对于国联调查团北来，拟有一种表示，曾一度召集会议，讨论应向该调查团陈述事项，业已起草完竣，昨由张伯苓、黄宗法、王文典等审查决定。内容共计二十一项（原文暂不宣布），并已译成英文，拟印百本，于国联调查团过津时，分送各团员参考。闻此项草案即行送至市府，交各界签字后，印刷成册云。

另讯。国联调查团不日北来，关于本市欢迎事项业经市府筹备妥当，并经

开会决定：该团抵津时，各界人士应以整齐严肃之精神到站欢迎，其人数以一千人为限，由各机关、各团体共同分配担任。昨由招待国联调查团筹备处分函各机关团体查照，并嘱将届时到站人数迅速告知，以便斟酌分配云。至市党部方面，为国联调查团过津时表示欢迎及维持秩序起见，决令津市童子军全体出发，昨已分别通知津市中等以上学校之童子军服务员，定于四月一日下午四时在市党部开会，讨论该团抵津时如何欢迎及维持秩序等事宜。

（《大公报》，1932年3月31日，第七版）

138. 调查团定今晚赴汉，昨晨谒陵，中央党部午宴，今日与我当局最后会谈

【南京三十一日下午六时发专电】 国联调查团三十一日晨十一时二十分，由外部招待员引导，分乘汽车二十余辆，出中山门谒陵。先至明孝陵，各委员均下车步行游览。值天气温暖，春光明媚，路旁桃李争艳，各委员均觉愉快异常。约留三十分钟，始赴中山陵墓。各委员拾级而上，由管理陵墓人员领导，各委脱帽步入祭堂，相继题名后，齐列像前，供献花圈。遂入墓道，详细瞻仰总理石像。一时零五分，各委循级而下。适汪精卫、罗文干、顾维钧亦步行至石级中间，与各委相遇，遂陪同而下，赴陵园应中央党部宴。三时回励志社。

【南京三十一日下午八时发专电】 调查团定一日晚九时，乘怡和公司之隆和轮西上赴汉。该团全体偕行，中国代表团一部陪往。拟到汉留两日，仍乘原轮直驶浦口，不再进城，即乘津浦所备专车北上。莱顿先派秘书飞往重庆视察，再回汉口，与调查团同行北上。调查团五委员及秘书长哈斯，三十一日上午十时在励志社接见农工商教各界代表时，各代表陈述：（一）抗日并非排外；（二）抵制日货是民众爱国运动；（三）伪满洲国完全系日人一手主持；（四）日人破坏文化机关及杀戮无辜惨状。调查团对所述各点极为注意，对抵制日货事询问特详。

【南京三十一日下午十时发专电】 三十一日下午四时，调查团五委员复至铁部官舍，与我政府当局汪、蒋、罗、宋、顾、陈铭枢、陈公博、朱家骅等举行第三次谈话会，交换各种意见。行政院例会停开，调查团与当局开会时，学生代

表赴励志社谒调查团,未晤,各代表乃递意见书,对东北事多所贡献,对我国抵制日货事亦详尽说明。调查团定一日下午四时与政府当局为最后次会议,交换意见。

【汉口三十一日下午九时发专电】 平汉路局三十一日接到何竞武由京来电,调查团定一日乘隆和轮来汉,留二日仍返京,由津浦北上。

【南京三十一日下午七时发专电】 中央党部中央委员三十一日午宴国联调查团全体及秘书长哈斯夫妇暨随员秘书等,中委到有叶楚伧、汪精卫等,及外长罗文干、我国代表顾维钧等五十余人。

叶楚伧致欢迎词

席次,由叶楚伧代表中央党部致欢迎词,大意略谓:"诸公远道来兹,致敬礼于中华民国国父、本党总理孙中山先生陵墓之前,本党谨答诸公以诚挚之谢意。总理奋斗革命,几历颠危,创造中华民国,并手定《建国大纲》、《建国方略》,为新中国建设之楷模,本党暨国民政府奉之以为圭臬。三民主义所包含之伟大之政治理想,将以复兴中国民族为阶梯,而促进全世界之和平,期共臻于大同之盛治。犹忆总理于民元就职大总统时,首以睦邻为要务,曾通告世界各友邦,郑重声明愿与各国交相提携,以勉进世界文明于无穷,认为当世最大、最高之任务,想为各友邦政治家回想所能及。故总理不特对于中国大规模铁路及其他建设无时不愿与各国合作,即对于融会东西古今文明、促进世界新文化,亦无不竭诚与各国提携合作。在同一宣言中,总理续谓:'我中华民族,和平守法,根于天性,非处于自卫之不得已,决不轻起战争。'现中国虽不幸处于国难严重之时期,仍守此遗训,未尝或渝。陵前牌坊上总理手书之'博爱'二字,即孔子所谓'四海之内皆兄弟'之意。盖国际本系家庭,各国相处有如兄弟,在有组织家庭中,苟有一人横暴肆虐于其他兄弟者,必有家法予以制裁,以求和平正义与国际家庭中之安宁。诸公为国际和平而努力,吾人非常钦佩。谨述总理遗教,愿诸公与国际间明瞭本党实为总理遗教之忠实奉行者。谨祝诸公伟大使命之完成与诸公之康健。"

莱顿爵士致答词

次由调查团主席莱顿爵士代表该团致谢词,略谓:"今日承诸位热烈欢宴,其为感谢!适间瞻仰总理陵墓,念孙中山先生之伟大,断定孙中山先生确为创造政治者之有数人物,凡读遗教,无不景仰其人。孙先生实为建设今日之中国与明日之中国之创造工程师,诸位乃工作者。今日承秘书长指示孙先生遗教,对国际本诸和平正义,尤所钦佩。"嗣举杯表示鸣谢,至二时一刻,尽欢而散。

首都新闻界发言

【南京三十一日下午十时发专电】 首都新闻界原定于调查团到后,即开茶话会招待,经该团辞谢茶会,由外部招待委会令约与调查团晤谈日期。乃招待会王祖廉三十日答覆新闻界称:调查团无暇接见新闻界,可于一日调查团离京时在码头一见。新闻界以王语荒谬,乃与张祥麟接洽。张与调查团接洽结果,已定一日晨十时接见。新闻界发表敬告和平使者国联调查团一文,要点如下:

"首都新闻界及全国各报驻京记者谨以诚恳热烈之情绪,欢迎惠然莅止之和平使者国联调查团。自九一八至于今日,日本如中疯狂,既以暴力侵据东三省全部,复于一月二十八日挑起上海之战事。我东北与东南同时被日本铁蹄所践踏,所蹂躏,生命财产之损失不可以数目计,而日本军队之屠杀民众,暴厉恣睢,尤为全人类所未前闻①。日本固未尝对中国绝交宣战也,然而我之土地被其侵占,我之房屋被其焚毁,我之文化机关被其轰击,我之经济基础被其摇动。国联与友邦虽曾一再劝告,而日本之凶焰反与日俱增,毫无忌惮,势非达到田中所谓征服世界之目的不中止也。诸君负有伟大使命来华,全世界所期望诸君者亦至殷切。抵沪之日,我繁盛富庶之淞沪已在日军炮击弹轰中化为灰烬,我民族生命所寄托之东北,则正由日本制造傀儡登场之伪满洲国,以朦蔽世人之耳目。诸君目击闸北、吴淞间之恐怖遗迹,不知其感想何若;他日亲履日本以暴力向我夺去之东省,不知其感想又将何若也。诸君亦知日本何故必欲侵略东省乎?日人所谓人口过剩,所谓满洲为日本生命线,均为不值一笑之虚伪宣传。日本所以必用全力攫取东省者,盖以东省有取之不尽用之不竭之粮食、矿产、森林、煤铁。日本获此无上之宝藏,一面既可伸张势力于中国北部与中部,企图实现大陆帝国之迷梦,一面即可用之为对世界作战之根据地,不致有军事上及经济上的封锁之顾虑也。诸君又知日本既夺东省之后,何故复进占淞沪乎?日人所宣传之日僧被殴及抵制日货,均为表面上之借口,实则日军攻沪之真因在彼而不在此。简略言之,约为四端:(一)转移世界注视

---

① 编者按:原文如此,应为"前所未闻"。

东北之目标也；（二）破坏中国文化事业及经济中心也；（三）威胁中国政府，使其承认丧权辱国之条件也；（四）破坏各国在长江流域之贸易，以对世界各国示威也。诸君道经日本，必曾闻日人污蔑中国之种种宣传。现诸君来华亦既二周，当已十分明瞭中国之真象。中国从未排外，即以对日经济绝交言之，中国人民因不堪日本压迫而拒绝与日人贸易，此实为合理而亦至可悲哀之举动，岂可目之为排外？苟日本觉悟前非，撤退日军，交还失地，赔偿一切损失，中国固愿与之立刻恢复经济关系也。中国自信为一爱和平、重信义之国家，一切合法之条约义务，中国从未蔑视，在平等互惠的原则上与友邦合作通商，尤为中国人民所欢迎。中国今日在危难困苦中，一面御日，一面防共，必可排除万难，抗拒暴日，为世界保障和平。诸君目光如炬，观察入微，想决不至为日本宣传所蒙蔽也。总而言之，中国无论如何，决不以尺土寸地让人，东三省尤为中国绝对不肯放弃不能分离之一部。沈案、沪变及中日全部纠纷之责任，全在日本。倘公理未灭，正义犹存，国联必可尽其道义上之职责。中国信任国联，尊重公约，但决不向人乞怜诉苦，亦不问世界有无制止大战之决心，惟知中国之生存，必赖我人自身之奋斗与努力。东三省一日不收回，在华日军一日不撤退，中国人民即一日不停止其抵抗暴日之行动，任何牺牲，在所不惜。我人敢以此敬告诸君，深望诸君辨别是非，判定曲直，使世界和平不为日本所破坏也。"

(《大公报》，1932年4月1日，第三版)

139. 国联调查团约九、十两日到津，将驻搁半日赴平

国联调查团不日北来。昨闻市方业接京方来电，称该团在京事毕，先赴长江上游一行，约至汉口为止，再由汉返京，由津浦路北上，预定本月九、十两日可抵津，在津约有半日驻搁。关于本市招待该团过津办法，前次开会，由党政双方推定委员六人，组织欢迎国联调查团筹备处。现定今日下午召集省府严智怡、黄宗法，市党部邵华、刘宸章，市府张锐、沈迪家六委，在市府开筹备委员会议，讨论一切进行办法云。

(《大公报》，1932年4月1日，第七版)

140. 社评：东三省中日问题如何善后

国联调查团来华以后，凡所表示极尽含蓄之致，公开谈话中尤避涉及具体意见。如昨日南京报界代表提出若干实际问题相质，调查团即拒绝详细答覆，盖其职责然也。实则九一八之事，各国驻沈领事岂无报告，使馆方面亦有调查。尤以英、法、美等国文武官员，在锦州陷落前后，往来平、沈、锦者，何止一人？以云东北中日争执之真相，是非曲直之所在，世界共见共闻，原无所用其调查。其特由国联派任专员前来者，殆欲准备一种解决方案，藉国际好意之周旋，使系争国有转圜之阶梯耳。吾人因是断定，调查团连日在京与当局两三度交换意见，必已谈到具体问题，试探我方之真正旨趣，以备最后归宿之建议。特以兹事体大，关系各方，当然绝对保持秘密，势不能供吾人以批评之资料。惟就原则上言，国民方面此际亦应有最后之意见表示。苟合于此原则者，将来国联任何调解之建议，国民不难予以同情；若其不然，政府虽欲屈服了事，终有不能，友邦虽欲勉强调停，仍必失败。此项意见，兹依吾人所信，条列于次，不特供外人参考，且以促当局注意也。

第一，凡九一八以后，东三省中日公私方面任何契约、合同、协定，概不能成为今后中日公私交涉之对象。易言之，东三省中日间公私一切关系，须回复到九一八以前原状。

第二，东三省领土与行政权之完整，应绝对尊重。易言之，凡日本一切行动，在过去、现在及将来有侵害于中国政治权利者，一概不能承认。

第三，东三省之经济利益，中国依门户开放之原则，欢迎日本平等互利之合作。对以前正当条约上权益亦然。

以上三大原则，应为中国国民所共守，中日关系应根据之为适当之整理。苟能如此，不但中日旧纠纷可以消灭，中日新友谊且可缔成。兹请更为具体之说明如下：

（一）自九一八以后，东三省各地，中国行政破坏，日本莠民浪人布满各处，上则朦蔽军部，无事生风，下则挟持势力，鱼肉民众。公私文约以强暴胁迫、诈欺、诱惑而成立者，当不知凡几。因日本人性质，利之所在，细大不捐，无所不攫，力之所届，贪横无赖，无所不用，故无从为之审核真伪、判断正否，只宜原则上一概否认。

（二）日本人在东三省，专以武力干涉政治。此次傀儡政府之成立，意在利用中国奸民作招牌，欺骗世界，而日本则潜匿其后，操持实际政权。彼对外宣传，丑诋旧政权之失德，实则彼所拥为新政权之领袖，谁非旧日之负责大员？如辽宁之臧式毅，固原来之省府主席也；吉林之熙洽，为张作相之腹心，以参谋长兼省委久代省政，亦一吉林之旧主席也；马占山资望甚浅，军兴以后始膺代理主席，日本坚以江省长官畀之。又可见旧政权下之人物，固为日本所欢迎不遑者，既口口声声痛詈旧政权，而仍重用旧政权时代之大员，岂其人一受日本指挥，遂变为理想的好人乎？且纵令旧当局诚有失政失德之处，究何能以一长官之关系，强令三千万民众变更国籍？此任何人常识所不能想像者。可见日本主旨在于另行建制，割裂中国，为吞并东三省之第一步，正与早年扶植朝鲜，脱离中国自立，为同一方法。日本此种根本野心不打消，中日两国无化仇为友之希望。无论如何，日本在东三省如欲保留政治的优越权，则国联任何调解胥成徒劳，只以恶化国际关系、加重中日斗争而已。

（三）东三省富源无垠，地方又接邻日本，如以日本之资本、技能，与中国土地、劳力合作，讵非两利之举？乃日本一味恃强霸道，专以机枪大炮作商工业发展之先锋，其招致中国畏惧愤恨，夫何足怪？即如铁路建设，本可提携并进，乃日本造路，从前惟注目于政治军事，而于经济方面，则只知有满铁会社，以致贷款承修之路，因经济上缺乏价值，大率亏累。同时中国为开发内地之故，勉力建筑一二新路，又遭日本之忌，认为碍及满铁利益，多方反对。实则既曰共存共荣，即不应褊狭自私如此。今如将铁路问题重新整理，以互利为本旨，袪排斥之偏见，则不特运费定率尽可商洽妥协，即改订路约亦非绝对不可之事，要视其条件如何耳。此外一切经济问题，胥宜据此标准办理。要而言之，只须日本不挟政治势力，不抱政治野心，开诚布公，以资本、人才与我合作，则中国又何必顾虑踌躇，自杜开发之途？

以上三点，足以阐明东三省中日问题之善后要义。最后更愿我一般国民与政府当局注意：（一）东三省外交向无整个方针，中央不求甚解，地方亦不研究。是以二十年来悬案累累，演成巨变，皆官僚政治搪塞外交所贻之恶果。即以"二十一条"案之中日条约言，全国否认，至今犹然，而日人在东省实际情形，多有超越乎"二十一条"所许范围以上者。如六七十万韩侨深入东北，寖成喧宾夺主之势，固皆地方官放任纵容之所致。以违反条约之行为，反滋为排斥鲜民之口实,事之失败,莫此为甚,官吏颟顸,实尸其咎。今日欲谋东省善后,政府当研求整个方针,民众宜了解地方真相。如仍随事应付,不立政策,或更胶执空论,不顾事实,则断无整理改造之可能。(二)外人攻击东省政治腐败,诚哉别有用心,然而平情反省,当局者数年来草率因循,不自振作,要为招致祸变之一因。今后应如何改造地方政治,收束军队,废减税捐,休养民力,协和外交,政府方面要宜有具体之规划、诚意之表示。此种刷新旧政之办法,本系主权之发动,原不必誓约于外人,然不妨昭告于民众。此又吾人所愿激发政府当局者之责任心,速有以塞中外反对者之口也。

(《大公报》,1932年4月2日,第二版)

141. 政府意见书昨交莱顿,调查团昨晚离京赴汉,预定五日返京七日北上

【南京一日下午六时发专电】 一日下午四时,调查团全体委员至铁部官舍,与政府当局开最后次谈话会,我方出席人员照旧。双方交换意见甚多,中国记者随调查团赴东北事大致无望。日本原拟派记者五人同行,此次竟未来京,闻系日方抵制中国记者前往。调查团留京五日,莱顿对政府当局民众团体表示甚好,但对于国联能否实现,须待将来事实证明。政府招待备极铺张,专用汽车达五十辆,每餐每客西餐五元五角,晚餐七元五角,早点两元五角,其他日用各物称是。

【南京一日下午十时发专电】 一日下午调查团与政府四次谈话会时,政府已将全部意见书由顾维钧交莱顿,谈话内容仍侧重于意见交换。政府对国联调查团意见书内容:(一)中日甲午前后之国交;(二)中日历年之悬案;(三)东北铁道之关系;(四)辽案突发之真象;(五)上海事变之经过;(六)和议谈判之进行;(七)我国政府之意见。

【南京一日下午十一时发专电】 国联调查团莱顿等一行,一日晚九时余与中日代表顾维钧、吉田及秘书随员等,由下关三北码头乘澄平轮改登隆和轮,九时半上驶赴汉。外长罗文干、海长陈绍宽等及外部招待人员均亲往下关登轮欢送。该团预定四日晨到汉,仅上岸视察,仍宿船上,五日晚九时仍乘原

轮返京。定七日午抵浦口,下午上岸,即于四时乘平浦专车北上,约九日晨到津。我代表处一部职员未赴汉,在京候乘专车北上。

【南京一日下午十一时发专电】 一日晚九时一刻,顾维钧陪莱顿乘第一辆车,由励志社出发,全体委员随后。九时半分至下关,由三北码头改乘澄平。九时四十分登澄平轮。汪先于九时至码头略待,罗文干亦至。调查团至后,相将登澄平略谈。各委登隆和轮后,即起碇西上,汪、罗方回城。

汉口准备盛大欢迎

【汉口一日下午一时发专电】 调查团一日晚乘隆和轮,由楚有舰护送,离京来汉,四日午可到。欢迎筹备处拟在怡和码头扎松柏欢迎牌楼一座,上缀英文欢迎标语。由埠至趸船满悬万国旗、五色电灯,各闹市口及省市政府前均扎牌楼,各街市今已发现欢迎标语。警备部印有英文欢迎词,历述九一八后武汉军警当局对日侨保护之周妥。闻调查团在汉仅留三十六小时。日舰柳号三十一日开大冶,尚余浦丰、安宅等十舰,闻日内均将驶上游。调查团到时,将仅余四艘留汉。

【汉口一日下午八时发专电】 省府接外部电,调查团一行十九人及我国代表顾维钧以次三十余人,一日晚九时乘隆和轮来汉,约四日晨八九时可到,留汉一夜,定五日晚乘原轮回京,盼将招待程序订定电告。莱顿私人秘书阿特、麦考易秘书杨氏一日午后由京乘飞机抵汉,二日晨拟飞渝视察商务,三日即回汉。调查团到汉招待程序已定:四日晨八时齐集三北码头欢迎,九时后各领袖访晤,正午市长欢宴,午后四时外国商会茶会,晚省府欢宴;五日上午视察灾区堤工,午商会欢宴,午后视察灾民并武汉大学茶会,晚何成濬欢宴,即晚回京。欢迎人员除各机关领袖外,各党部一人、工界代表百人、商界百人、学生二百人。招待处已在汉口预备汽车十五辆,武昌十辆,并在江内备专轮六艘。调查员住所定德明饭店,随员分住中央及太平洋两饭店,已预备将三饭店全部租下。何成濬招待在德明饭店,商会定在金城银行。

....

(《大公报》,1932年4月2日,第三版)

142. 莱顿对首都报界之谈话："舆论制裁至穷尽时，国联自有实力表现"，沪事应与东北问题一并讨论

【南京一日下午五时发专电】 一日晨十时半新闻界十余人访莱顿于励志社。由张祥麟等三人陪往，介绍莱与各记者一一握手晤谈。首由记者代表面致《敬告和平使者国联调查团》一文及日军在东北与上海暴行实地写真一巨册，继由赖涟[琏]代表致欢迎词，并提出问题九则，请莱顿答覆。据莱顿表示云："顷聆诸位所提出各项问题，除关于本团赴汉问题容后答覆外，其余各项均系关于东北事件，亦即本团所待调查者。在本团未到达东北调查完成以前，恕不能为具体之答覆，惟仍愿就概括之见解与诸君达一谈。在诸君所提出各问题中，最重要者莫过于国联对会员国制裁之能力。中日争端之是非曲直，在贵国人士固认为已甚明显，但国联应依法定手续妥为处置。如两人相斗，旁观者虽能确证孰是孰非，但法院须经法定之侦察程序方可据以判决。国联派调查团赴东北，意即在此。中日争端，世界舆论之制裁已表示无余。此种制裁并非出于武力，但舆论制裁至穷尽时，国联自有实力表现，惟实力须各会员国得调查报告，认为必不能免时方能表现耳。余深信本团调查后，忠实之报告必可申诉于世界之舆论，甚或可援引盟约第十六条，使其发生实效。至诸君所提各问题，其可立即答覆者，为诸君告：（一）自去年十二月十日国联行政院第三次决议案后，中日情势日趋恶化，已属不成问题，因东北问题尚未解决，而上海事件又不幸发生矣。（二）上海事件为中日全部纠纷之一部，余以为国联自当本中国之提议，援用盟约第十一、十五两条，一并讨论。（三）本团到东省后，是否将与所谓'满洲政府'接洽，现时不能预定，俟届时斟酌情形再定。（四）抵制日货问题，是否为中日争端之原因或其结果，系一历史的问题，须充分搜集关系材料详加研究后，始能得一结论。（五）本团赴汉，外间颇有误会。实则本团职权在调查东北事件，忠实报告于国联，最后如何处置，仍在国联。故本团行动，只须有利于调查工作者，任何地方有需要时即须前往。"最后莱顿对此次莅临首都之印象，谓："南京地域广阔，风景优美，新建设计画必易实行。欧洲各国现正致力于花园城市，以求美化。本人在英原任城市设计委员会主席，对

城市之建设向感兴趣,南京美化城市之条件俱已具备,前途当无限量。"

【南京一日下午十时电】 各报记者访莱顿时所提出各问题如下:(一)自去年十二月十日国联行政院通过第三次决议案后,中日情势是否变好,抑变坏?(二)依贵团之观察,上海事件与东北事件是否为一整个的问题?(三)对于日人一手制造之所谓"满洲国",贵团有何意见?(四)贵团到东省后是否与伪政府接洽?(五)国联行政院对中日纠纷前后共有三次决议案,每次决议后,争端是否继续扩大?国联对破坏决议案者究有何种制裁方法?(六)东北伪政府及人民在日本暴力压迫下毫无自由可言,贵团到达后将何以进行其调查工作?(七)在日本武力占领下之东北所建满洲伪国,可否认为人民自决?东北满人不及全境人口十分之一,即使如日人宣传所言要求自决,何能完全不顾十分之九以上之汉人之意见?(八)贵团亦认东北义勇军为爱国人民自动组织之抗日军队否?贵团亦认抵制日货为日本侵略中国之结果而非原因否?(九)当东北人民渴望贵团北上之时,贵团忽有汉口之行,愿闻其故。

(《大公报》,1932年4月2日,第三版)

143. 招待国联调查团,届时决在西湖饭店设宴,商界赴站欢迎代表定为七十人

筹备招待国联调查团,省市政府、市党部于昨日午前在市府开会,市府由科长沈迪家出席,省府到黄宗法,市党部到邵华等。首先讨论招待国联调查团步骤,关于到站欢迎之各团体代表,至多不过一千人,即通知各团体推定欢迎代表。至宣传品之筹备,即将各界起草就绪之宣传文字,征求各界同意签字。欢宴调查团地点已定西湖饭店。又商界参加欢迎筹备国联调查团代表,商会方面曾经推定卞白眉、王晓岩二人,兹卞白眉以闻于银行公会亦推卞为欢迎代表,不便担任两处代表,故函市商会另行推举一人。该会昨日举行执监联席会议,曾提出讨论,当决定改推王文典氏担任。此外卞白眉并报告日前出席市府招待国联调查团筹备会会议经过,经决定调查团抵津时,商界赴车站欢迎者共七十人,届时齐集北马路商会出发云。

(《大公报》,1932年4月2日,第七版)

144. 调查团赴汉途中，鄂、赣均派代表赴浔欢迎，何成浚奉令备车，或仍由平汉北上

【汉口二日下午十时发专电】 绥靖署二日午开第三次招待会，讨论欢迎人员服装及礼炮各问题。据阿特及杨格谈，莱顿在汉只预备二次演说，一省府，一市府。又何成浚二日接蒋电，嘱仍备车，恐调查团或由平汉北上。招待处派周泽春二日晚赴浔，欢迎调查团。

【汉口二日下午七时电】 周泽春赴浔欢迎调查团，并与顾维钧接洽一切，电汉报告。欢迎学生计中学六百人，省二中、市一女中各半，童子军尽量参加，武大、中大等大学共派代表百人参加欢迎。欢迎团体各持国旗一面，不用他种旗帜。调查团离汉，欢送仪式与欢迎同。访晤办法，俟调查团到汉后决定。

【南昌二日下午一时发专电】 各界因国联调查团二日晚过浔赴汉，特推代表于昨晚专车赴浔欢迎。各报馆、公团等亦均电调查团表示欢迎，并请维持国联盟约之尊严，接受我国人民之公意。

（《大公报》，1932年4月3日，第三版）

145. 日方教唆伪政府欺朦国联调查团，各机关日顾问有暂行解职讯

【北平电话】 山海关电。日方近以国联调查团行将北上，已授意长春伪政府，通令辽吉黑三省筹备欢迎，并制造各种媚日标语，同时并令各机关日顾问一律暂行解职，以避免干政之嫌疑。伪奉山路已奉令准备车辆，闻日军在沈已预备大和旅馆为该团下榻之所云。

（《大公报》，1932年4月3日，第三版）

146. 一幕丑剧：本庄指挥下之汉奸百计奔忙伪造民意，日人对调查团赴沈之布置

【沈阳通信】 日人在此对于调查团行将东来，深恐数月以来各种措施若为调查团所闻所见，揭开黑幕，即不利于彼，故近来调集各种人材，进行掩饰工作，甚为周密忙碌。日昨经设法向其内幕日人探得一二，虽一鳞半爪，苦不完全，然举一反三，亦可知其大概矣。

庆祝伪国，反成举丧仪式

关于伪国之成立，以做成民意推戴为目的。从前举行之请愿、庆祝等项游行，虽经日本警察、宪兵等之尽力指挥领导，拉夫极多，行列尚整，然因纯由日人主办，不明中国风俗，行列之间列入禅经、番经、道经各一排，而吹鼓手虽披红衣，所奏乃是丧音，遂至大好庆祝游行成为举殡仪式。更经西人摄影，事后由吴恩培向日本军部之久间猛说明，深为后悔。故此次筹备关于辽宁部份，已指定于冲汉、吴恩培、阚铎三人，备随时诸询顾问。于、吴、阚三人，对军部受知较深，于一般汉奸之中，亦可称心计最工老奸巨猾。兹将此三人所献之策及所担负之任，分列于下。

造假名册，日图章店发财

于汉冲所担任为总务及政事部份，所经办之自治指导部，容纳大批日人，已一一派往各县各局，有指导员、秘书、顾问、咨议等项名目，共达日人四百名左右。本已握定全省出卖之权，此次为遮掩耳目计，临时将省城自治指导部总机关取消。于本人回归辽阳，召集书手数十名，赶造拥戴名册。凡稍有名望不肯附逆之人物，无不为之写入，并于每名之下盖印名章。名章为辽阳、沈阳两地日本图章店包刻，仅金光堂一家，售出已在二百块以上，为数之多概可想见。请愿呈文为于所起草，又经过各奴隶文人之修改，不日完竣，送存本庄繁处，备交调查团阅看，作伪国成立确系民意之证据。至于一月前在此省城各戏园唱戏，招致愚民看戏，每人发给小洋两角、军用饼干一包，骗令各自签名之名册，

则作为第二种之证据。历来日军部对于各伪机关所发之盖印公文指措一切者,亦由于发出私人具名之通函,令各机关之日本指导员一律收回,消灭证据。省城各伪官厅之此项公文,则由伪省府顾问收集,锁入顾问室之铁箱中,其意尚恐臧式毅左右将其取出,供调查员之参检也。三月十日庆祝"新国家"成立大会,省城满街所张贴之标语、所悬挂之布联、所扎之牌楼,第一次由官银号支出八万元,第二次出十二万元,共二十万元,闻实用亦达五六万元,其余则由于之子静远所笑纳。此次则由于本人包办,所有费用不准其子经手,当然可以老夫独享矣。(未完)

(《大公报》,1932年4月3日,第四版)

147. 欢迎调查团程序决定:省市府公宴,民众招待茶会,王主席致欢迎词,省府属稿

国联调查团来津,省市政府筹备招待,业于日前开会讨论。闻该团抵津日期约在九日晨,在津可停留半日,即赴北平。关于宴会该团,王主席拟由省、市政府双方公宴一次,民众方面茶话一次,当日招待各事完全由筹备处负责。至公宴地点,先行电致外部询问该团人数,如在七十人以下,即在省府举行;如在七十人以上,则在西湖饭店举行,俟回电到后,再行决定。民众方面之茶会,已定在西湖饭店举行。至西湖饭店一切布置,由省府陈补楼、方镇东二人担任。宴会中拟请津市居住之外交界名流参加,人名单由陈补楼商请王主席决定。招待该团由王主席致词,演说词由省府拟定,用英文稿发表。欢迎牌楼在新车站、老车站各搭一座,调查团休憩所在西湖饭店、利顺德饭店,安置招待员妥□招待,中国代表可住裕中饭店,由陈、方二君负责接洽办理。欢迎调查团时所用汽车共备二十两,并编制号码。招待该团程序,于该团抵站时,由省、市、党三方面指定之代表登车欢迎外,民众方面之总代表,已推定张伯苓、卞白眉两氏,届时登车欢迎。调查团在新站下车后,即经大经路、大胡同、东马路、日租界旭街、法租界、英租界,至特一区马场道西湖饭店,在西湖饭店休息,次出外参观,再次公宴,最后茶会。此程序单先行电商南京,再行决定。另印英文秩序单、欢迎标语、旗帜,及全市童子军出勤,由市党部负责。茶役及厨役借用北

平外交部侍役。军乐队于该团到站时,奏乐欢迎,由公安局乐队负责。茶会毕,该团赴平时,在老车站登车,仍经英租界、法租界、万国桥、特三区至老车站。街道清洁由公安、工务两局负责办理,各种标语正由清道夫扫除,以示整肃。赴站欢迎者,须佩欢迎证,共备二千个,编号分发欢迎人员。民众团体代表人数由市党部规定。招待经费省府已拨给一千元。闻市府方面事先通知各国领事、各国武官,届时赴站欢迎。又商界欢迎国联调查团代表业经规定,共为七十人,商会方面已于昨日通函各同业公会主席,请届时前往参加欢迎云。

(《大公报》,1932年4月3日,第七版)

148. 调查团定今晨抵汉,昨晨过九江受热烈欢迎

【汉口三日下午十时专电】 绥靖署接九江警备部三日未刻电,隆和三日晨八时到埠,调查团各委员均登岸,在附近各处游览,民众为有组织之欢迎,十一时乘原轮上驶。海军曾以鼎接江元舰电,隆和下午二时过武穴,未停。周泽春由九江来电,准四日晨八时到汉,调查团各委员决住旅馆,请在德明饭店定房七间并座四十余,照拟定办法招待云云。汉口外商总会定四日午后三时在西商马厂约该团茶会。

【汉口三日下午七时发专电】 三日省市政府、警备部、江汉关前均已结彩,各机关商店定四日晨六时起悬旗。隆和三日午后已过九江,四日晨八时可到。武汉招待处三日又开会,分配招待职务。德领馆致函招待处,请于德委员到汉时下榻领馆,已电九江周泽春与德委员面洽。调查团秘书杨格等二日晚飞抵渝,当地各界均有代表欢迎,定四日晨仍乘飞机回汉。

【汉口三日下午九时电】 浔电。调查团三日晨抵九江,八时登岸游览,十时原轮上驶。江元舰三日由武穴电汉,隆和轮下午二时经武穴上驶。周泽春电汉,四日晨八时准可到汉,该团抵汉后即离轮,住招待宾馆。调查团到时,各界按规定行列到码头欢迎。新闻界三日推周介天等为代表,何键派胡燮怀代表。四日晨十时半,省主席、市长、各国领事会晤,正午市长欢宴,下午答访要人并与各界代表谈话,晚省主席欢宴。何成濬、夏斗寅及各界均备有欢迎词。

【南京三日下午七时电】 九江电。国联调查团二日晨过芜湖,各界代表

登轮欢迎。晚过安庆,未泊岸。三日晨抵达九江,各界均有代表至埠欢迎,并款待。轮停四小时,顾维钧陪莱顿,萧继荣陪克劳德尔,颜德庆陪麦考易,王广圻陪马考蒂,张祥麟陪希尼,朱鹤翔陪吉田,严恩棫陪哈斯,登岸游览。途中各团员与顾维钧日有会议云。

【徐州三日下午七时发专电】 欢迎国联调查团专车,三日晚六时由铁部派钱宗渊押赴浦口,备该团乘坐北上。

铁部官舍会谈经过,汪精卫在中政会之报告

【南京三日下午七时发专电】 二日晚中政会议临时会,汪报告调查团到京后政府招待情形,并将政府当局与调查团所开四次谈话会经过及政府答覆调查团各点为详尽之报告。

【南京三日下午五时电】 二日晚,汪在中政会报告招待国联调查团经过及在铁部谈话会情形:"第一次会议,调查团首先提出问题约三十余项,逐条征试我国意见。当择其可答覆者先行答覆,其余俟一度讨论后,于二次会谈答覆。二次会谈,本人将中日纠纷症结之点,向该团作极详细之陈述。旋由代表团将日方当局意见作概略之报告,次将不明瞭各点提出重行追问,最后并以第三者资格,对中日问题作假定意见的表示。此次会谈时间最久。第三次会谈,最初双方将新发现问题互相征询意见,席间且论及上海事件。第四次会时,将我政府全部意见书由顾维钧正式递交莱顿爵士,意见书内另备副本。旋又继续交换意见,彼此声明对于此次会谈记录均有重加考虑之保留权,庶前途局势或有变迁时,应付较易。"

(《大公报》,1932年4月4日,第三版)

149. 一幕丑剧:本庄指挥下之汉奸百计奔忙伪造民意,日人对调查团赴沈之布置(续昨日第四版)

利用商民,吴恩培告奋勇

吴恩培所担负为金钱供应、包办商界等事。日人占领东三省之后,闻结至现在,在官银号所用之款已达两千六百余万元。此项用款由吴恩培献计,将各机关及从前军阀要人在官银号存款没收作抵。其非军阀要人以堂名别号在官银号之存款，亦由吴恩培在手册上批明军阀字样，提取时只付三分之一，其余则纳入私囊，与日本顾问、咨议朋分。最近有某君成记存款六万余元，吴恩培批作汲金纯字样，遂吞没不少。近日吴暗中通知各大商店，逼令听其指挥，作种种应付调查团传讯之预备。先从逼索各领袖商号欠款为武器，各商号无力归还，遂均俯首帖耳，供其愚弄。此因三月十日庆祝时，上午各商店一律关门，不肯悬挂伪旗，后经日本宪兵督同本地巡警，逐家敲门，逼令开市悬旗，虽武力之下无不成之事，但终未能一律。诚恐调查团来时再有此种现象，则于民意组织之"新国家"信用大有关碍。日人正苦无计可施，吴恩培自告奋勇，条陈办法。日人大喜，即派其子代理沈海铁路局长，表示酬报。吴大喜过望，矢竭心力，并允将中交银行及各钱庄军政界存款，一律以伪官厅势力逼提至官银号，由其支配，供给日军之用。前数日将边业银行所存生金，向朝鲜银行换取不兑现之朝鲜行金票。其对于搜括献媚之手段，真属无孔不入，受知军部良有以也。闻其对于军部浪人拉拢，均以代为捣把（即买空卖空）入手，获利则朋分，蚀本则由官银号弥补，故军部日人对之感情甚好。吴亦藉此自重，见人说话，口口军部，亦似从前之声声口口不离总司令也。

日人乔装，赶作棉袍马褂

阚铎为著名无耻官僚，阴谋诡计比较辽宁土人为多。事变后，由土肥原引作四洮铁路局长，不数月即将四洮路签字卖去，并献夺取北宁路办法，日人对之非常欢迎。此次担任由山海关迎接调查团来沈阳之任务，已将由沈阳至山海关各站所用之日本人一百五十一名，一律改穿中国衣服。在吉顺丝房、新新商店等店铺，大做老蓝布棉袍、黑缎马褂，一律改装，若不开口，无论何人，不能知其为日人也。又以奉山路顾问参议名目，写就聘书七八十份，邮至各地。稍有名望之交通界人物，不问对方接受与否，即先开出名单，向各国领事方面宣传，作为各该人等虽并不在此，亦是归顺新组织之人物，以壮伪军之声势。伊并献计军部，将大连大和旅馆名为查房、实系侦探之日人多量调来，安置于此间旅馆及前往山海关，俟专车出关时换往车上，以便探听消息。此项计划，将来调查团经过东三省各地时，暗中均已一律布置，总指挥为土肥原，参谋则于冲汉、阚铎是也。前数日阚专车巡视各站，并赴四洮、洮昂、齐克各路宣传训练，教唆口供。闻以上三种布置，于下星期起当由军部分别派人秘密考验一次,以免临时不能应手,致出漏洞。日人之布置,亦真可谓不辞辛苦矣。

鸦片作祟,赵欣伯被拘禁

此外尚有一事,为外间所未知者,即赵欣伯忽然失宠之原因。赵与日人之契合,虽不及于冲汉,实在吴、阚二人之上,一时伥鬼声光,远非旁人可及。乃忽被监视一日,不得自由,卒将要差交出,担任徒拥虚名之立法院长,遂至秋扇见捐,暗中流泪。实际原由,乃为鸦片烟之作祟耳。自九一八事变以后,日军查抄得汤玉麟父子所藏热河烟土六十余万两,经赵欣伯献计,由日本宪兵队招商拍卖,每两收洋一元,包上盖用日军官印,准其通行无阻。彼时适阎泽溥来为某人运动投降事,携来运动费二十余万元,宴请日本重要军官,已有眉目。阎忽发财心盛,将所携来现款,先向宪兵队尽量购入鸦片烟,收存于其所开之某银行中。迨日军官向之索钱时,阎已无现钱在手,遂至为日军部所拘禁,现已被杀。赵至此,一次生意做后,因分赃者太多,各军官均不满能意,遂又生一计,派出多数巡警,分向大中银行等买鸦片者,作第二次之查抄,共又抄得三十余万两,收存市政公所,重定高价,作第二次之拍卖。乃因各土贩上当在前,裹足不往,久无办法。日方则疑赵独吞巨款,遂向本庄繁诉苦。本庄震怒,遂于赵赴长春之时,派宪兵二人看管,监视出入,并将其沈阳各差缺分别委人接收。赵家中儿啼女哭,奴隶星散,一时混乱不堪,外间遂有赵已被杀之谣传矣。赵被监视后,即运动驹井(伪政府总务厅长,日军部之中将顾问),为之向本庄缓颊,本庄亦自悔孟浪。次日本庄过长,即恢复赵之自由,惟对此事亦不能无声无臭下台,恐于军部面子有关,遂将与赵同谋之赵某电召赴长,加以监禁。拘押三日,始赎得自由。

九一八事变以来,甘心纵逆之人指不胜屈。然一般胡匪出身之军人及在胡匪手下讨生活之奉天官僚,均无知无识之流,本无国家观念,傀儡行为不足记录。而于、吴、阚、赵四人于此辈中心计较工,甘为虎伥,遇事先意承志,视于无形,听于无声,其得日人之欢心,亦在一般胡涂虫之上。兹就所闻于日本军部中人者,濡笔记之如上。(二十七日)(完)

(《大公报》,1932年4月4日,第五版)

150. 调查团定今晚离汉北上，莱顿表示关心鄂省水灾，今日谢绝宴会，将视察灾区堤工

【汉口四日上午十时发专电】 调查团莱顿等一行，四日晨八时抵汉。各机关代表何成浚、夏斗寅以次，均于七时许到埠欢迎，各界代表约千余人。船泊江汉关前，何、夏及市长何葆华并招待员即登轮欢迎，驻汉英、美、义各领事及武官亦在埠欢迎。八时半莱顿与顾维钧并行登陆，笑容可掬，麦考易、希尼、克劳德尔、马考蒂以次随行。时军乐声大作，商界代表均持小国旗，亦飘扬致欢迎意。莱顿与顾同车，余四委亦由我招待专员分别陪行。调查团五委及秘书勃兰克思、顾维钧均下榻德明饭店，余住太平洋、中央两饭店。十时许，调查员由顾维钧陪往绥靖署，访何、夏如仪，市政府则仅投片。

【汉口四日下午六时发专电】 四日晨十时，莱顿访英领事许立德。十一时偕全体调查员赴绥靖署答访何、夏，询鄂省水灾惨况，莱顿表示极为关切。十二时市长何葆华欢宴，午后三时邀商会贺衡夫等谈话，四时赴西商茶会。总商会以调查团辞招宴，特将希望制一英文宣言，详述此次日军侵华商界所受痛苦，并对排货、排外各端均有辩解。

【汉口四日下午七时发专电】 隆和轮定五日晚七时半离汉，七日午可抵京。闻不再勾留，即转车北上。调查团因须视察灾区堤工，五日商会及省府宴会均已辞谢。

【汉口四日下午十一时发专电】 何成浚四日晚招待国联调查团，莱顿答词，略谓："今日承贵主人特别款待，非常感谢。贵省受大水之后，方忙于建设，当未到汉之先，以为武汉受空前之水灾，必受重大影响。今日抵汉，见秩序及种种，皆足令人钦佩。贵国近方遭较水灾更严重之忧患，鄙人相信有相当之忍耐，必能得完满之解决，敝团此来，决不致虚此一行。贵国此刻处理忧患，有较水灾更大更难，更为复杂，希望全国以一致之精神处理。贵国以此问题信托国联，国联即派敝团前来调查，表示诚意之合作。此问题已得两国政府之信托办理，必有完满结果。贵省对此次水灾已能补救，希望两国人民咸补助两国合作之力量，以求完满解决"云云。

【汉口四日下午十一时半发专电】 四日调查团访何成濬时,对鄂省水灾情形,询问颇详。莱顿首询水灾如何酿成及防水情形,何当以水势高出堤七八尺,无法加高对,并谓现全省灾民尚有二百余万,无衣无食者数十万。莱顿谓灾民如此之多,治安如何维持,何答灾民所求在得食,水灾后政府正拟统筹赈济,而东北、上海事件相继发生,未及兼顾,幸赖地方绅商出办急赈,地方始终安谧,故嗣后只求赈灾有办法,治安绝无问题。莱顿对武汉秩序极满意,对灾况再三致关切之意。

【汉口四日下午七时发专电】 五时西商总会约调查团全体在跑马场茶会,并约何、夏及各界领袖作陪。天晴日朗,音乐幽扬,宾主尽欢。该团定五日晨九时至九时半接见商界代表,九时半至十时新闻界,十时至十时半教育界,十时半至十一时工界,十一时复参观堤工,下午过江。顾维钧语记者,调查团对武汉秩序之整肃、市政之井然,颇为满意,呈意外之感。

市政府午宴,何市长致欢迎词,莱顿爵士致答词

【汉口四日下午六时发专电】 四日午何葆华欢宴,到二百余人。何致辞,谓:"汉口本为商业中心,自去年蒙空前水灾,损失甚巨。商民方合力救济,而东省及上海事变先后发生,致不能照原定计划建设。今日招待极为不周,甚觉抱歉。中国人民,最爱和平。欧战以来,尚有余痛,诸君爱护和平,必能使早达圆满目的,谨祝成功"云云。何词毕,莱顿致答词,略谓:"今日承市长招宴,极为荣幸。武汉为重要口岸,湖北为历史上有名要地,不幸蒙重大之天灾,是以顺便来汉一看。今日抵埠时,承各界热烈欢迎,并承隆重之招待,而武汉市政之整齐,尤令人忘其过去曾受之痛苦。鄙人对武汉水灾最为关切,以前在印度曾身历之,然究不如贵省遭害之惨。贵省水灾,受其损害者达二千一百万人,其中犹有三百余万无衣食者,今日抵武汉,更确知武汉附近尚有二三百万灾民。世界各国对此多极关心,努力设法帮忙。惟其如此,国联对于世界发生重大事变,愈感觉其责任与困难,因此派调查团前来调查,觅一可以解决此困难之方法。故每至一处,均约各界代表磋商此项解决方法之有效实现"云云。

(《大公报》,1932年4月5日,第三版)

151. 东北叛逆竟欲拒绝顾维钧出关，日内将致电国府请求"原谅"

【沈阳四日新联电】 拟陪同国联调查委员一行赴东北之中国代表顾维钧，"满洲国政府"鉴于顾氏从来之经历，决定予以拒绝入境，将于二三日内致电国民政府，表示拒绝入境。其电报内容大要谓："顾维钧以代表南京政府之名义，会同国联调查委员来满之事，查从来贵国与我'国'本可发生亲善之关系，但贵国人对于以三千万民众之总意而成立之'本国政府'视为伪政府，殊与'满洲国'民众以刺激。因此顾维钧之入'国'，诚恐为不稳之徒所乘，致有阻害树立两'国'亲善关系之事。是以此次之拒绝顾维钧入'国'，实为不得已，希为原谅。"

【东京四日路透电】 据长春日领报告，伪满洲政府拟通知中国政府，不允顾维钧随国联调查团赴满，因南京方面对伪政权频有侮辱之陈述，且恐中国官吏前来引起困难，或有不满人士反对伪政府，或有他人反对顾氏云。

(《大公报》，1932年4月5日，第三版)

152. 国联调查团七日北来，各界预备提出之草案即签字，省市政府日内再产欢迎办法

关于国联调查团北来本市筹备招待事宜，闻省市政府日内拟与民众代表再行商洽一次，规定欢迎办法。闻各界向国际调查团提出之二十一项草案，已用打字机打出一百份，今日即可竣事，明日将交各界签字。签字人数，约在千人以上。商界代表签字者为王文典、卞白眉、潘子欣、徐卓然、卞椒成五人；工界为陈文彬、张广兴等；新闻界有四家报馆经理签字，教育界由张伯苓等数人签字；慈善团体由红卍字会代表，律师界则由黄宗法、濮舜卿等签字。此外教育厅为教育界欢迎该团事，特召集省立各学院长及市教育局长，讨论欢迎办法。至该团抵津确期，省府已接外部来电，谓国联调查团于七日起程北来，九

日抵津,所过各地希饬军警妥为保护。省府已电省境内津浦沿线各县一体遵照。原电略称:"顷准外部冬电开,国联调查团定七日乘平浦车北行,约九日抵平。经过县境时,希饬军警妥为保护,特别注意,毋稍疏忽。"闻该团来津人数,共约三十余人。省市政府公宴地点,刻已决定在西湖饭店。外交界及名流被邀者,有黄荣良、黄宗法、严智怡诸人云。

(《大公报》,1932年4月5日,第七版)

153. 社评:异哉拒绝顾维钧到东北?[①]

连日日本消息,东北方面将拒绝顾维钧氏偕国联调查团出关。果也,京电传来,伪外交部长此项电文已到外交部,此真滑稽无赖之尤者也。顾氏参加调查团,系由国府根据去年十二月九日国联行政院会议决议案任命。原案第五款称:"行政院决派调查委员会,到当地调查一切能危及国际关系、破坏中日和平或一切影响中日友谊之事件。该调查委员会由五人组织之,中日两国均得派襄助员一人,协同该委员会办理一切。"顾氏即居襄助员地位,因顾为起草国联盟约之一人,曾一度任行政院非常任理事,为中国人中与国联关系最深之人,故国联方面对于顾氏之任命极表欢迎。莱顿爵士此次在沪尝公开赞许之,为中政府得人庆。日本外交家与顾氏相谂习者颇不在少,驻沪之犬养私人代表松冈洋右即其老友也。松冈往岁曾谓顾氏明于外国情形而不习本国状况,宜有到中国留学之必要。近年顾氏历任枢要,经验已多,脱离政界后更作东北寓公者二三年,于东三省情势并有相当之调查与了解,其洞悉国情,迥非吴下阿蒙可比。国府此项任命不特外人欢迎,一般国民亦多认为用得其当。然正惟如此,愈益遭忌,所谓"满洲国"之拒绝顾氏,背景所在,当为世界共喻也。

按伪满洲国曾于三月十二日电致日、英、美、法、义等国,通告伪国成立,要求开始外交关系。仅日本外务省复电,他国皆置之不理,美国更表示不承认之意思。我国民政府于二月二十四日曾照会日本,声明满洲之独立运动及非法的团体组织责任全在日本。及三月一日所谓"满洲国"之建立宣言发表,国府

[①] 编者按:原文如此。

即饬驻日代办江华本氏向芳泽外相提出抗议,大意谓据报东省地方有独立国之组织,此种破坏中华民国领土之行动,在日本军队未撤退以前,中国政府未得阻止,故其事应由日本政府负完全责任,更征之日本代表佐藤在日内瓦国联行政院之言动,日本之援助此项独立运动甚为明白云云。芳泽于十九日致代办转答,竟诿称此项独立行动系"满洲民众之自发的行动",与日政府无干,日政府且经取缔本国人之参与,而于"满洲国"之维持治安、尊重日本权益,则公然表示"欢迎"与"同情"。由此经过观之,证明:(一)中国决不认有"满洲国"之发生。此种破坏中华民国领土之行动,责任完全在日本。易言之,日本军队如果撤退,则此种鬼影组织立可幻灭。(二)各国皆不认有所谓"满州[洲]国"之存在。调查团乃国联行政院所派,有五国代表,中国襄助员即系遵守国联议决案,奉派与各国合作。各国既不承认有"满洲国",中国更根本不认有此事实。东三省系为中国完整的领土之一部,代表中国之顾维钧实为调查委员会之一分子,谁可得而拒绝之,否认之?(三)日本对于伪国通告,正式表示接受。其回答中国之抗议,对伪国一则曰"欢迎",再则曰"同情",情见乎辞,自画供招。且按之事实,长春伪执政府以日人驹井为事务部长,吉林伪省政府以日人原武充总务厅长,自宣传文字以至财政金融,无不由日人包办。此而曰"已经取缔本国人之参与",欺人乎?欺天乎?日本手造伪国,玩弄世界,宁待辩论?本此三点证明,反对顾维钧入东三省,即等于拒绝国联调查团本身。顾氏昨在汉口所说,确切不移,而其实际的责任者,乃日本也!

按日本手造"伪国",假托"民意",其不足以欺世界,宁不自知,故目前惟一办法,即为赶急攫夺利权,制造"既成事实"。尤要者,实行"亲善之极,融为一体"之主义,以日本智识分子,化身"满洲国民",取得枢要位置。试观伪《人权保障法》第三条云:"'满洲国'人民,不问种族宗教如何,一体享受国家之平等保护"。夫东三省三千万人口,以汉人占百分之九十五,尚有何种族问题?其所以如此规定者,冀将二十三万日本人、六七十万朝鲜人悉令变成"满洲国"人,使与原来之中国人享有同等权利,以"满洲国"人民之资格参与公务,服官任职。畛域悉泯,岂特土地商租不成问题,根本上一切公私权益从此皆可随意取得,此诚"亲善之极,融为一体"之极度应用。彼以伪国独立诿之民意,殆即解释为此辈"满洲国民"之"民意"欤?东三省民众读报且不自由,更何有于"人权保障"?彼所为有此装潢者,正为第三条之利用耳。此种狡狯之方法、毒辣之手段,实为历史的创例,人与人相与时所不可容许之罪恶。明夫此,则知拒绝顾维钧入境之举,不过为傀儡剧中罪恶之一端,在此以前与自今以后,尚不知有若干丑剧怪剧供人省览。调查团诸氏皆为久经世变、周知情伪之人物,此种鬼蜮之技,适以见其作伪,心劳日拙而已。何足道哉!何足道哉!

(《大公报》,1932年4月6日,第二版)

154. 调查团在汉任务终了,即经浦口转道北来,在津勾留半日即往北平

【汉口五日下午二时发专电】 调查团定五日晚七时半登轮,八时下驶,七日可抵京。即乘车北上,在济南停一小时,九日上午八时到津,预定留七小时,下午三时赴平,勾留七日,即径赴东省实地调察。又据麦考易随员语记者,该团在平拟勾留十日,访东北要人并接见东北民众代表,为赴东北调查之准备。在东北至少有一月,仍返平,再赴日本。

【汉口五日下午六时发专电】 五日晨大风,调查团本拟取消武昌之行,及午后二时,风略停,仍前往,一部团员未去。建厅预备专轮迎送。江中风浪尚大。轮抵黄鹤楼下埠头,省府委员及公安局、县政府均派人欢迎,民众欢迎者约千余人。上岸即分乘汽车直驶珞珈山武汉大学参观,由代理校长王星拱等招待,在文理学院参观一周。五时举行茶会。

【徐州五日下午二时发专电】 国联调查团定七日由京北上,王均、韩复榘四日电津浦沿线由浦口至济南驻军及站长、县长、军警督查处长,严密警戒,认真防护。又王均奉军政部电,令铜山、萧县、宿县、灵璧、怀远、凤阳、滁县、全椒、来安、江浦各县长,徐、蚌、浦各旅团,国联调查团北上时除由谷司令随同保护外,应一体协助防卫。

昨晨接见各界代表

【汉口五日下午四时发专电】 调查团莱顿等五委员及秘书长哈斯,五日晨九时起接见各界代表,以时间关系,每次限半小时。首由商界贺衡夫、周春棠等六人入见。莱顿首询武汉方面抵制日货之经过及沪案发生后商场影响,代表答:此次日人侵略,民众激于义愤,多自动拒用日货,自九一八以来,武汉

商况凋零异常云云。次新闻界代表入见，首述意见四项，谓武汉日侨我当局保护周密，而日租界于沪事初生时即越界修筑防御工事，如临大敌，显系制造恐怖之事实。莱顿谓日租界今已少见此项工程，代表当将未撤除前之照像交呈，莱顿极为满意。又谓民众抵制日货，合此次共为三次，五九及济南惨案先后发生，俱受非常之威胁与刺激，及事态和平，仍友善如初，可见排货非排日人，纯出自卫之手段。莱顿谓抵制日货已有八次之说确否，答：不确。代表谓日人常以抵货为排外，实则自九一八以后，日货销路虽滞，而其他各国货品则转畅销，此为有力反证。最后代表问调查团对日人伪造民意下之东北伪国成立作何感想，莱答，此点调查团已注意。次教育界陈时等代表往见，告以日人在文化书籍上侮辱中国及国联，并挑拨中外感情等多件。工界则由王锦霞等代表往见。至十二时莱顿等赴戴家山观堤工。

参观堤工表示惊叹

【汉口五日下午六时发专电】 调查团五日午刻全体分乘汽车，赴张公堤、戴家山参观堤工，顾维钧等均陪往。事先由招待处布置茶点招待，赈会派马登瀛、贺衡夫等陪看。时狂风甚大，吹人欲倒，莱顿兴致极好，时向招待员徐维荣询工程情形。该处工人百余，方勤力工作，希尼、马考蒂及哈斯均以摄影机摄照，赈会分赠每人水灾工赈计划一册。莱顿、希尼等对张公堤历史及堤溃情形询问颇详，告以水涨时高出堤岸四五尺，咸惊叹不置。一时许仍回德明饭店。

(《大公报》，1932年4月6日，第三版)

155. 叛逆竟电外部拒绝顾代表，顾谈此举"无异拒绝调查团"

【南京五日下午十时发专电】 谢介石以伪国"外长"名义电外部，反对顾维钧以代表中国政府名义赴东三省。

【东京四日路透电】 据沈阳电称，伪满洲国"外长"第一次将有正式通知致南京政府，拒绝顾维钧氏偕国联调查团入满。此项叛逆通知将以外国政府称呼中国，文件中用"贵国"与"敝国"字样，并将正式在名义上与实质上宣布与中国绝交。

【汉口五日新联电】 顾维钧被拒绝出关之消息到此间后，记者即赴调查团宿舍访问顾维钧。据顾氏谈称："尚未接到此项报告。余乃系调查团一行所任命，如果叛逆拒绝我，则无异于拒绝调查团前往"云云。

(《大公报》,1932年4月6日,第三版)

156. 暴日对我文化侵略，教部搜集证据交调查团

【南京五日下午十时发专电】 教部将暴日删改我教科书文字证据，附载说明，交莱顿，提出国联，作公正处理。

(《大公报》,1932年4月6日,第三版)

157. 何应钦赴京欢迎调查团

【徐州五日下午十时发专电】 何应钦五日晚由洛专车过徐赴京，欢迎国联调查团北上。

(《大公报》,1932年4月6日,第三版)

158. 调查团将出关，临榆县筹备欢迎

临渝通信。临榆县政府昨奉河北省府电令，以国联调查团不日将由北宁路经过山海关东去，亟应预先筹备。县府接电后即召集本县各机关、各学校等开联席会议，筹备欢迎及招待办法。议定公举五六人负责筹备，并由教育局长范恩庆拟英文欢迎词及搭松树牌坊二座，由公安局传知四街三关各商民，一律悬挂国旗，以示欢迎之意，并请各界参加欢迎云。

(《大公报》,1932年4月6日,第四版)

159. 欢迎国联调查团各界人数已决定，由沈迪家、赵鉴唐赴西站迎迓，欢迎筹备处决定更名招待处

国联调查团莱顿等一行北上来津，约于本月九日晨间即可到达。本市各界欢迎筹备处连日正在积极筹备，倍极繁忙。该团抵津下榻处所，业经筹备处租妥西湖别墅房屋五间、利顺德二十五间。西湖别墅定为莱顿等五委员住居，利顺德方面为该团秘书随员等寓所。汽车已备妥四十辆，并决在北宁新车站、津浦西站及东车站各扎彩牌楼一座，藉示欢迎。筹备处以该团来津期近，关于筹备事项大致就绪，故拟于日内更名筹备处为招待处云。

又该处于昨日下午三时在市府礼堂开会，到有严智怡、邓庆澜、邵华等十余人。议决各案如次：（一）公宴决在省政府举行；（二）规定各界前赴车站欢迎调查团人数，计工会二百四十人、商会二百人、教育界二百人、妇女界三十人、律师公会三十人、新闻界五十人、自治区八十人、童子军三百人（以上均为最多数）；（三）推定各界负责人，计工界陈文彬、张广兴，商界王文典、王晓岩、卞白眉、徐卓然，教育界邓庆澜、李琴湘，妇女界阎淑蕙、濮舜卿，律师公会李洪狱，新闻界胡政之，自治区蒋志林、刘道平；（四）推沈迪家会同赵铿［鉴］唐于该团抵津时，赴西车站迎迓；（五）西湖别墅方面由段茂澜、陶秘书负责招待，利顺德方面由张锐、沈迪家负责招待；（六）推定严智怡、第二军部参谋长、王一民分任总指挥，在车站维持秩序；（七）定于七日下午三时召集各界负责人开会，并分发欢迎证；（八）拟定招待调查团程序单：1. 由总车站下车后，调查团各委员赴西湖别墅，中国代表及各随员秘书赴利顺德饭店休息，截至上午十时；2. 西湖别墅民众代表招待调查团各委员，举行茶话会；3. 省政府午宴；4. 下午在省政府摄影后，仍返西湖别墅休息；5. 三时由饭店出发，赴东站登专车赴平。以上各案讨论毕，至五时闭会。

（《大公报》，1932年4月6日，第七版）

160. 国联调查团今日北来，在平勾留十日即出关调查

【南京六日下午九时发专电】 外部接顾维钧电告，调查团所乘之隆和轮六日下午一时已过九江，约七日下午二时抵浦口。除外部招待委员会派员招待外，并由徐谟渡江欢送，中央国府亦均派代表前往。专车共挂包车五辆、卧车四辆、饭车二辆。

【汉口五日下午十时发专电】 调查团五日晚九时离汉东下，随员先上船，莱顿等八时半始离德明饭店。各界欢送甚盛，如欢迎时。又莱顿在武汉轮渡接见记者，谓："来汉获见灾后情况，今日见以人工筑堤，实为生平第一次，希望工程早日完竣。鄙人等此来蒙武汉民众盛大欢迎，今日将离此，谨表谢意。中国人之耐劳，于今日堤工可以见之，希望一致努力，达于强盛。"又顾维钧谈，过京决不停，在津略勾留，在平住十日，东北约三周，由日本仍转回北平，调查团此来对武汉秩序甚注意云云。

【重庆四日下午七时发专电】 国联调查团莱顿秘书爱斯特、丹那二人，二日同财部顾问杨格飞渝，四日回汉，刘湘招待周至。爱、丹两氏在渝谈：此次中日纠纷，国联仅能对日方予以道德上之制裁；调查完结后，即将事变真相公诸世界；惟欲国联以实力援助中国，事属困难。

武大教授四项声明

【汉口六日下午二时发专电】 五日调查团参观武大时，周鲠生代表教职员与莱顿谈话，提出三问题：（一）贵团将来至东省实地调查，占据该地之日军为粉饰计，加以一种阻碍，使不能尽量调查，则如何？莱答：自有办法，使其不加阻碍。（二）贵团抵东省后，对于日本一手造成之满洲伪国将予以何种表示，是否认为一个国家，予以接受？莱答：无所表示，决不予以接谈。（三）调查后国联根据报告处理中日纠纷，如日本拒绝接受，是否将依盟约及公约予以制裁？莱答：此时尚谈不到。又武大全体教授向该团提出书面声明四点：（一）非法占据东三省及现在上海之日军应立即撤退；（二）中日一切悬案应全部解决，或提交国联，或由国际参与；（三）国联为履行盟约第十五条，国联调查团及国联任何代表不得与所谓"满洲国"有任何承认之行为；（四）如国联

历次决议不能完满执行,应请国联实行第十六条。莱顿允转达国联。又马考蒂因病,克劳德尔因事,未赴武昌。该团除至武大外,并参观妇孺教养院及灾童学校。

莱顿测验汉商心理

【汉口五日下午八时发专电】 调查团接见商界代表时,莱顿诘问甚多,且多带严厉之测验性:(一)以何种方法可以杜绝日本货?(二)将来中日关系圆满解决后,中国人之排外思想能否消灭?(三)东省与汉口之关系如何?代表答:(一)在中日纠纷未圆满解决以前,我们商人觉得卖日货为可耻的;(二)今因日本侵略中国,故中国人抵制日货,绝无排外心理(此点诘辩甚久);(三)东省之食料豆油供给全国,与汉口商场关系极大。此外莱顿并问九一八以来汉口商场损失之数目究竟多少,则无法置答。

(《大公报》,1932年4月7日,第三版)

161. 欢迎国联调查团今日讨论办法:入站欢迎证已预备四千,商会函各业嘱报告人数,省府昨派铁甲车赴德州迎候

省市政府因筹备招待国联调查团事,特定今日下午三时在市府开最后一次会议,讨论各团体到站欢迎办法。闻欢迎证已制定四千份,今日即可发交各界代表。又省府为妥慎保护该团起见,特调东北铁甲车队第十一分队长刘兴宇,统帅铁甲车一列,于昨日开往德州,迎候调查团专车,并注意沿途保护。至抵津后公宴地点,省政府主张仍在省政府内举行。闻调查团同来之日人在津下车者只有两人,余皆径赴北平。至调查团赴平时,津方招待处已决定派员随伴同往云。

本市各界欢迎国联调查团人员,早经筹备处方面规定妥当。按商界代表原拟由商会常务及执行委员加入各同业公会主席,共为七十人,届时前赴车站欢迎。兹因招待处增加商界欢迎人数共为二百,并函知商会酌量推派,该会当于昨日通函各业,略谓欢迎国联调查团人员现因增加商界代表,届时各业主席

参加外,其常执委员亦请齐赴东站欢迎,兹将参加人员姓名预为函知到会,俾代领取入站证云。

(《大公报》,1932年4月7日,第七版)

162. 读者论坛:为调查团进一言

中外仰望、商民欢呼、为全世界"主持公理""保护和平"的"国联代表调查团",已临莅我沪上,从事"调查工作"。我四万万七千万民族,处国家灭亡关头、忍辱负痛时期,犹不能不处处预备,作兴高彩烈的欢迎、恭谨严肃的招待者,何也?为"公理"是否存在,"盟约"是否有效,及是否能"裁判武力侵略,保护信义和平",其关系之重大,实□我国家全体民族生存死亡之关键。故不得不"含苦茹辛",以现时无限的痛愤,存将来无限的希望,向"国联代表"诸公出以至诚热烈的呼吁,为我四万万七千万民族请命!

日本凭藉武力,决心亡我,六十年来早有计画。观其夺我琉球、占我台澎、割我高丽、踞我旅大,种种侵略,可为明证。盖日人素抱"大陆政策,军国主义",并我之后,即强霸世界,其"军阀承袭,皆为一贯之传统"。自明治以来,其武力伸张于我国,侨民迁居我内地,名为通商,阴行侵略。盗憎主人,反□为雠,我政治商业横被摧残,经济财货尽为剥削,日人祸我,遂愈演愈烈!自我民国三年,日人乘欧战之利夺取青岛(时为德租),藉维持亚洲之和平,攫取远东之利益。(时英出兵救法以御德,屡令日本出兵西欧,日人藉维持亚洲为词,不能出兵于欧洲,反令英出兵来亚,共攻青岛,协约国皆堕日人计中。)凡德人在亚洲之利益(青岛山东)及太平洋土地(加罗林群岛),尽为日人占领,得利自肥,何曾均沾。人谓日人乘欧战而乘机夺取德人远东之利益,如盗贼乘乱自由劫掠以发财,良有以也。以友邦为傀儡,以我民为鱼肉,远交近攻,欺骗世界,日人之狡滑可谓至矣。自是我山东利权被其把持,我南满路政在其掌握。其官方则"阴谋操纵,包庇匪犯,供济我内乱",其浪人则"卑污苟贱,惯贩毒品,贻害我商民"。试查我商埠省市,日人出卖之毒品及崔苻盗数,日人供给之枪械随处可见,所过皆有。即此数端,亦实背"国际道德,世界信用",而遑论其他。乃日人每以"无组织"及"非现代式国家"向"国联"以讥我,不知我之"无组织"

及陷于"落武[伍]地位",半由于日人之侵略,半由于日人之破坏。如其不信,试查我东三省,可以证明。当九一八以前(日人未侵占时),政府之文明、社会之秩序,何在而不"有组织、有系统",为二十世纪"新式足备"之省府?讵自九一八后,经日人无端出兵,极力破坏,使地方糜烂,文物灰烬,瓦砾摧残,凄凉满目,使我三千万男女同胞陷于日人杀戮刀锯之下,死亡流离之中,望烟火而无门,号冷风而饮泣。此真我穷古未有之浩劫,为"国联代表"诸公所当"披发缨冠"而急救者也。

日人对我国家不以平等待遇,阴谋破坏,极疲以逞,所以我内地匪患无时平息,全国商民悉被日祸。观我民四、民五(时日管青岛),日人一方面怂恿袁世凯称帝,背叛民国,一方面助长革命军问罪,进占周村。使我同室操戈,自相残杀,彼即坐收渔人之利,以期一网打尽。及我兵乱四起,遂即乘机要挟,提出"二十一条件",迫我于"二十四点钟承认",否则自由进兵,决取便宜。其骄横强霸,压制威吓,实人情所不能忍、祸害所不能受。尝记当时日本有驻在我北京之副使,名小幡酉吉,在我外交席上,因我决不承认"二十一条件",乃以手杖暴击我外交部棹案,声色俱厉而言曰:"文明国当以文明对待,野蛮国当以野蛮对待,汝(指我外交者)野蛮国,只可如此,还有何说?"如闻其声,可畏哉?时我外交席上为曹汝霖氏,迫于"强权"之下,不敢抗违,然我全国民众气愤发指,早已声明此条件为无效。乃日人狡赖多端,时藉此强暴条件为压制我全国民众之工具,遂引起吾人之反感,誓死抵抗,实为我华族永久国耻之纪念,无论何国民族,所不能忍受。即法之待遇安南、英之待遇印缅、美之待遇斐律宾,亦决无如是之残刻。而日人竟公然提出,用以待我,必使我四万万七千万民族尽为奴隶,四千二百三十万方里土地尽属彼之版图,而后快焉。"强权"欺人,天下宁有是理耶!

嗣因欧战结局,华府会议因我有"四十万华工"之接济,不能无"微惠之均沾"。时我外交列席,请求将青岛与胶济铁路一并交还,乃日人利欲熏心,坚不允从。因我外交席退出会议,不欲列席,遂有美总统威尔逊氏出为调和,令日人照约交还青岛及胶济铁路。日人格于公议,无法狡展,乃以金钱变像之要求,迫我赔偿兵费至数千万元,始允为交还。日人无信,实友邦养成,转以杀我,事实俱在,能无痛心?当欧战延长,损失重大,其中得利者惟日本一国。然各国鉴于战祸之危险,乃共谋永久之和平,为世界"弭兵"之计划,遂有九国会议联盟于日内瓦府,结九国公约及非战公约。盖预知将来远东战祸之引线,为各国在华利益之冲突,故约内明白公布"保证我领土之完整,政治之统一",并"予我以自治机会,使门户开放,利益均沾"。法良意美,公理常昭,实二十世纪世界文明之先导、人类道德之保障。无论何国,不得甘为戎首,即有争端,亦须付之会议,听候公决,非至万不得已,不能以兵戎相见。"盟约"俱在,凡会员国,皆应受其约束及有遵守之义务。乃日人醉心武力,故意违反,对"盟约"则多方破坏,对我国则时起衅端。窥其居心,无非忌我统一,利我变乱,日刈月削,得而甘心。于我民国十七年,出兵济南,炮击省城,杀我商民,戮我交涉员,占我铁路,阻我民军。我民众知其用心,忍辱受死,得度难关。乃济案之血未干,而日人狼心又起,朝鲜案、万宝山案,嗾使韩人杀我商民,劫祸之惨,言之寒心。不料自去年九一八以来,我亡国之祸患,接连无数,日人步步进兵,处处寻隙。我东三省二倍于日本之土地,尽被侵占;我三千万无辜之民众,尽被桎梏。犹复延长祸端,侵犯内地,天津受殃,上海被毁,闽浙沿海,苏杭要地,无日不在日人飞机炸弹之下,即无时不被日人战舰威吓之中。而炮击我南京,火烧我闸北,使我淞沪华荣尽成焦土,江上区域悉遭蹂躏。今犹陆续进兵,侵略不息,于沪上欲扩充新租界,图自由驻兵,于关外设置伪国,作朝鲜第二。我大好河山,任其占领;我实业中心,任其破坏;我优秀男女,任其残杀;我宝贵文化,任其烧毁;我最高政府,被其威胁而迁移;我神圣主权,被其破裂而净尽。虽波兰亡国、高丽灭种,不过如是,有何"公理"之可言、"盟约"之可恃?按日人每次出兵,即每次声明,为"出兵保侨","无领土野心"。然日人占我之地,多非日侨住居之处,不惟友邦商民所不忍受,亦实日本侨民所不赞许。况其占我东省,驻兵数月,施行政治,变更区域,"满蒙新国"之称,即"朝日共主"之说,淞沪进兵之谋,即攻南治北之计。如是而犹谓"无领土野心",然则日人设关东州监督于沈阳、改称奉山铁路、移民于延吉通辽者,将何以为说?此等欺人口语,奸滑狡黠,完全发现,暴戾恣睢,泄漏无余,不惟置九国公约于不顾,亦且视世界盟约如无物,若不加以共同之制裁,作盟约之保障,"国联"名誉,破坏净尽。日人横暴,无所忌惮,将来公理灭绝,强权肆起,不惟我中华民族陷于"万劫不复"之地位,即世界"弱小国家",亦将演"弱肉强食"之悲剧。祸患所积,宁有底止?此则可为痛心者矣!

诸公拥护"公理",维持"和平",名高一世,功者千秋,是非所定,关系重大。须知日人无故出兵,破坏"盟约",占我领土,危害和平,罪恶昭著,舆论愤恨,是当"明白宣布","切实报告"。况日人暴行之结果,即世界危险之原因;亚洲战端之缘起,即欧美祸患之现像,是宜以现时"澈底之根究",作最后"公平之审判"。昔我孔子恶诸侯之乱,而作《春秋》一书,笔削褒贬,如华衮斧钺,"使乱臣贼子,无所逃罪于天地之间",所以后世称圣,永不磨灭。彼人踞我土地,杀我商民,"反国际道德,灭绝人类信用",一时功利有限,"千秋清议难逃",现时强权所得,即将来公理所罪。所望代表诸公,"是是非非","善善恶恶",于战区所过,作公平正直之记载,炮火所在,发仁义道德之观感,终将暴乱残贼之公敌,全付于"国联审判"之下,作世界共同之惩创,亦使其无所逃于世界之上。谨代我四万万七千万男女同胞,作馨香沐浴之祷告!(二十一年三月二十六日,记于青岛市外李村平民学校)

(《大公报》,1932年4月7日,第八版)

163. 调查团昨已由浦北上,昨晚十时过蚌,今午后四时至济南,到津在明晨九时,定下午六时抵平,留平一周赴东北,留三星期

【南京七日下午六时发专电】 调查团乘隆和轮,七日下午一时抵京。在轮稍憩,二时一刻莱顿等五委员及哈斯由顾维钧陪同,乘差轮浦口号登陆,赴萨家湾外交官舍会晤罗文干,徐谟亦在座,席间有重要之谈商。四时,各委除莱顿外,乘澄平轮渡江至浦口,罗文干亲偕欢送。莱顿因先离萨家湾,至英领署稍留,于四时零五分抵站。专车遂于四时十分向北开驶。津浦站事先由津浦路局准备,在码头前扎欢迎牌楼一座。码头车站满悬万国旗,收拾整齐清洁,另有保安、警察、宪兵各一队,司站内外及码头警卫,普通旅客概改走二号码头上下。惟当京、沪、津、平各报记者到站时,路局人员坚不许入站。招待主任钱宗渊声言不认识新闻记者,不能让新闻记者参加,并令站警毋容新闻记者进站。各记者力争不得,不待车开,即先散归。调查团预定行程:八日下午四时到济南,在济留三小时;晚七时北驶,九日晨九时到津;在津略作勾留,下午二时半由津驶平,约晚六时抵平;在平留一星期,即直赴东三省;在东北留三星期后,即觅一避暑地点,从事于制作调查报告。调查团意欲在青岛,日方拟邀往奈良,中国希望在北戴河,大致以在中国避暑为有望。

【南京七日下午七时发专电】 调查团由汉回京后,与罗文干一度洽谈,所予该团印象异常良好。该团对中日纠纷我国地位似已有深切了解。顾维钧追随其间,辛劳备至,各委员对顾应付极示钦佩。政府致调查团之总说明书,前日在轮已由顾交付莱顿,顾并随时有备忘录向该团报告。每日上午十一时顾与莱顿及各委员会晤一次。下午四时许各委员自己谈话,交换意见。顾每夜三时方就寝,报告文件均亲自撰拟。

【南京七日下午十时发专电】 伪国反对顾维钧赴东北通知书,系由邮寄外部,外部已拒绝接受。

莱顿畅谈到汉感想

【南京七日下午七时发专电】 调查团七日午到下关后,记者多人即赴隆和轮,请谒莱顿,由张祥麟翻译。问:"调查团到汉感想如何?"答:"余代表调查团来言,此行颇有意味。本来调查团之赴汉,理由有二:(一)到中国后由沪而京,迭晤政府当局,兹为扩大目光起见,故而前往视察;(二)为视察汉口水灾后中国人民恢复之能力如何。汉口为中国重要中心,亦为扬子江中心。到汉后承何、夏招待,告余等以汉口种种情形,极为满意。在张公堤实地视察水堤建筑,非常雄厚,同时感到中国建设毅力非常伟大。当日视察灾民收容所中孤儿寡妇情状,设备亦称周到。此行所得成绩甚为满意,不虚此行。"问:"此后行程如何?"答:"今日即直赴北平,勾留一星期,直赴东三省。"问:"伪满洲国有反对顾前往说,信否?"答:"此点余未得有官方情报。万一有之,调查团决不承认任何方面可以阻止。"问:"调查团到东省后将受伪政府招待乎?"答:"招待与否为另一问题,调查团所认得者,只中国政府与日本政府耳。"问:"调查团由沪、京、汉视察后,有无觅得解决纠纷之新途径?"答:"到各地视察,所见所闻,于调查工作补助甚多。到东京与南京,与中日两国政府交接及中日人民之接谈,精神上感到非常愉快与鼓励。希望两国人民信任两国政府,信任调查团,俾调查团工作易于做去。现调查工作已完成一部分,未做到者即为会晤前在满洲之政府官吏。俟详谈后,即直赴东三省实地调查矣。"

昨晚过蚌,今日过济

【蚌埠七日下午三时发专电】 国联调查团定今晚过蚌,车站由路警戒备。各界准备欢迎,制发宣言,请主公道。

【蚌埠七日下午十一时发专电】 调查团七日晚十时五分专车抵蚌,各界代表百余人在站欢迎。顾维钧陪莱顿等下车,接见请谒者八人。莱持名刺,与一一握手,谓:调查团到此,承诸君欢迎,不敢当。马景常致辞,简单报告暴日侵华,请主张公道,维持和平,莱顿点首表示接受。旋步行,与欢迎者会晤。十时半莱等登车,即开驶北上。

【徐州七日下午四时发专电】 国联调查团七日下午四时由津开车,八日晨三时半可过徐北上。此间军警暗带手枪,自十二时宣布临时戒严。每机关限代表二人,佩欢迎证方可入站。

【济南七日下午七时发专电】 省府接顾维钧电,国联调查团准八日午后四时抵济,停三小时,七时北开。济南欢迎程序临时变更,除车站欢迎外,并在省府珍珠泉茶会招待。省府已高扎松柏牌坊,钢甲车司令戴鸿宾奉韩令,七日早率北平号钢甲车掩护队赴临城迎候,随车保护。韩近患咳嗽颇甚,登千佛山静养,已三日未下山办公,八日将力疾下山招待调查团。王树常代表黄宗法七日早由津抵济候迎。济南预备交《敬告调查团书》凡三种:(一)各界代表者;(二)各人民团体者;(三)新闻界者。

平津招待筹备就绪

【北平特讯】 国联调查团定明日抵平,此间筹备招待,已大致就绪。招待详细日程虽已规定,因恐调查团行程临时或有变更,今明始能正式公表,惟闻各种宴会之准备皆极繁缛。调查团一行下榻之北京饭店,房间早订妥并布置完竣。东车站并搭彩牌楼一座,以示欢迎。又平津新闻界招待调查团,已确定在该团抵平翌日之下午,时间昨晚可决定,招待地点为同福夹道沈能毅宅,招待方式为"小饮会"(Cocktail Party)。除招待调查团二十余人及中国委员顾维钧等一行人外,并将邀请英、美、德、法各国报纸驻平记者与会,宾主总达百余人。届时记者等除由主席报告外,并将提出问题数项,请该团答覆。最后并赠该团物品,以作纪念云。又绥靖署以国联调查团定明日到平,特派沈祖同会同市府代表蔡元及招待委员宁向南,于八日晨乘早车赴津迎候。

【本市消息】 国联调查团莱顿等一行,准明日上午九时抵津。本市欢迎筹备处方面正布置一切,其东、西、总各车站之欢迎彩坊,即将工竣。所有北宁工会及市党部所制之英文白布欢迎标语,亦决于今日分站张挂,由第二军部刘参谋长负布置之全责。该筹备处昨并召集各界代表开最末次会,由严智怡主席。议决要案如次：（一）入站欢迎证当场分发各界负责人，以便转散（计发工界二四〇、商界二〇〇、教育界二〇〇、妇女界三〇、律师公会一二、新闻界八〇、自治区八〇）；（二）调查团在津仅勾留半日，因时间匆促，西湖饭店民众茶会决取消，但请调查团接见各界代表；（三）整理津变写真照片，装成卡册，俾赠调查团为参考之用；（四）各界欢迎人员须于九日上午七时三十分，齐集总站指定地点；（五）增推邵华为总指挥；（六）各界欢迎人员添制布旗以为标识，而免混杂。议毕散会。又明午欢宴决在省府大礼堂举行，冀主席王树常暨津市长周龙光已分将欢迎辞拟妥。商会方面定于今日下午二时召集各该参加人员，讨论届时到站欢迎应行注意各项，并当场按名给予入站证。调查团预定下车后赴西湖饭店休息，约晤三数要人及民众代表，再赴省府宴会，预定赶下午六时抵平云。

（《大公报》，1932年4月8日，第三版）

164. 日人竟谓中国遗失中日条约，外交部昨日出示原文，调查团明瞭日方欺骗

【南京七日下午十一时发专电】　调查团五委七日下午二时至外交官舍时，罗文干以一九零五年中日条约原文示莱顿等。各委以日方宣传，该约系日方获得在满各种权利之根据，并语调查团中国已将原文失去。及调查团到京，与蒋、汪、罗各要人亦曾谈及此事。外部旋于该团赴汉期中觅出原文，七日以示调查团。各委方明瞭日人在满所谓权利，条约上并无根据。此事关系极重要。

（《大公报》，1932年4月8日，第三版）

165. 国联调查团莅汉纪：莱顿爵士对水灾善后极关切，并希望人民与政府澈底合作

【汉口通信】 国联调查团所乘之隆和轮，于四日上午七时许抵谌家矶，即停泊。至七时半，继续上驶，八时抵江汉关前怡和码头。

到汉情形

事先已由招待处在该码头扎大牌坊一座，两旁缀以欢迎标语及五彩电灯，并备汽车二十辆。江岸及沿途秩序均由军警妥慎维持，分段负责，极为整肃。欢迎人员计到何成浚、朱传经、夏斗寅、朱怀冰、高登瀛、彭介石、方达、何葆华、曾以鼎、法总领事博斯德、日总领事板根及各外领馆职员，汉市工、商、学各界及民众代表千余人，沿江马路围观亦万余人。船停后，何成浚、夏斗寅、何葆华、曾以鼎，及英、美、法、德、意、日驻汉总领事、海军司令等共二十余人上船。由顾维钧介绍，何表示欢迎，李顿答谢，并握手为礼，旋即相携登岸。欢迎民众均脱帽，肃立无哗。调查委员上岸后，即分乘汽车赴德明饭店休息。来汉者计调查团委员及秘书等共十四人，日方代表团吉田、盐崎、佐藤渡久及随员等共七人，我国代表团顾维钧、王广圻、张祥麟等共三十余人。

各委访问

莱顿爵士在德明饭店略事休息，即由招待员徐维荣陪同，赴英总领署访英领事许立德，旋返德明饭店。十一时三刻各团员赴绥署拜访何、夏，十二时，日代表吉田亦到，在绥署二楼晤谈，约半小时，并进茶点。谈话时，莱顿爵士曾详询武汉去年大水灾情况、影响及现在灾民数目等。何绥靖主任答覆、略谓：去岁大水为六十年来所未有，受灾者达十五县，占全省三分之二；现在武汉三镇及各县灾民，约近百万，赈济原甚困难，九一八事变发生后，中央财力益形支绌，幸治安未受丝毫影响，且确能保外侨生命财产绝对安全等语。谈至十二时半始辞出。

何市长宴

即由何、夏陪赴普海春,应何市长葆华之宴,及到团员全体及驻汉外领、朱怀冰、马登瀛、朱传经、陈光组等共百余人。席间何市长致欢迎词,原词系中文,由王宠佑译成英语。原文谓:"委员长、各位委员,这次因中日事件,奉国联命令,远渡重洋,不辞劳苦,本市长谨代表八十万市民表示极诚恳之欢迎。汉口居长江中部,舟车通达,在各国商业上之关系非常密切。自去年七月,发生空前未有之大水灾,市面建筑物多被毁坏,中外商业损失甚大。至九月十九日,水始退落。中外大慈善家正在努力救济灾民、全市人民力谋恢复商场之际,不料九月十八日,东省事件突然发生,沪案又相继而起,全市人民莫不感受大影响。所以本市一切建设计画未能如愿进行,市面情形更为简陋。加以我国民族受旧有文化之熏陶,数十年来注重精神生活,对于物质上之享受观念素薄,诸公自世界最繁华之市场而来,物质方面,两面比较,恐难得美满之感想。本市对于此点,深觉抱歉。中国素爱和平,欧战以后,世界人民尚有余痛。诸公本国联弭战精神,努力于中日和平之实现,并使全世界之和平,藉以永久保持。此非独全市人民之希望,想爱护和平之全体民族,亦当祷盼者也。敬举一杯,祝诸君健康"云云。

莱顿答词

嗣莱顿爵【士】答词,由颜德庆译成华语,略谓:"今天同仁等承蒙贵市长招宴,十分感谢。此次鄙人与诸位委员观光武汉,非常荣幸。汉口是贵国重要的都市,同时湖北省也是贵国历史上很【重】要的地方,但是汉口以及贵省的各县,都被了很大的水灾,地方情形因遭此浩劫,一定很苦的。同人等今天受如此的优待和盛宴,已使我们忘却了武汉在去年所受的痛苦,虽然表面上是如此,而同人的内心仍感觉不安。我们大家都深知道水灾地方所有的痛苦,例如前几年印度大水,所遭的灾害,我们已经很担心的了,但是较比贵省因水灾而致二千一百多万人民受苦,三百多万人民没有衣食,相形之下,诚有天壤之别。今天我们来到了汉口,更知道到现在武汉的近郊,尚有三十万人感觉到生活的无法解决。因为贵国的灾情如此重大,所以全球各国都正在设法救济。最近我们又知道贵国现在还有一很严重的事件,欧美各国为这件严重的事件,所以派同人们组识[织]调查团来到远东,实地调查,并寻觅一个【解】决办法的根据,这是同人等所负的使命。到了贵国以后,所经过的地方,都在征求贵国各界的意见,希望武汉各团体尽量的供给同人等所需要的材料。今天承蒙贵市长招宴特别优待,鄙人及诸位委员都很感谢。谨此回敬一杯,并祝贵市日见发达"云云。

西商茶会

旅汉西商以外国商联会名义,于昨日下午五时在西商跑马厅举行茶话会,欢迎国联调查团。主人计到有各国商会会长及各洋行大班,由德商会会长第德斯主席。来宾到调查团自委员长莱顿爵士以次各委员,中日双方代表,驻汉英、美、德、法、义、日各国领事,美国海军提督,并邀请我方当局何主任、夏斗寅、曾以鼎,及商银界领袖周星棠、贺衡夫、刘秉义、周苍柏、高伯常、陈经畲、徐维荣等宾主共百余人。主客畅话,至为款洽,席间并奏西乐助兴,无演说。至六时一刻始尽欢而散。

何主任宴

驻鄂绥靖主任何成濬四日晚八时在德明饭店欢宴国联调查团,计到该团委员、秘书长、专门委员、驻汉各国领事及海军司令、我国代表团顾维钧等及此间官宪。八时入席,迄九时始散。席间何致欢迎词,由徐维荣翻译,略云:"国联调查团委员长、委员诸公:今日有此良机与诸公共聚一堂,至为欣慰。但本省既受水灾之祸患,又受东三省及上海事变之影响,以致商业凋零,今日招待殊欠周到,但欢迎诸公之意全出至诚。湖北处全国中心,凡各处有事,本省立即感受影响。东三省、上海事变消息到汉后,民众虽非常愤慨,但表现极其沉着。政府方面因此案已诉请国联主持正义,应候国联公平之解决,因是武汉及各县如大冶、武穴等处,日侨皆能安逸如常,未受丝毫影响。诸公此来附带调查水灾,回想去年水患之大,实为空前仅有,被灾之区占全省三分之二以上,被灾人民达二千万,堤岸溃决,庐舍淹没。虽本省各慈善团体竭力救济,更要仰仗中央政府设法,并向海外募捐。讵自东三省事件、上海事件发生后,中央政府无暇兼顾,以致赈务停顿,因此直到现在,武汉附近尚有数万人无法生活。最近我们唯一的希望,就是国联主持正义,维持人道,使残杀人类的战事避免,而能努力于救灾事业。此种酷爱和平、维持人道的希望,我们深信诸公决不负我们的。谨敬诸公一杯,并祝健康"云云。

莱顿答词

嗣莱顿爵士致答词,颜德庆译意,略谓:"贵主任、司令及各位先生:今天蒙贵主任宠召隆宴,谨代表国联调查团全体敬表谢意。适间贵主任以国联调查团来汉,表示一种诚恳的愿望和热烈欢迎,此尤不敢当者。在武汉受了空前未有之水灾,以贵主任公事之烦重,而能隆重招待,同人等极感不安。我们在上船来汉以前,听到武汉水灾极为重大,灾害尤为奇惨,同人等非常忧虑。到了汉口,看到现在这种建设,非常欣[钦]慕贵主任的能力。当我们经过长江的时候,已经看到两岸加工修堤的情况,明日更有机会看看武汉修堤工程。回溯去岁,国联对贵水灾提案曾特别注意,并派员来华协助救济工作。今后国联决扩大此种精神,解决贵国希望解决的一切的困难问题,故甚希望贵国人民,亦本去年扩大救济水灾精神,澈底与政府合作,更进而与国联合作,以期达到最后目的"云云。

(《大公报》,1932年4月8日,第四版)

166. 社评:欢迎国联调查团

国联调查团诸君将于今日过津赴平,华北各界诚不胜欢迎之意。吾人亦简述数言,以祝诸君之前途。

调查团到华已逾三星期,凡其所经之地,无不大受欢迎,平津招待,度无以过之。而关于东三省之中日问题,国府当局既有公式陈述,各地官民亦详抒意见,言无不尽,平津各界亦无以加之。且此一大问题之内容,调查团实已详知,而吾国之理由,调查团亦早明瞭,即吾侪华北报界,亦尝论之至再至三。是以当此调查团北来过津,行将出关实际调查之始,吾人以为一切已不必再论,惟有根本一点,望诸君留意焉。

此无他,望诸君始终以真确之事实为主,就事实以下判断是也。今日之一大事实,为日本实质的占领东三省,此外现象,皆附属的问题,非主要的问题。最近东三省实况,所谓伪政府行政院之权,集中于所谓总务处,而总务处之权则操之日本官,一切政务系日员指挥之。各省政府之各机关亦然,日员为指挥者、立案者、监督者，即起稿办文，亦日员支配之。降至各县，情形亦然。县之权在地方自治指导部，而指导部之权在日人。县知事、公安局，皆直接受自治指导部之命者也。夫行政机关既如此，至于军警大权，更完全直接为日本所操，三千万人民之生杀予夺，属于关东军之自由。辽、吉、黑之官吏人民，绝不受所谓伪政府任何保障，日人欲如何处分，便如何处分。是以现在东三省之官吏人民，实陷于亡国无告之境遇，并无独立建国之任何权能。

吾人望调查团注意者，即此一大事实，其他皆较小之问题也。此一大事实非他，即日本欲自中国实质的割东三省而去，而伪独立国云云，徒为暂时掩饰世界之工具而已。此一大事实为中国国民一致反对，虽地老天荒，断不能承认！无论政体如何变更，无论何人何党当局，断不能承认！而因此一大事实之故，使历史上、地理上天然接近之中日人民，只有日益暌隔；使经济上、商业上天然密切之中日两国，只有纠纷不休。且同时因此一大事实之故，使国联盟约、非战公约、九国公约俱成废纸，因而促进列强之尖锐化，尤其促进日俄之冲突。故其结果也，直接破坏中国，间接紊乱世界。调查团诸君对此一大事实作何判断，有何调处，当为此行使命之重心，亦中国人民企望诸君之惟一问题矣。

中日之间，非无正轨可循也。中国人民念中日之临近，深知与日本和睦之利益，然无奈日本必欲弃常轨而占三省，是中日间将永失其维系之道，此中国人民所痛心者。况其攻打淞沪，陈兵江南，停战之议今尚未谐，此后变迁更所难料。是今日之事，中国人民虽欲对日弃怨修好，而其道无从。吾人愿调查团诸君既洞察事实症结之真相，而深明中国人民心理之状态，进而推想日本破坏均势、独占三省后之世界的影响，尤其北满日俄直接接触后之国际的形势，更熟察世界经济改造所需于中国者若何，及日本妄欲武力征服中国之影响各国利益者又若何。苟经考量，结论立见。此无他，必须日本交还东三省，中日始能有和平，远东始能保商业，世界始能息危机，此事实也。中日之僵久矣，倘以调查团之助力而能解决此事实，此为该团之成功。倘不能如愿，则退一步，望该团将此全盘事实报告国联，勿讳勿隐，以听世界舆论之公断，如此亦不失为忠于使命。调查团此来，过江汉而到北方，沿途所见，当已认识中国为一富于潜势力之大国，而其人民实有一致的平和中正之思想感情，绝不若日本宣传之所谓喜排外与无组织。诸君在平津所见闻，定与长江流域无异，即出关后亦无异。苟有异，是日本刀剑之威力，使之不得不异耳，非其人之本心也。中国现在立于最大之歧路，调查团此行之结果，其影响于中国政治上、经济上之趋向者,恐甚不尠。华北各界兹谨掬诚谢其贤劳,而勉其努力珍重前道,贡献和平!吾人愿为诸君祝之。

(《大公报》,1932年4月9日,第二版)

167. 国联调查团今晨抵津,接见民众代表后赴省府午宴,二时半离津,定即晚六时到平

【徐州八日下午五时发专电】 国联调查团专车,浦徐段由铁道炮队第三队刘文传部分两列压道护卫,徐德段由铁道炮队第一队孟宪德部分两列压道,德津段由王树常派铁甲车迎候。随车队长计浦徐间为唐钧,徐济间王国珍,济津间孙金华。车上卫队除保安队外,另有首都宪兵营。又天津各界欢迎代表张伯苓、卞白眉、王文典、胡霖,特电津浦沿路译转顾少川,谓特推黄约三到济候迎,黄君对津变知之极详,特电奉闻,请赐接洽。

昨晨四时过徐北来

【徐州八日下午四时发专电】 国联调查团莱顿等专车十八节,由二八七号机车拖带,七日晚四时由浦北开,铁道炮队第三队先后压道。八日晨三时四十分抵徐,车站上下军警严密防护。各界欢迎人员事前接顾代表由蚌来电,谓专车抵徐正在深夜,各代表业已安眠,祈免除迎见。记者登车晤招待主任钱宗渊,据谈:"调查团过蚌、过滁时,曾接见各界,均有主持公道、维持东亚和平表示。惟日本狡狯性成[成性],东北伪国近有拒绝顾代表偕调查团出关之议,但拒顾即系拒调查团,并拒绝国联决议案,其存心破坏世界和平,甚为明显。东省为我国领土,我代表竟不得出入自由,日本罪恶恐为世界公理所不容,此次北上即有阻挠,亦不顾忌。俟抵平后,与张学良磋商进行。"专车添煤上水毕,四时半北开,换由铁甲车第一队压道,队长王国珍随车,协助谷正伦保护。又调查团过徐北上时,有某西人亦至站参加欢迎。据谈:"此次国联调查团到华,赴各处调查实地状况,备受政府及民众之热烈欢迎,并供献日本对华之种种残暴劣迹及日人狡诈之反宣传,足征华人拥护国联、酷爱和平之诚意,深为钦佩。并谓日人嗾使东北叛逆反对顾代表赴东北参加调查,不负保护责任之举动,

实系反对调查团,间接即系反对国联,益增国联之恶感,并暴现其做贼心虚之弱点,国联必不承认。日本完全以强暴轻视中国,不见乎美之抵制日货,日人未敢作一语乎？予来华颇久,情感甚笃,切望华人努力自强,雪此莫大奇耻。"

昨晚过济酬酢游览

【济南八日下午十一时发专电】 国联调查团一行于盛大欢迎中过济北上,九日晨八时即可抵津。济全市自八日早即遍悬党国旗,准备欢迎。韩因患咳嗽未愈,仍在千佛山静养,特派建设厅长张鸿烈为欢迎代表。下午三时,党政军要人并各界代表齐集车站,约二千人,均长袍马褂,佩红黄各色欢迎符号,整肃隆重,站外之人尤多。三时三十五分,戴鸿宾带北平号铁甲车压道先到。三时五十六分,调查团专车续到,乐声大作。莱顿等五委员及我代表顾维钧等相偕下车,由顾介绍与张鸿烈并各代表晤见,旋出站乘汽车至省政府。秘书长张绍堂已早在省府守候招待,即在珍珠泉西花厅谈话,并进茶点。席间张鸿烈代表各界致欢迎词,莱顿代表调查团致答词,均由李植藩翻译,原文详另电。次由张祥麟介绍莱顿接见新闻记者,莱顿语次对孔子极表崇敬。又据张祥麟谈,关于伪国"外交部"电拒顾维钧赴东北事,罗外长并未接到该项电报,莱顿亦表示调查团对于令谁去不令谁去自有权衡,他人不得干涉。五时莱顿等一行出省府,赴司家码头登船,游大明湖。首至历下亭,次赴图书馆,参观图书古物,对古物称赞不已。旋至北极阁,登城头马路,由西门下,返车站。至七时十分,开车北上,各界欢送如仪。

【济南八日下午十时发专电】 张鸿烈欢迎词,略谓:"今天敝省各界代表与贵团欢聚一堂,无任荣幸。惟敝省主席因病未克亲行欢迎,极为抱歉。诸君远道来华,已视察吴淞、江湾等状况及京汉沿途情形,想已极为明瞭。敝国政府及民众对贵团之希望殊深切,勿须赘述。贵团此次抵鲁,对鲁省人民希望谅□知之,谨为陈述。敝国在历史上数千年来,人民酷爱和平,笃信礼让。而孔子生于山东,孔子一生忠孝、仁爱、信义、和平,深信和平、仁让、谦恭足以消灭不仁让与不和平者,即世界和平亦必赖谦和礼让来维持,方克达到□满目的。诸君负和平使命来华调查,鲁省人民深信必能达到世界和平之目的。关于中日两国纠纷,不仅是中日两国问题,实关系世界和平甚大,所以鲁省人民一定相信贵团能以公平的论断,圆满解决中日纠纷。敝国人民亦深信礼让、信义、和平确能消灭不和平、不礼让者,诸君必更能以和平方法解决不和平者。今日仅代表省府及全省人民,恭祝诸君前途顺利与康健,及诸君完成重大使命。"莱顿答词云:"今天能得与诸位欢聚一堂,非常荣幸。在此高兴之余,尚觉不满的,就是因韩主席有病,不能晤见,望诸位见韩主席时代为问候。顷张君代表鲁省人民所说的全是公理,说不是请国联调查团发大慈大悲恻隐之心来助中国,是请调查团委员以公平的态度调查事实,加以公正解决,这是贵国人民酷爱和平之表现。鄙人经过上海吴淞、江湾等地,见战后种种破坏悲惨情形,将来报告国联时,即以此为标准。当初敝团五人都在纽约聚齐之时,各国人民都对敝团存莫大之希望。经过中国日本,两国人员均倾向和平之意,绝无彼此不肯谅解之情形。国联代表五十四个国家,各国亦极不愿有两个国家发生战斗。敝团从欧洲来时,无论美国和其他国家,人民皆极盼和平,足见全世界一致甚望和平之实现,亦即世界和平有希望之由来也。希望以大多数酷爱和平的心理,来制止一部份少数不爱和平的"云云。

今晨到津勾留半日

关于招待国联调查团事,昨日下午筹备处开会,到严智怡、沈迪家、张锐、邵华、刘家鸾等十余人。决定派定专员负责招待,请黄宗法为总翻译并担任招待英团员,段茂澜招待德员,沈迪家招待法团员,省府陶秘书招待义团员,张锐招待美团员,段茂澜、陶秘书即在西湖饭店担任招待,张锐在利顺德担任招待。次决定各界欢迎代表于调查团离津赴平时,仍全体赴站欢送。旋即散会,各筹备委员即偕往新车站视察布置情形。记者昨日午后赴车站视察,经日租界,见东南城角堆积数月之沙袋业已撤除,盖为避国联调查团耳目者。至华界,街市墙壁亦经扫除一清,颇为洁净。新站站台外高搭欢迎牌楼,大书"欢迎"字样,异常壮丽。月台上则悬万国旗,亘南北两端。各界欢迎席业已划定,计共三十余团体。天桥上则悬挂白布标语,用中、英、法三种文字,标语种类不多而简单有力。天桥上悬挂之大字标语为"欢迎和平使者国联调查团"。北宁党部亦悬小字标语,为"中华人民宁为公理而死,不受强权屈辱而生","中华人民宁为玉碎,不为瓦全"。车站外之欢迎牌楼前亦悬标语,为"中华民国人民决不接受丧权辱国条件"。金钢桥所悬之标语则为"抗日决非排外""中华民族为争生存而抗日"。东车站布置略同新站,车站前为欢迎牌楼,并悬万国旗,月台亦悬万国旗,天桥上有标语,为"拥护主张正义维持和平的国际联盟会"。各界代表决定今晨七时半齐集车站欢迎,省府宴会十二时半举行。在举行宴会前,为各界代表与国联调查团之谈话时间。该团离津时间,约在下午二时半至三时之间。商界欢迎代表一百八十人,全体定于今晨七时半齐赴新车站欢迎。商会并于昨日下午三时召集各该参加人员举行会议,由张品题主席,陈述国联调查团此次来华之使命,今将抵津,商界到站欢迎,礼仪尤须端重。次由王文典报告各界筹备欢迎之经过,旋即散发入站证。又本市两遭变乱,东马路各商号损失奇重,兹各该商号以国联调查团即将来津,特拟具详细损失灾情表,呈送财政局,请转递该团,以资参证,原呈从略。

北平准备热烈欢迎

【北平通讯】 国联调查团今晨抵津,下午即行来平。北平市招待专员宁向南、蔡元两氏,已于昨晨八时先行赴津迎候。又平市招待办事处并为维持车站欢迎秩序起见,特规定印发欢迎入站证千余枚,于昨日分发各机关,并规定欢迎须知及入站排列秩序。兹录如次。

【欢迎须知】 (一)欢迎人员应于专车到站前齐集前门东车站,各向指定之地点站立。(二)欢迎人员在站台之位置,应依照规定之地点,务须整齐。(三)欢迎人员衣帽务须整齐,文职着早礼服,戴高帽,或蓝袍青褂,武职着军服,学生着制服。(四)国联调查团到站时,应行礼致敬。(五)欢迎人员到站后,车马应一律停于站外规定地点,随时由警察指挥。(六)欢迎人员不得携带标语旗帜及呼口号。(七)调查团等下车后,欢迎人员除有招待职司者外,务勿离开规定地点,以维秩序。(八)欢迎人员应俟调查团外宾等出月台登车后再行依次出站,务勿争先,以维秩序。(九)无入站证者不得入站。

【排列秩序】 (一)军乐队;(二)卫队旅;(三)学界;(四)民众团体;(五)保安队;(六)路警;(七)宪兵;(八)报界;(九)各机关代表;(十)军乐队;(十一)招待员;(十二)各军政机关领袖;(十三)各公使;(十四)保安队;(十五)路警;(十六)卫队旅;(十七)宪兵;(十八)军乐队。

又招待国联调查团办事处连日积极筹备,所有各招待宴会及茶会处所,如怀仁堂、居仁堂、外交大楼等,均已布置完竣。东车站之大花牌楼一座昨日下午已搭就,高可三丈许,宽约六丈,共分五门洞,完全用各种颜色布及松柏树枝扎成。牌楼之上方用黄底红字扎成中文"欢迎"二字,其下并缀英文WELCOME字样,极为美观。调查团之住所,除已向北京饭店定备三十二间房屋，专为调查团团员及随员之住所及办事处所外，中国代表则分住北京饭店及六国饭店等处，但办事处则为外交大楼楼下办公厅。

（《大公报》，1932年4月9日，第三版）

168. 东北事件备忘录——华北工业协会对于调查团之供献

国联调查图昨晚过济北上，今晨即到津。本市华北工业协会为表示欢迎计，特印《东北事件备忘录》一册，定今日面致调查团各委员参阅。兹志该备忘录全文如次。

敝会代表华北工业界，敬掬热诚，欢迎国联调查团诸公莅华。国联主持和平正谊，久为举世所信赖，诸公此次来华，在吾人心目中视之，即和平正谊之福音也。吾人相信诸公视察上海、东三省及其他各地日本暴行之遗痕，必能稔悉日本在中国之行动，系为实行其处心积虑之大陆侵略政策。贵团此次调查后，吾人希望国联，能根据公平之原则，以解决此纠纷困难之东三省问题。

东三省事件发生于去年九月十八日。当日本军队发动之初，实无正当口实，因中国政府抱定不抵抗政策，遂致于两日之内，得占有辽宁、吉林各要隘。日本军阀见成功之易易，遂益披猖，不顾其负有国际之义务，故占领东三省北部之后，继之以猛攻锦州，炮击上海，残酷暴戾，无所不用其极。迩来又成立所谓满洲伪国，以遂其攫取之愿。敝会渴望和平，故揭出关于中日前途者数点，贡献贵团诸公，乞垂察焉。

（一）中国人民非反日。中国人民对于日本或日本人民，绝无深恶痛恨之感情，惟日本军阀以侵略为标的，故致使中日间之友谊发生阻碍。在今日国际交通之下，非一国所能孤立，被[彼]此对经济上具有相互依赖之势。日本于中国在经济上互相依赖之处，尤为密切。盖日本为工业国，恃中国供给原料，且同时恃中国为其制造品销售之市场；中国今日正在经济发达之时期，亦需要日本资本及技术之协助。两国合作，实足以得最高之相互利益，且促进对华贸易，可为日本增加之人口谋出路，故提倡和平之商业交通，尤为中日关系之要着。日本军阀不此之务，而积极从事于政治上之侵略。中国对日本之侵略举动，既不能以武力抵御，亦惟有采抵制日货之法，以为自卫之工具。试略就屡次抵制日货观之，却足以见其产生之由。

第一次抵制日货，始于一九零九年十月，系反对日本在东三省之侵略。其直接原因，则为日本要求延长吉会铁路及建筑安奉铁路之权。嗣后北京政府被迫答允，不仅吉林及安东人民反对甚力，即香港、上海、天津、北京各地，亦莫不皆然。第二次抵制日货为一九一五年，系反对日本要求"二十一条"而起。虽后因北京政府受日本政府之压迫，下令取缔，然人民对于日本要求"二十一条"之耻辱及憎恨，未尝稍忘，蕴旧时日，如火厝薪。适一九一九年巴黎和会接受日本对于山东之要求，允许载之合约，遂复发生抵制日货。一九二一年，华盛顿会议举行，关于山东问题，中国欲交之华会，听其处决，日本则坚持与中国直接交涉，故抵制日货之运动复燃。一九二三年，旅大租约期满，日本不肯退还，坚持按照"二十一条"延长至九十九年，因此抵制日货之运动又起。一九二七年，日本在青岛杀伤中国人民，又激起抵制日货。翌年即发生济南惨案，致各地群起反日。此次运动，直至济案解决、日本撤兵时为止。万宝山事件发生，日本熟视无睹，又为一九三一年抵制日货之起因。其后占领东北，炮轰上海，遂益使抵制日货运动，呈不可遏抑之势。

就上述观之，每次抵制日货之发生，均为日本在中国政治及领土侵略之结果。苟人不察，谓中国人民为反日，则实误果为因。且中国人民抵制日货，意在采经济上之不合作，以为自卫之工具，无藉之反抗日本政治侵略，以促其觉悟对华政策之错误。而日本不思为去薪止沸之计，尝欲藉武力及政治上之压迫，俾中国政府阻止其反日之运动，虽有时可收暂时之效，然考其究竟，终必证其无效也。就根本上而言，欲制止中国人民之反日，必须日本以和好政策对华，而此又为产生中日经济合作之唯一方法也。

日本欲为其增加之人口谋职业，端赖乎工业化；其工业化之进展，又视乎其发展对外贸易之能力如何而定。按日本现有之近代化工业，大率依赖外国之原料以供制造，及外国之市场以供销售。属于此类工业之最著者，就工作力及生产值言，为棉丝织业。一九二八年，棉丝织业之工人占全国制造工业工人百分之五十二，生产价值占全国制造生产总值百分之四十。日本之棉纺织业，其原料几全输自外国，而其生产总额之百分之六十，又须销售于外国市场。其丝业之原料虽得自本国，但生丝生产额百分之八十二（占其总值百分之八十八）出自外邦。铁与煤二者，为工业化之基本原素。日本之钢铁业，其所用之铁砂百分之九十为输入品,至于生铁,亦半自外国输入。煤之存量虽较大,但焦煤有限,故其工业上所用之焦煤,亦多自外国输入也。

日本欲发达其工商业,其有赖中国之处甚多。就原料之供给言,日本每年所用之铁砂,按平均计之,由中国输入者占日本全国铁砂消费量百分之四十。生铁由中国输入者,占日本生铁输入总额百分之三十五。至于焦煤,则几全数输自中国。此外中国之棉花,出口总额百分之八十输往日本。自一九一三至一九三〇,铁、煤、棉三者输往日本之总额,增加三倍有奇。就制造品之销售言,中国对于日本之工业亦甚重要。日本之出口贸易,可分为二:一为奢侈品,以生丝为最要,输往美国;一为制造品,以棉织物为最要,输往亚洲大陆。日本棉织工业,完全依赖中国及其他亚洲各地以为销场。其棉织物之销售于亚洲大陆者,年约占棉织品总出口百分之九十,其销售于吾国内者,占百分之五十二。一九三〇年,中国输入之棉织物中,百分之七十来自日本,较之一九一三年增加四倍。从经济观点言,日本依赖中国之处有如此者,此后日本欲发达工商业,应与中国国民促进好感无疑也。

日本今日之地位,犹之百年前之英国也。前事可鉴,自应效法英国,发达工商业,增加制造品,利用和平通商之方法,运销大陆市场。现在日本智识阶级之领袖,固有见及此者,第因迫处于军阀淫威之下,无可奈何。而日本军阀之所欲者,远超经济势力以外,盖自并有朝鲜及获得东三省特权之后,即已进行侵吞东北,以为进一步克服全中国之基础。九国公约保障中国之行政及领土完整,在日本军阀视之,不过为英美制裁日本,以发其自身之经济势力于中国耳。

(二)中国决不能放弃东三省。东三省为中国领土之一部,两倍于日本之版图。日本不顾国际公法及国际之责任,武力占有,已逾半载。日本对于东三省投资甚厚,且曾血战,力却强俄,此为事实,中国人民因未尝否认也。年来东三省铁路及矿权之利益,多操诸日人之手,旅顺大连之租借期已满,而日人仍操其行政之权,其所得者亦不可谓不厚。向使日人犹不自已,欲进而以武力侵略东省,则卧榻之侧,中国人民决不能拱手让与。

自日俄战争后,日人视东北为富土。日本政府曾有十年内移民百万于东三省之计划。然就一九三〇年之人口统计观之,关东共有居民八八四〇〇〇,而其中日人仅一〇七〇〇〇,南满铁路地带共有居民三四二〇〇〇,而日人只九六〇〇〇,其余东北各地之日人不足一六八〇〇。总计言之,东北居民共二九〇〇〇〇〇〇,日人不过二一九〇〇〇,其余二八〇〇〇〇〇〇之居民均为中国国民。日人在东北者,仅三分之一业农,其最大部分,则为满铁及其附业内之职员及佣工。因东北气候、习惯、风俗及人民生活程度之不同,日本农民多不能移殖东北。为永久计,近来朝鲜人之移殖东北者颇多(按一九三零年之统计有六〇九〇〇〇人),中国固不反对,所反对者,为日本在鲜民移殖之地设置领事与警察之权,及以鲜人为政治目的之工具耳。

东三省对于中国,不止为中国所有之领土而已,实为二千八百万中国国民之家庭所在。此二千八百万人,均有其政治及经济生活,急待发达。且同时华北各省之剩余人口,率恃东北以为移殖之尾闾。自一九二三年至一九三〇年,由直、鲁、豫移往东北三省者,数逾五百万以上,其中已在东三省作永久农民者,为数约达一百五十余万之多。因此种种,东省之领土及行政权,中国决不能放弃。使日本以武力夺取,则中国惟有以武力收回之一法。故东北问题苟不能根据正义与法律得一解决,则终为世界和平及安全之障碍也。

(三)中国决不能承认满洲伪国。目前所有之满洲伪国,纯为日本所造成。其所谓最高主权者,实际上均由日本任命,其行动亦为日本武力所保护。就东三省目前之实际情形言,一切政治组织均由日人行政,其托名为顾问者,特欲掩蔽世界之耳目耳。东三省向无独立之运动,有之,自此次日本占领东北后始。中国负责之人民无有欲其产生者,一般民众尤深恶而痛恨之。二月二十八日上海《字林西报》之哈尔滨通讯谓,二十四日日本派有飞机游行天空,发散传单,劝谕人民赞助伪政府,同时又有警察至各中国商店,劝其派人参加游行,否则以重罚随其后。虽有此种种劝谕强迫,而二十五日之典礼举行,参加者仍不满三百,而其中多数尚为白俄,且在哈埠壁上之标语告示,朝揭布而夕撕去,游行之提灯亦多被踏坏。诸如此类发生于东三省其他各地者,不可胜举。东三省中国人民对于伪国之态度,即此可以概览。

日本攫取东省之野心,蕴蓄已非一朝。在外表上,固当允许尊重中国在东三省之领土及行政权之完整,而在其心中,则尝视满洲为日本将来之一部。日本每欲从考古学及历史上证明,东省不仅非中国之一部,且在地理上及种族上实与日本之关系为近。此项研究,结果失败,故现在又改称民族自决之说。民族自决运动固为吾人所赞同,但无种族文化以为之根基而欲自决者,则吾人所大反对也。东北之居民百分之九十九为中国国民,毫无自谋独立之心,所谓自决,岂真自决也,特日本为之代决耳。他人无论,即废帝溥仪,亦无以东三省为国之幻想,其初离津,系被土肥原诱迫而行,"新国"宣布,固在溥仪接收执政之前也。

满洲伪国之组织,实为日本将来并吞东省之初步。根据路透社十一日之东京消息,日本内阁会议决定永远驻兵东三省,谓"'满洲新国'之成立,改变其整个之情形,故须留驻军队,助之维持和平与秩序。一俟'新国'证明有维持治安之力,则即撤退"。此为日本政府以东省为其保护国之明证。将来东省如真脱离中国,则日本得采亡朝鲜之故技,以吞并之也。

就上述事实观之,东省为整个中国之一部,为二千八百万中国国民之家庭,故中国决不能承认为日本所造成之满洲伪国。敝会于欢迎调查团诸公北来之际,希望诸公明白中国非反日,不第不反对,如苟能按照公平互利之原则,且愿与之合作。但日本假名于民族自决,侵略东省,则绝非中国人民所能承认也。

(《大公报》,1932年4月9日,第四版)

169. 社评:日本对中国抗议之诡辩

昨据日本宣传机关发表重光日使答覆罗外长关于三月三十一日及四月一日对满洲独立及破坏关税盐税向日政府抗议覆牒,完全否认东北伪组织与日本有关,对伪组织截留关盐税,更诿为不知,且以中国为此事对其抗议为不可解云云。满洲伪组织系出日本手造,世界各国共见共闻。日本此种诡辩,适以暴露其奸猾巧诈之态度,想全世界有识之士,亦当为齿冷也。夫中日纠纷根蒂深远,长此敌抗,两败俱伤,故中国国民未尝无伺机与日本弃仇修好之心理,惟其第一前提为东三省领土必须保全,主权必须恢复,否则宁长期斗争,与之鏖战到底耳。满洲伪组织系出日本创设,证据充足,吾人言之屡矣。如为近日所传二千万借款问题,尤为日本扶植"伪国"、冀图永久割裂中国之铁证。查此项借款,系由犬养内阁秘书长森恪斡旋,经三井、三菱两财阀承认借出,惟因国内军人反对财阀为攫取利权而投资,故不愿由三井、三菱直接贷付伪国。政府则又因国际法上尚未承认"满洲国",形式上未便承受其斡旋借款之请求,致遭世界物议。几经协议之结果,决由两大财阀各出一千万圆,经南满铁道会社出面,分期转贷于"伪国",期限一年,以盐税为担保。此种掩耳盗铃之办法,决不足以欺朦世界,而盐税充作非法借款之担保,尤为中国所不能容许。日本一方面否认与伪组织有关,一方面辗转设法于财政上扶助"满洲国",其计虽狡,司马昭之心,固昭然若揭矣。

现在国联调查团方在北平,距东三省益近,窃愿以此项二千万圆借款之新事实,唤起调查团诸君之注意。须知日本此举,完全为巩固其所创造之伪政权,以期永久割裂中国领土,达到并吞满洲之目的。彼之根本方针不变,中国国民虽欲与之和好,直不可能。盖东三省自九一八以后,完全在日本军阀统治之下。关东军司令部内,近又新设特务部,置庶务、经理、调查、职业、经营五课,专当指导移民之任。现在日本第一着眼点即为辽西,将大举移殖朝鲜农民于锦州大凌河一带,以为逐渐侵入热河、河北之准备。此种政策与中国国民利害冲突愈甚,今后纠纷益无已时。本来东北中国人心不死,反抗四起,重以地方糜烂,民不聊生,除揭竿杀敌外,别无生路。吾人敢断言,日本武力纵能占领满洲,决不能统治吾民。长久相持,中国固受牺牲,日本亦终无所得,或将使苏俄势力大得进展之机会。近来吉林延吉、珲春各属,中韩民众纷起抗日,风云扩大。是等地方为中、日、俄接壤之区,日本一味以武力压迫,前途危机异常重大。俄国杜洛斯基曾谓,日本得满洲,适足以削弱其势力,其故可胜长思。然证以日本政府对中国抗议之狡辩、对满洲叛逆之借款,其为顽梗不化,迷信强权,存心造乱,殆终必引进苏俄势力,使成如火燎原。形势至此,盖不仅中日关系,直可成国际公同利害问题,是又吾人所愿唤起国联调查团严重注意之一点也。

要之,中日纠纷之能否解决,世界和平之能否保持,胥视日本对"满洲国"之态度如何为断。按日本现在政权操于中世纪式封建势力之手,而又副以世界最新式之武装,其足以称雄一时,自无足异。东三省今日即为日本军阀政治之表演场,关东军司令官不啻为变象[相]的满洲总督、伪国统监。国联调查团不日东行,苟能运用其锐敏深刻之眼光,考察研究,则不特于中国国民被压迫之情况可以了然,即于日本军阀政治之真象,躬亲测验,亦可得一透澈之认识。然则,此际日本政府对中国抗议之遁辞诡辩,又宁值一顾哉?

(《大公报》,1932年4月10日,第二版)

170. 调查团昨过津抵平，在津虽仅小勾留获得不少资料，旅平决谢绝酬应准备实际工作，拟十五六日出关，返平后赴日

【本报特讯】 昨日国联调查团过津赴平，虽仅有数小时之勾留，而迎送仪式之整肃、代表谈话之重要，实为津市空前之大事。除迎送情形另志本市新闻外，兹将代表谈话及省府公宴各情，录志于下。

调查注意事实

调查团此次来华，经由各地，印象甚好。惟闻团员等以各处所闻，原理原则之言论太多，亟愿多知各方真确的具体事实，以资研讨。先期曾约定东北旅津名流数人，务望到时一谈，故昨晨下车赴西湖饭店略事休息后，即下楼与约定之人晤面，扃门畅谈两小时之久。除秘书长外，无人在座，内容极秘，无从探询。迨谈话完毕，已近下午一时。当以时间太迟，调查团诸人即须赴宴登车，津市民众代表恐不能尽其辞，爰拟将备忘录面交后，改日推代表一二人赴平，供其询问。嗣代表团方面对于津变经过甚愿一闻，乃仍邀张伯苓、卞白眉、张品题、王文典、时子周等入室略谈。先由顾维钧氏一一为之介绍，握手就座，顾即外出，留黄宗法、段茂澜两氏在室备传译。先由张伯苓将津市民众团体及华北工业协会所拟之备忘录，并平津各大报欢迎国联调查团及讨论中日问题各社论之英译本，分送各代表，略述数语，请其注意。随由莱顿爵士就备忘录内某某要点提出询问，经代表等予以答覆，均系事实问题。问答时有人笔录。少顷，莱顿对各代表称谢，谓同人所愿闻知之事，均经代表等以书面详示，足备参考，容当细阅云云。语毕各代表与团员等握手而退。

顾维钧谈感想

在民众代表未与调查团谈话以前，顾维钧氏曾与代表等略谈外人注意各点，使代表等发言有所准备。本报记者当时请顾氏略谈感想，据顾声称，此次调查团来华，印象殊佳。在南京与各负责当局共谈四次，每次皆在一二小时以

上，披沥诚悃，交换意见，颇为欢洽。现在对于中日问题如何处理，自尚难言，惟调查团确拟谋一长久办法，使中日和平不再破坏。一行拟于十五、六日离平，大致由东北考察后，仍须回平，再赴日本，然后重又来华，始返欧复命云。记者询顾氏伪国反对渠出关之事如何，顾谓调查团认一行系整个的，反对任何个人，殊所不许云。更闻调查团诸人在途中，每遇小站，反甚注意，对于民生情形、物产状况多所询问，比较重要城市，弥感兴趣云。

省市政府公宴

莱顿于接见民众代表后，出室与津市各国商会代表立谈数语，即由西湖饭店出发，赴省政府内省市两府之公宴。其时日租界旭街及华界东马路、大胡同、大经路尚未解严，到省府时已下午一时。当即由招待员导入大客厅，参加宴会者有张伯苓、赵鉴唐、韩麟生、卞白眉、段茂澜、张仲述、杨豹灵、雍剑秋、邵华、王文典等，此外尚有由北平来津欢迎该团之蔡元、沈祖同等亦参加。因该团随员多，故一部分随员移赴市府午宴。宴会时由乐队奏乐，香槟上后，王主席略致欢迎词，次由莱顿爵士答词，均由海河委员会秘书长黄宗法翻译。兹录原文如下。

王主席欢迎词

省府午宴席间，王主席致欢迎词如下："莱顿爵士、国联调查团委员诸君：贵团此次过津，鄙人得竭忱欢迎，曷胜荣幸。诸君负此庄严使命，系为远东与全世界和平尽力，此项工作在世界和平史上，当然占重要之一页。中国人民向为爱好和平之民族，相信其所抱之和平蕲向，与国联盟约、华盛顿九国公约以及非战公约之精神，完全契合无间。此种条约均系维持世界，稳定秩序，与保障人类共同安全之基本法律。查自九一八沈阳不幸事件起后，继以津、锦、哈、沪事件，中国政府与人民以为国联有力解决此等一切纠纷。此种信念从未隳坠，故始终遵守国联通过之决议案。贵团诸君须知中国人民并以显明与不变之态度，信仰贵团调查之结果，并信国联根据贵团报告书所列真象，能获一解决中日纠纷之方法，俾可保障世界永久之和平。鄙人以为此点不仅为中日人民热烈之希望，且系全世爱好和平人士胕挚之意愿。谨以此杯，祝国联调查团诸君康健，并祝其工作永久成功。"

莱顿爵士答词

王主席词毕,莱顿爵士答词,由海河委员会秘书长黄宗法君译述。略谓:"主席暨在座诸公阁下:本席兹谨代表敝调查团同仁,敬致答词数语如下。鄙人等承贵主席盛筵招待,感激之深。关于满洲问题,敝调查团当受命之初,在各本国想像满洲,皆以各本国为背景。嗣后道经日本,想像满洲,则以日本为背景。今在贵国境内想像满洲,又以中国为背景。吾人现距满洲不远矣,一俟到达,届时想像满洲问题,虽以满洲为背景,必将连想及中日两国以及世界各国间之关系也。今早敝团行抵天津,辱承贵主席及地方当局以上宾待遇,汽车所过之处,临时施行警跸,光荣甚矣。此等荣遇,非加之吾人个人,余窃想若吾人以个人资格来游天津,贵埠当局或不及知有其事。然则系以吾人代表五大强国欤?余曰,亦非也。惟以鄙团系代表一新有力者,由强固法律组织而生,其为力也,较吾人个人代表之五大强国更有权威。贵主席今日所赐之荣宠,系以此也。本席为此,谨代表敝团所代表之权威,谨举此杯,敬祝贵主席健康。"

从天津到北平

【北平特讯】 记者由津随国联调查团专车来平,同来者尚有同业数人。中途由某君提议,请谒调查团主席莱顿氏谈话,由张祥麟代为介绍。莱氏辞以途中劳顿,颇不适,请改翌日。旋由调查团哈斯秘书长出见,由某记者询以天津曾经巨变,人民颇望调查团对天津事变予以调查,今调查团在津未能勾留,对天津事变将用何法调查,日后能否再行来津调查。哈氏答称:天津事变已由民众作成报告书,调查团将根据该报告书加以审查,如认为必要,或再派人来津调查,或邀天津民众代表来平询问,须俟到平将报告书审查后再定。问天津新闻记者因在津未能与莱顿氏谈话,可否请在车中略谈,答称到平后或须与新闻界正式会晤,天津新闻界如有问题,俟会晤时一并答覆。各记者未得要领,遂中止请求。专车途中警备颇周密,北平公安局及铁路警察在各站外均派有步哨,普通客货车均在中途让路,使该专车先开。该团对专车之设备及饮食均甚赞美,闻已有意仍乘该车出关到各地调查,我方当局亦有允意。伪奉山路局并来电,表示欢迎该车驶入该路,因伪局实无车可备云。

北平热烈欢迎

东车站自昨晨即布置欢迎,绥靖公署卫队一连、公安局保安队一连在站担任警卫,乐队则有海圻、公安局、卫戍部等三队。欢迎人员于下午四时后即络绎到站,依次排列,计到张主任、周市长、荣臻、朱光沐、沈能毅、汤国桢、张作相、张焕相、张学铭、刁作谦、陈任先、王述勤、赵鉴堂[唐]等,德国公使陶德曼、法参赞韩德威、日代办矢野真及各使馆重要职员,各团体代表则有银行公会曹浤、商会高伦堂及中国国联同志会会员等千余人,大多数着礼服,颇整齐严肃。下午六时,压道车之东北铁甲车先行抵站。六时十五分,专车入站,乐声大作,车头上交叉国旗与北宁路旗,欢迎人员一律脱帽致敬。车停后,张主任登车与莱顿、克劳德、麦考易、希尼、马考蒂五委员见,仅作寒暄语,五分钟后即相偕下车出站。张氏乘汽车返顺承王府,莱顿等五委员由顾维钧等陪伴,分乘汽车赴北京饭店休息。沿途经过公安局街、东长安街等处,军警皆举枪为礼。

辞谢各界宴会

调查团以来平期间,须专致力于搜集各种资料,对平市各界之招待宴会,除张、顾、周三夫人之茶会与张主任之宴会外,余均谢绝,其游览名胜之时间,亦随时规定。两次宴会之时间地点如次:四月十日(即今日)下午四时至五时,张主任夫人、顾代表夫人、周市长夫人在迎宾馆招待茶会;四月十一日(即明日)下午八时半,张绥靖主任在居仁堂宴请。又调查团五委员定今午十二时谒见张主任云。

(《大公报》,1932 年 4 月 10 日,第三版)

171. 顾维钧抵平后之谈片:调查团过津甚为满意

平讯。顾维钧氏抵平后,对往访记者发表谈话,首述沿途经过情形,次谓昨晨九时调查团在津,接见各界代表,有张伯苓、卞白眉、张品题等诸氏,原定半小时谈话,而延长至一小时以上,其满意可知。莱敦表示,在南方接到理论的消息甚多,到北方来,接到事实的证据甚多,此次事件重在证据,故彼等甚为满意。在北平预备耽搁一星期或十日。因两月以来，沿途应酬多而工作少，现将往东三省调查，故各代表拟在北平少应酬而多作研究工夫，将所收到之节略、意见书、报告书及政府的节略、备忘录等类，详加研究云云。此外对于沪会亦曾谈及云。

（《大公报》，1932年4月10日，第三版）

172. 关于东北叛逆

拒顾出关事，公文未递到

【南京九日下午十时发专电】 外部负责人谈，截至本日止，外部并未收到任何叛逆公文，将来如竟递到，亦当拒绝不受。同时并认为系支配伪傀儡之政府所发出，已向其提出严重抗议。

....

指派委员会，招待调查团

【哈尔滨九日下午三时电】 伪国奉日方意旨，指派谢介石、沈瑞麟、郑垂、金璧东、阎传绂、李绍庚、鲍观澄、凌升为招待国联调查团委员，谢介石兼委员长。

（《大公报》，1932年4月10日，第三版）

173. 张祥麟过津之谈片：调查团十八日左右到东北

国联调查团抵津后，张祥麟氏曾于西湖别墅对各报记者发表谈话，略谓："关于伪国电拒顾代表前赴东北事，在予等离京前，尚未接有此项电报，是此传说，并未证实，且莱顿亦曾表示，调查团同行人员自有权衡，任何人不得干涉之。又调查团在浦登车北上时，亦有人问到，如抵东北是否受伪国之招待。莱顿曾言，调查团使命系根据国联决议案调查中日事件真像，是除中日两国之外,再亦不知其他,故望中日人民信任调查团工作,并扶助本国政府,俾此事件圆满成功。至于此次沪变情形,该团均有详细调查。汉口之行,印象亦佳。盖以京中领袖人物,对于我国始终态度及酷爱和平之志诚,均有详尽之谈话,该团颇多采纳。俟到达北平后,将与原任东北长官征询此次东北事变情形后,即前赴东北实地调查。缘东北刻虽变乱,张靖绥主任,原先东北长官,今则并无正式后任,故须向其征询一切。至于顾代表出关,虽有反对空气,但亦决定同行。顾之才干,该团极重视,义代表曾有表示,顾之外交能力,世界均知中国有此人物,可谓付托得人,人民方面自可放心。莱顿爵士在沪亦言顾为起草国际联盟约法人员,今随调查团各处调查,自必有许多便利。按顾之地位,系根据国联决议案,于调查团出发时,中日双方应各派代表一人参加。故顾之职务,系陪同调查团各处调查,供给该团材料。参加调查团之中国代表组织代表下,设秘书长(王克[广]圻),总务组兼宣传主任(张祥麟),议案组(钱泰),编辑组(张兴恺),招待组(严南璋),参事(金问泗、朱鹤翔、颜德庆),专门委员(朱少屏、戈公振),一行共约三十余人。此后行程,拟于今日(即昨日)下午六时余到平,明晚应张绥靖主任宴会。其余酬酢,亦均辞谢。在平勾留六七日,即搭车赴辽,预计本月十八日左右到东北,如长春、齐齐哈尔等处,均将实地观察,详密调查。将来过津时,是否再有停留,刻尚难预定"云。

(《大公报》,1932年4月10日,第四版)

174. 各界热烈欢迎声里国联调查团来去匆匆,晨七时半抵津,下午三时后赴平,黎绍芬女士登车献鲜花

昨晨国联调查团来津,地方当局为保护该团代表安全起见,自早晨七时起即在东马路、大经路,满布保安队,直至车站为止。站内月台上,并布置军警维持治安,童子军维持秩序,军乐队则在月台南端鹄候欢迎。民众代表前往欢迎者,约在千人左右。各团体并备有欢迎该团之白布标帜,字系黑红相间,文系中英合璧。惟前日已经悬挂之标语,则一律撤除,闻系市府方面主张严整,故而出此。七时三十分,各界代表□齐集月台,旋省府主席王树常、市长周龙光及党政机关各领袖均到站,民众代表张伯苓、卞白眉、时子周亦相继到站。专

车于九时入站，乐声大作，欢迎者均脱帽致敬。莱顿爵士等所乘包车为最后一辆，车停后，先由黎绍芬女士献花，继由王主席、周市长暨民众代表张伯苓等登车，表示欢迎之意。一一握手后，首由中国代表顾维钧引导英代表莱顿出站，并向各界欢迎代表致谢。黎明女士所献鲜花，由赴济欢迎该团之黄宗法氏代为收存，随行莱顿之后。顾氏与莱顿同乘一车，登车时摄影记者争先恐后，莱顿笑容可掬，与法国克劳德将军、德国希尼博士、美国麦考易将军、义国马列斯可伯爵及秘书长哈斯、副秘书长彼尔特等，摄影毕始行登车。沿街清静异常，业已实行戒严，商店悬旗欢迎。行至日租界亦然，巡捕布岗，戒备极严，电车交通，临时停止。法租界巡捕加双岗，惟不似华界及日租界之严耳。英租界则一切如常。车抵西湖饭店后，门前已有公安局特务多人守卫。莱顿及顾维钧下车后相将至客厅休息，旋即接见民众代表，及东三省民众代表。计此行中国代表团，为顾维钧、谭绍华、张汶、郑礼菴［庆］、颜李余、顾宗林、戈公振、朱少屏、顾执中、魏文彬、萧继荣、朱凤千、严南璋、张祥麟、王劼孚、李荫潭、傅小峰、施德潜、金问泗、徐鼎、钱阶平、刘兰荪、刘子楷、王光［广］圻、钱章［泰］、朱升源，日方代表团为吉田伊三郎、盐崎观三、堀内干城、林出贤次郎、森乔、好富正臣、贵布根康吉、木村勇佑、陈新座、渡久雄、澄田睐四郎、汤野川忠、河相达夫、金井清、江间江守，又北平来津迎迓代表蔡彬伦、沈祖同、宁向南等三人。旋即赴省府宴会。宴毕时已下午一时五十分，全体遂在省府合摄一影，留作纪念，旋即分乘汽车驰往总站。时大经路一带，依然戒备，各欢送人员均在第一月台原定地点齐集，各国驻津武官亦均赶到送行，此时压道铁甲车亦即开行。各委员于三时到站，脱帽向各欢送者致敬意。彼时曾有外国人与莱顿晤谈，闻莱顿表示，东北伪国于调查团工作进行毫无阻碍。旋即登车，黎绍芬女士仍赠该团鲜花。三时二十分，专车遂于军乐声中离津赴平。省市政府专员随行者，有严智恰、段茂澜及杨秘书三人，路局亦派警务处督察王振声率警跟车护送。

片片花絮

当莱顿等五代表在西湖饭店休息时，有英国恩瑞德女士求见。因伊精于绘事，曾绘就五代表肖像，特请面晤，俾得照各人眼色点睛。当经接见，展视所绘图像，栩栩如生，莱顿等钦赞不置。及至省府赴宴，席间置有鲜花八盆，五代表称赞不绝，当由王主席举以奉赠，嘱陶祖年氏送往专车，俾携带赴平。又前妇女协会之屈利亚女士，因参加欢迎，归时乘电车行经日租界。适所持欢迎标语,被风吹出窗外,巡捕疑系"共党"①散发传单,当即禁止电车行驶,由日宪兵上车,将屈女士带至日租界警署。嗣经后解释明白,于下午三时始行释出云。

(《大公报》,1932年4月10日,第七版)

175. 读者论坛:谁主持公理正义,于国联调查团此行卜之

现在对于国际联盟有两种不同的评论:一种说他是国际间主持公理正义的最高权威;一种说他是帝国主义者宰割弱小民族、分赃会议的工具。究竟他是那一种的组织,未到最□那一幕揭开的时候,我们不但未敢下绝对的判断,而且对他还是抱着极端希望的心理与欢迎的态度。因为他的招牌和职责,总算是以维持世界和平与国际正义而组织的。若是在他实施职责的时候,积极的反对他,或消极的不予以便利,那就是公然反对世界和平,那就是甘愿以破坏世界和平的祸首自居。

此次国联调查团因中日纠纷事件足以影响世界和平,冒风涛、涉重洋,而来调查真相,冀得一和平解决之途境[径],藉弭世界巨祸于无形。这种力任艰巨□魄力与热忱,我们只有十二分的钦佩和欢迎。乃日人主动之满洲伪政府,先有拒绝调查之表示,继恐负破坏世界和平的责任并引起各会员国家之反感,又变其拒绝调查团之方针,拒绝我国顾维钧代表及新闻记者陪同前往。其意无非为其苦心伪造之颠倒是非证据,有随时被我代表、记者等指破之危险,而难达□朦蔽各调查员之目的。这种手段,简直是只许自己捏词告状,不许对方据理辩驳。在任何国普通诉讼法上,都认诉讼对于人有相当答辩之权利,何况关系两国纷争、世界和平的重大问题呢。日本如果使伪满洲国拒绝我代表记者等参加,就是他们作贼心虚,怕失盗主亲去检察出来他们入室窃盗的真凭实据,就此可证明谁是启衅罪魁和谁是破坏世界和平的祸首了。

中日事件自初起以迄今日,我们不但欢迎国联的调查,而且竭诚接受国联的公平处理。虽有一般人疑国联调查团为事件易于解决起见,未必有秉公报

---

① 编者按:《李顿调查团档案文献集》中存在对中国共产党及其事业的错误描述。请读者注意鉴别。下同。

告的决心与勇气,而我始终相信调查团定能为公平之报告。至于报告后国联处理之力量如何,固在国联自身之努力,然亦须视我朝野上下奋斗精神之大小而定。国际间派员调查两国间纷争而秉公报告之事件,此番并非创举。试观欧战后,希腊以土耳其军队与人民行动野蛮,危害该国侨民之安全为词,由其野心政治家维尼齐洛氏煽惑协约国,最后决议派遣希腊军,于一九一九年五月十五日,乘英、法、美三国军舰,占据土国斯米拿海口,更进占许多重要城市。当时土耳其只剩恩纳托力亚腹地以自保其小朝廷,其危急之情形,较日人之侵略我国东省、津沪,还严重百倍。因希腊军之进攻系得协约国会议之允许,且明用军舰加以援助,其事既出自协约国之发纵指示,谁能料到后来协约国之考察委员,反能作真确公平之报告呢?那知结果却公理大白。兹试将其调查书介绍于左。

"本届调查结果,本委员会可以证明兰亭地方之基督教徒,自休战后迄今绝对安全,并未受到任何恐慌。假使和会派人占据斯米拿之命令,系根据不真确之报告而来,则和会应当追究传递此类消息之个人或政府占据斯米拿之不正当,及违反《墨屈洛斯休战条约》,已无可讳"云云。

该调查书系一九一九年十月十二日作成于君士但丁,不惜与协约国派遣希军侵土之举相冲突,而积极证明希军侵略土耳其之非是。一方面固然是公理自在人心,是非无法颠倒;一方面亦系凯末尔将军率军激烈奋斗之结果。因为当时,若无凯氏率军与希兵奋战,虽得一纸公平调查的报告,仍不能令希军卷旗撤退。不但希军不撤,且按一九二〇年八月之《塞佛尔条约》规定,东边阿盟尼亚及柯地斯丹两地脱离土耳其而独立;斯米拿之藤田榄林、恩纳托力亚西南临河之沃野,及阿特利亚谷棉产地,皆让于意大利了;沿波斯夫勒海峡以及迈姆拉海之旷野,不准土国驻兵,须受协约国混合委员之共同管理;史拉斯东西两部则赠与希国,以酬其出兵之功;君士但丁则操纵于协约列强之手,情势直等于瓜分。嗣经凯末尔惨烈奋斗,卒能将《塞佛尔条约》这个束缚的锁链挣断,使土耳其危而复安,反树灿烂光辉之旗帜于世界舞台之上。这是纯恃调查的结果吗?还是自己奋斗之成绩呢?

现在国联调查团快将由南京北来了。按照调查希土纷争之实例,我们当然认定调查结果绝对能有公平真确之报告。因为嗾使希腊侵土之协约国的委员尚能秉公报告,何况国联依据盟约,负有这种公平处理会员国间纷争的义务呢。但是公平报告之后,能否使违约者俯首听命,此点就不无相当之疑问了。

或问调查团若能作公平真确之报告,我们何以还不能得到胜利呢?予曰:报告自是报告,而最后的成功,须视各会员国家对此事件之意见能否一致而定。而各国意见之能否一致,则当以我国抵抗之态度是否坚决为准。倘我军政当局仍无有合力奋斗到底之表示,则藉压迫弱小以结好强邻,可决定各国中必有采取此种外交政策的。各国步骤既不整齐,望其合力主张公道,不是等于痴人说梦吗?反之,见我国上下均抱宁碎不辱之决心,纠纷延长,各国均将感觉经济上共同之不利,那时各国步骤自然不约而齐,于处理这个纷争事件方能充分发挥其权威,而这个威胁世界和平的症结方有解决之望。所以希、土战争不是调查者公平报告之后就解决的,而是又经过凯末尔长期军事之奋斗方才解决的。

惟是一经谈到长期奋斗,我的心也酸了,手也颤了,泪也随着落下来了。我并不是发了失心疯,只因为环顾国中,耳所闻的,目所见的,社会所崇拜的,全是勇于内争的军事家、助纣为虐的政治家,教我那里去寻救国军事家的凯末尔呢?于是我只有伤心与失望了。我的爱国军人、热心志士啊,赶快幡然觉悟,以雪前耻吧!

(《大公报》,1932年4月10日,第八版)

176. 调查团昨晨访张主任,晚间晤荣臻询问九一八经过,分日约见各方代表征集资料,日内将与张等正式交换意见

【北平电话】 国联调查团前晚抵平后,以出关调查之期不远,故在平拟多致力于搜集材料之工作,并拟与张主任及原任高级东北官吏、现在北平之各要人交换意见,以为赴东北调查时之参考。如参加人数较多,即举行谈话会,惟须视情势而定。举行日期已商定在今明两日。此外关于调查团之消息,分志如次。

与荣臻谈事变真相

【北平电话】 调查团到平后,昨日即从事于实际工作。其最重要之一事,即为与荣臻晤谈,询问九一八之情形。荣氏切实答覆,莱顿极为满意。荣为前东北边防司令长官公署参谋长,变起之际适在沈垣,于事变情形知之最切,故此次谈话异常重要。惟昨日所谈尚为大概,日内当再续谈。又调查团在平,预

定与原任东三省军政长官之各要人为三数次谈话，并于离平前将会谈结果报告国联。我国方面并将提出备忘录一件，该备忘录系由顾维钧氏主稿，内容包括历来东三省中日间之路矿交涉及最近之万宝山案、鲜民排华案等，凡三百余件，逐一为详确之说明。全文现已完成，于调查团离平前，将由顾维钧氏面致。又调查团主席莱顿氏昨日下午六时半由北京饭店下楼，欲出外时，为欧美日本记者数人所见。当有日记者某发问，谓"满洲国"拒绝中国代表顾维钧氏前往，执事感想如何？莱顿答谓："关于此项消息，本人已迭次明白表示，调查团系整个的组织，调查团之行动完全遵照国联决议，故反对任何个人，即为反对完全调查团及反对国联，当然不值加以顾虑"云云。又调查团自今日起定每晚六时三十分由秘书长哈斯接见新闻界，发表消息云。

分期接见各界代表

调查团决定分期接见各民众团体代表，俾充分陈述意见。每一团体限三四人为代表，名单须预先送去，并携带简单意见书。此项办法，已由市府通知各团体准备矣。大致本日上午九时半或十时起接见，已拟定本日往见者为：（一）国联同志会熊希龄、陈振先等三人，（二）王正辅［黼］等；十二日：（一）文化机关代表，（二）燕大、清华外国教授，（三）北平大学教授；十三日：（一）东北民众代表，（二）东北大学教授；十四日：（一）妇女代表，（二）满蒙王公（此尚未全定）。闻每一团体代表谈话时间限为一小时。又闻莱顿本意，拟于十三日邀平津新闻记者三数人往谈，俾得倾听平津言论界之真意。因某种关系，未能决定，故假定为十四日上午接见。惟届时是否与其他团体代表一律以三数人为限，抑或采取别种方式，则犹未定云。

昨日上午访张主任

国联调查团委员长莱顿爵士，委员麦考易、克劳德尔、希尼、马考蒂五人，由顾维钧、唐心畬、王荫泰、刁作谦等陪伴，赴顺承王府会见北平绥靖主任张学良氏。莱顿与麦考易两汽车先行，十时一刻抵顺承王府。张氏亲出迎接，相偕入大客厅，略作寒暄。旋希尼、马考蒂两氏亦到，即开始会谈，只由顾维钧氏一人陪座。克劳德尔氏因赴法使馆，于十时半后始到顺承王府，即加入谈话。莱顿向张氏询问关于东北之各种情形颇多，张氏逐一答覆，极详尽。谈话历一小时，莱顿等五人遂于十一时许兴辞出府，同返北京饭店午餐。张主任并于下午五时乘汽车至北京饭店答访,晤谈四十分钟。于五时三刻,张氏偕莱顿等五委员及顾维钧等,分乘汽车六辆,赴迎宾馆出席张、顾、周三夫人之茶会。又日代表吉田伊三郎昨下午二时赴顺承王府谒张主任,二时半辞出。

下午出席招待茶会

张学良夫人于凤至女士、顾维钧夫人黄蕙兰女士、周大文夫人高女士,于昨日下午五时至七时在外交大楼招待国联调查团莱顿爵士等五人,并约平市军政学界要人夫妇与会。下午四时即络绎到会,计有熊希龄、于学忠、荣臻、陈篆、王正黻[黼]、夏贻庭、张学铭、徐淑希、丁文江、曾广勷、罗家伦、梅贻琦、袁同礼、陈石泉、陈访先、曹浤、陈任先、戴春霖、刁作谦、王荫泰、江朝宗、沈能毅、宁向南、沈祖同等。各使馆被邀出席者,计到德国公使陶德曼、美参赞巴克新、比代办戞瑞夫以及各使馆全体职员,共达三百余人。三夫人皆着中式长袍,张夫人为黄色,顾夫人粉红色,周夫人白底黑花,往来招待,周旋颇忙碌。下午六时,莱顿、克劳德尔、麦考易、希尼、马考蒂五氏,由顾维钧引导,先至大客厅,介绍与三夫人晤面。旋张主任亦偕朱光沐、周大文诸氏入客厅,与莱顿等接谈。次乃相偕入另一大厅,举行茶会。所备系香槟酒与各色糕点,布置极精洁,宾主甚欢。会中张氏并介绍荣臻与莱顿谈话。六时五十五分莱顿等五人兴辞,返北京饭店,其他与会人员亦相继散去。又,今晚八时半,张主任在怀仁堂设宴招待国联调查团,陪席者除平市各界要人外,各公使、代办等亦均被邀与会,宾主仍在三四百人之间,届时张主任将有重要之致词云。

(《大公报》,1932年4月11日,第三版)

177. 莱顿告汪精卫:维持中国领土与行政之完整将为解决中日争端之一条件

【日内瓦九日路透电】 中国代表团通知国联秘书长德留蒙氏,近顷国联调查团主席莱顿氏在京,曾确告汪精卫氏,称维持中国土地与行政之完整,将为国联解决中日争端条件之一云。

(《大公报》,1932年4月11日,第三版)

178. 叛逆电报到京，外部拒收，原件退回，顾代表决同调查团出关视察

【南京十日下午七时发专电】 外部确息。十日由电报局递到长春谢逆介石电报一件，内容与四月四日东京传出消息大致相同。当由外部拒绝收受，转由原局退回，并一面报告国联暨国联调查团，请即严格实行十二月十日之决议案，一面向日政府提出严重抗议，重申中国屡次声明各点，及在日军完全退出东北各地、恢复九一八以前状态之前，所有东三省一切叛逆行为，应由日方负其全责。此次谢逆介石电报在未发出之五日以前，其内容已由东京遍传各国，其为日本政府授意指示，毫无疑义。将来国联调查团或中国代表如在东北不能行使职权或发生意外，其责任应完全由日政府负之。至中国代表顾维钧，仍当遵照国联决议，随同国联调查团前往东北各处视察。

(《大公报》，1932年4月11日，第三版)

179. 北宁党部筹备欢迎调查团

【本市消息】 国联调查团定本周末离平出关，北宁路特别党部刻正会同该路工会妥筹沿线欢迎办法。前所制就之白布标语，业经分发榆关以西之各大站张挂，并在沿线粘贴五色纸条，上印"中华人民为拥护国际联盟会而抗日""欢迎和平使者国联调查团"等中英文字样。闻塘沽、古冶两车站均拟各派代表四十人，在月台迎送，唐山站欢迎人员则定为五十人。届时并将另派代表请谒该团，面陈暴日自九一八以来破坏北宁东段交通之情形，并请主持公道，以维和平。山海关站工人，亦拟有所表示。又北宁工会所汇编之《日军暴行所予路工损失之报告书》，决日内派员赴平，送赠该团备查云。

(《大公报》，1932年4月11日，第三版)

180. 北宁路改造专车以便起居，调查团不受伪国招待，昨晚旧都怀仁堂之盛大宴会，张主任力述中国统一之重要，莱顿答称愿助中国成功

【北平电话】 北宁专车现已着手改造，预备送调查团出关，长期使用。新添一特别车，内有浴室二间、洗衣室一间、养病室一间、冷藏室一间，由北宁路新设之招待处拟定图样，由唐山机厂改造，在调查团出发前造成。因调查团不受伪国招待，恐须在车上起居办公，故将列车之设备，努力充实。

昨今两日工作

调查团莱顿爵士等昨晨十时延见英美烟公司总理克因氏。克氏当东北事变发生之初，即在沈阳。莱氏咨询当时情况极详，谈约一小时半。下午四时至五时，接见前东北矿务局总办王正黻[黼]。王对东北中日路矿交涉加以详述，并面致调查团以参考书面材料。下午五时一刻，接见北宁路车务处长史梯理，问答皆关于九一八事变后北宁路被破坏情形。史氏为英人，事变先后时往来沈、榆间，所知当极正确。又美国代表麦考易，昨晨九时赴美使馆访问，十时即返北京饭店。又调查团原定昨日起接见民众团体代表，并定昨晨十时先见熊希龄、陈任先，临时又改定今晨接见。此外平市商会、农会、工联会、教育会、银行公会、会计师学会、中华工程公会、国医公会、佛教会、国民外交协会、律师公会等十四团体，拟于日内会晤调查团，陈述意见，现已由各团体招待委员会致函中国代表顾维钧氏，请代向调查团接洽会见日期，调查团将于日内先接见商会代表。又东三省商会联合会、辽宁工会联合会等东北二十余团体，昨日下午亦派员向招待处接洽，请调查团定期接见。又据调查团副秘书长皮尔特氏昨晚谈，调查团昨接南京外交部转来"满洲国"电报一件，略谓"敝'国'闻顾维钧氏将随国联调查团前来，不胜欢迎。惟因中国对'满洲国'时有不好批评，诚恐有激烈份子对顾君加以危害，影响将来邦交，故希顾君不来敝'国'"等语。电中并谓中国政府已拒绝接受此种电报，将原电退回长春，特抄电一份以作贵团参考云云。调查团接电后，已于即日将该电转电国联，但无所表示云云。

怀仁堂之欢宴

北平张绥靖主任昨晚八时在怀仁堂设宴欢迎调查团。调查团莱顿、克劳德尔、麦考易、希尼、马考蒂、哈斯等,日本代表吉田伊三郎、中国代表顾维钧均到。陪席者王广圻、吴秀峰、吴家象、刘崇杰、陈箓、夏诒霆、刁作谦、彭济群、徐淑希、日本吉田代表、唐在礼、王继曾、金问泗、朱家骅、汤尔和、王荫泰、万福麟、戴春霖、日本矢野参事官、于学忠、颜德庆、荣臻、朱光沐、日代表随员佐藤、澄田等,美代办、荷使、瑞代办、法使、西使、杨顾问、比代办、美代办、张学铭、米春霖、周大文等,宾主共八十二人。九时入席,十二时半散。宴会时由海圻乐队及艺术专中乐队奏锦庭乐,菜食系由北京饭店代备,闻每份价值二十元。席次张主任起立致欢迎词,并用英法等国语翻译。最后由莱顿致答词,散席。兹录张主任演词原文如左。

张主任欢迎词

【北平十一日路透电】今晚张主任在招待国联调查团席上演词如下:"莱顿爵士、国联调查委员诸君:今日鄙人得竭忱招待诸君,无任欣幸。诸君代表一全世界的组织,此项组织系根据国际合作与正义之原则,对于增进和平与安全已有十二年之劳绩。中国人民在此国难殷忧中,尤欣幸诸君之莅止,深信各友邦与国联正尽力用和平办法,以及两国间公正荣誉关系之方案,以解决中日纠纷,并信诸君成功之意义,即为恢复远东和平。吾人咸知,此事与世界和平有重要之关系。中国人民与其他文明国民族无异,深信和平之重要以及战争之无益,已不待赘言。因此吾人对于日本在东北与沿海如上海等处军事之侵略与蹂躏,极为愤怒。自去年九月以来,中国始终严格遵守国联盟约中规定之义务,但不幸日方蔑视国联行政院会屡次决议,故意采用在华挑衅侵略之方针。中国为顾全国际和平与善意,并具有维持国家安全之自然欲望,仅严格采取自卫之行动,并屡次促日本注意,以参加非战公约与国联会员国资格,遵守非战公约与国联盟约义务。敝国政府代表将与诸君讨论中日纠纷之法律与政治的事件,鄙人对此将略而不谈。惟请诸君注意于基本数点,而加以公正的考虑。第一,东三省在历史上、政治上与经济上,向为中国完整之一部,东北人民代表一有历史悠久性之混合民族,均系中华民国自由人民。在经济方面,东北为中国全国经济不能分离之一部;在政治上,于数百年来占中国发展之重要部分。今日中国四万五千万人口视东北为中国之一部,与山东、江苏、广东,无或稍异。凡谬称东三省非中国之一部,或以势力嗾令设立非法傀儡政府、令与中国他部分离者,乃包藏领土之野心,而违反一九二二年之华盛顿九国公约尊重中国主权独立、领土与行政完整之原则。第二,中国现时正处于重大改革期中。外国观察人对于中国在社会、经济与政治上明显的与真正的变化,不须远求。此项变化为新均势在组织上调整之必然结果,于有意无意间令中国国民全体与现代世界制度相符合。吾人以为中国之现代化,将为二十世纪中一可注意之事件。现代之中国勃兴于二十世纪,正与德、义、日三国在十九世纪之革新无异。但在此改革期内,难免稍有纷乱之现象。例如欧洲工业革命、法国一七八九年革命以及美国独立与南北战争后,均发生恐怖的骚乱。今日中国在演变中,将与英、美、法诸国受同样历史定律所支配,断不能于一朝一夕间产生一完备制度。且中国国土较全欧与日本之和为大,而中国人口则据最近调查,与全欧相等,国民革命运动同时包括政治的、工业的、社会的与文学的革命。吾人希望中国之友人与列强政府,勿忽视此项变化之伟大。吾人深信其发动的精神为现代的新势力,可以巩固世界统一与和平。日本政界人士有公然指摘中国缺乏国家统一或诋毁中国非现代国家者,均系故意为政治作用,以期蒙蔽事实,淆惑世界之观听。第三,中日冲突之真因,毋宁由于日本嫉视中国社会经济之进步与政治渐趋统一,而非由于中国之任何失政与社会进步之停顿,多年来尤以一九一五年(民四)起为甚。日本确切有攫取东三省,令与中国分离之野心。为筹划此种分离计,日本不断的以在东省发展铁路为主干之计画,对于吾人发展交通与资源,尽力加以掣肘。铁路问题为中日纠纷主要原因,东省为对于人民、政府及愿协助吾人从事发展之他国人民尽职计,以为有尽力发展交通与运输之必要。莱顿主席在京演说时,曾谓中国以偌大土地,缺乏铁路与其他交通方法,故不免种种困难。其实吾等东省人民对此问题了解甚为清晰,在已往三十年或三十五年间,曾尽力发展交通,以期统一版图,捍卫疆域,便利人民经济。自民国成立以来,东省在社会与经济建设上,曾有伟大之进步:扩充国道与铁路,建设工厂,垦殖土地。近年来每年内地移民关外者在百万以上,人民在经济上颇能赡足。日本虽欲获得统制东北经济之权,但东省经济与社会之发展,主要的仍系中国自身努力之收获。在政治方面,日本虽屡次警告东北当局勿参加中国他部之政治,但东北参加中国之政治发展与统一,颇为真实与完备。因工业与文化方面之进步,以及政治之统一,尤以余与中央政府合作祈求中国统一之政策,以及中央依畀之殷,致引起日人之仇视,以致最后用武力非法占领东北。最后诸君身赴东北，实地视察，必能坚中国国民以及爱好和平人士，对于公理胜过强权、和平与正义胜过刀剑之信仰。为国联计，为世界计，及为中日两国计，吾人所盼望诸君以明智之方略、公正之精神，得一公平解决。因解决方法必须公平，然后和平方能稳固。余信中国政府与人民，将来对于调查团与国联行政院所拟定之公平解决方法，必能接受。倘令远东和平因此而臻于巩固，则爱好和平之中国人民早晚将能协助世界，趋向一较良好之地位。诸君此来，凡有调查事项，余必竭力援助。贵团希尼博士在其所著《德国殖民之已往与将来》一书中最后一章，曾有一言，洞中窍要：'虚伪虽可徼幸一时，然真理与正义终难隐蔽，亦决不能阻止一平和勤勉民族之向上发展也。'谨以此杯，祝诸君康健，并祝诸君伟大使命圆满成功。"

莱顿爵士答词

张主任词毕，莱顿爵士代表调查团起立答词，大意略谓："今日承张主任盛宴招待，谨代表各委员敬致谢忱。鄙人因居首领地位，时常要发言，对此深觉抱歉。鄙人深以为假设各委员个个都能发言，则此言论当更有价值。今晚张主任之言，对调查团甚有帮助，且颇能发挥其意思。一个民族或一个国家，以能生活、能发展为不变之原则。国际联盟公约对此原则，常与以确实之保障。鄙人上星期在天津时曾谓，国际联盟是世界上的新势力，根据其组织及法律上所赋予之势力，使世界人民彼此相安。对政治较弱的国家，国际联盟能使享受一种保障，全国也臻安宁。但这种效力，需要彼此对国际联盟确实信任，并遵守其决议案。调查团在日本各处时，得各方表示，均有信任国联之意旨。所以鄙人觉得非常高兴，因为中日两方均表示信任。敝团虽然觉得所受命令极为困难，才力有限，而因中日两国对国联信任，或者对两国和平能有相当贡献。主席适谓，对我们肯作各种协助，我们很感谢，而且觉得此行更有把握。主席很庄重的说，中国统一与世界和平有很重要之关系，我对此话，甚表同情，认为非常切要，且甚愿助中国成功，使中国对世界有相当贡献"云云。词毕，举杯向主人致谢。

(《大公报》，1932年4月12日，第三版)

181. 国难会议今晨闭幕，提前结束训政案昨被否决，电致国联调查团请主正义

....

电调查团请主正义

【洛阳十一日下午六时发专电】 大会致调查团电,略谓:"敝邦遭日本强暴之侵略,诸公负联盟之重托,秉公正之意思,作详实之调查,远道而来,备受跋涉之劳,敝会同人无任欢迎。敝国数千年来素以天下为公、世界之大同为政教之最高鹄的,对各友邦无不力求亲睦。而日本近代以来无视国际信义,扰乱人类和平,侵侮敝国,无端而强占我东北,又复长驱直入,蹂躏我淞沪,惨酷之状,已为诸君所目睹。东北自遭日本兵燹之后,近又发见日人所包办之满洲伪国。在日人野心,无非欲藉傀儡政府之名,而收侵略我国土地之实。国联为世界主持正义之机关,诸公当为人类和平之使者,伏恳根据事实,为正确之报告,使日本强暴情形,得以明白昭著于世界,受正义与公理之制裁"云云。

....

(《大公报》,1932年4月12日,第四版)

182. 短评:调查团不受伪国招待

所谓"满洲国",本是日本人干的把戏。从国联调查团眼光看来,东三省完全是日本军队的占领地,根本就没有中国官吏,更没有他们所承认的独立主权之存在,所以他们不接受伪国的招待,毋宁是当然之事。

据沈阳消息,伪国为了招待调查团,也一样组织委员会,作种种准备。日本方面,为要遮掩调查团耳目起见,业已把各机关的日本监督人员调走,或则叫他们改着中国装,朦混外人。我们更相信,一到日本军队的势力范围,一定还有伪造民意、讴歌新政权、痛骂旧政权的许多做作。

然而,国联调查团如果拿定方针,认为一出山海关,便是日本的武力占领

地,那吗,任你如何做作,都是适彰其伪!

(《大公报》,1932年4月12日,第四版)

183. 顺承王府昨日谈话会,原任东北高级官吏均参加,调查团安全问题正计议中

【北平特讯】 调查团不接受伪满洲国招待一节,已志昨报。此事在调查团为当然应取之态度,殊如莱顿爵士对于不承认伪国拒顾入境之举,表示极为坚决,自是正当见解。然因是而调查团之赴东北,乃发生许多牵连问题。第一,在调查团方面,大体上决定由北宁路出关,而日本则只能负南满路沿线附属地警备之责。出山海关至沈阳沿途之保护,日人谓系"满洲国"之事,不便负责。今调查团既不受伪国招待,则伪国亦不便保护之,于是有由中国自行派兵护送赴沈之议。惟其事国联是否同意,日本是否容许,伪国是否承认,皆在不可知之数。某方面已有所接洽,而牵涉三方能否一一承诺,胥在不可知之数。第二,日本既以"满洲国"为搪塞,于是日本认为可以负责保护之区域,只为南满路一带达长春为止。是以最初拟请调查团由天津乘船到大连,经南满线至沈阳、长春,以便完全受日本之招待与保护,过此则不能负责。而因调查团不受"满洲国"招待之故,其势不能更往南满路以外之吉林、哈尔滨等处。第三,纵令顾维钧氏可以出关,日本对中国代表团人员之保护,似只能以极少数随员为限。因日本代表所携者仅十二三人,中国方面则多至七八十人,如果能去,在势非大加削减不可。万一专门人员必不可少,或于到沈阳、长春后,体察必要情形,临时加调续去。要之,就目下情形观察,调查团虽略定于十六日出关,事实上尚多微妙关系之问题,徐待商决也。但上述情形,据调查团方面宣称,日本军队一日未从东北撤退,应认为日本对东北各地负有责任,故调查团一行到东北任何地方视察,其保护责任,完全在于日本。故预料日本此种回避责任之办法,日内必有觉悟之表示。因日本既未履行国联议决案,实行从南满附属地以外各处撤退军队,则对中国调查员,当然应当保护。(十二日)

【南京十二日下午七时发专电】 顾维钧电外部:莱顿意颇坚决,决仍偕顾赴东北,若果被伪国拒绝,则调查团全体亦不赴东。闻现在形势只有两途,非

调查团全体前往,即全体不往。

【南京十二日下午十时发专电】 调查团在平与我代表拟定三项办法:(一)调查团及中日全体人员同时赴东省;(二)调查团及中日全体人员不赴东省;(三)中日两方代表一律退出,只由调查委员前往东省。据闻将来趋势当系仍采用第一项办法较为可靠。

【长春十二日电】 国联调查团已将调查日程送致某方面:十五晚由北平出发,经由北宁路赴沈阳;十七晚抵沈,留六日;二十三日离沈,经由吉海线赴吉林,留吉二日;二十五日离吉赴长春,留长三日;二十八日离长赴哈尔滨,留哈六日;五月五日赴齐齐哈尔,留齐三日;八日离齐,经由四洮线回沈,留沈五日;十三日离沈赴大连,留大连五日;十九日离大连,由海路回北平;二十一日抵北平,六月五日由北平赴日本;在日本滞留至六月三十日。

【北平电话】 留平美国协会定星期五正午十二时招待美国代表麦考易及莱顿爵士,莱应允。又英美烟草公司总经理康特昨晚八时假北京饭店宴请义国代表,并邀张学良作陪。张如时赴会,饭后开跳舞会,至晚十二时散。

【北平电话】 本星期五上午十一时,调查团接见北平各大学教授代表张君劢、吴宓、李光忠、邱昌渭、刘百昭、萧恩承、生宝堂。

顺承王府会谈备忘录已送达

国联调查团与原任东北军政高级官吏交换意见之谈话会,于昨日下午四时在顺承王府第一次举行,出席莱顿、克劳德尔、麦考易、希尼、马考蒂、张学良、万福麟、米春霖、荣臻、顾维钧及调查团秘书长哈斯等。关于东北问题,作详细之恳谈,迄六时三刻散。第二次谈话会定今日在顺承王府举行,日本代表吉田亦参加。又调查团昨日上午十时接见翟文选、刘尚清、刘哲、蔡运生诸人。翟等在事变之当时均在东北曾任要职。谈话时间甚久,翟等辞出时已十二时。又当局送致国联调查团之备忘录,内容包括东北中日路矿交涉、万宝山及鲜民排华等之百余件悬案,皆有详细说明。此种备忘录已制订完成,由我国代表顾维钧氏分为数大部份交与莱顿。截至昨日止,仅东省铁路平行线问题之一部份,尚未送达,大约一两日内,即由顾氏面致,供将来赴东北调查时之参证。晚七时皮尔特及吴秀峰接见中外记者,对顺承王府谈话会内容未发表,对记者所询事项答复如下:调查团搜集材料之方法,即邀集各方关系人交换意见,或口头述说,或用笔录,用待参考;中国与国际方面均未承认"满洲国",代表团当然亦不承认,到东北后,对其官吏亦概不接见;到东北后之行程,刻尚未定,大约本星期六或星期日乘北宁路专车由北平启程;关于保护问题,中国政府尚在考虑中;调查团决定于五月一日国联大会开会前寄去第一次报告,内容叙述中日两国履行国联决议案之程度,供国联大会讨论。

日本鼓动拒顾,国际印象恶劣

【日内瓦十一日路透电】 所谓之"满洲政府"拒绝顾维钧随调查团赴满事,在国联方面发生一最恶劣印象。一般感想,倘令其坚持拒绝顾氏,恐将引起另一严重情势。莱顿爵士已将此事报告国联秘书厅,不允不偕顾氏赴满。据预料,此事于本周末将提出国联大会十九国委员会。该委员会对"满洲政府"态度,或将采取强硬方针。一般视此项态度,系由日方鼓动而成。又一般预料,中国代表团将请求国联大会委员会召集会议。

【东京十二日路透电】 日方舌人称,日本不能请"满洲国"取消其拒绝顾维钧随国联调查团赴满之决定,但日本暂时负维持满洲和平秩序之责任,故日政府现已决定通知调查团,如顾氏随该团赴满,日本将尽力维持顾氏安全。该舌人声明此项决定时,注重为日本利益着想,须令调查团能研究当地状况。因国联与日本尚未承认"满洲国",故日本认可顾氏赴满,对于抹杀该"国"主权,并不生问题云。

【东京十二日新联电】 "满洲国"拒绝顾维钧入境,该问题已引起国联异常注意。日外务省对该问题所持态度如下:自顾维钧与张学良有特殊关系之点观之,于"满洲国"之立场可表同情,然国联调查委员原依日本之提议而构成者,日本对调查团一行自应积极予以便利。顾维钧与调查团一行视察满洲之日本行政区域,在日本自无异议,且日本现在虽未承认"满洲国",而于"满洲国"各地有担任维持治安之处,日本视其实力之所及,对顾维钧之来满,固不辞保护其生命之安全也。

顾维钧答日记者问

我国代表顾维钧氏,于昨日正午十二时在外交大楼接见日本记者,到十数人,尚有美国记者一人及我国记者数人列席。兹将顾氏与日记者谈话之问答,详志如左。

问(指日记者,以下仿此):"对于长春来电,所谓'满州[洲]国'者拒绝中国代表顾维钧博士及其参加赴东北之举,态度如何?"答(指顾氏,以下仿此):"中国遵照上年十二月十日国联行政院决议案,任命代表为调查团之参加员,与日政府任命代表为参加员同。两方参加员均为国联调查份子,故委员长莱顿爵士前曾声明对于任何参加员赴满之拒绝,将视为对于调查团全体之拒绝。"问:"今日已有'满洲国'存在之事实,是否为调查团及顾代表所知悉?"答:"中国对于所谓'满洲国'之存在,未经承认,所称由长春发往南京之电报,业已退回发电地点。调查团亦不能承认此种政治组织。调查团之目的在调查东北之整个情形,尤其关于上年九月十八日以后之举动。自九一八以后所发生之事变,连同所谓'满洲国'在内,均在调查范围之内。"问:"顾代表是否将不顾可以料见之危险,毅然赴满?"答:"在任何情形之下,代表有偕同赴东北之责任。关于调查团全体之安全问题,据鄙人所知,委员团业已向国联报告,国联当然对于本身所派委员之安全,有适当之处置。"问:"执事既不承认'满洲国'之存在,然则关于调查团之安全,据执事见解是否应由日本负责?"答:"中国并不准备令日本负责。对于安全问题将为如何适当之处置,应听由国联决定并执行之。但满洲既为中国领土之一部份,故国联如不能筹有适当之办法时,中国自必于全体调查团入东北时,周密派员护送。"问:"谣传此次满洲拒绝中国代表之举,系有日本之背景,执事之意见如何?"答:"此项举动之背景如何,鄙人并不重视,因日本与满洲种种活动之关系,将为调查团澈底调查问题之一。"问:"调查团将如何入满?"答:"调查团将乘车入东北,至调查团愿于任何处下车调查,该团有此完全职权。"

昨晨接见熊希龄等

调查团昨日起接见各团体代表。昨午十二时,在北京饭店接见中国国联同志会代表熊希龄、陈振先、叶叔衡、廖世功、王文显等。首由代表等提出书面之报告,计欢迎信一封、《中日之冲突》一册、备忘录一本,继谈话提出下列各点:(一)贵团不日到东省进行调查事宜,但该处之民众在日本占据之下,一切报告不能自由发表,请予注意。(二)此次国联受严重之试验,希望国联与各重要国家合作,以维盟约之尊严。(三)请贵团抱定国际联合会盟约第十条之主张。(即尊重并保持所有各盟约国领土完整及现有政治上之独立云云,按此与华盛顿条约第一条意义相同。)(四)关于各盟员国条约问题,请贵团根据国联盟约十八、十九、二十三条之原则,废除威胁利诱所成立之不平等条约。(五)请根据国联盟约第二十三条第五项,采有效之办法,保障及维持各联盟国交通之自由与商务上之公平待遇。(此项与九国公约第三项在中国门户开放各国商务机会均等之原则意同)请参考本同志会在一九二〇年十月于意大利米良城各国国际联盟协会大会根据该国际盟约而通过关税、交通、经济三大问题之自由自主权,以求解决强弱国间之纠纷。(六)请贵团向国联建议,在国联内添设一常川监察机关,以便施行国联盟约。莱顿对该会之主张,颇表满意。谈至下午一时,代表等始兴辞。兹录其欢迎函如下。

"调查团诸君阁下:贵团此次负国联行政院重大之使命,调查中日两国纠纷之所在,而为公正和平之调解,使中日两国恢复其正当之国际关系与友好之邻谊,实为本会之希望而表其热烈欢迎也。本会集合中国同人,组织成立十有三年,与国联有久远之关系,而中国之政治哲学,又与国联之世界大同宗旨恰相吻合。故本会对于国联,希望尤为深切。此次中国政府信任国联如此之专,遵守国联盟约如此之坚,较之无论何国,最为诚笃,固皆由于中国民族富于酷爱和平之特性,而其根本则由四千余年来之历史政治学说,其基础实建筑于世界大同主义之上,而无丝毫狭小国家主义之色彩也。(中略)本会同人,一方面固为本国仁义学说所熏陶,一方面又以国联大同主义所感动,深知一千九百十五年日本乘欧战之际,强迫订立'二十一条',一千九百二十七年济南占领,妨害革命成功,我国人民对日之感情日趋恶劣,将必至互相仇视之地位。故吾人在对于改善中日关系,增进中日邦交,无不参加赞助。此数年间,中国人民曾数数努力于中日之亲善工作。(中略)讵料上年九月十八日沈阳之变,为日本军阀之武力爆炸,将吾人数年来所本于国联和平之宗旨及所费之心力,完全毁没于武器灰烬之中,此为本会同人所深抱遗恨者也。(中略)本会今日得此机会,将所希望调查团诸君于此次赴东三省之意义,举其所见,约有两端,敬为诸君陈之:(一)调查团应注意于远大问题。此次日本之行为,实违犯世界和平盟约。凡国联盟约内所定之第十、第十一等条,九国条约内所定之第一、第三等条,凯洛格非战公约内之第一、第二两条,日本无不从而违反或破坏。无论举何一条,即足以定其应得之惩罚,原无待于调查而后定也。况中日两国之纠纷,照盟约所规定,调解方法极多,无不可以理论,何必诉之于武力?今日本无故而侵占我国家之领土,无故而损害我人民之财产生命,无故而强迫我同胞之民族使离其祖国,已构成破坏世界和平之罪案。贵团自应根据盟约之精神,公正不阿,据实报告,庶使破坏盟约者为之感化或畏服。(中略)二曰调查团应注意于永久和平。东三省地理位于日俄之间,又与世界各国有经济之密切关系,无异西方之巴尔干半岛。若此次敷衍了结,即使幸告和平,不仅将来难免中日之战争、日俄之战争,甚或酿成世界之远东大战争,是东三省实为各战争之爆发焦点也。吾人以为调查团应详密审度,赞助理事会,为一公允适当之建议,按照国联盟约第十九条,修改或废止已不适用及危及世界和平之条约,又照九国条约中之第一、第三、第四、第五等条,使中国之主权独立与行政之完整,而又实行"开放门户、机会均等"之真正政策,完成一均平而有效之制度、之方案,以保东亚之永久和平,不致危及世界,固不仅中国独受其赐也。(下略)"

(《大公报》,1932年4月13日,第三版)

184. 日本自承为伪国保镖:因便衣队反对"满洲国政府",现时日军驻满洲实为必要

【日内瓦十一日合众社电】 本日日政府照会国联,指责中国政府继续在满洲煽动紊乱。日政府通知国联秘书长之声明,称中国坚持在中国及满洲鼓励反日运动。据该文件声述,因中国对日态度如此,日军不能自满洲撤退,因土匪及便衣队反对"满洲国政府",现时日军驻满洲实为必要。国联人员认最近日本照会指示,日军将无限期驻满。国联接东京照会时,正考虑"满洲国政府"拒绝国联调查团中国委员顾维钧入满【事】。据悉,国联由秘书长德留蒙与刻在北平之莱顿爵士电商此事。此地预料,莱顿调查团将依国联对于调查团之规定,偕顾维钧赴满。

(《大公报》,1932年4月13日,第三版)

185. 国联调查团专车问事处开始办公通告

地址:北平前门东车站站台入口处
时间:每日上午九时至十二时,下午二时至五时
电话:南分局三零号。

(《大公报》,1932年4月14日,第二版)

186. 调查团定十六日离平，前昨两日在平正式调查东省问题，拒顾问题已了，将来行程略有变更

【北平特讯】 调查团到平以后，谢绝酬应，以全力进行调查工作，异常忙劳。首席之莱顿爵士最为认真，每与人谈话，宛若法官在法庭问案光景，极为深刻细密。中国方面各种说帖，已均编印齐全，十日外交大楼茶会之后，即准备提交调查团。连日中国代表在外交大楼设办事处，工作亦颇紧张。莱顿自抵北平后，除一赴张学良夫妇应酬外，从未出外游览。十二日在顺成王府正式开会，达三小时半之久，纯由莱顿与张学良问答，由徐淑希、陈立廷两人任传译，调查团五委员及秘书长外，仅顾维钧在座。闻所问之范围甚广，举凡外交、经济、移民等等，均经涉及。如有专门问题，须询之原负责任人员者，则临时唤人垂询，故东北许多要人，均在邻室候传也。十三日午后开会，如前办法，内容甚秘。闻张学良除口头随时答覆问题外，更备有书面交莱顿等参考。代表中法国克劳德尔将军不通英语，故会后须由秘书长哈斯将会议笔录，大略译告。余人都通英文，而莱顿则又通晓法语。至调查团到平后，接得中国文电颇多，每日由秘书吴秀峰译为法文，故吴氏工作亦极忙云。关于调查团出关事，大致已决定为十六日。闻日本吉田代表十二晚间接得外务省电，已劝"满洲国"接待顾维钧云云，是拒顾问题，可算终了。昨日中国代表办事处已在准备开具名单，通知日方，其人数似不能甚多。北宁路改造之车座，闻十四晚可开到前门站，除火车头决在山海关卸换外，凡与调查团无关系之人员，亦须在山海关下车，将由伪奉山路派人开车服务，此层似犹未大定也。

关于将来编制报告之地点问题，据闻调查团对于北戴河认为不甚适宜，以北戴河旅馆散而不聚，于开会不甚相宜，又以地方完全在张学良之势力范围，日本颇持异议。然日本所希望之大连，复与北戴河有同样缺点。因又商及青岛，因其地大旅馆设备甚佳，更不属于任何特殊势力，似较为相当云。

【北平电话】 国联调查团昨日下午三时半在北京饭店开会，对避暑及编制报告书地点有所商榷。盖上次讨论此事，日本吉田代表未与闻。商洽结果，该团于调查东北后，在北戴河编制报告书，似有不便之处，日本颇希望在奈良，

亦有不妥,惟在青岛之成分较多。至调查团今后行程,较前长春所传者已加以变更,在东北调查事毕,当有所得,仍拟先经朝鲜赴日本东京,与日政府商榷,再赴南京,对中国政府作调查后之意见说明,待聆双方意见,然后北上而至青岛编制总报告,呈报国联。至中国代表出关人数,调查团限定二十人。现东北方面拟加入十人,以便引导。顾维钧在昨日会议时提出要求增至三十人,调查团尚在考虑,今明当可决定。又中国代表团已购好白米四石,预备至东北后食用。在平满蒙王公昨在某处开会,载涛亦出席。决制备忘录一种,详述日本在东北挑拨汉蒙感情实在情形,拟即日送交调查团。

【日内瓦十二日路透电】 国联调查团主席莱顿报告国联秘书长德留蒙氏如下:"调查团在报端得悉声明,称不允中国代表顾维钧入满。本团对此事加以讨论后,当通知中日双方代表,称倘令此项消息证实,据本团意见,以为将发生严重情势。因本团自身之组织,不容发生疑问。本团视反对中国代表之任何举动,即为反对本团自身,本团即将立时以此事通知国联"云。

【日内瓦十二日路透电】 本日下午国联行政院会开会,法代表达迪宣读莱顿爵士报告,称十一月二十一日行政院开会时,义大利代表声称,愿将义政府所有一切便利以及地点,供给国联调查团使用,义方并将对于调查有所供献。调查团深信行政院其他会员及中国代表,均愿对于该团工作之完成,予以相同之便利,遇必需时将以此训令其驻华使馆及驻满各领馆。达氏并通知行政院,谓法政府同意调查团此项请求云。

昨晨接见荣臻,详询事变真相

国闻社云。国联调查团莱顿爵士等,于抵平翌晚之招待茶会中,晤前东北边署参谋长荣臻,曾询荣氏在沈目击之九一八事变情况。因时间关系,仅谈其大概。昨晨十时半,莱顿等五委员在北京饭店正式接见荣氏与东北军第七旅旅长王以哲两氏,详谈当时情况。王氏于沈变之初驻防北大营,南满路日军开炮挑衅,该部正当其冲。王将实情逐一详告,荣氏复声明,谓对日军在沈无故挑衅所以不抵抗者,实相信国联对日本此种暴行,必能加以制裁,如此可免使地方糜烂及各国侨民遭受损害等语。最后莱顿请荣、王两氏将九一八事变经过制成一种书面材料,交与该团,以备调查时参证并报告国联。谈话约两小时,荣、王始告别离北京饭店。下午三时调查团与中国代表顾维钧及日本代表吉田会谈一次,即于四时偕顾维钧及秘书长哈斯等赴顺承王府,与张主任开第二次谈话会。张作相、万福麟、米春霖、荣臻等原任东北高级官吏皆出席，日代表未参加。会谈东北各项问题，至六时三刻散会。第三次会今日下午四时继续举行云。

顾维钧宅宴会，北京饭店观剧

我国代表顾维钧氏于昨晚在铁狮子同胡私邸宴，请国联调查团莱顿爵士、克劳德尔将军、麦考易将军、希尼博士、马考蒂伯爵、秘书长哈斯等，张主任亦被请陪席，此外尚有平市各界名流多人。宴后，顾并请莱顿等赴北京饭店，观梅兰芳演"红线盗盒"戏剧。该戏系北京饭店主人为住该店之美国游历团烦演，顾因梅剧颇为外人称道，故定票五十二张，请调查团往观。又北平学术团体之意见书，昨由北平图书馆送交调查团各委员，附英法公函各一件，致莱顿爵士及该团秘书长哈斯。张主任有于十五日中午在颐和园开园游会请调查团游览之说，惟将视该团是否有暇赴会而定。德国公使陶德曼定今晚八时在德使馆设宴，欢迎德国代表希尼博士及其秘书柯齐等，并约平市德侨领袖作陪。又义国使馆一等秘书安芳素夫人，定今晚六时至八时在义使馆举行茶会，招待义国代表马考蒂伯爵，荷兰使署则定十五晚在署内设宴，请调查团欧美委员晚餐。

明日分别接见平、沈大学教授

调查团原定昨日上午十一时至十一时半接见东北大学教授赵明高、曹国卿、赵鸿翥、刘百昭、宁恩承，及东北逃难民众代表关广誉、柳国明等七人，因与荣臻晤谈时间延长，遂改订明日正午十二时三刻至下午一时一刻接见。闻东大宁恩承等所备向调查团提出之参考材料，计有九一八事变详情、东大因事变所受之损失，难民代表所提为九一八事变后日本在东北之种种暴行。明日上午十一时三刻至十二时一刻，则接见北平各大学教授代表张君励[劢]、吴宓、李光忠、邱昌渭、刘百略、萧恩承、生宝堂。又北平各文化机关及学术团体，昨送致调查团意见书数册，对东北问题有所陈述云。

（《大公报》，1932年4月14日，第三版）

187. 马占山恢复真面目，合法黑省府临时设黑河，通电全国宣布伪国证据

【本报特讯】马占山日前自黑河电当局如下：

"（上略）占山兹由海伦忍痛应付，暂返省垣。本拟忍至春耕后再行举动，兹以国联调查团行抵东北，日人强奸民意，谓我东北人民自愿脱离中央，以遂其侵略政策而欺骗国联调查团，时机急迫。故事先暗将军队分布东边一带，于月之七日，急来黑河，所有军政各机关即时成立，照常办公，并将日人强制满洲伪政府种种阴谋整理清楚，俾得宣诸国联调查团，以揭穿其侵我阴谋。占山一息尚存，誓本以身许国之初衷，决不负期许之至意。马占山。佳（九日）。印。"

【北平电话】马占山十二日自海兰泡发出通电云："（衔略）溯自暴日以武力侵占辽吉后，虽其代表芳泽屡向国际间声明，决不破坏中华领土之完整，但其事实积极进兵，并吞江省之志，日益迫切。初则利用张海鹏部进攻，继则竟公然以保护江省为名，调集大队日军，进迫省垣。我方以尊重国际联合会决议案及非战公约，竭力避免冲突，冀以保持世界和平，免地方之糜烂，并屡电我施代表提出国联，促彼反省。乃封家长蛇，得寸进尺，狼子野心，贪而无厌。占山守土有责，遂不得不实行我国家自卫权，以兵戎相见。当时我军义愤填膺，人怀死志，昼夜凶战，气薄云霄，卒以军械不敌。益以敌方飞机，日向省城内外居民投掷炸弹，占山因重人民之吁请，并尊重国联之公决，始将所部撤退海伦一带。此已往与敌战争经过之事实，业经迭电宣布，谅邀共鉴。迨撤退海伦后，正在积极补充军实，作最后之奋斗，而哈尔滨之战继起。遂一面派队堵截驻江日军攻哈，一面以主力军队助丁、李，计划从此两军衔接，东西声援，遂使暴寇军力永不得逞。不意我军甫抵松花江北岸之马家船口，而丁、李各军已不支而退却。日方知我军援哈举动，决计由齐克、呼海两路，用重兵夹击，以期消灭我军实力。当是时也，前有强敌进逼，后无要隘可守，内而械窳弹缺，外而孤悬援绝，危急存亡，间不容发。占山自幼从戎，历经战阵，生死二字久已置之度外。顾念死或重于泰山，或轻于鸿毛，若驱一军忠义，以与强寇锐利无情之炮火相

搏,结果徒供一时之牺牲,快敌人之心,则恢复之机,益将绝望。反复思维,欲解决目前难关,惟有相机应付,缓敌进击,庶可保存我军现有之实力,俟时机一到,再图反攻,并可藉探日人侵略我方之真确计划。故不惜冒险赴哈,会晤日本多门中将,以虚与委蛇之宗旨,搪塞其间,而东北一线之生机,庶得保留。此占山应付日人经过之曲折苦衷也。夫国际间最重信义道德,未有徒恃暴力欺骗,而可以得世界文明各国之同情者。乃日本不顾一切,甘冒不韪,其计画之毒,出人意表。兹者国际调查团不日东来,若不将占山四十余日亲见亲闻之日人种种阴谋,揭破宣告于世界,谁复知日人之鬼蜮技俩,更谁知我东三省三千万民众,处此万劫不复之地狱耶？当二月十六日,占山为明瞭日人制造满洲伪政府之真相起见,又因日方邀请,复冒险赴辽宁会议。翌日晤关东军司令本庄,据称东三省大部已被日军占领,仅吉、黑一小部份,谅难抵抗,希与日方合作等语。是晚又强迫在赵欣伯宅会议,凡占山所提取消伪国家产出之方案,咸被日方拒绝。十八日托病返回海伦。旋据赵仲仁报告,十九日日军部竟强迫张景惠成立伪国筹备委员会,并令张景惠、赵仲仁率日方所收买辽、吉、黑三省之伪国代表十二人,同赴旅顺,敦请溥仪为伪国执政,并由日方授意溥仪三次推辞,代表三次敦请,始完使命。三月九日为伪国政府成立之期,占山本拟托故不从,现为避免日方生疑计,不得已去长春一行。十日日方现充伪国务院总务厅长之驹井及伪高等顾问板垣,以军部命令开国务会议,发表伪政府,设总务厅,掌管各部一切实权,凡有命令,不经该厅签字盖章,即不能执行。十一日板垣、驹井又在国务会议发表,日本军部将来拟由日人任充伪政府官吏之半数及各伪省府官吏十分之四,现是经减少,仅派加新政府百数十名。旋经议及日人入籍问题,熙洽曾有审慎之提议,当被驹井、板垣等严词申斥,并谓凡居留东省之日人,均由铁血换来,自应隶属'新国',无审慎之必要,至于是否脱离日本国籍,日人自有权衡,不容他人过问。复又发表辽、吉、黑三省,各设总务厅并警务厅,均由日人充任,总揽各省全权。惟江省总务、警务两厅,以占山极力反对,故暂允缓三月后再由日人接充。迨至十六日本庄来江视察阵地,曾谓日本已具决心,无论如何牺牲,决不放弃东三省,如有反对'新国家'者,即由日本军队完全担任扫灭责任,纵有第三国出而干涉,亦必与之宣战,至于政令,自可按步进行,惟须经驻在日军之许可乃可。驻哈特务机关长土肥原及驻江铃木旅团长声称,日本得东三省后,种种军事材料完足,将北侵苏联,东抗美国,胥于此树立基础。又复于土地、交通、金融、教育,为积极之侵略,伪国务院议决:

(一)凡东北土地已经出放者,若地主为官吏、旧军阀,则全数没收,若民户亩数较多者,则以官价收买其半数,其未经出放者,悉数收归伪国所有,以备日政府实行移民之用。(二)呼海铁路为我江省运粮之枢纽,日人与张景惠立约,以十分之一代价三百万元,强迫抵押,虽订期五十年,实无异于永久占领。又恐占山不能承认,商补签字,当被严词拒绝。近闻又向伪国交通部进行矣。(三)筹设满洲伪国家银行,仿朝鲜银行办法,以为操纵金融、吸我脂膏之企图。(四)摧残我学校,侵略我文化。凡学校除驻兵外,将我原有部定各级兴发爱国之教科书,悉加删改,参以亲日意旨,以尽其消灭我民族性之能事。而于言论,尤极摧残,甚至假造舆论、淆惑听闻,抑且惨杀我智识阶级,凡曾受教育、具有爱国心者,屠杀活埋。如前财政总长阎廷瑜[瑞]、洮索路局长张魁恩等,均遭惨害。综观以上之事实,是日人吞并东三省之野心,破坏世界和平公约,已露骨表现之。对国际间犹谬称'满洲新国'之成立为东北民众自决之行为,而实则迫勒威胁,无所不用其极。所谓民意,纯出日人制造而已。语云'一手掩尽天下人之耳目',此之谓也。占山一介武夫,愧乏学问,惟上承国家倚畀之重,下受人民付托之殷,故延月以来,不惜只身冒险,忍辱受谤,以与汉贼不两立之国仇,虚相周旋。所以然者,不过欲俟农民春耕之际,所部稍事苏息,再图大举,以竟全功。现在日方假造之伪国真相已明,调查团不日东来,乘机策动,此正其时。爰将所部军队,暗中分布要隘,于四月七日急来黑河。所有黑龙江军政两署重要人员,先已密遣到黑,关防印信一并携来,即日照常工作,进图规复。虽明知势孤力薄,难支大厦,然救国情殷,义无反顾,济河焚舟,早具决心。我胜则为少康之一旅,败则效田横之五百。一息尚存,誓与倭奴周旋到底,成则利钝,在所不计。呜呼,国家不造,祸起强邻,白山淞沪,同罹浩劫。此后不斩楼兰,誓不生还。惟委曲求全之苦衷,恐不为国人所见谅,故将中间经过之详细情形,电达左右。昔日壮缪归曹,志在汉室,子房辅刘,心切存韩。占山庸愚,心窃慕焉。知我罪我,惟在邦人君子!临电悲愤,不知所云。黑龙江省主席马占山叩。文(十二日)。印。"

【上海十三日下午十时发专电】 马占山十二日由俄电其驻沪代表转各方,揭破日指挥伪国真相,近月虚与委蛇,仅欲俟所部略得苏息。现军队已分布要隘,七日到黑河,军政两署人员亦到,进图规复,不斩楼兰,誓不生还。

【哈尔滨十三日下午十时发电】 外讯。马占山十二日电李、杜称:"弟于冬(二日)早离齐赴拜克讷等县,宣慰驻军后,于阳(七日)晚安抵黑河。所有弟属各部队,现已布置就绪。因途中感冒,殊觉不适,拟在此间修养,暂不返省。兄处情形如何,尚祈示知为祷"等语。

(《大公报》,1932年4月14日,第四版)

188. 读者论坛:对调查团的感想

亲爱的同胞们!九一八的事,到现在已经七个多月了,不但没有解决的办法,反而又占了上海一部。东三省三千万亲爱的同胞一变而为亡国奴,上海数百万民众又受最大的打击,以及文化的摧残、经济的破坏,日甚一日。最近在上海的停战会议,日本竟拿我国当猴子一样耍,高起兴来,就用大炮轰飞机炸。这种情形,诸君看报自知,不必细说。我想凡是稍有爱国观念的同胞们,在这情形之下,无不怒气填胸,忍难再忍了!

可是政府的态度又是怎样呢?诸君要想中国是我们四万万同胞的中国,不是任何一人的,同时更不是任何少数人的。就如现在东省和上海的问题,千斤重担在我们人民身上。就使将这两个地方都送给日本,要得我们四万万同胞同意才行。但是政府当局的文武大员,是代表民意的,可是他们能不能满足人民的愿望,以人民意见为意见去作呢?这是我们应当注意的很大问题吧!

自九一八事变发生以来,政府当局所表示的,如"宁为玉碎,不为瓦全",以及"奋斗到底,绝不卖国"等等的话,现在我们脑筋中还有很好的印象和希望。但是这些话是说了,究竟事实上是作到了没有呢?这个问题难以解答吧。

强暴的日本,得寸进尺,毫无忌惮,正逼得我们上天无路、入地无门的时候,居然国联派了五位委员来到中国实地调查,以备公理裁判,这可以说是我们冤可伸、仇可雪、失地可收回、见青天大老爷的日子到了,所以全国上下都这样热烈的欢迎他们。

我国这样热烈的、诚恳的欢迎他们,招待他们,可是调查团对我们可否一秉大公呢?所以产生左列两个疑问:一、国联调查团能不能忠实调查报告?二、假使报告很忠实,但国联能不能以公理裁判?

因为有以上两疑问,所以在这时候,我们不要盲从的欢迎他们,也不要盲从的反对他们。总之,我们要看清目标,再施行工作才好!

日本去岁九一八突占我辽宁,继取吉黑,最后才占哈尔滨,是甚么原因呢?因哈尔滨是俄国势力范围地。而期间不满一月,损失不过八百人,即将我们东三省占领。又用全部精神攻上海,可是他的本意并非想永久占据上海,他攻上海的原因有三:

(一)因恐国联不承认东三省归其所有,乃以重兵攻上海,预备炮击南京,破我国都,使我无奈时与伊订立秘约,将三省归其所有,于法律上有所根据。

(二)用上海战事使全世界各国注意,而乘机建设东北。

(三)使上海与东北成两个问题,将来由国际法庭或中立国调停时,可放弃上海,独吞东北。

日本违背国际条约,侵略我国,国联今既派代表调查团实地视查,在未裁判前,要注意左列各问题,对于结果方面,约可略知大概了。

甲,国联组织的目的 一九二〇年在巴黎曾定盟约廿七条,其盟约前有四大原则:(一)凡参加国联,必须接受不从事战争的义务。(二)参加国联之五十余国,必须维持光明公允,荣誉邦交。(三)遵守所规定之国际法。(四)对有组织民族,宜待遇平等。

乙,国际简单组织 (一)大会……每国出席代表三人而有一表决权,每年九月开大会一次,有特别事可临时召集之。(二)理事会……常任理事五人,非常任理事九人共十四人。常任理事由五大国任之:一、英,二、法,三、日,四、意,五、德。此五国常任理事是永久的。至非常任理事,则三年改选三分之一。而非常任理事原系四,后增至七,至一九二六年又增至九,去年我国已被选为非常任理事。(三)秘书厅……现秘书长由英人担任,内设交际、文牍等部份。

丙,国联与国际纷争的关系 由第十条至第十七条,可由理事处置其第十条是。如各国有互相争战时,由理事处置之。十二条:如甲、乙均系会员国,若发生意见,将作战时,可提议于国联理事会,(一)如不能调停,(二)可由国际法庭公断,(三)理事会审查。十五条:如甲欲避战,而乙则开战,甲可报告国联派员调查,按情办理。十六条:如不用以上办法,则国联可通知各国以经济绝交,或组国际警查。

丁,理事处置纷争的弱点 (一)理事会是政治的团体,不能用法律方面使永久和平,不过用政治手腕调处而已。(二)五常任理事与九不常任理事,十四国关系不同,不能合作。(三)如由常任理事解决,不是调和的,是压迫的。(四)如作战国均系强国,则难处置。

因有以上四大弱点,故不能公断,此理至明。这句话并不是空洞的,是有根据的。国联成立以来,已经是十二周年了,所处的事已有二十五件之多,试问那件是公断的呢?暂就以下二例看来可知大概!

(一)一九二二年波兰与立陶丸的边界,当时国联未给划清,致起争端。后经国联调查团再行划定,走后,波兰恃法又夺回是地,此问题至今仍未解决。

(二)一九二五年希腊和保咖唎亚边疆政治[争执],而希腊理由甚充足,但其势不若保咖唎亚,故经国联罚其三千万法里即(钱名)。

戊,处理纷争的实据。(一)如甲乙皆系小国,发生冲突,而无大国为后盾,国联可以公平的处置。(二)如二国均系小国,但有势大势小之别,而势小者又有大国作后盾,则国联无法。(三)如二当事者均是小国,各有大国作后盾,国联亦不易解决;即使勉强解决,也是看二大国脸色行事,未能自专。(四)二当事者一大一小,换言之,即一强一弱,如有何纷争,提交国联,而国联则照大国或强国的声气为左右。(五)如二当事者一大一小,或一强一弱,或小国或弱国提交国联,国联必须问大国或强国是否愿伊干涉,即有结果,亦须小国或弱国吃亏。

己,我们对于国联的认识。因为时间和篇幅的关系,不便细述。但是综览以上大概的情形,也可略看出国联对我们中国的情形来。所以我以为对国联调查团的使命方面看,我们应当热烈欢迎的,可是按结果的观察,我们是不是要有那两种疑问呢?即(一)国联调查团能不能忠实的报告;(二)假使报告很忠实,但国联能不能以公理裁判?这是不言而喻吧!

亲爱的同胞们啊!快快振起精神来极[亟]谋自救吧!不要单纯的依赖国联啦!话虽如此说,但是时过境迁,现在负责调查中日事件的五位委员,或者也许一秉大公,而能得到公理的裁判,也未可知。不过我总希望还是自己找出路,比较好的多。俗云"人无远虑,必有近忧",焉知将来无有日本的第二呢?

(四月十日于北平华大)

(《大公报》,1932年4月14日,第八版)

189. 调查团将展期出关，症结所在仍为伪满洲国问题，在平询问东北资料昨已完竣，马占山电调查团详述日方阴谋

【北平特讯】 调查团预定十六日出关一节，已见昨报，惟迄昨晚止，尚未完全确定。其症结所在，仍为"满洲国"问题。此事自国联言之，调查团之来系日本所请，国际既未承认"满洲国"，而日本又未依照国联决议，从南满铁路线外撤兵，则国联当然找日本说话。自中国言之，东三省乃中国领土，中国代表根据国联决议案，出关帮同调查团调查，自应由北宁路前去，以便沿途视察锦州一带情形。日本果推诿保护责任，则中国只好自携卫队，保护安全。自日本言之，从前国联决议案时，只有中日两国，现则满洲另立政府，形成第三者之关系。顾维钧氏系中国接收失地之委员长，与伪国不并立，故伪国之拒顾，乃事理所应有，日本不能强伪国以必迎顾，而又无以解于调查团之不赴东北，盖调查团表示，全团系整个的，不应单独反对某某个人，亦不能考虑及易人问题。日本于此，有议中日双方代表均皆退出，由调查团自往者。此事调查团已表示，如果顾氏不去，则彼等亦不去。而中国方面更以为日本代表纵不参加，于彼无碍，盖彼在东北布置周妥，呼应便捷，虽无代表，无关大局。若中国则不然，我代表如不同行，调查团岂不为片面之辞所朦蔽？日本又甚希望由大连赴长春，藉以避开锦州等处战地之考察，中国则迄未考量及此。且津、连间日本邮船，头等舱仅容二十人，调查团一行至少亦有五十人，故即使遵海赴连，尚须另备船只，更非咄嗟所可立办。不特此也，北宁专车出关，非与伪奉山路局再有一度具体之接洽不可，目前似犹无所进行。而国联与日本之交涉，日本与伪国之接洽，亦全在若有若无之间。盖国联本有数种办法任我选择，我则愿全体同去。而其保障安全之法，迄无具体商洽。在势中国派兵护送，日本必不肯；而全体不去，则任务又未了，调查团无法交差。如由国联与伪国接洽，于事实、理论均有不妥；如经由日本，则大权在彼，只好听彼摆弄。要之，此事各方有微妙关系，一如前日本报所载之情形。而中日间无法打开僵局，些须小事，仍当诉之国联。是以调查团虽多谓预定十六日成行，而其有"行不得也"之叹，则事实障碍所在，故无由掩饰也。

调查团向中国当局询问关于东北问题之资料，截至昨日止，业已告竣。今

日下午四时，在顺承王府开第四次谈话会，则完全采取中国方面意见。离平出关日期，外人方面准备仍为十六日，因所有约会而尚未晤面之各方代表，皆集于今日接见。中国方面对该团出关之安全问题，已有电致国联，请予以注意，同时并请示政府，予以实力保护调查团全体人员之准备。顾维钧昨日对人更表示确赴东北，任何牺牲在所不顾，其对政府亦有此项表示。惟十六日能否准期启行，迄昨夜仍属疑问。又连日谈话会所谈皆关东北地方问题，至一切政治问题，在南京已详商。所谓铁路平行线以及条约之效力诸问题，张学良主任等东北官吏，皆无权谈及也。马占山昨日下午五时又有电到平，系请当局转致调查团者。电文甚多，内容详叙日本在东北之种种阴谋，及本人在黑忍辱负重之经过，并将每日之日记一并叙及，极为详尽。此时调查团正在顺承王府开会，当经译交莱顿爵士矣。又下午三时半莱顿等五委赴外交大楼参观，并借阅一九零五年东省铁路平行线条约。下午四时至顺承王府与张主任开第三次谈话会，原任东北军政要人仍悉数参加。张作相、万福麟两氏并各制就备忘录一种，于昨日交与该团。谈话会至六时三刻散会，莱顿等遂返北京饭店。

新备卫生车定今日到平

【北平特讯】　国联调查团出关，因不受伪国招待，故北宁路将该团专车之设备，加以充实。在前门车站特设一专车办事处，由铁道部随车专员杨先芬会同北宁路总务处长吴颂华、朱泽农、徐盈等，及中国代表团招待组、市府国联招待处人员，负筹备增加专车设备之责。全列车设备无异一活动旅馆。饭车仍由该路餐膳事务经理邱润初负责预备，食物烟酒足敷一个月之需。厨役由东方饭店调来，为北平做西餐老手。张学良主任在协和医院养病时，其饮食均由其烹调，极为张氏赞许，故特调其在专车服役。调查团美国委员麦考易将军语人，到中国后食用之舒适以在专车中为最。该团特颁赏四百元于专车服役人员，用示奖励。闻由浦口抵平食用，共用去五千余元。照铁道部规定，在津浦路上者，由津浦路局支出，此后在北宁路线上及出关后之一切开销，则由北宁路支出。正在改造中之卫生车，系用头等车一辆改造，工料费约需万余元，于今日由唐山开平备用。车之内部有浴室二间、理发【室】一间、洗衣室一间、诊病室一间、冷藏室一间，由原任天津市立医院院长李允恪博士为随车医官，专车上服务人员仍用原来之人，铁道部专员杨先芬仍随车前往。日人要求抵山海关后，将车上服务人员一律易以伪奉山路人员。吾方以车辆既由吾方派出，其管理当然由吾方负责到底,故未允由伪奉山接管。惟有在山海关换用该路机车拖带,并由该路派员会同指挥行车之说。惟此事关系调查团出关后之保护问题,不便单独决定,故仍在拟议中。调查团原定明日离平,嗣因出关后保护问题未决,势将延期。北宁路招待与中国代表团约定,在动身之前二十四小时通知该处,以便预备云。

接见满蒙王公及日代表

国闻社云。国联调查团莱顿爵士等于昨日上午十时在北京饭店接见在平满蒙王公代表谈话,代表计为喀尔喀扎萨克和硕亲王那彦图、喀尔沁中旗扎萨克亲王汉罗扎布、科尔沁卓哩克图亲王贺吉业勒图默尔根、土默特左旗扎萨克郡王云丹桑布、科尔沁博勒噶台抚郡王阿勒坦瓦齐尔、哲里木盟盟长齐默特散岖勒代表阿穆尔沁格勒图、察哈尔十二旗群代表总管杭锦寿、科尔沁达尔罕亲王代表贝子多尔济、前燕京大学总务长满人全绍文等九人,溥仪胞叔载涛因病未到。各王公代表对日本于九一八事变后,在东北挑拨汉满蒙感情以及武力胁迫成立所谓"满洲国"之事实,有详尽之陈述,并表示对此项非法组织绝不承认。最后面致莱顿以备忘录一册,供该团调查参考。至十一时谈话毕,各王公代表始与辞。

又调查团五委员于昨晨九时半开会,十一时接见日代办矢野真,平市日侨代表藤原、迁野、小林三人,天津日总领事桑岛,津日军代表竹内,北平使馆武官永津等。矢野报告平市排货问题,竹内报告天津事变经过。至十二时矢野等始辞出。

昨日之游宴,今日之日程

昨日下午二时义代表马考蒂赴三殿及故宫游览,英代表莱顿氏则赴法使馆答拜法代办。张绥靖主任于昨晚八时,在顺承王府设宴招待调查团全体随员,计秘书长哈斯、副秘书长皮尔特、顾问杨华特等及秘书共十余人,由中国代表办事处重要职员作陪。调查团顾问胡西(Hussey)之夫人,昨晚八时在南池子私宅宴请莱顿等五委,希尼则因赴德使馆德使陶德曼之欢迎宴,故未参加。又前《新闻报》董事长福开森于昨午在喜雀胡同私宅宴美代表麦考易云。

【北平电话】 昨日下午六时至八时义国使馆茶会,招待义国代表,来宾到者有莱顿、张学良、于凤至、于学忠、顾维钧等一百五十余人。

调查团于今日上午十时起，分别接见北平各大学教授代表吴宓、邱昌渭等七人，东北大学教职员代表宁恩承等五人，与东北逃难民众代表关广誉等二人共七人，及平津新闻记者数人。共分三组谈话，时间为半小时，至下午一时一刻为止。下午四时仍赴顺承王府，开第四次谈话会。

调查团副秘书长皮特尔昨晚七时对记者谈称："第三次谈话会如尚有未尽事宜，准明日（即今日）继续举行第四次谈话会。调查团离平日期，因各界谈话日程未竣，或暂缓两三日启行。在东北调查后，仍将来平，再转日本"云。

（《大公报》，1932年4月15日，第三版）

190. 三团体请谒调查团

国闻社云。平市商会、工联会及民众团体救国联合会，前曾拟定意见书、欢迎词等文件，拟于单独招待该团时留致。嗣因该团谢绝一切宴会，故文件迄今尚未交出。该团原拟尽先接见商会代表，奈因时间太少，昨日已表示辞谢。又工联及民众团体联合会，昨日均派员前往接洽会见云。

（《大公报》，1932年4月15日，第三版）

191. 短评：不查自明

调查团一到北平，就遇见较困难之问题。行期路线论理是琐小之事，但是多少天决定不了。这似乎是意外，实在是意中。

因为这些小问题，便是大问题的缩影。明明中国领土，明明日本占领，但是他取其实，而不任其名。一切垄断，面子上却避卸责任。所以连调查团的行期路线，都发生了问题。

调查团沿途之保护，中国本能负责，亦愿负责。但日本不许。他自己又似负而不负，权利都是他的，责任是溥仪、郑孝胥的。东省全部问题的真相就是如此。究其实，那里还有出关调查的必要！

（《大公报》，1932年4月15日，第四版）

192. 北宁路沿线员工筹备迎送调查团，令各段查勘路轨以策安全，用热烈精神表示酷爱和平

国联调查团一行,将于明(十六)日离平,专车出关,从事调查东北事变真相。北宁铁路局因鉴该团出关在即,特于昨日电饬沿线各警务段长,加意保护,并须不时查勘轨道,俾期安全。关于沿线欢迎办法,业由该路特别党部会同北宁工会缜密讨论,大体已经确定。闻其主体办法,系在以热烈的精神表示,使知中华人民对于"和平"期望之殷。至于各要站之欢迎欢送事宜,则完全由各工会分事务所负责办理。其欢迎代表人数已经确定,计丰台站五十人、天津东站五十人、塘沽四十人、唐山五十人、古冶四十人、山海关四十人。又该路工会所编之报告书,其中要点已与北宁路局所弭之损失调查参酌汇述,故不单独送致,以免重复云。

(《大公报》,1932年4月15日,第七版)

193. 社评:国联调查团出关愆期

国联调查团自三月十五日由日抵沪,经上海、南京、汉口、天津而至北平,连日与本任东北最高当局正式谈话,已逾十六小时之久,将所有地方情形以及东三省中日间种种长期纠纷,当已有明瞭之了解。本定今日出关,对出事地点,为最后之考察,不幸因伪国有拒绝顾维钧氏入境之表示,横生枝节,致令愆期,诚足憾也。查国联派遣委员,实地调查日本暴行,原为九一八以后中国首先提议之事,比以日本反对,遂未实现。延至去年十二月十日,转以日本之请求,而有此次以五国代表组成调查团之决议。实则东北三省悉入日军势力范围,侵略情形世界共见,与中国最初提议之时状况不同,原无所用其调查,而日本之要求调查,更与中国动议之初意有别。盖其用心所在,固不专为东北问题,而实为广泛的视察内地,使觇中国过渡时代之政象,证实其中伤中国之谰言,且更为彼侵略东北加一有利之诠释,此日本之真意也。故纵令调查团出

关,终不易有所获。盖彼已密布机关,广集伪证,欲有创见,势不可能,一也;中国代表团即令同行,而人数不能过多,案卷不能全带,主客异势,行动束缚,解说声辩,效用殊少,二也;彼以威吓利诱,使俘虏中之官民无与调查团接触之机会,欲就地得公正之确证,极为不易,三也。吾人所谓纵令调查团出关,终不易有所获,势则然也。因是吾人以为国人今后注意之点,应别有在,请略陈之。

（一）此次调查团五委员,虽同受国联之委托,而各有本身之背景,具有天然之限制。吾人试就各人所属国家之国际关系考察,当知其故。今后调查报告之编制,一方须重视日本政府之意旨,故前日北平会议,变更行程,仍于赴东北后即往日本一行,以便先与日本接洽,交换最后之意见。是报告之断语,其不能重拂日本之意可知。一方更须受本国政府之指示,而其本国则不能免于国际潮流之支配,盖内幕中之国际关系,可以左右调查团之根本主张。其最后关键,与其谓操之日本,又毋宁谓操之日本以外之国际大势也。

（二）吾人恒言,国联义应干涉中日问题,而中国不可专倚赖国联。盖天助自助,理所当然。国际间之感想,无异乎个人关系。记者昨闻熟习国际情形之某君谈,方九一八事件初起,我方先避不与战,曲直之辩,皎然可睹,一时欧洲舆论痛责日人,国联同情集于中国。不幸其后到处皆采不抵抗主义,表现怯懦,而锦州退兵,尤予人以恶劣之印象,曩日好评,悉成恶化。上海之役,一月抗战,电讯飞传,世界欢跃,昔日一落万丈之国誉,立见恢复。由此可见,惟不惜牺牲,乃可博得外人赞许。近来国人好以尊重国联盟约,为自避战争之辩解,实则外人心理,转嫌其虚伪与卑怯也。吾人果自审此际无抵抗强权之实力,则坦白勇敢、自谋转圜可耳,否则须以同归于尽之决心,为殊死战。其下者为呻吟呼吁,一味靠人,战则望拖人下水,和则愿分责于人,而犹以平和守约,自掩其弱。所谓"畏首畏尾,身其余几",此适以招侮而自害也。

以上两点,前者表现对日外交,仍决于世界之大势,调查团之结果,抑其潮流中之余沫耳,后者表现对日外交,须有自立自主之应付,不可啼笑随人。明乎此,则国联调查团之工作,仅为应付国际环境中之一种过程,自无待烦言而解也。

（《大公报》,1932年4月16日,第二版）

194. 调查团行期尚未决，日本望其由海道先赴大连，昨在平续见各界代表谈话

【北平特讯】 国联调查团抵平一周，工作之紧张，以昨日为最。从午前十时起，莱顿等见客不绝，复与日本吉田代表为半小时之密谈，盖关系调查团出关问题，依中国代表之请，向日方商安全保障也。下午四时仍赴顺承王府开会，内容未便宣布。惟查该团自三月十四日抵沪，次日即着手办事，在沪于上海闸北之战调查甚详，到京则与中央当局四次畅谈，于民四中日条约、一九零五年中日会议纪录之效力问题等等，多所商谈。我方颇重视政治关系，而外人则专着眼于法律问题也。调查团由汉返京，于本月七日访问外交部，经罗外长示以一九零五年纪录原文（见今日本报第四版），以证日人所谓中国遗失原文之流言。其时因日代表吉田未在座，故北上抵平之次日，莱顿等于调查团开会时，以罗氏所示者告吉田，吉田略有解说，是为外间所传会议上争论平行线问题之由来。实则此种政治性质之事件已在中央讨论，非地方官吏权限所及，故与东省长官从未加以讨论。其调查团本身开会，亦只以吉田先未接洽，故举以相告，吉田仅泛论其签证之法律效力，初非有何重要争辩也。顺承王府连续之会范围虽广，皆系地方性质，如奉票问题、中日三百件悬案问题，以及九一八前后之外交军事种种问题，要皆与中央权限及条约效力无关。闻张学良之答覆颇为坦白直率，殊予莱顿等以良好印象云。又此次对调查团提出各种备忘录，多由中国代表办公处方面准备，除先后送出多件外，关于中日铁路交涉部分，亦经编译完竣，即日送出。惟出关途径迄在商洽，尚无眉目。其中互相牵掣情形，业见连日本报。预料调查团今日以后或可略得休息，静待日方决定办法，再行赴东也。

国闻社云。国联调查团原定今日离平，因出关后之安全问题尚未先决，故行期业已展缓。昨晨九时，调查团在北京饭店开会，日本代表吉田到会，我国代表顾维钧未出席。侧闻开会结果，仍未有何具体之决定。另一方面消息，调查团又拟于本月二十一日由北宁路首途，然尚须视安全问题解决至若何程度而定。北宁路为充实该团专车，另备之卫生车已配备完竣，昨日下午二时半由

唐山开抵北平前门车站，附挂原车之后，静候该团出关乘坐云。

昨晨接见各代表，下午续开谈话会

调查团莱顿爵士等，昨日接见各代表谈话，极忙碌。上午十时一刻至十时三刻，接见东北各法团民众代表卢广绩、苏上达、金恩祺、王化一、赵雨时，咨询九一八情形。代表等除详为报告外，并正式代表东北民众否认东北现时之非法组织。十时三刻至十一时一刻，接见北平各文化机关及学术团体代表丁文江、傅斯年、徐淑希三氏，何基鸿、王化成未到。代表所陈述者，皆关于东北问题。徐淑希氏为对东北问题最富研究者，谈话后，并将其所著关于东北铁道条约各种著作面致莱顿，以备该团参考。十一时一刻至十二时三刻，接见北平各大学教授代表邱昌渭、宁恩承、张嘉森、刘百昭、生宝堂等五人。十二时三刻至下午一时一刻，接见平津新闻记者陈博生、罗隆基、潘仲鲁、萨空了、尹述贤、孙瑞芹、胡政之等七人，所谈系日人占据东北后，强行扣留中国报纸及压迫各地舆论之种种事实。又原定继报界谈话之东北大学教授代表及逃难民众代表，莱顿等因极感疲劳，决改至今日上午十时三刻接见。下午四时，莱顿等五委赴顺承王府与张主任开第四次谈话会。因征询之资料业已完竣，昨日会中，只听取东北方面之意见，会谈至六时许始散。

北平各大学教授与各委员之谈话

北平各大学教授代表邱昌渭、张嘉森、刘百昭、生宝堂、宁恩承等五人，昨晨与莱顿等五委谈话之详情如次。

代表问："在报告未成以前，日本又有增兵七万五千到东北之计划，调查团是否设法阻止？"麦考易答："日本在东北用武力，中国应诉之于国联。不论日本派兵八万或十万，凡用武力之取得，将来总归国联解决，不必顾虑。目前日本军事计划之进行，中国驻日内瓦代表已向国联提出报告。"代表问："中国系在过渡时期，贵团调查宗旨在搜集事实，然事实须全部事情会通观察，始能得到。"莱顿答："只要有关于此种可以会通观察之材料，甚愿接受。本团中并有各专家，时备咨询也。"代表问："东北问题发生，基于一强一弱。中国虽无实力宁与日本一战，然亦绝不屈服于日本武力之下。此问题不独为东方祸根，且为世界之障碍。"莱顿答："本团深知此事之重大性。"又代表刘百昭氏为东北大学文法院院长，事变初生正在沈垣，昨日并向调查团致词云："贵团考察中日纠纷，应注意事实与历史的背景。日本欲占领满洲，为其五十年之传统政策。本人留英伦时，英国首相麦克唐纳请余为文论东方政治，当以《中日关系与世界和平》一文应之，载于一九二一年六月《社会报》社论。当日所言，现已成为事实。不幸中国至今军备仍未充实，而日本为世界强国，横行武力侵略。斯时余正在沈阳，于一月前即闻知此事之将发动，迄九月十八日下午二时，曾电询边署秘书长吴家象，是否已准备对付。不料是晚十时半，日军即以大炮猛轰北大营，约三小时许。当局有电嘱东北大学保持镇静，勿得与日人冲突。翌日本校交通完全为日军断绝，其后遂致于不能继续上课。现在日强中弱，如国联能秉公正态度解决此次纠纷，然后始能保远东与世界之和平"等语。莱顿对刘氏所言极注意，并请刘以书面详告该团云。

新闻界报告日本箝制我舆论情形

平津新闻记者代表于昨午与调查团会谈时，代表首谓关于东省问题发生后之政治问题，各方向调查团所谈已多，兹愿就舆论方面一陈之。莱顿爵士当询九一八以前东北报纸情形，代表答覆后，并说明自事变而后东北原有各报名目虽存在，而实际已由日人强行支配，举凡言论纪载，早经失却自由，平津报纸到达东北者，亦莫不被其扣留，东省民众看中国报纸尚无自由，则其所受痛苦之深，盖非所能想像者矣云云。代表复面致天津事变日军暴行照片多种，一一加以解释。其未附注英文者，将再加注英文，以唤起该团之注意云。

今早仍接见代表，下午谈话会未定

北平市长周大文，昨日下午一时半在颐和园宴请日本代表吉田、日代办矢野真等，汤尔和等作陪。当晚七时半，吉田在日使馆宴周大文及中国代表顾维钧等全体，顾因先约定赴荷兰使馆之宴，故谢却。张绥靖主任偕夫人于凤至女士，昨晨十时与义代表马考蒂及义代办齐亚诺夫妇赴颐和园游览约一小时，马氏即返北京饭店。又美国协会昨午宴美代表麦考易。

调查团今日之日程，已规定者，上午十时三刻接见东北大学教授代表宁恩承等五人，与东北逃难民众代表关光裕等二人共七人。第五次谈话会，仍将于今日下午四时在顺承王府举行。据调查团副秘书皮尔特昨晚七时谈称，第四次会是否即视作一段落，殊难预定，第五次会视情势之需要，明日（即今日）或仍须开会云。又皮尔特博士昨晚晚七时在北京饭店公布该团消息之时，日记者曾询关于马占山致国联调查团电报事,发言故意侮辱华人,当场中国记者向皮氏提出抗议,设若明日再发生此类情事,中日记者因而冲突,应由皮氏负责云。

【北平电话】 国联调团美德两国代表昨日午后前往颐和园游览。张绥靖主任定今日(十七日)招待调查团全体委员赴青龙桥赏风景。

日政府请调查团取道大连赴沈阳

【东京十五日路透电】 日政府电国联调查团日代表吉田,劝告莱顿爵士由大连赴满,首视察南满路线,彼间日军将能于调查团及顾维钧氏以充分保护。倘该团取道山海关,恐难担保调查团之安全云。

【东京十五日路透电】 据报载讯,将派驻韩日军至锦州,补充死伤遗额,俾能"扩充巡缉工作"。据此间意见,莱顿调查团既有赴锦州计划,此项派兵之决定大概系因日方顾全调查团之安全云。

【东京十五日新联电】 国联调查团一行似坚决的希望偕同中国方面参与员顾维钧经由山海关赴满洲之模样,故外务省十四日训令日本方面参与员吉田云:"经由山海关入满洲之事,曾经满洲政府强硬的拒绝。日本方面对彼一行难期充分的保护,故请其经由大连入满,先视察满铁沿线,因若视察日本方面担任维持治安之各地,则可澈底保护彼等一行"等意。命吉田转达莱顿爵士,并谓彼等一行若希望视察锦州及山海关方面,请询问其可否于视察满洲各地之归途视察之云。

【北平十五日新联电】 吉田接到外务省训电后,午前九时与盐泽等根据该训电种种协议结果,乃于午前十一时访问莱顿爵士,以"满洲之态度硬强,若与顾维钧同道由山海关入辽之际,殊难保其安全,故请其经由大连而视察满铁沿线,则如何"等语,将外务省之意思转达。莱顿爵士对此即于正午与各国委员协议,尚无何项之结果,故将日本方面之意向报告日内瓦。而顾维钧亦同样的报告国民政府。

本庄繁正在准备欺骗调查团工作

【山海关十五日下午十时发专电】 沈息。本庄繁顷摒除一切事务,专事欺骗调查团之措置。已将满洲伪国成立经过,强作民意,伪造文书,秘交叛逆,以资届时面递调查团,朦蔽真相。连日来亲传叛逆,考试对调查团所抱意见,以防揭破阴谋。并选择曾受豢养在十年以上之奸民,在军部受积极训练,以充民众伪代表。

(《大公报》,1932年4月16日,第三版)

195. 英文《京津泰晤士报》论"中日直接交涉":初步方案应恢复事前原状,纠纷原因留待会议中讨论

昨日本埠英文《京津泰晤士报》社评,标题为"中日直接交涉",论及解决中日纠纷具体意见,虽属友邦个人贡献调查团之观点,可商酌之处甚多,要不失为一种参考资料。爰为节译于次,以资讨论。

中日较佳关系之成立,将为今后历若干年之工作,不能一蹴而几。但如能有敏捷举动,以改善空气,则各方胥受其赐。若坚持在一度会议中,作包罗一切之解决,于事实上固有所未能,抑且为时间所不许。况中国政府现时未必愿开启大范围之谈判,故为国联调查团计,不若对现局提出某种权宜办法,俾能临时实行,然后再规定若干应遵守之原则,以谋整个问题最后之解决。

查国联决议案之一般主旨,在恢复事前原状,但此事性质之严重,远过去年九月间之形势,故初步方案不妨以此为目的,而将九一八以前纠纷之主要原因,留交以后举行之会议讨论。以前国联虽有种种决议案,但日军对于纠纷问题不得某种实质之改善,似不能退至南满线内,且中国派遣接收军队出关,亦为一种问题也。此时日方如能作一善意的表示,将令列强所处地位较为妥贴[帖],并足和缓中国方面之民气。

华方业经声明,日军如不撤至南满线内,将无开始谈判之可能。纵令华方变计,此项谈判亦不能收远大结果。故切实办法,莫如由东京方面请中国委派东省长官,以担保东省自治权为条件,关于东省外交及一切国家大计,仍由中央政府主持,关于地方较小事件,则听自治政府处置。此种自治政府并非独立,亦非不负责任。同时即以此为开谈判之主要条件,以代替撤军。至于撤军,则可稍待,并由双方议定某种善意之表示。例如东省韩侨地位,即为全盘中争端最烈问题之一。韩侨之享受领判权问题毫无根据,此项制度已往曾引起无穷之困难。此种办法较武力征服,尤为吾人所反对。现时韩侨所至之地,

日领馆与日警即随之而至,中国主权因此受严重之侵害,故欲中国许韩侨入境,必须日方许其归化。如日本同意放弃对于韩侨之法权,则中国或可取消反对商租权。如此经时间与容忍之力,则各方面将可获政治与经济利益,使中国领土之完整可以保全,韩侨问题得有解决。如是将产生另一种空气,可进而讨论东省铁路等棘手问题。至于撤兵与接收问题,甚至可凭换文而解决矣。

(《大公报》,1932年4月16日,第四版)

196. 社评:警告政府国民反省

　　自淞沪退兵,迄今一月有半,全国一切陷于沉闷麻痹之中。其最大问题,惟国联调查团之酬应与夫上海停战会议之舌战,全国视线于焉集中。然时至今日,调查团仍滞留北平,停战会已图穷匕见,顷者当局又注意于国联特别委员会矣。自九一八以至今日,中国国家之行动,始终不离国联。从失沈至失沪,数省河山、千万民命、亿兆财产,节节断送于呼吁国联之声浪中。而今日支配空气,咸认为重要问题者,仍是国联调查团如何,国联特别委员会如何。此诚无聊之象征,单调之极致,可为慨然太息者也。国联,非不宜呼吁也,一切国际形势之运用,亦非不宜重视也。然究之在人之事耳,而在我者如何?吾今敢提出一问曰:此半年之重大外患中,究竟政府自身尽职何事?国民一般努力如何?此半年中,军事有何改良?财政有何整理?军需制造有何筹画?交通机关有何发展?各省各县之政治,有何策进?贪污去否?练兵勤否?各地人民太甚之苦痛,曾谋减除否?各级公务员之工作,增加紧张否?凡此皆吾人所不知也。再问一般社会,自国难以来,个人生活,俱向上否?奢惰之习,俱改革否?教授之研究、学生之用功,果进步否?凡此亦吾人所不知也。夫以政府论,全国政务刻刻待进,平时且不应懈怠,国难期间更须绝对紧张。以社会论,人生本须劳作,进步不可暂停,况在危急存亡之秋,更宜加紧工作,加紧进步。然试加详察,则政府与一般社会,似专注力于外交,而疏略于己身之进步。易言之,惟忙于望其在人,而不曾尽其在我。尤自沪战以来,一切问题似全停顿。澈上澈下,似俱无暇立永久计画,自动的加紧奋斗,徒瞻望形势,应付目前。各省政务全然废弛,国立学校几乎停办,金融工商亦一切不敢进行。故吾曰全国一切已陷于沉闷麻痹之中，此诚最劣之现象，亟有待于纠正者也。

吾人对中国远大之前途，固绝对乐观，然对于现在政治界及各界之中坚社会，则以为悲观资料日多一日，殆已万万不能胜此建国中兴之重大责任。夫中国本可以自由意思自定其计画，而自建设之，徒以人谋不臧，致受日阀重大破坏。惟日阀之祸，终无如我何。任令日阀如何横行，断不能吞大中国下咽，纵吞其一部，亦炸弹也。自究极言之，毫无可以畏惧之理由。惟国家与社会之进步，必须以自力步步经营而得之，犹如筑大厦，一砖一石，皆赖劳动喘汗以建之，断无神奇变化，顷刻可以现崇楼。所谓外交者，特牵制外患之具耳，欲专赖外交以巩固国家，必无是理。况中国所缺者，并非国际形势。就形势论，中国远较日本有利，其所缺者，只是本身之力量。非特物质的力量也，精神的力量关系亦巨。吾敢断言：苟中国之政治能对得起四万万人民，则必然可以攘外而中兴。再缩言之，一切中坚社会分子之行动，苟皆对得起己身，对得起民众，则中国必然为光荣之国。然观近状，何其沉闷而麻痹之甚哉！倘长此以往，微论国际公论之于我，终将爱莫能助，即万一局面突变，对日群起而攻，然中国仍将遭殃。至少现在之中坚社会，将一齐遭殃，随巨潮以俱尽耳！究竟自己之工作与努力何在？进步与改革若何？此吾人愿警告政府国民，速加严重反省者也。

（《大公报》，1932年4月17日，第二版）

197. 调查团略定星期二出发，或将分为两组，一出关一泛海，东北难民代表陈述真正民意

【北平特讯】 国联调查团出关问题，因中日双方希望相距太远，调查团本身又难于径作何等决定，故于前两日致电国联请示办法，同时中国代表团亦将种种困难情形，向政府报告并请训示，已志前报。截至昨晚，国联及我国政府尚无覆电到平。连日调查团每晨九时开会，由莱顿于会前通知中国代表或日本代表单独前往会谈。可见调查团对出关安全问题，尚在不断努力研究，初非专候国联覆电，始作一最后决定。日本希望调查团赴东北经过大连南满路，于调查团抵上海之后，即有此项主张，向调查团提议，嗣因各方曾表示不赞成，日方遂亦暂时沉默不谈。最近伪国拒顾问题，因莱顿有"顾不能去，调查团全体

亦不去"之坚决表示,甫算终了,而日政府又旧话重提,请莱顿等一行经南满入辽调查。所谓取道山海关不能担保安全之理由已属勉强,则真正之意向何在,盖不难于想像中得之。另据消息灵通者观察,我国政府覆训,因汪院长已抵京,大约今明或可到达。相信中国对调查团经北宁路出关,绝对不容有所变更,至出关后列车另换关系方面之机车、卫队等"条件",似乎尚有可以商酌之余地,然此殆为其最低最后之限度矣。设若依此实行,调查团是否即认做伪国招待,此系另一问题,现时尚谈不到。国联对调查团之覆训,如能与我国政府之覆训同时到平(平市昨传日内瓦覆电已到,但询之调查团发言人,则称不知),三方加以商酌,而能得一方案时,则下星期内准可离平。据昨晚消息,调查团本身拟分两批赴东北:一批经海道绕道大连,一批经北宁路前往。两方兼顾,是亦情理上之可能。此项办法如双方同意,则下星期二(十九日)或能离平就道。结果如何,尚须视情势之变化而定。又我国代表团赴东北之人员,调查团方面原限定为二十人,昨又改为十七人。我方则以人数不能过少,盼在三十人左右。名单闻已拟定,现正与调查团继续商洽中云。

昨接见东北代表,今日游览青龙桥

国闻社云。国联调查团抵平后,征询资料之工作虽大部告竣,但因以前时间所限,不及接见之代表与须待作详谈之各方人物尚多,故昨日仍继续接见,会谈一日。昨晨十时半首先接见前吉林主席张作相与前黑龙江主席万福麟两氏,详谈吉、黑两省情形,盖因顺承王府谈话会中,与张作相等所谈皆东北地方最重要问题,未暇及此也。谈话一小时许,张、万始辞出。闻谈话中莱顿颇注意于马占山此次反正之事实,万福麟氏对此亦有详细之说明。十一时半至十二时半接见东北大学教授代表宁恩承、赵明高、杨挚奇、赵鸿翥、曹国卿等,代表所述皆关于九一八事变及东北大学遭变之损害情形,宁恩承氏并将其所著之《东北沿革考》一书,与东北条约问题、东北铁路问题、东北形势各书,一并面致莱顿氏,备作参考。谈话间,东北逃难民众代表关光裕亦到,陈述九一八事变后日军在东北种种之暴行,最后并交该团备忘录一种,要点如下:(一)满洲民族并未进行任何自决运动。民国成立以来,各民族享受同等权利,欲谋满族之平等自由,惟有拥护中华民国。(二)东北实际并无特殊的满洲民族图谋自决。东北人民大半为冀鲁移民,满人语言风俗已与汉人无异。(三)东北人民不能自决。伪国为日顾问操纵,人民无发言余地。(四)吾人反对日人由津劫持溥仪,并反对其充任伪执政。(五)所谓赞成组织伪国之民众运动,系日人怂恿。(六)伪政府完全系日人造成。(七)满洲人民反对伪独立,义勇军勃兴即为人民真意表现。十二时半接见北平日使馆武官永津及天津日本驻屯军代表竹内。十二时三刻,莱顿等五委员赴铁狮子胡同顾维钧宅午餐,非为正式之宴会,至下午三时始返北京饭店。美、德两代表原定赴颐和园游览,因阴雨,临时中止。四时后,义代表等出饭店购买土物,至六时方回。又马占山致国联调查团长电,截至昨日陆续到达二千五百字,今明或可到齐,现正由吴秀峰译成法文,交莱顿爵士。

张绥靖主任及夫人于凤至女士,今日招待调查团委员及重要职员十九人、中国代表顾维钧等十九人、日本代表吉田等十人,赴青龙桥及万里长城游览,并有平市军政学各界名人唐在礼、于学忠之夫人等八人,及曾任驻法公使陈箓等二十人作陪,全体共八十余人。专车昨已备妥,定今晨九时启行,约下午五时后返平。绥靖署卫队随车保护。

溥仪秘密到沈,伪造民族自决运动

【秦皇岛十六日下午八时发专电】 本庄繁派员邀溥仪秘密赴沈。叛逆集团受本庄之命,电各县及各蒙旗慎选代表,限三日内到沈齐集,听候调查团抵沈时举行大会,作民族自决之示威运动。军部已为制定民族自决书,以备届时递交调查团,要求国际间承认"满洲国"。又长春伪政府十三日训令奉天省公署并所属各机关,不准三省人民(在职与不在职皆不准)接见中国同往人员及书信往来,并令公安局、保安局、商团、奉天警备司令部,自调查团到达日起戒严二星期,各城关检查行人云。

(《大公报》,1932年4月17日,第三版)

198. 短评:谁到东北去?

调查团出发东北的行期,昨天还未大定,然而早迟终是必去的。

我们不希望中国代表一行到东北,能发生几许作用。然而至少应当能对外人说明地方情形,辩解对方中伤之言,揭破他人欺饰之语,方为不虚此行。

所以我们希望在人数极端限制之中,凡参加此行者,至少是认识东北、了解中日交涉的人们,否则何必走这一趟?

(《大公报》,1932年4月17日,第四版)

199. 调查团确定星期四离平,顾代表偕日方委员绕大连,五委员径乘车出关赴沈阳

【北平电话】 国联调查团定二十一日离平出关。各委员及中日代表团同乘北宁路所备专车,至塘沽站时,顾维钧等及日方代表即下车,换乘轮船赴大连,调查团委员则仍乘原车出关赴沈阳。该车到山海关后,由伪奉山路局调派路员在车上服务,北宁路原派人员即行下车,惟茶役等则不另更换。截至昨晚止,大致接洽已定,二十一日离平,或不至再行展期矣。

【北平特讯】 前晚消息所述调查团出关行程,因中日双方意见难接近,曾有分两组赴东北,一组经山海关,一组经大连而会于沈阳之拟议。同时尚有一种折衷办法,向中日双方非正式的提出研究,即调查团势非全体经山海关入东北不可时,为避免将来纠纷起见,拟将中国方面招待该团乘坐之专车,作为由该团向中国方面借用者。闻我方对前项办法未加可否,须电请政府训示,对后项办法,认为于必要时尚属可行,日本方面截至昨晚,公私方面皆尚未闻有何表示,大概亦正在请训研究中。该团在拒顾问题终了以后,确曾有十八日离平之规定,但以问题继续发生,故打销前议。惟一般看法,三两日仍有离平希望。至我方所坚持取道北宁路出关,亦自有真正之理由在。盖此次调查团之主要工作,在视察日本是否依照国联议决案履行撤兵,现山海关以外及锦州等处日本均驻重兵,若取道大连,则适与此主要性违反,故我方无论如何,须坚持经山海关入东北之主张。万一日方再事阻挠,则调查团失其主要工作,而我方代表人员更无陪往之必要,届时当由我向各方宣布责任所在,实行停止陪同调查团前往。此外对出关后之路线方面,我方主张须由山海关经锦州、打虎山等处,经通辽线至齐齐哈尔,再由该处至哈尔滨、长春、吉林、沈阳等地调查。至我代表团出关人数问题,我方主张至少须在二十人以上。两日来中国代表团会商出关人员名单经数度之订正,但以与莱顿等之商洽未终,无从公表云。

昨赴青龙桥游览

国闻社云。国联调查团应张绥靖主任及夫人于凤至女士招待,于昨晨九时赴青龙桥,参观长城。调查团计莱顿爵士、克劳德尔将军、希尼博士、马考蒂伯爵及各随员十九人。麦考易将军因赴碧云寺游览,日代表吉田及调查团秘书长哈斯亦因事阻,皆未参加。中国方面除张主任夫妇外,尚有顾维钧夫妇、于学忠夫妇等二十余人。一行由西直门车站乘专车前往,因狂风甚烈,殊减游兴,惟调查团莱顿等以获睹此世界名迹,极表满意。专车于午后八时返抵西直门车站,张主任与莱顿等遂告别,分返顺承王府、北京饭店。调查团今日在平之日程,截至昨晚,尚未闻有何规定。又马占山致调查团之电报,昨日已全部到齐。因该部工作人员昨日休息,故须今明始能全部译出云。

(《大公报》,1932年4月18日,第三版)

200. 马占山反正经过:某要人函促其觉悟,拜泉会议决定战略,日人伪造民意欺骗调查团

【本报特讯】 客有自黑河来省,道经齐齐哈尔,滞留许久,对黑垣各方面观察颇详。近又绕道来津,谈述近状,颇有披露之价值,爰录如次。

马占山昨年十一月间,曾遣党务指导委员吴焕章及已故中将旅长韩光第之侄韩立如(现充黑省军署顾问)等二员赴南京,代表马氏,报告作战经过及请求接济事宜,分谒各当局。以无澈底办法,吴焕章遂赴山西,投田见龙,韩氏仍留南京未归。讵于三月三十一日,韩氏持某要人函,秘密化装来省,谒马占山于齐齐哈尔官舍胡同某要人公馆。马氏饬人展读来函,对马氏人格前途阐述颇详,大为感动,遂决计潜行出省。密饬备军用汽车十二辆、轿式车六辆,将盐款一千四百万元、呼海路借款金票七百万元、税捐收入三百万元、手枪队三百名,先将军马三百匹运出城外。翌日(四月一日)下午三时,偕第三旅之职员、夫役二百余名(皆马氏之亲信),以赴马厂看马为名,径向拜泉道上驶去。二日午前十时,始知马潜行出走,则已无及。二日晚,马占山由拜泉县电齐齐哈尔特务机关长林义秀,文曰:"齐齐哈尔林特务机关长钧鉴:占山兹以拜泉防军有

哗变之消息,为抚慰及视审防务起见,必须亲往一行。迟三二日,由哈尔滨绕道回省。临行匆促,未及亲辞,殊甚歉仄"等语,日方当将马氏出走情形及继任人选问题,报请日军部裁夺。覆称马氏之长官名义仍与存立,俾其仍可回省,另以现在齐齐哈尔之重要人物,分掌军政大权。遂内定以赵仲仁为省长兼财政厅长,程志远为黑龙江警备司令官。程氏以现患砍头疮,迟至四月七日始于省署大礼堂行就职典礼,其布告云:"黑龙江警备司令官布告第一号,为布告事:案奉国务院秘书处抄送三月十二日第十六号敕令内开,任命程志远为黑龙江警备司令官,此状等因。奉此,本司令官谨于四月七日在黑龙江省城就职视事,除呈报并分行外,合亟布告军民人等一体周知,此布。大同元年四月七日。借用黑龙江省印。"省城现有之华军,为程旅四十四团朱凤阳与补充团王树棠两部,地方谣言大起,抢案层出不穷。马占山临行时,电致丁超、李杜、宫长海、冯占海、李海青等,务于三日内派代表至拜泉县,讨论抗日作战计划。四月三日丁、李等各派代表先后抵拜泉线,在濮炳珊公馆决定作战计划三项:(一)由丁超、李杜负责肃清哈绥路日军,另由马占山派现驻海伦之炮九团金希均部进攻哈尔滨,为中路军。(二)现往剿代自卫军(即李海青部)之骑兵吴松林旅,马占山饬其帮助李海青,进攻长春,以颠覆伪国之巢穴,为南路军。(三)以程志远旅为内应,扫灭齐齐哈尔日军,并令徐宝珍团向嫩江桥出动,断绝日军归路,为北路军。马占山亲率张翔阁旅、濮炳珊旅、苏炳文旅及马占山兼之骑兵第三旅,为各路援应,黑龙江军队薪饷皆发至二月份。议毕,各代表各返原防待命。马占山三日用东北边防军副司令官名义,委徐宝珍为步兵第一旅旅长,以原有之卫队团、补充团编入,另招马贼一团,并通令各县长,赶编民众自卫团护城。马占山四日抵克山,委警备第三大队宋大队长为别动队混成团团长。五日抵拉哈站,委徐子鹤为骑兵第二旅旅长。六日早抵讷河县,委崔福昆为筹济总办。七日抵嫩江县四站,检阅存储子弹。九日抵黑河,当日返瑷珲县,遣外交科秘书韩立如等向某方购械。

丧心病狂之辈,承日方意旨,为敷衍调查团,已将各种标语印就,伪造民意机关名称,如东北自治会、筹安会、协进会、进步会等,不一而足。文为"九一八事变是军阀排外惹起的不幸","日本军驻屯各处,代为剿除匪患,是民众请求的","组织'新国家'是东北三千万民众的自愿","拥护'新国家'是民众的愿望","脱离中华民国的关系,是满蒙民族的自决"。初级学校已于四月十日开课,在伪国学制未确定以前,准用民国十六年以前之中华教科书。其他高级学校及各种职业学校,因校舍被日军占住,开学无望,惟华北中学照常开课。(因该校为瑞士国宣教师、英主教所创办,以国籍关系,日军无权过问。)惟该校年来颇受省当局之压抑,今竟于国难期中为中国陶冶鸿才,诚应为吾人所感谢者也。

(《大公报》,1932年4月18日,第四版)

201. 章太炎函顾维钧:请为洪皓、左懋第,或囚或杀未尝有悔,牺牲一身以彰日人之暴行

平讯。章太炎昨日遣书顾维钧,请为洪皓、左懋第,盼其一行,以死自矢。原文如下:

"少川先生足下:日人无赖,嗾使伪满洲政府拒绝足下出关,且以种种危词恫赫[吓]。闻国际调查团诸君与足下誓同进退,宣言足下不行,各调查员亦即不往。此种态度,虽似强硬,其实反堕日本术中。仆谓服务外交者,非徒以辩论坛坫,亦当稍存节概。洪皓、左懋第,或囚或杀,未尝有悔,岂徒不爱躯命,而与今之奉使者异情哉?见危受命,义如是也。足下此行,为日人所忌,其极不过一死耳。牺牲一身,而可以彰日人之暴行,启国联之义愤,为利于中国者正大,岂徒口舌折冲所可同比耶?日人常言,日人服官者性如石,中国服官者性如绵。其言中否,即以足下行止卜之。足下往矣,慎勿朝受命而夕饮冰也。章炳麟鞠躬,四月十七日。"

(《大公报》,1932年4月18日,第四版)

202. 短评:章太炎勉顾少川东行

日人唆使东北叛逆,拒绝顾维钧东去,国联调查团之行程,因而波折。这个问题发生后,日本的狡狯无聊,已暴露于世界,不待多论。而在顾氏个人,则只有能不能去的问题,绝不发生敢不敢去的问题。因为顾氏东去果有不测,这不仅在世界现势与历史上有重大意味,而在顾氏个人,毋宁谓为幸事。

章太炎昨函顾氏，谓："服务外交者，非徒以辩论坛坫，亦当稍存节概。"勉顾氏为洪皓、左懋第，或囚或杀，举无所悔。见危受命，义当如是，并非慷他人之慨呵！

（《大公报》，1932年4月18日，第四版）

203. 罗文干谈话：出关安全责在日本，沪会静候国联解决

【南京十八日下午十时发专电】罗外长文干谈："顾维钧出关问题，事关国联调查团整个行动，任何方面不能拒绝。其安全问题，日方更不能不负责任。至派兵护送一层，尚未决定，中央已电令张学良与调查团妥商安全办法。调查团出关，约明后日可首途。所经路线，原定由北宁路往，现以时间短促，拟取道山海关至打虎山，出通辽，然后经南满路赴哈尔滨，折回沈，较为省时，余已将此事请示汪院长矣。沪会开会以来，日方态度故意延宕，并提超出国联决议案以外问题。我国已将会议停顿原因，由颜使陈诉国联。吾人在此时期，应信任国联，静候解决，一面寻求种种方法，以促进国联对维护公约者加紧一层保障。深信国联必能设法解决此悬延已久中日纠纷。沪会最近能否再开，当候国联表示而定"云。

（《大公报》，1932年4月19日，第三版）

204. 调查团行期与路线迄昨晚止尚未完全决定，各委员连日在平参观游览

【北平特讯】调查团东行路线及日期问题，迄昨日下午止，尚未大定。据昨日所闻，中外代表本有十九日晚同来［乘］日舰赴大连，随员则于二十日晨乘车出关之说，但中国代表方面，以各委员如不经锦州视察，而由大连乘南满车赴沈，则殊失调查之真意，故关于路线问题，迄仍在商讨中。而外人方面，对乘日舰赴连，亦有反对者。即令取道大连，对商船如何租用，亦尚有多少手续也。因路线未定，日期遂亦无法确定。至中国代表随员，闻已较预定人数大减，张

祥麟、钱泰、王广圻、朱鹤翔、金问泗、颜德庆等均拟中止前往云。

国闻社云。国联调查团以在平征询资料之工作业告完竣,连日除讨论出关问题外,暇时则赴各处游览。昨日上午九时该团开会,正午法代表克劳德尔将军与义代表马考蒂伯爵赴苏州胡同顾维钧顾问赫赛宅午餐,下午二时马考蒂赴颐和园游览,克劳德尔返北京饭店。莱顿爵士于下午二时赴英使馆,旋赴天坛参观,因天气不佳,打消颐和园之游。美代表麦考易于下午四时半乘汽车游览皇城紫禁城一带风景,迄七时始返北京饭店。又晚六时至七时,赫赛在私宅举行茶会,招待五委员与张绥靖主任、顾维钧、吉田等四十余人。除吉田因病未到外,余皆到会。该团团员今日仍赴各处游览,东行日期闻略定在二十一日。至如何取道,是否决分两组出发,截至昨日尚未大定云。另据调查团发言人昨晚宣称,调查团连日整理文件及报告,出关行期有在明晚(即今晚)之准备云。

(《大公报》,1932年4月19日,第三版)

205. 平行线问题顾有备忘录致调查团

【南京十八日下午十时专电】 关于东省铁路平行线问题,顾维钧有备忘录致调查团。此项备忘录,顷已寄京,将发表。

(《大公报》,1932年4月19日,第三版)

206. 调查团过津赴东省,今晨到秦皇岛换乘中日军舰,预定下午七时抵大连转沈阳,中日代表顾维钧、吉田等三十人同行

【北平特讯】 日来为国联调查团出关事,各方消息极为纷歧。所以然者,调查团本身即是随机因应,并无坚决确定之主张,而中国代表系居于协助调查团之地位,自亦未便有绝对的意见,致碍调查团出关工作之行。日本隐身于所谓"满洲国"之后,以反对中国顾代表者为阻挠调查团赴满洲之计,实为万变而

不离其宗。至昨日始决定由海道赴大连，盖完全徇日本之意也。中国政府原本坚执由北宁路出发之议，至十八夜间始来电表示不反对走海道，故顾维钧氏即刻通知调查团，而行期于以大定。日本原派有两驱逐舰在大沽等候乘用，因闻中国系派海圻舰送往，乃亦另调一较大之巡洋舰备用。记者于十九日下午二时，特访顾维钧氏于平寓，兹略志其谈话于下。顾谓调查团赴东北之途程，经过交涉，曲折甚多。在上海濒行时，已讨论及之。日方希望走大连，谓关外铁路有毁坏，中国则认为山海关为入沈之门户，自应经过大门，方可深入，且沿路如锦州等处，皆为有关系之地点，不可不看，调查团亦以为然。及到北平，我方力主经由铁路，日方则以不便保护为言，中间曾有由我派兵保卫之拟议，而中央认为不必要，调查团亦认为不妥，因有迁就日方意见之趋势。盖调查团亟于出关进行调查，以便赶五月一日前向国联报告日本之已否遵议撤兵也。中国代表系协助调查团工作，自未便以途径问题牵动调查团行程，致碍万急之工作，转非协助该团办事之本旨，故政府卒徇该团之意，不再反对走海道赴满。惟仍声明中国代表保留出关后自由行动之权利，此点调查团方面已表了解。至中国代表，系根据国联决议案任命，任何反对均所不顾，决以坚决意志，协赞调查团完成使命云云。闻中日代表团及调查团之大部人员，决定于昨（十九日）下午十时，乘车赴秦皇岛，分乘中日军舰出发。

关于乘车问题，除乘北宁路原备专车至秦皇岛外，然后分作两批，乘中日两国特备军舰去大连，由大连再乘南满车至沈阳。抵沈后，如赴各地调查，亦向南满路租用车辆。盖调查团认中日两国政府为其对手方，所谓满蒙伪国固无招待该团之资格，因是该团宁绕道大连至沈，再租南满车乘之至锦州一带调查，而不愿由山海关换用伪奉山路之专车也。海圻舰业于昨日由威海卫开至秦皇岛，预定乘该舰者为吾代表顾维钧及其随员，并莱顿爵士、马考蒂伯爵、麦考易将军、哈斯诸氏。日代表吉田则偕法委员克劳德尔将军、希尼博士，乘日舰某号，同时由秦皇岛开行，预定于今日下午七时前到大连。调查团全体人员由秦皇岛下车后，北宁路之专车即行开回天津。外传放空车出关及美代表携该团秘书处人员乘北宁专车出关，及在山海关换乘伪路专车之说，恐非事实。专车约今晨十时许可抵秦皇岛。

昨晚离平出发

【北平电话】 昨晚十点半，调查团专车由平出发。在车站欢送者计有海圻舰乐队、绥靖署卫队。专车靠东站第二站台,绥靖署卫队一连乘最后一辆,随行保护,万福麟、于学忠、周大文、荣臻等及中外各界代表五六百人,均于事前到站。九时五十分顾维钧夫妇及五委员同到,即登客厅车。顾与莱顿闲谈,面色甚愉快,惟顾夫人面有忧容。约五分钟后,张绥靖主任到站,登车谈约二十分钟,除五委员外,顾及哈斯亦在座。张谈话时态度甚郑重,旋即下车视察卫生车。莱顿、麦考易与顾凭车窗闲话,希尼等则下车,对送行之私友分别周旋。十时半各委登车,专车遂于军乐声中开动。顾夫人及各送行者在站台举手送别,莱顿等均立车后答谢。至车出站后,送行者始散。又中国同行人员为代表顾维钧,随员刘崇杰、杨景斌、严恩槱、萧继荣、端讷、何士、邹恩元、陈立廷、顾执中、戈公振、鲍静安、张纬斌、刘广沛、杨承基、施肇夔、李鸿栻、游弥坚、顾昌言、陈宜春、谢恩增,计二十一人,另差役七人。外人方面,计调查团五委员及随员等十余人,日本方面十人,一行共四十余人。调查团到达沈阳后,即开始调查工作,但对伪国招待决不接受。又莱顿爵士等于昨日上午十时半接见热河主席汤玉麟之代表关菁保,咨询热河之情况。十一时接见东北海军司令沈鸿烈,对东行乘舰事有所商谈。义代表昨上午参观故宫,下午往游八大处及碧云寺等处。德法代表亦外出访友游览。

深夜过津东行

【本市特讯】 国联调查团专车离平后,本市当局接得报告,即于东、总两车站布置一切。各于月台上遍悬万国旗,并缀以电灯,辉煌闪烁,气象庄严。迨至今晨一时,两站附近即施行戒严,并由公安局特务队分布两车站附近戒备,即持有欢迎证者,亦不准走过天桥。晨一时,压道车抵津,一时半离津东驶。一时五十分专车抵新站,略停即驶老站。经改换车头,加添煤水,至二时四十分,车遂开驶东行。当时公安局长王一民,市政府沈迪家、陶祖年两科长,均于老站照料一切。彼时该团一行均已就寝,故于任何人均未晤见云。

出关后之行程

调查团昨晚公布该团今后行程,略称抵东北后,勾留四星期,从事调查工作,然后经朝鲜赴日本,离日后仍返北平,其时约在六月中旬。在平耽搁时日未定,将来仍去日本,再转来中国南京,最后则于中国境内择一地点编制总报告云。

【秦皇岛通信】 沈电。调查团行将到沈,各法团组织之招待处十六日开筹备会议于市公署,到场代表二十余人。会议结果,规定戒严、招待办法八项如下:(一)调查团到沈时间,临时宣布,各法团当时均须派代表赴站迎接;(二)沿奉山路各车站切实保护,并加意警备桥梁;(三)马三家子站至皇姑屯一段,由沈阳县公安局负责;(四)城内由保、警、商、军四方负责保护;(五)调查团下榻大和旅馆,出外时各街戒严,实行净街;(六)备大汽车六辆,以备出游应用(由日军部备用合乘车);(七)北大营、兵工厂两处特别大检查,并注意保护;(八)竭力辟谣,并禁止流言云。

(《大公报》,1932年4月20日,第三版)

207. 丁超、李杜电调查团欢迎

【北平电话】 丁超、李杜电调查团云:"(衔略)此次贵调查团为维持世界和平,主张正义人道,远涉重洋来华实地调查,我全国军民,莫不欢庆。查暴日侵华,我东北受害最巨,欢迎之情尤殷。业派王少校志荣代表吉林自卫军全军赴平欢迎,并呈递报告书,谅邀鉴察。吉林自卫军兴,原为保国卫民,乃暴日以武力摧残我民族,攻略我阵地,军行所至,大肆淫威,尤以空军轰炸为能事。滨江伊[依]兰道区如方正、延寿、伊[依]兰各县城,甬子沟、高力帽子、会阀[发]恒、罗乐利各村镇及东铁沿线海林站民房,多被炸毁或被延烧,人民荡析离居,惨不忍睹。务请贵调查团早日东来,实地调查,力主公道,制止暴行。凡我军民,不胜欢迎企盼之至。东省护路军总司令丁超、吉林自卫军总司令李杜及全军将士同叩。铣。印。"

(《大公报》,1932年4月20日,第三版)

208. 日军掩饰关外驻军实况,榆沈间日军大部离开铁路线,张景惠有被拘禁说

【秦皇岛十九日下午九时发专电】 日军此时为掩饰北宁线驻军实况,所驻榆沈间日军,其大部已分段暂向铁道线外一英里各村屯驻扎。各车站警备

留少数守备队，协同新编路警掩护伪路。所备欢迎调查团专车，现停锦州待命。榆关欢迎调查团，刻已布置就绪。传张景惠被日军部禁押说。

(《大公报》，1932年4月20日，第四版)

209. 调查团两路赴沈，莱顿等乘舰昨夜抵大连，美、义委定今晨换车出关，日方仍欲阻挠顾代表入沈

【山海关二十日下午六时发专电】 国联调查团中外团员之专车，于二十晨十时十五分抵秦皇岛，略停即开往开滦码头。中国军舰海圻，于十九晚经由大沽来此，与日本第十六驱逐队朝颜、芙蓉二舰，同靠第一号码头，备各团员乘坐。十时半顾维钧偕莱顿下车，登海圻，中国随员全体及中国顾问端纳、何士，莱氏随员罗伯·亚司脱、李乔、吴秀峰等同乘该舰。舰上预备三十七个铺位。日代表吉田偕德法两代表及日本随员全体，并日记者数人，分乘两日舰。于一时半海圻先开，日舰继之，预定行十小时到达大连。何柱国旅长亲率铁甲车至秦迎接，并指挥保护事宜。站上及码头均极整齐严肃。至义美两委员及秘书处同人，则仍乘专车至榆关，由陆路出关。伪奉山路所备专车停于锦县，定二十晚八时开山海关，各委即可换车。北宁专车仍在关候讯，俟莱顿与本庄接洽后，如允通过，即开沈。

【长春十九日新联电】 "满洲国"方面对于国联调查团关于一切事务均与日本总领事交涉，而对于该"国"则不闻不问，极为愤慨。本日谢介石以"外交总长"名义，致电莱顿爵士，促其反省。

【长春二十日电通社电】 "满洲政府"以重视顾维钧入满后之行动，故除决加以监视外，拟于顾氏坚欲与莱顿爵士等采取一致行动时，即在普兰店阻顾入境。或视当时情形何如，而不辞加以拘捕之辱。

【山海关二十日下午九时发专电】 国联调查团一行，二十日晨十时二十分抵秦皇岛。各界热烈欢迎，临榆县行政官、北宁路榆关段各段长均来秦参加，开滦经理齐尔顿等亦到。第九旅长何柱国偕参谋何竞华，先于晨六时车由关到岛。我海圻舰系十九日晚由大沽驶到，日海军第十六舰队朝颜、芙蓉两驱逐舰，亦于十九日晚由青岛驶来。三舰并泊开滦码头，海圻舰长杨云生并到站

欢迎。专车前有铁甲车压道，专车抵站后，由绥靖署所派护送专员何立中、宁向南，引导何柱国、何竞华、杨云生登车，经顾维钧介绍，晤莱顿及各委，表示欢迎之意。何当面将汉英文之沈变后榆关经过概况分致各委，以便参考，各委称善。专车遂驶临开滦码头。莱顿与顾维钧并行下车，余员先后下，在江岸徘徊片刻后，海航组即分别登舰，并卸载行李。美委麦考易、义委马考蒂、秘书长哈斯一行因经榆关东行，仍登车。用餐后专车开秦皇岛站，稍停，于三时由铁甲车压道东驶，抵榆关，各界欢迎亦盛。当全体下车，由何柱国等陪游天下第一关，絮谈史迹，且行且谈，美义委并详询地方情势，五时许始返车休息。哈斯与何谈话。至六时原车回岛，开滦经理齐尔顿邀宴。将在岛过夜，定二十一日晨出关。伪奉山路所备专车，定今晚八时由锦州到榆接迎。日军铁甲车计八节，黎明即驶入榆站，备为伪路车压道。该甲车事先并未向我声明赴榆站，仅言及在长城以外停候。调查委员因有不受伪国招待之议，故仍有购票乘奉山车赴东之意，认此问题尚有考虑必要，该组委员曾一度集议。宁向南谈，调查团此行抵华，全般印象极佳，津榆间各车站所到欢迎各军皆整肃有精神，各委尤注意云。又吉田于登舰时，迭向莱顿语拒绝华代表入沈，莱顿以谈非其时，意殊不快。再驻榆日宪兵本日往来榆、秦，极活跃，在游关时特派员尾行，颇遭反感。伪路前奉禁粮令后，不运粮入关已有多日，今日东来车实又运粮到榆。

（《大公报》，1932年4月21日，第三版）

210. 短评：祝顾代表的前途

　　顾代表同调查团赴东三省，这是九一八以后中国官吏奉有使命正式出关办公的第一个人。伪国叛逆所以为虎作伥，再三妨害阻挠，也就是因为顾代表是拿中国政府代表的资格，协助国联，调查日军占领中国领土的情形，精神上的意义，当然是很重大的。顾代表到沈以后，当然无从自由行动，所以职务上的应做之事，一定有许多不能做，并且不保受虎和伥的欺凌。但是不要紧！顾代表若受了欺凌污辱，甚至一切危险，都足以彰明敌人的罪恶，得到公论的胜利！个人吃亏，国家民族得利，顾代表的勋名，将要垂诸不朽。现在已经出发了！我们佩服顾代表忠于职务，愿祝贺他的成功。

（《大公报》，1932年4月21日，第四版）

211. 最近之沈阳：掩饰、滥捕、把持、借款

国闻社云。某君顷自沈阳返平，谈伪国近况及日人掩饰形迹，希图欺骗调查团之准备情形，分志如左。

灭形迹图骗调查团

（一）日人以国联调查团行将抵沈，乃虚构谣言，谓北平派来便衣队及寄来秘密函件等情，竟于十四日起，由日本宪兵队携同警察挨户搜查，翻箱倒箧，情势极为严重。甚至将室内灰棚刺破，以便检讨。据闻大东关一带搜查结果，逮捕二十余人，至今未闻如何发落，其他各关亦如此。一般住户，惊恐已极。（二）沈阳警察前由日本宪兵发给臂章，已有数月，上盖有日本宪兵队印。兹以调查团不日来沈，乃将警察臂章一律撤去，以图掩饰。（三）日方拟于调查团到时，将城内凡该团经过各处之日军警，届时撤去。（四）伪沈阳市署已拟定商工界一千人，各机关五人，各学校学生、农人一千，编为请愿团，将请调查团赞助伪国。此外并拟举办运动会，假用日本站之国际运动场，于本月调查团莅沈时举行，而称其名曰"建国纪念运动会"。该会由满洲体育协进会日人包办，溥仪为名誉总裁。

颁戒严令滥捕行人

（五）自去年九一八以来，沈阳在日军占领之下，无日不在军事戒严期中。除日本增派二百名日警外，更派日本宪兵，二人一班巡行各处。中国警察每分局抽出二百名，编为临时便衣警，藉便侦察，情形有甚于交战时者。出入城门均须检查，并详加盘问，稍涉可疑，即被拘押。（六）自上月底兵工厂内日兵获偷枪贼数人后，门前警戒愈形森严，并声言系便衣队所为。故此后凡经过兵工厂前后之行人，即时有被日本守卫兵拘留者。据附近住户云，先后不下二三十人，至今生死不明。现时行人皆视该地为危险地带，裹足不行。（七）兵工厂、

被服厂、粮秣厂等处均有日兵驻守,小东关靠近粮秣二厂之住户,日兵二三时闯进屋内,久坐不去。青年男女均得暂避,不然必遭其侮辱。(八)沈阳邮局某局员于日前甫出门即被人架走,据云系日本侦缉队所为。

日人把持伪辽省府

(九)伪辽省府改组发表,民政厅长赵鹏第、总务厅长金井章次、警务厅三谷、实业厅徐绍卿、教育厅韩秀石。金井、三谷均为日人,警务一厅日籍职员竟占七八人,均居重要地位。该厅计设秘书、督察两处,警政、治安、特务、司法、卫生五科,下设十三股。(十)沈市伪警察局副局长原为赵欣伯之人,因赵去职,随行解职,刻由三谷委鲁绮为副局长。鲁为大连人,充日本警署听差多年。又委郑子奉为督察长,郑为日宪兵队翻译,前在本溪充巡捕。该伪警局最近并施行指纹法,刻已拨开办费八万余元。(十一)伪辽警务厅自日人任厅长以来,令所属机关,凡往来公事均得一律用日文。

二千万借款即成立

(十二)日本借与伪国二千万巨款事,约在五月上旬可成立,系以盐余为担保,期限为十年。(十三)日本为移日鲜人经营东北计,刻授意伪国,颁布《限制中国劳工入满条例》,不日实行,今后取缔,当更严厉。(十四)伪国拟于五月举行国民籍登记。登记后,出入伪国即不得自由矣。(十五)伪国为加重人民课税,特变名为"储金"。凡在伪国内,每人均按其财产及收入之比例,纳民储金。如被夺公权者及出伪国者即没收之,对于甫入伪国者,则课以尤重之储金及保证金,以示限制。(十六)日人在长春考取监视警察员二百人,其中五十人为鲜民。第一批分配在山海关,此后尚拟再招,以便分配于绥芬河、满洲里等处。(十七)日军部近又下禁种令:1. 满铁沿线在五百米突内,不许种高粱[梁]、苞米等;2. 新京市(长春之伪称)附近五百米突内,不许种高杆[秆]五谷;3. 县与县之往来通衢大路,凡二百米突以内之地,亦不许种植上述之五谷。

伪国居然还有政党

(十八)伪国务会议于十四日通过成立协和党,溥仪并颁命令如下:"为谋统一民意,期作兴建国精神及施政之畅达,着即制定颁布满洲协和党。"伪协和党规定:(一)基于满洲协和党法,为设立满洲协和党计,设置设立委员会,使之担任设立事务。(二)设立委员会,以满洲协和党组织完成之时,认为撤销。协和党法:第一条,"满洲国"使"满洲国民"设立满洲协和党,担任作兴建国精神及施政之畅达。第二条,"满洲国民"无论种族身分,从党则所规定得为党员。第三条,关于满洲协和党之诸规定,则以党则制定之。第四条,满洲协和党费由"国家"补给之。第五条,满洲协和党得营达成第一条目的上所必要事务。第六条,满洲协和党得利用"国家"营造物。附则:本法自公布日起实施之。

(《大公报》,1932年4月21日,第四版)

212. 调查团昨晚抵沈,美、义两委员八时先到,莱、顾一行亦平安到达

【沈阳二十一日下午九时四十分发专电】 国联调查团美、义两委员及哈斯,二十一晚八时自山海关抵沈。莱顿、顾维钧等一行,亦于八时三十分平安到沈。国联各委员住大和旅馆,我国代表团人员多数下榻远东饭店。

【山海关二十一日下午一时发专电】 国联调查团美委员麦考易、义委员马考蒂及秘书长哈斯一行,今晨五时由秦皇岛乘北宁原专车到榆,换乘伪奉山路专车出关。该车二十夜到榆,全列十一辆,系事变后扣留北宁关外之车辆重加改置者。调查委员等乘用车,乃被扣之津浦蓝钢车所装饰者,配于列车尾。列车首交叉"满洲国"旗,车厢外添注"开往满洲"字样。伪国派员两名来迎,日记者同来。专车职员皆奉山路员,由伪路车务处长律长庚率来,每员均有日人跟随监视,以致此辈奉山路员与北宁路员虽属旧同人,互见仅握手,绝不得有一言半语。各委员登车后合座一车内,态度沉默,未与伪国欢迎人员相周旋,见日人随从者太多,尤觉局促不安。六时专车出关,直赴沈阳,预定二十一晚六时抵沈。日军铁甲车先驶压道,何柱国、宁向南等由秦皇岛同到榆关欢送,各界送行亦盛。美、义两委员与何握别时,表示望在东北工作能早日完成。专车出关约七八里地,该处即插有"满洲国"旗,俨然"国境"。专车行前,各委员同致锦州依田旅长一电,以示事与伪国不径洽。北宁专车送各委到关后,遂开回天津,宁向南与绥靖署护送员及卫队,亦乘车回平复命。美、义两委员由榆关出发前,伪国招待员要求先至锦州调查。两委员表示调查团由五国代表组

成，今只两人，不便行使职权，况调查时须中日代表参加，今中日代表均不在此，故不便在锦下车调查，吾人目的为沈阳，专车可即开沈云。初该招待员仍不允，后见争持无效，车遂开行。

【大连二十一日新联电】 调查团一行及顾维钧以下中国方面随员，本日午后一时五十分已乘特别列车赴沈。

【大连二十日电】 海圻舰途中风势平静，午饭后舰长姜鸣滋以音乐留声机娱宾于大客厅。莱顿因连日劳累，与顾维钧一度谈话外，即休息。海圻二十晚十一时抵大连，日关东军部、满铁及商会均派代表至码头迎候。

【平讯】 顾维钧氏昨有电致在平之东北舰队司令沈鸿烈氏，报告业已安抵大连，并称一路海程风平浪静，海圻行驶亦极平稳，特表谢意，将来如需乘该舰时，当再奉达等语云云。

国联调查团分道赴沈之经过

国联调查团东北之行，因日人嗾使叛逆阻顾代表同行，故一再迁延。莱顿等诸人又不愿因此碍及最后工作之完成，故卒容纳日人之意，偕顾氏由大连赴沈，而另以美委员麦考易将军、义委员马考蒂伯爵偕秘书长哈斯，由陆路乘车前往。因日军对北宁路专车不负保护责任，故另由伪奉山路局备车，计头等车二辆、饭车二辆、二等卧车二辆、行李车二辆、三等车二辆、头二等混合车一辆，由日方负责，开至山海关供美、义两委员及随员乘坐。日军并派铁甲车一列，于十九日晚即驶至山海关车站，预备随护专车去沈。驻津日领馆并派员至山海关调查国联委员之行动。伪奉山路路员在专车经过时，一概不准逗留站上。记者随北宁专车至榆关，侧闻在山海关站上服务之伪路员工，均于专车到达之前被日本宪兵驱逐出站，站上只有着华服冒充中国人之日人窥探一切。何柱国旅长邀各委员作长城之游，日探亦尾随而往，被一外国记者向美委员指出，诸人对之瞪视甚久。美、义二委员在关上向何氏询问日军在关上之行为，至是恐日探窃听，乃中止谈话，但日探步趋甚紧，终不肯去。诸人至是颇觉感慨，因关上为华军防地，乃竟如此，则至沈阳后之桎梏[桎梏]可知。记者在车中闻某高级外人批评日人嗾使伪国拒顾之事，谓无怪中国对日外交案件积压至三百余件之多，吾人于此短时间内，已深觉对日交涉之不易应付云云，此亦足觇外人对日之感想。阴谋狡诈之日本外交，于其本身之利益恐亦甚尠。国联专车由平开行，已在夜间十时以后。因当局于日前破获某国人之阴谋人犯，故沿途警戒特严,在距铁路二千米达外遍布军队,驱逐闲人入警戒线内[外]。至车站欢送之人,亦特别限制,除各机关领袖外,得入站者甚少。秦皇岛至山海关一带,由何柱国亲自督率铁甲车逡巡,码头及车站均临时断绝交通。美义两国军官及兵士,虽未作正式保护模样,亦有若干在专车所停站上逡巡,殆含有暗中护卫之意。吾国备莱氏乘坐者为巡洋舰海圻,此舰造自英国,驶至中国后,曾因参加英皇加冕礼驶英一次,外人均耳其名,舰体高大,官舱设备尤美。日本派来者则为九百吨之驱逐舰朝颜、芙蓉二艘,在习惯上甚少以驱逐舰接送贵宾者,或谓日本特派此种舰船,含有深意云。海圻舰首先开出,吉田偕德法两委员及由平津随来之日本记者四五人分乘两日舰,随海圻之后驶出。未行诸人回车用午餐后,于下午二时四十分专车开往山海关,三时十五分到达。站上搭有欢迎之彩坊,军警及各界代表均在站欢迎,有中国乐队一班,用笙箫之类奏欢迎曲,婉转幽扬,十分动听。车停后,何柱国邀两委员下车,作天下第一关之游,共乘人力车数十辆而往。诸外人对山川形势及长城之伟迹,频频赞美,并询古代历史上用兵之遗迹,译员乃以无眼城及山头烽火墩台之作用相告。其中明军事者,深赞吾国古代战术筑城合于近代科学要求。记者登览斯楼,今为第三次,而山川犹是,人事已非,不禁怆然于怀,同行某君竟感极而悲,潸然泣下。忆昔人登此楼书感,有"无限城池非汉界,几多人物在胡乡"之句,不意千古之后竟有同感。诸同游者旋步行至东北城角,观外城后,仍折回原处,乘车回站。登专车后,即开回秦皇岛过夜,因岛上严密,较易保护也。

(《大公报》,1932年4月22日,第三版)

213. 看尔作伪到几时？强迫民意欺骗调查团

【本埠特讯】 据沈阳客谈,现在因国联调查团关系,又强迫民意,令各县欢迎,高搭彩棚,递请愿书,反对顾维钧,并请满洲独立。又令各站人员均换中服,所用之白俄亦穿中国式之路警服,严禁人民擅至车站。前几日令人民种大烟,今又下令,如有质问者,谓人民自动,长官并不知情等计划。昨晚在县秘谋妥协,除三五卖国奴内幕尽晓外,人民知者甚少云。

(《大公报》,1932年4月22日,第四版)

214. 丁超、李杜电国联调查团，陈述日军在东北暴行，叙事历历，日本何所掩饰？

平讯。东铁护路军总司令丁超、吉林自卫军总司令李杜，日前电致国联调查团报告书，陈述自九一八以来日军在东北之暴行，极为详尽，原文如左："北平张绥靖主任钧鉴：兹拟致国联调查团报告书一件，谨恳译转。窃自九一八事发生，中国政府因尊重国联，保守盟约，望日人之悔祸，期国际之仲裁。乃国联决议日方迄未履行，且更扩大事态，造成今日之险恶局面。中国领土与主权之完整，已为日本破坏无余，保障世界和平之信条，日本且公然违背矣。然吾人仍信赖国联之权威，可解决不平之纠纷，虽日人尽欺朦之能事，而事实俱在，中外人士所共见也。兹者贵团诸公，不辞辛劳，东来调查，盖为促进实行国联决议，以防止暴力之摧毁世界组织，其主持公道与维护和平之本意，凡属人类，同深感佩，矧在吾人为当事国之一方，能不感谢。超、杜守土护路，镇守吉、江，谨将日军北犯及我军为自卫而作正当防御之经过，略陈诸君之前，以资参证。

（一）吉林自卫军之组织。日军既占锦州，东北最后之壁垒已失，仅有吉林省政府统治下宾县等二十八县，为一块干净土。而哈尔滨一埠，为三省北部重心，日欲取之以北窥，乃嗾使熙洽，派于深澂等出兵，于一月十六日攻榆树、阿城等县。张作舟、冯占海各部，力与敌抗。同日土肥原赴哈任日方特务机关长，秘谋北侵。时冯占海军因众寡不敌，于二十五日自阿城绕道至哈东，二十六日晨攻入哈埠。杜部马团同时开到，遂据哈尔滨，以拒于深澂军。二十七日与于部在距哈十五里之上号交战，于军败溃阿城。同时日机三架飞哈，向王兆屯二十六旅旅部掷三弹，被骑兵击落一架。超等以日军北犯，违背中日条约，破坏国际交通，职责所在，必作正当之坊卫。杜所率二十四旅，超所率二十八旅，与二十二旅旅长赵毅，二十五旅旅长马宪章，二十六旅旅长宋文俊，二十九旅旅长王瑞华，暂编第一旅旅长冯占海，骑兵旅长宫长海、姚殿臣等，成立吉林自卫军，推杜为自卫军总司令，超为东铁护路军总司令，同时合超、杜所部组织联合军，于一月三十设总部于宾县。遂一日电告中外，说明护路抗日卫国卫民之宗旨。

（二）日军破坏东铁与我军防卫之情形。日军为进占哈埠，谋假道东铁，为东铁所拒。日军取直接行动，于一月二十八日强占东铁宽城子站，拘禁站长，枪杀路工，扣留货物车辆，强迫路员开车，输送军队。晚九时日军铁甲车两列及拖车二十辆，载满日兵离长赴哈，占领窑门以南各站。至蔡家湾站，有自卫军陈德才团扼守，日军仍欲前进，即向我军压迫。我军为护路计，遂采取正当防卫，自一月二十六日起，至二月四日止，与敌激战于双城堡、三间堡、三姓屯、顾乡屯一带。直至五日，日空军复来掩护陆军前进，投弹多至数百枚。我军遭受轰炸，损害重大。日军长谷旅团、多门师团仍继续攻击，几至发生巷战。我军因虑中外侨民生命财产濒于危险，退出哈埠。至四时四十分日军滨本联队，入据哈埠车站，超等率部分退宾县、阿城、依兰、巴彦等处，徐图规复失地。

（三）义军蜂起与自卫军协力抗日。超等率部撤退后，日方复于二月十八十九等日，由长春派出日机六架，轰炸宾县、巴彦，自卫军总部因移方正。时日军迫同熙洽军四出攻击自卫军，民众愤激，义军蜂起。王德林部首先加入我军，二十日与日军在延吉、敦化激战。超等率部收复东铁哈绥线，二十二日克乌珠河，进展至一面坡，二十四日占苇沙河，二十六日杜复率部向哈推进。时日方正酝酿伪组织，恐为击破，又派天野旅团开向一面坡、海林一带，超等不得前进痛剿。三月一日王德林部袭宁安、海林，击败日军。三月二十一日，超等率部击破熙洽日军，围攻下城子。时扶余各地义军蜂起来投，声势大振。乃日军欲消灭国军实力，掩饰中外耳目，又由宾县、珠河两路猛进。我军复作正当防卫，自三月二十六日至四月三日止，以全力抵抗，将日军击退。日复以飞机二十架掩护作战，并在方正、延寿、依兰各县，与夹板站、高力帽子、会发恒、夹信子各村镇轰炸，投掷重二百五十磅之炸弹多枚，烧毁房屋，炸毙多人，损失极重。本军总部因由方正移依兰。四月五六七等日，日飞机又飞依兰轰炸，我方损失尤重。

（四）暴力下之伪组织。日本铁骑纵横蹂躏三省，其目的在树立新政权，与中国脱离关系，以实行其并吞之步骤。溥仪原居天津日租界，早在恶势力包围之下。此次日方挟之以出，利用为傀儡，表演作双簧。三月九日日人摆布就绪，代溥仪发表荒谬宣言，关于伪国之组织及人员之指定，均系日人之伪造与强制。溥仪乃前清皇帝，中国革命时已自行退位。东三省虽系清室肇基之地，三百年来已为纯汉族之所居。此举不特三千万民众所不愿，即溥仪本人亦非出乎自由意志。日本因愿藉溥仪以遮掩世界人之耳目，为其完全吞并东三省之准备行为，绝对不能以民族自决欺骗国际。当溥仪在长春就职之日，各地民众皆有反对表示。三月十日吉林各法团即通电否认伪国,请出师讨伐。又本庄于返沈途中,复遭便衣队三百人之袭击。此种日本人之所谓'匪',实即愤恨日本侵略,不惜挺而走险、拚其生命,以为中国民族表现正义之志士也。此中真相,尤望贵团诸公有切实之认识。至于伪政府行政院中有所谓'总务厅'者,行政院之权集中于总务厅,而总务厅之权则操之日本官,一切伪政,均日员指挥之,各省政府之各机关亦然。三月三十日吉林伪省署增设总务厅,日人原武为厅长。降至各县,情形亦然。县之权在地方自治指导部,而指导部之权在日人,所有军警行政各权,均直接为日本所操,三千万人民之生杀与夺,属于关东军之自由,此诚可痛心也。

（五）东北民众之痛苦。自日军进占东北之后,强收各交通机关,施行严厉之检查,行旅困难,消息隔绝,稍涉嫌疑,即遭捕杀。四月二日在吉林九龙口锯杀之商农会长盖文华等十三人,即均被诬为匪者也。至如随地捕杀不知姓名者,更时有所闻。其不幸而居战地者,则庐舍为墟,妻子离散,辗转沟壑,血殷原野。年来世界经济已极臻恐慌,其能维持远东之经济而不至破产者,实惟东三省是赖。乃自九一八以还,东北各地受日暴力之扰乱,农村经济已实行破产,商业为之凋敝,财源因之枯竭。经济为社会之动力,经济告窘,社会愈呈不安,此皆日本使之然也。况今春耕期至,而暴力之压迫未除,农者不得耕其田,贾者不得营其业。一切停顿,危机立至,则此危机必由东北而波及远东以至全世界,故此尚不仅为东北民众之痛苦与不幸也。

（六）自卫军之决心。东三省为我汉族胼手胝足所开发,人口三千万,纯粹汉人占其十分之九五焉。又为中国人过剩人口之消纳地,且为华北物质建设一切原料之取材地。超等为保存中华领土之完整与夫中华民族之生命财产计,日本以强力夺去,如不遵国联决议即予退还,我必强力取回之,不拘年限,不得不止,此应向贵团诸公声明者也。东北三千万人民,未入日本势力范围尚得自由者,现只依兰、勃利、方正、桦川、富锦、穆稜[棱]、密山、宝清、同江、抚远、饶河、虎林等十二县,仍悬中华民国国旗。其余各县,则遍插伪帜,人民已丧失意志之自由。倘贵团尚欲于其中搜求民意,藉资研究,则直成一滑稽的悲剧矣。现可断言,贵团一旦出关,必所至遇欢迎,队中必有我丧失保护的同胞,持日本直接间接所领发之标语。倘问其人曰:君等愿独立乎？脱离中国为本心乎？则其人者必将嗫嚅以答曰:愿在日军组织之下。凡在公式机会上晤见之中国人,将一致的答覆曰:愿脱离中国。何则？苟一语违犯,灭家亡身之祸立至矣,乌能窥得真正之民意? 今日本包办伪国,垄断政权,盐税关税,均已宣言独立,归并各路,接收邮电,举凡一切,均入其掌握。侵略事实,已大暴露。诸公出关之后,即见九一八事变真像陈列于前。就此真实之情形,为研究之对象,于促进实行国联决议上,必有最大之补益。则东北三千万人民之所切望,而诸公将告使命之成功矣。超等率部对日作正当之防卫,军事紧急,未能亲谒诸公,详陈一是,谨电陈述我军自卫经过,兼致欢迎之意也。东铁护路军总司令丁超、吉林自卫军总司令李杜同叩。"

(《大公报》,1932年4月22日,第四版)

215. 调查团抵沈之第二日,叛逆仍图拒顾阻挠调查

【大连二十一日路透电】 顾维钧于接见新闻记者时,称谢日当局设法,俾能成行,并称决定偕莱顿至任何地点。据长春电,据闻叛逆机关外长向莱顿抗议,关于顾氏赴满"显然蔑视'满洲国政府'之主权"云。据日人通信社二十一日沈阳电,国联调查团主席委员莱顿爵士于到沈之前,曾向某方表示,若伪国拒绝顾维钧入境,则国联调查团即全体退回。又据日方二十二日长春电,国联调查团一行将于二十六日到达长春,如中国代表顾维钧及中国随员越出南满路附属地,则叛逆政府将认为无视"满洲国"主权,决行逮捕加以危害。

【东京二十二日电通电】 抵沈后之国联调查团,决于本日在当地休息一日。顾维钧现虽坚主当与莱顿爵士采取一致行动,但"满洲政府"既已声称将于顾氏出满铁附属地带时即行逮捕,则似终难免引起纠纷。又电,国联调查团之海路组于昨晚八时五分抵沈,陆路组亦于是晚八时到着,代理日总领事森岛及日军参谋长桥木等均赴站欢迎。该一行抵沈后,即下榻大和饭店,而由各委员在该饭店大厅中,接受佛教妇女联合会少女组所献花圈。顾维钧抵该饭店时,即入二百十五号房间,而在该房间周围,施以严重警戒。

【山海关二十二日下午八时发专电】 美义两委员昨由关赴沈,午十一时车抵锦州,停留时余,但未下车。日军依田旅长曾登车与各委周旋,迄下午一时许,车始开沈。

(《大公报》,1932年4月23日,第三版)

216. 于冲汉等委托代表向国联调查团声明：求生不得求死不得急待援救，代表东北官绅商民泣诉事实

【本报特讯】 国联调查团到平，于冲汉、张景惠、袁金铠等曾联名委托吴怀义为代表，向国联调查团声明真象。兹录该项委托书全文如次：

"为委托代表预先声明，以白真相，而维公理。窃冲汉等，求生不得，求死不得，无人过问，无可告诉，而急待援救之中华国民也。冲汉等心肝尚在，宁肯叛国而为仇敌之官？只以日人种种威胁，不得不暂为屈从，为我东北三千万同胞忍辱负重，苟延喘息，留此残躯。诚恐死而无裨于家国，徒死何益？兹者贵团即将莅止东北，以求九一八事变以来之真迹，以公之于天下，是冲汉等可死之期已至。固无论诸公之能否拯我等于水火之中，只顾救我三千万同胞于袵[衽]席之上，则冲汉等死复何憾。兹谨代表我东北无论任职非任职于日方之官绅商民，而为左之泣诉：

（一）贵团到沈时，如果官绅商民有承认伪国家之成立者，完全为日人以极卑劣之手段所威胁，定非真正之民意。

（二）日人扰乱东北，惨杀商民之真迹，早经日人毁灭无遗，并由日人雇用韩人多名，冒充华人，预备包围制止贵团之行动，以免泄露其惨杀商民之真迹。

（三）日方自九一八后，惨杀我东北商民之数，总在十万以上。即沈阳一处，已达三万以上。为四洮路经日人活埋员工，竟至二百人以上。呜呼惨哉，其谁知之。

（四）在日方所谓我东北降日各军民者，其实并未降日，不过为避免一时商民之蹂躏，藉待贵团之援救。现在均已与民团联结一气，将来贵团到沈，立即反正。

（五）日方现在监视冲汉等，如监囚犯，非但一切均失自由，即性命亦听其生死。如阎廷瑞、张魁恩等之失踪，是其明证。

（六）现在日方派军警至各县各乡缴收民枪，是以民众迭亡而为义勇军，以图将来之反抗。

（七）最近日当局派警三千，分往各县各乡搜攫农产物，声言将向世界备

战,以恫吓我商民。并定有官价,不及市价二十分之一,即劫掠之变形。商民忧虑春耕不得,秋收无望,均已团结为救国军。

(八)日方移日鲜民三十万人,已全数运到东北,而分驻各县各乡,占夺民田矣。

(九)东北各项教育,完全陷于停顿状态。除由日方指定某小学或女子中学可以上课,以备贵团之观查,其余各地中学以上之学校,全为解散。并枪杀教习数十人,以震慑知识阶级之心,而寒学生之胆也。

(十)现在东北一切交通,已完全被日方把持。除满铁及日方所谓奉山两路外,均行破坏,秩序紊乱,多未通车。又如电话、电报等线路,均被日人摧断,电信交通,完全断绝。

(十一)近来日当局在交通便利之大站,设有检查机关,凡旅行客人,须逐一盘结。最后问之曰'中国好?日本好?'若答以中国好,则立即被拘。又如寄信人如在邮局,被日检查人员验出信中稍涉及日本事务者,即亦被拘。此项被拘之平民,只见其被拘,而未见释出,未知置于何地也。

(十二)我东北官商绅民于水深火热之中,惟盼贵团之东来,正如大旱之望云霓、阴霾之求见天日也。

总之,日人既夺我土地,因何复屠杀我无辜之商民?揆之天理人道,实为天地所不容,人类之所共愤。惟望贵团早日莅止,主张人道,勿任引领[颈]呼吁,盼切之至。袁金铠、张景惠、于冲汉、丁鉴修、阚铎、马占山,委托吴怀义全权代表。中华民国二十一年四月十五日。"

(《大公报》,1932年4月23日,第四版)

217. 调查团注意义勇军,在平曾与深知义勇军情形者谈话,义勇军之目的在维护正义与和平

国闻社云。国联调查团日前在平时,对于东北义勇军甚为注意,曾约深知义勇军情形者某氏谈话。某氏昨将其所谈要点批[披]露如下。(一)义勇军之目的。简言之,即抗日救国。详言之,即维护正义与人道,保持世界之和平,为民众自卫之表现。(二)义勇军之缘起。东北民众鉴于(甲)朝鲜亡国之

惨,(乙)不逞鲜人之受日人利用历年之扰害,(丙)日本浪人受其政府之指使,制造土匪马贼蹂躏民众,(丁)最近中俄战事之失败等因,民众多购械弹以谋自卫。总计民枪不下二百万枝,分散各民团之间。及九一八事变之后,东北民众抗日救国会成立,乃秘派(甲)有军事知识人员、(乙)熟习政治人员、(丙)通晓社会情形人员,分赴各地秘密组织。各村镇秘伏不动者,谓之民团,游击各地与日人作殊死战者,谓之自卫军,总称之曰义勇军。计十数万众,二百万枪枝,皆我武器也。(三)义勇军组织方面。所有义勇军,须听命于东北民众义勇军指导委员会之下,与政府完全无关。(有时且受当局干涉)在指导委员之下,复分军事与政治两部工作。军事部直辖各路司令,司令以下分总队、大队、中队、分队各阶级,而各独立支队则担负特殊工作,直辖于军部之下。政治部则一面处理军事区内政治民众事项,一面辅助军事之宣传等事项。至于经济之来源、械弹之补充,则特设军资委员会以筹划之,全赖国内热心同胞之输将。(四)义勇军之纪律方面。义勇军基于救国而成立,除敌抗暴日之侵略外,更注意保护各国(敌对者除外)侨民之生命财产,即对于暴日之妇孺老弱,亦加以爱护。证之往事,日人之生命财产,固未尝受义勇军之蹂躏也。至于对本国同胞,爱护备至,出于当然,更无煮豆燃箕[萁]之惯例。如新民之战、绥中之战、凤城之战,皆可以资佐证者。不过少数汉奸受日人之收买,及利用假名义勇军杀烧抢掠,以淆观听。近更拟组织贼团,谋劫调查团以诬我军之名誉。请观日人之报纸,固每日大书特书,指我义勇军为"贼匪"也。(五)义勇军作战之方略。事关军事秘密,有不便详为奉告者。仅择其梗概,曰化整为散,避实击虚,使敌军疲于奔命,无所用其利器,不能垂[唾]手得之、安然据之也。(六)最后,义勇军出于吾人自卫,为民族生存而争,为荣誉而争,组织严密,宗旨正大,日人一日不退出,即一日不息止,并相信最后胜利,在于吾人。因吾人基于正义公理而奋斗,正与国联之维持国际和平相同。国联调查团相信能完成其使命,吾人亦更相信能得到最后胜利也。不过兵凶战危,吾人固出于不得已而为之。国联诸公,更于超于战事途径,能制止日人凶暴,亦吾人所愿听闻云。

(《大公报》,1932年4月23日,第四版)

218. 调查团在沈开始工作,威海卫英领事加入调查团

【沈阳二十三日电通电】 国联调查团本日下午赴驻沈日总领署,访问森岛,征询关于满洲事变前后之满洲情况。二十四日将访本庄繁,质问日军撤退问题。又电,"满洲政府"已向此间当局发出训令,谓调查团若来访问,则由臧省长会见,说明"新国家"之现状,但若未在事先通告而突行前来,则无招待之必要。此外对于拒顾入境事,则仍持强硬态度,而不辞出于拘捕之举。

【威海卫二十三日路透电】 驻威英领事莫斯氏刻奉英使馆训令,乘轮赴大连,加入国联调查团,充任专门顾问。氏曾充驻宁领事,上年十一月调充威领,曾往锦州充当视察员,一月中旬始到威视事。

【沈阳二十二日电通电】 莱顿爵士于本早十一时赴驻沈英总领署,访问英总领事,询问满洲方面现状,达三小时之久。其他调查委员,则除顾维钧外,均于本日下午出游当地城内外,考察民情。又该一行虽拟于明日起,正式着手调查当地状况,但满洲政府已命奉天省政府,于本日通告调查团,谓顾维钧若坚欲与莱顿爵士共其行动,则当断然加以阻止。

【沈阳二十三日电】 国联调查团昨日正式声明,对伪国一切招待一律拒绝,并表示绝对不接见与伪国有关系之人物。溥仪原定谒见调查团,现因该团既有此种表示,只可作罢。伪国一般人员均甚失望。

【东京二十三日新联电】 荒木本日午前九时回京,十时于官邸召集真崎、小矶、山冈等开会,关于抵满洲之国联调查委员一行与顾维钧问题暨北满情势及其他问题,协议种种对策。

从秦皇岛到达大连

时闻社云。国联调查团一行于二十日晨十时抵秦皇岛后,即分三路转赴东北。记者亦搭乘海圻舰,随莱顿及我代表团转往大连,在大连躭搁一昼夜,昨日返抵北平。兹记目睹实况如后。

调查团原拟乘北宁路专车同行出关,实地调查,嗣因日本拒绝,始将行程分为二路:一路为美义二代表与秘书长哈斯,由山海关乘伪奉山路专车东去;一路为调查团委员莱领、我国代表顾维钧暨法德二代表,分乘海圻及日驱逐

舰，由秦皇岛转赴大连。当二十日上午九时四十分专车到秦皇岛后，遵海道者即下车，分乘中日兵舰。我海圻舰于十时二十五分首先离港，日本两驱逐舰亦相继开行。舟行稍远，莱顿即登舱面之瞭望台，与顾维钧并坐畅谈。斯时海圻舰长姜雨生与鲍宜民等率全体人员布置房间及准备午餐，计莱顿住一号房，顾维钧住二号房。一时许舰长导各团员入餐厅午餐，餐毕莱顿登甲板散步。斯日天气清和，舟行极稳。莱顿至三时半始入室，略感身体不适，周身发热，当由我代表团随行医士谢恩增诊视，体温为三十六度，服药片少许即就寝。当时并亲拟电报一件，致大连日本民政署长，交由海圻舰拍发，其大意谓途中微感不适，夜抵大连，仍宿舰上，请勿烦招待，如有下舰必要时，请覆电斟酌等语。下午七时过老铁山晚餐，莱顿未起床。十一时进大连港，当停靠第二码头，由日本警察戒严，我海圻之水兵亦武装登舱面戒备。时本庄繁及内田康哉之代表暨大连民政署长等数十人事先均至码头欢迎，此外尚有汉奸、流氓等十余人，均尾随登舰，要求莱顿晤面。莱顿因已就寝，由其舌人挡驾。斯时日记者十余人均佩白布臂章，上书新闻记者数字，围绕顾维钧谈。当夜除我代表团中之陈立廷、严恩槱及调查团秘书吴秀峰、皮尔特下榻大和旅馆外，余均住舰上。二十一晨七时记者与代表数人登岸游览。甫下舰，我东北同胞数十人前来探询调查团是否能主张公道，并缕述东北民众所受之痛苦。出码头不数武，忽有着西装之日人一名问我等何往，当告以随便游览。该日人复谓此地距热闹街市甚远，你们恐不识路程，请随你们去作向导。余等察其意系拟随同监视，不便与之争辩，遂雇车由彼指导而行。经过山县通至浪速町一带绕行一周，该日人向余等谈称大连各大街市之名称，均取日俄战争阵亡日军官佐之名而名之。余等问其何处卖报，彼遂导余等至满洲报馆，乃购报数份返舰。是日该报用大字登载伪国拟以武力拒绝顾维钧入境，至必要时或将顾扣留于普南[兰]店。有以该报示顾者，顾置之毫未介意。九时许日代表吉田导克劳德尔、希尼至海圻舰，访莱顿，与顾维钧晤谈。此时莱顿身体稍愈，谈少顷，吉田等即去。十一时南满路专车已备妥，即由脚行将一行人员之行李运往车站。十一时二十分莱顿与顾维钧出船舱，海圻舰长并以鲜花一束赠莱顿。十二时半，吉田与德法代表均到站，莱顿乃与顾维钧及我代表团等相继下舰，乘日警署所备汽车赴车站，搭车北上。调查团离舰后，码头解严。

(《大公报》，1932年4月24日，第三版)

219. 社评：国联从此将充分认识日本

　　自九一八以后，国际联盟为中日问题迭次开会，有所议决。除九月三十日之决议案外，每次皆系中国接受而日本反对，其责备国联之论，辄为"认识不足"。自吾人观之，日本对华之侵略野心、蛮横手段，与其在东三省从前种种超越条约之暴行、近来一切强造伪国之罪恶，实有各国人士所不能想像得出者。故从此项意义言，国联对于日本在中国之行为，确有充分认识之必要。方沈变初起之时，我国曾请国联派人实地调查，以明真相，未获应允。此次调查团之来，则系根据日本要求，盖欲请其游历中国各地，证实日本在国际间中伤中国之论旨，以反证其在东北暴行之背景。乃自调查团进入中国，经行各处，秩序安定，组织井然。凡日本平日中伤诽议之说，事实殆皆适得其反；而日本对华之阴谋诡谲、暴厉恣睢之状，反皆直接间接为调查团所目击耳闻。此殆非日本始料所及也。据闻"满洲国"宣告成立之始，中国有识之士，即断定日本必且以"满洲国"为掩护，而阻挠调查团赴东北之工作。曾经有人向调查团方面唤起注意，促其速赴东北，以免别生枝节，乃外人意殊淡然。迨长春传出拒绝中国代表入境之报，调查团方面犹认为意出恫吓，未必果成事实。迄至伪外交部电南京拒顾之消息，愈传愈真，调查团始于汉口舟次开会决议，认为拒顾即是拒绝全体，卒仍断然连袂北上。抵平以后，为拒顾及程途问题纠缠数日。其初调查团尚欲坚执由山海关东行，以便视察锦州，嗣以日本百般刁难，终徇彼邦之意，大部取道大连，而美义代表之经由铁路者，亦卒未中途下车。经此数日无谓之争持，调查诸人已痛感日人不易相处，殊为厌苦，是可谓为"认识"日本之初步。调查团自到沈阳，消息沉沉，盖以日本军警监视之森严，调查团决无自由活动之余地，而举凡日本伪造民意之种种丑剧，调查团又必已洞见肺肝，不予重视。且九一八以前地方是何情形，九一八以后秩序成何景象，各国胥有领事侨商，岂无报告？伪国全权操之日人，满洲官民尽是俘虏，此等事实，昭然若揭，又何所用其调查？是以此次形式上需要调查团一行者，为赶五月一日国联大会，报告九月三十日国联决议案之是否履行，易言之，日本已否撤兵是也。实际上则因调查团此行所受之阻挠与待遇，其本身便可为"认识"日本之好资料，值得此一番调查。吾人犹忆一九一八年西比利亚出兵，英美华日共同行动,结果则日本大受俄国国民之恨,庙街之日侨,男女老幼尽为俄人所歼焉。所以然者,日本军人冷酷骄妄、不近人情之态度,有以激成之。当时外人咸谓日本兵士面目狰狞,使人不敢亲近,因有"日本兵不见齿牙"之谑,以其对人冷峻,从不露笑容故也。此种情状,在今日之满洲尤然。岂特一般中国国民,在日本军治之下,惴惴于祸至之无日,即号为伪国元首之溥仪,并见客谈话,亦须受日本之干涉。而同一日本国民,若不与当地之军阀浪人有联络,则一入满洲,仍须遭受不快之干涉。至于欧美人士,更处处被日人以猜疑之眼光视之,无复活动之自由。此类"不见齿牙"之日本人,在欧美决不易见,而今日之沈阳、长春、吉林、哈尔滨等处,则滔滔者所在都有。国联调查团诸人,在欧美各国,夙昔所见之日本人,多为西洋式之绅士,而此项模型之人物,则非到满洲不能接触。故调查团躬莅东三省之后,国联对日本必可得充分之认识,此吾人欢迎调查团前往东北之又一理由也。

要之,东三省乃一世界问题,而日本在东三省之行为,世界人对之实未尝真正了解。今得欧美五国代表的人物,躬临其地,与日本军阀浪人亲相接触,不特于将来解决东北问题可有裨益,即于各国人之日本认识,亦可获得实际的参考材料。故为世界和平计,国联调查团东北之行,终为不虚。纵令莱顿爵士等精神痛感不快,盖无伤也。

(《大公报》,1932年4月25日,第二版)

220. 调查团之行程:预定今晚赴吉林

【沈阳通讯】 国联调查团一行在东北调查日程,已于二十一日下午七时发表如下:二十一日晚来沈,滞留四日;二十五晚离沈,经长春赴吉林;二十六日抵吉林,即日午后离吉,赴长春,滞留二天;二十八夜离长春赴哈尔滨;二十九晨抵哈尔滨,滞留五天;五月四日离哈,经中东路赴齐齐哈尔,滞留两天;六日离齐齐哈尔,经洮昂、四洮、南满各路赴沈;七日抵沈,滞留六天,视察抚顺;十三日离沈赴大连,途中在鞍山下车视察;在连滞留五日返平。但据消息灵通方面观察,调查团殆将赴锦州一行,即上述日程,亦不能视为完全确定也。

【长春二十四日路透电】 伪政府为顾维钧问题及国联调查团赴满未行通

知事,有照会致国联与英美政府。

【东京二十四日路透电】 日陆相荒木昨日曾约参谋次长、陆军次长,在陆军省开会,讨论日内瓦最近报告、顾维钧入东三省、马占山反正等问题。荒木对马占山反正及北满旧吉林军之活动极为关心。沈阳来电,称顾维钧仍坚持偕国联调查团入东三省各处,参加调查工作。

(《大公报》,1932年4月25日,第三版)

221. 外部政次仍由郭泰祺负责

【南京二十四日下午十时发专电】 外部息。刘崇杰现与顾维钧陪同调查团出关,回京尚需时日。在未返京前,政次职务仍由郭泰祺负责。外传沪会首席代表将更易,由徐谟继,查不确。

(《大公报》,1932年4月25日,第三版)

222. 高安公电

【高安二十二日公电】"急,《大公报》转顾代表维钧先生勋鉴:日寇肆虐,赖先生以正义折冲樽俎,功在国家,曷胜敬佩。甚望再接再厉,即随国联调查团驰赴东北,揭发日寇卵翼下之傀儡组织,无使淆乱视听。至叛逆来电拒绝,益显黔驴之技。先生为国家争存亡,固知益足以壮此行之勇气也。谨布悃忱,尚希珍重。陆军第七十七师特别党部筹委会。号(二十日)。印。"

【高安二十二日公电】"《大公报》请转马将军占山并转东北各义勇军全体将士均[钧]鉴:日寇肆虐,赖将军及各将士始终反抗,伸人间之正义,救祖国于危亡,曷胜敬佩。尚希益奋忠勇,争取全中华民族之抗日胜利。本师武装同志誓枕戈以为后盾。特电奉慰,并祝健康。陆军第七十七师特别党部筹委会叩。养(二十二日)。印。"

(《大公报》,1932年4月25日,第四版)

223. 读者论坛：中国历史将另起一页

九一八事件，是暴日在各帝国主义者裁度其纸质的和平外套时所呼唤的狂风暴雨，是暴日在国民政府尚未砌完的基础下埋下地雷的爆发，是暴日在中国民族意识的怒苗上压下了泥浆。愁云黯雾，笼罩着全地面，呼杀声和挣扎声，充满了空间。人类的家乡，或将从此成为战马的疆场。这是中国人的不幸，同时也是中国人大出风头的机会。

对于这事件，朝野人士共谋应付的主张可分三派：一派是请求国际联盟运用盟约以制裁暴日；一派是请求苏俄秉承其援助弱小民族的政纲给以武力援助；一派是监督政府对日宣战，同时组织民众，自动抗日。现在分别评述如下：

第一，先说国际联盟吧。谁都知道国联是列强为拥护牠们以往既得权益而不允许任何人推翻的虚伪东西。暴日侵我，诉之国际，手续上并无不合。最初，亦不能断定国联无制裁暴日的诚意和能力。但事至今日，已经证明国联不过是一座坭[泥]菩萨罢了。当第一次国联议决限暴日撤兵时，暴日不独抗命不撤，且加紧侵犯。第二次再议决限暴日撤兵，暴日更加紧侵犯。国联威权完全扫地，既畏暴日，乃退一步作那纸老虎的警告，愈警告，暴日愈猖獗。这座金身菩萨，金粉全脱，不过单留下一团污坭[泥]罢了。依赖国联的人们还不猛醒，还希望调查团能秉公查出暴日侵略的证据。这真好像疯子得了病，向坭[泥]菩萨烧香请愿，愈烧愈沉重，到临死时，还去虔虔敬敬地三跪九叩头。人们听着，我凭良心的告诉你们，国际的台柱列强老早就知道，东三省事件是暴日要占我东北了。若不知，何以有二次议案，再三再四警告暴日？这次派遣调查团，明显的用意，是国际既然暗中纵容暴日横行，但又不能明文的表示，欲藉此行以迁延时日，给暴日以暴力打服中国的从容时间。且看该团的出发，为何转往美国？由日本到上海，住了十几天，到了南京，为何转上汉口？东湾西转，耽搁时日，用意何在？好啰，听牠到东三省时，日本的把戏，已经布置妥当了，试问怎能查出真凭实据来？调查完了，折回东京、南京，才悠悠然携其报告书回日内瓦，多么清闲。到了那时，暴日给汉奸搭的傀儡戏台，已经演得高兴彩烈①，博得听众鼓掌喝彩了。东三省的面目已非，不复为我领土，还调查什么

---

① 编者按：原文如此，应为"兴高采烈"。

鬼事？呼国联调查团为和平使者的人们听清，今后勿再发梦呓了。

第二，再看苏俄吧。现在姑承认苏俄始终是站在弱小民族的战线的，但此时在危急中而向牠抱佛脚，恐怕要抱错马腿哩。我们知道苏俄当今政策，是在各帝国主义未自己掘好坟墓时，牠是极力避免与各帝国主义冲突的。此时牠对内，是积极进行五年计划，巩固自己的根基，对外是深入帝国主义的无产阶级去煽动阶级斗争，到殖民地去宣传民族自决、共产革命。若有帝国主义侵犯弱小民族时，牠最多会稳稳地站在高台上发其同情弱小民族的激气话。换言之，牠就是以口头支票和弱小民族交易。要牠实力援助，万万不可能，最明显的事实，便是这次芳泽从日内瓦经过苏俄回国就任外务大臣时，苏俄要求和日本订结互不侵犯条约。从此看来，牠那里有为我出兵干涉暴日的决心？这并不是苏俄袒护暴日，实因牠要武力干涉暴日时，便要引起第二次世界大战，那时牠本身大有覆灭的危险，因此，我们亦不必去责难牠。并且，现在国民政府与中国共产党是势不两立的，若在国民政府围剿共党时而请苏俄为我武力援助，苏俄非傻，焉会出此自缚咽喉的下策？老实说来，苏俄愈希望世界经济混乱，帝国主义加紧侵略弱小民族，因为这就是帝国主义自掘坟墓的现象。报载国民政府要和苏俄复交，苏俄当然不会拒绝的，但其功用，不过互派大使公使，互通交易而已。所以希望苏俄援助，无异望梅止渴。

第三，再看监督政府宣战，自动组织民众抗日吧。本来，唯有这样，才能找出光明的出路。可是无论如何监督，政府还是不肯宣战。因此纵许热心救国的人，呼得声嘶力竭，民众的武力不组织起来。我们知道在一个国家内组织那不受政府指挥的武装团体，政府必然不能容忍的，试看这半年来，为此事□坏了多少爱国壮士。

现在的局面，是国联纵容暴日横行、苏俄不敢援助、政府不肯宣战的僵局。在这充满了沉闷愤激的中国里，僵局还是待中国民众来打破的。中国的历史，将要另起一页了。

政府处在外患内忧当中，不肯宣战，同时一任经济之竭蹶、社会之混乱，坐观大乱之酝酿。进展下去，是多么的危险呀。现在政府唯有作战和屈辱两条路走，但无论走那一条，毕竟中国的历史要另起一页的。若摇摆于二者之间，便是肺病第三期。

中国青年们，大家起来草拟下章中国史吧。（一九三二.四.五）

(《大公报》，1932年4月25日，第十版)

224. 调查团两度会见本庄，戈公振一度被拘

【哈尔滨二十五日下午七时电】 国联调查团抵沈后，北行日期尚未定，原定日程已不适用。莱顿在沈拒见伪国欢迎代表，阎传绂等及沈阳新民众团体欢迎宴亦未赴。

【哈尔滨二十五日电通电】 驻哈各国领署已完成叙述吉黑两省一般情况之参考书，拟于调查团抵哈时即行提出。闻某国将于此外，提出极不利于"满洲政府"之参考文件，故其将来情形何如，颇足令人注目。

【秦皇岛二十五日下午八时发专电】 辽宁各机关职员臂章，前为日军部所发，现改换伪国臂章。各街市日军标帜及标语一律除洗，以避调查团注视。

【沈阳二十五日电通电】 充任顾维钧随员来沈之戈公振，因受阴谋搅乱满洲之嫌疑，昨晚在小西门外某华人宅被公安局拘捕，深夜开释。

【沈阳二十五日电通电】 昨为英国陆军纪念日，莱顿爵士及其他调查员均于是日下午六时半，出席英总领事伊斯塔在大和饭店所开跳舞会。顾维钧及其他随员亦咸着礼服参加跳舞。又据某医士所谈，顾近患神经衰弱症，每日体温在三十八度左右。

【沈阳二十四日新联电】 国联调查团今早十时访问本庄，质问目下军事情况，皆由莱顿爵士质问。本庄对此以所有之资料为基础，恳切与以说明，约会谈二小时半。又电，调查团定二十五日午前十时与本庄作第二次之会见，对事变以来之经过状况详细的听取说明。又调查团将较预定之日期迟延二三日，始行离沈北上。

东北民众请主公道

国闻社云。某机关昨接沈阳来函报告，东北国民代表吴家兴等在沈秘密呈递邀请公正书于国联调查团，请求主持公正。原函如次："具邀请公正书人吴家兴等，曾受我东北民众之委托，出任代表，请贵团来辽调查。今日本之蛮横，目无天下，志吞五洲，不独我东北官民处于强权之下，不敢违命，即各友邦驻辽之领事，亦不敢与彼犯颜。不然自九一八事变以至于今日，其间经过，日本如何无故出兵，如何任意杀人，如何树立伪政府，种种行为，历历在目，假使

各友邦驻辽之领事、侨民不畏暴日,直言报告,作证国联,则国联之评判早决,何必又劳贵团跋涉风尘、辛苦调查哉？以此而言,贵团调查我东北官民,则我东北官民决无有敢以直言应对者；贵团调查各友邦驻辽领事侨民,则各友邦驻辽之领事侨民亦决无敢以直言作证者。且彼日本蝇营狗苟,国联来则潜影敛迹,国联去则纵意肆行。例如贵团此次来辽之前（即本月十五日）,日本口谕各机关所驻之日人管理员均归日站,城内所驻日本军旅与警察派出所亦迁日站。余如奉天名称仍易辽宁,奉天省会警察所著盖印日本宪兵队印之臂章全数缴回,兵工厂内容完全损坏,现在假装封锁,以免调查。至于日本建设满洲伪国、胁迫溥仪执政、成全无知党徒、高唱满洲独立各情形,无须我东北民众辩白。须知我东北军之取无敌主义,撤退关内,确为遵守国联公约,因遵公约,始有今日。然而国联如以今日'满洲国'有存在之必要,则我东北存亡与否,固不足论,惟为国联前途计,诚有不可言者。是否有当,尚祈鉴核实为公便。此致国联调查团公鉴。东北国民代表吴家兴、李子珍、刘梦卿、李兆奎、陈希博等谨书,四月十七日。"

（《大公报》,1932 年 4 月 26 日,第三版）

225. 调查团沈阳调查终了,北行日期未定

【沈阳二十六日电通电】 国联调查团本早十时在日军司令部与本庄作第三次会见,征询事变当时之满洲方面状况。今后调查委员虽或将再与本庄作一二次会见,但关于当地之调查,则已于本日完毕。又本庄亦已于本早九时,赴大和饭店答访调查团。

【沈阳二十六日电通电】 调查团于昨晚十一时至今晨二时半间,在大和饭店开委员会,就应于五月一日前作成向国联提出之第一次调查报告书事,开始协议。

【沈阳二十五日新联电】 国联调查团本日午前十时在日军司令部与本庄第二次会见,由莱顿爵士质问事件发生时之经过及战斗行为等项。日本方面提示所有之证据,加以详细说明。质问至微细之点,会谈至二小时四十分之久,午后零时四十分始散会。又电,国联调查团对于北大营、柳条沟等之现地

调查,若为时间所许,极欲前往,但去时决定不与顾维钧同行。

【长春二十六日电通电】 谢介石于昨日下午一时,接得国联调查团委员长莱顿爵士之覆电。大意谓:"当抵沈时,予曾代表调查团接受阁下欢迎电报中所用郑重言辞,谓对我等一行逗留东北中之自由行动及遵行国联行政院决议案之任务,愿予以便宜,故现特向阁下确言,希毋负吾侪之信赖"云云。莱顿此电似属为解决拒绝顾维钧入境问题,以期达到调查目的之一种前提,其意殆在"满洲政府"若仍坚拒顾氏入境,则拟要求允许顾氏以外之华方随员数名,与调查团采取一致行动。

【东京二十六日新联电】 芳泽二十五夜访荒木于官邸,关于北满情势有重要之协议。又国联调查团滞留满洲,满蒙情势似成为可重视之状态。

【沈阳二十五日路透电】 据长春讯,"满洲国政府"因国联调查团既未将入满事正式通知,故对于该团,照普通旅行者待遇。万一该团行至偏僻地点,遭遇任何意外,"满洲国"不负任何责任。

【东京二十五日路透电】 兹由负责方面得悉,陆军省促本庄试劝"满洲国"当局改易对顾维钧氏之态度。但据刻间滞留沈阳之前驻俄大使田中氏以为,"满洲国"既不能取消其定议,故日方不应再加干涉云。

顾维钧谈话畅论中日问题

【沈阳通讯】 国联调查团中国代表顾维钧氏于二十二日午后四时半在大和旅馆接见日本记者,约谈半小时,其问答如下。

日记者问(下同):"日程已决定否?"顾维钧答(下同):"据余所知,尚未决定。"问:"执事将与他委员取一致行动否?"答:"参与员参与调查团,为使调查团之调查得以完成。华方与日方参与员相同,与调查团取一致行动。"问:"关于'满洲国'拒绝入境问题,尊意何如?"答:"此次调查,系根据国联十二月十日之决议而行。该决议业经中日两国正式承认,参与员之参加,即为调查团之一部。故为使调查完善起见,余不能不参加。"问:"'满洲国'声称将逮捕执事,有所闻知否?"答:"调查团为求东亚和平而来,故一切事件须得其真相,然而'满洲国'拒余,余几不能了解其理由。"问:"关于俄国要求更迭驻黑河领事,尊意如何?"答:"此事本日阅新闻纸始知之,因未接政府何等通知,故不能回答。"问:"国府对'满洲国'之观察如何?"答:"余为参与员而参加调查团,离京已久,不能回答。"问:"执事个人意见如何?"答:"此非常重大,不能回答。"问:"国府揭出日本行将掠夺满洲等标语。关于此事，尊意如何？"答："未详记忆。"问："关于中日关系，执事个人意见如何？"答："关于此项问题，由根本上观之，最近数月间之中日关系，不必为可喜的现象。查中日两国为天然邻邦，在于互相不能离脱之状态。从前频闻共存共荣之说，现在状态，当必有归于和平之一日。吾人若有愿共存共荣之意，须改变现在之途径。最近酿成如此状态，非全因中国而起。余敢言明，中日间关系之恶化，不能谓以日本为善，以中国为恶，又不能谓以中国为善，以日本为恶。至于互有善恶之程度，现尚难于判断。然两国有误解一事，确为原因之一。为解除此项误解计，须要有远大之眼光，从事努力。然由现状观之，则不但不能解除误解，反有使之益趋深刻之概。由此见地以言，余对于酿成现在之状态，不禁有可惜之感。"谈至此，顾氏随员声称宴会时间已到，日记者乃辞去。又万人注目之中国参与员顾维钧氏，于二十三日傍晚六时半，带同随员三人外出，作食后散步，轻步慢行，意极泰然。过日站浪速通转向春日町时，顾注视路旁两侧之窗饰，行至伪政府标语之前稍止。最后入日人之大阪屋书店，搜集关于事变之图书，买有满日社发行之满洲事变名画片五种。旋于黄昏黑暗中返回旅馆，时已七时二十分。顾氏对于或有之危险绝未顾虑，其态度之镇静，于此可见一斑矣。（二十三日）

日人发宣言，丑诋中国当局

【沈阳通讯】　日人于二十四日假借我辽宁总商会、总工会、教育会、总农会、青年会、佛教会、道德会、律师公会各法团名义，向国联调查团发表宣言书云："国于地球之上，未有无主义而能长治久安者也。有主义矣，又须视其主义之善否，即可预卜国运之兴衰。中华民国成立之始，本以三民主义相号召。但二十年来受国民党暴民专治之害，对内则排除道德，打倒廉耻，戴自由平等共和之假面具，日事私人地盘权利之争夺战。捐税之增加，逾前清百倍之上，外债之滥借，较前清十倍之多。又复用滥用私人，贤才隐遁，军阀专横，年月战争。远者不必论，即以满洲论之。在有清一代，虽名专制，而人民无追比供应之苦，无军阀压迫之患。追民国一兴，张氏以盗魁得机，父子专政，遂使人民日在水火无告之中。十年九战，军费之需，急于风火。昔年收捐税六千余万者，自张氏父子搜括军费，骤到一万万以上。凡此收入，十之七八用于战事，而教育、实业、铁道等于民有益之政废焉。滥发奉票，超逾前之六十倍，以致人民血汗之金钱不翼而飞，六十元之钱财只余一元焉。藉东三省官银号与民争利，凡粮食毛皮之利,准官银号以纸币收买,而人民不得与争焉。前清贵道宰辅,权领兼圻者,数十年之久财产不过百万,而张学良之私产竟达万万,其他之军阀亦然,破古人之通例,开各国之新纪元。张氏若不侵吞搜括,吮吸民膏,此款从何而来?张氏之富,即万民之穷,人民尚可生活哉?然张氏仍无丝毫恤民之心也,使东三省官银号突然收买金票,而使金价陡涨矣,然后大卖金票,而使金票骤落。一涨一落之间,张氏获得无算,而商民之破产者,相继而出。以外人啧有烦言,又复草菅人命,拘毙钱商,蔽外人之耳目。然商民已十室九空,水深火热,负担不胜矣。而张氏则任用私人如故,奸淫跳舞如故,自以为张氏之天下,人莫得而如之何矣。幸哉邻邦日人,逐彼张氏等军阀。然虽扫除军阀,不过一时混乱,不久即渐次恢复。吾商民等得乘此时机,脱离张氏之军阀残暴之政,即如奉天城内因世界金融紧急影响,商家歇业者至多,而今则照常开业,可期经营发展。兹因民众不忘旧主,建设'满洲国',仍拥戴逊帝溥仪氏为之首。其对内之主义则曰王道,对外之主义则曰大同。盖王道云者,以民之视听为视听,政府设于民意之上,视民如伤,与民同乐,偕民之好恶,真正三民主义之精髓,最新共和之主义也。大同云者,门户开放,机会均等,无种族之分,无你我之虞,最适现时之主义也。满蒙物产丰足,人民耐劳,抱此主义,无诈无虞,不数年间当成为世界大国之商场,可免导火线之大战,可求东亚之和平。谅此主义,当为世界各国所同情。特述大略,代表全满百万商民郑重宣言,维希谅鉴。谨呈国际联盟会调查委员。"(二十四日)

(《大公报》,1932年4月27日,第三版)

226. 辽西民众代表致书调查团,陈述苦痛请主公道

【哈尔滨二十七日下午六时发专电】 国联调查团华随员戈公振,二十四日晚散步沈阳马路湾,为受意于某方警察拘去,旋经多方交涉,始释回。中国团员因此均居旅馆内,不得外出。伪国以调查团不与直接接洽,认如果北来时,不保护,以旅行团视之。沈鲜人及新农商团体代表见调查团,莱顿均派代表接见,未亲出面谈。伪国取销一切招待调查团仪式,并拟该团到长春时,不派人员至站欢迎。

平讯。国联调查团中国代表顾维钧在沈态度镇静，是否将赴吉黑，刻尚未定。闻张学良前晚曾接顾氏来电，报告彼本人在沈平安，北行与否，将以调查团之意思而定。

辽西各县民众代表团近在沈阳致书国联调查团云："窃自中华民国二十年秋，日本无故逞兵，侵占辽宁，东北三省顿陷于混乱炮火之中，致使我东北三千万民众家私靡顾，生命不保，辗转奔逃，冀得苟延残喘于旦夕。所可希望者，信仰国联主持公道，必有惟一之办法，解决中日之交涉，维持世界之和平。谅以国联之威信，日本虽狡诈万端，亦不敢蔑视国联，任意蹂躏我东北也。于是民等冒险前来，代表辽西各县直诉日本扰乱之情形，为我地方民众请命，谨呈于左：（一）日本进占各县，即行遣派顾问，每县二人，住县政府，论无何案何事，务须得该员签字，方可施行。现在各区委员会已加派日人一名或二名不等，监督一切。（二）日本进据后，各省各县学校均行停止。现在日本主持省县各小学校准予开学，中学以上者一律解散，反谓不予东北造成学匪之基础，其欺侮东北民众如此。（三）日本人素悉自事变后民众失业者多，农民生活尤极艰难，便施其残忍之手段，令我民众广种鸦片，藉以流毒地方，无形中制我民众死命。（四）日本人防我青年学生爱国心热，到处查获。如有言论不相当者，即行逮捕。（五）日本人恐我民众爱国运动不时发现，便于车站严查行旅。如有畏怯日兵凶恶、面带惧色者，不加拷询，即遭残害。（六）日本人自知为我民众所反对，特张布告：'谤日排日者，一经查获，即行枪毙。'又使密探到处访查。于是民众均敢怒而不敢言，但稍不经意失口，遭祸者仍自不少。（七）日本人恐我民众有若何动作，每派人到村屯刺探。苟有聚会等情形，便指为藏匪或通匪之罪，残酷对待。（八）日本人到处先行借驻兵为名，强迫商民腾挪商号。嗣后招引日侨居住，不租不借，俨如己有私产。（九）日本人急欲向各县开拓殖民，便分散高丽人到各村屯，民房民田均被强住霸种。（十）凡日军到处，遍行开设吗啡馆，包办卖会场，诱聚一般烟鬼赌徒，榨取其脂膏血液，实堪痛恨。（中略）日本人之暴烈情形，略如上述。民等含悲忍泣，实欲诉而不敢，欲不诉而不能，特将目见耳闻者冒险直陈。至于此中情节所不堪言、所不忍言者，更为擢发难数，民等岂敢故作祈怜之态，有以欺蒙威信尊严之国联也？惟望国联调查团诸公鉴核事实，体谅民情，主张公道，限制日本撤兵，以解我民众之倒悬，恢复自由平等之地位，则中国四万万民众幸甚，东北三千万民众幸甚。其标语口号：'欢迎国联主持公道，恢复东北失地！''欢迎国联维持和平，解除东北民众的痛苦！''欢迎国联依照条约,尊重中国的主权！''欢迎国联厉行非战公约！''欢迎国联保存威信,限制日本撤兵！'东北民众代表团。"

(《大公报》,1932年4月28日,第三版)

227. 日军监视傀儡政府要角,防制效法马占山反正,并令以妻子送沈为质

【莫斯科二十一日苏联电】 今日《真理报》载一满洲方面记者之通讯,谓得可靠方面消息,日军司令本庄自马占山将军由黑河逃走后,深恐满洲傀儡政府之其他要角群起效法,尤恐彼等于国联调查团来满时逃走,已告各日顾问密令亲信严加监视。并闻关东军司令部尚要求臧式毅、张景惠及熙洽等,各以妻子家属送至沈阳为质,以表示彼等对于"满洲新国"之忠心云。

(《大公报》,1932年4月28日,第三版)

228. 马占山义正辞严,切劝溥仪勿为傀儡,责郑孝胥孤注一掷

致溥仪电

【黑河二十七日公电】 (上略)顷致长春溥仪先生一电,文曰:"长春溥浩然公鉴:自民国成立以后,占山待罪戎行,无因缘相见。兹者日人构祸,我公以退闲之身,复被日人居为奇货而获。当复辟前晋谒时,辱蒙假之温谕,示以腹心,私衷感愤,不知所报。回江以后,回忆在长春时所见所闻,确悉日人利用我公为傀儡,以遂其宰制东北之野心,俾为朝鲜之续。虽屡经声言无领土主权之侵略,即张燕卿、谢介石等,亦屡言日人决重信义,实能扶助满洲成一独立完整之国家,而会议席上以日人入籍问题,驹井严斥熙洽,其侵略情形已可概见。更以国际调查团行将东来,深恐'满洲国'之成立为国际窥破,乃假东北人民自

决之题目以欺蒙世界者,更厚诬我公,厚诬东北。若长此因循,则调查团去后,是非已被其颠倒,东北将永无恢复之希望,我公亦将无所表白。一旦国府出师讨伐,我公不仅为民国之罪人,抑且重负民元以天下为公之心。即不然,国府纵弃东北于不顾,而我公以俎上之肉、釜中之鱼,不出数年,日人必仍出其并吞朝鲜之故技,深恐有清三百年来深仁厚泽,不斩于国民革命之手,而断送于日人铁蹄之下。是则占山心所为危,不敢不恺陈于我公之前者也。为今之计,欲绝处求生,惟有俟国联调查团到达长春,于接见之时,将日人压迫我公及组织政府之非出已意,各种情形,据实详述,一方面请求该团保护我公出国。如是,则日人于国际监视之下,断不敢加害于我公。将来中华复兴,我公以青年有为之身,必能受全国人民之推戴,重为民国之元首。即使虎口不易幸脱,而因此牺牲,我公英名亦千秋万古,永为后世所钦佩,较之身处樊笼,因循坐误者,其得失不可以道里计矣。兹占山已乘此调查团将到之际,借查防为名,亲至黑河,整军经武,为收复失地之计。一面已通告世界,表明日人之真相,使鬼蜮伎俩,无所遁形。竭我驽骀,挞彼横暴,誓死与之周旋。即不幸失利,虽一兵一卒,决不放手,以报我公,以报全族。想我公天亶聪明,必当有以善处之也。临电神驰,不胜惶恐待命之至。马占山叩。有(二十五日)。印"等语,特此电闻。马占山叩。宥(二十六日)。印。

致郑孝胥电

【黑河二十七日公电】 (上略)顷致长春郑苏戡先生一电,文曰:"长春郑苏戡先生史席:前者参与会议,获亲杖履。窃以先生道德学问,海内宗仰,当辛亥革命之后,眷怀清室,辅弼逊帝,以先朝老臣自居,此固各行其是,未敢厚非。惟是先生既忠于逊清,则所谓赵氏一块肉者,当必思爱护而保全之。今则日人构衅,袭我东北,组所谓满洲'新国家'者,劫浩然公以为傀儡。先生既感前清之恩泽,膺师保之重任,乃不加谏阻,且复慷慨其间。日人既以浩然公为奇货,先生又以浩然公为孤注,步张勋复辟之后尘。夫张勋复辟,未尝丝毫借助外人,然全国所共愤,一蹶而浩然公不能安居北平矣。今先生又较张勋而益下之,乃欲借助外人共图恢复。试问日人何爱于浩然公,而必扶植之?内幕戏剧,不揭可知,先生竟凭之为孤注之一掷,浩然公而有知,当不以先生为是。即浩然公之列祖列宗而有灵,亦必以先生为此举将断送其子孙,求为中华民国之一平民而不可得也。忠于逊清,固如是乎?尝闻君子爱人以德,细人则以姑息，先生而细人也。占山失言，否则，当必有以处此。近国际调查团将至，乘机反正，此正其时。占山今已返驻黑河，重组省府，业将日人假造'新国家'之种种阴谋揭破，宣告于调查团。一面整饬戎行，进而为第二步之工作。深望先生翻[幡]然觉悟，速将浩然公被日人迫胁情形，详细电知于调查团。则我方之证见益明，而日人之受打击益重，当必有持公道而扶正义者。且浩然公之为人，聪明卓绝，见事理甚明。记在长春时，曾执占山之手而私谓曰：'我今身在虎口，无如之何？辛亥之役，我恐人民涂炭，因而逊位，现在何至如此，我求死不得耳。'言之泪下。彼时占山亦为泪下，于以知浩然公对于此事，痛心已极。先生而果忠于逊清者，必能及此变计，速谋保全之方。占山武人，未尝读书，且于前清亦未尝膺一命之荣，然而爱护浩然公之心，自问当不后于人。先生现在佐辅浩然公，可以造膝进言，与言之而能见听者亦惟先生。尚望为之虑深远，乘调查团莅长时，亟谋摆脱。则浩然公犹可以自免，即先生亦不致为国人所共弃，而丧失其从前之名望。不然，恐非占山忍言者也。临电彷徨，维亮察不宣。马占山叩。宥（二十六日）。印"等语，特此电闻。马占山叩。宥（二十六日）。印。

（《大公报》，1932年4月28日，第三版）

229. 调查团着手起草第一步报告，外部昨始接顾维钧第一电，谓行动困难调查不易入手

【南京二十八日下午十时发专电】 二十八日外部始接到顾抵沈后之第一电，报告行动极不自由，调查团亦感调查困难，不易入手，已电告国联。顾谓无论如何，仍当随调查团北行。

【东京二十八日路透电】 沈阳来电，谓满洲当局已表示可准许顾维钧偕国联调查团入满洲境。

【东京二十八日路透电】 沈阳来电称，国联调查团已着手起草第一步报告书，于五月一日交国联。据云该部报告书包括日军撤入南满路区域问题。

【秦皇岛通信】 调查团日程，现已改变。二十六日晨十时传出消息，定二十八日下午八时由沈赴长春，并有由沈海、南满铁路分两班进行赴长春说。长

春伪政府已于二十五日下午三时,发表不招待调查团,招待处即时解散。二十五日上午十时及下午四时,调查团莱顿爵士等五国委员往访日关东军司令部,访询事变时之情形,谈三小时,日军部以种种伪作证据及照片,交调查团接收。又日人指挥下侨居东北之朝鲜人民,于二十五日上午十时,派代表金安滕等,以商人之名义向调查团呈送请愿书,由莱顿爵士接收云。(四月二十六日)

(《大公报》,1932年4月29日,第三版)

230. 调查团缓期离沈,将先赴黑龙江视察

【秦皇岛二十九日下午七时发专电】 调查团离沈缓期,拟先经四洮、洮昂路赴卜奎(黑龙江),顾维钧决同行。伪国报界受日军部指使,访调查团,致声明书,述伪国成立后之安定。日报记者亦同时致声明书,内容认满蒙为生命线,称对俄系防赤化。

【东京二十八日路透电】 据闻"满洲国"暗示,准备于有条件下允许顾维钧氏偕国联调查团入境,但将严格监视。

【秦皇岛通信】 莱顿爵士等五委员自二十五日夜十一时于大和旅馆开会,至二十六日晨三时始散,讨论五月一日应提出之第一回调查报告之制作,与顾维钧入伪国致电伪政府接洽等事件。闻调查团尚须滞沈八日,方能北上云。(五月二十七日)

(《大公报》,1932年4月30日,第三版)

231. 调查团尚无离沈期,中国代表团动作遭日人严重监视

【哈尔滨三十日下午六时电】 顾维钧北来事,莱顿正与日方交涉,因此调查团离辽期未定。

【南京三十日下午十时专电】 沈阳来客谈,日对中国代表团在沈工作百计阻碍,不得自由。代表团所在地侦探密布,状极离奇。顾维钧住房外常有六

七人轮值,虽至饭厅或他室亦必尾随,出门散步更不必说。职员诸人亦受严重监视,卧房时被侵入,彼此谈话有时且被干涉。来访者多被阻止,且有因此被逮者。某晚该代表团速记员某君,饭后遄返住室,见有一日人已在房内,立奔门外,乃门外亦有数人站立。该速记员大声呼援,某委员到场,该日人等始逸去。推其用意,或系意图劫取重要文件。现调查员团各[团各员]亦未能避免监视,此与国联决议案所谓双方政府应予各种便利之语,完全相反云。

【沈阳三十日新联电】 国联调查委员与本庄于本日午前十时会谈,至午后零时十五分止。此次之会谈,系对于东省之施政、旧军阀之私有财产及银行会社之处理问题,以北平方面所得之材料为基础提出质问。日军司令部对此一一与以明瞭回答。

(《大公报》,1932年5月1日,第三版)

232. 日人严苛监视下在沈之调查团,拟日内赴长春、哈埠

【秦皇岛一日下午八时专电】 调查团在沈,有将接见臧式毅说。日人所长之警厅,假借东北人民代表名义,以书面向调查团表示希望,求各国援助伪国。沈阳今日防范纂严,各大县城举行"建国纪念运动会"。

【东京一日路透电】 长春来电称,国联调查团二日晚可抵长。

【哈尔滨一日下午七时发电】 调查团定五日晚抵哈,伪国哈机关设招待所,准备欢迎。

德国委员之一封书

三十日《德华日报》载国联调查团德委员来函云:"二十六日予访曾充中国驻瑞士代办公使萧继荣君。萧君亦调查团中人员,住大和旅馆。予与萧君在住室晤谈后,决相偕外出散步。予等出旅馆时即有一日人尾随,此人予识其面貌,盖即到处尾随鄙人之日人。予凝视之,冀其停止尾随,而彼竟步至予等面前,谓彼系受日本警署命令保护予等者。等既承日警署保护之厚情,乃吾任彼

紧随①。吾等谈话彼能听得真切,如解德语,则必知予等究作何语也。惟彼似不懂德语,如懂德语岂非更妙?吾等行至东方饭店,即欲与严博士一晤,尾随之日人乃示意暂在门前相候。吾等此时感觉无人保护,然仍鼓勇入内。及见大厅内尚有日人十人,似亦为保护予等者,予等始安心。入严博士室,交两三语后室门轻启,即有一日人鞠躬入室,静坐椅上听予等说话。此第四人之莅临,实使吾等窘甚。彼询问予等为谁,予以一欧洲人而与华人交际,似令彼感觉奇异。予等乃告以此间乃日本租界,保护周到,想不致有意外发生,勿须遽遣守者于室中。至是彼乃现狼狈之状,谓彼系受警署命令听吾等谈话者。萧君请将警署护照见示,彼不肯。彼谓日本对于到此之共产党防范甚严,察其意似目予为俄国切卡侦探队人员。予取出日本驻华公使馆所发护照示彼,彼乃若释重负,深悉吾等须加保护之人与忧虑自身安全之日皆无危险矣,于是欣然与予等别,并谓将派较彼善操英语之人来此保护。日人之待遇可谓周到矣。"

(《大公报》,1932年5月2日,第三版)

233. 苏联公报攻击日本不认识中国,谓日本尚欲重蹈历史之覆辙

莫斯科电讯。苏联政府公报《伊士维斯太》今日于社论中,猛烈攻击日本在满洲及其一部份报纸所进行之反苏联政策,该社论所标之题为"一种旧式而无用之武器",该论文略谓:"吾辈今日必须指出一点,即目前在远东方面计划进行反苏联政策之人,仅知盲然效法早先反苏联者之旧样,而未记及当时沙皇之流所得之历史教训也。日本联合社之沈阳通员,甚至用最原始之法,郑重其词曰:'共党之北满委员今已改变政策,由消极趋向积极。'在此荒唐消息之后,彼更附以可笑之故事,谓布尔希维机关于面包中裹煽动之文字,在北满一带散发。又谓苏联已在中东路东段设一军事学校,而哈尔滨之苏联领事,则已组织一特别儿童军,用以保护领事馆,并实行恐怖政策。此种可笑消息,不一而足。

---

① 编者按:原文如此,应为"吾等既承日警署保护之厚情,乃任彼紧随"。

在本月二十日，日本之报纸又登载一消息，使人见后仅能叹息日本在中国所用政策之可怜。该消息谓，据日本外务省之代表所传，满洲之日当局已报告国联调查团，指出苏联政府与中国共产党救国运动间之某种关系。至其所谓关系者，则以为苏联政府以金钱接济中国之党人，且言之凿凿，谓苏联政府每年以一千三百万金元，交由俄国协助会转派各机关。惟吾人不知日本外务省之代表，究竟曾否以此项消息告该报记者。其人未述姓名，亦未知日本外务省是否有意构造此种荒唐之谣言。惟有一点至为显明，即此种报告之用意，在于解释中国各地民众救国运动及反抗帝国主义侵略运动，系起自何种原因。而此种消息之所以须报告国联调查团者，则当然欲使莱顿及所有文明世界受一震惊，认识中国竟有受赤化之危险，而日本之征服中国，盖为保障世界文明故也。惟吾人所注意者，尚不止此。吾人尚注意及另一方面，即从日本外务省所传此种荒谬之消息，可知日本国内之各方，均未认识中国所发生之事态真相，与中国民众运动之真意义也。彼辈或以为中国数百万民众之热烈运动，非由压迫所致，而为他人所唆使煽动者。换言之，彼辈或认中国之民众运动，非由于历史客观之原因，而为偶然暂时者。彼辈轻视中国在抵货及武力冲突中，渐增猛烈之反帝国主义运动。不仅轻视，彼辈甚至退入历史幕后，与沙皇时代解释一九〇五年之革命为受'日本金钱接济'，及旧俄资产阶级解释一九一七年之革命为受'德国金钱'接济者，如出一辙。此种事实，证明日本尚欲重蹈历史之覆辙。"该报继乃进而论日本此种政策之弱点，谓日本之真正弱点不在于其军队，亦不在于其外交手段，而在于彼等不愿且不能认识中国民众运动之真意义。彼等即对极普通之事实，亦不明白。如日本报告谓，本年三月间，满洲之土匪劫掠达六百三十次，而去年同日则仅三十二次，即可知之。日本之又一弱点，即不能了解目前中国所发生之事态之严重性。彼辈且取沙皇及旧俄资产阶级之旧式而无用之武器，以慰藉自己及其他帝国主义者，谓现在发生于中国之运动，乃"苏俄金钱"使之然也。然而历史已证明一九〇五年所谓"日本金钱"者，不能救拔沙皇之命运，一九一七年所谓"德国金钱"者，亦不能救拔旧俄资产阶级之命运。则今日日本之所谓"苏俄金钱"者，其效力恐亦有限耳。

(《大公报》，1932年5月2日，第四版)

234. 社评：国联调查团离沈阳

国联调查团初步报告已达国联，昨已离沈赴长春。查该团在沈共十二日，与本庄见七次，所谓调查者止此。其所聆材料固不可知，而实可知日军一套之陈述与主张而已。此十二日中最值注目之事实，为日军严重监视，不许调查团委员得见沈阳负责之中国人，尤不许调查团中之中国人得见中国人。顾代表维钧之一团，行动起居概受监视，吃饭走路皆有尾侦。尤奇者，室中见客，亦有侦探任意入内，踞坐傍听。而有人由饭厅回卧室，则发见有侦探高坐室中焉。顾代表随员之有亲戚故旧在沈者，闻亲友远来，欣然过访，此天理人情，毫无足异者也，然并此不许，盘查极严，甚且逮捕之。沈阳近捕人甚多，大半皆因访友。顾氏一行不独不能出南满站，且不能受人访问，其待遇之苛，可谓国际空前所未闻矣。然美其名曰：保护，曰"满洲国"将不利于君等。呜呼！彼沈阳之中国人，是否有意加害于此一行之中国人？无论何人，必答之曰：否。臧式毅等以羁囚不自由之身，闻顾等来，情殷话旧，方衷心欢迎之不暇，安有希图加害之理？况自又一方言，满洲伪国者，本庄命令下之国也。沈阳伪省府者，尤为本庄所属军警直接监视指挥之政府也。此辈被俘之人耳，有何权力能加害于调查团分子？此诚笑谈，岂值一辩。抑中国委员团，仅在陪伴协助之地位，姑置不论，调查团五委员在沈多日，并未得见该地所谓负责任之中国人，一切材料皆日军所供。假若调查团能一见臧式毅等，而座上无日人监视，则仅半小时之谈话，亦必能得到一种印象，知臧等绝对自承为中国人，决不自愿为所谓"满洲国"人。今调查团赴长春矣，然恐到长后，即与溥仪等亦无单独见面之机会，溥、郑以下必无谈话自由，民间人物更不待论。是以调查团之到长、到哈、到黑，或任到何处，其情形将悉如在沈阳，饱听日军一套，不闻华人腹心。至于顾代表等，受监视之严苛，恐更甚于在沈阳矣。

然则调查团工作已悲观乎？则又不然。夫东省案件本无待调查，所有事实世界周知，法理曲直尤为显见。九一八以来，各国驻三省之领事及临时所派调查人员，早有无数报告到各政府，到国联。故国联及各国皆早洞晓，莱顿爵士等未到远东以前，亦早已熟谙。故吾曰本无待调查者也。是以知国联之派调查团，即非为调查事实，乃为寻觅方案，其仆仆中日间，问意见、侦态度而已。

沈阳、长春之行,主要目的为向日本索负责之正式说明,以备作报告而已。事实如何,法理如何,不必调查者也。调查团虽不得与我东三省中国人自由谈话,然中国人之心理及其境遇,宁不知之?顾维钧等沉默之偕行,我三千万同胞,孰不祝其一行幸福!更孰不盼调查团最后讲几句公道!凡此皆不言而喻者也。至于将来结果,调查团为国联所派,国联为各国所成,故该团之结论,既断不至舍弃国联法理的立场,但亦不能脱离国际政治的形势,此亦不可知而可知者也。仆仆沈长,手续与过程耳。中国人民既谢其劳苦,祝其努力,然同时觉悟奋斗赖自己!对于调查团之工作,正无所谓乐观或悲观也。

(《大公报》,1932年5月3日,第二版)

235. 调查团昨赴长春,顾维钧同行并主赴黑河,初步报告书已到达国联

【南京二日下午七时发专电】 外交界息。调查团初步报告已到国联。

【日内瓦一日新联电】 莱顿爵士之报告,三十晚已到国联秘书厅,将于三日左右发表。该项报告完全以客观的立场陈述,仅对于满洲之日本军之驻扎状态,与以简单的报告,毫无加入委员方面之意见。秘书厅亦颇为乐观。

【沈阳二日路透电】 二日国联调查团将赴长春,在彼勾留二日,顾维钧氏偕行。该团拟在吉林躭搁一日,在哈一星期,在齐齐哈尔二日。顾维钧主张赴大黑河一行,但关于此点未决定。调查团将折返沈阳,在大连留两日,然后赴平,研究在东北所获资料。再赴日一行,回平后即准备向国联提出之报告书。调查团中国代表有六人赴长春,余返大连,日方拒绝彼等随顾氏北行。

【长春一日路透电】 伪国外部接电,正式宣布国联调查团将于二日晚抵长春。

【沈阳二日电通电】 调查团因在沈调查完毕,已于本早九时五十分,由当地车站出发前赴北满视察。顾维钧亦率随员三名同行。

【沈阳一日新联电】 本日午后六时,莱顿爵士会见新闻记者。调查团抵沈以来,此乃首次接见新闻界,约谈话四十分之久。彼答覆记者之质问如下:"我等仅携追求和平之使命而来此。对于日本有退出国联之传说,余个人之意

见,日本若退出国联,并非可得多大之利益。我等调查团一行之任务,对于日本有用与否之判断,请俟诸我等之任务告完后。解决中日纷争种种之道,依调查而发见之事乃我等之使命也。顾维钧问题,俟到长春后再行考虑。委员会方面无论何事皆无强制之意思"云云。

正误:本报昨载"《德华日报》载国联调查团德委员来函"一节,查系"《德华日报》代表来函"之误,特此更正。

(《大公报》,1932年5月3日,第三版)

236. 顾执中谈赴沈经过

【本报特讯】 吾国参与国联调查团人员到东北后,备受日人之阻挠侮辱,近更应日人要求,将随同赴各地调查之人数减为六人。顾代表已于昨日偕莱顿等去长春各地,未能随行诸人即离沈遄归。充专门委员之上海《新闻报》记者顾执中氏,于昨日经由大连抵天津。记者晤顾氏时,询以此行所受困难,氏称:"同行诸人抵大连时,即受日人之严重监视。到沈阳后,分住于日人代定之大和旅馆及东方饭店,诸人均被日探严询一通,将各人履历抄去。到达之当日,形势尚佳,翌日即被组织严密之日本侦探包围。顾维钧氏左右有日探八九名之多,蛙[跬]步不离,任何人往访均被拒绝。其余随员至少亦有二三日探常川追随。随余(顾氏自称)者有日探四名,遇余外出即紧跟同行。在室中如与人谈话,彼等亦入室旁听。余如不在室内,彼等即入室翻箱倒箧,片纸只字均被窃窥抄去。同行诸人之行箧,无一不被私下搜查殆尽。此种诡鄙偷窃之行为,除日人外恐甚少见。秘书陈宜春夫人之住室,某日亦被日探侵入。陈夫人适从外归,开门后睹该日探正在搜索其箱箧。陈夫人不明其用意何在,乃向美国委员麦考易将军乞援。麦氏赶到,日探已乘机逸去。外国人所受之监视虽略松,但日探亦用尽方法,偷阅其文件。余虽以专门委员资格参加调查,但日人仍认余为新闻记者。日人之《满洲日报》及大阪《朝日新闻》其记事,均大书排日记者顾执中,故对余之行动,尤特别监视。余友郑传箕在沈阳邮局供职,曾访余一次,谈话只三分钟,归后即被日军司令部逮捕。余闻讯后,请顾代表转请莱顿提出交涉,始得释出,但已被捆二日以上。被日军虐待情形,因无法再与郑君见面,不得而知。日人派来盘查余者,为汉奸马星垣,极狡诈,充日人鹰犬颇久,亦代《满洲日报》采访消息。余询彼是否为中国人,彼称乃'满洲国'人,并自加辩护,谓某日日军在电车上询中国人你是那国人,答以是中国人,即被日军痛拷。余因日人检邮电甚严,故抵东北后未发过新闻消息。莱顿认定满洲伪国与日军为一体,故关于拒顾问题即径向本庄交涉,先后有五六次之多。最近始得本庄允许,准顾氏与调查团同行,但除参与调查团工作外,不得有其他活动,并须将随员由二十人减至六人。顾遂亦同意,除留刘崇杰、游弥坚、施肇夔及顾问何士、瑞[端]纳等六人同行外,其余诸人即令离沈遄归。顾氏于今日(二日)晨偕莱顿等赴长春,途中保护仍由日军负责,对满洲伪国仍不承认其为一国家,但私人来访,亦未尝不可。在长拟留三四日,乘吉长火车赴吉林。在吉不勾留,当日即返,然后去哈尔滨。在哈拟留一星期,由哈去齐齐哈尔。由齐回沈,再住一星期,约在月底离开东北。至各地时如火车不便,则改乘飞机。日人对中国代表团人员并不招待,一切食住费用均由所住旅馆开账,向中国代表索取。到大连时已午夜,代表团人员本拟留住船上,日人坚称已在大和旅馆备好房间。代表团恐负好意,乃遣严恩栒等四人往住。翌晨旅馆开来大批房账,由严照付。此虽小节,亦见日人之太无礼貌。日代表吉田等在中国各地,其待遇固远在顾氏享用之上,北宁路且为特备包车。及至易地而处,南满路对日人则人一包房,中国随员二人一室,旅馆用费既属自备,行动且被监视,一等国之文明程度,至此表现无余矣"云云。

(《大公报》,1932年5月3日,第三版)

237. 张祥麟昨过济南旋,任中国代表团驻沪主任

【济南二日下午七时发专电】 张祥麟二日晨过济返沪。据谈:以病未随调查团赴东北,现经中国代表团委为驻沪办事处主任,调查团大致决定到青避岛暑①时编报告书。

(《大公报》,1932年5月3日,第三版)

---

① 编者按:原文如此,应为"青岛避暑"。

238. 初步报告书未表示意见,仅据日方材料述东省军情,国联将于中旬开大会讨论

【伦敦二日电】 关于满洲问题之国联调查团第一次报告书已到日内瓦,定九日提国联行政院会。国联大会全会大概将于本月十八日召集,讨论此项问题。

【日内瓦二日电】 国联秘书厅本日接得国联满洲调查团第一次详细报告书,系由莱顿氏签署,称该团尚未能提出确切方案,感觉仅能限于陈述满洲军事情形。调查团认满洲完全陷入混沌状态。报告书称,现时驻满洲日军有二万二千人,中国非正式军队总数约十万人,"满洲国"政府有军队八万九千人,由日方训练,并供给军需。各军不断互攻,满洲任何处均谈不到安全问题。战斗责任无从归予何方,日方指摘华方,华方则称须日方负责。在此种状况下,委员会不能获得确切结论,方案必须于下次报告中提出。此项报告书将于九日提出国联行政院会。该会此次议程已甚拥挤,但仍须加入此项问题之讨论云。

【日内瓦二日路透电】 国联秘书厅接到莱顿调查团自沈阳发出之初步报告书,内容大半系关于满洲军事情形,不久将在沈阳与日内瓦同时公布。

【又电】 此间所接四月三十日自沈阳发之莱顿初步报告书,将于四日公布,内容系根据四月底日方供给之满洲军事情形消息,称日军在满铁线内军数为六千六百人,线外有一万五千八百人。"满洲国"军队包括由九一八以前东北华军改编之队伍八万五千人,有若干日本军官充任军事顾问,其人数逐渐增多,另有一日军官被任为"满政府国防部"顾问。"满洲国"军队于三月底与反抗军队作战,主要地点为沈阳、长春、洮南、齐齐哈尔、敦化与沿中东路一带,盗匪以及新统制与其反抗方面,时常发生战事,一般感觉不安。日方主张不能现时撤军而不[①]致危及日侨生命与财产安全,中国政府不能再在满洲行使主权。

(《大公报》,1932 年 5 月 4 日,第三版)

---

① 编者按:原文如此,多一"不"字。

239. 调查团抵长春，五委员昨访溥仪，顾维钧到长后避见宾客

【长春三日电通电】 调查团所乘专车，已于昨日下午七时半抵长。莱顿爵士等与赴站欢迎之谢介石(伪国"外长")及日领田代等，握手为礼后，即下榻于大和饭店。由车站至该饭店间，有日方所派多数巡警及暗探，施以严重警戒。

【又电】 调查团五委员定于本早九时半，偕同日参与员吉田，访问溥仪。

【南京三日下午八时发专电】 顾维钧赴长春前，经莱顿向日方交涉结果，日方表示可不再推词反对，但称顾等只专以陪调查团辅助调查，不得有妨害地方治安行为，中国代表团人数应减至五人。顾初不允，莱顿劝顾，谓日方限制调查行动本难有效，不必再争。故顾遂只带萧继荣、刘崇杰、施肇夔、端讷、何士等行，游弥坚、李鸿栻留沈阳大和旅馆，余皆分道回平。

【长春三日电通电】 顾维钧来长，乃属一种临机措置，故顾抵当地车站后，即径赴大和饭店，而力避接见宾客。又莱顿爵士拟于本日下午，就偕顾赴北满事，与谢介石会商解决办法。

【沈阳二日路透电】 今晨国联调查团离沈，顾维钧携随员五人。"满洲国"允彼等偕行，并担保其安全。

(《大公报》，1932年5月4日，第三版)

240. 沈阳近况：到处见反宣传，中学无开学期

国闻社云。沈阳来人谈，沈阳近况如下：(一) 沈阳之天齐庙会，日人特在会扮演建设建[①]"满洲国"新剧，角色则系由大连聘来之日本学校之中国学生；(二) 国联调查团在沈，日方又举行建设"满洲国"扩大宣传，如演讲、遍贴标

[①] 编者按：原文如此，多一"建"字。

语、演电影等,不一而足;(三)沈阳之靖安游击队,又拟招募新兵数百名;(四)沈阳中学开学日期因种种关系,已属绝望;(五)沈阳各机关之职员如非日方之保荐,决不能录用;(六)各种营业亦均将于日内实行增加重税,沈商歇业者当必更多云。

(《大公报》,1932年5月4日,第四版)

241. 调查团初次报告全文遵国联决议述东省现情,昨日下午七时在南京发表

【南京四日下午七时发专电】 国联调查团之第一次报告,该团已于三十日由沈电达国联行政院。计分两大篇,第二篇更分三章,关于东省近况所言甚详。经顾维钧与该团双方约定,四日下午七时发表,全文如次。

国联调查委员会初步报告

第一篇 本调查委员会自经依照行政院十二月十日决议案第五节指派成立,已于四月二十一日抵沈阳,现正从事于就地调查。自抵远东以来,本委员会已将蔓衍于中日两国之一般情形,就其与本身工作有关者加以调查。本委员会曾赴东京、大阪、上海、南京、汉口、天津及北平等处,与两国政府人员晤商,并接见两国中多数有关系各界代表。在北平会晤九月十八日以前东北各省主管当局之代表,自抵沈阳后,会晤日本代理总领事、关东军司令官本庄将军及其他人员。查行政院主席宣言,关于十二月十日决议案,令委员会于到达当地后,将现有情势就其与中日两国政府是否履行九月三十日决议案所包含、十二月十日决议案所重述之某数项保证有关者,尽速具一初步报告,提交行政院。该数项保证为:(一)日本政府当以日本人民生命财产之安全得有切实之保证为比例,继续其将军队从速撤退至铁路区域以内;(二)中国政府对于该区域以外日侨生命财产之安全,在日军继续撤退、中国地方官吏及警察再行恢复时,当负责任;(三)双方政府当采取一切必要步骤,以防止事变范围之扩大,或情势之愈加严重。关于此三点,本委员会尚未能提出充分报告。关于防止事变范围扩大或情势愈加严重,双方所负保证之考虑,必须留待以后报告。

但行政院对于关系上述(一)(二)两节,中日两国所负保证之现有情势,等候早日报告,是以兹将下列报告第二篇送请查照。

第二篇　东省之实际情形　关于东北三省军事情形之消息,已由日本军事当局供给。计分五章,前三章叙述日本军队以及其他与日军合作之军队,后二章述反对日军之军队。关于第四章消息,亦系得自华人方面。兹应注意而于所采之分类中发现一种新特点,此为去年九月本案进展中行政院所未经计及,而为此次调查之目标者,即当地之行政组织业经变更。治安维持委员会由日方协助,初成立于公历一九三一年。未数月中,该委员会嗣由一九三二年三月九日所成立之政权与号称"满洲国"政府者替代之。为说明日本军事当局用"满洲国"军队等字样,此项解释系属必要也。

第一章　日本正式军队　据称九月十八日南满铁路区域内日军之数为一万零五百九十人,十二月上半月南满铁路区域内四千人,南满铁路区域外八千九百人,计共一万二千九百人,四月下半月南满铁路区域内六千六百人,南满铁路区域外齐齐哈尔—洮南—辽阳铁路、沈阳—山海关铁路、中东路哈尔滨以东以及吉林—敦化铁路地段,各地方计有一万五千八百人,总共二万二千四百人。

第二章　"满洲国"军队　(一)依日本军事当局所指为"满洲国"军队者,其中一部分闻系九一八前驻满之中国正式军队嗣经改编者,另一部分乃新募之兵士。此项军队乃由日军事当局协助创设,多数退伍之日军官或现仍在日军服务之军官已被聘为军事顾问,其数目日见增加,且有订定全年合同者。日本参谋部某军官被任为长春"满洲国政府国防部"之顾问。(二)此项军队大半在沈阳、长春、洮南、齐齐哈尔、敦化及沿中东路区域驻防或作战。此项军队以前在铁路东段与不承认"满洲国"政权之军队作战,据云截至三月底止,总数为八万五千。现因此项军队报告不甚翔实,尚未确知其实数。(三)地方警察。此项警察之数目约十一万九千人,其中六万人系地方警备队。据称此项警备队大部分系九一八前已有者继续存在,经日官员协助改编。(四)反对日军及反"满洲国"之军队。本调查委员会在北平时由张学良将军告知,九一八事变之时,其军队在关外者包括非战斗员,计驻辽宁者六万人,驻吉林者八万人,驻黑龙江者五万人,共计十九万。其中驻辽宁之军队,约有五万左右撤入关内,所剩留关外者有十四万人。据日本军事当局所述,现在关外军队之数为十一万人,其中八万人已加入"满洲国"军队,三万人则在吉林之东北,抗御日军及"满洲国"军队,约有二万人或已加入所谓义勇军。据彼等陈述,情形如下:(甲)旧中国军队之一部,不承认满洲政府之政权。(一)[1]在哈尔滨东北三省之一部有三万人。(据中国正式宣称,系由李杜将军指挥之吉林自卫军及丁超将军指挥之中东路护路军组织者。)(乙)义勇军。(一)在辽宁西部所称"东北反日义勇军",大部份在锦州南,约有一万五千人至二万之间。(二)所谓东北国民义勇军,系吴庆(译音)所指挥,大部份在沈阳四围活动。此项部队曾与日军冲突数次,现兵力未详。(三)热河义勇军。此项军队纪律较佳,由汤玉麟指挥,约有三千人,包括有张学良将军之第一、第二两师骑兵残部在内,据称在热河辽宁边境活动。(四)势力较小之义勇军数队。一部份在山海关一带,一部份在敦化、天宝山间作战。彼等在该处与敌对"满洲国"政府之正式军队连成一气。本节第一段至第四段所述之非正式军,据称约有四万人。(五)土匪。土匪原非为政治目的而组织,因纷乱情形,其数已见增加。据日方报告,彼等散处全满各地,在中东铁路之南部尤多,日方估计其总数为四万人,此外在吉林城之北部及东部另有土匪一万二千人,据云与上文(四)甲(一)所述驻在哈尔滨东北之中国军队合作。此等各方势力,常有武力冲突,如土匪劫掠及日军及"满洲国"军队剿匪之企图,并各方军队谋维持新政权,与反对新政权角战。其结果则为生命之丧失,财产之破坏,并咸感不安焉。

第三章 本调查委员会在此时期,对于上列之事实及数目,特不欲加以批评。日方当局主张目下不能撤兵,以免在铁路区域以外日侨之生命财产发生危险。彼等似以为撤兵必须视其所称为"满洲国"军队改组之进步如何以为定准。中国政府在满洲任何部分现不施行政权,并以近日事件之发展,故履行其责任之实际问题尚未发生。本委员会在最后之报告中,对于足以恢复和平与安全之可能及公正办法,与造成全满好感之合理办法,当予以考量。本委员会当于下星期前往长春,然后至满洲其他各地继续调查。

(《大公报》,1932年5月5日,第三版)

---

[1] 编者按:原文如此,(甲)项内除(一)外无其他条目。

242. 颜惠庆向国联报告顾被监视情形

【南京四日下午七时发专电】 颜惠庆三日向国联报告顾维钧在东北被日军监视不能自由情形，但外部仍望顾偕调查团前进。

【日内瓦三日路透电】 中国代表颜惠庆氏，将中国政府四月三十日及五月一日拍来两电送达国联秘书厅。该电内容报告日本干涉伴随国联调查团华员，并故意与华员为难，阻止华员辅助该团。该电称，伴随调查团之华员屡受侦探包围，即国联调查团团员，亦不免被暗中监视。第二电称，日本军队对于吴淞海关服务人员，依然越俎干涉。关于此节，曾由江海关税务司据理抗议。但据日本总领事覆称，日军当局不能遵从中国海关之愿望云。

(《大公报》，1932年5月5日，第三版)

243. 调查团昨访郑孝胥

【长春四日电通电】 郑孝胥于本日下午二时受调查团之正式访问时，即向该团委员具述东北过去情形，而谓"满洲国"系依民众之总意而成立，溥仪执政亦俯从民意之恳请，至日军之驻屯满洲，则属在安定民心上所视为绝对必要之举云。

【长春四日新联电】 莱顿爵士等五委员本日午前十时赴日本领事馆访问田代领事，同时十分听取田中副领事及冈屋书记官说明以万宝山事件为中心之一般鲜农问题、铁道问题及其他。质问之事颇涉微细，约会谈二小时余。

(《大公报》，1932年5月5日，第三版)

244. 调查团昨赴吉林,颜代表将向国联提备忘录,对莱顿初步报告陈述意见,苏俄声明不能正式协助调查团,美国不承认违反公约所获领土

【哈尔滨五日下午九时电】 顾维钧可随调查团来哈黑。五日早调查团专车赴吉林,伪国委东铁督办李绍庚、东铁理事长沈瑞麟、市长鲍观澄为哈市招待委员,并定马迭尔旅馆供莱顿及随员寄宿、格兰德旅馆供顾维钧等华员住宿、巴拉斯旅馆供吉田等日员寄宿。调查团来哈日,以汽车三十五辆到站迎接。调查团来哈乘用专车,今驶长春。

【哈尔滨五日下午七时发专电】 国联调查团定七日晚抵哈。

【长春五日电通电】 调查团五委员定于本早十一时正式访问溥仪,并于本早九时与日军参谋长桥本会见,而聆其关于北满方面警备情形之说明。六日当再与"满洲政府"财、交两长会见。

【哈尔滨五日下午七时电】 据伪市府通告,访问调查团人士仅以能领得"满洲国"允可证者为限。

【日内瓦四日路透电】 颜惠庆氏将即向国联提出一备忘录,对莱顿初步报告陈述意见。氏与路透记者谈话时,称日本不但不履行十二月十日国联行政院会规定日军撤退至南满线内之决议案,且阻止中国政府履行在上述决议案下所负义务,即于日军撤退时负责保护日侨生命财产之安全。颜氏指陈,日方时常宣称其在满洲之军事行动为剿匪,但据莱顿报告书得悉,其现时军事行动,系攻击中国抵御"满洲国"军队之有组织华军云。

【莫斯科四日路透电】 国联公布国联秘书长德留蒙与苏俄外长李德维诺夫间往来文件,得悉苏俄谢绝国联请求由驻满俄员协助国联调查团,供给消息与见证。李氏称苏俄准备尽力协助调查团,并具有恳切愿望披露满局真相,俾中国军事解决。惟苏俄非国联会员国家,未参预中国事件之讨论,莱顿调查团之组织,苏俄亦无代表参加,故对于苏俄代表供给之消息,不能确定其适当立场,因此苏俄亦不能肩负调查团以其为根据作成结论之责。

【伦敦四日路透电】 工党议员苟克伍德氏在下院质问外长西门氏,称据

全世界声称，彼运用势力助日抑华，是否真相。西门氏以激昂态度驳称，此等任何消息均属无稽。氏简略陈述日内瓦会议经过，并谓彼正等候上海休战协定实际签字之消息，届时将再向下院陈述一切云。

【华盛顿四日合众社电】 本日美外次凯斯尔在此间美国国际正义会会议中演说，谓处理中日纠纷，使用仲裁方法解决国际纷争之非战公约，遭受重大试验。凯氏谓美国务卿斯蒂生宣言，美国不承认采用违反非战公约精神之方法所获得之领土，使该约成为有效之国际和平工具。凯斯尔名此举为"胡佛主义"，此为限制侵略国家行为有价值之和平方法。凯斯尔宣言，正在满洲有大规模战事时，发表国联调查团第一次报告，证明华军总数十三万五千人反抗日军及伪国军队。本日凯斯尔宣称，美国引用非战公约，将制止日人侵略满洲。

(《大公报》，1932年5月6日，第三版)

245. 沪商会函国联调查团，痛驳日本宣传：中日纠纷纯系日人所造成，证诸事实无一非意在侵略

上海市商会致国联调查团函云："吾人在此种局面之下，与日本斤斤论是非，诚何补于事？然日人一面继续其残暴凶恶之举，一面犹满口仁义道德，吾人岂能默无一言？世不乏轻信之人，每易为日人之伪宣传所蒙蔽。而自命为中国通之外人久居中国，对于一切横行无忌之事，久已司空见惯，比年以来，其傲慢态度亦稍受抑制，愤无所泄，乃藉此机会推波助澜，向世界作毁谤中国之语，故事实之真相，乃无由大白于天下矣。夫日本施诸中国之暴行，与日本所指为中国之挑衅行为，孰多孰寡，孰轻孰重？但中国不能若日本之动辄炮轰城市、屠杀人民，以为要挟之具，故历来所受于日本者，不能引起世人之注意。甚至公正无私之人，严斥日本在满洲之行动者，亦不免误会，以为中国必有贻人口舌之处也。日本所宣传满洲事变之历史背景，皆属颠倒是非。兹逐点纠正，敬祈诸君加以注意。另附一文，题为'驳覆日本宣传之中日纠纷原因'，文中所述较为详尽，并附有真凭实据，可作本函所论各节之佐证。所引用之材料，根据日人自述或西人之报告。虽寥寥数页，不足概括一切，然读者苟于中日关系之材料加以研究，必可了然于本函中所述，一字一句皆有来历。至于去年九一

八满洲事变及今年'一·二八'沪变以来之事实,则有目共睹,有耳共闻,兹不复赘。满洲与列强关系较浅,每不为世人所注意,日本检查新闻又极严厉,是以由满洲传来之消息,除日本之宣传外,绝少记载。但果一留意上海之浩劫,则满洲人民所身受者,便可推想而知。上海西文报纸深恐开罪日本,不敢多加评论,然苟一披阅其新闻栏,则西人所目睹日人荼毒华人、虐杀妇孺之记载,触目皆是也。

挑衅问题

今有人于此侵入人室,主人不能挥诸门外,忍气吞声,与之周旋。但对于侵入者之命令,苟不踊跃奉行,便拳足交加,甚至变本加厉,将主人屏诸户外,公然对众宣言,谓主人屡有挑衅之行为,为自卫计不得不加以驱逐。旁观者慑其淫威,又见主人之不能报复,因亦气馁,对于强徒不特不加声斥,甚且随声附和,谓主人对于横逆之来只应顺受,何得稍有违拗,此次之祸咎由自取。呜呼!此即沪变以前中日问题之现象也。日本屡谓西方人士,不习中日关系之历史背景,致不明此次事变之真相。夫五十年来中日间之历史,无他,日本明吞暗侵之纪载而已。虽不谙东方历史者,当亦能忆及日本如何夺我台湾,吞我琉球,背约灭朝鲜;如何乘欧战方殷之日,迫我接受'二十一条'要求;当日俄战争及围攻青岛之际,如何侵犯我中立;如何以金钱军械,资助叛离中央之地方军队;如何侵占山东,阻我国民军之北伐,炮轰济南,惨杀我交涉员蔡公时;如何炸杀张作霖,如何纵容朝鲜人惨杀华侨(死者一四三人、伤者三四五人、失踪者七二二人,暴乱经十日始止)。至于满洲方面,日本违法侵犯我国权利之举,更不可胜数。持此以与日本所谓中国之违法行为相比,直不可同日而语。如俄国撤退护路军后,日本违约不撤,满洲内地各处遍设警察,越出铁路区域捕杀华人……凡此种种,至今依然存在,是果根据何项残酷无理之条约耶?日人每谓中国违反条约,侵犯日本权益,此类权利,此类藉暴力压迫条约,与劫夺而得之物何异?即使劫夺而得之权利,不必归还原主,仍属神圣不可侵犯,然日人亦已自越其自定之范围。今试退百步言,中国纵如日人所云,偶有足以令日本指摘之处,亦惟对于被迫而承认之条约,不能踊跃奉行而已,岂得与日本之积极的侵略相比?日本侵犯中国权利之事,任举一端,即可将日本所称之中国挑衅行为完全抵消。日本每借口细故,派遣军舰来华,据我土地,轰我城邑,结果仍须中国道歉赔偿。至于中国受尽种种横暴,只能提出抗议,日本均置不理,事件终至无形消灭。请以去年朝鲜惨案为证。日军防范鲜民之严密，世所共知。惨案发生时，中国领事即声请保护，然惨酷之事演至十日之久，未闻日警加以切实制裁。中国要求赔偿道歉，而日本之答覆，谓此乃民众运动，政府不能负责。此案至今仍悬不解决。今以鲜案与上海事件相比。上海华租界交界处，日僧五人为华人所殴击，一僧因伤致死。日浪人大举报复，纵火焚三友实业社，杀害华捕一人。事后日领事竟向上海市政府提出哀的美敦书，要求道歉，并禁止民众反日活动，对日浪人杀人放火之事，则绝口不提。通牒中有云：'苟无满意答覆，则日军将取自由行动。'市政府为保全上海起见，完全接受其条件。当时市政府又何尝不可仿日本对于鲜案之口吻，答以此乃人民行动，中国政府不能负责耶？日领对中国之答覆，有'目前可认为满意'之言，众料此事件已结束，或暂告一段落矣。孰知是晚日军进攻闸北，厥后发生之事，越时未久，不劳吾人之重述也。夫中村大尉之遇害与张作霖之遇害，孰轻孰重，奚待烦言。日本对于张氏之被炸，绝不谋解决，即调查报告，亦迄未公布。东京警察署禁止报章登载日本与炸案有关之消息及评论，其政府并请求议会放弃对于此案之质问权。中村事件，胡大异于是耶？中国当局深信中村之往蒙古也，乃作军事上之侦察，然仍拘捕嫌疑犯，谋公正之解决。去年十月十七日，《密勒报》有 Harry Parker Howard 君一文云：'中村大尉之护照，自称为一学者，往蒙古研究地理学上之问题'，而沈阳日领事 Morishima 则称中村仍在军队服役，并非在假。日本陆军省小题大做，利用此事件，竭力煽动军队及民众对华之恶感，以为侵略之张本。嗣见中国委曲求全，将嫌疑犯加以逮捕，深恐此事和平了结，乃先发制人，自毁南满路轨二米突，而早已布置之军事侵略，遂于九月十八夜发轫矣。日本往往借口此类事件道歉赔偿之不足，侵我城市，杀我人民。中国受诸日本之横暴，较此类事件严重百倍，而我方之抗议，均未能邀日本之一顾。日人持蛮逞强，干涉中国在本国领土内自建铁路，谓为侵犯权利，违反条约。（日本称打通路与南满路为平行路线，违反所谓一九〇五之密约，然华盛顿会议中所谓密约者，日本并未照章提出。）苟中国自建铁道，而可为日本侵占全满之口实，则日本之不断的侵我权利，如在南满铁路驻兵、满洲内地设警、侵夺中国矿□等，又将如何？依事件之轻重多寡为比例，中国苟以日本所施于我之积极的侵犯加诸日本，则易地以处，彼方报复之酷，虽占领我全国，扫灭我全部人民，恐亦不足以平其忿矣。"（未完）

（《大公报》，1932年5月6日，第三版）

246. 调查团昨赴万宝山，英报严正批评初步报告

【长春六日新联电】 国联调查团一行之日程，本日决定如下：七日午前六时离长春赴吉林，午前九时抵吉林；同日午后三时三十分离吉林，午后七时抵长春；八日离长春赴哈尔滨。

【长春五日路透电】 本日溥仪招待国联调查团，举行宴会。该团本日并接见熙洽与驹井，定明日赴万宝山。

国闻社云。国联调查团一行在东北行动极不自由，我国参与员所受之种种限制及凌辱为尤甚。日人假傀儡政府伪造民意，不惜种种蒙蔽，以致调查工作殊为棘手，已迭见报载。兹据确息，当调查团赴长途中，车过公主岭参观农场之际，有自称该地商民代表者，由日警领导晋见，惟状颇畏葸，极不自然。莱顿爵士加以询问，所答言语支离，悉非由衷，其为他人所强迫主使，洞若观火。日方招待员当即促委员等登车。于是一手掩尽天下人耳目之鬼蜮伎俩，悉被揭穿，丑态毕露矣。

【伦敦五日路透电】《曼哲斯德导报》社评称，莱顿调查团"迄今唯一职务，为作满洲日军当局之伥"，并谓调查团初步报告书关于驻满日军之数额与支配，完全系根据日方消息，几如代本庄向国联报告云。

国闻社云。西人某昨由长春抵平，谈称，调查团抵长后备受日方掣肘，中国代表被监视尤严。德国记者某与代表团同往者，一度被拘。三日下午顾维钧正在房中会西教士□人，突有日警五六人夺门闯入，坚问来客姓名及所谈何事。正抵拒间，适莱顿秘书阿斯德赶至，加以斥责。该日警等竟反诘代表见客是否有警厅许可，并言满属人等来访，均须事前请准警厅□情。阿君斥以代表见客，经莱顿委员长许可即可，警厅无权干涉。彼等悻悻散去。

罗文干谈初步报告

【南京六日下午十时专电】 罗文干对调查团初步报告书发表谈话云："调查团初步报告书，系在该团留沈未满十日，尚未出发至东三省其他各地调查之前。该团所得各消息，均系由日陆军当局供给。然已足证明自九一

八以来，东三省方面日本军队之激增、土匪之蔓延，以及因此而生命损失、财产破坏及一般的不安之感。又按照该项报告所载且为日方所承认者，则叛逆军队现正由日军官及顾问为之训练指挥。调查团并指明中国若干万之正式军队及义勇军，现正与日本军队及其他由日本管辖之兵队从事于剧烈之战斗。故调查团之初步报告，已将下列关于东三省之各事实确实证明，即：（一）日本军不惟未按照去岁九月三十日及十二月十日国联行政院之决议案撤退至铁路区域，而且于各该决议案通过以后占领东三省全境，增加兵队数目，积极为种种活动，而使事态愈趋于严重；（二）叛逆之军队全为日本一手创立，并受其扶助与指挥；（三）多数人民对于日本之窃取政权，现正积极反抗，东北方面在日军撤退之前，殆将无治安可言；（四）中国政府虽充分准备履行上述各决议案之责任，但现在在东三省之任何部份，均属无法行使职权，即对于生命财产之保护，亦属无从行使。现所切望者，即调查团调查完毕后，将必发现更多之事实，足使国联各决议案所规定者得从速实行，且使原属中国领土之一部分之东三省得完全恢复治安，并使中国在该地克以完全恢复其统治权。"

日方报告颠倒黑白

【哈尔滨六日下午三时电】 外讯。驻北满日军第十师团司令广濑，向外记者谈明日国联调查团抵哈时日方报告大意。氏谓华军将领蹂躏平民，敛财资助义军，农民刻均逃避，或因饥驱，流为盗匪。广濑与护路军及"满洲国"军队中国籍将领，均否认现时义军具有真正爱国心，可与南非、荷兰农民反英统治相拟，谓马占山、丁超等各领袖反对"满洲独立政府"，大半系为争取个人权利，并不能得当地人民拥护，苏俄常欢迎满洲纷扰。广濑申述义军之抗抵分为两方面，成一三角形，依据中东路与松花江，而以哈尔滨为一角端，另一方在哈埠西北。中东路西段平安，哈、长间亦大致无事，惟两方有时不免发生小纷扰。日方估计，华方游击队主力约四万八千人。彼等攻击火车与破坏桥梁，不易克服。顷间林木丛生，飞机无从侦察，义军因有天然屏障，故能猛烈进窥哈埠。本团因哈埠本身遇有威胁，将东路东段之村井支队召回，嗣东路桥梁被炸，不能再往。现时问题为肃清大批军队，广濑相信此项军事能于今秋结束，惟盗匪阶级决无完全肃清之望。"满洲国"护路华军五千人与日方合作，为便衣队击死者达二百名，死于哈尔滨医院者达数十名。广濑称大规模军事结束后，将谋保护"长春政府",现已着手组织永久军队。马占山在黑河,利用现已扩充之小无线电台。据外记者观察,哈埠商业顷间虽甚萧条,但市民仍多沉溺忘返。市上中日军队列队而过,因劫掠事件繁兴,人心愈益惴惴云。

(《大公报》,1932年5月7日,第三版)

247. 调查团一度到吉林,莱顿等对驹井郑重质问

【沈阳七日新联电】 国联调查团本日午前九时安抵吉林,于严重警戒中分成三班,视察吉林地方。一班赴日本总领事馆访问石井总领事,听取详细之报告,午后三时三十分回长春。

【东京七日电通电】 "满洲政府"已于昨晚十时半发表,谓现与调查团接洽后,已允许顾维钧旅行满洲境内而加以当适保护,并交换关于此事之公文。闻顾因鉴于环境情势不利,已暗允取消指摘"满洲政府"为伪国家之言辞,似将于两三日内,自动的表明此意。

【长春七日电通电】 调查团各委员昨日下午三时,率随员二十七名赴"国务院",访问驹井"总务长官"。驹井由莱顿质问其就任理由,马考蒂将军及希尼质问"建国"由来及行政组织等。经驹井答覆后,各委员于下午五时四十分辞去。

【长春六日路透电】 "满洲国"已正式同意顾维钧入满,惟须彼能"尊重'满洲国'主权"。"满洲国"官员三人被任命为襄助员,陪伴该团在满调查。三人中包括前任哈尔滨日总领事小桥。据宣布,满境任何外人被认为不安分份子者,均将被递解出境。

(《大公报》,1932年5月8日,第三版)

248. 沪商会函国联调查团痛驳日本宣传：中日纠纷纯系日人所造成，证诸事实无一非意在侵略（续）

保侨问题

日本以保护侨民为词，派遣海陆军，挟种种杀人之利器，长驱直入。其结果，则除中国人之生命、财产受损失外，和平与秩序悉遭破坏，商业完全停顿，各国侨民均处危境，即日侨亦不能独免，上海、满洲、济南皆其例也。日本每称侨民将受危险，作大规模之军事侵略。夫借口侨民将受危险而可侵我土地、杀我人民，则已遭荼毒者，又将何如？朝鲜惨案发生时，日本曾否许中国遣兵保护，拯我侨民于已发生之危害（非将发生之危险）否？日本政府不肯负责，即赔偿道歉，亦完全拒绝也。满案以来，日侨生命财产，事实上本无若何危险，日本之派遣军队来华，不过欲造成此项危险耳。九月十八日以来，日人对我百端挑衅，实为任何国民所不能忍。但在中国管辖下遇害者，除上述之日僧一人外，仅福州日侨夫妇二人，且其死因亦尚未征实，殆系自杀，而我省政府已为此接受极屈辱之条件。凡此种种，皆为我国政府保护外侨能力之证。试问此事，如在他国发生，日侨能否如是安全？中国人民之自制力与日人之横暴，皆属举世无匹。上海日侨自事变后，一月以内由二万五千降至一万四千，日政府所谓保侨之结果如是。

剿匪问题

剿除土匪，亦为日人出师之口实。凡不受日人指挥之军队，日人可随意以盗匪目之。日本侵略之结果，造成满洲亘古未有之大混乱。日本军队破坏中国行政，解散中国军队，盗匪乌得而不增？日本后藤新平伯所著之《日本在满之军事行动》，及日本一九三零年举行之"拥护满蒙权利会议"之纪录，均足证明日本之政策，为养成盗匪、资助盗匪，使之造成侵略之机会。

抵制日货问题

抵货，乃人民自由意志之表现，为弱国对外侮一种极温和之表示愤慨之具。其举动纵有不尽合法之处,亦与罢工时之行为相等,纯为本国内之法律问题。中国人民因抵制日货,偶有逾越轨范之举措,亦完全施于本国人之身。一国人民愤他国人之夺其土地、杀其人民,以抵货为消极的自卫,此岂得谓为挑衅行为?岂得为武力干涉之口实?今有一家庭受商肆之欺凌,相约不购此肆之货以示愤慨,即使对家人之不遵约者,临之以威,亦无与外人之事,而谓肆主人可破扉而入,以暴力相凌乎?日本之对中国也,何以异是?且以经济抵制对待侵略者,乃国联盟约第十六条所规定,中国人民不过实施□国所早应执行之义务而已。(未完)

(《大公报》,1932年5月8日,第三版)

249. 纪沈阳之行

日本以铁骑蹂躏我东北土地,自去岁九一八以来,行将七阅月矣。此七阅月中,日人一方面以武力继续侵略东北各地,一方面复卵翼其所谓"满洲国",运用其最低卑、最恶劣之政治手腕,欲尽东北之所有,逐渐囊括以去。在此荆天棘地、暗无天日中,我东北民众身处此人间地狱,除向天呼吁之外,宁有他道?记者于四月二十日抵沈阳,在日人严密监视之下,调查所得之资料,其失望当在一般人意料之中。然窥其一隅,可知全豹。爰就所见以忠实之态度,书而出之,以告国人。

偕行交涉

国联调查团既莅沪,当时即有西记者数人,拟与调查团偕行赴东北,视察现状。记者亦以东北失陷后之国土,其真相何若,我人亦应加以明确之认识,遂决意前往。犹忆在沪中停战会议举行之第二天,记者遇日公使重光葵于英总领署,询以东北之行是否可能。盖氏于九一八事变后之三日,曾与记者以介绍函,使记者当时至东北调查时,得到不少便利也。是时闻记者言,毅然答曰:君行矣,有何不可能?嗣后调查团于三月二十六日抵京,记者遇日代表吉田大使于日总领署,后以相询。其所表示,与重光氏适相反。吉田氏之言曰:"中国记者之入东北,其有可能性与否,目下绝对不能决定。盖自日本方面言之,对于君之入东北,自当不为拒绝,其如'满洲国'何?"记者闻言,率然问吉田大使曰:"敢问阁下,'满洲国'与日本有何不同?'满洲国'为日本所制造,苟日当局不加拒绝,何必问'满洲国'?"氏腼然答曰:"日本势力,只在铁路区域耳。"总之当时吉田之所表示,无一言不反对中国记者之入东北。事后以所语告诸外交界之友人,友人曰:"君言似太直矣!以外交言,宜稍用婉曲之辞,以应付之。"虽然,记者非外交中人,其与吉田会晤时,亦绝对无外交上之仪式,则何必用外交上之措辞为哉?

幸得成行

比调查团于四月九日晚抵平,日方之态度较以前尤为强硬,其在日本掌握所操纵之所谓"满洲国"者,且公然发拒顾代表偕同调查团入境之声浪。在莅平之一星期中,顾代表本身之启行问题犹毫无把握,新闻记者之能否入东北,当更前途茫茫,未有任何征兆。旋顾代表毅然置本身之安全于度外,决与莱顿爵士等偕入东北。至十七日,日方仍抱强硬之态度,对中国方面之任何记者,绝对拒绝同行。平津记者多人虽数度提出交涉,亦无效。形势至此,已截铁斩钉,丝毫无转机之可能。十八日记者眼见东北之行,已陷绝望。适中国代表处以组织上尚少人员一名,征予同意,予即表示加入。于是记者意料中之不能成行,遂于十九日夜出乎一般人及予意料之外,得偕同调查团乘海圻军舰赴大连,作东北之行。至东北后,日方警察军官及新闻记者,仍以中国记者之资格视予,无论对予任何行动,辄加以倍于他人之注意与监视,无论任何时间、任何地点,均有日探之足迹。殊不知以国联调查团论,副秘书长贝尔特、顾问杨格等,亦均曾为新闻记者,新闻记者之为随员者,不独予为然也。

赴沈途中

中国方面一行,连同顾代表共二十一人。其全部名单,为顾维钧、刘崇杰、施肇夔、李鸿栻、严恩槱、顾川孙、萧继荣、游弥坚、杨承基、邹恩元、戈公振、顾执中、鲍静安、刘广沛、张伟斌、杨景斌、谢恩增、陈宜春夫人、何士、端纳、陈立庭[廷]等。此二十一人中有外交家、政治家、财政家、铁路专家、军事专家、医学专家等种种。十九日晚,自北平启行,开始向地狱中走去。对送行之友人,各抱无限之伤痛。二十日专车抵秦皇岛,遥见日旗已发现于车站之侧,知距日本势力范围渐近。十一时各人离专车而上海圻军舰,晚十时半抵大连。甫傍岸,日本便衣侦探多人,已混入欢迎人员中,至舰上侦探消息。中有大连水上侦探一名,去年曾与予相遇,既见予,猝然若不胜其惊恐曰:"嘻,君胡为乎来哉?"顾代表等一行廿人,偕同莱顿爵士等,于廿一日正午舍海圻而登陆,即赴大连车站,取道入沈。吾人至此有进无退,决置日方报纸上、口头上之各种恫吓于不顾。方抵车站时,日方侦探十余人,追随于顾代表及吾人之左右,形势似颇紧张。下午八时半,甫抵沈阳之大和旅馆,即有无数便衣日探,开始向吾人监视。十时,因大和旅馆旅客异常拥挤,予与戈公振、鲍静安、杨承基、谢恩增、严恩槴、杨景斌、张伟斌、邹恩元、刘广沛等十人,分宿于俄人所经营之东方旅馆。予等甫入室,即有待役奉日本警察命,令予等填履历等等。十时半,有自称《满洲报》记者马星垣,偕同日记者二人,投刺求见,向予等作种种之询问。斯时旅馆已满布尔日侦探之足迹。

迭受警告

三十一日之夜,未有任何特殊之刺激。廿二日予盥洗方毕,欲下楼晨餐,突有日本侦探名木村及华人翻译自称王姓者,不俟予之允准,遽尔入室,以最尊严之态度,警告予曰:"'满洲国'人闻君来,恨入刺骨。我等为尽力保护君之安全计,敢警告君切勿走入中国地。(即沈阳城内)否则如有危险发生,予等不能负责。君其慎之。"予唯唯。十时半予赴大和旅馆,与其他同来者各畅谈各人所经过情形。十一时半,予方欲上车返东方旅馆,一日本代表处之人员喘息而告予曰:"君得勿充报馆主笔者乎?君其慎之,君切勿入中国地。"下午四时半,日探木村复偕王翻译来,除反复申述晨间之警告外,并请求中国方面之随员,如有事外出,最好以三四人为一组,俾便保护;若分道扬镳,则日警人数不多,不敷保护。入晚九时半,予方持刀叉进晚餐,更有日探仓重祯三郎等三人来,谓我等系奉命来保护君等者,恐彼此不熟悉,故特来认识认识。予亦唯唯。最后仓重欲摄影,予颇忿怒,严拒之,仓重等始悻悻去。总计一日之中,予凡受日方之警告四次,精神之痛苦,可谓深刻。

监视起居

自二十三日起,日方之监视更为严密。盖日方尚以为警察监视力之不足,已向开原等处之警厅求援,以最迅捷之方法,星夜来沈。是日晨,即有日探欲找顾代表说话。经代表处派人代见,日探谓中国方面不论任何人出旅馆,须先时通知日探,以防意外。大和及东方两旅馆,每处本有侦探十余人,本日每处增至日探十人、华探二十余人,其组织分日夜两班。外出时,除予为四人外,余各有二人,在前后左右紧随。此外则大门口也、食堂中也、扶梯之旁也、卧室之对面及左右也,均伺日探。予出外理发,彼等枯坐于旁以待;同人中有至洞庭春午膳,彼等亦昂然入,与之同桌而食,亦趋亦步,不离寸立。下午,形势更恶劣。方余等返舍时,日方更欲强迫余等共摄一影,余等力拒之。是日,日方监视之组织似已完成。予于短时间注意之下,知予之监视人为木村、延岛、王义亭等四人,谢恩增之监视人为邵凤九等,李鸿栻之监视人为徐万宗等,邹恩元之监视人为日人千叶等,鲍静安之监视人为陶习文、王书山等。吾人至此,凡一举一动、一言一语,均受束缚。即晚间上床休息后,窗外犹有人影幢幢往来,似欲侦察吾人熟睡后之呼吸状况者。吾等在此最痛苦之囹圄中,精神上所感受之痛苦,绝对非笔墨所能形容。二十四日夜,予因数日来所受之刺激,不能忍受,牙痛、头痛一时大作,辗转至中夜,请谢君诊治后痛始稍止。翌日复发。二十七日下午,予左鼻孔突然流血,巾为之全湿。偶询同人中,知患头痛及牙痛者亦甚多。盖同处此恶势力侮辱之下,受有相同之刺激也。中国方面外,英美等记者及外交官等,亦受有同样之监视。惟以国籍关系,形式上尚保存相当之礼貌。

友人被捕

自调查团抵沈以来,日当局断然以非常凶恶之手段,绝对不使中国代表处之中国人与沈阳当地之中国人相会晤。二十三日晚,据外人消息,有华人十二人,因欲进入大和旅馆访晤华友,为日探所逮捕。二十四日正午,又闻华人二十左右,因欲行近大和旅馆被捕。是日下午一时半左右,予友郑传箕,服务于邮局,阅报知予来沈,驱车至大和,欲与予一见。予知郑君已履险地,仅在电气扶梯之旁,略谈一二寒暄语。不料已为日探所瞥见,立即上前阻止,郑君下楼,用威吓手段,询郑君姓氏住址甚详。郑君此时亦知事不妙,请求予及一美籍新闻记者享透氏,同乘电梯,陪同送出大门。孰知门首已有日探二人,先时等候。见郑君行,遂大踏步上前,强挟郑君至附近之司令部,直至二十七日下午,犹未闻释放消息。日方如此行为,外人闻之,群为不平。予于翌日作一详细报告,请求顾代表呈告莱顿爵士,代向日方交涉。莱顿爵士闻报,中心极为怏怏,盖日方此举,不特侵犯人权,抑且侮辱调查团。此事经莱顿爵士之竭力向日方交涉,于予离沈前二日,郑君业已恢复自由。此外又有齐医生者,与谢恩增医生为同学，是日闻谢君至，即赴东方旅馆与谢君会晤。归途即为日探所捕，拘至警厅，反复询问，至数小时之久，方释放。

居室被搜

一日将晚，寓于大和旅馆之萧秘书继荣，偕德代表至东方旅馆，入严恩榸博士之卧室。坐甫定，日探即昂然推门入，取椅坐于三人之旁。当由严氏责问日探来此何意，则云上峰命，来此一聆诸位之谈话。严氏以日探侮辱我方太甚，且完全在日方所谓之保护解释以外，个人谈话自由，安能令日方任意监视，遂勒令日探立即外出。日探亦知理屈，以觅找舌人为辞，乃出户不复至。二十四日夜，顾代表之速记员陈宜春太太，因事至他室。比返则见有二三日人，盘踞陈太太之卧室中，似正在翻阅文件。陈太太见状，大惊失色，呼号而至美代表麦考易将军处求援。麦氏立驰往，则日探已悄然遁矣。凡以上所书，均为当时中外人士所共见之事实。二十八日午前十时半，美记者享透至予寓，询问日方监视中代表随员之情形。予等晤谈未及二分钟，忽有二日探不叩门而突入，立于予等旁不去。享透责问何为，并令其外出。日探等初似不解，继乃操华语曰："奉长官命令，不准见客。外国人未得日方准许之前，尤不得随意乱跑。"言毕并询享透作何买卖。时享透怒甚，厉声答之曰："这不干你事。"日探闻言，仍作不解状，立于予等侧，追享透别去，始离予室出。是日晨，开宁旅馆突被日警包围，有美人唐纳之书记张君被逮捕，捕时亦未告以所犯何罪。此种情形，每一念及，令人目眦。（未完）

（《大公报》，1932年5月8日，第四版）

250. 沪商会函国联调查团痛驳日本宣传：中日纠纷纯系日人所造成，证诸事实无一非意在侵略（续）

中国不统一问题

日本动谓中国不能统一。即使退百步言，此说果确，亦为中国之内部问题。中国所经之过渡时代需若干年，不劳日本过问。各友邦所能尽力者，只有协助中国趋于统一耳。日本又安得利用中国人之不能联合一致,而乘机掠夺,恣意破坏?九国公约早见及此,是以明白规定:"订约各国不得利用中国之现状取得特别利权。"世界各国谋商业之发展,故渴望中国统一得早日实现,惟日本别具肺肠,深恐中国一旦统一,不得施其狡计,逞其阴谋。是以中国每有统一之机会,日本必设法破坏之。如轰击济南城,截断津浦线,阻国民军北进,谋毙张作霖,期引起东三省之分裂,胁迫张学良,阻其归附中央,皆其例也。

民族自决问题

日人宣传"满洲独立政府"乃满洲民族之自决,与日本无涉,且谓日政府不许日人参与其事。事实上满洲之独立,皆日人一手所经营者。日本驻满军队,以武力铲除辽宁、吉林、黑龙江原有省政府,对叛逆之徒,公然加以援助,日本军队与叛逆军队,联合向中国军队进攻,日有所闻,近更益无忌惮,事实具在,不容诡辩。所谓"满洲政府"之人员,不过一般甘作傀儡之无赖。清废帝溥仪之至满洲,乃为日人所强挟以去。于冲汉、熙洽、袁金凯〔铠〕、臧式毅之流,或为日人所利诱,或为日人所威胁。《大美报》云:"臧式毅被日军禁锢三个月",然后"坐诸图圄,而置诸省长之座",自决云乎哉?满族也者,历史上名称而已。东三省大部份人民,均为中国本部移居之民及其后裔。其少数满人,久已为汉族所同化,无从辨别。在今日之满洲,欲求真正之满人,殊非易事。故满洲问题而援用民族自决之词,徒见其谬。所谓民族自决,日人之遁辞耳,果何尝有见信于人之价值?日人从前背约弃信,吞并朝鲜,亦曾经过独立、保护、并吞之阶级。以彼例此,其谁欺乎?且日军在满,明目张胆,驱逐中国地方政府,攻击中国军队,夺取盐税、银行存款、实业及军备材料,侵略中国铁路、电报、电话及邮政之管理权,封闭中美合办之无线电话。凡此种种,皆为日本军队之直接行动,未尝假手于其所主持之傀儡政府。其为违反九国公约所担保之中国行政独立及领土完整,尚复何疑?

日本之人口过剩问题

日人每以人口过剩,以满洲为尾闾,为其侵略之藉口。听者不察,每为所惑。田中首相手定之移民政策,乃先驱鲜民于满洲,然后移植日人于朝鲜,一面嗾使在满洲之鲜人与华人冲突,又可借题以肆其侵略。夫日本之殖民地,除朝鲜外,均属人口稀少,即其本土之北海道,亦多未垦殖。如日本果人口过剩,则应先充分利用其领土及殖民地,然后再作他图也。据一九二九年时事年鉴,日本每年每人食米消费量如下:一八九六至一九〇〇,九三〇〇日石;一九〇六至一九一〇,一,〇二二日石;一九二三至一九二七,一一二三日石。米为日本最主要之食品,即此可见日本人民生计之日裕。又据日人千叶丰治之著作,南满中国农家生活费每人为六.二四五元,而日本本土农家每人生活费为一五.四五一元,二者相较,丰啬悬殊,乃必欲以生计较优之日人与满洲农民争啖饭地耶?日本之粮食出产,几可完全自给。一九二三至一九二七年,日本本部每年消米量为六六,七四五,〇〇〇日石,其中从外国输入者,不及百分之五。(一九二九年时事年鉴)此在工业化已深之国(日本一九一〇年之农民减至全国人口百分之四十八),可谓甚微。试以英国麦之净输入额占消费总数百分之八十,德国之占百分之四十四,义大利之占百分之三十,法国之占百分之二十二,与日本相较,直不可同日而语矣。日本本部人口密度为每方里三九六人,朝鲜二三〇人。据一九二六年中国之邮政统计,江苏每方英里八九六人。满洲中国移民,大部份来自山东、河北。山东人口每方英里为六一四人,河北为三三五人。日本在满之移民仅百分之十五来自日本本部,其余均为朝鲜人。朝鲜之面积,等于山东、河北之和,而其人口只及山东一省之半也。夫满洲之利源,中国至少应有对于一切机会尽先享受之权利。中国如肯以其所余,分惠他国侨民,俾卜居于兹土,亦只能在中国法律上中国管理之下行之也。日本因近年华人移居满洲之盛,每自夸为南满铁道之功,实则中国移民,大部份趋赴完全中国管理之下之北满。据美国人华尔托杨氏之估计:一九二七年上半年中国移民往南满者为二〇〇〇〇〇人,占彼处人口百分之三十二;往北满者四三二〇〇〇人,占全数百分之六十八。即在南满移民区域,亦在中国管理之下。盖日本势力所及之铁路区域,不过一狭窄地带,断不能容如许人也。且即令南满我国移民实边之众,果系铁路有以致之,亦当知南满铁路非日人所筑,不过以武力夺诸俄人之手耳。日人在满多方生事,对中国自建铁路开发满洲,又横加干涉,阻碍满洲发达则有之,更有何功足以自矜哉?

总之,满洲为中国整个领土之一部份,中国为满洲合法之主人翁。中国如何利用满洲,与他国无与焉。国于天地,苟得以人口过剩为词,侵占他国土地,则人口稀少之美国、人口更稀之澳洲,将有一日被迫开放,以容纳他国之人民矣。自满洲事变以至上海战事,日本军队疯狂行动,迄未稍受遏止。中国既采取不抵抗主义,日政府慑于军人之淫威,惟军人之马首是瞻,而于事后,皇皇然为之掩饰，为之辩解。国联因日本不受劝告，一意孤行，不敢公然加以申斥。世界各国则深恐牵入漩涡，并不欲失欢于强国，竟不顾国联盟约之义务，袖手旁观，保持其沉默态度。且世界一部份舆论，崇拜权力，又中日本宣传之毒，竟有为日本声援者，谓中国屡对日本挑衅，致激成此变，一若日人蓄意侵略，非中国予以机会，竟无可藉口者。迨至日本扩展其军事行动，侵及上海，危害各国利益，乃始瞿然而觉，对日人之凶焰谋稍稍加以抑制。租界之危机一过，便依然不过问矣。设在事变爆发之初，国联尽其职务，对日本之行动明白申斥，不稍假借，日本虽未必完全服从国联之命令，亦将因道德上之裁制稍稍敛迹，断不至如今日之得步进步，无所顾忌也。若国联恐实力不足以执行其决议，亦应以无畏之精神，以法官之身分，对满案下一黑白分明之判语。如是则国联可云已努力尽其职责，维持其尊严，告无罪于天下也。今引日本近对国联之答覆书之语曰："事实较空言更为响亮"。夫事势至此，犹斤斤置辩于战争与不宣而战之分别，无乃大迂？日人行动之为违反国联盟约，尚有几微之疑问耶？日人侵占满洲，已六阅月矣。此种情势，岂容一刻容忍？日军应遵守日本已同意之决议，立即撤退。满洲土地夺自何人之手，即应归还何人。满洲恢复原状，然后将中日间之争执，交国际法庭公断。中国欢迎有此机会，将中日关系之真相，公诸世界，俾得正当解决。（完）

（《大公报》，1932年5月9日，第三版）

251. 马占山将攻袭黑垣，我代表团评调查团报告，证明日本不守国联决议

【哈尔滨八日上午十一时半电】 外讯。韩人四名因谋炸国联调查团被捕。

【日内瓦七日路透电】 中国代表团送交国联秘书处对于国联调查团初步报告书之评语，内称该报告书足以证明中国关于东三省问题所具态度之合理，又由该报告书可见调查团觉日方并未履行国联行政院去年所通过各决议案。日本之目的，在组织一武装政府，在东三省受日人之操纵，此系日本进窥东三省之初步。此种行动，不能为国联及世界舆论所能容忍。

【哈尔滨八日上午十一时电】 日方消息。马占山自黑河运来飞机七架，在齐克路边大门站设飞机场，拟轰炸齐齐哈尔。昨晨旧吉军五百名攻海林，激战后退去。据闻中东路东段旧吉军中，现有俄国炮手多名。乌吉密河站现为旧吉军占领。

【大连七日英亚社电】 多门师团急由哈尔滨开通化，因该处及吉林情势危急。

(《大公报》，1932年5月9日，第四版)

252. 纪沈阳之行(续八日第四版)

恫吓顾氏

此次顾代表及其随员等之冒险入东北，日方侮辱无所不至。顾氏于二十一晨在大连港口时，日方已遍传"满洲国"将逮捕之于普兰店车站之声浪，以一试顾氏之胆气。随员中间有以此询顾氏者，顾氏莞尔笑曰："去去，勿以此为虑也。"(按普兰店在大连之北，若依日人之解释，则该地完全在日方势力范围之内。)正午十二时，顾氏偕莱顿爵士等毅然上车。比抵沈阳之大和旅馆，顾氏寓三楼二零一号房间，与门口相距一二武之处，日方即置日探六七人，虎视耽耽。二十三日晚顾氏与法代表克劳尔谈话时，有日人坐于旁，侧耳静听二氏之所言。既又以不谙法语，乃以粗率之口吻，语法代表及顾氏曰"请君等慢谈，俟予找一法语翻译来"。其无礼有如此者。

侮蔑文字

至日本报纸对于顾氏及记者等一行人之纪载，颇多侮蔑，中以日人佐原笃介、菊池贞二等所办之《盛京日报》为尤甚。该报四月二十三日有"顾维钧不开门"之讥诮记载，有措辞尖刻之攻讦顾氏评论，题为"欢迎顾维钧博士"。兹转录于后，以彰其卑劣之根性。该文内称："莱顿爵士等国联调查团，已于昨晚车驾联翩莅止奉天。因所谓拒顾问题，一时轰动中外之顾维钧博士，亦一路无恙，惠然辱临矣。顾究不过为国联调查员之一接伴员或参与员(Assesor)，故由国联自身观之,拒顾一层,原系极琐细的问题。堂皇调查团,固不能为'一顾'而置其重大使命于'不顾'也。以今日为止,顾跼在日本之延长线上(即南满铁路租界内),未入'满洲国'。惟走延长线上,犹如走'戏绳'上,而走绳者须胆大心小,否则容易转落,危险随其后。未审数月前慑于学生几个老拳、抱头鼠窜之顾先生,果能免惊魂动魄,自召转落与否"云云。(下略)

该报对于顾氏之冷笑热嘲,直村间乡妇之所为,殊失大报应有之态度。二十四日晨,日方复用卑劣之方法,令日商向顾代表兜售钢铁御马甲,顾氏置之不睬。二十六日,《盛京日报》复以之为题,攻击顾氏云:"顷有贾人见顾维钧,示以防弹衣求售。孰意顾一看此衣,色变谢绝矣。是为国联调查团滞奉中之一趣事,而亦关系顾参与员之唯一新闻耳。贾人有爱乎顾之身乎?制防弹衣者,固有爱乎人身也,贾人则未必为然,大约投机射利耳。或曰迹近恫吓之恶作剧,依吾所见,贾人急于射利,其他在所不问,所以恫吓与否之所歧,在顾之心理,而不在贾人之动机焉。惟由顾观之,以国联调查团为后盾,恃所谓太上政府衮龙之袖为防弹衣,则何须复乞灵于坊间之投机品哉?顾倘有中国固有文官之资,则应笑而却之,赋诗自嘲。无奈出身外国大学生之'洋状元',除能以英语辩难折冲以外,究无此余裕,以致仓卒之间,适暴其短而已。"(下略)以上为日人对于顾氏之无聊攻讦论调,至幼稚而不大方,不值吾人一笑。至谓顾氏蛰居日界,未越雷池一步,则试问以刺刀、来复枪严密戒备,阻止顾氏及其随员等入城内者,究为何人?日人假借"满洲国"之名义,威吓无所不至,务使中国人不得与中国人一见,为中外所共睹,今乃以之责我人,无乃太自相刺谬乎?

阻止调查

二十六日晨,予方在东方旅馆进早餐时,日记者横滨《每日新报》社主干涩谷照男来。予速之坐,并邀之同餐。涩谷操英语甚流利,有顷语予曰:"调查团之来奉,所得之资料已多矣,何必仆仆风尘,再向长春、吉林、齐齐哈尔等处征集资料乎?"予唯唯听之。其他日当局亦有与涩谷同样之主张。日人之不愿调查团北上实地调查,于此可益明显。盖对方之战略,如能使调查团不能执行其使命,实地往各方调查,则此后调查团所作之报告,将必被一般人视为抽象的,而不能见诸实效,结果将使东北问题无期限的延长下去。我方对于此点之认识,至为清楚,故凡事极力忍耐,处处持以镇静,不使对方有所藉口。同时抱定主张,凡调查团所到之地,我方无论人数多寡,坚持必须偕行,不肯丝毫放松。

日方对中国方面一行人中,最为注意者厥为予与戈公振君两人,以予与戈君均在新闻界服务也。予每出,除一二侦探随身在汽车中或黄包车后监视之外,尚有二探乘机汽脚踏车,在予车之前后左右施行警戒。此外日报之对予等,每日必载有相当宣传消息。二十四日之《大连新闻》,载予与谢恩增、鲍静安于二十一夜潜入奉天,拼命搜集反日之恶材料,系奉蒋介石、张学良密令,故使日方警察署取缔之工作更为困难云。二十三日之大阪《朝日新闻》载随国联调查团来奉之一行人中,有排日记者顾执中等,其行动如与"新国家"治安有妨害,当与顾维钧一同逮捕云。二十五日《满洲报》之纪载,竟用大字十分醒目之标题云:"中国记者顾执中,竟徒步入满境。警察忽略,未得逮捕。"诸如此类,几于无日蔑有。戈公振君于二十四日午后,偶得监视者之许可,入城内四平街等处游览。旋觉困乏,至天和茶楼休息。比出,则门外之警察二人,请戈至警局一行,以戈已违犯警告,潜入"满洲国"境也。幸当事系华人,及至,待以客礼,旋得上峰许可,派警送戈回旅馆,其事始寝。(未完)

(《大公报》,1932年5月9日,第五版)

253. 调查团抵哈尔滨,国联行政院昨讨论报告书

【哈尔滨九日下午六时电】 国联调查团九日下午五时半抵哈。专车前有日军铁甲车压道,并有飞机沿途侦察。所经各站于专车到达前,即禁止公众入站。哈埠已无形戒严,仅许各国驻哈总领事到站欢迎。调查团拟于一周后赴齐齐哈尔,但因中东路西段有军事,恐有变更。

【哈尔滨九日下午十时电】 国联调查团于森严戒备中抵哈。车站防卫周密,月台上仅有五十人欢迎。伪哈市长鲍观澄、中日官吏与各国领事均在。顾维钧氏由探员四周严密保护,赴马迭尔恩饭店,该处为调查团下榻处。美代表麦考易将军由美领汉森导往旅馆,沿途二里余,岗位严密。中俄人士对调查团抵哈,异常注意。

【北平九日电】 哈电。国联调查团七日晨乘叛逆所备专车赴吉。我代表顾维钧仅偕随员二人同行。顾氏此行,虽经莱顿之折冲,得叛逆允许,但尚附有限制性质之条件。顾及莱顿等为意在完成调查使命起见,只得委曲接受。

同时叛逆并派伪外部总务司长日人大桥等三人同行去吉,纯为监视。一行于七日午前抵吉,即访驻吉日总领事,对万宝山事件及日军攻吉事件作种种诘问。辞出后,即于午后三时半离吉,七时半返长。该团定今晨由长来哈,顾仍同行。此间已准备接待,已发表一切虚伪宣传,自今晨起车站方面已从事警戒。

【哈尔滨八日路透电】 昨日韩人四名在此间被拘。据称彼等系恐怖党机关领袖,拟于调查团自长春来哈时,作不利举动。

【日内瓦九日路透电】 国联行政院今日开会,讨论国联调查团初步报告书。

【日内瓦四月二十五日合众社电】 国联本日公布中国代表团十二页之长文照会,题曰"满洲傀儡政府与日本在满洲之统治"。该照会称,日本常乘机侵略中国,获得在满洲实际政治之统治。日俄战后,日本对华侵略野心,无一日少弛。该照会历述满洲为中国领土一部之理由,现时在满日军约达五万,美国及其他联盟国家不能承认违背盟约之政治情势。九一八以来日本在满洲之军事,在破坏中国行政完整。在另一国领土施行占领,其违反国际法原则,实毋庸置辩。最后历述日本在满洲之敌对行为。

(《大公报》,1932年5月10日,第三版)

254. 沪租界工部局报告调查团:因战事关系失踪者八三七人,四百八十九人系被日人拘捕!

【上海九日下午七时发专电】 工部局警务处八日报告调查团,截至四月三十日晨九时止,共据报告因战事关系失踪者八百三十七人,内一百九十一人已有下落,余无踪。失踪总数中有四百八十九人据报系日人拘捕,余仅报失踪。有下落者中一百三十六人由日人释放,余由他处送还。未报失踪由日人送交警务处释放者二百一十八人。据日人及他方名单,尚有三百六十四人由日人交与其他机关。又界外之人据报失踪者八十三人,内十三人已还。工部局称日兵过乌镇路桥殴人案,该局已提出抗议。

(《大公报》,1932年5月10日,第三版)

255. 纪沈阳之行(续昨)

日人希望

日方既一方面用最严厉的手段,不使中国人之至沈者与真正之中国人见面,一方面更制造言论及虚伪团体,向调查团请愿团①。在平时吾人早已料及,并对莱顿爵士等先为相当之说明,故或未必受其蒙蔽。日人对于调查团之希望,为对于其所一手制造之满洲加以承认,至少亦希望调查团对此所谓"满洲国",负向世界各国介绍之使命。试读四月二十一日大连《满洲报》所载之论调,即可知之。其文曰:"今者'满洲国'又置于国联樽俎之上,以供其折冲。若就其究竟能否成功而论之,则观夫'满洲国'之现状,已为牢固不拔之定局,时至今日,即以任何力量,亦终不能推动者。设国联调查诸君,苟希冀获得否认我'满洲国'之材料而调查,则将来必致大失所望。反是,调查员倘只欲认识'满洲国'之实况,为之担负介绍于世界之使命,则诚为'满洲国'之利益。'满洲国'既有利矣,则利益于世界者,亦必如响斯应②。在调查团之目的,并未否认'满洲国',其使命乃为介绍'满洲国',固可深信不疑者。秉此意味,吾人对此以世界权威者组织之国联调查委员团之绅士团体之来满,始所以愿表欢迎并祝福祉焉"云云。

本庄之词

复次扰动东北全部之日本本庄司令,于调查团莅奉之初,以英文发表欢迎之辞。其内心虽一意尚欲续为破坏和平之举动,而口头仍望中日友谊之复归和好。其原文云:"我欢迎自远道来的调查团时间,已是到了。调查团将遍走满洲各地,他们很辛劳的旅行,是值得我们心坎中的感激的。眼见是真,调查团现已足踏中日争端发生之地,对满洲必能得到真相,对三千万民众之希望,必能加以注意。调查团更可认识中日两国如车辙相依,无论在种

---

① 编者按:原文如此,多一"团"字。
② 编者按:原文如此,应为"如应斯响"。

族上、文化上，均有密切关系。从此，调查团对于东方之认识，必更为正确，使日后的工作，更有效能。这是我所希望的。回顾三千年来的历史，知中日两国在文化上、活动上，彼此之相互关系都很密切，不幸近年来二者之间格格不相入。但仍希望二者之云雾，相信于最短期内，能一扫而空，于是我们仍能彼此互助，重创一种新的永存的友谊。此外，日本自知负有东亚和平之使命。国联之立场，既□我求世界的和平，希望与我以同情，对此加以认识。再者关于东亚迄未解决的各项问题，希望予以机会，使之得能以真相贡献于世界。满洲的春天，也是到了。久受旧军阀虐待的农夫们，因有可靠的保障，已着手耕种他们很膏腴的田地。我谨在这融和的天气，恭祝调查团全体行程的顺利"云云。

违心请愿

四月二十二日，日方果使其御制之所谓奉天市总商会，向调查团请愿。其请愿书全文云："国联调查团诸位先生均[钧]鉴：诸公不辞风尘劳苦，远涉重洋，惠然莅止，商工等莫名感激，无任欢迎。诸公负调查使命而来，敝会谨代表全市商民为诸公聊进蒭言，以备考查。惟商工智识虽属简陋，意思敢信诚实，所言是否有当，诸希亮鉴。查奉省近年以来，商工业非常凋敝，市面已极恐慌。百物昂贵，生活困难，税捐苛重，无力担负。市街表面重楼高宇，商工内容十室九空。凡此种种，商工备受，推其所致之因，商工等欲哭无泪，欲诉无门，常怀敢怒而不敢言之苦衷。我商工何辜，而致于此极，可为痛恨而长叹息者也。自上年事变后，迄今数月，四处胡匪蜂起，农民逃亡相继，而商工业更不堪言状矣。（此段明明暴露日方之罪状）兹幸新政当局迭次宣言，免除苛税，与民更始，今已将营业税及各项税捐分别减免，商工等莫不感戴。当兹'新国家'成立，百政维新，商工业定必发达也。我调查诸公，负重大之使命，具世界之眼光，学识俱优，莫名钦佩。爰将敝处现在商工业之实在情形，缕晰陈之，伏希均[钧]鉴。并请转达各国政府，是所盼祷。奉天市总商会"云云。同时并发表一宣言，末谓"谨代表全线百万商民，郑重宣言"，充满日本语气及文法，当出日人手笔，可无疑义。其"代表全线百万商民"之"线"字，奉天市非南满线，何得妄用，尤为全文之破绽。

四月二十五日，日方复遣所谓农会会长吴裕泰、刘宝恩者求见莱顿爵士。时爵士已厌闻此等伪民众代表无耻向祖国狂吠之声浪，藉口将往访本庄，令副秘书长贝尔特代见,谈约数十分钟始去。此次日方使伪代表等所陈之意见如左:(一)过去悲惨之暴政,为人间所不堪受;(二)请调查团谅解所谓"新文明"的设施;(三)东北农业状况之大概;(四)地理上、历史上所谓"满洲国"与民国的不同点;(五)所谓"新政府"已以款项救济农业。二十八日午后四时,日方又使沈阳伪教育会长林日宣,踵大和之门,叩莱顿求见。莱顿又使秘书代见,该林日宣遂将日方所授之意旨,作后列之陈述:(一)请调查团实地调查东北实况。沈阳及其他各处在旧政权时代,教育经费不足,薪给低廉,因此教育事业不能十分发展。(二)国民政府统一后之三民主义教育,其中比较的有排外的意味。"新国家"的教育,注重王道主义,及国民教育、实业教育等。此外并有朝鲜农民等二十余人,身穿白布之衣,被日方驱上大和旅馆,强迫的向贝尔特陈诉被匪抢劫之苦。当时有人问:"何以今日之东北土匪,较以前为多?"鲜人等均瞠目不知所答。(未完)

(《大公报》,1932年5月10日,第五版)

256. 国联行政院审议初步报告,日本反对移交大会

【日内瓦九日新联电】 本日之国联行政院会议,其议程中列有审议国联调查团第一次报告事件。又电,国联行政院对于莱顿爵士等之第一次报告如何处置,极可注目。行政院万一对于该项报告交大会,恐难保不再惹起日本对国联之正面冲突。因此长冈根据日政府训电,历访德留蒙及行政院有力国代表,努力折冲。为此行政院方面正在考虑缓和策,但此缓和策将取如何形式,尚未判明,因此视行政院方面之举动如何,恐将发现相当之纠纷。又电。长冈本日午后四时访问秘书长德留蒙,根据日政府训电,力说反对行政院将国联调查团第一次报告移交大会之事,以唤起秘书长之注意。因此德留蒙力主十日之行政院公开会议最好不要过于议论,庶几于实际之解决有效也。

(《大公报》,1932年5月11日,第三版)

257. 纪沈阳之行(续昨)

日报界书

最后所谓"满洲国"报界联合会及在奉日本新闻通信记者协会,各致声明书于调查团。前者认贼作父,满纸均是叛乱祖国之措辞,殊无一纪之价值;而后者为日人自称强占东北之缘由,厥在防止赤化之蔓延,强辞夺理,亦可知日俄之紧张。兹录其全文如左:

"吾等在奉之日本新闻通信记者协会,得以欢迎诸委员及随员等,谈东洋福祉与人类幸福和平,深为欣幸之至。

窃久为我祖国人之所最苦恼者,人口问题是也,即为日本最大之问题。惟其处理过剩人口之法,则在不塞移民外国之途。据今日世界列国,均以人类和平为原则。苟列国再塞日本人满蒙之途,则日本人口无所适从,已无疑义。日无满蒙不能生,是属日本人之信念,则满蒙之事实上亦纯为日人倚赖之处,即谓生命线是也。吾思贤明诸员,亦当夙所谅解。

中国政府尤其是东北旧政权,曾有澈底排日之计画。吾邦之人,于满蒙曾受如何之压迫,苟举其例外,则已过多。而无论何国何机关,从未有讲此防止之段者,均未有此不正之压迫。吾日本处于不能退出满蒙,因限于退出则死耳。故除倚赖自己外,别无他法。

日本之与满蒙历史上、地理上之关系,因缘甚深,今无说明之必要。且曾两次赌国命而战,非野心也,胁迫排斥,不能默尔,求生存不得,不得不起而争耳。幸而告捷,日本始克安固国防而生存。是日人之对满蒙,强固执持,尚有不当者乎?抑特殊地位之要求,渠为不当乎?

日本着手满州[洲]已半世纪,在此文化的、经济的开发之功绩,谁亦不能否认。投资至十七亿元,乃有今日通铁道、开矿山、发达工业之成绩。中国移民之来者年数十万,数十年间人口增加约一千万。海外贸易之总额,占中国三成五分之巨,成为中国全土最富庶之地。其地居民,凡中国各地之民均有,咸来增入,同享幸福,俱非得日本拮据经营之所赐耶?且日本之倡共存共荣,非口头禅耳,实目下之大事也。故日人之对满蒙感情敏锐,倘知其事实者,则其间并无些微之不当也。

俄国在极东进出，系其多年之愿望。使哥萨克之铁骑，掠取西比利亚，以连盐浦，又尝压迫及怀柔前清，欲夺南北满以至旅大，遂其肋迫日本之生存，与夫搅乱处东洋和平之局，斯为过去之事实。迨彼皇室崩溃，今日之苏联，遂得谓其进出满州[洲]之危险乎？为防止其危险计，日本曾大事劳役，亦为日本安全计，抑亦即为世界安全计耳。夫世界之赤化，以苏俄为根本的国策。彼曾广弄诡计奇术，欲使中国赤化。虽以特殊情形，一旦蹉跎，然至今野心未死。即今日中国各地之所谓赤化者，同，①莫非彼播种所得之花果也。外蒙一区全赤化矣，有目共睹，谁不知之？即现在对于间岛地方，亦当伸其有组织的赤化之手段。苟一经放弃不闻，则极东地方之赤化，即告成功。因彼在满不能遂其赤化之愿，或遂认为思想的世界经略之第一步失败，于是而发生于满洲阻止日本之事乎？日本着手满洲之时，对于果有以此思想泛滥及危险及于此地者，非当然努力设堤以防之乎？谁能信及中国耶？谁能与彼为相手方，尚可以之视为普通之国家而与之交结耶？其本土之不统一与混乱究有何等意味？假民意实行革命二十年矣，变乱频仍，四海鼎沸，迄未造成强固之中央政府，支配中国，盖已入于崩溃之途矣。彼又不省悟，慢不觉察，藐视条约为无关紧要之事，外国人之生命财产，欲与其在中国之安全稳固，岂可为哉？因之列国有监督海关者，有设立居留地者，如此尚堪谓之非列国不信用中国之明证耶？中国既诚然不堪信用矣，然则吾人所信中国开发我生命线之满蒙治安，尚委之彼手经理，是则日本至何地步，何堪设想？盖满洲事变之原因，如此之深且远，日本之用兵，犹谓违反国际联盟规约，指之为不适当者，实莫大之错误也。吾人常与中国人同一居住，中国人凡有互相争斗，与友人打闹叫嚣之事，屡见不鲜。不问其苦力之争，军阀之争，必向第三者诉自己之理由，冀博胜利，即其传统的外交致[政]策，其根本即在博得他国之好意，而其实则不出背信利用方法也。凡读过中国历史者，多能明白上开要点。盖其利用第三者，为彼等生活哲学，又为其外交之基础。此等无价值之利用，即可证其完全无价值也"云云。

吾人不已云乎，当吾人在北平时早已料及调查团行抵东北之后，必有日方制造之伪团体作伪请求，陈述伪民意。盖真正之东北民意，已为日本宪兵及侦探摧残以尽，虽与调查团之所居者相距不过咫尺，未由向莱顿爵士表示也。虽

---

① 编者按：原文如此。

然，莱顿爵士早已了解其中玄虚矣。总计调查团之在沈阳，共凡十有二日，其间最忙之日期，只为二十四、二十五、二十六等日，其余大部分时间，多用于向本庄作拒顾问题之交涉。据莱赖爵士向私人表示，谓此次在沈调查之结果，中国方面之真正意见及当事变时之真相，仍罕有所得。日人谓此老调查方法异常精微者，诚为不虚，但从另一方面着[看]来，日人消灭真正中国之民意方法及手段，亦甚高明。爵士虽有重返之时，设法再觅找真正中国人意见之愿望，结果殆亦不免于失败欤。（未完）

（《大公报》，1932年5月11日，第五版）

258. 调查团初步报告书留交九月大会讨论

【日内瓦十日路透电】 国联行政院开会，主席穆达氏述及已接到莱顿调查团关于满洲之初步报告书。氏称鉴于调查团报告仅敷陈事实，故本届行政院会将不讨论此事，决将其提出九月间之国联大会。日代表长冈接受穆氏声明，但关于满事仍主张日方立场。中国代表胡世泽无保留接受声明。又中国代表颜惠庆氏将中国政府九日来电通知国联秘书厅，称自国联调查团抵长春后，日人监视顾维钧愈为严密。顾接见美教士时，突有日人若干闯入室中，坚欲询问来客姓名，并盘查会见内容。莱顿之秘书阿士道目击此事，并责该日人等，彼等始退。阿氏称日警无权干涉调查团接见代表云。

【日内瓦十日合众社电】 本日国联行政院未加讨论，即通过接受国联调查团初步报告。行政院措施结果，自然将初步报告提交国联大会。日代表长冈演说，谓日本同意接受调查团报告，但不放弃日政府前此关于国联对中日冲突态度之保留。中代表颜惠庆向行政院提一备忘录，评论调查团报告。国联方面现等候调查团最后报告，预料可于九月间行政院会议时提出。

（《大公报》，1932年5月12日，第三版）

259. 调查团受严重监视，无特许状者不得与团员见面

【哈尔滨十一日下午四时电】 外讯。国联调查团因旅馆保护异常周密，无从征询见证人，故调查团与襄助员决定至旅馆外访问。此决定系因见证人有受恐吓、不许自由访问调查团之讯。哈市府当局在报端布告，任何人如无特许状，不许往访调查团员。据谓，此举系据密探报告，发现有不利调查团之有组织计划，以期引起事端。"中"日警士、侦探终日盘踞旅馆，无处无此辈日夜把守。调查团人员一行一止，俱有人跟踪，行人不许在馆前走道上往来。本日得悉，调查团到哈之夜，哈埠电话电报局长范培忠秘密被捕，因彼与欧美人太接近。范为美国安亚巴大学卒业云。

【哈尔滨十一日下午七时电】 外讯。日方准备正式向莱顿抗议：顾维钧由英人数名协助，称日本侦探帮助"满洲国"警察，威吓中国见证人，不许往访调查团员，陈述利于中国方面资料。日方"愤怒否认"有任何干涉举动，谓顾氏此种作用，在破坏对国联调查之信任，并准备为拒绝调查团报告张本。日方抗议称，如调查团员相信有威吓见证人事，莱顿应提出抗议，否则应辟去此项不公正宣传云云。某方印象，以为调查团早日起身，可减少义军活动。当调查团抵哈时，谣传东路西段激战。据可靠方面讯，极端不确。哈埠民众日围聚于调查团所居马迭尔恩饭店前，警士维持秩序极感困难。

(《大公报》，1932 年 5 月 12 日，第三版)

260. 纪沈阳之行（续昨）

人心不死

爱国为上苍赋与我等之一种天性。我绝对不信我大中华民国的国民中有半个汉奸，自我足迹亲临东北以后，我更不信东北全部陷于九渊以下之苦同胞，有一人甘心作汉奸。其中之极少数，亦不过一时为经济或威力所压迫，因

意志之薄弱、勇气之缺乏，致不得不暂为敌人所利用。但彼等仍是中华民国之国民，仍有爱护祖国之爱国心。我人对之，不当与以丝毫之攻击与咒诅，而当与以相当之怜悯。东北虽于日人之口中为"满洲国"，然东北之民众，以记者实地之视察所得，固仍未尝一日忘其固有之国家也。辽宁民众知调查团将抵沈，拟将日人在东北之种种罪状诉诸调查团，以日方警备森严，未能与李顿爵士等一晤，乃于三数日后托欧人某君携华文请愿书，秘密至大和旅馆，代向调查团请愿。兹觅得原文，披露如后："国联调查团各委员诸公伟鉴：日本自上年九月十八日夜间袭占我东三省后，迄今已七阅月矣。事变之后，我国当局以事关联盟公约，遂将此事始末，详细报告于国联。日本自知违犯非战公约，恐各列强出而问罪，遂妙想天开，将至庸极愚之满清废帝溥仪氏，由天津挟制来奉，并巧立名目，组织'满洲国'，强迫溥仪氏为执政，并搜罗中国各处不良份子，分任司法、交通、财政等事务，日与我国家脱离关系，宣布独立。实则所谓'满洲国'者，直系日本之'满洲国'，决非我东北三千万民众之公意。且我东北三千万民众亦绝对不能承认，惟以处于淫威之下，无可如何耳。诸公来鄙国调查此事，我东北三千万民欢迎已极，并愿请公秉公调查，据实报告于联盟会，庶几我中国之冤可雪，而世界之和平，亦可永久存在也。不然倘若惟强是庇，惟弱是凌，则东北之亡固在目前，其如诸公文明人之令誉何？谨此，即颂崇祺。奉天省城全市民众同拜。四月二十二日。"

东北各县民众，以调查团已到，苦于恶势力之阻，未能直接前往陈述我民众之真意，乃纷纷以长函寄往各领事署，托为代达。此种办法未为日方所注意，颇有效力。总计数日之内，从各处收到之哀号函件，约有二千余封之多。人心未死，虽有强力，未能稍戢国人爱国之心，于此可证。

四月二十一晨，记者等自海圻登岸乍离码头，即有寻常苦力民众，笑容可掬，向我等询问曰："调查之外国先生已来，我人可将大连、旅顺收回矣。"刘公使崇杰闻言，不觉为之昨[咋]舌叹息曰："他们竟要将大连、旅顺收回来了。他们的希望心，比较我们为□，他们的爱国心，也比较我们为大了。"其余闻者，亦均为之欷[唏]嘘者久之。记者在沈于所遇之中国人中，上自办事员，下至茶役等苦力，每相遇，辄举以相询曰："君等殆'满洲国'人欤？"则答曰否否，不是，我等皆中华民国人。并有人笑而答曰："那里有'满洲国'人。"言毕，均频频摇首不已。不特此也，彼等每见日探之紧紧追随我等，苟稍有讲一言两说之机会，即低首告予等曰："先生，请当心些，他们（指日探）对你很注意拉。"予等不觉中心为之感动。由是以观,不特日人之亡我中国为不可能,即欲亡我东北,实际上亦必不可能也。总之,今日之东北,表面上似为日军所占,民众不敢有所明确的表示,而精神上均能处处有爱我中华民国之巨量蕴藏。苟日人而不加横暴者,则将向调查团请愿,陈诉被敌人蹂躏经过之民众,必踏破大和旅馆之门户,拥挤至不可名状。在东北陷□苦海之同胞,既如何爱我国家,愿我东北外尚未丧失自由之同胞,更须以更大之力量,以实行爱我国家之工作。

瓜分东北

东北于名义上虽难为"满洲国"之土地,而实际上均已入日人掌握。数月以来,日人派顾问、咨议、连络员等分赴各地,混合于各种政治组织中,以攫取实权,所有华当局不过为连声称是之木偶而已。兹将日人内部瓜分奉省之组织,据记者多时调查所得,分志于后:

(一)奉天省政府高等顾问四人:即金尹章次郎、黑柳一晴、山崎幸太郎、升巴仓吉;

(二)奉天省营运使顾问二人:永田久次郎、木村常治;

(三)财厅顾问二人:色部贡、三浦义臣,财厅咨议四人:大矢信彦、南乡龙音、中滨义久、山田茂三;

(四)实厅顾问三人:高井恒则,新井重色,官樫金雄;

(五)教育筹备处顾问一人:坪川与吉;

(六)高等法院顾问一人:阿比留乾之;

(七)市政公署顾问:中野琥逸,咨议:后藤英男;

(八)官银号顾问三人:首藤正寿、竹内德三郎、酒井辉马,咨议三人:川上市松、川上喜三、黑崎贞雄;

(九)边业银行顾问及咨议共三人:芝田研三、中川芳三郎、富田矩治;

(十)各县指导员,计1. 北镇县四人:四本直行、益田京三、税所谦介、曲条金;2. 黑山县一人:近藤平次郎;3. 义县二人:村田源三郎、解浪武夫;4. 兴城县二人:重冈、河村公武;5. 绥中县二人:泽井铁马、田中一郎;6. 沈阳县三人:永尾龙造、山县伊三郎、□正雄;7. 盖平县五人:景山盛之助、谦田政明、小林才治、叶卯三郎、小林克;8. 岫岩县二人:中尾优、村上辉文;9. 凤城县二人:中川寿雄、仙波清;10. 昌图县三人:多多良康信、川原二郎、冰饱卖一郎;11. 怀德县三人:谷户通议、西川清兵、木寺繁乐;12. 开原县三人:蛸井元义、泽井铁马、藤井武夫；13.洮南县四人：佐藤虎推、宫崎专一、高桥光雄、友田俊章；14.辽源县三人：中泽达喜、新松太郎、山下靖信；15.新民县二人：商冈重利、山根隆之；16.抚顺县四人：中村宁、安斋金治、山上音藏、高久肇；17.西安县二人：吉田雄助、永相建尔；18.盘山县二人：广吉长雄、安斋金治；19.辽中县三人：榊原增郎、柴尾田醇一、河村胜；20.辽阳县五人：副岛种、小岛静磨、大串盛多、关屋悌藏、长田吉次郎；21.营口市五人：都甲谦介、吉小末吉、于冈嘉一、伊藤与次、高冈信次郎；22.庄阿县二人：大沼干三郎、松岛秀宪；23.复县三人：荒川海太郎、福井优、□岛国三；24.锦县六人：庭川辰雄、上杉益喜、野崎达雄、泽井铁马、田中一郎、曲朱善之；

（十一）杀我无辜民众之靖安游击队，其组织为：总队长利田劲，上校参谋官宫本新，少校队附中野维三、山下常吉、冢本义一，炮兵上校队附三原寅三郎，炮兵少校队附横尾直治，主任少校薮冈秀太郎，军医少校斋藤确治，顾问吉村宗吉，连络员远藤清一郎。（未完）

（《大公报》，1932年5月12日，第五版）

261. 调查团半月后返平，昨晨在哈参加杜穆尔追悼会

【上海十二日下午十一时发专电】 张祥麟十二晨由京抵沪。调查团半月后可入关返平，转日，再返华。晋京后赴青岛拟报告书，返欧约在八月中云。

【哈尔滨十二日下午七时半电】 今晨国联调查团参加纪念故法总统杜穆尔大会。

【哈尔滨十一日新联电】 今晨十时国联调查团赴日军司令部访问广濑，为彼等抵此间后最初正式之会见。席间质问北满一带日军配备状态，旋往访"市长"，听取对于"满洲国"之说明。

【哈尔滨十二日电通电】 调查团虽拟于适当时机，与俄方要人非公式的会见，但李特维诺夫已向驻哈苏俄官吏发出训令，勿得接见调查团委员，或提供调查参考资料。

国闻社云。某机关昨接沈阳来函报告，辽宁义勇军于上月二十九日致电国联调查团，报告该军之目的及动机。电云："国联调查团诸君：余代表新宾、

柳河、通化、宽甸等县之军民,将日本所施之种种痛苦诉之于诸君之前。自九一八事变后,东北商学工之无辜被杀者不可以数计。日本置国际公法于不顾,民众稍有言论,则立遭枪决。尤有过者,日本利用汉奸叛逆祖国之事,六月以来,不绝如缕。伪满洲国完全为日本高压所造成,非人民之公意。此种丑剧,何殊傀儡?而日本之野心复变本加厉,将移置彼民,驱逐我民。我同胞即为炮火余生,又将无家可归,可悲孰甚。同为上帝之子孙,自应受平等待遇。日本帝国主义者之虐待我等,实忍无可忍。余深望表同情之诸友邦,群起而攻公敌之日本,并建一和平与博爱的世界。尚有言者,对于各国在东北之侨民,余谨宣誓愿负完全保护之责。余将奋斗到底,不屈不挠,不获最后胜利不止。余等目的与动机,尚希诸君谅解。辽宁民众自卫军第六路司令李全叩。艳(二十九日)。"

调查团诘问叛逆,郑、熙、张支吾答覆

国闻社云。某机关昨接长春报告,国联调查团在长春曾分别与伪国总理郑孝胥、伪吉林长官熙洽等谈话,有所质问。日人管理下当地中文报纸皆有披露,兹特择录如左。(一)调查团委员长莱顿与伪总理郑孝胥于本月四日下午二时半在伪国务院秘书室晤面,至三时四十分始谈毕。谈话内容,郑不发表,但对日本记者作下列之谈话:"今自'国家'成立之后,由旅顺寓所来京出席。而今莱顿问以成立历史,余未能作答,只答以前事请问委员会可也。关于'国家'之行政,余观民国二十年以来政策,悉为不适当。'满洲国'行政,吾决不采民国之方法,所谓以王道为基础,为我三千万民众之幸福与安宁计,并以'国家'百年基础巩固为存心。最后莱顿谈及委员会成立方法,如质问委员会依民意而产生,抑或由强大机关督促而成立,我无若何答语,请其再问委员会"云云。(二)五日下午二时,莱顿、克劳德尔、麦考易、希尼、马考蒂五委,秘书长哈斯及顾问杨华特等接见伪吉林长官兼伪财部长熙洽。调查团对熙洽有严重之质问,其问答语如下。莱顿问:"九一八事变后,出任为吉林省长之理由安在?"熙洽答:"因被民众推举,固辞不得,乃出而膺为省长,维持治安。"问:"反吉军首领为谁?"答:"全部已反。彼事因一时不知'新国家'之实体,而行反对,全系误解。"问:"反吉军之目的如何?"答:"彼等殆无目的,虽于表面上声称尽忠报国,惟其实则不过欲求把握政权而已。"问:"所谓'满洲国'建国运动如何?"答:"依民众之意志。"问:"民众之意志,果何以证之乎?"答:"农商工各界代表对本人恳求速行脱离旧军阀而建'新国家',然该代表等可以为三千万民众之代表。"熙洽问:"贵团到满后之感想如何?"莱顿答:"现尚未到发表时期。"谈至此,熙洽不再发言。莱顿乃出一册关于财政问题之详细质问书,手交熙洽,请其逐项答覆。熙当时无法回答,乃约以改日以书面答覆。(三)调查团五委于五日上午十一时接见伪实业部长张燕卿,以下为该团质问之情形。调查团问:"中国民国时代之产业上既得权如何处理?譬如中日合办事业,或中国与欧美各国合办事业,或纯粹日本经营事业等项。"张答:"以中国时代之合法手段处理之既得权利,在现时亦无别种处理法。"问:"各国商人如向满洲投资,能平等处理耶?"答:"妨害国家治安之商品,例如武器类,或有害卫生之商品,如鸦片、海洛英等以外,均平等处理之。曩日曾宣言满洲门户开放事项,阁下当能知悉也。"问:"关税一项完全与中国分离,归'满洲国'直接管理而其收入之款,归外债担保部分者何如?"答:"满洲成为独立国家,与中国分离,至外债担保之详细事件,请询财政部方面。"问:"汝个人对于在满洲之产业政策如何,曾于新闻纸上所载者,吾愿得详闻若何。"答:"并无此事,此乃新闻记者之误传。目下正向各方面调查,俟调查完了,即作成真实政策。"

(《大公报》,1932 年 5 月 13 日,第三版)

262. 调查团又一报告书,根据日方报告作成,内容分四点

【日内瓦十二日路透电】 国联十九国特别委员会今日发表报告书,内称国联全体大会决议案之要点,在停止上海中日战争及日军之撤退。以上各项已在进行中,最近日军可望完全撤退。关于东三省问题,特别委员会目前不便有意见发表,现正静候国联调查团之报告书。

【哈尔滨十三日电通电】 调查团各委员昨与长冈会见后,已复向国联作成一报告书,其内容如左:(一)北满日韩侨民人数;(二)事变前之北满情形;(三)日军开入哈尔滨时之情况;(四)北满日韩侨民状态。又电,莱顿爵士于昨日下三时往访中东铁路督办李绍庚,质问东铁问题,当由李氏就该路建设历史及现状详加说明。据闻铁路专门委员拜安氏,亦就俄方扣留该路机车及客货车事件并人事方面问题,作相当深刻之质问。又调查团逗留哈埠期间,已决定延长两日。

【哈尔滨十二日新联电】 调查团本日午前十时访问长冈代理总领事于官邸,听取说明日军入哈埠以前之状况。

(《大公报》,1932年5月14日,第三版)

263. 日人攫取东北权利之铁证:曾拟三种重要合同,强迫马占山签字遵守!马占山电告调查团揭穿黑幕

【北平电话】 绥靖公署昨接马占山来电,并附日人强迫马氏签订之合同三件及要求遵守之公函一件,请为转致国联调查团。原文如左:

"张绥靖主任钧鉴,请转致国联调查团莱顿委员长及各委员勋鉴:文电计邀澄察,电文简略,词意未详,兹再为贵团陈之。查日人侵占东北,自知强暴侵陵,不容于廿世纪之文明国际,强词夺理,以朦世人。观其一再宣言,不曰出兵保护侨民,则曰中国无遏制苏俄赤化之能力,不得不出为防止,以遏世界之乱萌。而按之实际,日侨之在我中国者,各地方官对于保护侨民不遗余力。纵民众心理,以日人种种横暴无理,仇视至深,时有抵货举动,实以官厅随时遏止,防其稍逾范围,因之未闻杀一日侨。即去年九一八辽宁事变以后,对于非战斗日人,亦仍保护如常。可见中国向以正义人道为重,不怀报复主义,能忍人所不能忍。此种事实,国联远在日内瓦,或未能详悉,而英美各国派遣使馆参赞及驻哈领团实际调查,使节所至,西及满洲里等处,当有秉公之报告。反视日人对我华民,如济南惨案及万宝山、朝鲜等案,杀戮我无辜华民,动辄数以千计。去年辽宁之屠杀,与夫本年上海江湾、闸北等处之杀及平民,种种惨无人道之举,当为国际间所共见共闻。至对于赤化,我中国政府向取积极防止之宗旨。东北地邻苏联,尤以黑龙江省边界在在接壤,以防范之密,对于赤化书籍、印刷品等检查甚严,不任流入,通商一节,亦复考虑至今,仍取封锁政策。占山治军沿边多年,对于赤化,既严厉禁止,即沿边人民,亦以赤化为可畏,莫不避之若蛇蝎。即如嫩江桥战役,日方宣传我军得苏联之协助,其实全军中不但无苏联军官参加,即白俄人亦无一加入者。苏联方面亦觉自顾不暇,极力避免与我方携手之嫌疑。可见日人所宣传,纯系欺骗世人之谈,而防止赤化,我国具有真实之把握,不劳日人越俎代谋。此次占山窥破日人阴谋,为救国计,统率军队,急来黑河,作正义之抵抗。日人又复宣传,谓与某国有关,藐视我民族直

无敢抵抗者,有出而抵抗,则谓必有外力。以堂堂大国竟出此无赖宣传,以朦蔽世人,侵扰和平,不知中国近年以来民众之世界观念国家思想,迥非三十年前拳匪扰乱时可比。凡列国人士,苟稍明中国情势者当能详悉。日人饰词狡辩,无非藉以为侵略之工具,不攻自破。国联为维持世界和平惟一之仲裁机关,贵团负重大之使命,来华调查,无非欲详悉内容真相,尚望以最真确之观察,为最公正之报告,使野心国家不得逞其狡展,则不仅中日问题可得解决,世界永久和平亦实利赖之。兹将日人强迫而未予以签字之各项契约合同分列如左,并请鉴察。黑龙江省政府主席马占山。"

一、对于黑龙江省官银号复业资金借款合同

黑龙江省政府与南满洲铁道株式会社,兹关于黑龙江省官银号复业资金借款订立合同如左。第一条,会社借与省政府日金三百万元,以为官银号复业资金。第二条,借款期限为五十年。第三条,借款利率定为年利七分五厘,即每一百元一年为七元五十钱利。自本合同签字之日起,由呼海铁路收入项下每半年交付一次。对于不能按期交付之利息,不付利息,但该延滞利息以交付该年度利息之余款,尽先交付。第四条,借款元本按另订偿还表由呼海铁路收入项下按年摊还一次,但未满期限以前,不得全部还清。第五条,现在及将来属于呼海铁路一切动产、不动产及一切收入,为本借款本利之担保,前项担保不得为本合同以外债务之担保。第六条,省政府将呼海铁路一切经营,委托会社。第七条,本合同于签字时发生效力。第八条,本合同缮写中日文各二份,省政府及会社各各存一份为证。关于本合同之解释如有疑义时,据日文决定之。中华民国二十一年□月□日、昭和七年□月□日①,黑龙江省政府省长马占山、南满铁道株式会社总裁内田康哉。

二、呼海铁路经营合同

黑龙江省政府与南满洲铁道株式会社,依据黑龙江省官银号复业资金借款合同之规定,缔结经营呼海铁路合同如左。第一条,省政府将经营呼海铁路一切事宜委托会社。第二条,省政府应派局长一名,担任本铁路监督之任务。第三条,会社应派代表一名,担任经营本铁路之一切事务。第四条,局长及会

---

① 编者按:原文如此,文内为缺字框。

社代表之薪俸，由省政府与会社协定之。第五条，局长随员之薪俸以及其任免黜陟，由局长决定之。但所需之该经费额数，由局长与会社代表协定之。第六条，本铁路之总收入倘不敷该年度之营业支款时，由会社无偿补填之。但对于因事变及其他不可抗力之特别支出，届时协定之。第七条，本铁路之利益金，以其一百分之五十为事业费，即保存既成设备以外之新设备及改良等用费，一百分之三十分配省政府，一百分之二十分配会社。各项利益金即指总收入内之赢利，支出当该年度之利息及该年度延滞利息，及当该年度应付之本金之余款而云。第一项所定之省政府收得金，不满黑龙江省官银号复业资金借款合同之债款总额之一千分之六时，会社填付省政府，其差额至一千分之六为止。第八条，本铁路须连接齐克铁路，及将来以哈尔滨为起点或为终点而新设之铁路，将该两路合并经营之。第九条，建设本铁路接续线及其支线或延长线时，应由会社选派总工程师一名担任其建设事务，所需要之资金，由会社借与之。第十条，所定之事业费不敷时，可由会社借与之。前二项之借款，作为另外借款，其利息按黑龙江省官银号复业资金借款合同借款利率同一办理。第十一条，关于本合同成立时，呼海铁路既有之债权债务，另协议办理。第十二条，本合同于黑龙江省官银号复业资金借款合同成立之时发生其效力。第十三条，本合同缮写中日文各二份，省政府及会社各存一份为证。关于本合同之解释如有疑义时，据日文决定之。中华民国二十一年□月□日、昭和七年□月□日①，黑龙江省长马占山、南满洲铁道株式会社总裁内田康哉。

三、中日合办航空运输营业契约（马占山为甲，林义秀为乙）

甲乙之间，关于以飞行机运输旅客及货物，缔结以下之营业契约。（一）本航空运输营业依中日商民之合资办理之。（二）由支那方面关于本航空营业须供给凡必要之一切设备及航空机。（三）关于本航空事业之经营方法，以甲乙两者之合议决定之，至于业务实行则由乙担任之。（四）因本航空营业所生之损益，由甲乙两者折半分担之。（五）本契约之存续期间自大同元年三月一日起算，先定为五年，至期满时经过甲乙两方面之协议，得继续增定之。（六）本契约以中日两国文记载之，各保存一部。本契约于双方署名盖章后，即作试验飞行。大同元年三月一日立，马占山、林义秀。

---

① 编者按：原文如此，文内为缺字框。

附航空运输营业契约说明书 （一）中日合办航空运输营业契约第二项所规定之须供给凡必要之一切设备及航空机者,其意系指由甲方供给飞行场。（二）营业所生之损益,虽谓由两者分半云云,但一切损害由乙方负担,不使甲方负担。（三）航空路途开始哈尔滨,经过齐齐哈尔至满洲里线,故哈尔滨及满洲里即设飞行场,再相机在齐齐哈尔经嫩江至黑河线及哈尔滨经海伦至黑河线建设之。现在先于嫩江、黑河及海伦设飞行场,右说明书交换。大同元年三月一日,马占山,林义秀。

四、村田公函

昭和七年三月一日,省政府顾问村田懿磨公函（盖村田章）"黑龙江省长官马占山阁下:拜启者,今后当于政务执行之时,必须实行左记各事项,并盼加以注意。左记事项事前必须得顾问之承认:（一）关于重要法令、规则之制度改废事项;（二）关于重要政务事项;（三）关于用人事项;（四）关于预算决算事项;（四）关于预算以外支出事项;（六）对于他省及外国交涉事项;（七）关于各厅间权限事务分掌之疑义事项;（八）其他重要事项。急速应作事项,关于财政厅者:（一）由奉天因借款所得资金之使用,预定明细表,须即提出;（二）民国二十年度实行预算之编成,须即为之。"

（《大公报》,1932 年 5 月 14 日,第三版）

264. 纪沈阳之行（续昨）

南满铁路目下为巩固其一己之组织起见,已着手雇用大批低级薪水之日员,注意逐渐改良其下层工作。同时对于旅客之搭乘及货物之运输,已自大连起直接至长春、吉林,将南满与吉长铁路联成一线。

中国铁路之路警,目下仍为华人,尚未撤换,惟每人只有子弹三发,以防反日。据日方预定之策略,此项保护铁路治安之华警,将俟调查团完全离东北时,一律换以日人。现每一日宪兵,约节制路警三名云。

上述云云,只日人夺取我铁路阴谋之一部分,其他之尚未发现者,或较此为更甚。以日方对铁路夺取行动之如此积极,长此不已,东北全部之铁路,三年以内殆将不复再为我有。伤哉!

黑暗世界

沈阳为日本侵占东北之大本营,故沈阳实为黑暗中之最黑暗者。我人旅居沈阳凡十日,得沈阳当时之罪状如后:

(一)沈阳警察所长李㳘实为日人,原名为三谷大佐。因调查团到沈,故改华名,冀淆外人之耳目。

(二)中日交界处搜查甚严,大西边门一带尤甚。

(三)日人之对待沈阳民众十分残虐,其躯体上之残酷攒击,视为常事。

(四)凡有一切伪运动,如庆祝伪国成立等,必强迫居民参加游行,违者指为叛国,处以极刑。

(五)同泽女子中学校,已改为警厅。

(六)冯庸大学驻日军一中队,兵工厂驻日军游击队,北大营等处亦有大批日军。

(七)日方收买沈阳附近之皇姑屯土地,每亩取价甚低。

(八)沈阳日铁路区域,约有警察七百人。

(九)全市商业衰落,大商店多迁移。

(十)车站方面日军往来运输甚忙,城内则驻有大批日军。

(十一)外人对日方所谓九一八夜华方破坏铁路之证据,多嗤之以鼻。因:1. 铁路上虽有至小之破裂,火车必不能安全行驶于其上,今该路被华军炸去二三尺,何以当时火车仍能驶行;2. 当时南满路抵沈之快车,均准时抵站,未误时刻;3. 被毁后铁路之修复,以工程上计算,至少须二小时,何以当时该路于事变时,军运之车速率反增;4. 在沈外人只闻枪炮声,未闻炸裂声。(未完)

(《大公报》,1932年5月14日,第五版)

265. 纪沈阳之行(续昨)

叛逆组织

记者抵沈之第三日,与西友之现为外交官者,相遇于大和旅馆之三楼。寒暄既竟,记者询问曰:"日人之所谓'满洲国'者,君意究为何如?"友曰:"呲呲!

此间只有'本庄国',安有所谓'满洲国'者?君试思所谓'满洲国'中之要人,无一人有政权,亦无一人有财权,军事更不必言,且事无大小,必待日人之取决,方敢执行,谓非'满洲国'即本庄国,而谁之信?"记者爰就调查所得,将本庄国之形形色色,撮述其大略于后。

胚胎之始 九一八事变后之数日,日人即在沈阳网罗各色汉奸,组织地方维持会。越数日,记者与西记者鲍威尔君赴沈调查,综合各方之趋势与私人消息,知日人已有将地方维持会之组织扩充为"满洲国",以为攫取东北各种利权之工具。自是以后,日人竭数月之力,专向设立本庄国之方向前进,奔走筹划。至本年三月底,而规模始具。

建国运动 伪国于宣告成立之初,创为全满之伪建国运动。所谓伪国之建国运动者,由日人命令少数汉奸及被胁迫之民众,于二月二十九日午时开会,散会后外出游行,并发宣言云:"顷闻全满民众,解除束缚,相见一堂,讨论建国大计,开从来未有之局,真正民意藉此表现,欢忻鼓舞,自不待言。惟于建国理由,外间未必尽喻,谨本公意,详为开陈。全满民族古称肃慎,风俗条教殊于地方,历祀数千,未之或改。有清崛起兴京,入主中夏,而于满蒙故地犹沿旧俗,未尝强以齐同。是知政贵因时,文质异尚,削足适履,窒碍必多,此基于斯族历史必须建国之理由一也。汉取辽东,唐灭高丽,夷为郡县,终致沦亡,良以榆关以东,地长各线,远隔中土,别为一区,汉唐盛时能取而不能守,盖由于此。此基于地理关系,必须建国之理由二也。往者扶余建国于长春,渤海建国于宁安,女真建国于阿城,满洲建国于兴京。其小者保一隅,传祚数百,其大者肇基东土,进据中原,王业之兴,已至三四。此其历史成例,必须建国之理由三也。近来内地多故,祸乱相寻,立国二十年,迄无宁日。加以军阀割据,苛政虐民,既于煮豆燃箕[其]之中,将成玉石同焚之势。载胥及溺,智者弗为,不远而复,往哲是与。此基于地方现状,必须建国之理由四也。再进一步言之,民为邦本,古有明训,民视民听,天且弗违。全满地方,既以人民为主,全满建设,自以民意为从违。民意而在树立新政府也,则政府以立,民意而在建设'新国家'也,则国家以成,民众所最爱戴之人,则推为元首,民众所欲设施之事,则发布为政令。全满民众,意志已决,自应早奠新基,为收拾人心之计。此又基于人心公意,必须建国之重要理由也。以上五种理由,皆为全满地方所具之特因,亦为我全满民众,人人所欲言。兹于二月二十九日,在奉天省城开全满促进建'国'联合大会,根据上述理由,讨论建'国'问题,并经议决,向东北行政委员会提出请愿,克日建设'新国家',推戴元首,并本美政王道主义,增进人民幸福。全满一致,询谋佥同。特此宣言,敬希公鉴。大同元年二月二十九日。"(未完)

(《大公报》,1932年5月15日,第五版)

266. 纪沈阳之行(续昨)

叛逆收府之组织,以执政为最高领袖,下设国务、立法、监察三院,民政、外交、军政、财务、实业、交通、司法七部。兹载其详细组织如后,以供国人之研究。

(一)叛逆政府组织法　第一章　执政　第一条,执政统治"满洲国"。第二条,执政代表"满洲国"。第三条,执政对于全人民负责任。第四条,执政由全人民推举之。第五条,执政依立法院之翼赞,行立法权。第六条,执政统督国务院,行行政权。第七条,执政依法律使法院,行司法权。第八条,执政为维持增进公共之安宁福利,执行法律发布命令,或使发布之,但不得以命令变更法律。第九条,执政为维持公安或防卫非常灾害起见,在不能召集立法时,得经参议府之同意,发布有与法律同一效力之紧急教令,但此教令,须于下次会期报告立法院。第十条,执政定官制,任免官吏并定其俸薪,但依本法及他法律特定者,不在此限。第十一条,执政有宣战、媾和及缔结条约之权。第十二条,执政统率陆海空军。第十三条,执政命大赦、特赦、减刑及复权。第二章　参议府　第十四条,参议府以参议组织之。第十五条,参议府关于左开事项,俟有执政咨询,提出其意见:(1)法律;(2)教令;(3)预算;(4)与列国交涉之条约及合同,并以执政名所行之对外宣言;(5)重要官吏之任免;(6)其他重要国务。第十六条,参议府关于重要国务,得对于执政提出意见。第三章　立法院　第十七条,立法院组织法,依法律另定之。第十八条,所有法律案及预算案,须经立法院之翼赞。第十九条,立法院关于国务,得建议于国务院。第二十条,立法院得受理人民之请愿。第二十一条,立法院由执政每年召集之常会,会为一个月,有必要时,执政得展期。第二十二条,立法院非有议员总数三分之一以上出席,不得开会。第二十三条,立法院议事以出席议员之过半数决定之,若可否同数时,即由议长决定之。第二十四条,立法院之会议公开之,但得依国务院之要求,或立法院之决议,为秘密会。第二十五条,立法院所议决之法律案及预算案,由执政裁可令公布施行,立法院否决法律案或预算案时,执政具其理由,付诸再议,仍不改时,咨参议府裁可否决。第二十六条,立法院议员关于院内之言论及表决,于院外不负责任。第四章 国务院 第二十七条,国务院承执政命,掌理诸般之行政。第二十八条,国务院置民政、外交、军政、财务、实业、交通、司法各部。第二十九条,国务院置国务总理及各部总长。第三十条,国务总理及各部总长,无论何时,得于立法会议出席及发言,但不得加入表决。第三十一条,法律教令及关于国务之文书,由国务总理副署。第五章 法院 第三十二条,法院依法律审判民事及刑事之诉讼,但关于行政诉讼及其他特别诉讼,以法律另定之。第三十三条,法院之构及法官之资格以法律定之。第三十四条,法官独立行其职务。第三十五条,法官除依刑事或惩戒裁判外,不得免其职,又不得反其意停职、转官及减俸。第三十六条,法院之对审判央公开之,但有害安宁、秩序或风俗之虞时,得依法律或以法院之议决,停止公开。第六章 监察院 第三十七条,监察院行监察及审计,监察院之组织及职务以法律另定之。第三十八条,监察院置监察官及审计官。第三十九条,监察及审计官,除依刑事裁判或惩戒处分外,不得免其职,又不得反其意停职、转官及减俸。(未完)

(《大公报》,1932年5月16日,第五版)

267. 叛逆遵奉日人意旨,欺骗国联调查团——鲍观澄致本庄繁之报告

【沈阳通讯】 国联调查团在东北各处调查,叛逆均遵日人意旨说话,此为一般周知之事。兹从某某方面觅得哈埠伪市长鲍观澄致本庄电,可为铁证。原电如次:"奉天关东军司令部板垣大佐转呈本庄司令官勋鉴:国联调查团莱顿以下十五人,今午后三时正式来访,询问事项与土肥原先生所说相同。澄遵照面示意旨,开诚一一答覆。谈话计有两小时之久,结果甚表满意。知注特闻。哈尔滨特市长鲍观澄叩。真(十一日)。印。"

(《大公报》,1932年5月17日,第三版)

268. 纪沈阳之行(续昨)

(二)**保障人权法** 依全人民信任,统治"满洲国"之执政,兹对于全人民宣誓,除战时或非常事变时外,准据左开各项,保障人民之自由及权利,并定其义务:

第一条,"满洲国"人民,有不被害其身体自由之保障。基于公的权力之制限,依法律所定。第二条,"满洲国"人民,有不被侵害其财产权之保障。基于公益上必要之限制,依法律所定。第三条,"满洲国"人民,无论如何种族,如何宗教,均享'国家'平等之保护。第四条,"满洲国"人民依法律所定,有参与'国'或地方团体公务之权利。第五条,"满洲国"人民依法令所定,有任为官吏之权利,并有就其他名誉职之义务。第六条,"满洲国"人民得遵法令所定之手续为请愿。第七条,"满洲国"人民有受法律所定之法官审判之权利。第八条,"满洲国"人民若有依行政官署之违法处分,被侵害其权利时,得遵法律所定,请求为之救治。第九条,"满洲国"人民非依法令任何名义,无有被命课税、征发、罚款。第十条,"满洲国"人民除反公益者外,得依共同组于保护,增进其经济上之利益。第十一条,"满洲国"人民对织高利、暴利及其他一切不当之经济的压迫,均受保护。第十二条,"满洲国"人民均有享用以国或地方团体公费所行各种施设之权利。

(三)**监察法院** 第一条,监察院直隶于执政,对于国务院有独立地位。第二条,监察院置左开职员:院长特任,监察官简任或荐任,审计官简任或荐任,秘书官简任或荐任,事务官荐任,属官委任。第三条,院长指挥监督部下官吏,总理院务。院长若有事故时,部长之一人承命代理其职务。第四条,院长关于荐任官以上之进退及赏罚,转经国务总理奏荐执政,其委任官以下专行。第五条,监察官承院长命掌监察,审计官承院长命掌审计,秘书官承院长命掌机密事项及承特命之事项,事务官承上官命掌事务,属官承上官之指挥从事事务。第六条,监察院置总务处及左开二部:监察部,审计部。第七条,总务处掌管左开事项:(1)属于机密之事项;(2)关于管守官印之事项;(3)关于人事之事项;(4)关于文书及统计之事项;(5)关于会计及庶务之事务。第八条,总务处置处长,以秘书官充之,处长承院长命指挥监督部下官吏掌理所管事务。

第九条，监察部掌管左开事项，但除属于审计部所管者：(1) 对于各署违法或不当处分之监禁；(2) 对于官吏非违之监察。第十条，监察部置部长，以监察官充之，部长承院长命掌理部务。第十一条，审计部掌左开事项：(1) 对于各官署预算执行之监督；(2) 对于各官署收支及决算之检查；(3) 对于各官署金钱、有价证券及物品之检查；(4) 关于银行代各官署经手之现金及有价证券出纳之检查；(5) 对于依法令特定公私团体会计之检查；(6) 对于官吏会计上非违之监察。第十二条，审计部置部长，以审计官充之，部长承院长命掌理部务。第十三条，监察报告书及审计报告书，于部会议确定，由监察院长提呈执政。第十四条，因监察或审计之结果，行政官署之违法或不当处分，认为须更正者，监察院长得依各部会议之决议，对于国务总理送交意见书，并对其处置要求国务总理之报告。第十五条，因审计之结果，认为该管官吏有赔偿之责者，监察院长依审计部会议之决议，判定其责任，移牒国务总理使执行之。第十六条，因监察或审计之结果认为有惩戒官吏之必要时，监察院长得依各部会议之决议，对于官吏惩戒委员会要求惩戒。第十七条，监察院长得随时本审计及监察之成绩，对于执政提呈认为有法律上或行政上之改正之必要时，并得提呈意见。（未完）

（《大公报》，1932年5月17日，第五版）

269. 调查团即赴黑，叛逆反对调查团会见马占山

【长春十七日新联电】 国联调查团似有非经秘书长哈斯与马占山会见之后不离开哈尔滨之意向，然"满洲国"决定取断然拒绝会见之态度，以此两者间之正面冲突似可预想。又电，"满洲国政府"对于国联调查团与马占山会见之要求，业已发表予以严拒。

国闻社云。国联调查团我国代表顾维钧氏昨有电到平，报告调查团一行定十七日或十八日离哈尔滨赴齐齐哈尔，顾氏本人同行。惟是否赴黑河，电中未提及云。

【哈尔滨十七日下午四时电】 调查团暂缓离哈，将设法晤马占山。日方称，不能设法保护，"满洲国"官吏谓此举为不可能。

【哈尔滨十七日电】 外讯。国联调查团员夜来静聆松花江隔岸炮声。日军与马占山部在彼接触,相信调查团赴齐齐哈尔必经之中东路西段,数日内或将中断。哈埠西七英里之庙台子站发现红枪会员二十人。调查团接洽,拟派代表至哈尔滨以北晤马占山。又电,本日下午马占山部攻庙台子。呼兰桥断后,日军不能自哈北进。本日三方面均有战事,战区周围约十英里。

(《大公报》,1932年5月18日,第三版)

270. 纪沈阳之行(续昨)

(三)①**参议府官制** 第一条,参议府以参议若干人组织之。第二条,参议府置议长及副议长各一人,由执政就参事中命之。议长总理参议府事务,对于参议府所发之公文书署名。副议长辅佐议长,议长若有障故时,行其职务;议长、副议长均有障故时,由参议中一人,承命代理议长之职务。第三条,参议府之意见,依参议府会议之决议决之。第四条,参议府会议,非有参议过半数出席,不得开会。第五条,参议府会议之议事,依出席参议之多数决可否,同数时依议长决之。第六条,议长关于会议有必要时,得使国务总理、各部总长及监察院或其代理者出席于会议,陈述意见。第七条,议长有必要时,得就参议中任命审查委员,审查特别事项。第八条,参议府设秘书局,置左开职员:局长简任,秘书官简任或荐任,属官委任。第九条,局长承议长之命管理常务,秘书官承局长之命掌事务,属官承局长之指挥从事事务。第十条,议长关于秘书局长及秘书官之进退及赏罚,转经国务总理奏荐执政,其委任官以下专行之。

(四)②**国务院及各部官制** 甲,国务院 第一条,国务总理承执政命,指挥监督各部总长,掌理国家行政之机务及责任。国务总理若有障故时,由总长一人承命代理其事务。第二条,国务总理得依其职权或特别委任发院令。第三条,国务总理认为必要时,得停止或取消各部总长之命令或处分。第四条,国

---

① 编者按:原文如此,应为(四)。
② 编者按:原文如此,应为(五)。

务总理监督部下官吏关于其任免、进退及赏罚,奏荐执政,其委任以下专行之。第五条,为图行政事务之连络统一,以维持全局之平衡起见,设国务院会议,由国务总理主宰之,以各部总长、总务所长、法制局长、兴安局总长、资政局长,及其承命者组织之。第六条,左开各件,须经国务会议:(1)法律教令及预算,(2)外国条约及重要交涉案,(3)各部间主管权之争议,(4)预算外之支出,(5)其他重要国务。第七条,国务院各部总长承国务总理命,掌理其主管事务。(未完)

(《大公报》,1932年5月18日,第五版)

271. 叛逆威胁调查团,竟欲要求调查团离境

【长春十八日电通电】 逗留哈尔滨之调查团,虽曾向满洲政府要求设法与马占山会见,但该政府已于昨日用外长名义,表示拒绝之意。惟调查团近确在饭店与类似某方代表者会见,因是满洲当局滋形不悦,似将不辞出于要求调查团离境举之。

【哈尔滨十八日电】 侨哈美国浸礼会教士查理·梁纳德向驻哈美总领事报告,请抗议日军拒绝其赴马迪恩旅馆访问顾维钧氏。顾氏亦提出抗议。

【哈尔滨十七日路透电】 据报载消息,"满洲国"当局与莱顿调查团间似又发生冲突。"满洲国"当局反对该团员与马占山晤见,并闻彼等恫吓调查团,如顾维钧氏仍继续作政治活动,将予以逮捕云。

(《大公报》,1932年5月19日,第三版)

272. 纪沈阳之行(续昨)

　　续国务院及各部官制　第八条,国务总理直宰关于部内机密人事主计及需用之事项,置总务厅处理之。第九条,总务厅置左开职员:厅长特任,秘书官荐任,理事官简任,技正简任或荐任,事务官荐任,属官委任。第十条,厅长承国务总理之命,指挥监督部下之官吏掌理厅务。第十一条,秘书官掌理机密事

项及承特命之事项,理事官及技正,承厅长之命,掌所管事务及技术,事务官承上官之命,掌事务,承上官之指挥,从事事务。第十二条,总务厅置左开四处,处长以理事官充之:秘书处、人事处、主任处、需用处。第十三条,秘书处掌管左开事项:(1) 属于机密之事项;(2) 关于公布法律教令教书及院令之事项;(3) 关于管守官印之事项;(4) 关于收发公文书之事项;(5) 关于发行刊物之事项;(6) 关于会计及庶务之事项。第十四条,人事处掌管左开事项:(1) 关于官吏任免、进退及身分之事项;(2) 关于官吏纪律及赏罚之事项;(3) 关于官吏给与及恩给之事项;(4) 关于议员选任之事项。第十五条,主计处掌管左开事项:(1) 关于总括预算及总括决算之事项;(2) 关于特别会计之预算及决算之事项;(3) 关于国债之事项;(4) 关于收支科目之事项。第十六条,需用处掌管左开事项:(1) 关于营缮之事项;(2) 关于用度之事项。第十七条,各处之分课规程,由总务厅长定之。

乙,各部官制之通则 第一条,国务院各部总长受国务总理指挥,监督掌其主管事务,主管不明瞭之事务,或涉于二部以上之事项,提出国务院会议,定其主管。第二条,国务院各部总长关于其主管事务,认为有法律教令及院令制定、废止或改正之必要时,须具案提呈国务总理。第三条,国务院各部总长关于其主管事务,得要求国务会议。第四条,国务院各部总长关于其主管事务,得依其职权或特别委任,发部令。第五条,国务院各部总长关于其主管事务,得对各省长(除兴安省长)、首都警察厅长发指令或训令。第六条,国务院各部总长关于其主管事务指挥监督各省长(除兴安省长)、首都警察厅长,认为其处分或命令有违制、规害公益之处时,得停止或取消,但重要事项须呈请国务总理之指挥。第七条,国务院各部总长指挥监督部下官吏,关于其进退及赏罚,须呈由国务总理奏荐执政,委任官以下专行之。第八条,国务院各部置司置司官长或以一理事人技正充之,司长承总长命指挥监督所部官吏,掌理其主管事务,各司之分课由总长定之。

(《大公报》,1932 年 5 月 19 日,第五版)

273. 调查团即赴黑，中止与马占山会见

【哈尔滨十九日新联电】 国联调查团一行将于二十一日由东铁西线赴齐齐哈尔。

【哈尔滨十八日新联电】 国联调查团随员十七日于傅家甸视察中被一华人殴打，调查团对此事付诸秘密。又电，国联调查团方面于十八日声明中止与马占山会见。种种纠纷问题，因调查团方面之让步，已见解决。

【哈尔滨十九日电通电】 调查团于昨早十时，在英总领署为与某氏会见问题开会。讨论结果，似金主既已在北平与某氏所派代表会见，则容于日后在满洲境外行之。

（《大公报》，1932年5月20日，第三版）

274. 短评：调查团与马占山

国联调查团要去黑河见马占山，依道理说，本是当然之事。因为马是黑龙江主席，是中国合法官吏，调查团既说调查满洲，那么在听了日本方面报告之后，当然应该听听中国仅存的省政府官吏怎样说法。

但是日本绝对反对，到底去不成，现在业已作罢。调查团工作上，留一重大缺憾。

不过就事实论，不见面也没甚要紧。马主席想给调查团供献的材料，在两次通电上，业已负责宣布了，所以不见也等于已见。

问题只看调查团最后能不能主张公道，要说材料，早已应有尽有。

（《大公报》，1932年5月20日，第四版）

275. 调查团专家数人飞往黑垣

【哈尔滨二十日下午十时电】 国联调查团大部分人员定明日离哈。莱顿氏秘书亚斯道等数人拟领苏俄护照，经由赤塔与海兰泡晤马占山。大多数团员将直接返沈。有专家数人乘日机飞齐齐哈尔。

(《大公报》，1932年5月21日，第三版)

276. 调查团返长春，苏俄拒绝假道会晤马占山

【哈尔滨二十一日上午十时电】 国联调查团今晨由哈启程返长春。

【南京二十一日下午十时电】 顾维钧二十一日电外部，报告调查团不能赴黑晤马占山，日内返沈再定行程。

【哈尔滨二十一日路透电】 国联调查团或须于本日离哈，有某某数团员倘为现势所许，将赴齐齐哈尔，其余团员则返长春。张景惠昨访国联调查团，讨论改革满洲法律、财政各项问题。兹悉现时国联调查团已无与马占山会晤可能。

【莫斯科二十日路透电】 苏俄政府不允顷在哈尔滨之国联调查团团员经苏联领土至大黑河，与马占山会见，其理由系为切欲遵守不干涉满洲内部事件之原则。

【莫斯科二十日合众社电电】 本日苏俄政府谢绝允国联调查团过境会晤马占山。按调查团因"满洲国政府"反对其会晤马氏，故向苏俄协商发护照予该团代表，俾能乘火车由满洲经赤塔至海兰泡。一般相信，在海兰泡与马氏会晤极易，因马氏行踪距彼不远。苏俄拒发护照后，马将不能以翔实消息直接供给调查团。相信莫斯科政府恐因调查团在俄境甚或经由苏俄领土会晤马氏，将引起纠纷情势云。

【哈尔滨二十一日上午一时电】 昨晚美记者亨特，因据称曾殴击保护国联调查团所寓之马迪恩饭店"满洲国"警察，被带往美领馆。据称，昨日亨特氏步入旅馆时，警察紧握其臂，致亨氏大愤，将手臂后挥，推倒带刺刀之警官一

名。昨晚"满洲国"警队闯入该饭店客厅,□调查团员当面,将亨特逮捕。据警队发言人称,亨特违犯"满洲国"受日本当局嘱托保护调查团之规则。哈美领汉森氏当时在场出面干涉,允将亨特带美领馆,按照领判权规定,于今日开审。按调查团在哈期内,该饭店警备森严,凡入内者均须经严密盘查,方可放行。亨特即该饭店旅客。

(《大公报》,1932年5月22日,第三版)

277. 调查团一部返沈,留沈五日即往大连

【哈尔滨二十一日路透电】 莱顿调查团公毕,大半团员于今晨乘专车赴沈。有调查团下级办事员数人,定二十三晚启程;另有调查团员数人,将于二十二晨乘飞机往齐齐哈尔,调查该处情势。预料该团在沈将勾留五日,然后前往大连。调查团为欲与马占山氏会晤,有备忘录致"满洲国"当局,说明欲晤马占山之意,系由于报纸发表之评论,该团之意向与行动,有说明必要。盖争执方面对满洲状况观察不同,现时对任何方面意见均不能接受,故调查团必需听取一切意见,该团已接见"满洲国"官员,故应予马占山以晤见机会。顷间北满发生战事,但按照调查团任命条款,显然不得干涉军事行动。调查团曾通知襄助员与"满洲国"当局代表小桥,有意欲晤马占山。该备忘录又称调查团预料晤马占山在实际上虽有困难,但预料该团意向,可不致引起误会云。

【长春二十一日路透电】 谢介石指顾维钧有政治活动,特向莱顿提出抗议。莱顿已电覆,认此事出于误会,并谓调查团即将发表声明,解释调查团与顾维钧之关系。

(《大公报》,1932年5月23日,第三版)

278. 调查团抵沈阳,叛逆将派赵欣伯等使日

【沈阳二十二日电】 国联调查团莱顿爵士一行,于本日下午返沈。

【大连二十一日英亚社电】 日文《长春日报》云,国联调查团离满洲时,叛

逆首领溥仪拟特派赵欣伯等使日，请求日本正式承认伪国为一独立国，并与日本统治者协商重要问题。

(《大公报》，1932年5月24日，第四版)

279. 调查团对日严重质问：关于铁路及商租权问题为何不向中央政府交涉；俄京又传东北委任统治

【沈阳二十四日电通电】 调查团委员于昨早九时半在日总领事馆，与森岛代理总领事会见时，曾质问日本对满洲铁路及商租权问题，为何不径向中央政府交涉，而转与张作霖及张学良作此项谈判。经该领事说明，此系依据中日及日俄两条约办理，乃辞去。

【莫斯科二十三日电】 沈阳讯称，顷在满洲勾留之国联调查团，拟建议将满洲归国联管理，由以张学良为领袖之国际委员会担任满洲行政事务云云。此间得讯，引起若干评论，惟上项信息未经他方证实。据闻该委员会将包括中、日、英、美、法各国代表，而向国联负责云。

(《大公报》，1932年5月25日，第三版)

280. 东省委任统治说，罗文干谓外部并无所闻

【南京二十五日下午六时发专电】 报载日内瓦电，调查团拟建议国联，将东省受国联管辖，由中、日、法及其他二三国共同组织委员会，以张学良为委员长。记者二十五日往询罗文干，据答外部并无所闻。外传英副领事高赖翰在蚌被枪误伤事，英方对我已有表示，但外部方面截至二十五日止，尚未接到英方有何文件送来。

(《大公报》，1932年5月26日，第三版)

281. 调查团整理调查材料

【沈阳二十五日电通电】 调查团本早九时半，在英总领事署整理各地调查材料，以便向国联提出报告。

（《大公报》，1932年5月26日，第三版）

282. 调查团下月四日离沈，经北宁路来平，勾留两星期，再赴北戴河避暑编制报告

国闻社云。国联调查团业由哈尔滨返抵沈阳。我国代表顾维钧氏昨有电到平报告，该团一行已定六月四日离沈，经陆路乘北宁车返平。如届时无事故发生，可望如期成行。在平共留两星期，然后再赴北戴河避暑，从事报告书之编制云云。惟该团前定离平后赴日，而报告书编制地点在青岛，现顾氏来电，或已有变更。惟据另一消消息，调查团离北戴河后，仍将赴日，再来我国南京。至该团此次返平行程，沈阳、山海关间将由伪奉山路局备车；自山海关至北平，则仍乘北宁路局特为该团预备之专车云。

【北平二十六日路透电】 国联调查团预定昨晚由沈赴大连，在该处勾留至三十日，然后再返沈一行。在沈留居数日，约于六月四日左右来平。

（《大公报》，1932年5月27日，第三版）

283. 调查团质问内田康哉，质问要点内田均用书面答覆

【大连二十七日电通电】 内田康哉昨日开午餐会，招待调查团各委员以后，即在他室与莱顿爵士密谈约及五十分钟之久。闻其内容似系由莱顿爵士提出质问要点，而经内田加以详细说明。明日双方再度会见时，内田当更就满

蒙历史的事实及铁路问题等详加说明。又电。内田与莱顿间之晤谈情形,因于调查团向国联作成报告书上有重大关系,故颇为一般人士所注目。内田对于重要之质问点,均约定用书面答覆,故于会见毕后,即紧闭满铁本社社长室之双扉,而着手起草答辩书,以便于明早面交莱顿爵士。

国闻社云。国联调查团定下月四日离沈阳,经北宁路来平,已志昨报。闻该团经山海关时,拟稍留视察,五日由榆动身,六日即可抵平。北宁路原调查团乘坐之专车,已定下月一日开至山海关候用云。

国闻社云。北平市招待国联调查团委员会近接张主任交下顾维钧代表来电,以调查团定于六月四日由沈返平,并转饬路局派专车于六月三日前开至山海关迎候。该会定于三十日上午开会,讨论招待事宜,通知昨已发出。兹录顾代表来电及开会通知如下。

(顾代表电)"北平张主任勋鉴:漾电计达。调查团二十一日赴大连,三十日返沈,拟六月四日乘车赴平,人数与来时略同。并饬路局,将前用专车于六月三日前开至山海关等候是祷。弟顾维钧叩。漾(二十三日)。"

(开会通知)"径启者:招待国联调查团事务亟待讨论。兹定于五月三十日准上午十时在市政府会议厅,开常务委员会,务乞莅临,公同讨论为盼。此颂勋绥。"

(《大公报》,1932年5月28日,第三版)

284. 调查团回平期近

【秦皇岛二十八日下午六时发专电】 调查团一行须往旅顺视察,并与山冈关东厅长官会见后,即赴鞍山视察制钢所。定月杪返沈,定三日循伪奉山路入关赴平。

【大连二十八日电通电】 调查团之法律专门委员,于本早九时在大和饭店接见东北律师界代表,探询满洲司法状态及统制问题。又电。调查团于昨日下午三时由某饭店出发,巡视二百三高地鸡冠山炮台及其他日俄之役战迹。至下午七时半赴山冈长官欢宴后,即于是晚九时半,乘汽车折回大连。又电。调查团昨巡视日俄战役旧战场时,有某国团员不服从某氏之制止,在二百三高地要塞地带,用一十六米利照相机撮[摄]影。事被日宪兵队探悉,立即着手调查,结果如何,颇足令人重视。

(《大公报》,1932年5月29日,第三版)

285. 淞滨痛心录:日本势力高压下民众之哀鸣,偶语者弃市啼笑皆非,调查团在哈亦受嘲骂

【哈尔滨特约通讯】 在记者未执笔以先,觉着有好多事迹应该详详细细地记录出来,报告给各地读者。本来日本大兵一开到上海,全国人士的视线就向上海方面找到了焦点。日本大兵从上海撤出,转到了东三省,于是一般人的视线,又向东三省集中。尤其是现在的北满,日本正在大张旗鼓地施行逞凶工作,每日每时都能给我们以新的记录。如果要留心些,无时无事[不]使你气愤填胸,使你发生无限感慨。所以我们执起笔来,便觉得千头万绪,如乱丝头,无从说起,难以记这笔鬼帐。至于真正中国人方面的消息,如中东路线自卫军、救国军的战迹,呼海路马军的情形,以及各地义勇军的状况,除了间接直接由日本方面得到一星半点外,其余若想得到一点正确有利于我方的消息,简直是难而又难。自然在这种"寄人篱下,不能不低头"的情形下,公然拿记者的身份到各处探访新闻,是绝对不可能,甚至于冒险到各处以私人的身份追求一半鳞爪,也是非易的勾当。因为汉奸充斥,日本便衣侦探散布街衢,稍一不慎,错认了好人,就有拘到日本宪兵队、拿去问罪的危险。在街上、电车中、汽车上,只能谈点家常琐事。如谈到国事,中华民国的事情固绝对不许你畅言不惭,即所谓"满洲国"的大事,也不许你言之侃侃。因为谈"满洲国"者,大概都是些不忘祖的中国人,嘴里口边总带些讽刺和讥诮的口吻,说着说着就带出心口不符的态度了。因此,无论你把"满洲国"夸个天仙一般的好,要让日本人听着,他要说你"口是心非",不高兴就许请你到宪兵司令部去一趟,囚你三两天。这一来骂又骂不得,阿谀又阿谀不得,只得把一口闷气压在肚脐以下,随粪排泄出去,别无良途。患这种病的,多半属于一般爱国的青年学生、商人。没投降了伪国机关上的职员,轻易也不乐意出门。即不得已出来走一趟,一个个都垂头丧气,眉际隐隐都呈显着一种悲愤的写意。走到街头巷尾,遇见熟人,只能以苦

笑作说话的暗示,多少亡国晦气都表现在两人对笑的一刹那,真够的上"满怀心腹事,尽在不言中"了。此中滋味,若非身临其境者,个中情节,决非门外汉(非亡国奴)所能描写。在这个时候,许多青年人激于悲愤,转受环境压迫,进退两难,出头无路。目击各种情况,自杀者自杀,逃亡者逃亡,沉醉酒色以取自灭者,终日鬼混,以期慢性自杀者,比比皆是。这些事实,在内地报纸一定要拿他们作为新闻的好材料,可是挪到这儿,就成"叛逆的消息"了。所以有许多惨烈的事迹,都成了无名的谈料,传到外边的稀少。在这里,被日本骑着脖子的民众们,天天盼望着关里出兵收复失地,夜夜耳朵里像有隆隆的大炮声音,一种如痴如狂的情况,真叫人痛定思痛。如果当局方面不打算再收复失地,固然是我们中国绝大的损失和耻辱,但顶低限度,也应该拿侨胞的待遇救济这三千万不忘祖国的民众,脱离这种非驴非马(够不上驴马呢)的生活和压迫,收复人民更是要紧。这是居留在所谓"满洲国"中华民众不得已的呼声。其次应该把国联调查团留哈十一天内,外面没得到的消息,补记在这儿。(未完)

(《大公报》,1932年5月29日,第四版)

286. 顾维钧电京报告调查团日内回平,顾抵平后即返京报告,调查团将赴榆关视察,日军撤毁战壕希图掩饰

【南京二十九日下午十时发专电】 蒋作宾谈,外部昨接顾维钧来电,报告调查团日内回平,转威海卫,汇编总报告书。俟草竣后即赴日,再来京,然后返日内瓦。顾回平后即来京,向中央报告。

【南京二十九日下午六时发专电】 外交界息。国联调查团定下月四日返平,将与张学良及平津军政当局再度接洽。约勾留十日,即往北戴河整理报告书,对威海卫亦有前往意。

平讯。调查团预定下月五日到榆视察,并与何柱国晤见。日军为掩饰耳目起见,突于前日将月前所筑战壕撤毁,并将铃木部五百人撤至绥中,叛逆警察撤至金州,并将所竖伪旗卸下,守备队亦停止演习,榆关形势大见缓和。

【山海关二十九日下午九时发专电】 二十九日有日军五十名,由前所开到乐善堡、八里堡驻扎。伪国警察近在该各堡侦察搜检,强征苛敛,益呈活跃。

并规定就地筹费办法，每农户置田产一亩者，需纳警捐五角。临榆县府向日方交涉乐善堡案，因日方藉口职权所不及，以致不得解决。留榆之一部伪警，擅入站台贩卖室驻居①，经北宁榆关段长交涉后迁出。

时闻社云。北平市政府以调查团即将来平，特定今日（三十日）上午十时与中国代表处秘书长王广圻等讨论招待办法。闻大体仍按照上次国联调查团招待办法办理，市府已在北京饭店、六国饭店等处为国联各代表包定房间。北宁路定今日将上次代表团所乘之专车由津厂开到前门车站，大约六月一日即由北平开往山海关备用。该车将由随车医生谢恩增及北宁路课长周颂贤等押乘至山海关，刻正在津厂刷洗布置中云。

（《大公报》，1932年5月30日，第三版）

287. 淞滨痛心录：日本势力高压下民众之哀鸣，偶语者弃市啼笑皆非，调查团在哈亦受嘲骂（续）

调查团到哈是五月九日。前两天，五月七日就把《国际协报》记者王研石抓起来了。因为日本方面事先就侦知他是天津《益世报》，上海《申报》《时报》《新闻报》的电报员，通信记者，恐怕他透露消息，于是把他加以"妨害'满洲国'成立"的罪名，由日宪兵拘捕，押在日宪兵司令部，迄今尚未释放。一方面派了许多便衣通晓华语的宪兵，到电报局、邮政局检查邮电。所有寄交调查团的华洋电讯，都施以严秘的检查。信件封面用华文写交调查团者，那绝□扣留，至于用英文的，本来照邮章有约国不许检验的，但是小鬼子不放心，几次和当地吉黑邮政管理局邮务长西密司献殷勤，要求予以便利。但该邮务长以事情关乎万国联邮的信守，万不能因日本要谋便利，便破坏了万国章。小鬼子也知理曲，多少还怕点西洋人，于是只得施行牠们的惯技，偷偷工作，遇着洋文信，则偷偷把粘口拆开，窃看内中言语。听说有一次，小鬼这种窃的工作，被一位邮局员看着了。那位局员当时给他一个警告，说这种洋文信是有约国的信，不许拆看的。那位局员就把这种事情报告给邮务长西密司，西密司以为信已拆开，

---

① 编者按：原文如此，疑文中有漏字。

遂令他签字负责。回头小鬼子老羞成怒,对那位局员说:"好,你不给我便利,我非叫人抓你不可,你是妨害'满洲国'的。"后经多方解释始作罢论。这种鬼鬼祟祟、偷偷摸摸的举动,真是他们自号文明国人的本色。他们对待中国人,先是威胁,后是利诱,这是他们制服人的不二法门。多少好人,都入了他们的牢笼,变为万世唾骂的汉奸,可叹!因此当时有多少民意都被他们掩住,要想面见调查团,真比登天还难。(但也有不少人冒了好大危险,转弯抹角会见调查团。记者也费尽九牛二虎的力量,施用了福尔摩斯的侦探术和某国代表会了一面,吐了吐心情。)他们一手掩住人民的嘴,一手还嗾使着汉奸表演傀儡剧,买几个无知白俄去请愿,使几个朝鲜人诉诉万宝山案的怨屈,开庆祝运动会、演讲会,丑态百出,不胜枚举。调查团本身也感觉到受着这种犯人的待遇,更谈不到调查真正民意,所以五个委员曾拟定赴黑会晤马占山。没等到专委发表出来,日本就急忙拨了一道加紧的训令,命伪国如此如此,这般这般。一时就从长春转到了鬼话:"闻贵团(指调查团)有欲赴黑河会晤马占山之意向,倘如是,则与敝国保护贵团北来之原意相反。兹唤起贵团之注意,如欲会晤马占山时,则一切保护之责必须撤除"云云,内中奸诈,极其浅薄。但调查团已失却自由,只好听其支配而已。几经商磋,才改派专委赴卜奎调查,各委折回长春南下。日本从此安心,坦然继续其侵略工作。可调查团走后,还挨了日本一场臭骂。二十三日日本的哈尔滨《日日新闻》上,在第一版头栏内用出号字标着题"调查一行在哈之艳闻、丑闻、秽史",用了讥诮笑骂的口吻,杜撰了一段故事,说调查团某某随员,曾和某某旅馆的俄国女郎发生了暧昧,整整睡过十天十宿,临行如何依恋,说的什么情话。这种胡诌乱扯的够当,言之不惭,真有伤新闻纸的神圣价值。但日本却藉此而洋洋得意。现在他们因为四郊战事吃紧,恐怕埠内发生变乱,人心浮动,乃思极力遮掩人的耳目。明明是浦镇的大炮声浪,偏说是他们在那里打靶;明明是他们的军队增援,偏说是换防。又重新组织了一个"联合通讯社",举凡各中文报纸的新闻,必须由他们供给,如自撰稿子,也必须经他们看过。处此情况,还谈什么正确消息。可怜几家报馆,作着这种奴隶生涯,违背了良心,欺骗了民众,其罪何小于自作汉奸?报纸扣留依然如故,尤以《大公报》最甚,决不使一份漏网。前在街上,尚有偷卖者,一份卖两元、一元五,租看十分钟索洋五角,尚须严守秘密,如被捕后,不许牵连。但近日因事屡犯,卖者已不敢卖,买者亦不敢买了。可叹!(五月二十五日)

(《大公报》,1932年5月30日,第四版)

288. 调查团离大连返沈，定下月四日由沈入关来平，北宁路即派专车赴榆迎候，中国代表随员今日抵平

【本报特讯】　国联调查团准于下月四日由沈阳乘伪奉山路专车，于当日下午抵山海关，再换北宁路之专车来平。北宁路专车定于二日晚间开至山海关备用，由该路运输处长王奉瑞、营业课长周颂贤、餐膳事务所经理邱润初诸氏，随车招待。国联秘书长哈斯于今晨由沈乘伪奉山路客车入关，北宁路特备包车一辆，于昨晚开往山海关，供哈氏乘坐，并派工务处长华南圭氏随车招待，因华氏谙熟法语，可直接谈话也。顾维钧氏之随员数人，亦由大连乘长平丸动身，于今日上午十时到塘沽，携有行李三十余件。北宁路亦代备车三辆，往塘迎接云。

【大连三十日新联电】　滞留四日、调查完竣之国联调查团一行，三十日午后九时二十分搭乘特别快车，由此间出发。途中将视察鞍山制铁所，预定三十一日午后七时抵沈阳。

国闻社云。国联调查团已定六月四日离沈，经山海关来平。北宁路特备专车，已配备完竣，准明日由津开往山海关候用。此外路局并派董金寿为专车列车长，车上服务人员亦已赴津。平市府昨晨十时至下午二时半召集各机关代表在市府开会，讨论届时招待办法，事后未公表，闻大致仍仿照上次办理。又中国代表办事处讯，中国代表随员游弥坚等六人，已由大连乘轮归来，定今日抵塘沽，转车返平云。

(《大公报》，1932年5月31日，第三版)

289. 颜德庆北来布置招待调查团，王正廷在青游览

【青岛三十日下午十时专电】　颜德庆偕王正廷来青，出席胶济路理事会后，接顾维钧电，谓调查团不日到平，促其速赴平先布置一切，三十日晚一次车赴济北上。王正廷二十九、三十畅游崂山，何时离青尚未定。

(《大公报》，1932年5月31日，第三版)

290. 日军铁蹄下之吉敦、吉垣：侦探密布，青年多被捕，敦化庐舍为墟，新站遭洗劫，国联调查团在哈受惊南返

【本报特讯】 据昨由吉林来津之某君谈，日军第二师团司令多门，先于国联调查团来吉，设司令部于江沿满铁公所，彼则住日领馆，每日来往二次。所经道路断绝行人，日宪兵与中警察立城墙上及各巷口住户门前把守，中警均枪口向外，如临大敌，戒备十二分严重。并有中国密探来往侦巡，行人遇之均栗栗危惧。且任意搜查住户，逮捕人民。教育厅聂科长之侄，为一中学生，年十七八岁，不知为何，日兵到其家搜捕未获，将其父捕去，施以刑讯，至今未释放。又西关齐氏子，县中学生，年十四五岁，于前日捕去，原因亦不明瞭。身居此地者，真如日坐针毡，不知何时受祸也。中国及朝鲜密探布满全城，日人亦多有穿中国服装者，到处侦探，殊可惧怕。供日人驱使之中国警备旅，现驻省垣仅只少数，又恐其反正，除省署之卫队外均为徒手，额数亦日减少，惟警察尚为日人信赖不疑。

中国代表顾维钧同调查团东来，日人假"满洲国"名义极力反对。及到后，日人尤百方监视，无日不思加以重大之危害。此次到哈，因马等之陈请书得达调查团，日人之横暴行为大白，遂实行其毒计，雇用所住旅馆（马迭尔）内作工中国男子、俄国女人，图加害中国代表，允给报酬十万元，先给一万元，下余九万元事成再交。适中国代表某在院中散步，该犯以枪射之，误中某国随员。犯人当时被捕，问明真相，于是调查团将会马之议作罢，急遽离哈。

(《大公报》，1932年5月31日，第四版)

291. 调查团秘书长哈斯今日到平，昨晚抵榆换车西来，随员六人昨由塘沽抵平

【山海关三十一日下午十时发专电】 国联调查团哈斯秘书长带一中校随员，三十一晚八时随伪奉山路车到榆，当于十时乘北宁路附挂包车赴平，何柱国旅长到站接待。莱顿等离沈西来期在四五两日间。

【本报特讯】 国联调查团莱顿爵士及中日代表,因在东北调查工作已毕,故于二十五日偕往大连游览,并参观日本人在南满之设施,于前日参观完毕,复偕同返沈。外交部北平档案保管处处长王承传疑调查团归途或由大连乘船,故偕同外交部科长刘洒蕃,于顾代表抵连之日,亦由塘沽搭长平丸至连迎接。因该团人数过多,无适宜之商轮可用,故仍定于返沈阳后乘火车入关。莱顿爵士在连时,将其文件之一部,交由该团之专门委员杨华德、安士林那二氏,偕同书记梅那德、罗斯笃柯夫、加杜伯、博阿斯基等六人先行携带返平,于前日在大连由王、刘二氏陪同搭乘长平丸,昨日上午十一时许到达塘沽。船系铁路码头,换乘北宁路代备之专车,在车上进午餐,下午一时车抵天津东站。诸氏以上次仓卒过津,未得勾留,乃相约下车,至市内游览。约耽搁两小时,于三时许乘原车赴平。其中之杨华德氏,为研究满洲问题之专家,曾有著作刊行。但诸氏均系调查团中之一份子,不愿单独有所发表。第如莱顿爵士一行准于三日夜或四日晨由沈动身入关,在辽西有无耽搁,现未闻悉。抵山海后即换北宁路之专车,或便中往北戴河一游,相度避暑地点,即行来平。在平约住二星期,或先往日本听取日政府意见后,再经上海赴南京,听取我国政府意见。与双方政府晤谈后,该团调查任务即告一段落,嗣后即在避暑地方草拟报告书。又北宁路之专车,已在津配齐,拟明后日开出。车上稽查极其严密,除该车服务员工及调查团职员外,任何人均不准登车,即上次曾领有乘车证者,亦须经过检查,始认为有效云。

【北平电话】 调查团随员六人,于昨晨乘船抵塘沽,登陆后即换乘北宁路所备专车来平,于午后五时五十分抵站。同来者有外交部北平档案保管处长王承传。

【沈阳三十一日电通电】 国联调查团于昨日下午三时半抵鞍山站,视察制铁所后,七时归还此间,下榻于大和饭店。该团内之阳谷等委员四名,于昨(三十日)日下午二时,由大连搭乘长平丸赴天津,预定在北平与莱顿爵士等会合。

(《大公报》,1932年6月1日,第三版)

292. 调查团本周内入关，到平留两周赴北戴河，否认将建议采用委任统治制，哈斯昨抵平，调查团四日离沈

【北平特讯】 国联调查团四日离沈来平。北宁路特备之专车，定今午由津开往山海关，候该团乘用。该团来平途中将一度游览北戴河，只一两日耽搁，在平至多两星期。离平后，仍赴北戴河避暑，编制报告。北平当局已在北戴河借妥精舍多椽，备该团居住。又中国代表随员铁道部参事颜德庆，为招待调查团于日前由青岛经济南转搭平浦车北来，于昨日上午十一时到平。

国联调查团秘书长哈斯，偕该团秘书铁路专家海姆，于前晨由沈乘伪奉山路车西下，下午一时许抵山海关。第九旅旅长何柱国及北宁路局所派欢迎专员工务处长华南圭等，在站欢候。下午三时许哈斯赴旅部访何柱国旅长谈话，约一小时，始辞出。晚九时五十分与海姆及华氏等同乘北宁一〇二次附挂包车来平，昨晨十时十分抵北平东站。到站欢迎者有张主任代表沈祖同，中国代表办事处秘书长王广圻，外交部档案保管处长王承传，北宁局长高纪毅，以及市政府代表等二十余人。哈斯下车与欢迎者一一握手为礼，旋出站乘车赴北京饭店休息。据哈斯对往迎者谈，调查团一行定六月四日离沈来平，过榆关稍留视察该地情况，本人来平，系先布置一切云云。另据华南圭氏谈，哈斯氏过榆除访何旅长一次外，并未赴各处视察云云。

【山海关一日下午八时发专电】 沈讯。国联调查团四日由沈首途入关，过锦时将下车视察。沈阳三十一晨暴风，迄晚未息。

【沈阳三十一日路透电】 莱顿爵士直率否认国联调查团拟建议对满洲采用委任统治制，而以张学良任主席之消息。

【沈阳三十一日新联电】 目下滞沈中之国联调查团，本日发表左之重要声明书："日前莱顿爵士与英公使蓝博森之间，对于满洲问题解决案成立谅解之传说，本委员会以其为完全虚构之流言，感觉有声明之必要。对于委员长传布此种流言，即对于本委员会亦大感有碍，希望将来此种事不再发生"云。

(《大公报》，1932年6月2日，第三版)

293. 社评：调查团应发表东北真相

据沈阳消息，国联调查团视察东北事毕，定于明日入关，将于晤洽中日当局后，着手为全部报告书之编制。查调查团一行，自三月十五日由日本抵上海。四月九日经南京抵北平，与东北最高长官正式谈话五次。嗣赴沈阳，住十二日，七见本庄繁，详询九一八事件经过。五月二日离沈，经长春至哈尔滨，于北满情形有所调查。适呼海道上中日激战，调查团躬逢其盛，且得饫闻松浦镇之炮声焉。调查团原拟赴黑河一访马占山将军，既陷于日本之反对，复为苏俄拒绝假道，故卒未果行，是为此行一大遗憾。由哈返沈后，复赴大连，访问满铁总裁内田伯爵，任务乃告完成。方其赴沈之初，为伪国拒绝我顾代表入境事，几经磋磨，饱尝不快，及既入满，更充分领略日本"保护"之滋味。一月以来，在种种妨碍与不便之下，进行调查工作，其勇毅有足多者。而我参与员顾维钧氏，忍辱负重，不辞艰危，终能赴长春、哈埠，与调查团追随不离，无负使命，尤为坚贞果敢，足副国人期待。今调查事毕，报告书如何编制，自非吾人所愿过问。惟吾人于该团同人行将进入榆关之时，愿以一言相勖，即希望忠实地发表其耳闻目击之东北真确情况是也。

犹忆九一八日本暴行以后，国联所有决议，除去年九月三十日一次外，辄为日本反对。其惟一理由，即谓国联"认识不足"。斯言也，吾人从另一方面相当承认，即调查团本身度亦有同感。盖调查团苟不躬赴东北，则于日本之对华侵略如何毒辣，于日本之手造伪国如何凶狠，断断不能认识明白也！夫日本于九一八事变，嚣嚣然昭告世界曰"自卫权之发动"。今彼出兵东北，已逾十万，势力范围，超过本国领土倍蓰。九一八以前与九一八以后，东北秩序直不可比较。而日韩侨民因日本出兵转致奔走逃难者，更远甚于日本未有"保侨"的军事以前。试问自卫权果何以解释乎？

伪国乃日本造成，外人以"本庄国"称之，最为恰当，驹井德三则日本人公认之伪国国务总理也。不但中国国民在伪国无自由，即日本人而与军阀浪人无关系者，一入其境，且受警察宪兵之干涉迫害。此种情形，调查团诸氏当有真确之闻见，其本身所受之监视干涉，中国代表团所遭之侮辱，尤为雄辩的事实。吾人甚愿调查团有以公表之，是固正义公道所当为者也。日人对中国动责以不履行条约，实则日本人历来在东北自由行动，岂有些须条约观念在？所谓"二十一条"条约，在中国固曾履行，在日本则自始即超过所许。朝鲜移民随在居住，警权法权任意蹂躏，此等情形不特外国人从前不甚了然，中国国民亦多数茫然。今调查团亲临其地，切实考察，当能晓然于日本蔑视条约而非中国之不履行，此亦"认识不足"之一例也。日本诋毁中国东北旧政权，无所不用其极，然而今日日本人手造之辽吉两省府，固皆旧政权下之大官，所不同者政权警权并受日本支配，而地方保安队性质，即所谓靖安游击队者，亦由日人统率，足知日本人所恶于旧政权者，为其不以军警、政权拱手奉之日本耳。日本又极力攻击中国国民党政治，然而今日日本手造之所谓"满洲国"，有立法院、监察院，固宛然国府之雏形，近且成立所谓协和党，融合中日人为一体，令以国库支办党费，谓将以党治国，是又宛然取国民党办法为模范也。日本人在东北动称"王道政治"，谓将排黜"霸道"。夫以大兵十万，杀人之爱国民众，夺人之领土主权，如此乃曰"王道"，诚堪为"王道"哭，而中日同文，"王道"二字被人冒用，汉字遭灾，又诚为中国不幸之尤！凡此虚伪荒谬之宣传，朦蔽世界之罪恶，调查团身历其境，比较观察，得真确之认识，明是非之内幕，果能忠实宣布，以见人之相与，要不可以无信义与诚实之存在，而日本所为，乃极悖德坏义、虚矫诈骗之罪恶，则是非皎然，功在人道，不仅中日纠纷，曲直显著已也。吾人固知调查团受国联视察之委托，非司法定谳之任务，举凡善后之建议、须受政治之束缚。然而事实所在，真象宜明，是非之公，正谊不灭，与其抹杀事实，图不可必成之调解，曷若尽情揭破，昭正义公道于人间。要之，中国国民此际决不希望调查团助我张目，惟求是非明，公理彰，使世界知所谓"满洲国"者究是何物，日本所宣传者究为何事，则于愿足矣。

(《大公报》，1932年6月3日，第二版)

294. 调查团明日入关，王广圻等今晚赴榆迎候

【南京二日下午八时发专电】 政府以顾维钧即将返平，特派王广圻赴山海关迎迓，代达中央慰劳之意。

国闻社云。国联调查团已准于明晨离沈阳返平，顾维钧最近无何电报到

平,行期不致另有变更。该团过榆仅作数小时之勾留,与何柱国旅长会晤,并视察一切。经北戴河下车游览,为时亦极暂。大约在该地度宿一宵,即登车西来,计程五日下午可以抵平。北宁路特备该团乘坐之专车,已于昨日正午十二时由津开往山海关,昨夜当可到达。中国代表办事处秘书长王广圻及颜德庆、刘崇杰等三人,今晚八时一刻随搭北宁一零一次车由平赴榆迎候。顾维钧夫人拟同车前往,惟尚未确定云。

【秦皇岛二日下午八时发专电】 日军为朦蔽调查团计,昨将自绥中、辽西一带驻军,大部移往锦朝、葫芦岛两支线暂驻,仅留少数警备铁道线。绥中留有百余人,前所五十余,另有大批伪国警及奉山路俄警,分在各小站协同警戒。

【南京二日下午八时发专电】 莱顿对东省问题已拟具解决方案说,外部尚无所闻。据负责人称,莱顿等既往东省调查,当有意见贡献国联,但在报告书尚未编制前谓已拟定方案,未免传说过早。至国联共管东省之谣,既经莱顿否认,当不成问题云。

(《大公报》,1932年6月3日,第三版)

295. 矢野离沪返平

【电通社上海二日电】 代理日使事务之矢野,以国联调查团即将返平,有赶往北平与该团作种种接洽之必要,故于本早九时由当地乘日轮大连丸,取道天津前赴北平。一俟调查团离平后,当复回沪。

(《大公报》,1932年6月3日,第四版)

296. 国联调查团后日可过津,拟不停留即径赴北平,招待专车开榆关迎候

【本报特讯】 国联调查团莱顿爵士等一行,滞留东北,从事调查,刻闻已定明日(四日)离沈入关,过津赴平。该团秘书长哈斯已于前日赴平,计算行程,本月五日该团当可过津。故北宁路特备之专车,业于昨日上午七时由津开

往山海关迎候。此项专车，即系以前调查团所用之原车。闻省府以该团来津期近，刻已筹备欢迎办法，惟不过事铺张，以节糜[靡]费。据省府秘书谈，顷榆关来电，称调查团在津拟不停留，故对招待上当可从简，亦无拟定程序之必要。但省委严智怡则特为此事赴平请示，明日（即今日）即可返津，当能确定一切。至于总站、老站之布置，决仍照上次办法，故今明日即当入手布置云。

(《大公报》，1932年6月3日，第七版)

297. 罗文干谈外交：精诚团结表现精神为吾人唯一之出路，国联调查团对我虽表示同情，但纠纷能否圆满解决尚难测，中俄复交问题详慎考虑中

【南京三日下午九时发专电】外长罗文干谈最近外交各问题云："上海方面，日陆战队未能依照协定撤退至'一·二八'以前原防，已由共同委员会我国委员进行交涉。此次日陆军撤退之迅速，实超过停战协定预定之程期，则海军陆战队亦当然可按照协定精神，从事撤退。此事共委会当可解决，不成问题。中日纠纷之症结，在东北问题。盖东北问题为中日纠纷之因，而上海问题则为其果也。现调查团亲往东北调查，业已竣事，四日将由沈启程返平，从事编制报告书，大约六、七、八三个月将为编制报告书时期。至九月间，国联当可根据此项报告，召集会议讨论，以求解决。但国联以往对中日问题所能表示之能力，与夫日本所能服从国联之程度，国人当已深悉。故国联此次能否使中日纠纷得一圆满解决，系一极大问题。求人不如求己，吾人之出路，仍在精诚团结，充分表现民族之精神与力量。此次调查团赴东北所得之印象颇为良好，对我颇能表示同情。盖日本为强者，为侵略者，我乃弱者，被侵略者，事实俱在，公理昭彰，该团虽欲对我不表同情，亦不可得。但同情为一事，中日纠纷能否因此同情而得圆满之解决，为又一事，故吾人亦可不必因此同情而自满自得。至外传圆桌会议之说，至谓英、法、美、义等国亦同情日本主张召集之说，则纯为日方之片面宣传。我国在原则上虽不反对召集国际会议以解决中日纠纷，但若只为讨论上海问题之会议，则我国绝对不能同意。中俄复交问题，关系至为重大，中央对此问题当然须权衡利弊之轻重，作详细审慎之考虑。如俄方能有

诚意复交,亦非不可能。关于使领馆以前积欠至巨,余任外长后,虽对部内之经费,极力节省,但对所领得之使领馆经费,则完全发放,计第一个月三成,第二个月五成,第三个月十足发给。现与财部商洽,宋部长亦深知使领馆之重要,允极力筹拨。一俟经费问题解决,则对人选之补充整顿,当然须继续进行。大约经整顿之后,使领馆经费每月可节省七八万元。现驻日蒋公使、驻英郭公使不日即将出国,以后外交之喉舌,当可日趋健全"云。

【上海三日下午十时发专电】 郭泰祺晨到沪。据谈赴英否尚未定,如决去两周后启程。自由市谬说,全系少数外商放空气,绝对无置信价值。圆桌会议如能将中日整个问题全解决,我当促其成。若东北、上海分两途解决,则不特全国民众反对,中央当局亦决不盲从附和。

【南京三日下午六时发专电】 外交界某要人谈,法、义各使最近对我方表示,关于外传圆桌会议召开问题意见,彼等实无主张,日人虽活动甚力,可信无成效。

(《大公报》,1932年6月4日,第三版)

298. 调查团今日入关,晚宿北戴河,明晚可抵平,王广圻、朱光沐等昨赴榆关欢迎

【山海关三日下午九时发专电】 调查团定四日晨八时由沈首途,过锦州时约留两小时,计程当晚八时可到榆关。拟与何柱国旅长一晤,即换乘北宁专车赴北戴河。榆关各界,已在车站搭彩牌欢迎。北宁专车与中山号铁甲车,三日午到关试道,旋复开回秦皇岛候用。张主任派朱光沐、宁向南届时到关迎迓。

【北平电话】 国联调查团定明日离沈来平,此间招待处昨已派王承传、王广圻、颜德庆、刘崇杰、朱光沐、蔡元等及顾维钧夫人,昨晚八时乘北宁车赴山海关欢迎。此外并由绥靖署派卫兵四十名,亦随乘该车赴北戴河,准备于调查团到时,担任警卫。

平讯。交通界消息,国联调查团准今晨离沈阳,经山海关乘北宁专车赴北戴河。留一夜,于明日上午十一时由北戴河启行,过津不停,于当日下午八时半到平。又平绥靖署为调查团到平后保护事宜,昨特令饬所属机关,原文如

下:"为令遵事:国联调查团到平后之保护,由各主管机关仍照以前所定办法协力负责。关于警戒及迎迓一切组织事项,以前规定綦详,应各查照遵行。事关保护国际团体,各该军政长官务须妥慎办理,勿稍疏虞,是为至要。并将办理情形,先行具报为要。此令。"

....

(《大公报》,1932年6月4日,第三版)

299. 朱光沐过津赴榆关迎候调查团,本市仅作小小点缀

国联调查团离沈入关,将于明日过津赴平。北平张绥靖主任特派朱光沐氏,于昨日下午八时许搭北宁一零一次车,前赴山海关迎迓。深夜十一时半抵津,停约十分,即开驶东行,车上并携有卫队四十名同行。至津市筹备欢迎各事,因调查团代表不在津勾留,故决即从简办理。但东站、总站,仍拟扎搭五彩牌楼,并悬挂标语及万国旗帜,藉资点缀。闻今日即须着手布置云。

(《大公报》,1932年6月4日,第七版)

300. 东北之行伤心惨目,一字一泪之顾代表谈话,东北民众希望政府与关内同胞速救!调查团昨晚宿海滨,今晚到平

【北戴河四日下午十一时发专电】 国联调查团乘伪奉山路车四日晨六时十五分离沈,压道车六时先开,晚七时五分抵山海关,与何柱国晤见。由平到榆之欢迎人员王广圻、王承传、颜德庆、刘崇杰、朱光沐、蔡元及顾维钧夫人等,均到站接。顾维钧及随员下车后,王广圻等均向前致慰劳之意。八时调查团一行及何柱国、王广圻、朱光沐等,均登北宁专车。旋即开出,晚十时二十分抵北戴河车站,即宿专车中。计国联委员随员十余人,顾维钧及中国随员六人。日代表及随员二十一人,并添女秘书二人,较出关时已增多。闻因中代表随员较多,故特添加,谓中日人数可以相同。顾氏入关后,未多向人谈话。据随员某君语其友人,此行极痛苦,在东北度日如年,于此乃知无自由之苦与亡国之

惨痛。并称在东北时虽遇极熟友人,亦佯作对面不相识之状,否则一经接谈,即有被捕之祸云云。此虽寥寥数语,足以代表中国委员及随员在东所受痛苦之一斑矣。又该团在锦州曾下车赴交大视察,约一小时,余无耽搁。该团定五日晨略看避暑房舍后,十一时原车赴平。预定下午五时过津,停车半小时即直驶北平,晚八时半可到前门站。何柱国亦拟随车护送至平。该团到平后拟留两周,整理报告书,不见客,两周后赴日,再来华避暑。楚豫、永翔两舰,现泊海滨保护。

【山海关四日下午六时发专电】 国联调查团三日在沈与日方官宪作最后会见,并赴北大营视察后,四日晨六时乘伪奉山路专车西来,过锦州时有小勾留。晚六时许,各界已到站迎候。日军铁甲车先于下午五时余抵榆,北宁专车与铁甲车下午四时由秦皇岛开到榆关。王广圻、颜德庆、蔡元、宁向南、张威斌及顾夫人与绥署所派随车护卫队,均于下午五时乘专车到榆迎迓。榆关车站至北戴河沿线,由第九旅派队戒备。何柱国旅长届时除在榆站晤见外,为指挥戒备便利起见,偕参谋何竞华,欢送往北戴河。今日榆关车站扎有各界欢迎彩牌,天桥上缀有欢迎标语,日本与满洲伪国国旗,并在车站飘扬耀武,长城外亦插有伪满洲国旗。

顾维钧谈:保全东北领土人民,此为目前最大的事

【北戴河五日上午一时发专电】 我国代表顾维钧氏,于抵北戴河休息后,接见往访记者作下列谈话。顾氏谓:"本人此次参与调查团去沈阳、吉林、哈尔滨、大连、旅顺、鞍山等处,由鞍山回沈,又去抚顺。今日入关,车行所经,如皇姑屯、沟帮子、锦州、兴城、绥中、前所,皆停车,只锦州下车视察,勾留约一小时。本人对此行不愿多说,所可奉告者,即同去的人,皆觉很难过,所见者皆伤心惨目。东三省地方有沿海八九省之大,比德、法两国还大,锦绣山河,膏腴土地,天然宝藏。三千万同胞身受亡国痛苦,要说的话甚多,今天只能简单的说一些。国民经过此次之事,应时时刻刻将东三省三字记在心头,要知道三千万同胞在那里身受亡国痛苦。国内的人眼光要放大,个人意见皆系小问题,任何事皆可牺牲[牺牲],对外要没有办法,就得同归于尽。中国人常说,土地大、人口多,不会亡国,我们看过东三省后,觉得靠不住。东三省不过有五万日兵,我们三千万同胞即无如之何。所经各地看见我们的同胞很想向我们说话,但是不敢说,我们也想向他们说,但又不能说,因为皆受着严重的监视,凡是来见我们的人，第二天必被捕，真是哭诉无门。这回到东三省，虽未能多与同胞谈话，但有一件事值得注意者，即尚得到许多的信，内容都是希望政府与关内同胞速设法救济他们。本人认为保全东北领土及三千万人民，在朝在野的人，皆有应尽的责任。此为目前最大的事，其余皆不要紧。本人拟到平后亲赴南京报告，比较书面报告可以详尽。关于驻法公使事，前曾提过，但本人认参与调查团工作，尤较驻法公使职务重要。如政府再提此议，当再考量。"关于重任外长事，顾称未得此消息。最后顾谓今日简单的说说，详情俟到平再为细谈云云。

【山海关四日下午八时发专电】 国联调查团主席委员莱顿爵士，暨美、法、义、德、日各委员及我代表顾维钧氏等一行，四日晚七时乘伪奉山路专车由沈过锦抵榆关。下午一时到锦，曾下车视察交通大学，经半小时许即西来。伪奉山路专车共十一辆，列车首交叉满洲伪国旗，车厢外书有国联调查团乘用专车字样。专车到时，由北平特派欢迎人员及何柱国旅长暨榆关各界，在站台热烈欢迎。朱光沐、王广圻、何柱国、蔡元等即登车，首向顾维钧氏致宣慰意，次向莱顿等分致欢迎之意。顾夫人同登车，旋即全体换登北宁专车。晚八时专车西开赴北戴河。调查团于五日游览北戴河后，当日赴平。调查团全体人员，因在东北月余，备受风尘，而顾代表尤多感触，到榆后各人均感非常快慰。又关外开来之压道车，有日兵五十人，专车内亦有护送日兵四十人，皆系日本第八师团所属，由军官吉冈率领，送至榆关为止。

日方注意顾维钧赴日

【东京四日新联电】 国联调查团为编成最后的报告书，预定本月底再度赴日。至时有偕同顾维钧及中国方面之随员同往之意。日外务省首脑对此颇为重视，事前若不明瞭中国方面之随员同往之实际的必要及真正的目的所在，则不能应诺接待等之强硬论，已见抬头。此节关系殊堪注目。

【东京四日新联电】 关于调查团偕同顾维钧赴日问题，外相斋藤三日夜关于下记诸点，唤起莱顿爵士加以注意，业已训令日本方面之参与员吉田："日本政府根据行政院之决议，调查范围仅限于中国本土及满洲地方之解释，严重的坚持。故调查委员此次再度来日之际，中国参与员同伴之事，关于其自体并无异议，若以调查范围扩大及日本为目的，则断难容认。"

(《大公报》，1932年6月5日，第三版)

301. 短评：国民应慰劳顾代表

　　东北三省现在完全在日人势力支配之下，调查团此次前往调查，一方受包围蒙蔽，一方更受监视阻挠，所以一切罪恶，一切黑暗，俱难得其真相。我代表顾维钧氏参加前往，其遭受之困难，自更加人一等。是以吾人不能依据通常情势，以衡量其此行工作之成绩，且不应忘其为国之辛劳。

　　读顾氏昨晚在北戴河之谈话，叙述东北三千万同胞痛苦情况，真是一字一泪，不忍卒读。东北同胞八阅月来饱尝亡国奴之况味，而顾氏此行，又亲历准亡国奴之生活，其精神上所受之痛苦，尤值得我全国同胞之同情也。

　　抑自九一八以来，以中央政府代表资格南京赴东北者，顾氏实为第一人。顾氏虽然不能对东北被难同胞多加抚慰，然而从顾氏此行，使东北民众知中央及关内同胞并未忘记我三千万俘虏生活中的国民。即此一点，有很大利益。

　　顾氏不惧艰危，为国努力，我们国民应当安慰他、致谢他、鼓励他。同时应当拿顾氏报告，牢牢紧记，不惜任何手段，收回失地，拯救同胞。如此也正是安慰顾代表的道理。

（《大公报》，1932 年 6 月 5 日，第四版）

302. 国联调查团今日午后四时许过津，东站、总站均无欢迎的点缀

　　国联调查团调查东北伪国情形，刻已竣事，业于昨晨离沈。昨晚将在北戴河停宿一夜，今日即行赴平，计程下午四时余可抵津站，不再勾留。本市东站、新站昨日尚未有欢迎该团之点缀。闻当局以该团过津既不停留，故拟不事铺张，届时仅偕同外交人员，到站慰问，并饬地方当局预为戒备而已。至于北平张绥靖主任代表朱光沐等，前赴榆关迎迓，昨已到达，将伴该团一同赴平云。

（《大公报》，1932 年 6 月 5 日，第七版）

303. 国联调查团昨晚抵平，莱顿即日赴青视察避暑地点，顾维钧到站受国人包围欢迎慰劳，团长谈正搜集材料不能预有主张

【本市消息】 国联调查团压道车于昨日正午十二时由北戴河出发，下午五时二十分先抵津站。专车十二时半西来，下午五时五十分抵东车站。到站欢迎者有周龙光、陈宝泉、林成秀、黄宗法、刘家鸾、王一民、沈迪家等。车站事先稍有布置，由公安局派保安队四队保护，并悬万国国旗表示欢迎意。专车停后，我代表顾维钧偕国联调查团主席莱顿下车，与欢迎者周旋。顾氏对记者作简单谈话，谓："沿途在唐山等站车略停，并未下车。调查团抵平后将有十余日之勾留，从事整理调查之文件，并作调查东北后之感想。本人拟不俟调查团离平即赴京，向中央报告经过情形。至将来调查团赴日时，本人偕往与否，刻尚未定，须俟到京与外部商洽后始决。东北同胞在水深火热之中，望国人勿忘东北。国联调查团作报告书地点，刻尚未定"云。车停十分钟，即向北平开去，过新车站未停。

【北平电话】 国联调查团一行，于昨晚九时十五分抵平。八时五十分压道车先到站，时欢迎人员已先后莅站迎候，计到有张学良、于学忠、周大文、荣臻、沈祖同、邵文凯、鲍毓麟、调查团秘书哈斯及北平各国公使馆重要职员、我国外交界名流等二百余人。因调查团于来平前，曾电平市当局，勿过事铺张欢迎，故无卫队及军乐队到站，仅由警察在站维持秩序。专车抵站后，顾维钧夫妇首先下车，张即前与握手，频致慰劳之意。继莱顿等五委员相偕下车，张与各委依次握手为礼，并道劳乏。时在站欢迎之中国方面人员已将顾团团围住，争相询问，情形极为热烈，顾氏大有应接不暇之势。顾夫人在旁看视，满面喜容。时法国委员下车后，已先离站，张乃陪同莱顿爵士等委缓步出站，分乘汽车离站，张返顺承王府。莱等除义国委员赴义国使馆外，均赴北京饭店休息。义委员至晚十一时始返北京饭店休息。与调查团同来者，除前由平赴山海关欢迎之颜德庆、朱光沐等一行外，第九旅旅长何柱国亦随车来平。何在平三二日即返榆关防次。又调查团五委员于津平道中，曾在专车内邀集会议，并约顾

维钧及何柱国参加。莱顿爵士对山海关车站悬挂伪国旗事甚为注意,向何氏询问榆关情形綦详。

莱顿爵士谈话

【北平电话】 莱顿爵士抵平后,本报记者即赴北京饭店访问,承接见作下列之谈话。爵士谓:"本人拟一二日内偕另一委员同乘火车赴青岛一行,如为时间所许,明日(即今日)即成行。到青后,稍作视察,即仍乘火车返平。在北平之工作为整理调查所得材料,预定在平留二星期。离平后先赴日本,然后再由日本回中国,择一地点编制总报告,其地点则尚未定"云云。又顾维钧氏对记者谈:"本人随同调查团赴日否,此时尚未决定。调查团在平勾留二星期,即赴日本。然后再回中国,在青岛、北戴河二处择一地点避暑,编制总报告"云云。又顾氏定今日接见记者,报告一切。

【北平电话】 国联调查团到平时,平市记者团曾提出数项问题,请莱顿爵士答覆。经莱顿用书面答覆后,由吴秀峰译成中文如下:(一)贵团此次到东北调查,所得感想如何?答:"国联调查团此次到东三省调查,自四月二十日起至六月四日止。在此六个星期中之工作,仅为搜集材料。此种材料即为去年九月十八日事变发生经过情形以及现在之各种情形。国际联盟得此项材料后,始可明白一切。调查团考察后之各种情形,已有报告送致国联,彼时即同时发表。现今调查团仍在搜集材料、考察材料中,故不能预先有所主张有所表示。"(二)到东北后工作多受拘束,对此有何感想?答:"国联调查团到东北时,日本政府及日本军事当局均能尽力帮助工作,因而调查团受中日两国同样之招待,亦以同样之态度视中国与日本。但在东北亦感受许多困难。此种困难非日本政府、亦非日本军事负责者所给予,乃受之于第三者。而调查团均用忍耐心应付,现一切困难均成过去。"(三)贵团未能与马占山晤面之经过若何?答:"调查团未能与马占山将军晤面原因,即到东北时,适值激战时期,如欲与马将军晤面,须得东三省地方当局及俄国之帮助。但此种帮助,调查团不能得到。"(四)贵团是否在北戴河编制总报告?答:"今早曾参观北戴河,对此天然美丽风景异常羡慕,感想甚好。但将来行动,尚未决定。现在除北戴河外,尚有许多地方须往视察。作报告地点,亦须视察后确定。"(五)对义勇军及东北伪组织之感想。未答。此外莱顿并用书面发表,谓:"调查团第二步工作,即望利用中国政府与日本政府有一种诚意,用此种诚意来谋一种解决方法。调查团亦相信中日双方均有此种诚意"云云。

(《大公报》,1932年6月6日,第三版)

304. 政府与全国国民如何拯救东北同胞？三千万人不堪亡国惨痛——我代表处随员在东省目击之情形

【本报特讯】 在东三省工作一个半月之国联调查团,于昨日下午返抵北平。在该团准备去沈之顷,曾备受叛逆份子及日本军阀之种种刁难,对我方代表尤不惜用尽种种卑劣手段以阻其行。吾代表终以大无畏精神,完成其使命。此忠勇尽职之毅力,早已博得国人之钦佩与同情。记者于前日赴山海关,并至北戴河,顾氏曾谈此行感想,已志昨日本报。在返津途中,记者复于车上遍晤代表处诸君,藉知此次所受之困难及日阀并吞东省、蚕食关内之野心,特详志于此,举国同胞,幸毋等闲视之。

代表处诸君在未到东北之前,固已饱受日阀之恐吓,到东北后,迄入关为止,更无时无刻不受日阀及其喉使之叛逆份子之阻挠威胁。行动坐卧均在日探监视之中,尤不准当地人士与代表处诸人会晤,否则来晤之人立被日军拘捕。因是被捕者,凡调查团曾经莅临之处皆有。一入日本军部,则生杀由彼,哭诉无门矣。

代表处诸君在途中虽逢宿昔知友,亦只能相视以目,而不敢欢然道故,盖不欲以此累友人受牢狱之灾也。尤为痛心者,即遇各地青年学生。此辈虽亦不敢冒然向代表处诸人吐其愿望,但面部表情,一望而知其一腔热诚,有求救之意,两眼痛泪,为愤慨而悲。使任何人到此,目睹同胞受亡国之惨,爱国爱同胞之心亦当陡长百倍,任何牺牲所不辞矣。日阀虽用尽方法,阻东省同胞与代表处通消息,但不避危险供献意见者仍极多,异口同声,皆乞政府及国内同胞早日援助,并表示对任何牺牲皆所不辞,国内同胞宜亟谋所以慰其愿望。日阀挟其强大兵力,精密组织,上下一心,合以谋我,更资以东三省之富源,数年之后,尚何堪设想。吾国之国难,今日甫开其端耳。同胞如不早谋抵抗,则来日大难,或且更甚于此。东省同胞现在所受者,关内同胞难免不一一身受之。此语固非危词耸听,稍有眼光者,均能见及。幸毋再局促一隅,作阋墙之争,要知外侮一到,必同归于尽。日人刻正努力实现其计划,伪国徒有其名,入其国境,绝难寻其权力所在,盖统治之权,尽在日人之手。县有自治研究会,为日人统治一县指挥县长之机关;省有特务机关,部有总务厅长,为日人统治一省及伪国全国之机关。伪国官吏不过拱手受命,如吾人所使用之侍役耳,伪国首都长春,在调查团未到之前,警察尽为日警,调查团到时始易伪国之警士,其他较警察更重要者可知。调查团在东北虽曾有伪国官吏数人晤面,但只视之为一当事者,非承认其任何地位。顾代表则未与叛逆份子任何人晤面。东三省半年以来,经济日益凋敝,沈阳、长春等都市,商店大都歇业,除少数当地商人外,客帮尽已离去。各地爱国同胞纷纷加入义勇军,一切工商业均无人经营,同胞固受莫大损失,即日商店亦多倒闭。所得意者,惟日本浪人耳云云。闻当顾代表偕国联各委员赴吉黑调查时,叛逆方面限制不得过六人。因是代表处人员多数返回,游弥坚、李鸿枢、陈宜春女士三人亦留住沈阳,未能随往。前日由沈阳乘车入关时,日人又嗾叛逆份子限制顾氏随员人数,仍照前次不得过六人,故游弥坚等三人乃绕道大连,乘长平丸至塘沽,未能与顾氏同行。该船于昨日下午二时到塘沽,始在该站搭入专车。此虽小节,可见日阀无所不用其极。而日本代表处则藉口我方出关者为二十一人,此次入关,彼处亦由十七人增至二十一人。因吾方有二女打字员,彼亦添女打字二员,针锋相对,如此之工。代表团于前日晚间在北戴河海滨车上过夜,昨晨八时下午游览风景,在章家大楼用茶点,并观建筑较壮丽之避暑房舍数所,深为赞美,谓前闻人言,此间如何湫溢不洁,秩序如何不安定,今日一看,适得其反。游毕已十二时,登车后即开行。于五时三刻抵津站,六时开平。站外静街达一小时云。

(《大公报》,1932年6月6日,第三版)

305. 短评:究竟怎么一回事?

日本人的神经真是锐敏,国联调查团还未视察完毕,便传出莱顿建议国际联盟委任统治满洲的消息。一时吠影吠声,当作一件大事。结果被莱顿轻轻地一句话,根本否认没有这件事。然而,到现在东京、大阪的报纸,还在疑神疑鬼地驳诘,并且主张日本赶快正式承认伪国,断绝国联的觊觎!

顾维钧氏诚然是中国一个好外交家,再给日本人一忌恨,越显得他是个能手。所以这次日本人在东北对待顾氏,越叫他难过,越替他在国际上长声光。前天顾氏甫离东北,日本人便宣传他要到日本,更宣传日本政府怎样对他怀疑。昨天又说道:日本欢迎他去,但反对他去调查日本。闹了两天,究竟是怎么一回事,恐怕连顾代表自己也在莫名其妙。大凡自己心眼多的人,一定是多疑。譬如带兵的人,干的是杀人勾当,所以就最怕人要杀他。日本人神经这样敏,疑心这样多,或者就是这种道理。其实在顾氏已经用不着日本再替他做广告,而日本人神经过敏的特性,在国联调查团也经领教够了。无事自扰,何苦来哉!

(《大公报》,1932年6月6日,第四版)

306. 调查团抵平后工作:开始整理所得材料,每日下午二时至五时办公,莱顿及德、义代表明日赴青

国闻社云。国联调查团前晚由沈返抵北平,一行仍寓北京饭店。此次来平专为整理调查东北所得材料,故对外间一切邀约,皆行谢却。昨日上午十时,该团开会,商内部事务。午间法代表克劳德尔赴法使馆应法使韦礼德之宴,美代表麦克易与德代表希尼同赴美使馆,义代表马考蒂赴义使馆,分别午餐。莱顿爵士则于下午一时十分赴英使馆。皆于下午二时左右返北京饭店,即于二时起,开始整理工作,迄下午五时休息。马考蒂于五时一刻赴义兵操场作网球戏,麦克易于六时十分赴马大人胡同访友。闻该团今后每日工作大致俱如昨日。莱顿爵士为视察避暑地点,拟日内赴青岛一行,需时数日,仍行返平。

【北平电话】 据可靠方面消息,莱顿爵士偕德国代表希尼、义国代表马考蒂,定八日下午五时十五分搭平浦快车离平,经由济南转乘胶济路车赴青岛视察。我国代表顾维钧、日代表吉田届时或与同行。预定在青岛留一日,仍循原路返平,十一日至迟十二日可到。返平后即将编制总报告书地点确定,不再赴威海视察。此外,关于日政府拒绝顾代表赴日问题,调查团方面则认为顾代表

必可同去，无若何问题之可言云。

顾维钧答记者问

我国代表顾维钧氏，昨日上午十一时，在外交大楼接见平市记者，除所述东北印象外（见另外条）。兹将其答覆各记者所问之要点，汇志如次："调查团工作尚未全部告竣，返平后先将东北调查所得之材料加以整理。留平约两星期，即首途赴日本。离平仍乘火车，经过东北转道前往。调查团最后报告，俟由日本再返中国时，始能开始编制。在我国编制总报告地点，调查团极希望觅得一比较凉爽之居处，兼可消夏。最初拟在北戴河，其后因日本方面反对，理由不明悉，故调查团现仍在考量中。莱顿爵士已定日内由平赴青岛视察，或将多视察数处，再作最后决定。日本反对本人赴日事，已于报章阅悉，此中盖不免误会。至本人返京期，现未确定，惟总须于调查团离平前赴京一行"云。

(《大公报》，1932年6月7日，第三版)

307. 救东北必须自下决心，自己不做国联将无能为力——随调查团由东北返平某君谈话；顾维钧氏之东行观感

国闻社云。记者昨日下午访与国联调查团同由东北返平之某君，叩询一切。据谈，国联调查团此次调查东北，将来向国联报告者，除调查所得之事实外，最后亦有一部含有建议性质之结论。但此种建议，绝非即对中日双方发生何等效力，必须经过行政院开会缜密讨论始能决定。至于调查团之报告是否对中国有力量，尚须视中国自己能否有最大决心为转移。中国如有决心，报告自增力量。时至今日，中国对原属己有之东三省，唯有自救之一途可循。中国若自己做，使人加以援助则可，中国自己不做，而欲人来做则不可。国际间微妙之关系殊多，所以能相互维系者，为情、理、势、力四字。力字绝对主要，情、理、势三字皆基于力字而生，有力则情、理、势俱见功效，否则反是，国人对此点应深切注意。再者调查团在东北时，谓"要知道我们没有力量"，其意义果何

指，亦不难于想像得之云。

....

(《大公报》，1932年6月7日，第三版)

308. 莱顿爵士今日赴青，法、义委员及中日代表同往，顾维钧归途过济时将转京报告

国闻社云。国联调查团为选择编制总报告地点，由莱顿爵士偕希尼博士、马考蒂伯爵等，于今日下午四时半乘专车南下赴济，转往青岛视察。中国代表顾维钧氏、日本代表吉田同行前往，双方随员皆为四人。一行明日下午即可抵青，游览一日，十日仍循原路北返，十一日或十二日抵平。惟顾维钧氏因中央电促赴京，归途过济，将转道南下，至京报告东行经过。

调查团昨晨十时开会，下午检阅文件。美代表麦克易午间赴美使馆，应美参赞之宴。法代表克劳德尔上午十一时赴法使馆，下午三时游览天坛，五时始返北京饭店。德代表午赴德使馆，下午三时由陶履恭陪往颐和园游览，六时三刻返城。莱顿爵士下午二时半赴英使馆，三时即回。义代表马考蒂下午六时往天坛游览云。

【青岛七日下午十一时半发专电】 胶济路局七日接平电，谓调查团委员莱顿暨德意等国代表并顾维钧、颜德庆等，定八日乘二零一次车附挂之专车由平至济，过轨来青。该局遂于七日晚一次车，先挂二一四及一零六两包车赴济，八日再由三次车附挂一零一及八零零一两包车去济，以备该团乘用。葛光庭七日晚乘一次车赴济欢迎。

编制报告地点俟返平后决定

【北平特讯】 调查团莱赖爵士等一行，将于今日赴青视察，藉以解决该团避暑并编制报告之地点问题。据消息灵通方面观察，编制报告地点最后恐即在青岛。原最初拟在北戴河，业经确定，乃日方反对，并主张在大连。其所持理由则谓北戴河在某方势力范围之下，然内幕原因，实以北戴河密迩山海关之故。当调查团由北满返沈以前，榆关日军时常演习，且有挑衅举动，一时形势

极险恶。迨调查团过榆，日方乃竭力掩饰，勿使窥破。苟将来调查团居留海滨，则榆关日军之行动，当难逃该团之耳目。且居留海滨至少一个月，为时颇久，尤为日方所不喜。然调查团非但不赞成在大连，即对日方再提之旅大间星浦地方，亦予以拒绝。日本最后遂提出青岛，该团同时亦属意此地。当游览北戴河之后，声言拟多游览数处，再行决定，不过为留详细考虑之余地。今兹只去青岛一地，无形中似有一种决定，则将来起草报告之在青岛，甚少疑义。至调查团所谓视察者，殆故作一种掩饰，使中日双方面子好看已耳。（六月七日）

【北平七日电通社消息】关于调查团最终报告书之起草地点，因该团委员希望在清凉之海滨地方办公，遂有推荐青岛、北戴河、大连、威海卫等地者。但至最近，则以青岛及北戴河两处为最有力之候补地方，而将于其中择定一处。当地绥靖公署方面，因极力推荐北戴河之故，特于调查团路经该地时竭诚招待，致使该团一部委员中，有以该地富于自然风景且极静寂，而认为适于作报告书起草地者。其所持理由为该地离北平不远，当起草报告书时，便于调阅旧外交部所保管之外交公文并各使馆关系公文。但日方则对北戴河说竭力反对，而以青岛为其适当地点，其所持理由为：（一）调查团之报告书，须在极公平之环境中起草，而北戴河则过于带有在张学良势力范围内之色彩，故在此种地点所作成之报告书，殊有欠公之虞，而为日本国所碍难信赖。（二）北戴河在地理的方面颇感不便，且于最重要之通信设备上亦多遗憾之点。（三）青岛虽同在张学良之势力圈内，而其情形比较稀薄，且复风景绝佳，向属著名之避暑地方，其通信机械亦极完备。

又日方以为自严格的意义言，青岛亦带有在张学良势力范围内之色彩，其不适于作报告书起草地点，殆与日方所主张之大连及星浦相同。因是，调查团委员长莱顿爵士为解决此事起见，定于八日下午五时，偕德、义委员及日方参与员吉田，乘津浦车赶赴青岛。该一行预定于九日晚抵青，十日巡视该地各饭店及别庄等，并就其自然的景色作比较的考察后，即于是晚回平。抵平后当即开委员会议，作最后之决定。至该团究将在何地，现虽难作正确的预测，而以此事关系极大之故，颇为各方面所注目。但自另一方面言，华方自身对于择定青岛之举，亦殊无加以反对之理由，故度结局当以青岛为调查报告起草地方。

（《大公报》，1932年6月8日，第三版）

309. 莱顿昨赴青岛视察，避暑地点返平后即决定，德、义委及中日代表同行，顾维钧将入京报告

国联调查团莱顿爵士等因赴青岛视察，于昨晚六时乘专车离平。因不久即行返平，故未通知各方，谢免欢迎欢送。车站仅有少数警察维持秩序，到站送行者，仅朱光沐、汤国桢等三数人。五时四十五分莱氏偕义、德代表及随员由北京饭店抵站，时中国代表顾维钧及随行人员端那、赫塞、施肇夔、游弥坚、刘崇杰、萧继荣等已先到，日代表吉田及书记官林出等亦到，稍事寒暄即相偕登车，于午后六时开行东来。沿途经过各站均未停留，九时二十分抵天津新车站，事前由地方当局派兵士及保安队等在站警备。专车抵站时军乐大作，车停后，省市府以及各机关代表即聚莱顿等所乘车前。少顷顾维钧、莱顿及随员等依次下车，互相握手寒暄，至九时四十五分登车开行南下。在专车停留期间，车站附近并临时禁止行人，半小时后始行恢复原状。

【北平通信】国联调查团莱顿爵士偕义、德代表及中国代表顾维钧、日代表吉田等一行，于昨日下午六时乘专车离平，赴青岛视察避暑地点。过津济不作勾留，预计今日下午九时即可抵青。明日游览一日，仍乘原车遄返北平。顾维钧氏离青过济时，不随行北上，将转搭平浦车南下，赴京报告东行经过，在京耽搁三数日，再北返。中国代表随员昨日同行赴青者，计为刘崇杰、萧继荣、游弥坚、施肇夔、赫塞、端那及海军、陆军代表各一人，日本代表随员三人，已于前晚搭平浦车先行赴青。调查团美代表麦克旲、法代表克劳德尔、秘书长哈斯、秘书吴秀峰等，留平整理调查所得材料。又调查团此次由沈返平，共分三批分途入关：第一批为秘书长哈斯；第二批为五委员及中日代表，俱早到平；第三批为副秘书长皮尔特及随员邓纳利多、符曼共三人，日前由沈到大连，于前日正午乘轮抵塘沽，当晚十一时许乘北宁车到平云。

【南京八日下午八时发专电】顾维钧电外部，准偕调查团到青后，即转车入京，向政府面陈在东北经过及一切情形。

【青岛八日下午三时发专电】市府接平电，以调查团委员定九日来青，嘱妥为招待。经召集重要职员议定欢迎办法，已电顾代表声明，预备市长官舍为行辕，派杨津生代表赴济欢迎。除市府派定欢迎人员外，并规定团体人数，为

商会及各同业工会三十人、工会三人、教育界十人、记者五人。

【济南八日下午九时发专电】 八日晨调查团委员随员由平过济赴青。

(《大公报》，1932年6月9日，第四版)

310. 莱顿将赴泰山游览，昨晨过济南晚抵青岛，今晚离青赴泰安游览后北返，顾在济谈"希望国人勿忘东北"

【济南九日下午九时发专电】 莱顿及德、义两委员与顾维钧、吉田等，九日晨九时半于各界数百余人盛大欢迎中专车抵济。先与韩复榘代表张鸿烈、济市长闻承烈并记者等握手寒暄，同入头等候车室休息，即由顾氏担任翻译，介绍记者与莱顿作下列之问答。

问："对东北调查后感想如何？"答："现尚不便发表意见。因报告书尚未着手，刻仅开始整理材料。可告君者，此次在东北，调查团大家极努力，所得材料甚多，俟整理决定总结论，再作总报告于国联。"问："对中日前途希望如何？"答："此亦不便多说。惟中日问题范围甚广，争点不一。中日间过去本不少争端，此次争点与过去虽有不同，但原则仍多类同。国联对于远东中日争端一切机关能帮助解决之能力，尚未完全施用。按中日争端大致为关于条约上之解释、条约上之义务及条约上之权利等，国联对此，可以根据原则，尊重国联过去解决纠纷之精神，以谋中日纠纷之圆满解决。"问："沿途及山海关所遇困难如何？"答："调查时所遇许多困难，有当时即解决者，此为现状下所不免。"又顾谈："希望国人勿忘东北。此大问题须国人一致团结努力，方可除去困难。此非仅个人意见，亦东北全体同胞托以转达国人者。"谈毕，莱顿等登车过胶济站，顾与张鸿烈等在车上询问行程，大致莱顿等十日晚离青，十一早到济，拟作泰山、曲阜之行，而后返平，但莱顿等对于赴泰、曲，尚须一度考虑。十点十五分，车开青岛，晚十一时可到。胶济路委员长葛光庭来济欢迎，仍随车返青。闻莱顿等住已所备青市长官舍，顾即由青返京，向中央报告，再回平。

【青岛九日下午六时专电】 沈鸿烈九日晨由济返青。记者于午前十时许赴市府访晤，据沈氏语记者："本人抵京后七日分谒汪、蒋，报告青市军政情况。因是日接调查团来青电，不便勾留，即晚北返，以便招待。此次该团来青，系视察性质,将来是否在青编制报告,尚未定。如果在青,当尽力招待与保护。"

【青岛九日下午十一时发专电】 莱顿及德义代表等一行,九日晨专车离济。过张店时,有胶济路男女小学生百余人及日侨二十余人在站欢迎。莱顿偕顾维钧下车,顾举手向小学生为礼致谢。周村、潍县、高密等处亦俱欢迎。晚九时一刻抵青,沈鸿烈及各界代表并各国领事、日侨等数百人,在站迎候。莱顿等下车后,与欢迎者答礼。新闻界由谷源容、赵庶常分向莱顿及顾代表致慰劳之意。出站后莱顿及德义代表赴迎宾馆(即市长官舍)下榻,顾及吉田等下榻疗养院。定十日晨九时前,接见各界代表,九时赴市府拜会沈鸿烈,九时后游第一公园、炮台、浴场等处,午餐后游劳山①,晚六时离青返济,南下赴泰安。定十一日晨七时游泰山,当晚北返,十二日晨抵平。顾因急于赴京报告,北返过济下车,改车南下,已嘱路局准备。另讯,顾拟由济乘机入京。

【本市消息】 国联调查团莱顿爵士等,乘北宁路专车去青岛察看避暑房屋。北宁总局昨日接该局随车招待人员来电,报告莱氏等行程,称归途将往泰山一游,预料于十二日晨始可过津。原电文云:"专车今日十时安抵济南。十时一刻由胶济站开出,葛委员长(光庭)随行,大概行程为明日(十日)午刻青岛市府招待午餐,晚六时开车去泰安,十一日游览泰山,即晚北返"云。

(《大公报》,1932年6月10日,第三版)

311. 挽救东亚危机端赖列强公正行动,顾维钧对和平展望感觉恐慌

【北平九日路透电】 昨日顾维钧离平前,向北平路透社记者谈话如次:日本军事大组织,正在满洲推进其统制与征服之大规模运动,其佐证随处可以发见。日人用威胁恐怖手段,胁迫满洲知名华人为其傀儡,此种情势对于东亚大局充满爆发材料,并含孕危险之可能性。除非根据庄严国际条约以及对华正义,迅速获得解决,恐在不久之将来即将爆发。其影响所及,将发生猛烈震动,不仅危及远东与太平洋之和平,即世界其他部分或亦不免。在今日世界中,距

---

① 编者按:崂山旧时亦称劳山。

离不足以疏隔战争震动,战争导线有牵动全世可能。顾氏称,此次满洲之行,令彼对于和平展望愈感恐慌。此行愈益明瞭满洲为与中国有生死关系之问题,并为占有头等重要性之国际问题,不仅关系各国繁荣,抑且与世界和平,息息相关。惟有由与维持和平繁荣有关列强,作公正明敏之一致行动,方能挽救危险情势发生云云。记者询问调查团在满工作受阻事,顾氏称,中国襄助员(即顾氏自称)因满洲当局等加以压迫,不能按照职责,对该团有许多协助。压迫方式甚多,如密加监视,以及暗中刺探等。不仅彼本人遇此,即随员亦不免,即调查团本身着手亲自调查,搜集消息,亦遇有重大困难。氏注重调查团各员均能秉至大之公正精神,从事工作。全体中国人民以及彼个人,对于团员平允无私态度与搜求真相之诚恳企图,异常钦佩。调查团虽能从华人方面收集若干消息,但中国代表一行因受压迫,不能接见中国证人,且不能将彼等介绍予调查团,或向其搜集充分消息。记者又质问顾氏使法事,氏称,彼颇愿赴巴黎,但因此间任务未了,不知何时可以成行,在与京中当局磋商前,不能作确切之决定云。

(《大公报》,1932年6月10日,第三版)

312. "愿同胞早日觉悟""牺牲私产共谋救国"——调查团专车服役人员之痛语,闻东北惨况悉举赏金助购机

东三省同胞所受日本军阀之虐待情形,经国联调查团吾国参与人员顾维钧诸氏在报纸发表其耳闻目睹之真象后,各地同胞闻悉,无不愤慨百倍,咸起雪耻复仇之意。北宁路调查团专车服务人员,均亲与吾代表接触,目睹忧愤之色,耳闻激励之词,故感动尤大。在饭车服役之餐膳事务所厨师、茶房,亦甚愤激,咸有舍身救国之意。闻本社正代收救国飞机捐款,乃将此次所得顾代表之赏赐,送交本社,作救国飞机捐款,共集款二十六元六角。并要求将捐款之动机代为公布,希望各界人士踊跃捐款,一则表示国民爱国之心,再则援助政府扩充空军,实行收复失地,救三千万同胞脱离亡国奴之惨境,其志诚堪钦佩。据送捐款之来人云:"吾辈每月工资均在十元左右,诚属心有余而力不足。但连日饱闻东北同胞所受之惨痛,觉现在尚能在国家机关服务,过自由生活,深以为幸。顾代表说,国内同胞如再不觉悟,群起爱国,则必同归于尽,将来吾辈

虽欲过今日十元一月之生活,亦不可得,故今特将所得赏赐,捐作救国飞机之费。其数虽小,亦算已尽过应尽之力量。国内富有财产及地位者甚多,亡国后所受之损害均高出吾辈万倍,颇望彼等能早日觉悟,牺牲其私产之一小部,供救国之费用。尤望按月有一定收入之人士,按月捐其一部,则源源不断,武器充实,兵强国富,外人何敢欺侮?如再自私自利,国亡之后,身家安望保全?三千万同胞身受之苦,即前车之鉴"云云。捐款人名如下:二三二号车饭厅张绍林、刘兴华、马向贵、徐德荣、徐文英(看一零一包车)、颜佐卿、杂役蓝子田、孙静波,厨师吴宝发、吴登芹;一四八号饭车饭厅远通林、徐鸣时、马宗超、陈沛丰、李莲卿,杂役徐阿根、张文祥,厨师许意才、周宗尧。

(《大公报》,1932年6月10日,第四版)

313. 视察青岛完竣,莱顿等今日游泰山,今晚北旋,明晨过津返平,顾维钧偕刘崇杰等由济南飞京

【青岛十日下午二时发专电】 调查团十日晨九时视察青岛海滨房屋,莱顿、希尼、马考蒂、顾维钧、吉田均同往。先至湛山路二号,视察良久,继至海滨三号。该处风浪过大,雾气弥天,旋至大和旅馆附近之新建筑楼房。最后吉田引导至牟平路日人峰村住宅,吉田并携有地图,向莱顿表示此处位置适当。莱氏视察后,默无表示,旋偕希尼等至金口一间疗养院休息。十二时许莱顿等赴沈鸿烈宴会,午后二时游劳山。十日晚六时前后离青赴济,定十一日上午七时游泰山。顾维钧随莱顿返济后下车,由济偕刘崇杰、施肇夔乘福特飞机赴京,颜德庆送调查团返平。莱顿视察青岛后未发表意见,惟一般观察,无论调查团在任何地点作报告书,不能以风景为着眼,应以能否自由、不受包围为目的。顾氏十日晨接见青岛新闻界,表示个人到东北后,山东人在当地工作者甚多,均态度愤激,希望国内早有解决办法,以拯救哀呼无告之三千万同胞,更盼国人将东北事时时紧记在心等语。

【本市消息】 莱顿等日前由平赴青岛,其滞留北平之中国代表团办事处秘书王广圻等二人,亦于昨日下午八时十分离平过津,赴济南迎晤莱顿等。因顾回京,王特往陪游秦山。莱顿等将于游览泰山后,即径返北平,约十二日上

午八时可过津。此间当局及路局方面接得报告后,已作相当预备,俾届时送迎云。又北宁路局昨接国联调查团专车来电,报告该专车预定于十日下午六时由青岛开车,十一日晨过济南,即转津浦线,是日午前到泰安,即下车往游泰山,下午由泰安开车北上,十二日上午过天津去平。顾维钧氏于十一日抵济后,即改乘飞机去京云。

(《大公报》,1932年6月11日,第三版)

314. 外部代表谈最近外交：对俄可望复交,反对圆桌会,请看俄国所订互不侵犯条约之蓝本

【南京十日下午九时发专电】外部十日招待记者,亚洲司长沈觐鼎接见,谈最近外交。(一)中俄复交问题,中央详细考虑会商后,已决定方案,拟先订一互不侵犯条约。中国为爱好和平国家,对世界和平尤热切贡献,不但信任国联盟约、非战公约及一切条约,凡能切实保障两国乃至其他各国之和平者,均愿签订,即日本如能放弃侵略政策,亦可订约,决非为中东路形势有促成订约之必要也。外交当局已屡次声明,复交与联俄、容共决非一事,舆论界亦早已深切认识。莫德惠现在意大利养病,当可返俄接洽,将来折冲代表是否由莫担任或另派,现尚未定。俄方态度现未悉,但鉴于过去态度,复交当有望。(二)日方热烈宣传圆桌会议,斋藤及英、美、法、义四使商谈,日方传各使对芳泽提案有所答覆,表示各国态度。据个人观察,此为日方片面宣传。各国对专讨论上海安全之圆桌会议,均主张无召开必要。(三)国联大会定九月间召集,讨论莱顿报告。顾维钧为国联发起人,此次随行出关调查,一切真相均已明瞭,如能前往出席会议,定有贡献。派顾为驻法公使兼充出席代表,中央确有此意,罗外长主张尤力,但现未完全决定。(四)莱顿赴青岛为视察编制报告书地点,因日方主张大连、我主北戴河,将来取折衷办法,在青岛亦未可知,莱顿视察后可决定。顾即将来京详细报告调查经过。顾抵京后,中央将详细讨论,并有所决定。(五)日本拟在东北设最高行政长官,与亡韩步骤相同,外部将有严重表示。(六)沪日本陆战队撤退问题,现正进行交涉中,此为时间问题,必可撤退云云。

(《大公报》,1932年6月11日,第三版)

315. 莱顿今晨过津返平，前晚离青，昨登泰山游览，顾维钧今日由济南飞京

【济南十一日上午九时发专电】 韩复榘代表张鸿烈，奉令陪同莱顿往游泰山，于一日早三时，冒雨偕行，闻承烈等到站候迎。四时胶路委员彭东原乘压道车先到，四时一刻莱顿等专车由青抵济。时雨止天晓，均在梦乡。张鸿列即登车，过轨津浦路，于四时五十五分开车赴泰安，预定下午五时离泰返平。顾维钧转由济赴京。闻编制报告地点，大致将候莱顿等返平后确定。惟日方对青岛事前早有布置，日油商峰村之美好楼房一所，在青岛先绘具图样，于莱顿到青时，吉田即导往参观，并主张即以该房为编制报告处。莱氏未作确定表示。我方主张，地址勿论何在，应注意能否自由。若在该地，恐必为日方包围。

【济南十一日上午一时发专电】 莱顿等一行十日午后六时二十分由青专车西来。此间已接电报，谓过济不停，无须筹备欢迎。闻十一日早四时左右到济，即过轨津浦路，开泰安游山。约早七时到泰，游山后即返平。

【济南十一日下午十时发专电】 莱顿等一行专车晨七时抵泰安。八时分乘小轿五十三乘游泰山，午在碧霞宫午餐，二时游南天门，登玉皇顶，并撮[摄]影纪念。莱顿游兴颇浓，上山时步行三分之二，约二十里，无倦容。顾亦陪行，解释名胜，莱更感兴趣。吉田体胖，轿行半路，即因天热折回休息。五时下山到站。专车于六时半北开，八时十分抵济，各界欢迎如仪。莱氏因鲁当局招待周到，特表谢意。顾与刘崇杰、施肇夔下车，寓胶济饭店。专车八时四十五分离济，十二日晨八时过津，午抵平。王广圻晨到泰安，代顾陪送北返。顾等定十二日飞京，福特机十二日晨可由平到。顾系向中央报告东行经过，并请示偕调查团赴日事宜，在京留一二日即返平。调查团草报告地点，前虽有青岛传说，但此次游览后，莱等颇感湿气太重，参观海滨建筑后亦无表示。现该团对外仍称返平后考虑决定。

【青岛十日下午十一时发专电】 十日晨新闻界代表十余人，赴疗养院访顾，提出六条，用书面请顾转达莱顿予以答覆，并询顾此行之观感。顾所答与在平谈话大致相同。彼谓因东北民众多鲁人，所受之痛苦，故有重述之必要，

希望唤起国人，设法解救云云。九时莱顿等赴市府拜会沈鸿烈后，同乘车赴湛山避暑地视察房舍，归来游第一公园，再赴牟平路四号及疗养院两处，视察毕返迎宾馆午宴。一时许莱顿等赴汇泉，作海水浴。午后三时接见各界代表，由青大校长杨振声代表致欢迎词，对日人焚毁党部、捣坏《民国日报》事，及日浪人在青制造炸弹，贩卖吗啡、海洛英、鸦片等毒品，华人受害情形，详加陈述。莱顿答词，除表示感谢欢迎之意外，略谓敝团旅行四阅月，中日两政府要人已数度会面，所得材料足资参考者不少，将来报告国联解决，并非难事，希望中日两政府及民众能有诚意，则中日间种种问题，均不难迎刃而解云。代表等呈交备录一份，及党部残余照片等多帧，莱顿极表感谢。三时许莱顿赴英领署茶会，德代表独出访友，义代表偕顾、沈等往游劳山，五时许返青。六时十分各代表同到站，向欢送者答礼后，即登车，六时一刻离青。顾原定午后四时接见各界代表，已由市府通知，嗣因赴劳山未果。新闻界提出之数条，因时间关系，亦未能答覆。顾云俟答覆后专函寄青。莱顿今晨视察房舍时，虽未加可否，但有两处似颇属意之楼房，均详加参观。

平讯。国联调查团招待处，以调查团编制报告书地点，虽尚未择定，但对于北戴河之布置，决照既定办法筹备，昨已派招待处秘书宁向南赶往北戴河海滨布置一切，以示准备。又讯。美代表麦考易与美使馆员昨晨七时赴西山八大处游览，当晚即宿该处宝珠洞，定今日下午返城。法代表克劳德尔亦赴各处宴会。招待处秘书长王广圻夫妇，今晚五时至七时在北海画舫斋招待调查团委员及随员等茶会云。

(《大公报》，1932年6月12日，第三版)

316. 顾维钧昨到京谒汪，提出具体意见书备采纳，顾谈东北疮痍满目睹状心酸，莱顿等一行昨抵平

【济南十二日下午一时发专电】 顾维钧原拟十二日早九时由济飞京，乃十一日午由平到济之福特机，在张庄降落时，损坏一小桨，加工赶修，非十三日晨六时不妥，十一日夜急电北平，请另派一机。十二日晨十时一刻，新福特机到张庄，顾及施肇夔、刘崇杰、游弥坚等十时半登机飞京。闻此机特快，两小时

半即到。十一日晚九时,顾偕张鸿烈晤韩复榘,谈调查团在东北及青岛、泰山经过甚详,代达莱顿等致谢招待之意,并谓国联纵能主张公道,倘国内自己不团结,无办法,效力必小,专依他人终必无济。韩亦谓国内不团结不安定,对外绝无办法,当务之急,应先使人民安居乐业,以安定国内。闻旧机十三日晨飞平。

【南京十二日下午八时发专电】 十二日下午一时半,顾维钧乘福特飞机由济抵京,施肇夔、刘崇杰、游弥坚同来。在场欢迎者有褚民谊、徐谟、沈觐鼎、各院部代表及美副领事夫妇等。飞机降落后,顾先启门而出,与各欢迎者一一握手为礼。褚为顾摄影二帧,即乘车赴铁道部官舍休憩。顾对在场之新闻记者发表谈话,略谓:"余此次来京,系向中央报告赴东北陪查经过情形。其间经过,已草拟说帖十二册,并经整理就绪,交调查团转送国联。至起草总报告地点,尚未确定。调查团由济返平,当可作最后商定。外传在青岛,尚非确讯。关于在东北调查之观感,此刻因时促,不及详告。总之,目下东北,荒凉遍地,疮痍满目,人人伤心,事事悲惨,睹状令人酸心,言之使人泪下。余俟在京事毕,即当赴汉,向蒋报告东北之行经过,返平约在一星期后。"

【南京十二日下午十一时发专电】 顾维钧到后,即至铁道部谒汪。汪设宴为顾洗尘,并邀各部长作陪。席间顾详细报告东北情形,并对今后进行方针,有所请示。谈至四时始散。顾下榻励志社,八时本报记者往谒,顾亲接见。据谈:"调查团编制报告地点,或许不在青岛。究在何处,莱顿等明后日可决定。莱等在平尚有一周勾留,离济时盼余早返平相晤,故余拟十四日晨乘机去。目前调查团任务未终了,余之使法事尚难即时解决。值此国难时期,应以国家利益为重。如余去法,能与政府有益,当然遵中央命令前往。"记者询顾,东北问题除待国联开会解决外,能否有第二条出路,顾答:"当然可另有办法。惟此非片言可以说完,暇当约君长谈。"谈至此,顾至外部,赴徐谟宴。闻顾对东北事已向汪提出具体意见书,供中央采纳。

【本市消息】 国联调查团莱顿等一行,前晚由泰安登车北返,昨晨八时十五分抵天津新站。车站由公安局保安队及第二军卫队警卫,周龙光及王一民均到站欢迎。专车抵站,莱顿等于军乐悠扬中,向欢迎者领首道谢。稍停即于八点三十分开往北平云。

国闻社云。国联调查团莱顿一行,前日游泰山后,前晚北返。昨晨八时十五分抵天津总站,十一时三十五分抵北平东站。专车未抵站前,时平浦车方到，乘客尚未走尽，站中无戒备，仅路警数人，亦无乐队。在站欢迎者，有市府财政局长蔡元，及宁向南、张伟彬等十余人。日使馆人员到站者亦有十余人。专车进站后，莱顿等先后下车，与欢迎者握手，即出站乘汽车赴北京饭店休息云。

【本市消息】 王广圻昨晚自北海画舫斋宴调查团，有唐宝潮等作陪。

(《大公报》，1932年6月13日，第三版)

317. 青岛、泰山纪游：调查团到青参观避暑房屋，编制报告地点回平后确定

国联调查团因为将来从日本回来，要在中国编制总报告，已经规定的北戴河，因为日本方面反对，所以才决定到青岛看看。莱顿爵士和德国代表希尼博士、义国代表马考蒂伯爵、中国代表顾维钧、日本代表吉田，以及中国代表随员颜德庆、萧继荣、刘崇杰、施肇夔、游弥坚、赫赛、端那等一行，在八日下午六时，乘北宁特备的专车出发，记者也随车同行南下。当晚九时一刻到了天津新站。莱顿爵士和顾代表下车和省市当局及各界代表周旋了一会，就在九点三刻离津南行。

由津到济

莱顿等三委因泰山是中国的名胜，打算由青岛回来的时候，顺便前往一游。当晚和顾代表说了，顾氏于是告诉车上的北宁营业课长周贤颂准备。转天早晨八点钟，这时候车子已过了禹城，再往前进，已然看见伟大的黄河铁桥。十几分钟通过了整个的桥身，不一会儿，锵锵的乐声大作，车子到了济南车站。在站欢迎的有韩复榘主席的代表张鸿烈(据说韩氏因为足疾，不良于行，才派的代表)，济南市长闻承烈和其他机关的代表。胶济路委员长葛光庭也偕同车务处长谭春奎，工程处长谢吉士，秘书郭大中、周霁，警务课长戴师韩，技术课长宋笃生，青岛市府代表杨津生，连济南的新闻记者，总有二三百人。莱顿、马考蒂、希尼、顾维钧、吉田相继下车，由顾氏介绍和闻承烈等握手。稍谈之后，一齐走到站内的大厅里用茶点。

接见记者

这时候济南的记者请顾代表作翻译,与莱顿爵士谈话。莱顿答话大意说:到东北去后的感想,现在不便谈,将来报告中包含着有的,不过在报告没到国联以前,不能发表。报告材料亦经准备,大致完妥。此次调查,完全本着公平的态度。对中日事件的希望一层,暂时不必说。中日事件范围很广问题太多,国联对远东各种事件,全按条约解释,各方遵照国联的精神,将来定有团满的解决。还有这次在东北山海关遇到的困难,有的向地方当局说明,马上就解除的,有的不能解除,也是地方当局不得已的事情。谈到这里,专车已换好胶济的机车,准备开动。莱顿和希尼、马考蒂向大众致谢,走出大厅。许多记者还请顾代表发表到东北后的感想,顾氏因为时间短促,仅只简单说了以下几句:"对东行后的感想,我已经有过两次宣言(指他在北戴河、北平两地对记者谈话而言)。唯请全国注意的:第一,是不忘东三省;第二,本人与东省民众都希望赶快有个救济办法。"记者听顾氏述说以上两点,共有两次。他那沉痛声调,简直是三千万被俘同胞求救的呼声。

胶济途中

九点五十分,专车辘辘开动,沿着胶济路向前跑去,速度比津浦路上快了许多。正午过周村,站上满贴陆军二十九师欢迎标语。各界代表有二三十位,离开站台不远。还有日本侨民二十多人,有的说他迎吉田,有的说他们是来凑凑热闹,却怪吉田始终就没下车和他们说话或道谢,那未免太对不起他们的好意。不过记者想到的一个疑问,就是胶济路附近住着有多少日本侨民?下午一点,车抵张庄稍停。胶路张庄小学学生和校长、教员列队迎候,莱顿和顾代表下车,沿着站台在个个立正致敬的小学生面前走了一遭,莱顿并不住的举手答谢。顾氏并代为译意说,谢谢你们。等到专车已开动,莱顿还在车子里微笑点首,他对那些精神活泼的小天使很注意,很欢喜。下午两三点钟以后,天气热到一百十四度,车子里热得人头昏。四时过潍县,欢迎的人也不少。在煞时的逗留里,记者只记住站上挂的一幅"中华人民宁为公理而死,不为强权屈伏"白布黑字的标语。

晚到青岛

　　车过胶州,已快到七点。远山落日,满天红霞,衬着碧绿的田野,景色非常好看。同时凉风习习,更使人爽快许多。以后天色渐渐黑暗,离着目的地的青岛也不远了。九点一刻到青岛,已然万家灯火。专车在乐声里停住,莱顿等三委全下车,由顾维钧介绍,和在站欢迎的沈鸿烈市长相见,随谈随行,走出灯火辉煌的车站。莱顿、希尼、马考蒂赴迎宾馆下榻,顾维钧、吉田及随员记者等一行则住在万国疗养院。两个地方由市府布置招待,极为周到。疗养院是一个新开张不久的大旅舍。旅馆用医院的名子[字],却是少见,内部布置倒还精致。记者住了一间,后面正临着海滨公园的青岛水族馆。一阵阵如吼的海涛冲岸,在房里听,好像北平冬天刮大风的一般。室内湿气颇重,当然因为近海的原故。

参观房舍

　　十日上午九时,莱顿、希尼、马考蒂三委员由顾维钧陪伴到市府拜访沈鸿烈市长,吉田随后也到市府拜会。谈了一忽儿,各偕随员分乘汽车十五辆到湛山游览,参观房屋,据说作将来如果在青岛编制报告书时用的准备。说到这里,记者觉得编报告书的地点问题,在中国也好,不在中国也好,就是在日本也未尝不好。既是想在中国,同时中国已经预备了很幽静的很凉爽的北戴河,调查团竟因为日本反对而再考虑,并且所考虑的,也就是日本所主张的。所以如此迁就,或有另外原因也难说。不过日本偏狭的心理,调查团也未尝感觉不到。我们最后希望调查团注意的,就是编报告地点的决定,总要以多能吸收自由空气为原则。到湛山最先参观的是青岛《英文时报》英人士大贵的三幢小洋房,和一所尚未完成的美商所建的饭店。莱顿看了,不作批评。希尼和马考蒂,常和顾代表及中国随员等谈谈笑笑,对看房子模模糊糊。日本吉田代表走到一处,对任何人总谈到房子的好坏,在美商饭店旁的大和旅馆支店,尤为他所津津乐道。(以下接第四版)

(《大公报》,1932年6月13日,第三版)

318. 罗文干即返京晤顾

【南京十二日下午十一时发专电】 罗文干昨因事赴沪,兹以顾维钧到京,外交问题亟待磋商,十二日晚将乘夜车返京。刘崇杰前由中央任为外部常次,十二日偕顾到京。闻刘以参加调查团、工作繁忙,就职与否尚未考虑,俟与罗晤面后再定。

(《大公报》,1932年6月13日,第三版)

319. 泰安访冯记:冯居山麓普照寺,称病不见客,对调查团亦谢绝招待

【本报特讯】 国联调查团莱顿爵士等一行,此次由青转赴泰山游,原拟访问留在该地之冯玉祥氏。鲁主席韩复榘事前特致函冯氏询问,冯当覆函称,病体未痊,恕不克招待。故莱顿等游山后,即径行北返。冯现时寓泰山山麓之普照寺,其地距泰安车站不及五里。记者抵泰之后,特抽暇前往访问。轿行约四里,突遇携手枪背大刀之兵士二人,知系冯氏卫兵,乃就而问讯,并出名刺,请其转陈冯氏,予以接见一谈。兵士去后,记者乃前行浏览。普照寺为丛林掩蔽,莫见寺容。林前有"三笑石",亦泰山名迹之一,风景颇佳胜。半小时后,有刘君秀德自林中出。先询记者,记者乃具道来意。刘谓冯氏咳嗽,迩来益甚,现正治疗,今晨且已登山,何时返回未定,不克亲为接谈,至歉云云。记者以不获见,告辞他行。另就各方调查所得冯氏之最近情况如下。冯氏自来泰山后,除旧日部属外,对往访者概不接见。与冯同居泰山者,有邓长耀、邓哲熙、任右民及医士陈某等五六人,传熊观民、李兴中近亦到山。随身卫兵二连,在普照寺一带守卫。所谓冯身体不适,不如外间所传之甚。山居避嚣,或为真因。冯时游之关帝庙,书题极多,感慨颇深,有《精神书二十四条》与《东三省简要说明》,皆甚长。兹录其所书对联一付与《抗日救国》一文如下。对联之文曰:"看看他为革命是不是踊跃奋斗","想想我对责任有没有虚假因循"。《抗日救国》

文曰:"抗日救国。我们的国家快要亡了,我们要不努力就要当亡国奴了;我们种族快要灭了,我们要不拼命快要灭种。我们是四万万人的国家,被人家几百万人的国家、几千万人的国家欺负的连猪狗都不如,连孙子都不如了,我们还不觉悟。吾辈军人,是民众之武力。现在人民受帝国主义及卖国军阀层层压迫,饿不得食,寒不得衣,有田地不得耕种,有房屋不能安居。非吾辈军人,其谁救之?"观上文,可知冯氏所以留居泰山者,亦不难于想象中得之。此外冯氏并在关庙设一六贤祠,所供奉为蒋光鼐、陈铭枢、蔡廷楷[锴]、戴戟、朱子桥、王瑚等六人,称蒋、陈、蔡、戴为抗日救国的活神仙,朱子桥为万家生佛,王瑚则为清廉好官。据道士言,冯每来必顶礼致敬也。又冯氏近在山麓凿泉,名"朝阳泉",亲书三隶字以刻石,笔力挺拔不俗。记者参观时,工程尚未告竣。冯氏平时登山漫游,乘轿须六人肩曳(普通二人即可)。某次微步田间,适遇农民二,正在闲谈,谓冯总司令到此,我等尚未见过。冯闻此话,乃突属言我即是冯玉祥。农民惊而失色,冯善言抚慰之,并就坐而大话桑麻,亦趣闻矣。

(《大公报》,1932年6月13日,第三版)

320. 青岛泰山纪游(以上接第三版)

市府招待

十点一刻大众到第一公园游览。走了不大会儿,莱顿等又乘汽车,到牟平路四号房屋参观。这所房子是日侨峰村所有,因而吉田招待莱顿特别殷勤。每一间房间,吉田都亲自来开门,并且不断添加注释。可是莱顿除了点头微笑以外,始终不加可否。最后又去万国疗养院,莱顿把三层楼全看到。这时已经十一点多钟,莱顿等三委、顾氏、吉田等都到迎宾馆应沈市长的欢迎宴。因为莱顿这次到青不是正式访问,席间只随便谈话。此外市府秘书长胡家凤代表沈市长,在疗养院宴记者等。席间胡氏谈到青岛市的最近情况,我们知道青岛地方近来,比前几个月安谧得多。

延见代表

市政府的宴会,到下午二时半始散。原定游崂山,临时莱顿爵士和希尼博士都取消原议,改在寓所接见各界代表。青岛大学校长杨振声氏,把日人焚毁党部、捣坏《民国日报》等事件详加陈述。莱顿答词极简单,说希望中日两国政府及民众能有诚意,则中日种种问题,不难解决,和初由东北返平对新闻界讲的话一样。

游览风景

马考蒂伯爵是最好游逛的,那天午后仍和顾代表、刘崇杰、端那、赫赛等十数人到崂山去,沈市长亦陪同招待。记者在游览游[海]滨公园以后,也追到崂山。沿途汽车路修得很平整,汽车足跑一个半钟头才到。游山乘坐椅,四个人抬着,盘道而上,走的不慢。记者因为时间稍晚,未能尽兴登临,大众也只在柳树台一带游玩半小时,就络绎下山。不过劳山的幽胜,已萦绕在各人脑际了。

离青西返

莱顿、希尼在下午五时后,就到车站登车。游山的大众不及返旅舍,也直到车站。下午六时,专车在乐声里离去青岛,到站送行的仍和来时一样。调查团员游青的一幕,至此便算告终。十日夜里大雨,十一日早晨四时到济,仍是淅沥不止。韩复榘主席特派张鸿烈代表登车,赴泰山招待。

车到泰安

三小时后到泰安,雨虽打住,可是天气阴晦,冷得不得了。这时候鲁省当局预备的五十乘游山小轿,已经在站外排好,静待出发。因为等莱顿吃过早茶,原定八时动身,多就搁一刻多钟。有一位德国记者巴特尔氏,因为等得不耐烦,他说"我从前当过兵",提着照像器不坐轿竟走了。还有一位调查团的秘书希来,他看坐轿太不人道,也单独一个人走着上山。莱顿、希尼、马考蒂和顾维钧离开车站,打算步行穿过城里。因为街上雨后泥泞不堪,走了十几分钟,坐了轿子向山上进发。吉田是和大众一道坐轿去的,没和莱顿同行。

泰山之游

上山以后,莱顿时常下了轿子步行,顾维钧也伴他一起走。两个人随行随谈,遇到一种古迹,顾便译成英语告诉他。最先到的岱宗坊,莱顿拍了一张照片。再往前走,丰都城、皇宫院、三皇庙,都没多停留。玉皇阁里有个孙真人坐化的原身,据说孙名真清,是河间府阜城人,康熙二十四年坐化,那时已经九十四岁了。现时面上贴着金,有人来参观,多少还要布施,简直成了他徒子徒孙生财的工具了。再前在山西会馆里,看见不少新鲜的材料。这个会馆也叫关帝庙,庙中有一颗[棵]汉柏,现在依然苍翠可爱。隐居泰山的冯玉祥先生时常到这里闲坐。院内壁间有他写的文字很多,感慨颇深(见另稿)。

古迹名胜

一磴一磴的石阶又走了半天,到了一天门。一天门和再上的中天门和顶高的南天门,是三大阶段,一共四十五里。在由一天门到中天门的中间,古迹俯仰皆是,现在只把出名的几处顺序纪在下面。最先走的红门,是一座和尚庙,传为孔子登临处。孔子登泰山而小鲁,就是指此而言。过了红门为斗母宫,里面是尼姑当家,殷勤的劝人到庙里去喝茶。红门附近一带还有小泰山,此处有乾隆立碑,叙泰山四十余里,石阶共六千七百余级。三义柏是纪念三国刘、关、张的,万仙楼后面有谢恩处,亦是乾隆游山时的遗迹。其他卧龙槐、告老桥、三观殿、经石玉、水濂洞、石岩、梁山谷、东西桥、乾隆歇马岩、回马岭等等,就中经石玉是最有名的。经石玉,是九百六十个石头,相传为唐僧取经归来所书者,文为金刚经,每石一字。附近有售拓片的,中国随员多出资购买,以留作纪念。

十八盘道

十时半到达中天门。稍为休息,用些冷饮,又继续出发。经过的名胜计有快活山、斩云涧、月牙亭、云母桥、五大夫松、飞来石、接驾石、朝阳洞、对松山等处。再向上走就是十八盘道,一直到山顶的南天门和碧霞宫。一路的景物,要比前半路还加倍的好看。嵯峨的山石,苍老的松栢[柏],难以笔述。四周俯瞰,真有小天下之感。这时候天已转晴,太阳晒得很厉害,没多看。大家就在碧霞宫午餐,因为热的关系,全吃冷餐,啤酒、汽水比面包的销路不知到[道]多到若干倍。

名人墨迹

午饭以后,除了吉田因为身体太胖,天气又热,早早就下山以外,大众的游兴仍不稍减,再去玉皇顶游玩。玉皇顶古今人物留的手迹很多。蒋中正在民国十八年在那里写了一幅中堂"泰山永固,民国长安"八个大字,现仍保存,马福祥也有"仰观俯察"四个字的刻石。最古的遗迹是秦始皇的无字碑,高二丈,宽约三尺,碑而无字,则莫明其意义了。游到这里已经下午三时,山顶上仙人桥、日观峰、丈人峰、探海石都没去看,就全乘轿下山了。据说日观峰凌晨可观海滨日出,普通所谓的浴日。然而非得前一天就上山,不能饱此眼福。

泰山裨[稗]史

根据泰安土人说的泰山由来,作游程的煞尾。据传泰山曾三移其地,最后一次才是现在的状况。在最古泰山周围是水,来进香的,全是乘船,下船住在客店,转天在[再]上山。现时泰山脚下时常发现破碎的砖瓦,就是那个时候客店的证明。泰山直高十八里半,盘旋而登,要走到五十里。每年来进香的善男信女,各地方全有。远如云南、黑龙江,亦不远几千里而到泰山来呢。

过济返平

回到车站是下午五时半,专车就在六时半告别了泰安,转回济南。当天晚上六时一刻到济,车站上欢迎仍和来时一样。顾代表晚餐后,和刘崇杰、施肇夔下车换乘汽车到胶济饭店休息,预备昨天坐飞机到南京去。莱顿因为鲁省当局招待太周到,在站上对韩代表张鸿烈等特别表示谢意。八时半专车离了济南北驶,昨天早晨八时过天津回到北平。莱顿等此次游青岛、泰山的详细情形,为记者旅途所不及发电的,大致的报告如此。(六月十日晨)

(《大公报》,1932年6月13日,第四版)

321. 汪、罗、顾昨日详商外交，蒋作宾到京，将代顾在日接洽调查团，顾维钧今日飞牯岭谒蒋

【南京十三日下七时发专电】 罗文干、蒋作宾十三日晨抵京。九时顾维钧至萨家湾访罗长谈，陈述赴东北陪查经过。旋罗、顾同赴铁道部官舍访汪，对中日各事及顾赴日问题，交换意见。顾意以为日本之行，于陪查工作上无多大必要。彼交调查团说帖，尚在继续草拟，或即不赴日。而调查团到日后应需接洽之事务，则托将赴任之蒋作宾公使担任。蒋应召到京，十三日晨八时，已与顾见面商谈。顾拟一二日内乘飞机赴牯岭谒蒋，报告一切，事毕即北返。

【南京十三日下午十时发专电】 汪宅谈话会，讨论问题有：（一）对收复东北具体办法；（二）研究中俄复交进行步骤；（三）顾随调查团往日与否；（四）今后对外政策及目前国内财政诸事。汪与罗、陈各部长，聆顾维钧报告东北惨状，亟为动容，涕泪几下。顾今午接蒋电，请顾往牯岭相晤，下午四时半，蒋派自乘飞机来迎。顾准十四日晨九时去，如无躭搁，下午即返京。

【南京十三日下午六时发专电】 外报传国府将派陈友仁为驻俄大使。据褚民谊谈，目前中央尚未考虑及此。

【上海十四日上午一时十五分发专电】 林森夜车到沪，即回寓。陈调元十四日晨到沪。

【南京十三日下午十时发专电】 李石曾十三日晨由沪返京，定十四日晨偕顾飞浔，赴庐山谒蒋，对党政外交有所商讨。俟由庐返京即赴沪放洋。

【南京十三日下午十时发专电】 顾维钧十三日晨七时谒林主席，报告东北情形，午赴行政院外交部之慰劳会，晚八时赴罗外长宴会。十四晨赴赣，李石曾同行。李因将出国，故晤蒋一谈。

【南京十三日下午六时发专电】 林森十三日晨八时赴铁道部官舍访汪。汪对最近之外交、政治各问题，有所报告。林下午三时半乘车赴沪，挽留陈铭枢。宋子文回京。

【南京十三日下午四时发专电】 陈孚木十三日晨返京。据谈，在沪与陈铭枢会谈多次，觉陈辞意仍坚决。政府虽有给假一二月准其休养之意，但能否

如期销假，尚未可知。外传陈将来京不确，但亦不离沪。

顾维钧谈话

【南京十三日下午九时发专电】 顾维钧谈："余此来专为报告赴东北调查经过，并请示一切。现与汪、罗及中央各要人晤谈，对今后外交方针及步骤，尚在讨论中，未有具体决定。余十四日晨飞庐山谒蒋，留一日即返京赴沪。东省问题乃整个中华民族之生存问题，非全国人民一致兴起，不能渡过此严重之国难，而得一圆满之解决。余赴沪与蒋作宾有所商谈，并拟晤各界领袖，交换意见后即返平。余由济来京时，调查团各委员均促余早日返平，俾协力进行一切工作，故本周内必须返平。莱顿等此次赴青岛视察编制报告书地点，据余所知，青岛似不适宜，想调查团各委员日内必能决定一适当之地点也。调查团将赴日一行，余因此次赴东北，精神痛苦异常，恐难同行，政府究派何人陪行尚未定。调查团俟由日返平后即开始编制报告书，约八月中旬完竣，俾提九月间国联大会讨论。至余之使法兼充出席国联大会代表一节，政府如有任命，余亦义不容辞。凡与国家有益之事，余无不乐为，个人之安适辛劳，决非所计"云。

（《大公报》，1932年6月14日，第三版）

322. 编制报告地点调查团方面无成见，该团俟顾返平后即赴日

平讯。顾维钧氏在京约一星期左右可返平。调查团不久东渡赴日，在日约留八日，由日归来时将赴南京，向国民政府接洽关于编制报告书地点问题。调查团方面对北戴河、青岛两地似无成见，惟因往来各地携带文件不便关系，传有在北平编制之意。又美委员麦考易因该团将在华久留，拟由美接其夫人来平，居所将在西山云。

（《大公报》，1932年6月14日，第三版）

323. 伪外长非难顾代表，谢介石致莱顿爵士之一电

据十日《满洲日报》载，伪国"外交部长"谢介石对于顾代表入关后之谈话，认为"骂詈谗谤"，特于九日致电莱顿爵士，全文如左：

"余对于六月五日天津《大公报》所载顾维钧博士及一随员，对于本国骂詈之言，及最近顾博士诽谤的声明，不得不再唤起阁下之注意。余等不喜顾博士入国理由之一，即在彼过去之言论上，对本国之态度极不妥当。余等许可顾博士入国之一条件，'顾博士取销已往对本国一切不妥当之言论，余等因其为阁下之参与员，信任阁下之保障，避开难局，余等信顾博士有适当之机会，当能订正不幸之声明'之辞句，载在余五月六日之书翰中，而当时交换之三部公文，又为阁下之亲笔。乃贵调查团竟不阻止中国参与员之行动，实出吾人意外。贵调查团是否认中国参与员之行动，违反换文之明文及精神？是否认为无碍于理？特电质问。"

（《大公报》，1932年6月14日，第三版）

324. 国联调查团报告书将在北平、东京两处编制，莱顿爵士昨对外报记者谈话，希望两国依该团建议谋解决

【北平电话】 莱顿爵士昨日午后接见外国记者，对各记者问，答覆大意谓："编制报告书地点，初拟在北戴河，后以日方反对，未能决定，而青岛亦不甚方便，故最好在北平，须俟由东京返回后决定。将来或在此地编一部分，在彼地再编一部分，亦未可知。至于报告书内，部约分二部：第一部，系属历史方面，即事变发生之经过；第二部系建议事项，须俟与日政府晤商后，方能编制。此项建议，双方未必全能满意，惟希望双方能根据此项建议寻求一种解决之方法。在东京之勾留，刻尚不能预定。离平日期大概在下星期三。顾代表是否同行，尚未决定"云云。最后有日本记者根据本报所转载《满洲日报》伪国外长谢介石之电文，询问有无其事。莱氏答，此事最好请问大桥，本人不能答覆等语。莱氏此语，深刻有味，盖明明认大桥为伪国之外交部长，殊无谢介石其人

在目也。

(《大公报》,1932年6月15日,第三版)

325. 庐山之会决定外交大计,罗、顾昨回京,汪、李今日返,顾已赴上海,即将飞机北旋,汪、罗有偕顾北来准备

【南京十五日下午七时发专电】 十五日下午四时,罗、顾仍乘原机由浔返京。汪等十四日下午三时到浔,七时到牯岭蒋寓之医院内。各要人即由蒋欢宴,当夜长谈外交、财政、"剿匪"各端。顾报告东北之行尤详,各问题俱经详密讨论,大致均已获有结果,内容未便宣布。十五日晨复开谈一次,为最后决定。十一时罗、顾遂辞蒋下山,下午一时起飞,四时余到京。

【汉口十五日下午五时发专电】 浔十五日晨十时电。汪、罗、顾、李、李、黄等,十四日下午三时半乘蒋自备机抵浔,即分乘汽车六辆,直驶庐山。中央及湘、鄂、赣、豫、皖五省领袖齐集,十四日晚有会议,对外交、财政、"剿匪"及各省政务,均有讨论。闻汪及李济深将于十六日回京云。

【南京十五日下午七时发专电】 牯岭会议对财政计划决厉行紧缩,军政各费仍照原定折成发给,各机关不得请求增加。挽宋回京主持,预料宋可同意。因宋此次辞职,确感无法应付各方要求增发经费之故。顾维钧决随同调查团赴日本。顾十五日下午飞沪后,十六日即回京,定十七日或十八日返平。闻政府要人为关怀华北现状起见,决偕顾同乘机北上,汪、罗等均有同行准备。

【南京十五日下午十时发专电】 汪、黄、李、李定十六日返京,罗、顾乘来之塞可斯机,准十六日晨飞浔迎接汪等。顾偕刘崇杰、游弥坚、施肇夔、顾宝昌下午四时二十分乘福特机飞沪。

【上海十五日下午十时发专电】 顾维钧下午五时乘福特机到沪虹桥机场。顾兄及张祥麟往迎回兄寓。九时接见报界,当晚谒林森、陈铭枢、蔡廷楷〔锴〕。十六日下午一时国际问题研究会在银行俱乐部宴顾,三时张祥麟在同地招待报界,顾有报告。四时国难会在中社茶会慰劳,五时沪地方协会慰劳。七时顾在青年会公开演讲东北事,吴铁城主席。吴今晚访林森,林夜车返京。

....

【南京十五日下午十一时发专电】　宋子文辞意仍坚，十五日中央再去电慰留。中央已决定顾维钧使法，事毕即往。

....

国难尚未已，同胞勿偷安

【南京十五日下午七时专电】　记者顷晤由牯岭回京之某要人。据谈，一切问题均侧重东北，其余均在其次。政府今后方针，不便宣露，但东北今后非有改弦更张之准备与全国总动员拼命之决心，则东北无望收回。政府最引为憾事者，即国内人民自沪协定签订，复现偷安之象，误为国难已去者。观于平津方面之歌舞升平、日本货之畅销，可以证明。不知东北问题不拼命解决，中原危机日增，满清入关故事，不难重演。方今国难实丝毫未减，苟不发奋努力、全国拼命，奚能收回已失土地？调查团回到平津，即语顾代表曰："在满时备见华人之惨苦，以为关内华人，亦必含辛茹苦，同情斗争。孰知一到平津，充满升平气象，一若无事者然。中国人苟不自发奋，他人何能为力？"闻者怛恻惭恧，不可为怀。今后国人亟应打破迷梦，速自奋发淬厉。否则遑论联俄、联美无有裨益，即人之欲助我者，亦无能为力。天助自助，正是此谓。诚愿全国人民勿一刻忘却东北，长期斗争，三年五年不辍，用全国力量，誓死拼命，庶乎有豸。决非仅凭口舌之争，所能奏效也。

国人勿忘东北人民痛苦

【上海十五日下午十一时发专电】　顾晚九时，在麦根路本宅接见各报记者。首称蒙诸君莅机场迎接，谢谢，次述赴东北经过，谓："进关之后，前后已发表两次谈话。本人此次参加调查团出关，计有七周。在此时期，吾人所接触，莫不痛心疾首，度日如年。当未出关前，蒙许多知友垂爱，多方劝止，然因使命在身，抱定为国家牺牲，毅然出关。所经之处，代表团同人，无不受重大痛苦与意外情事。个人之痛苦虽多，然念及东北三千万同胞所受异邦痛苦，则不能认为特殊。本人系江苏人，当出关时不顾一切，今平安回籍，当然欣喜。望国人对东北同胞之痛苦，认为自己痛苦，万不可以上海离东省尚远，而不顾东省同胞痛苦。东省为强邻之侵略策源地，东省不收回，关内危机已迫，盼国人及上海同胞猛醒"云。记者问："调查团赴日，是否同去？"顾答"政府希望余同去。"问："调查团拟报告书决在何处？"答"东京开始，北平完成。"问："调查团在东北感想如何?"答"现在征集材料。该团感想,本人未便发表。"问:"赴庐山会议结果如何?"答:"本人在京庐两处,参与会议各二次。除报告经过外,并提陈新意见,供政府参考"。问:"今后对日外交政策如何?"答:"当积极做去。"问:"东三省问题解决,是否再依赖国联?"答:"外交政策当不必限于一条途径。"问:"使法事如何?"答:"本人现在任务未了,使法办不到。"问:"政府对中俄复交,已否决定具体办法?"答:"中俄问题亦为庐山会议讨论事项之一,政府意志已趋一致。惟如何进行,刻尚不能发表。"

(《大公报》,1932年6月16日,第三版)

326. 调查团再晤王以哲,详谈九一八事变真相,一周后将离平赴日

国闻社云。国联调查团初次抵平之际,曾一度与东北陆军第七旅旅长王以哲谈话,询九一八事变经过,以王氏彼时驻防北大营,日军启衅正当其冲,见闻当较详确。兹者该团由东北调查归来,所得材料,多系日方报告,故昨日上午十一时,再约王氏至北京饭店详谈,藉明真相。谈话历二小时,由张歆海氏任传译,迄下午一时王氏始辞出。美代表麦考易,昨日下午一时,携随员数人赴燕京大学,应该校校长司徒雷登氏之午宴,至下午四时始返北京饭店。义代表马考蒂,昨日下午一时半赴义使馆午饭后,转赴琉璃厂游览,至三时返回。原拟再游雍和宫,因时间已晚,改定今日前往。各委有偕行游览讯。又莱顿爵士近已迁居英使馆参赞应格兰氏之私邸,每日仍赴北京饭店办公。至调查团离平赴日行期,已略定下星期三,该团发言人前晚对中外记者曾非正式公表。兹悉该团离平后仍沿北宁路出关,取道朝鲜赴日本。留日时间未定,大约至多两周,然后再来南京云。

莱顿对外记者谈话详志

【北平十五日路透电】 国联调调团主席莱顿氏,昨晚对外国记者发表有意义之谈话,对于最后所提报告书之性质发明颇多,并说明决定不在任何一地点起草报告书之原因。氏称,调查团已放弃在北戴河度夏之意,半因日方极力

反对，半因其地点不甚适宜。青岛地方不便，且气候甚为潮湿。查此二地均为消夏良好地点，但于调查团之工作上，并非理想场所。不过不采用以上两处之主要原因，即有许多材料须在北平搜集也，各种文件不能随时调阅，且往返程途颇远，尤以青岛为甚。记者问调查团赴日行期，氏称彼等正等候顾维钧氏。顾氏大概可于本星期五六由京返平，彼等拟下星期三左右赴日，但须待顾氏回平再定。至于顾氏是否同行，现尚未定。彼等拟乘火车经朝鲜渡日，调查团员均将前往，惟随员不尽随行。如调查团中之专家，与其有关系之问题将不在日讨论者，即毋庸前往。随员赴日时，一部将留平编制报告书中之历史部分。报告书本身共分数章，其中有一章包括建议事项，大概将同时在中日两国发表，分英、法文两种。报告书首作历史的陈述，次对于历史部分发挥意见，次估量一切情形，再次则就历史根据，作解决此问题之建议。现时赴日目的，在讨论结论。当调查团前次在日时，曾请日方陈述日本在满之利益，以及日方所视作主要之条件。惟该团当时除在阅读与交谈时所得资料外，对实情不甚明瞭。现时再度赴日，已具有在旅途中与在满身历及接见各方人士所获之利益。但此次赴日目的，仍为向日方探询，并非发表何种意见。莱氏称："吾人不拟陈述有何建议，吾人仍须有所征询。"氏注重在日本讨论之主要目的，为报告书结论。调查团在与日政府讨论前，结论不能开始着笔。此次在日若干时，现尚未定。调查团在旅途中，辄须斟酌情形，一俟彼等工作完了，即将回华。氏又谓，国联意欲报告书于九月间开大会前制就，并盼望能于八月底以前接到，庶可印成交国联会员参考，以便开会前，先行互相讨论。调查团将尝试于八月底以前交卷，但在九月半以前不能终篇，亦系意中之事，因报告书所须搜集缮具之文件，甚为浩繁也。关于报告书大概之结论，氏称，调查团将于最后一瞥前，探求能获得何种妥协。但据彼意，大概不能向国联陈述"吾人已向中日二国作某种提议，彼等已均同意矣。"因调查团所提报告与建议之结果，国联或可向有关系双方陈述，"汝等愿准备根据此报告，从事谈判否乎？"

（《大公报》，1932年6月16日，第三版）

327. 调查团赴日确期未定，回华时将先至南京

【北平电话】 调查团二十二日离平说，兹查尚未十分确定。离平日期须俟顾维钧到平商谈后确定。调查团由日回华时，将先至南京，与我政府当局晤谈，然后再返北平云。平讯。国联调查团拟于二十二日离平，经北宁路，由朝鲜转往日本。该团之报告书关于九一八历史方面之材料，因整理完竣，业已开始编制。建议之一部份，仍须到东京后着手。顾维钧氏昨有电到平，至迟十八日由京返平，将随调查团同行赴日。又美代表麦考易昨日由北京饭店迁往其友人纽维拉宅云。

(《大公报》，1932年6月17日，第三版)

328. 汪昨赴沪，即夜返京，顾、罗今日由京飞平，宋子文意稍活动即可续干，李济深将来平晤张商要公

....

【南京十七日下午六时发专电】 罗文干、顾维钧准十八日同乘机飞平。顾十七夜由沪返京，李济深将随顾飞平晤张，商要公。

【上海十七日下午十时发专电】 顾维钧十七日午赴银行界宴，席间对东北金融报告甚详，晚八时赴圣约翰同学宴。顾定十八晨八时飞京，谒汪、罗后即返平。顾因汪、蒋等敦促，决陪调查团赴日。顾谓使法事，非二三月后不能谈到，因该团报告书九月初始可完成。

国闻社云。顾维钧氏昨有电到平，谓定十八日上午十时由京乘飞机返，约下午二时半可到。除外交部长罗文干同机来平外，行政院长汪精卫，财政部长宋子文，训练总监李济深，中委李石曾、张群等，亦有来平与张绥靖主任商洽军政、外交问题之讯。顾氏预定今日抵平后，于下午八时在其铁狮子胡同私邸设宴招待，并约张学良、万顾麟、于学忠、张作相、张焕相、周大文、高纪毅、王克敏、胡适、丁文江诸氏作陪。请柬昨已备妥，俟顾氏今日抵平后，

始能发出云。

....

(《大公报》,1932年6月18日,第三版)

329. 读者论坛:园丁的话

国联调查团到东北去走了一趟,表面上所见到的,当然是人家早就预备好的布景。至于真正的民间难言的痛苦,也许会在极小的动作里,观察得出来。像这国际间的嘉宾,尚且感觉到不大自由,那么老百姓的活受罪,当然不言而喻了。

调查团一入关,对于平津一带民众的歌舞升平,晏安逸乐,感觉到奇异。我们想想,这是何等的可耻?

当上海炮火连天之际,各业罢市,人人在恐慌之中,都被感情刺激得十分兴奋。可是刚一停战,电影院、跳舞场以及游戏场所,完全都照旧的挤得满满的,立刻恢复了升平时的景象;把那刚过去的痛苦呻吟,忘得干干净净!

刚挨打的时候觉得疼,只要鞭子一离开肉就恢复了原状。同胞们,请你低头看看自己身上所受的创痕!

(《大公报》,1932年6月18日,第九版)

330. 汪、罗、顾、宋昨连袂飞平,此来任务专注重外交问题,今晨将与调查团交换意见

【南京十八日下午七时发专电】 汪精卫偕陈璧君、曾仲鸣十八晨八时由沪抵京,即赴中央党部。顾维钧、宋子文、刘崇杰、游弥坚等十八晨九时三刻乘福特机抵京,罗文干、徐谟暨外部各高级人员均莅机场,迎赴励志社晤谈一切。其时汪在中央党部闻讯,即与曾仲鸣同赴励志社晤顾。十时三十五分,汪精卫、罗文干、顾维钧、宋子文、王树翰、曾仲鸣、刘崇杰及外国顾问等九人,齐到机场,即乘顾原机飞平。徐谟、唐有壬、甘乃光等到场送行。十时四十三分

【飞】机冉冉北去,预定下午四时可抵平。临行前汪发表北行任务之谈话云:"此在庐山会议已决定。十七日赴沪,邀宋部长来京,一同赴平,不仅会晤调查团,表示中政府态度,并与张协议中日交涉方针,且对抗日整个计画亦有协议。本人至多三五日即返京。"宋子文乘机到京后,即至励志社,召见财次李调生,嘱照常办理部务。宋语记者,谓:开辟新财源办法,中央业经商定,个人因政府恳切挽留,自当打销辞意,回部供职。顾维钧谈:调查团赴日约有三周勾留,再来华,报告书编制完成后,调查任务即终了;莱顿等向国联行政院提出报告书后,委员中或有一部回日内瓦;刘崇杰随顾赴日。曾仲鸣谈:十七日汪在沪,曾访孙科,因孙外出未晤,托陈铭枢转告庐山会议情形,并请入京共商国是。又施肇夔等十八晚车赴平。

【上海十八日下午二时发专电】 顾维钧、宋子文、刘崇杰等十八晨八时半由虹桥乘福特机赴京,十时可到。汪、罗等在京登机,同赴平。

【北平电话】 汪精卫、罗文干、宋子文、张学良、顾维钧等,定今日上午九时半在外交大楼与国联调查团莱顿爵士等五委会晤,对东北问题交换意见。昨日下午五时,汪、罗、宋等到平后,即赴顺承王府晤张学良,谈话内容,甚简单。汪、罗二氏于晚七时辞出,赴铁狮子胡同顾宅。宋、张则继续谈商财政问题,至八时始偕赴顾宅晚宴。到者除调查团及汪等外,并有于学忠、周作民等多人。席散后,张、汪等复谈至十一时半始离顾宅。汪、罗、宋三氏原定寓北平绥靖公署。临时以诸多不便,改寓南长街商震宅。汪、宋、罗、张、顾并定十日再度会商。此来任务专注重外交问题。汪氏留平期间,据曾仲鸣谈,约为三四日。惟如情势有需要,或多留一二日亦不定。又汪、罗定今日下午三时,在外交大楼接见新闻记者,届时宋氏或亦可参加。张学良氏并定今晚八时邀请汪、罗、宋等晚餐云。

国闻社云。行政院长汪兆铭、外交部长罗文干、财政部长宋子文等,因顾维钧昨日乘飞机返平之便,同行来平,晤张主任,会商军政、外交等问题。昨日下午三时一刻飞抵清河站,张主任等四十余人在站迎接。五时在顺承王府一度会谈,晚八时顾在宅设宴招待。一行留平时间未定,闻大约有一星期左右之躭搁。汪病尚未痊,其医士、秘书等今日可乘车抵平。兹录昨日详情如次。

清河站之欢迎

顾维钧氏偕财政部长宋子文、外交次长刘崇杰及宋之秘书王纯道等,昨晨八时乘福特飞机由沪飞京。十一时过京,行政院院长汪兆铭、外交部长罗文干、铁部次长曾仲鸣及王树翰等登机,同行来平。平市事前得报,当即布置欢迎,下午二时后全城戒严。到清河航站欢迎者有张绥靖主任、万福麟、于学忠、高桂滋、蒋伯诚、张焕相、荣臻、汤国桢、庞炳勋、周作民、邵文凯、苏全斌、周大文、鲁荡平、顾维钧夫人等四十余人。飞机于三时十五分飞抵清河站,王树翰先下机,汪、罗、顾等继之,由王介绍与张握手为礼,张亦道候。三时三十七分罗文干偕周作民先乘汽车出站,赴北京饭店休息。汪、宋与张主任同乘一车赴顺承王府,再次则为顾维钧及顾夫人同车,曾仲鸣等亦各乘车赴北京饭店。

顺承王府会谈

北京饭店欢迎者亦甚多,国联调查团德国代表希尼亦在门前候顾。立谈少顷,顾即登楼晤罗文干。四时三刻,顾维钧、罗文干、曾仲鸣、王树翰等离北京饭店,赴顺承王府与汪、张、宋等会谈,八时同赴铁狮子胡同顾邸,应顾维钧之宴。平市军、政、学各界名流多人作陪。

顾谈决赴日本

记者遇顾维钧于北京饭店,叩询一切。据谈:"本人决随调查团赴日本。至日本方面之反对,乃调查团问题。宋子文辞意已打消,继续供职。陈铭枢辞职事,本人不清楚。此次庐山会议,对外交已议有相当办法"云云。又外交部长罗文干下午四时半在北京饭店对记者谈:"本人即须赴顺承王府晤张主任等。关于外交问题,因须待会商,暂时不克详谈,拟明日(即今日)下午三时,在外交大楼接见记者诸君一谈"云。

曾谈汪来任务

据铁次曾仲鸣语记者:"此次庐山会议,对军事、外交等方面,皆有决定。中央方面以张主任未能亲到庐山参加会议,故由汪院长亲自来平,晤洽一切。罗、宋两部长亦系与张主任晤商外交、财政各问题,罗并拟与调查团莱顿爵士等会晤。汪病尚未痊愈,其医生、秘书数人,由京乘车北上,大约明日即可到平。汪留平期间现尚未定。蒋委员长离庐山赴汉行期,尚无确息。李石曾日内仍拟由京乘飞机赴庐山晤蒋"云云。

(《大公报》,1932年6月19日,第三版)

331. 调查团报告书九月中旬送达国联，欧洲各界复注意东北问题，叛逆组织拟宣布关税自主

【日内瓦十六日路透电】 国联大会主席西姆斯与中国代表颜惠庆、日代表松平获得妥协，延长调查团依据国联盟约第十二条规定，对大会提出报告告之时限。国联秘书厅本日接调查团来电，称该团报告书，至早须九月中旬方能送达。日内瓦国联大会或将于六月底开会，以便认可报告日期之延缓。

【伦敦十八日路透电】 国联调查团报告书九月中旬可送达日内瓦消息传抵此间后，各界复注意及于东三省问题。日前因目标咸注意欧洲问题，故对东三省事实未十分注意。《观客》杂志称，国联调查团报告书九月中旬可送达日内瓦消息，足可提醒世界民众，国联对日本行动之判决书仍须公布。美国与国联会员国不承认一切违反国际责任而产生之情状、之态度，可根据国联调查团报告书而定矣。该报谓"满洲国"施政异常困难，故有欲截留关税之意，但此举或将引起重大国际纠纷。《新政治家》杂志谓，国联不能以委曲求全之精神解决东三省问题，吾等欲澈底解决此事，早即应使日本将彼偷盗所得者归还原主云。

…………

（《大公报》，1932年6月19日，第三版）

332. 汪、罗昨与调查团会见，谈话历三小时尚未详尽，今晨将续商，内容不发表，汪、罗对报界畅谈内政外交

国闻社云。行政院长汪精卫、外交部长罗文干、财政部长宋子文等此次来平，主要任务侧重外交问题。因国联调查团由东北归来，有与我国有交换意见之必要，同时调查团亦具有此种希望，故汪等前日抵平后，即约定该团于昨日上午九时半，在外交大楼会谈。昨晨调查团方面出席者为莱顿、克劳德尔、麦考易、希尼、马考蒂五委，中国方面为汪、罗、宋、顾四氏，绥靖主任张学良未参与。此外尚有调查团秘书长哈斯及专门委员数人，与中国代表处秘书长王广圻，参议金问泗、钱泰、张歆海、刘崇杰等。谈话历三小时，至十二时半，莱顿等

始辞去，并定今晨九时半仍在外交大楼会谈。据顾代表昨日会后对记者谈称，调查团前在京只留数日，与我政府当局接洽时间极为短促。此次由东北返平，颇望我方政府人员来平晤洽。原定一人即可，今汪院长、罗部长、宋部长皆连袂到平，该团至表谢意。本日晤谈皆极感愉快，内容恕不便宣布，明日（即今日）上午九时半仍继续谈商云云。

【北平电话】汪、罗、宋等在平酬酢颇忙，昨晚八时赴顺承王府宴会。银行公会定今日正午欢宴，顾维钧夫妇定今日下午六时至七时假外交大楼举行茶会，晚八时则有绥靖公署宴请。罗文干氏定今日下午二时至三时在外交大楼接见日本记者，并定四时至五时为接待外交团时间。关于外交问题，截至昨晚止，汪精卫与张学良尚未详谈。罗文干昨晚因赴莱顿之约，故顺承王府宴会遂未终席，亦未克与张多谈，预料一二日内或尚不能商洽就绪，至与调查团谈话亦未详尽云。

国闻社云，行政院长汪精卫、外交部长罗文干，昨日下午三时在外交大楼接见平市新闻记者，兹详志其谈话如左（以下记者问，汪、罗答）。

来平两大目的

问：" 此来任务为何？" 汪答：" 此次来平，有两大目的。一、与张主任商洽全盘要公。王树翰最近赴京数次，对北方情形，多所报告，本人亦极关心北方局面，故特前来一视。昨已与张主任晤面，对各项要公，已略谈及。二、顾代表自东北归来，到京报告东行经过后，政府方面拟与调查团商东省事。以该团行将东渡，在离平以前不能到京，故余等来平交换意见，今晨业已开始。" 问：" 与调查团会谈之内容有可对外公表者否？" 罗答：" 会谈内容，在调查团尚未向国联报告以前，不便发表。"

庐山会议经过

问：" 庐山会议内容如何？" 汪答：" 庐山会议首先讨论外交问题。关于外交方针，虽可对外公表，惟外交进行之方法，则应绝对守秘。自顾代表回京报告后，各部部长曾在行政院谈话三次，意见始终一致，不敢轻进退，但抱定一种最低限度。此种最低限度，亦殊不便明言。盖有如交易，绝不能买主先自言其价格。此言非无标准，亦非不负责任。上海协定，一般观察似不能满意。但以现时事实观之，尚未至丧权辱国。抵制日货，非因沪事而起，实因东北问题而生。

此事人民有自由权利,政府既不能干涉,亦不便干涉。关外义勇军应加接济,非消极抵制。以上皆关系外交问题附带所述。"

抗日必须"剿共"

"关于'剿共'军事方面,有人主张当此国难时期不应出此。如共党能共赴国难,中央自可停止军事行动。殊不知共党非但无同赴国难之意,且牵制抗日工作。上海战事正酣之际,共党攻赣州正急。中央调驻赣之蒋鼎文部援沪,并限二月二十四前到达。乃蒋部尚未开拔完竣,所余之一旅竟被'共匪'包围,前进之军甫抵浙境,不得已仍开回赣。中央接蒋电述前项原因后,乃即电蔡廷楷〔锴〕,如能支持即支持,否则退兵。政府非不欲沪战支撑至调查团到华或国联大会之期,其奈驻军多被'共匪'牵制,不能赴援,故卒于三月一日退出淞沪,势不获已也。中央认定不'剿共'不能抗日,故派蒋委员长、何应钦同志担任'剿匪'工作,努力进行,务期消灭。希望舆论界共喻此意,以使'剿共'工作早日完成。"

公债九万万元

"惟抗日'剿共',须赖财政。宋部长此次辞职,即以财政困难之故。据宋部长对本人言,以前所借公债共九万万元,去年即达一万九千万。军费原额二千八百万,只能折半发给一千三百万;政费四百万元,折半只二百万元。政府刻苦维持,在最近半年未发公债,亦未借款。此次庐山会议结果,决定开源节流。开源使人民并不过增负担,节流亦于可能范围中行之。此为会议内容大致情形。因顾代表时间匆促,故在庐山首先讨论外交问题,军政问题继外交后始商酌"云云。

今后外交方针

罗答:"关于汪院长所谈外交之一部分,本人尚有补充者如下。今后外交方针,唯'求其在我'而已,不能再如往昔之依赖他人。试观国联大会迭次决议效力果安在?驻沪英舰提督调停沪战,结果如何?东北之失、上海战事,虽为国难,然尚不及今日之严重。日本迩来野心益炽,承认伪国,此方为真正国难之开始。现时为非常时期,全国上下应一致卧薪尝胆,始有办法"云云。

政府并不改组

问："政府传有改组之说，真相果何如？"汪答："当宋、陈两部长辞职之际，发生此项传说，然非事实。宋部长辞意已打消。陈部长久有辞意，如仍不能到部复职，中央只能给假两三月，并着次长代部。林主席辞职说，亦并无此事。本人当沪战初起，行政院无人负责，故中央派本人担任该院事务。将来如有机会，当退避贤路，但仍愿在中央多做党务工作。"

广东纠纷问题

问："广东问题之最近情况？"汪答："广东是内部问题，不过在此种时期，再发生纷争，总非所宜。本人等已用个人名义致电劝告，希以国家为重。孙哲生拟赴港，晤胡展堂先生。在粤不多留，即可返沪。三中全会原定九月举行，如哲生与其他一部中委可以入京，则大会提前于七月或八月间开会，俱不成问题。"

离平日期未定

问："蒋委员长何时离庐山赴汉？"汪答："本人日前晤蒋同志，原定在汉口，后改在庐山。比至，知其患感冒，身体不适，故其赴汉行期，当依其健康情形而定。"问："汪先生等在平准备几日之躭搁？"汪答："此时不能定。"谈至此，已下午五时，各记者始兴辞。

（《大公报》，1932 年 6 月 20 日，第三版）

333. 日本之把戏

【大阪十九日新联电】 国联调查团即将赴日本，中国参与员顾维钧亦同往。日本生产党及国粹大众党二团体为此，十八日在大阪开会议，决拒绝顾维钧入国，并将该项决议文送致莱顿爵士及斋藤、荒木。

（《大公报》，1932 年 6 月 20 日，第三版）

334. 沈鸿烈过济北来

【济南十九日下午九时专电】 沈鸿烈、葛光庭十九日晨由青抵济沈,当晚赴平。据谈,此行为谒张,报告青岛市政及海防情形,并因调查团有过青岛赴日之讯,便询确期。葛谈奉铁部电召即赴京。

(《大公报》,1932年6月20日,第三版)

335. 社评:调查团与国联立场

在平之国联调查团,对最后报告书作何主张,对我行政院当局作何接洽,姑不具论。惟有一义,愿调查团诸君注意者:牢守国联决议,勿为形势动摇是也。

东京消息,日本军部已准备使其内阁向调查团通告两点:其一,日本将承认"满洲国";其二,因成"满洲国",日本已不受过去国联决议之拘束。以形势证之,此讯必确。是图穷匕见,日本将公然破坏国联决议、蹂躏国联盟约之先声也。调查团于此,将持如何态度乎?调查团自归来,无所表示,尚将赴东京晤日本当局,然后归华协议,而起草报告书。以大势推之,调查团之于满洲,本拟于最大限度,牵就日本,以求敷衍息争,故中国之于调查团,原不能作过大之希望。虽然,所谓最大限度者,虽不可知而可知之事也。调查团并无力量中止日本之侵占权利,而同时更无理由怂恿中国之丧失领土。所谓调停建议,必在二者之间。何也?国联之实力与其立场则然也。调查团在满,受日方材料之供给,研究调查,巨细靡遗。日方材料,原则上不利中国,故调查团所得片面的不利中国之材料,定必不少,虽然,此皆无干也。日方任如何骂詈中国,断不能产生应占领三省之结论;任何如掩饰暴行,断不能得到"满洲国"由真正民意成立之根据。调查团无论如何牵就日本,但从国联立场上、国联决议上,自万不能于报告书中结束一语曰:中国应放弃东三省。诚以倘中国领土应被侵占而不问,则何事国联之讨论,更无待调查团之调查。自古以来,未有失领土而附理由者。中国虽无用,应不至劳国联委员调查半年,而结果得其丧失领土之宣告也。是以形势至此，中国固须自下决心，调查团亦应珍重使命。天下无必成之事，人之能力，自有其限，调查团所代表者为国联，其本身初无特殊权力。是以调查团力所不能为者，中国人愿谅之。所不能谅而反对者，则舞文饰辞，便强者之私。岂特中国不谅哉，世界历史上，且永将留一话柄矣。寄语调查团：其勿过重视效果，而应拥护立场！中国人不苛责调查团使命之必成，惟望调查团忠于国联盟约，忠于决议案，忠于法律理由，为公正而当然之主张，至主张而后，有何效力，起何波澜，皆所不问。调查团无权解决，则听国联，国联无权解决，则听各国，各国皆不问，尚有中国自己在。所期诸调查团者，惟本国联决议而说其应说之话而已，自精神上论之，此乃调查团真正成功之道也。日本自去秋占领满洲之后，始而承认从速撤兵，恢复原状，继而提基本五项，再继而请派调查团，调查中日间条约施行之状况。步步推延，以便其制造伪国，延长占领，然要之其公表世界之誓言，为忠实遵守国联之决议，此调查团之所由来也。今者野心增进，竟欲公然推翻决议，自食约言；世界而尚有法轨，国联而尚有生命，各项维持和平之公约而尚有存在价值，则日本此种态度一旦表明，国际舆论将立时鼎沸，群起以攻矣！调查团到此图穷匕见，本身立场将被根本抹杀之时，仗义执言，辟日本毁约之谬妄，以诉诸公论焉，诚最适宜之举矣。牵就复牵就，而至今日，设再牵就，则等于自己取消国联之地位。中国固断不允从，而调查团先陷于绝大失败，以调查团诸君之练达，应不至此。默观大势，问题日增重大，调查团之力，恐实际不能解决。莱顿爵士等辛勤奔走，其意甚诚，而其事甚艰。中国人民对调查团诸君，愿表其同情，因而更望其坚护立场，勿使精神上、事实上同归于失败！此本文区区之意，未知局中人果以为何如也。

(《大公报》，1932年6月21日，第二版)

336. 汪、罗昨与莱顿等两度会谈，顾不赴日、调查团亦展行期，张因身体不适未与汪、罗详谈

【北平电话】 此次汪院长、罗部长等来平，固为与国联调查团交换意见，亦因庐山会议，张主任未赴会，故拟面谈一切。惟张自十八日午前亲赴清河飞机场欢迎汪等后，身体即感不适，胃疾时作，腹部疼痛，仅十九日清晨曾邀宋部

长一度作北海之游，他处宴会多未能到，亦迄未能与汪、罗作详细谈话。汪等现定日内返京，大致在与国联调查团接洽诸务已毕，其拟与张主任会商之事，不妨从长再议，势不能在平久留。至顾维钧赴日事，因莱顿等赴日小住即再来华，顾无同往之必要，大致决定不往云。

国闻社云。行政院长汪精卫、外交部长罗文干、财政部长宋子文及顾维钧等，前日与国联调查团一度会谈。昨晨九时半，仍在外交大楼楼上会议厅与调查团作第二次谈商。调查团为莱顿、克劳德尔、麦克昜、希尼、马考蒂五委及秘书哈斯暨专门委员等，中国方面为汪、宋、罗、顾及中国代表处参议等。谈至十一时，宋赴银行公会欢宴，至十一时四十分各专委、参议皆退席，汪、罗、顾及莱顿等八人复至楼下办公厅内继续会谈。至下午一时议尚未终，汪等因赴银行公会之宴，约定下午四时再谈。届时莱顿等五委与汪、罗、顾、宋仍皆出席，详谈至六时半始散。

【北平电话】 汪、罗、宋及曾仲鸣等预定今日下午五时乘专车离平返京。路局已将车辆备妥，计挂卧车三辆、饭车一辆、三等车二辆。预定明晨八时到济，或将稍停，晤山东省府主席韩复榘。又过泰安时，汪尚拟赴泰山晤冯。惟昨晚盛传罗文干氏将改于二十四日离平，汪等行期亦有展缓说。又昨晚六时至七时顾维钧夫妇举行茶会，张学良及莱顿均未到。

国闻通信社云。北平市各银行昨午在银行公会宴汪、宋、罗、顾及刘崇杰，汪等均到，作陪者有于学忠、万福麟、周大文、曾广勷、张学铭、荆有岩等，张学良因事未克参加，至下午二时始散席。下午六时至七时，顾维钧及夫人黄蕙兰女士在宅举行盛大茶会，招待汪、罗、宋、张主任及调查团暨平市军政各界名流，张与莱顿未到。昨晚八时绥署公宴汪、罗、宋、顾等。又西班牙公使嘎利德、丹麦代办艾克福、比利时代办等昨日下午四时，分别赴外交大楼访罗外长，罗皆亲自接谈。

(《大公报》，1932年6月21日，第三版)

337. 罗外长昨接见日记者

国闻社云。外交部长罗文干昨日下午三时在外交大楼接见日本新闻记者,到日本记者九人。谈话历三刻钟,由游弥坚任传译,兹详志如次。

日记者:"今日备有问题数项,希望贵部长予以答覆。"罗:"汪院长今日原可接见诸君,临时因要事不克到,至歉。"

顾代表赴日问题

日记者:"据今日报载,中国代表顾维钧博士有将不与调查团同行赴日之模样,是否属实?"罗:"此问题尚未确定。余等在南京时,见报载日方有不欢迎顾氏前往之模样,不知究竟有无此事?"日记者:"顾代表赴日处在公平地位,日本自欢迎。此次顾代表由东北归来所发表之谈话,殊伤日本国民情感。"罗:"顾代表所述完全事实,何能生出误会?"日记者:"闻今晨调查团与贵部长汪院长决定顾代表中止赴日,已否发表?"罗:"中国政府仍在考虑此项问题。"日记者:"贵部长是否有意令顾代表不赴日本?"罗:"此事不便作肯定之言。所谓'满洲国'乃中国土地,故顾虽遇到反对,而仍前往一行。现在将赴日本,而日本方面既加以阻止,中国不得不加以考虑。"

中日间障碍过多

日记者:"调查团报告书即将着手编制,中国对此抱何希望?"罗:"希望该团根据事实,主张公道。"日记者:"设若调查团以中日应直接交涉为最适宜,则中国将如何?"罗:"在中日间之障碍未除去以前,中日交涉方式谈不到,东北问题即为障碍。"日记者:"何为障碍?"罗:"如所谓'满洲国'之成立与'满洲国'之承认等,其例不胜枚举。中日两国可以谈的机会甚多,所不幸者自九一八事件以后,双方感情过于伤害。现时只一点,希望日本勿太伤中日间之感情,并希望障碍早日除去,则中日两国之感情总有恢复之一日。"日记者:"日议会通过承认'满洲国',中国之意见如何?"罗:"此事已详外交部宣言。"

对俄复交不足为怪

日记者："中俄复交事何时实现？"罗："中俄壤地相接,在昔因故国交中断,今兹复交,并非他意,不足为怪。"日记者："报载中国与俄不侵犯条约及通商条约将分开讨论,确否？"罗："进行方法恕不便宣布。"日记者："对俄具体交涉已否进行？"罗："中俄两国复交进行时,对他国未便宣布。"日记者："苏俄允在赤塔设领,有承认'满洲国'模样,中国态度如何？"罗："中国根本不承认所谓'满洲国'。'满洲国'与苏俄有无来往,并无此报告。"

抵货问题、圆桌会议

日记者："抵制日货与中日通商条约有无抵触？"罗："自东北问题发生后,中国人民不买日货,完全自动,中国政府不便使之买,亦不能使之不买。"日记者："上海圆桌会议之说如何？"罗："此事由日本发动,其他各国并未发动,非一两人即能召开,现时谈不到。"日记者："调查团工作范围是否不止东省一地？"罗："去年东北问题发生,国联决议派遣调查团,并未明白规定。中国方面希望国联对中国所提之事实,主张公道。"日记者："如此日本是否亦在被调查之列？"罗："此事不清悉。与余适间所询日本禁顾赴日说,俱希望得一正确消息。"

(《大公报》,1932年6月21日,第三版)

338. 调查团暂缓东渡

国闻社云。国联调查团原定明日离平赴日,兹悉业已决定展缓。缘该团日前接得日本代表吉田转来日政府通告,希望该团留平至六月底,于七月初再行东渡,原因未详及。一般观察,恐为日本外相尚未就任之关系。昨传该团改于本星期六离平说,查亦不确。又我国代表顾维钧赴日问题,我政府当局以日本既加阻止,决令顾氏中止此行。盖以日本与东北不同,东省原为我领土,我国代表自有前往之自由云。

(《大公报》,1932年6月21日,第三版)

339. 日本军阀气焰万丈，迫日政府承认伪国，准备对调查团发表声明

【东京二十日电通电】 日军部拟乘国联调查团再度来日之机会，促政府实行声明对满态度，且已将其具体案通过于陆相官邸之三长官会议。设日政府仍踌躇不决，则军部单独作此项声明。其要点如左：一、日政府已准备承认"满洲国"，且不惜对"新国家"予以友谊的援助；二、关于满洲之日方对外方针，当以"新国家"成立之现状为准绳。盖去年九月三十日经国联行政院决议之日军须向满铁沿线撤退一节，系以华方须负使日侨生命财产安全之责为条件。现满洲既依"新国家"之成立，而使该地为华方实权所不及，且"满洲国"之国防，又与日本国防相一致，则日政府自难受"新国家"成立前之国联决议的拘束。

....

(《大公报》，1932年6月21日，第三版)

340. 北平各界昨开慰劳顾维钧大会，顾沉痛陈述东北惨况，希望奋起挽救三千万同胞，救国要人人有牺牲之精神

国闻社云。平市党务整理委员会，近以顾维钧氏，陪同国联调查团赴东北调查，不避艰险，完成使命，特于昨日下午三时在该会大礼堂，召集各界代表举行慰劳顾代表大会，各界参加者五百余人。会场台前悬白布标语，上书"北平市各界慰劳顾代表少川大会"字样，台之左侧有公安局乐队。三时余乐声大作，市长周大文引导顾氏及代表团，参议刘崇杰，及市党部委员陈访先、李东团、马愚忱、董霖、陈石泉、宋振纲、周学昌等鱼贯入场，坐于台之右方。移时奏乐开会，行礼如仪，由周大文主席。

周大文报告

首由主席报告慰劳意义，略谓："今天为北平市各界慰劳顾少川代表及中

国代表团诸先生大会。今日慰劳之意义,盖以顾代表为著名之外交家,不独为中国之名外交家,即国际间均认顾先生为一有能力、有毅力、有胆力之外交家。予辈根据报章所载,此次顾氏陪同调查团赴东北,于种种限制威胁之下,完成工作与使命,使吾辈万分钦佩。又顾代表在东北时,对调查团供给多量材料,此亦顾氏之辛劳。除望大家要努力去作,庶不负顾代表及中国代表团诸君之辛劳"云云。

陈石泉致辞

继由陈石泉致辞慰劳,略谓:"此次顾代表陪同调查团由长江流域而到东北,其成绩与努力,为全民众所钦佩。顾代表之精神可分三点:(一)此次顾代表赴东北,不折不挠站在党国之下,本孙总理大无畏之精神,受伪国种种之压迫,而仍有相当之努力,实属难得;(二)此次顾代表赴东北,毫不畏难苟安,忠于职守,为民众所钦佩;(三)顾氏供给调查团,关于东北之资料,由上海而至东北,表现中华大国民之风度,于种种困难之中,仍能供给调查团,此次为吾辈所以慰劳顾代表者也。最后希望二点:(一)希望顾此番赴日,亦本不折不挠之精神,继续其使命;(二)国联调查团素以人道和平为主张,希望顾代表努力奋斗,将中华民族酷爱和平意旨,供给调查团,以期永久解决世界危机。同时民众要一心一德,作顾代表之后盾"云云。

顾维钧答辞

最后由顾致答辞,略谓:"诸位同胞,今天中国代表团蒙平市各界开盛大慰劳会,鄙人代表敝团十分感谢,并实不敢当。此次到东北,前后七星期,经大连到辽宁、吉林、长春、哈尔滨、抚顺,又过辽宁而至由海关,为时月半。于此时间中,所见所闻,使人无任悲痛。初抵大连之时,尝念大连为东三省之口岸,而转思之,则已早入他人手矣。由大连乘南满路车赴沈途中,所遇者百分之九十均我华人。既抵沈阳,受严重之监视,不能出南满铁路以外,一举一动,均受所谓保护者之监视,甚是饮食起居,均有人追随身边。途中所遇国人,可望而不可近,欲有所谈而不得,偶有前来会话之同胞,均于事后遭难。回忆数年前之情景,不禁今昔之感也。赴哈途中,监视更严。余于车窗中望见沿途景物,一草一木均觉秀丽,而细思之,则增无穷悲痛。一切青年男女学生,民众语言风俗,无一不与前同,而彼此仅望望然,不能近作一语。在哈时有人欲语而不敢,偶有尝试者,即被逮捕。一日于公园中遇大学生三四人,本欲见余略致数语,而其面容戚戚,表无穷之痛。后一青年趋前略志数语,有余之保护者,即横目向前阻止。余恐学生发生意外,遂以婉然劝阻,谓此地情景不同,可相谈于异日。该学生面容变色,其失望悲痛之情,可想见矣。盖此辈学生,候余谈话,并非一日也。在沈阳时,曾有建国运动之游行。行列中有中国小学生及日本学生,手持伪国旗,行列以外并有便衣队及警察夹杂其中。迨及齐集之后,遂唱伪国歌,而唱歌者均为日人,中国学生则垂头默不作声。最后高呼万岁时,呼喊摇旗者亦为日人,而我国学生之旗,均卷而未伸。盖此辈小学生,均明瞭其事,虽不欲参与,而情况则不得已也。亡国之痛,使人伤心。欲爱国而不得,有爱国工作者,则变为罪人。报纸言论,文章口材,均无他以发表。视此痛苦,将作如何感想?今日之慰劳实不敢当。诸君对东北尚未忘怀,诚属幸甚。此事如能传到东北民众耳中,彼辈当亦欢悦。国人尝谓东北人不爱国,此次所见东北民众之爱国心,实甚热烈。回想东北锦秀[绣]之山河,三千万之民众,统制于几万日军之手,虽有马、李、丁以一当十,奋勇抵御,而人少力薄,不济于事。大部民众,虽欲奋斗,而手无寸铁。以几万而统制三千万人,其故安在哉?察其原因,实以自己国家不强,空有土地人民,一旦人以科学来侵,旦夕即可灭亡□国。吾辈万不可以东北远在千里而无切肤之痛,一旦外力侵来,一与东北民众无异也。欲解除此难,必也作精神之团结,地域之思想、阶级之冲突,均应化除。苟仍拘于意气,争一日之长,则一旦大难当头,将同归于尽也。东北民众隔一街而不能彼此通消息,欲爱国而不得,吾辈尚有爱国之机会,必奋起以拯救东北三千万同胞。惟望大家,从今而后,诸事以国家为重。欲造成独立之国家,必有相当之代价。要人人有牺牲之精神、努力之精神,不分阶级与省籍,奋斗到底。国家不救,自身何存?在座诸君,均为青年,为将来之领袖,必须领导民众努力于将来。聊致数语,用作参考"云云。顾氏答辞毕,遂奏乐散会,时已四钟余矣。

(《大公报》,1932年6月21日,第四版)

341. 汪、罗、宋定今晨离平回京,昨晚与张详谈,完全赞同庐会决议,决令顾维钧中止赴日

【北平电话】 汪、罗、宋昨晚七时赴顺承王府与张学良晤谈,至十二时始散。汪对庐山会议所决定之外交方针作详细之说明后,张完全赞同。汪、罗、宋及曾仲鸣等乃决定今晨七时离平回京,预定当晚到济,晤山东省主席韩复榘,商谈后即返京。过泰安时,是否停留赴泰山访冯,尚未决定云。

【北平特讯】 行政院长汪精卫,昨日下午五时在某处对本报记者谈称:"日本阻止顾维钧代表赴日,政府业已决定令顾中止此行。上次东北之行,因东北系我领土,去否我有自由,非他人所能横加干涉。兹日方竟正式声言,拒顾入境,则我代表固无必去之必要也。本人在此来平数日中,与张主任晤面数次。惟张身体不适,对军政外交,未作长谈,拟今晚(即昨晚)再与张主任会见,大概可得有最后结果。余因南京政务纷繁,原定今日(即昨日)离平,因与张尚须交换意见,如有结果,明日(即今日)即可成行。过济时,拟稍事停留,晤韩、冯否尚未定。"记者询其连日与调查团会见经过及我对于伪国强制接收东北海关事,除宋部长发表宣言外,有何更切实之办法。据答,正由罗、宋两部长负责办理中,今日尚无可奉告者。最后汪谓外传政府迁京说,绝对不确云云。又罗文干昨午对记者谈:"余与汪院长等与调查团之会见,昨日(即前日)已小结束,如无疑问,即不再会晤"云云。

【北平通信】 行政院长汪精卫,财政部长宋子文、外交部长罗文干、铁次曾仲鸣等,原定昨日下午五时返京,兹悉汪氏尚待与张主任有所谈商,改今日下午五时乘专车离平南返。据曾仲鸣谈:"汪等原定昨日返京,昨晨七期嘱路局备车,因张主任日来身体不适,尚未得多谈,故拟在平多留一二日。如公务完毕,随时即启程南返。过济南时,准备稍留晤韩复榘主席。过泰安晤冯玉祥先生否,尚未确定。又罗部长、宋部长皆与汪院长同车返京"云云。又铁部迎汪车辆,昨日上午十一时,附挂平浦车到平,即配备于北宁所备专车之列云。

(《大公报》,1932年6月22日,第三版)

342. 汪、罗昨夜过济返京,宋子文定今晨乘飞机南旋

【本报特讯】 汪院长兆铭、罗外长文干,昨晨七时偕铁次曾仲鸣君等,自北平乘专车出发,过津南行。其离平及过津情形,另见别条。本社记者自平偕来,在平津道中,承汪先生告以北来经过及其他中央各问题,兹就可纪者略记如左。

汪先生谈:"此次北来,主要动机,为以中国政府之意见,详告调查团,使其更明瞭中国之立场。连日谈话,甚为详尽,调查团已得到明确之印象,亦有向我方质询之问题,至谈话内容未便发表。对张主任,已以中央方针详告,并有所协议。此行任务已了,故匆匆离平,必赶星期五到京。至所以搭飞机而改乘火车,专为过济南与韩主席一谈,并欲于过泰安时访冯先生。惟如深宵过泰,则或不能下车,此事须到济南始能决定。"又谈及对日全般问题,谓:"对日方因形格势禁,无所接洽。上次有吉氏到京,本约长谈,时间已定,旋由有吉氏请改期提前。追见面时,彼谓犬养氏本有话嘱其向我政府诸人详为代达,奈现在凶变发生,诸成过去,故仅来告别,无话可谈。当时报纸载称与有吉氏曾交换意见者,非真相也。中国对日,非不欲与之讨论关系东洋全局之两国问题,奈彼方以制造满洲伪国为政策,最近其众议院且有承认伪国之决议案,是则中国虽顾全和平,图解纠纷,亦所不能。国府方针,凡损害主权之任何办法,绝不接受,对于东三省为国牺牲之良民,不能弃置。至日方所谓之排货问题,则政府原则上对人民买卖货物,不能干涉,既不能强之不买何货,亦不能强之必买何货。要之,此为人民自由,且事实上此为问题之果,非问题之因。"

关于近时政治上各问题,汪先生谈:"(一)国民参政会选举与组织法案,正在详审起草中。关于应如何选举,颇有讨论,尚未全决。一般意见,不能抄袭国民会议之成规,但于何种团体中求代表,确为一煞费研究之问题。不过该草案定可于七月中草成。(二)三中全会六月内不能开,一般主张九月中开会。孙委员哲生主张提前,但曾告之,提前亦可,惟须请其约在沪、在粤诸委员多多出席。因上次二中全会,亦孙君主张,但届时未得到会,致仅足法定人数也。孙君现已允多约在沪诸委到会。(三)广东纠纷可为遗憾,但与政局不生影响。广西近来仍致力各项建设,成绩颇佳,军费、政费相等。(四)"剿共"军

事,有完全规画,军事上乐观。政府所切筹者,仍为财政。因近月来之紧缩办法,有难以久行之势。"

以上为汪谈之一斑。昨晨同车送至天津者,有王君树翰、覃君振,自平开车后,即相偕就饭车,用简单之早餐。罗文干君因连日劳乏,餐后即睡,余人在客室杂谈。汪君精神健旺,谈话中不觉已到天津。时九时五十分,在总站仅十分钟,车即缓缓开去矣。

热烈欢送专车离平

国闻社云。行政院长汪精卫、外交部长罗文干、财政部长宋子文等来平,分向调查团、张主任接洽要公,迄前夜止,已大致完竣。汪、罗以京中政务纷繁,遂决于昨晨七时离平返京。财政部长宋子文因伪国接收东北海关问题,急于到京,原拟昨晨九时乘福特飞机南旋,但其时天气阴晦,不能飞行,不得已又改定今晨九时飞返南京。昨晨六时起,由北京饭店至东车站沿途由绥靖署卫戍队布岗,站内由卫戍队与公安局保安队警卫,极为森严,此外尚有绥署公安局乐队等。送行者皆佩入站证,新闻记者因当局未发给证章,被阻不得入内。军政各界要人到站送行者,有于学忠、万福麟、顾维钧、高桂滋、庞炳勋、周作民、周大文、鲍文樾、王树翰、蒋伯诚、荆有岩、覃振、曾广勷、刘崇杰、蒋梦麟、汤国桢等百余人。张主任因身体不适,派张学铭代表。汪,罗偕铁部次长曾仲鸣及秘书陈允文等,于六时三刻分乘汽车抵站,与送行者一一握手道谢,旋即登车。七时专车于乐声里开行,昨日上午十时过津,定昨晚十时到济南。届时汪将晤鲁主席韩复榘,会谈庐山会议情形,然后离济南行。过泰安时,将登泰山访冯,然后返京。又宋子文昨晨由北京饭店迁往绥靖公署云。

过津留片刻径赴济南

【本市消息】 行政院长汪精卫、外交部长罗文干、铁部次长曾仲鸣,昨晨十时由平专车抵天津总站。津市赴站欢迎者有市长周龙光、民政厅长王玉珂、实业厅长何玉芳、教育厅长陈宝泉、建设厅长林成秀、北宁路副局长许文国、第二军部参谋长刘家鸾。专车入站后,军乐大作,铁部次长曾仲鸣首先下车,与欢迎人员互道寒暄,继引导欢迎人员登车谒汪。据汪谈:"此次在平仅留三日,因中央政务殷繁,诸待主持,故急须南返。宋部长现尚留平。本人与罗部长在平与国联调查团诸委员晤谈数次,均甚圆满。关于华北外交及华北行政诸问题，与张主任商谈甚洽。本人过济稍勾留，拟与韩主席有所商洽，然后返京。"汪复垂询津市情形，由何玉芳一一报告。车停十分钟，即向济南开去云。

到济晤韩后即夜返京

【济南二十三日上午一时发专电】 汪、罗、曾在省府与韩谈话时，尚有省整委张苇村在座，共五人。首由张向汪等谈述韩治鲁事，年来政治、军事、党务及九一八后韩应付外交、维持治安各情形，汪等对鲁省政治良好，深为赞许。次汪、罗等谈中国外交、内政一切状况，并谓专靠他人，终必无济，非自己国内有办法，大家努力不可，有外交则以外交应付之，有军事则以军事应付之，庶国家前途方有希望，并述中央对韩依畀之重。韩亦表示盼国内永息内战，一致对外。旋用晚餐。十一时，汪、罗、曾出省府到站，登车南下，韩、张等多人在站欢送。汪有致冯等信二件，交韩转交。

【济南二十二日下午十一时半发专电】 记者于汪、罗到站时，访之于车上。记者问，汪答如下。

问："到平与张晤面，对东北问题拟如何办法？"答："晤张结果圆满，已商有具体计划。此非仅张主任个人事，中央应作整个计划，惟详情未便宣布。"问："到平晤调查团，结果如何？"答："彼关于调查经过详细告我，我亦将中国意见尽量告彼。前后共晤三次，彼此意见已有充分交换。"问："顾已否决定随调查团赴日？"答："已决定因日本不欢迎顾去，且不招待，调查团赴东北，为调查性质，伪国乃叛逆组织，拒绝尽可不理，故必令顾去。但日本为另一国家，彼不欢迎，可以不去。盖调查团赴日为征求日方意见，交换意见性质，日代表吉田在南京时，我国竭诚招待，到平时我与调查团交换意见，彼未参加，故调查团赴日，顾亦无参加必要。"问："到济晤韩任务如何？"答："早已预备晤韩，故飞平后特令派车北上。一因许久未晤韩，特见面；二将调查团经过情形告韩。"问："过泰安拟晤冯否？"答："过泰恐在深夜，不便惊动，拟留一函交冯。因须星期五赶回，出席行政院会议。"

（《大公报》，1932年6月23日，第三版）

343. 汪、罗昨已回南京,宋子文已乘飞机抵沪

【南京二十三日下午九时发专电】 汪偕罗文干、曾仲鸣二十三日午后五时三十分,专车抵浦口。陈璧君等在站迎接,旋相偕过江返寓。汪对记者谈话如下。

问:"与张主任会晤结果如何?"答:"关于防务有所讨论,但未便发表。"问:"与国联调查团会晤结果如何?"答:"因欲知调查团由东北归来之感想,并继续讨论在南京时提出之各点。"问:"闻顾代表决定不赴日本,确否?"答:"此事余与罗在平已发表谈话。(一)此次调查团赴日系与日政府交换意见,顾代表原无参加必要,亦如吉田代表来京时,亦未参加我方与调查团之谈话。(二)惟吉田代表来京时,我方以友谊相待,礼仪无阙,而此次日本有不接待顾代表之表示。须知此次顾代表赴日,与赴东北不同。东北为我国领土,傀儡政府我方视同无物,不能因其种种作梗而不去,故政府仍促顾代表前往,而顾代表亦毅然任之而不辞。日本乃一国家,对于顾代表为不接待之表示,当然不必前往。"问:"过山东晤见韩、冯二先生否?"答:"昨下午九时在济南晤见韩。因系初次见面,故谈话时间较长,十一时始离济。过泰安时本拟访冯,但为时两点,上山殊不便,又以冯方在养病,未便请其下山,若必图一晤,势非停留一天不可,于本星期五行政院会议恐赶不到,故只留函问候,未及相晤。"问:"东北义勇军与政府有关系否?"答:"东北义勇军之组织分布,因交通不便,故与政府毫无关系。但义勇军完全为人民爱国心的表现,孤军奋斗,备极艰辛,政府当然不能坐视也。"

【徐州二十三日上午十一时发专电】 汪偕罗文干、曾仲鸣乘北宁专车二十二晨七时离平,晚八时抵济,与韩复榘谈两小时,并致冯一函。二十三晨八时到徐,八时半南开,各界往接。汪患感冒,据曾谈:"汪此次北上,系根据庐山会议,与张汉卿商外交军事。结果极佳,未便发表,总以卧薪尝胆求诸己,应付国难。国联调查团将东渡,故与交换意见。外传华北局势将有变化,不确。汪因须出席二十四日行政院会议,沿途无躭搁。宋、顾两先生返京期未定。"

国闻社云。财政部长宋子文来平与调查团张主任接洽,公务已毕,于昨晨八时偕张歆海、邓家彦、陈耀祖、赫赛等七人,赴清河乘福特飞机南下返沪。到

清河送行者有万福麟、于学忠、顾维钧、张焕相、朱光沐、周大文、周作民、汤国桢、蒋伯诚等。八时三十分飞机开行，昨日下午三时左右可以抵沪云。

【上海二十四日上午一时发专专电】宋子文二十三日午后由平乘福特机抵沪。

（《大公报》，1932年6月24日，第三版）

344. 东北归客谈

自调查团由东北归来，我参与员顾维钧等数人报告其所得见闻之事实，已令吾人倾最后之血泪矣。然顾等所得之事实，犹未见其实际万分之一也。近有某君生长吉林，旧游关内，迩年经商哈埠，惨淡经营，粗见端绪。乃以日军势力侵入哈埠，其事业遂归泡影。近见哈事已无可为，而身陷异种势力，处处又觉危险，始率眷属侨[乔]装，经南满、大连以至北平。记者与谈北满之过去现在情形，颇为详悉，多为未经人道者，虽一爪一鳞，亦实政治关系之理存焉。故亟为志之，以饷国人，当亦有心人所乐闻也。

某君谓当日人之占我辽省也，其对北满洲未尝无顾忌之心，故其谋入哈尔滨也，纯用政治手段，以引诱张景惠入彀。在张初时，亦岂料有今日，目见辽宁已陷，北满将不可保，故与日人接近，以图短时间之安宁。不料政府徒事迁徙，敌人着着进步，张等遂陷苦境，外受国人剧烈之唾骂，内受日人酷毒之威逼，遂以至今。当"满洲国"成立之日，日人作成宣言文，授张宣读，张如文而读之。时有美国新闻家二人在场，先问日人自作之宣言文，何以必须张宣读，继问张何以赞成建立伪国，张无以应也。盖在当日不独张持此态，即熙洽等亦未尝不如此。迨至满洲伪国成立后，凡与溥仪本有特殊关系者，态度遂变，其他如张景惠者，乃处进退两难之境矣。

哈埠问题，李杜之无决心，实不能无过焉。何以言之？当日人勾通张氏，以政治手段取得哈埠时，其中心实畏惧俄人干涉，以引起两国之大战也。初时李杜本与张同态度，并未表示剧烈之反对。迨于仙洲至，李杜遂以反于为口实而起兵。日人至此遂调重兵入哈，以威力压逼东路为之运兵。俄人对日人此举，实中心不同意，但以俄人无一兵在哈埠，欲反抗而不得，只好承认，为之运兵，至此日军多数遂入哈埠矣。中东路之炸车一案，经日宪兵多方搜索证据，已证明出于俄军部之命令。曾忆当事发后，有奸人某欲陷害其友某氏，私至日宪兵部告密，谓此事出于某氏所主动。日宪兵部告之曰：此事吾处已全明瞭，非中国人之程度所能为也。盖当时炸死日兵数十人，伤者等之，其车行时共为四列，内两列为运兵者独被炸毁，恰与日人之炸皇姑屯无异。而事后拘获俄人至数十人之多，至今尚未闻讯结。日人之顾忌俄人，即此可见一端矣。日人之在海参崴者，俄方亦拘禁数十人，与以报复。两国之勾心斗角，至今不懈。或谓两国外交已入谅解亲睦之谊者，实言之过早。不过两方均不愿有战事发生，则亦毋庸讳言。曾忆当前年莫柳忱入京时，记者曾力劝王儒堂，谓非对俄复交不可。时王被胁于胡展堂，至不敢以此议闻之国府。此议曾载当日各报，遂以迁延至今。论其致误之由，时人多责备王，而不知责任全在胡也。向使当日即与俄复交，逆料日人必不敢擅入哈埠，至少之限度虽南满不保，而北满必不至发生问题。盲目政治家之误事至于如此，犹好为高论，以实力抵抗之责加之于人，岂不慎乎？

某君又谓在满洲真心甘为日人效力者，仅见鲍观澄、郑兰溪两人而已。鲍以运动滦州兵变事，被张汉卿拘禁于辽。九一八后，土肥原释之，携至哈埠，畀以市长职，鲍遂引郑为秘书长。郑本鄂人，曾为参议员。当袁世凯解散国会，曾入川任綦江知事。及黎黄陂二次任总统时，郑以不满所欲，曾怂恿直系以辱黎。近年无所事事，遂甘为鲍部下。两人极为沉瀣，为日人效赤心，遇事不留丝毫余地，自以建"满洲国"为毕生伟业。今兹忠于日者，仅此二人。袁洁珊、臧式毅辈，初亦犹张景惠耳，进则日人亦明知之，故对袁等似其作用已完毕，以后不必若辈为点缀。盖日人初倡"满洲人之满洲"论，以欺饰世界，近将倡"日本之满洲"论，以行其澈底之政策，吾不知我政府将何以应付之也。

在哈曾见恭亲王之亲信某氏，据其泄出溥仪方面之秘密，谓溥与郑孝胥等近已知日人之不易与，满洲非能永久立足也。近由恭亲王秘密与平津方面之某系人商，勾结此辈至辽，而一面由郑等与日军人商，请其出兵援助溥仪入关，占领平津，以组织小帝国，而将满洲三省完全割与日人。此事在日人自乐接受。而河北籍之某某等已多数至辽，逆料日军阀之第二幕戏剧必为此事。我党治下之军人元老尚不速团结，准备实力以严防平津之失陷，尚勇于私利之争，不惜操同室之戈，而有守土之责者，尚酣嬉过日。叔宝之无心肝，至于此极，吾人真不知死所矣！

自日队入哈后,随便派宪兵拘人或搜索家宅,真家常便饭之事。有鲁人徐老五者,幼时流落于哈,至今四十余年,已成小资产家矣,善俄语。数月前日宪兵搜索其家,卒无所得,尚幸有人为之营救,以免拘辱。其他之被拘而无下落者,曾不知若干人。因此哈埠三十余万人民,有口不能开,其痛苦为何如哉。全市报纸均为日本化,仅《国际协报》初以不赞成伪国被封,继续运动复刊。现亦投降,不过究与一般之投降家不同,吾人如细心以观察其字里行间,未尝不隐见血泪之痕也。

当调查团至哈时,满洲伪国曾派鲍观澄、沈瑞麟为招待员。鲍则像煞有介事,为"满洲国"之大员,到车站欢迎调查团。其态度之如何,不过以求得日人之信用而已,吾人可臆度而知之。唯沈瑞麟则曩为顾维钧之属官有年,其交谊本甚深,此次竟为敌对之两国人员。当顾等下车时,顾之办事处外国顾问某某等,故意戏弄沈氏,为与顾氏作介绍,告顾曰:"此沈先生也",反之而对沈曰:"此顾先生也。"沈遂与顾为一握手礼,唯唯而退。时满面汗珠如雨,盖沈亦动于良心,而陷难处之境耳。某外国顾问诚恶作剧,而沈以恋恋于中东路之理事年可得一二万金,遂受良心之责备,可见沈与鲍之人格犹有失人婢子之知也。

现时日军之在东者,北满洲约四万余人,南满为三万。北满之领袖为多门师长,而全局之指挥者则为本庄繁。就日人论,此两人尚非横冲直撞不顾一切者也。其下尚有军人政客甚多,此辈多为国本社社员,从前多主建立"新国",利用溥仪,假民族自决之说,以欺饰世界,近则渐进于直接指挥论,谓已无再利用溥仪之必要矣。故彼等对木庄多门犹不满意,以为犹有和平之意也。前此在北满最活动者为土肥原。当犬养毅为首相时,忌其过于激烈,恐引起苏俄战事,因授土肥原为旅长,而不令再活动于满洲。犬养之被暗杀,此事不无影响也。鲍观澄之任市长,完全出土肥原一手栽培。闻鲍曾有报效,此事似非无据。说者谓土肥原此次所得不下百余万元,可见彼辈军人政客之活动,亦以个人为大前提了。其他之向流落于满洲者,无一不被同升之庆,略少者亦为一局、所之顾问,月薪五百元起码也。

满洲之反日军,在南者略为日军所击尽,几难再起,而在北满者现有两种,一为旧军队,如黑龙江,旧则为马占山所统率,原为四万人,现不下八万。其在吉林旧军,则为丁、李等所率,亦不下二万余。其纯粹为起自民间者,以王德林之一股为最大。王初由胡匪收编为营,嗣因反日,收得民间枪枝,现已增至二万余,如能整理得宜,运用合法,则对日未尝不可以一战,即取哈埠亦非难事。

但惜彼等均无远见,且缺乏军事知识,故以多数恒为日兵之少数所败。马占山之失败,亦此类耳。日军之受损害,反不若我民众之甚。此辈于外交上既不知运用赤俄为后援,而军实之接济,遂无来源。近闻日军决意与以消灭,其前途诚不可乐观也。

"满洲国政府"之运动俄国承认,亦非一日矣。至今尚不闻俄人有何举动,足征俄人尚欲保留自由态度,不欲骤加承认,使在国际间有作茧自缚之苦。此可知俄人之不承认"满洲国",并非为对我之应否问题也。但在事实上俄人为免除对日之冲突计,终或不免认满洲为交战团体。我政府之与俄复交,亦非为求助起见。但向来满洲为两种势力,离开一种,尚有一种有交谊,则为保全民众之利益及便利,尚有多少可倚赖也。故此时政府实有对俄迅速复交之必要,不解今之中央犹迟迟不进,所为何事。莫柳忱尚在义大利养病,满洲政府有意罗致莫氏,使任对俄问题。曾传如莫不入其縠,则以将没收其财产恐吓之,而莫卒不为动。恐中央对俄复交果成,(满洲政府)果迁怒于莫,亦未可知也。

吾人犹忆去冬土肥原等至津挟溥仪至辽,后安置于旅馆者数月,其时谣传事将中变,不复用溥仪,此中隐情,至今外间知者尚少。盖当时日方即有一种议论,欲罗致东北前任之某要人,以为领袖,不欲用溥仪,曾于彼处有所商议也。初时某要人要求,只要不建"新国",仅仅脱离党政府,似未始不可为,以为如此,尚可维持东北为中华民国之领土也。日人于此,即对某表示不满,加以国人之对袁金铠等诋为卖国,某于此亦不无戒心,以为与日人周旋,本意在维持领土,将来社会不谅,无端受谤,势必不免,不如脱身事外,尤为干净,因此日人遂复用溥仪。最后尚有一言者,在满洲三千万民众,至今犹盼中央政府之有办法耳。故当沪战最烈,闻其胜也,则欢喜若狂,闻其败也,则人人嗒然若丧。而平日之探听关内消息者,至为热心,因在满洲境内之报纸均不可信,而关内报纸则均被查禁。故人民最为烦闷,而于天津《大公报》平日尤为信任,知其所传均确实也。故秘密租看《大公报》者,至每二小时租价一元之巨,而在车站上车下车时,多秘密行之,袖大公报一纸,暗随人后,细声告人曰:吾有《大公报》,看否?两小时一元。而阅者尚争租之。此可见人情之所趋矣。

哈埠人口三十余万,虽不抵上海十分之一,而商业则甚盛,不止于十与一之比例也。但自日军入哈后,一切交易均停顿,至旧腊结账时,均无从交付,应收者不能收,应付者亦不能付,贫富之间,遂无形而入于平等矣。

以上大意均为某君所告者,虽多琐屑之谈,而意义则极重大,以其语足为顾维钧氏报告之注脚也。顾氏语多原则而概括，某君则为事实而具体者。记者因为拉杂志之，读此文即可知顾氏所言非虚也。窃愿世之读者，取顾言而证之，则东北之真相，庶几得之。（天流，六月二十二日自北平寄）

（《大公报》，1932年6月24日，第四版）

345. 对日抗议破坏海关完整，请国联阻日本承认伪国并通告九国公约签字国，对俄复交问题近无何进步

【南京二十四日下午五时发专电】 二十四日行政院会议时，汪报告在平与调查团商谈情形，旋即讨论东省问题。罗文干并提出抗议日本唆使满洲叛逆劫夺东省关税，及照会各关系国公使原文后，又讨论中俄复交问题，惟内容均不发表。传莫德惠已抵莫斯科，刻正与俄方谈判。但向外部探询，据答，莫仍在意大利，抵莫斯科说，部未接报。

【南京二十四日上午一时发专电】 某要人谈，顾代表因日本不能保障其安全，故不去。政府日内将发一通牒致各国，陈述顾不能与调查团同去原因，使各国明悉底蕴，免生误会。日本承认伪国，我方抗议书已送至日本。但抗议难有效，必全国人抱誓死收复东北决心，方为有效。

【上海二十五日上午一时发专电】 梅乐和谈，伪国初则限制东北海关向沪汇款，今则扣留。现商业凋敝，税收短绌，若更长此扣留，关税担保之内外债将受重大打击。此举实大连关税务司福本酿成。福违抗解款命令，关东厅外交股长河井函福，谓大连关若与满洲国决裂，伪国必取对付手段，其结果将损及日方利益。福为日人，自谓若仍解款，必生此结果，且日负责当局警告，故不遵令解款。经警告无效，现经呈准宋子文，将福本免职。税务司不奉令，福本实开其端。

【南京二十四日下午七时发专电】 外部因叛逆攫取海关问题，系日本嗾使破坏中国海关行政完整，特向日政府提出严重抗议。同时以日本准备承认伪组织，局势严重，已向华会九国公约签字国及各国通告，请注意此严重之局势。

【日内瓦二十三日路透电】 中国代表将罗文干来电照会国联秘书厅，紧

急声请,冀日本尊重国联上年九月及十二月所通过之两次决议案,停止对"满洲国"之承认,力避形势再趋恶化。该电内称:"日本一经承认'满洲国',必使国联调查团工作流产,而形成远东严重冲突之发端"云。

(《大公报》,1932年6月25日,第三版)

346. 调查团下周离平,取道沈阳经朝鲜转赴日本,二十八日首程,四日抵东京

国闻社云。国联调查团原定本星期三赴日,因日方要求在平稍留,临时展缓。兹悉该团昨又接得日方来电称,一切准备就绪,欢迎首途,故该团当即决定于本月二十八日乘北宁专车离平,惟开车时间尚未规定。抵山海关后,换乘伪奉山路车赴沈阳,取道朝鲜赴日本。前定经过青岛前往之计划,业经打消。此次该团赴日之一行,计莱顿、克劳德尔、麦考易、希尼、阿露温德五委,秘书长哈斯、秘书沙利、私人秘书三人,专门委员但那黎、杨华特,美委员法律顾问卜莱斯里等十余人。余如副秘书长白尔特、秘书吴秀峰等,仍留平整理材料。上项消息,业经调查团于昨晚公布。又记者昨向调查团发言人询问,此次中国代表顾维钧参与调查团赴日,日本声言不负责任,阻止前往,调查团是否答应日本要求,否则对此事应持何种态度?据答,日本对顾代表赴日不负责事,仅为报纸上消息,调查团未接日本正式通知,不能表示何种态度。

北平二十四日电通消息。国联调查团之东渡日程,已于本早之委员会中,正式决定如左:二十八日晚乘北宁路专车离平;二十九日早抵山海关后,即由该地改乘奉山路专车,而于是晚抵沈,并在该地住宿一宵;三十日早离沈,七月一日行抵汉城,即在该地住宿一宵;二日早离汉城,四日早行抵东京驿。

(《大公报》,1932年6月25日,第三版)

347. 国联与远东特委会决展缓讨论，期待调查团报告书之完成

【日内瓦二十五日电】 本日下午十九国委员会议决，展缓讨论远东情势，俾国联调查团报告书完成后，送达欧洲。经过审慎研究，此项决议须得中日双方同意，始能生效。据闻此事在原则上已获得担保，只须经正式认可。主席比代表西姆斯氏将在决议案文件中规定，此举不能影响以前行政院与大会对远东问题之决议云。

【日内瓦二十四路透电】 九国特委会本日开秘密会一小时半，决定于二十九日召集国联大会，讨论展缓国联盟约规定行政院提出报告之日期，原限于八月十五日届满。召集大会提议，已通知中日双方。该委员会表示，希望现时勿有举动，使远东情势更形严重。又电，十九国委员会本日下午五时开会，英代表为山穆尔爵士。

调查团有速发临时报告必要

【上海二十五日路透电】 前天津《泰晤士报》主笔伍德海氏在《大美晚报》著论，称国联调查团有发表简单临时报告必要，推测调查团顷间似已获得确切结论。氏又称，调查团发表结果如太迟延，则其调查将有失去效用之重大危险，再作三个月之延长后，似将消灭其功用云。

（《大公报》，1932年6月26日，第三版）

348. 访马记者经过谈：历尽艰苦得晤马将军，归哈被捕，住室被搜查

【哈尔滨特约通讯】 访晤马占山之《纽约时报》记者史蒂尔（美国人），及《德文公民报》记者林德（瑞士人），由日本授意哈伪特区警察管理处将林德氏拘捕，各报均有纪载，一时轩然大波，几演成重大事件。两氏已将被捕拘讯经过，电告本国各大报馆，并电致日内瓦某大报社，将详情转致国际联盟大会，要

求公判。哈埠之英文《大光报》及英文《哈尔滨日日新闻》，连日刊载指摘此种无理处置之论文，颇表愤懑，对暗中主使之日本当局，更为不满。记者为明瞭该二氏访马详情，及被捕经过起见，特由某外人介绍，先后得晤该二记者于法、美两领馆，承将详情见告如次。

史蒂尔谈

"吾等自国联调查团于四月间由日本到上海后，即以新闻记者资格，随调查团南北驰驱，采访新闻。以吾等之立场言，既非中日两国之当事者，故不应有偏向任何方面之嫌疑，且新闻事业在我国视为极神圣工作，吾人为保全国家及个人体面，决不因细故，致受某一方之白眼，亦不能因一时情感，将采访之新闻使不翔实，此敢预告者也。自吾等（尚有英报数人，现已离哈）随调查团到哈后，因调查团卜居马迭尔旅馆，为采访新闻便利计，亦寓马迭尔。日人及'满洲国'警察，初以吾等为调查团随员，礼貌有加，后知吾等为随行记者，乃一变而为狞狰面目，且时时监视吾等之行动。惟以吾等终属西籍，故虽严亦稍差也。后调查团欲会晤马占山将军，被'满洲国'当局严峻阻止，致未成行。吾等如与调查团有关，即可随调查团同去，无须找此麻烦。乃吾等在哈之日，闻淞浦镇之炮声，隆隆震耳，马占山军与日军已发生激烈战争。吾等本新闻记者天职，即不会晤马占山将军，亦应将呼海路沿线战争情况，实地探听明白，故于调查团离哈后二日，余与林德君，即约定赴呼海路，视察战况，初固未拟定会马将军也。越数日，日军已进至呼兰，吾与林德君始决定由哈动身，仍本初衷，视察沿线战况。惟于此时，吾等实亦怀另一种希望，即除视察战况而外，倘能得机一晤马占山将军，岂不更多得不少材料。此种动机之发生，盖阅报知马已由黑河南下也，然亦不过一种希望。吾与林德君于五月二十四日起程，携带甚简，渡过淞花江后，雇一斗车，拉至呼兰，一路尚称平静。惟过呼兰后后，即两军冲突地点，旷野烽烟，枪炮时作，四顾荒凉，车辆绝迹，乃徒步而行。经过日军阵地，盘诘多次，出示以名卡，并告以来意，彼等均放过。后行至某一小站时，忽被自称为'满洲国'军队者拦阻，并唤余等至一室，详加讯问，吾等具实以告。讯问吾等之某军官曰：'日人知君等欲会晤马占山将军，已由哈拍出电报，令沿途将君等扣留。按余之名位，本不能放君等行走，特吾终中国男儿，报国有心，救国无力。吾放君等走后，前途务须小心，再被扣留，恐难逃脱也'等语。余与林德君相商良久，仍不避艰险，徒步前进。惟经此事后，恐遭扣留，即不敢沿路线前进，另沿辽远之小路前行。行二日，遇马军前哨，见予等身穿黄色背心，疑为日方奸细，即拟举枪射击，经证明后，始放通过。予等因徒步远行，路途崎岖，致两足重茧，脾骨酸痛，乃在当地雇马二匹代步，继续前进。惟每过一兵卡，盘诘异常严厉，行未数十武，即被拦阻，被疑为土匪受枪击者数次，苦不胜言。再北进，人烟稠密，时见日飞机在空中飞翔。至一城，见数处房舍坍塌，如被毁于飞机者。询之，乃知已抵海伦。吾等乃住一客栈，盥漱未毕，即来一军官及兵数名，询问吾等是否日方密探。吾等仍具实以告，乃释疑，约定翌日领吾等晤马将军。吾等问马何在，彼等不告，盖仍疑吾等有异谋也。于一小村落内，得与马将军晤，由一丰采少年某君任翻译。马将军言吐豪爽，身材小而精悍，固如报所传者也。吾等前后会晤马将军四次，每次均以第三者国外新闻记者立场，询问以往经过及现在情形，均蒙见告，已有纪录。后又向马索累次通电原文，亦蒙赐给。以外又承赠以江桥战时军事照片数十张携回，此即满洲当局所认为马将军交与携带之文件也。吾等回哈后，将该文件暂置于美领馆，不意于日前竟将同伴林德君逮捕，并将其房门撬开，搜去通信稿、照片等物。此类事件，诚为予等第一次所身受者。但最不解者，何以只拘捕林德，而独厚于予，岂谓林德君系瑞士国籍，易欺乎？"

林德谈话

余与史君于本月十一日归哈后，仍寓马迭尔旅馆旧址。吾等之所以仍安心归哈者，乃深信临行时扣留吾等之命令，只不过恫赫［吓］而已，断不致公然施行，故毫未置意。讵料于十六日午后十一时，由特警加派来官警，将予拘去讯问。其最要者，认予与张学良有关系，此行系与马占山将军传送秘密文件，故遂严令予将证物交出，否则给之不便。予听之下，实觉哑然，当面一一驳覆。乃不之信，坚谓予等有通马嫌疑，又谓系代表国联调查团见马者，种种胆怯虚惊、凭空捏造之理由，真令人又气又笑。并于翌日，乘予不在旅馆，将房门撬开，将予之通信稿件、照片，扫数携去。此种偷窃行为，实为世界所不齿。况以法言，所谓赃证，不在当事人面前搜出而认可者，尚不发生效力，此次竟将无关系之通信稿私自偷去，其卑鄙无效用，当可断言。吾等会晤马占山时之纪录文件，已自美领馆取出，当特警处之真正主脑日本人八木顾问前读过，伊已证明均无妨碍，不知为何仍向予等追索其他文件。世上安有无其事，硬要承认有其事者耶？此次最令予愤懑者，即为何不同时拘捕史蒂尔君。伊固系美国人，有领事馆在哈，予虽一瑞士人，无本国领事在，然予亦系独立国之国民，有代办之法领在，莫谓弱者欺，强者畏乎？予已要求法领莱说氏提出抗议，一面已将详情报告本国政府，并于十九日会晤哈外交处代表松原（日人），质问伊侵略领事裁判权并私自搜索家宅之不当，伊瞠目无以对。总之，日人公然向我等寻隙，已成不可掩蔽之事实。予等于此时，当然已不容再客气，势必据理力争。予代日方可惜者，何竟出此下策寻小隙，使世界对彼更加恶感耶？

(《大公报》，1932年6月26日，第四版)

349. 调查团报告书展期提出，中日可无异议

【日内瓦二十五日路透电】 关于国联调查团延长提出报告书期限事，十九国特委会昨已通知中日两国代表，转达各该政府，预料双方对展期将均无异议。惟中国代表对特委会通知书中，未明白提及日众院赞成承认"满洲国"之决议案，表示不满。

(《大公报》，1932年6月27日，第三版)

350. 美代表麦考易过津赴塘沽，接其夫人今日赴平

【本市消息】 国联调查团美国代表麦考易将军，昨日下午二时四十五分乘北宁一〇五次附挂包车由平抵津。美国方面由领事署派员往车站照料，津市公安局长王一民等，亦到站欢迎。据麦氏车中语记者，此行系私事，今日在津小作勾留，明晨乘轮赴塘沽迎候其夫人云。麦氏下车后，即赴美领事馆及美国兵营，旋乘美国司令官之汽车，至市内各处游览。四时许，乘美国兵营之差轮赴塘沽。昨晚即住宿轮上，以便于今晨四时接其夫人下船。其夫人系由美国动身，乘该国运输舰而来。因该船颇大，塘沽水浅，或不能靠岸，故麦氏乘小轮往接。北宁路代备之包车，于今晨由津挂七次客车往塘沽，接麦氏及其夫人回津。在津停数小时，大约于下午往北平。麦氏因调查团将在北平

作报告，故日前在西山租妥房屋，为避暑之用，并电其夫人来平同居，以慰长夏之寂寞云。

（《大公报》，1932年6月27日，第三版）

351. 马占山布告江民：抵抗日军自卫救国，调查团在哈时曾派代表往晤，现采长期抵抗、游动作战策略

【本报特讯】 据黑河来人谈，马占山在黑河，闻调查团到上海后，即派代表某氏赴哈尔滨，欢迎调查团。幸得在某处秘密晤面，谈话约三小时。又派王子新赴齐齐哈尔送备忘录，乃调查团尚未到，王氏即被日军逮捕枪杀。马氏于五月十五日早一时骑马由黑河出发，因连日阴雨，道路难行，至二十九日始至海伦。五月十四日夜，我军与日军在哈埠松浦站之北开火，日军死二十余人，我军死十三人，原阵地未变更。十六日晚，我军前往袭击松浦站。天将明时，日军全部退往江南。及天大明，下有重炮，上有飞机，反攻松浦。我军不支，乃退原阵地。自此之后，每日均用飞机扰我后方。我无飞机应敌，又无高射炮射击，呼兰、绥化相继被炸，不得已乃退海伦。二十九日夜，张家店之役（海伦西南约五十里），我军加入作战者有邓文、石兰斌两旅长之数连，四百余人，敌人步马炮及机关枪各队约三百名。我军中为步队，两翼为马队，两翼从侧面包抄敌军后路之炮队。敌炮因在夜间，虽发数十炮，毫无损于我。敌炮队乃退，余则亦退十里外。敌军经此大败后，次日即以飞机炸海伦，投弹四十余枚，并以机关枪扫射，目标均为广信涌烧锅。马主席始终未离该号，并说"我不能即离此，使民心更恐慌"，且说"炸弹是不能避的，要避处正炸弹之落处，岂不更冤了吗？"当时炸死商民五十余人、兵一人，房屋二百栋间、马二十余匹，我军乃于三十日夜退出海伦。现在我军已拟定长期抵抗计划，一则容我方各处之徐图运用，一则俟暴日内部之自溃。此刻胜负并非所计，胜固可喜，败则又何损于我们既定之策略哉？马主席所以率军退出海伦者，一不愿我商民受重大损失，二不愿坚守城池，牺牲实力。以我黑省情况论之，宜用游动战法，昼则潜避，夜出袭击，使日军之飞机大炮无所用其技。日军进绥化、海伦时，即搜集官有、民有枪械，均行缴焚，故所有未加入自卫军及救国军者，亦起而积极抗日。我军于

六月九日晚,派才旅长袭击海伦、邓旅长袭击海北镇(又名天主堂,在海伦北五十里),结果如何,容后再报。又自我军退出海伦,每日均有飞机炸乡村,及侦察我军之踪迹。近四五日来未见飞机到来,据报哈飞机场已被丁、李破坏矣,确否尚待证实,云云。又该氏并携有马占山主席布告各县绅民奋起自卫文告一件,原文如次:"各团总、各保董、各乡士绅民户均[钧]鉴:自暴日侵占我东北以来,种种残杀无道之行为,尽人皆知。近据报告,日军于占据海伦及天主堂后,奸淫烧杀,无所不用其极,并勒令警察保卫团以及民户之枪械,均须全数缴出。若使日人此种除[荼]毒手段澈底施行,则我全省之武器既被缴尽,尚何自卫之可言?而我民族前途之危亡,将更不堪设想矣。本主席依奉中央政府命令及北平张副司令、万督办之意旨,决取长期抵抗、游动作战策略,本诸天理良心,誓与日人周旋到底,一息尚存,此志不渝。前曾亲与日人虚与委蛇,四十余日,尽悉日人亡我种种毒辣阴谋,如缴索民枪之办法,即其一端。盖武力为捍国要图,枪械乃军民命脉,苟有武器在手,日军将到处受敌,无以施其侵略计划。是以今后凡我民团及各乡居户所存之枪械,均应全数带出,组成民众抗日救国义勇军或自卫军,既可保全自己枪械,更可用以敌抗日军,自卫救国,实为上策,并与本主席军民联合抗日救国之计画相符。深望各团总保董以及各乡士绅,切体此意,随时急速奋起,切勿稍存敷衍之念、观望之心,以致日军临境缴尽枪械。彼时虽有抗日救国之心,而无临阵应用之械,敌志得逞,为所欲为,亡国灭种,子孙万代永无脱离奴隶地位之一日矣。至于乡民中素有国家观念者固多,惟利是图而被日人贿为汉奸走狗者,亦复不少。此种丧尽天良无耻之徒,甘心附敌,应与日敌一体对待,尽数铲除,其有造谣恐赫[吓]之处,可勿置信。本主席已设有全省民众,抗日救国义勇军总司令部,近据报告,各乡民众多有自愿组织民众抗日救国义勇军,人心不死,国事可为。以民众百姓,竟能如此存心报国,以较败类附敌之军人,实令人太息痛恨。仰我民众闻风速起,推举代表作速前来,本主席当加委指导,授以方略。俾我军民一致精诚团结,努力杀敌,复我山河。本主席有厚望焉!主席马占山启。六月十日。"

(《大公报》,1932年6月27日,第四版)

352. 社评：国联调查团赴日

国联调查团为与日本政府谈报告书结论之计，将于今晚离平赴日，冒暑奔走，其劳甚矣。忆自国联处理本案，已九阅月，而日本军事行动之扩大，与国联决议次数以俱进。国联为延长结论、缓和形势计，而有调查团之派遣。然当调查团东来之时，正淞沪血战，满洲军事延及东南。伪国之宣布，即在调查团来华途中。今满洲调查甫终，而攫夺海关事已起。当兹调查团东行之日，东省形势较之该团在满时又已变更。是则调查团再度来华之日，难保其不更有新纠纷出现。诸君仆仆长途间，虽欲精究事实，苦心调解，而日本实自依其预定步骤悍然进行，今已变至否认对国联决议之约束，则因国联决议而来之调查团，虽欲与之议方案、求结论，岂不将终于徒劳哉？最近乌得海得氏在上海英字报著论，谓调查团亟应先宣布一简单主张，再迟三月，效用全失。此言也，吾人完全同感。调查团之效用，为根据法理事实，建议一解决之方法。其报告书虽无强制的拘束力，然挟国联之权威，有公论之背景，其主张要有绝大之影响。国联所以派调查团者，意即在此。若夫事实状态全已完成，和平解决完全绝望，然后调查团作其无效之发言，则半载辛劳，全归泡影矣。中日纠纷，譬之患重病，调查团则医士也。医士诚不必有起死回生之能，然职在医疾，自须尽速诊断，开方下药，若坐看病势日增，迟不下药，待已入膏肓，然后发表诊断书焉，诊断纵确，与事何补哉？故乌得海得之言是也。

日本方针，全操之军部。军部主张，将俟调查团到东之日，直截告以两事：其一，日本决计将承认所谓"满洲国"；其二，因此之故，日本已不受过去国联决议案之拘束。日本之意，在趁调查团未提出报告以前，将一切事实确定，使调查团无从另建议解决之方案。最近之占夺海关，即其重要步骤之一。以大势推之，内田到任，向调查团发表主张之后，即将着手于准备承认满洲伪国之手续，大抵调查团再度回华撰拟报告之日，即日本承认"满洲国"之时。未知调查团诸君，在此形势下，将作何应付也！吾人坦率立言，以为调查团之效用，首在于有以阻止日本之承认伪国。因如此为中国丧失领土，为日本破坏国联盟约及九国公约，此为问题之决裂，永失调解之可能，就调查团论，为根本失其立场。调查团迄今迟迟不作主张之里面，倘能劝阻日本勿趋决裂，犹可言也。不然，为问题本身计，为调查团使命计，必须趁日本未公然承认伪国之前，发表其自认为公正之主张。再以医病喻之，虽明知病危，应及时下药，此救病之常道，抑为医者之职责也。不然，病已不起，尚何用医士之讨论为哉！有病人之家，不能怪医药无灵，而不能不责医生误事。国联及其代表处理本案，由秋徂夏，倘结果是于日本承认伪国之后，而始听国联讨论其委员之报告书，从头说起，议论短长，则国联自身亦难为情矣，况中国乎？中国方面，日前汪、罗北来，就商于调查团。中国之意见计画，度已详告该团，故中国之最后之拟议，当已为该团所知。另据所闻，国联在两三月前，已知中政府解决中日问题之大体方案。是则调查团此次东渡，全局在握，问题尽明，其能感格日本，促成相当解决，幸也；不然，勿待事实全成，而始起草报告，是则数月辛勤，将有不能下笔之苦。劳矣调查团！中国人民，雅不愿其终于徒劳已也。

（《大公报》，1932年6月28日，第二版）

353. 调查团今日赴日本，下午六时离平东行，该团无意发表临时报告书

国闻社云。国联调查团定今日下午六时搭北宁专车离平，赴山海关换乘伪奉山路车赴沈，转道朝鲜赴日本。我国政府决派颜德庆、萧继荣、刘洒藩〔蕃〕、郑礼庆、张汶等五人送至山海关，此外北平绥靖公署、平市府亦俱将派员伴送。该团抵日本接洽，预定留两三星期，仍行返平，南京之行闻已作罢。至赴日一行，除日本代表吉田及随员等十七人外，计莱顿等十一人，名单如下：委员长莱顿，美委员麦考易，法委员克劳德尔，德委员希尼，义委员阿露温德，秘书长哈斯，秘书卡瑞、毕德，专委布利纷里、但那黎、杨华特，随员阿斯德、杜尔纳，打字员二人，麦考易夫人及哈斯夫人亦同行前往。又调查团美委员麦考易，因其夫人昨午乘舰由美抵大沽，前日由平赴津后，昨晨由津赴塘沽转搭小轮，前往大沽迎接。昨日下午三时许，偕其夫人乘北宁车附挂包车返平，于昨晚七时一刻抵平云。

【北平二十七日路透电】 本日国联调查团发言人接见外国记者谈称，国联调查团团员五人偕秘书与一部分专门人员，定于二十八日下午五时由平乘

专车赴山海关,在彼换车赴沈,预料二十九日晚七时可到达。拟在沈一宿后,于三十日晨经安东往朝鲜。在汉城不就搁,径行赴日,星期日晚或星期一晨可抵东京。调查团在日将勾留二三星期,与日政府交换后意见。该发言人称,顾维钧与其他华代表均不赴日,华代表将与调查团不赴日本人员从事编制文件,此项工作颇忙。该发言人于答覆质问时,称大连海关事件尚未正式向调查团提及,但此为影响中日关系之重要问题,当然属调查范围。惟据此并非指示,现时两政府关于此事,不能进行交涉云云。

【北平二十七日路透电】 据调查团方面讯,该团无意按照伍德海在上海《大美晚报》社评发表之意见,发表临时报告书。

(《大公报》,1932年6月28日,第三版)

354. 调查团昨过津赴日,一部随员留平整理文件

国闻社云。国联调查团莱顿、克劳德尔、麦考易、希尼、阿露温德等五委,秘书长哈斯及一部份秘书随员,偕日本代表吉田及随员等,一行三十余人,于昨日下午六时乘北宁专车离平,赴日本接洽编制总报告。到站送行者,有张学良之代表于学忠、王树翰、蔡元,顾维钧因病亦派王广圻代表致送。此外尚有刘崇杰、王承传、调查团留平人员吴秀峰等、各使馆重要职员,共百余人。我国政府派颜德庆、萧继荣、张汶、刘洒藩[蕃]五人,北平绥靖公署派张伟斌率卫队四十名护送至山海关。专车今晨五时后可抵山海关,莱顿等即换乘伪奉山路车东行赴沈,我方人员则乘原车折回北平。一行抵沈阳后,停留一日,即取道朝鲜赴日本,约下月四日可到东京。记者昨日在站,曾向吴秀峰氏叩以该团今后行程。据谈:调查团过沈阳、汉城,俱留一日,定下月四日到达东京;秘书毕尔将奉派由沈转往长春,接洽某项尚待研究之问题;调查团在东京就搁之时日,尚未预定;由日返平后,是否先赴南京,亦须临时决定云云。

【本市消息】 国联调查团专车于昨晚九时二十分抵津,到站欢迎者有省府代表黄宗法、第二军部参谋长刘家鸾、公安局督察长陶伟铎,由公安局保安队及第二军部派队担任警备。专车入站后,军乐大作,由黄宗法偕欢迎人员往见莱顿。莱顿当下车与欢迎人员周旋,莱顿旋即登车。当莱顿谈话时,有西装

日人二人在旁。调查团在山海关无多躭搁，即赴沈阳，转道朝鲜赴日。专车于调查团赴沈时，即开回。车停十余分钟，向东开去，开车时为九时四十分云。

中日同意延长提报告书期限

【日内瓦二十七日路透电】 中日代表均同意国联调查团展缓提出报告书期限。中国同意条件为在展缓期中，不得使情势更见严重，报告书之提出，最晚不得过十一月一日。日本则覆述其前此之保留，称国联盟约第十五条不适用于满洲问题云。

(《大公报》，1932年6月29日，第三版)

355. 刘崇杰周内入京就职否未定，顾维钧感冒热度甚高

国闻社云。前驻西班牙公使刘崇杰，近经中央任命为外交部常务次长。记者昨晨十时访刘氏于北京饭店寓次，叩询何日赴京就职。据谈："本人决一周内赴京一行，但就职否尚未决定。顾代表近抱清恙，故整理我国致调查团之备忘录，由本人协助工作，日内即可竣事。此项备忘录共计多种，大部已陆续送达该团"云。

国闻社云。我国参与国联调查表顾维钧氏，日前感受风寒，身体发烧，热度一百零一度。经医疗治，前昨两日发烧已退，日内即可痊愈云。

(《大公报》，1932年6月29日，第三版)

356. 调查团出关，昨晚可到达沈阳，何柱国今日来平谒张

【山海关二十九日上午十一时发专电】 国联调查团一行乘北宁专车，二十九晨六时抵山海关。各界到站欢迎，由吴秀峰引导何柱国旅长登车，与莱顿爵士谈话。莱顿详询榆关近日情势。美委员麦考易偕夫人冒雨由何镜华参谋等，陪游天下第一关，经何氏说明中国古代筑城之价值，美委员颇感兴趣。七时许返车，各委即先后换乘伪奉山专车。该车计九节，与日军铁甲车先期到榆

站迎接。莱顿爵士与何柱国、吴秀峰、颜德庆、萧继荣、刘迺蕃等握别,八时车遂出关。北宁专车与欢送各员于八时半东开,先赴北戴河,有小勾留。何柱国赴平谒张,三十日可过津。

过榆情形

【山海关通信】 国联调查团的主要份子,于二十九日上午六时,偕日本参与员吉田等抵山海关,换乘伪奉山路的专车,八时出关,当晚可到沈。预备经由沈阳转安奉铁路过朝鲜往日本,在沈阳或留宿一夜。闻日本人预备演新照的"满洲国"电影给调查团看,此种电影的内容,不过又是侮辱中国,并替日本人宣传他自认为功德的事。莱顿的秘书某氏,临换车的时候向人说,我们又去受罪了。问他怎么解释,他说你看看那边是什么东西,怎么能不算受罪呢?可见日本人的把戏,调查团的人也都看厌了。伪奉山路派来的专车,仍旧是九一八晚上扣留的北宁路车辆,不过上了一重油漆,除了三辆头等供五委员乘坐以外,所有随员只能坐二等车,与北宁车的舒适相比,自有天渊之别。调查团此次选定的途径,颇有用意。安奉路是日本人侵略东三省的最大工具,在军事上具有极大价值,沿线修有四五十座永久式的炮垒。日本驻朝鲜的军队,由安奉路运输,二日以内大部可抵辽宁。满鲜一元论,恐怕就仗着这条路,作一个切实的连锁吧。朝鲜被日本吞并,是一九一零年的事,现在又照着吞并朝鲜的旧路,来吞并东省。标榜辅助弱小民族的国联,这一次能去看看,或者能够帮助他认识日本的本来面目。仆仆风尘的诸位委员,过山海关已经三次了。山海关的人民虽然仍旧照例的列队迎送,但是看那些人的表情,已经不像前两次的热烈。日本兵在几天以前,来了五十名,硬将距山海关八里的一个村庄居民驱逐净尽,把所有的房子改成了若干间的小房。看他的用意,大概又是在那里预备作不正当的营业。鸦片、吗啡、赌场,正合适用那种布置。伪奉山路的日军,因为东边义勇军闹得利害,调去防御的颇多。山海关我方的防御颇充实,暂时或不致发生若何事故。北宁路的专车已驶回北戴河,路局职员有一部往海滨视察。二十九日晚再把专车开到唐山,就留在唐山机厂修理洗刷,预备调查团回来的时候好用。(二十九晨)

《大公报》,1932年6月30日,第三版

357. 国联今日开会，决议案已讨论起草，调查团报告书将展期半年提出，目的在反对日本承认伪满洲国

【日内瓦二十八日路透电】 因洛桑会议发生危机，十九国特委会与处理中日纠纷之国联大会特别会议主席西姆斯氏，顷在洛桑，故原定明日开会之国联大会将展至三十日召集。明日下午将先开十九国特委会第二次会，起草主席对大会之声明。

【洛桑二十八日路透电】 本日捷克外长贝尼斯、西代表马达里亚加及郎奇氏访西姆斯氏，讨论起草决议案，展缓国联调查团提出报告书期限六个月，以及关于满洲现状之建议条款，目的在反对日本因众院通过议案之结果，而实际承认"满洲国"统治云。

(《大公报》，1932年6月30日，第三版)

358. 山海关印象记

【本报特讯】 中国人对于国联调查团的来华，抱着十二分的希望，政府与各团体都予该团以极努力的赞助。但自从三月十四日该团到了上海以后，到现在已将三个半月，始终仍抱着缄默态度。日本军阀侵略中国的工作，初未受该团的丝毫影响而有所顾忌，调查团的主要分子在这个时候，又绕道东三省向日本政府询问意见去了。该团这一次出关，本无多大新闻性，记者因为谣言太多，所以顺便跟着送调查团的专车，到山海关看看情形。在天津上车的时候，正下着大雨，整夜没有停止，只苦了铁路两旁站在一千五百米达以外暗中保护专车的许多兵士。被保护的人正睡在锦绸绣褥、弹簧轻软的床上，那里知道有好几千人正在那儿栉风沐雨，为他们受累。因为这两天谣言甚大，所以戒备的工作更为加紧。天津特别的戒了一夜严，沿路除陆军以外，警察同保卫团也都帮助巡逻。有人说乾隆下江南，还没有这么大的排场。专车在许多人提心吊胆之中，平安到了山海关，雨仍未止。美国委员麦考易带了他新打美国接来的

太太,去游天下第一关的万里长城。据说麦氏已逛过四次,极端钦佩长城工程的伟大及所经地位在战略上的重要。昔日的险要天成,今已与敌共之。山海关的日本屯驻边关重镇军,早已拿着他的军旗,跑到长城上照了许多似乎将要疯狂的像,拿到国内去登报,说他们已经占领了长城。欺骗民众,夸大宣传,在日本报纸久已认为正当的事情。关外的日本兵,因为辽宁以东,义勇军气势极盛,常常乘其不备,包抄了他们的兵营,故驻在各地的小部队日军,现已合成大部,铁道线以外,几不见日兵的踪迹。锦州一带的日军有多数被调东去,跟义勇军打仗。看此情形,一时或不致向山海关挑衅。因为日本兵自从上海得了经验,并常受关外义勇军的惩创,渐渐知道仗不易打,如果真想干,是非增调大部军队不行的。在东部义勇军势力未曾消灭或减少以前,山海关是不致有事的。新换的山海关屯驻军,比旧的老实了许多。前两天关外的日本兵虽然打着"满洲国警察"的旗号,来了五十名,把离山海【关】八里的八里庄村民给赶走,但是也没敢驻在那儿,第二天又跑回绥中县去了。只留下几个工匠,把强占的房子改成一个一个的小间,有的说是预备驻兵的,有的说是日本浪人预备在那儿作非法营业的,因为那个地方现在非中国权力所及,是很宜于做这样买卖的。同时又有五十名叫"满洲国警察"的,跑到九门口,向驻在那里的何旅军队说,要到九门口里边来游历。驻军回答他们,游历也可以,但是要把所带的武装解除下来。该警不允,驻军就在长城上散开,预备一决雌雄。这样一来,就把他们吓跑了。除此而外,日本兵的直接行动,一点可疑的地方都没有。山海关海滨避暑的外国人,仍旧是很多。驻在天津的美国兵,也有一营人开到那里,作暑期的演习。何柱国旅长因为防地平静,就趁着调查团专车,到平津来休息几天。专车归途绕到北戴河海滨,停了一天。上半天仍旧是细雨蒙蒙,下半天才放晴。海滨的天气,凉爽极了,早晚可以穿袂衣服。每一次的火车开到,就装满了避暑的外国人。中国人胆子太小,听了谣言,恐怕日本兵真打到山海关来,海滨离山海关太近,有殃及池鱼的顾虑,所以来的甚少。据记者观察,要避暑尽可放心去,一时是不至于打仗的。最喜欢造谣中伤中国的某国新闻,因为反对调查团到北戴河避暑,所以在平津大造北戴河海滨发现虎烈拉的谣言。记者也很关心这个事,到海滨就向友人询问真象,知道谣言终归是谣言,气候适宜、环境优美的避暑区,不像五方杂处、藏垢纳污的城市这么容易发生传染病。但是谣言是要略有根据的,这个谣言的根据,是因为金嘴路牛奶房,有一个男子死了。死了以后,住在那儿的美国医生就检查了一遍,证明并不是传染病。一星期前,小刘庄也死过一个女人,经过莲峰医院的检验,也没有发现什么病菌。除此而外,海滨警察管辖的地方,今夏没有死过第三个人。海滨的公益会本年改组一次,脱离抚宁县的管辖,为独立的自治区,推北宁路局长高纪毅氏为会长,执行自治区内一切行政、治安、建设的事。经费如果不够,北宁路酌量捐助。公益会原有的董事仍旧是董事,帮助该会的一切事务。现在有许多新政,正在进行。公安局长新委了康明震。康氏是个美国留学生,从前当过辽宁省的常委、葫芦岛港务处的科长兼公安局长,做事很有成绩。督察长为王振民,也很能办事。他们打算把海滨划作八个警区、十九个分驻所,添自行车队,到各处巡逻,不再叫警察老站在一个地方。因为那儿不像城市,要警察来指挥交通,只要不断的巡逻,就可以得到保护的效力了。该地向来没有电灯,阔的人在家里自装马达,用煤油磨电用。装不起马达,只有点煤油灯,一到晚间,外面漆黑,很不方便。公益会现在已经买了一部电机,准备设一个供全区使用的电厂,只有电线杆还没有买齐,今年或者能够使用。顾代表有住宅在东山角上,门前尽是巉巉的乱石。公益会新近替他修了一条马路,去东山的不必再绕远道。霞飞馆去冬被烧,现已翻盖完工,里边的咖啡馆已经开张。在车站下头的醉翁亭番菜馆新辟了一个舞场,九点钟后,音乐锵锵,东山的外国人去跳舞的很多,成了海滨晚间唯一的消遣地方。电影往年有几个大饭店预备,今年去的人还不多,所以还没有开演。

(《大公报》,1932年7月1日,第三版)

359. 调查团赴日

【沈阳三十日新联电】 国联调查委员一行本日午前十一时由此间出发,经由朝鲜赴日本。

(《大公报》,1932年7月1日,第三版)

360. 调查团今晨由朝鲜东渡

【京城一日新联电】 国联调查团莱顿爵士一行,本日午前七时五十分抵京城,当即赴朝鲜旅馆休憩。午前十时四十分于沿途非常严戒中赴总督府,访问宇垣,午后往承德宫及京城帝大参观,并参拜朝鲜神宫,七时赴宇垣之晚餐会。彼等一行预定二日午前八时出发赴东京。

【南京一日下午十时发专电】 国联道路专家驻华代表、波兰人奥斯基接莱顿来电,邀赴日协助调查工作,奥一日赴沪往日。

(《大公报》,1932年7月2日,第三版)

361. 国联特委会再度延期,颜代表对国联之重要陈述

【日内瓦三十日新联电】 延期于本日开会之十九国特别委员会,因洛桑会议尚无端绪,主席西姆斯未回日内瓦,故再改期七月一日开会。因此特别委会将于明日开会,而临时大会亦同日开会。

【日内瓦三十日路透电】 中日委员会主席西姆斯与中日双方关于延长国联调查团报告之送达期事之往来文件现已发表。西姆斯于彼之照会中提议将限期延长,但以后不能援为先例,大会于接到报告后,即应规定延长之日期,在此期间,希望大会能于十一月一日以前开始研究调查团之报告。中国代表颜惠庆复称对于延长事可同意,并称日本现极力造成险恶之形势,一面在其占领区域伤害中国人民生命财产,并设立傀儡政府,尤较前严重,末称希望大会能阻止形势愈转严重。日代表长冈亦赞成延长期限,但称日本仍保留昔日所声明各节。

(《大公报》,1932年7月2日,第三版)

362. 国联又一幕：决议延长提出报告之期，主席及众代表同情中国，凡违反条约之情势不承认！

【日内瓦一日路透电】 十九国特委会本日下午三时开会，讨论中日事件约二小时。有数委员均注重双方应负不令情势险恶之义务。当即通过主席西姆斯氏提案（内容已见昨报），仅有口头修正。国联大会特别会于下午五时一刻开会，首由中国代表颜惠庆氏发言，同意延长提出报告书时限，但指陈此项展缓颇为危险，需将其缩至最小限度，中国对于展缓之局势，不能负责。并称因"满洲国"活动结果，东北情势尤见严重。又称如抹煞条约，断不能获得和平结果。（众拍掌）其他发言代表论调，均与颜氏相同，惟西班牙发言人指摘国联调查团工作濡滞。主席西姆斯氏于结辩时，认其延展时限之提案已经通过，并宣称不应有何行动阻碍调查团之工作，凡违反条约之任何情势，不应加以承认。氏又注重此项延长时限提案，系为例外的办法，中日代表均曾通知大会主席同意延长时限，惟须严格按照需要。彼并曾获得谅解，此项延期事不能援作先例。大会委员会接到十九国特委会报告后，将规定延期时限。大会定下周开会。日代表在辩论时，始终未发一言。又英外长西门氏在两次会议中均出席。

【东京二日新联电】 莱顿爵士一行，今早八时半由京城乘专车出发，约四日早抵东京。

【东京一日新联电】 国联调查团一行四日可抵东京，滞留中将听取日政府之意向，以期起草报告之一部。日外务当局将乘此机会披沥日本对满方针，此事将由内田专任，并将对该团单独的表明日政府有承认满洲为"独立国家"之意思，且满洲于极东和平上绝对的必要，故日本并将声明调查团若由于无视"满洲国"存在之事实而作成任何解决案，决难同意。又内田定五日夜回东京，预定六日举行欢任式。

日本亦谓傀儡政府并无独立国之机构

【东京二日新联电】 斋藤本日午前约请荒木至官邸，听取与丁鉴修、林惠会见时所闻"满洲国"方面之意向，继对承认时期有所协议。结果一致主张对于承认该"国"之根本方针虽不变，但因须种种之准备，立即承认实为不可能。最后荒木报告马占山之行动，并磋商关于国联调查团赴日事。又电，关于承认"满洲国"问题，业经日前之临时议会通过，日政府方面亦拟从速予以承认，惟因事态重大，故正锐意的准备。然"满洲国"建国伊始，国内法未完备，且亦无独立国之机构，又当承认之际，对于中国政府从来之条约关系当如何，即对于与"满洲国"订结条约之准备，日政府方针亦尚未见最后的决定。因有以上种种关系，斋藤当命关系各省着手于诸般之准备研究，俟五日入京之内田康哉就任外相后，将更谋具体化。据观测，承认之时期，将在九月国联大会开会之前。

日方反对设自治领，四头政治尚难统一

【京东[东京]二日电通电】外务当局于昨日谈称，中国政府之统治权，现难及于满洲一节，已为调查团所深悉，故华方纵即提议满洲自治领案，度调查团亦未必听从。日政府方面，亦碍难无视满洲已成为"独立国"，而力谋充实其内容之现状云。又内田康哉于就职外相接见调查团时当就此点有所表明，并将用政府名义向内外各方声明此事。

【东京二日新联电】陆军当局对于设置统一满洲四头政治机关事，曾与关系当局协议，其具体案本月中可以决定，其实现将在八月间，故荒木已向斋滕进行交涉。关东长官山冈本日午前十时访问荒木辞行，并对于本问题有所协议。

（《大公报》，1932年7月3日，第三版）

363. 顾维钧昨赴北戴河休养

国闻社云。中国参与国联调查团代表顾维钧氏，以辛劳致疾，前已渐瘥，惟精神尚未复原，遵医生嘱，故于昨晨八时二十五分搭北宁车赴北戴河休养，返平时间尚未定云。

（《大公报》，1932年7月4日，第三版）

364. 社评：调查团到日后之声明

　　国联调查团昨抵日本，即发一重要声明，谓该团使命在于调查——调查两国权利为何，根据何在。此声明似笼统不切实际，实则包含一重要之点，即归宿于条约上权利之范围是也。

　　东京电传：内田于明日就外务大臣任后，即将告调查团以日本将承认所谓"满洲国"之决心。其意若曰："新国"既因民族自决而成，从前中日条约上之关系及国联从前决议，已概不适用。盖欲迎头一棒，使调查团之工作无从继续进行，然后于秋间国联大会开会之前，实行发表承认满洲伪国，悍然预拒国联大会之容喙。故以现势论，国联斡旋之途已穷矣。虽然，日本纵伸于力，而不能不屈于理。由调查团昨日在东之声明观之，可知该团亦断不能承认日本现持之理由。夫民族自决，谎语也，建国独立，虚话也，此任何人所不能受其欺。由历史征之，世固有因民族自决脱离本国而独立者矣，最显著者，如美利坚之脱英，世界孰曾否认之？昨日全球各地，即无不有美国人民开独立纪念庆祝之会。此乃真自决，真独立，故不但他国承认，其本国亦承认。向令伪满洲国果出于我东三省人民自动的志愿，而成立之后果能施行独立国家的权能，则全国人民未必反对之，且或进一步而早与以承认。何则？国家为物，亦人类进化之一阶段耳，苟一区域之同胞，以独立称国为便，且能实行之，则其他大多数同胞，又何苦必不见许？再以英国譬之：爱兰自由邦之独立，程度已九分九厘矣，英伦人民绝无主张用兵者；加拿大、澳洲，内政上完全自由，外交上亦大半自为之，然英帝国并不失其为大。是可知分离独立，非有绝对是非之问题也。然而东三省事，性质全异。盖其人民绝无独立之意志，亦无其能力。现在一切伪组织，皆日人直接制造而指挥之。试一观伪国之组织法及官吏表，即知伪国一切实权，操诸日人。今内田所谓承认者，乃日本政府承认其臣民驹井、大桥等之组织，而冠以"满洲国"之名，几曾有民族自决之丝毫意义哉？溥仪、郑孝胥等且为被耍之猴，观其冠履趋跄，俨然君相，实则一切被牵弄，言谈行动毫不自主。领袖如是，三千万人民更何论乎！日政府图以民族自决之伪词，掩饰其占领侵吞之行为，而使其破坏条约得新的合理根据，此欺世界、欺国联太甚者，任至何时，绝不能得到公论之承认者也。是以结果纵伸于力，亦将屈于理。国联及各国能否积极纠正,为事实问题,但消极则断然不能共鸣其诡辩,且终将宣布其违约。调查团昨日之声明不云乎:该团之使命为调查,调查之目标为两国权益之为何物及其因何而发生。夫日本之于满洲,本有若干权益,权益何自生? 生自条约,故中日间条约范围内之权益,始能为权益,苟破坏条约,是权益根本不存。今之制造伪国,垄断一切,凭何权益而能出此! 是以日本或者竟能事实上长期侵占,而断不能使国际上承认其行动之权利化、合法化,此由调查团声明书可知者也。日阀近日实准备应付国联之任何反对,其对国际形势并不乐观,盖深知国际上必不承认日本行为之正当,故逆料日本外交上依然困难而多事,其欲悍然承认伪国者,将先发制人,使国际上知日本决心而已。是以一切皆斗争过程,初非问题结论。调查团亦知之也,故到东之日,即揭出调查权益根据之义,以示该团讲理而不问力。此声明书影响如何姑不论,要不失为重要之表示矣。

(《大公报》,1932年7月5日,第二版)

365. 调查团昨晨抵东京,莱顿发表声明书,调查工作注意权益问题

【东京四日新联电】 莱顿爵士一行,今早八时抵东京。出迎者为外务、陆、海省代三表①,英、法、美、义、德及其他各国大使、公使馆员等,车站警备甚严。一行即赴帝国旅馆寄宿,惟莱顿爵士由车站直往英大使馆,访问林德列大使。一行勾留东京之日程如下:五日觐见日皇,出席秩父亲王于赤阪离宫举行之晚餐会;八日以后与朝野各方面之有力者会谈;周末赴箱根。又电,国联调查团一行四日午后三时四十分入宫觐见日皇及日后,后退出,三时五十八分赴大宫御所谒见皇太后,四时十分往访秩父亲王。又电,国联调查团随员屋尔得·杨格博士,为调查间岛之鲜人问题,约留东京一星期后,即赴间岛。

【东京四日新联电】 国联调查委员长莱顿爵士路过大阪之际,经由新闻联合社发表长文声明书云:"余等由中国报纸得悉余等受诺关于中日纷争之中

---

① 编者按:原文如此,应为"三代表"。

国方面的条件而拟将该条件提示日本政府之事，又得悉余等将向国联提议对于满洲现政权许与五年之试政期间，以观后效之说。当此各国新闻切望探知调查团怀抱之际，此项记载殊为不当，而余等关于上述之点亦毫无权限。余等调查委员再到日本，曾一再言明并非充当交涉者，而系以调查为目的之委员也。余等之使命系搜集此次纷争之一切关系事实，而将此等事实报告国联。此等关系事实之中，最重要者当然为中日两国在纷争地域所有之永久的权益。惟此等权益，究为何物，实有阐明之必要。此亦即为余等之真实使命。因中日两国于满洲之权益存否如何之事若无确定，则无法将其调和。故此，根据余等所得之智识以及余等对国联行政院之建议而斡旋于中日两当事国间以尽其任务者，此即国际联盟之使命也。中日两国之舆论尚未熟知余等之使命，是以有对于余等委员会将提出如何建议之事抱重大之不安，其结果致委员会之任务进行上有许多不安之横阻。两国均恐各本国之重要权益之一部被要求让步乃至变更，故被此种不安威胁之两国新闻纸，以稳健之态度报告本国国民似为困难，对于纷争之观察，现在尚蒙蔽许多暗云，殊为遗憾。然余等之调查，确信为中日两国之死活的权益所寄与，故对于余等之努力结果，抱甚大之期待。中日两国若了解此事实，则和平之福音当可获胜。余等之努力亦即为实现此目的者也。一九三二年七月三日于大阪，国联调查委员长莱顿。"

【南京四日下午十一时发专电】 外部接驻鲜卢总领事电告，一日曾与调查团会晤，谈十分钟，并面交某项重要文件。日人传莱顿未接受，不确。

（《大公报》，1932年7月5日，第三版）

366. 又演一幕丑剧：铁道局楼上散传单，要求承认"满洲国"

【东京四日路透电】 今晨国联调查团抵东京前不久，有人散发传单，要求承认"满洲国"。散传单人逃走，未弋获。按调查团现既到此，预料内田就外相职后不久，将发表确切宣言，表明日政府态度与最后承认"满洲国"事件。据日文报纸讯，日政府在种种声明外，并将述及关于日军须撤退至满路线内之国联决议案不再具有通过时之效力，因"满洲国"现已宣布独立。关于关税问题，据暗示其结果大概如次：日本将允可"满洲国"官员管理大连海关，但仍将视为中国海关，并将解交充分款项，以供偿还外债之用云。

【东京四日电通电】 在调查团入京前之本早七时半左右，有由铁道局楼上向大街投下署名为"独立青年社"之传单，对国联调查委员表示日本国民之决意。该项犯人于散布此种传单后，立即逃避。

【东京四日新联电】 据《朝日新闻》晚刊载称，内田六日就任外相，即日与国联调查团会见，将表明关于满洲问题之日本信念及决意。此次之会见，决不按照从来之外交处处回避表明态度，而将率直的说明日本之立场，俾使国联明白无视日本意思而解决中日关系为不可能之事。荒木亦将军部意见确定，已于二日提示斋藤，俟内田就任外相，即由斋藤与内田充分的磋商，一俟与莱顿等会见后，即向中外发表声明。

（《大公报》，1932年7月5日，第三版）

367. 调查团将劝告日本：若承认伪国与条约抵触，但日本悍然不顾，无意转圜，并将反对调查团提解决案

【东京五日电通电】 关于日政府拟于日内承认"满洲政府"事，调查团某国委员非正式的以种种理由，认为在国际方面殊不利于日本，而表明反对立予承认之意，并将于与内田会见时作此项劝告。日方闻此讯后，颇为重视。其所持反对理由如左：（一）日政府曾向国联声明尊重中国领土主权，故若果出于斯举，必将遭受世界各国舆论之反对；（二）此实无异于自行承认侵害中国领土主权，而违背九国公约；（三）失却中日直接交涉之机，而使中日关系成为对峙的。又电，调查团秘书长哈斯昨晚接见记者团。据谈：关于满洲问题，就个人方面言，现仍持乐观论调；至调查团方面，则只须将调查所得结果报告国联行政院，即可谓已尽其职责；而行政院方面，度将依国联规约第十五条，将该项报告提交大会讨论也。又电，调查团似将因反对日政府立即承认"满洲国"，而提出使该地成为自治领之方案。关于此事，日政府方面将以左述理由强硬反对：（一）无视"满洲国"之建国事实，即属无视民族自决之精神者，故日政府当坚决反对；（二）"满洲政府"于调查团从事调查以前，即已宣布独立，故中国政

府不过仅在形式上弃有统辖权而已；（三）满洲问题之最终解决办法，舍承认"满洲国"外别无他道。又日方对于调查团拟向国联提出最终解决案事，以在去年十二月十日之行政院会决议中，并未予以提出解决案权，故认调查团此举属于越权行为。

【东京五日电通电】 内田预定于本晚九时抵京，明日即举行外相亲任式，而于八日以新外相资格正式接见调查团，并对满洲问题作下列之回答。该项回答并将于十日左右作为外务大臣之声明而行公布。

（一）关于"满洲政府"承认问题。日政府因信任满洲住民之民族的自决，在维持东洋和平上殊属必要，故不惜作事实的承认，而予以合法的援助。但关于法律的承认，则须视其今后成功情形如何。

（二）关于九国公约。"满洲国"之建设既系出于自动，而非受第三国之侵略，自与九国条约不相抵触。是故九国公约缔约国纵即与"满洲国"缔结外交关系，亦不能谓为违反该约。

【神户五日电通电】 内田本早行抵本港，下午零时半，乘商轮燕号东上。该氏并向记者谈云："关于'满洲国'之承认，以从速实行为佳。至调查团反对予之立即承认论一节，则现尚无所闻，且'满洲国'亦不当受他国之干涉也。"

【东京五日电通电】 荒木拟于七日上午在陆相官邸接见调查团各委员，就满洲问题披沥意见，并吐露其最后的决心。大意谓："满洲国"之独立，既在历史的、民族的、国防的关系上均非得已，则日政府为保持善邻交谊及确立东洋和平计，自可不问国联方面持若何意见，而仍向既定方针迈进。

（《大公报》，1932年7月6日，第三版）

368. 调查团在东京之行动，莱顿病不久可愈

【东京七日新联电】 莱顿爵士之病虽渐次痊愈，然尚需静养，其间将由义国委员马考蒂代行委员长职务。又由北平赴沪之铁道专门家海庵氏，本日抵东京，定八日回加拿陀，因该氏之调查已于北平告终，且已提出国联调查委员会故也。

【东京七日新联电】 斋藤六日午后四时四十五分，赴帝国旅馆访问国联调查团，与哈斯会见，以答礼六日麦考易将军一行之访问。

【东京七日新联电】 屡经改变预定之调查团一行,现已决定九日午前十时赴官邸,会见荒木。

【东京七日电通社电】 调查团一行,已于本早十一时,赴外务省访问内田。

(《大公报》,1932 年 7 月 8 日,第三版)

369. 调查团定今日访荒木

【电通东京八日电】 调查团各委员,拟于本日暂事休息,明早九时访问荒木,就满洲所获材料提出质问。俟至十一日或十二日,莱顿爵士已占勿药后,再正式与日政府作种种接洽。

【华盛顿七日电】 《观察报》接驻沈访员讯,称"满洲国"官员有类似侮辱国联调查团表示。据称,彼等公然作惊人之暗示,谓调查团职务在调查中国金钱,并与中国义军同情,煽动对"满洲国"之战事云。

(《大公报》,1932 年 7 月 9 日,第三版)

370. 调查团游箱根,候莱顿病愈发表宣言,荒木妄言反对中国在满主权

【东京九日新联电】 国联调查团马考蒂、麦考易、克劳德尔、希尼等偕书记长哈斯及随员三人,本日午前十时访问荒木于陆相官邸。陆军方面,荒木及次官小矶,军务局长山冈,军事课长山下,新闻班长小代、铃木暨参与员吉田,书记官津岛、久保田等列席,由外务省嘱托川崎翻译。先由荒木与代表委员长马考蒂寒暄之后,遂即质问:(一)日本国防与"满洲"之关系;(二)关于恢复满洲治安之日本之方针;(三)"满洲国"之将来,及日本军部对此之态度等项。荒木力说日本与满洲之国防不可分之点,"满洲国"之存在,其自卫上,不管其愿与不愿,日本不能不负指导之责任,故今日以后,若对此行内部的扰乱或受外部的威胁之际,日本不能不十分的觉悟,并用力与之周旋云。其次答撤兵时

期之质问,称"现在尤其对'满洲国'行使中国主权之事,绝对的反对"等语。至午后零时二十五分,会谈终了。

【东京九日新联电】 四日抵京之国联调查团一行,除莱顿爵士因病静养外,已决定由十二日起,与日本政府当局开始正式商议。然于未开议之前,代理委员长马考蒂伯爵(义)、麦考易(美)、克劳德尔(法)、希尼(德)四委员,偕同哈斯秘书长,于本日午前十时访问荒木,举行首次之会见,听取军部方面之意向。会谈时余辞去,一行乃于午后三时半由东京出发赴箱根,游览湘南名胜。定十一日夜回京,俟一行回京后,莱顿爵士即发表声明书。

(《大公报》,1932年7月10日,第四版)

371. 调查团抵东京后日本报界两波澜：英文报讥评承认伪国问题,日文报攻击有田指为失态

【东京特约通讯】 国联调查团四日到东京后,美人所办之英文《广知报》上,对日本承认伪国一事曾经发表一深刻之批评。全文可归纳下列三要点：(一)日本之承认"满洲国",乃自己违背从前在国际联盟及其他机会所声明之约言,有意与世界舆论为敌;(二)日本之承认"满洲国",显然破坏对华九国公约所规定之中国领土及行政的保全之原则;(三)日本若承认"满洲国",乃日本自己捐弃由中日直接交涉解决满洲问题之既定方针,而由中日直接交涉、处理两国纷争之端绪,将全然丧失云。此项批评发表以后,日本舆论界为之大哗,误认为系调查团中份子所发表。大阪《朝日新闻》评为"越权行为",大阪《每朝日新闻》则评为"不谨慎之反宣传"、"奇怪态度",并谓"将与日本正面冲突",又推测"调查团将向日本提议,定'满洲国'为英国式之自治领地,而由南京政府特派全权,组织最高政治机关",日本外务当局将加以拒绝,所持理由,"调查团仅能将可作最后决定之调查材料,供给国际联盟,对于日本政府之对满政策,不能过问。况承认'满洲国'系日本国民一般热望,日本政府应断然自主的裁断。目下事态虽不能即时承认,正式承认之手续已准备完成。至由南京政府特派全权之自治领案,将更使满洲较旧状尤为恶劣,日本政府断然反对"云。日阀吞并东北之野心,意在言外矣。新任外务大臣内田康哉于五日由大连到东京,六日即匆促就职。各报均传内田对于承认伪国一事,具有绝大决

心,即使日本不得已退出国联,国际上陷于孤立无援之险恶状态,亦所不顾云。惟在内田就外相任之前,忽发生外务次官有田之失言问题。此事起于驻日英大使林德日前赴外务省访问有田,询问日本政府承认伪国之真意,并提出质问:"日本政府不待调查团提出最终报告,在最近之将来,即取承认'满洲国'之手续,其意何居?"有田答称:"日本政府在调查团滞留东京,或调查团对联盟提出报告以前,决无承认'满洲国'之事。"各报对有田之言大肆抨击,责其轻举妄动,"大失态"。外务当局乃辩白谓,有田所言乃个人之私见,并非日本政府之意。大阪《朝日新闻》责以"身为外务次官,且在专任外相缺位之时,与外国使臣会谈外交上之问题,私见及政府之意见,事实上难以判别",又云"有田之约言,已为联盟调查团所利用。某调查委员非正式表示制止日本承认'满洲国'之意(指前述《广知报》所载),即为此事之反映"云。日外务省为之大窘,乃于六日午后用外务当局谈话之形式发表"日本政府关于承认'满洲国'事,对国际联盟或第三国并无何等约言"之声明,以取消有田对林德约言。适足以证明日本政府对外交涉之无信义而已。(七月七日镜寄自东京)

(《大公报》,1932年7月12日,第三版)

372. 调查团访内田,谈话内容不发表,拟下星期内离日赴沪

【东京十二日电通电】 调查团各委员,于本早十时在英国大使馆作重要协议后,即于本日下午三时,赴外务省与内田行第一次重要会见。

【东京十二日新联电】 国联调查团传已定搭乘十五日由横滨出帆之秩父丸赴沪之说。书记长哈斯对此谈称:"此次来日颇为迟延,曾拟缩短滞留日本之期间,惟尚未决定,现仅预定下星期中离日本而已。此次将由水路赴沪,故无再度访问南京之意思。十二日之与内田外相会见,莱顿委员长或可痊愈而出席"云。

【东京十一日路透电】 日外相内田康哉本日与外国记者非正式会见时,请关于彼本人对承认"满洲国"一节所持态度,不必提出质问,彼不久虽将说明对该问题之态度,但刻下尚未能有任何发表。内田氏以诙谐语调谓,倘有其他

国家实行承认"满洲国",岂不更好?彼又称,对于本年一月间苏俄政府提议日俄两国间结缔一互不侵犯协定之拟案,尚未及加以审议,然彼希望俟有相当机会即研究此项问题。内田将于明后日会见国联调查团。闻该团刻向内田请求,将来彼此会谈内容不在报端发表。

(《大公报》,1932年7月13日,第三版)

373. 调查团将匆匆离日本,告内田承认伪国为分割中国,内田表分割决心,谓将予承认

【东京十二日路透电】 据日方消息称,本日内田晤莱顿与国联调查团其他团员时,谈话注重点,包括下列:(一)满洲问题之解决,必需为永久的;(二)解决办法必须清除满洲将来之障碍;(三)"满洲国"既为具体事实,日本将予以承认,日政府自由加以承认,视作一独立国家,故日本拟及早予以承认,俾保障远东永久和平;(四)日本视此种承认事件,并非破坏九国公约;(五)日本无并吞"满洲国"意向;(六)因"满洲国"政府既经成立,故日本相信,与中国政府直接谈判"满洲国"问题为无意义。(仝上电)国联调查团与内田谈话,将继续至十四日为止。莱顿病势已愈,本日下午参加此项谈话,所谈内容未披露。据闻调查团曾请求保守谈话秘密。调查团于本日会见内田前,有十二大学学生爱国同盟代表往谒,呈递学生一万人签名之书面请求,请其对于中日纠纷谋公正之解决。蒋作宾昨返东京,本日下午赴内田处,作应酬之访问,据闻曾谈及目前问题。

【东京十二日新联电】 内田午后三时至四时二十分,于大臣室与莱顿爵士第一次会见,以日本之承认"满洲国"问题为中心,双方无忌惮的交换意见,对于会谈内容均付严秘,次回定十四日午前十时三十分续行交换意见。此次之会谈,相信内田详细表明日本固定之对满方针,尤其关于左记诸点,必力加说明,即日本政府对满洲问题之解决策,确信发源于左之原则:(一)须具有永久的性质之解决策;(二)须能排除满洲将来一切祸根之解决策。若非立脚于右记二原则之任何中间策,概与以排除,而承认"满洲国"之成立,既有成立之事实。而承认其为独立国家之事,乃日本政府之自由,故此拟从速的与以承

认，庶几确立东洋恒久之和平。承认之事不信其有违反九国条约，并言明无并合"满洲国"之意志。"满洲国"成立之今日，而与中华民国政府直接交涉之事，相信为无意义。要之，满洲问题有关日本生存权之重大问题，故日本政府对于有无视事实或基于中伤的原理之一切解决案，殊难同意。

【东京十三日电通电】 调查团拟于明早十时与内田外相会见后，即于十五日搭乘由横滨出发之日轮秩父丸赴沪。其提前离东理由，一说谓系因日方对满态度强硬，而认为殊无妥协之余地。

【东京十三日电通电】 内田与调查团第一次会见时，据闻首由调查团方面，谓满洲之独立，实等于割让中国领土，而实属违反九国公约之举，故中国政府有特事让步而将该地作为自治区域之意。当经内田答以"满洲国"之成立，系由于中国领土自行分裂，而在九国公约效力之外，故并未与之抵触。至自治区域案，则属否认"满洲国"之独立情形，而意者在恢复中国政权，且使事态愈益混乱，故碍难赞成该案。

【东京十三日电通电】 调查团各委员，于本早十时在英国大使馆，就编制满洲问题报告书事作重要协议，本晚将出席内田之晚餐会。

(《大公报》，1932年7月14日，第三版)

374. 贝尔特返平

国闻社云。国联调查团离平赴日经过沈阳之际，曾派秘书贝尔特转往长春，接洽某项问题。贝氏抵长接洽业已事毕，于日昨返抵北平。

(《大公报》，1932年7月14日，第四版)

375. 国联调查团即再来华，内田两与会谈明示决心，坚持割裂中国但暂不承认伪国，热河局势紧张但尚安谧

【南京十四日下午八时发专电】 调查团定十五日离日来华。闻调查团赴日，原拟作较长日期之逗留，此次亟亟离日，系因在东京日本各方面多予以难

堪,而日政府表示之态度,尤使调查团感觉无久留之必要。

【南京十四日下午十时发专电】 外部接东京电,调查团准十五日启程来华,先抵青岛,拟再来京,向我政府报告日方意见,然后返平继续起草报告书。闻顾维钧届时拟赴青岛迎迓。

【南京十四日下午十时发专电】 日方电讯。调查团十五日离日来华,十九日可到沪。又据张祥麟谈,该团来沪否尚无确讯,已电询顾维钧,日内当有覆电,但顾恐不至来沪云。

国闻社云。东北来人谈,日军自侵据东三省后,对热河垂涎已非一日,徒以三省义军及其他问题之牵制,初未敢公然揭开此幕,然其暗中已做下多少功夫。迩来日军野心愈炽,但犹不欲明目张胆去做,先放出榆关、平津各地之谣传,乃故意移转中国人民之视线,殊不知我国早洞察其野心。最近北票、义县开到日军四联队,此地为赴热要道,日军意之所在,不难想像。闻日军对热河主席汤玉麟要求五项,其中最要者为承认伪组织以及准许日军驻热等项。汤氏有无答覆,不详,惟一般相信,汤氏对此无理要求,必严予斥拒。朝阳汉奸确曾鼓动煽惑,一度悬挂伪满洲国旗,但为当局发觉,已将汉奸驱逐,并将伪旗取消云。

【秦皇岛十四日下午七时发专电】 义勇军某路向驻辽、热边境,捍卫热土。该司令昨晨由朝阳经伪路过山海关西去。据称该部义军万余人,布防热边,敌不敢犯,热省安谧。

【东京十四日新联电】 国联调查团本日午前十时半在外务省大臣室与内田举行第二次会见,会谈时间颇久。此次系于东京最后之正式商议。内田仍继续前次会谈,力说为远东永久之和平,所以断然不能改变日政府之既定方针,调查团对此有种种之质问。最后内田为使不生误解起见,将前后两次意见之内容作成觉书,即于一两日内手交莱顿爵士。一行遂辞出回旅馆。午后二时半,由外务省招待赴日光游览。预定十五日回东京,离东京之日期尚未定。又电,内田与莱顿爵士等会见后谈称:"本日之会见,系于绝对不向外宣布之约束下自由的谈话,会见内容均不能发表。余与调查团之会见,系以此次为最后。余于两次会见,率直的言明日本之立场,调查团方面亦有种种意见陈述。是以双方之立场亦相互明瞭,虽有提交觉书之约,但已得谅解与否,不在言明之例"云。

【东京十四日路透电】 内田今日与国联调查团作最末次商谈,内容虽未发表,据日本政界当局谈,内田向国联调查团表示,日本永远不能承认将东三省归还中国,但日本目前暂不承认"满洲国"。日本欲先等满洲地位稳定后,再与"满洲国"商订条约,同时承认"满洲国"。又电,据报载,内田表示,如国联调查团纯以理论方式研究东三省问题,则日本与调查团之意见无法接近,因东三省问题与日本之经济生命及国防均有密切关系,唯一解决东三省问题之途径,即从事实上设法维持远东永久和平。内田请调查团勿以欧洲眼光观察此事,稍候片时再定方针。又内田与国联调查团第二次晤面时,内田郑重声明,日本不能放弃其固定政策,即维持远东永久和平。国联调查团以书面质问内田多项,内田日内将有书面答覆。

【东京十四日电通电】 调查团于本早十时半,赴外务省与内田作第二次会见时,似已由内田就"满洲国"承认问题加以说明。关于此事,并闻内田已交一文件与调查团。

日本决在满洲建立国防基础

【东京特约通讯】 国联调查团七月九日午前赴日本陆相官邸,访问荒木贞夫。调查团方面除莱顿爵士因卧病外,有代理委员长义委员马考蒂及美、法、德三委员,秘书长哈斯等,日方出席人员,陆军方面为陆相荒木、陆次小矶、军务局长山冈、军事课长木下等,外务方面为吉田大使,山崎、川崎两秘书,海军方面为久保田。双方互致寒暄后,调查团提出下列三项质问:(一)日本国防与满洲之关系;(二)日本对恢复满洲治安之方针;(三)"满洲国"之将来及日本军部之态度。荒本答覆要点如次:"回顾日本建国历史,日本与满洲之关系,由来已久。试一研究中日、日俄两次战争发生之原因,可知日满确有不可分离之关系。日俄战役,若日本不幸败衄,试问今日之满洲,将成为何种情况乎?要之,日本人之理想及目标,固为对于全人类之爱,至于民族国家之生存上,自有其一贯之意志、强固之团结。但自明治维新以来,日本在国际间,受极重之压迫威胁,宣明此理想之机会极少。中日、日俄两战,由于排除此压迫威胁而起。日俄战后二十余年,满洲在中国主权之下,秩序紊乱,违反国际正义,以对日本为尤甚,排日、抗日、侮日之事实,不胜枚举。日本隐忍郁积,已非一日,最后始跃起,发挥日本国民固有之精神及民族之理想,其中盖有天助。满洲与日本之关系,在日本历史上、日本人头脑中,已深刻有经济的、思想的印象。故满洲之国防,在日本自卫上,为绝对必要,在日本人本来之使命上,理想的已有决不可分离之关系。希望日满能在永久和平里相提携,发挥东洋文明之真面目,以建立日本国防之基础。日本众议院全场一致,通过承认'满洲国'案,是即日本人本来使命苏生之表现。日满既有如此紧接而不可分离之关系,不问中国及国联之好恶如何,日本自应负起责任,维持满洲治安,遵守国际正义及国际信义,以确立东洋之和平。如今日日本袖手不问满洲之事,或承认中国在满州[洲]之宗主权,则三千万民众,又将溺于不可援救之深渊,复尝涂炭之苦。在道德上言之,不许日本有此种行为。在过去时代,日本人甚少尽其'国际人'之责任,今日宜加以补正,发挥日本人之使命及理想。希望诸君确实认识日本此种苏生之精神。日本决意竭其全力以援助满洲之建设事业,亦望深谅此意"云云。调查团复提出撤兵质问,荒木答以在秩序完全恢复以前,断不能撤兵。荒木最后又提及承认问题,谓承认伪国,为日本之既定事实,当然之措置云。(七月十日镜寄自东京)

....

(《大公报》,1932年7月15日,第三版)

376. 调查团昨已废然离东京,莱顿希望日本勿即承认伪国,内田辩称并不违背九国公约,南京亦认现状下无可直接交涉

【南京十五日下午八时发专电】 十五日下午外部发言人称:(一)调查团十四日离东京,赴日光,稍作勾留,十七日由神户乘秩父丸来华,约十九日可抵沪。闻该团正与日船公司商泊青岛,由青赴平,若不能,则到沪。是否来京尚不知,但依情势观察,该团不来京。(二)报载中日将直接交涉,蒋使赴日,负有此项使命,殊非确讯。中国对任何国固准备谈判,但须看对方有无诚意。观内田对调查团之宣言,称对中国讨论满洲问题已成无意义之举,及满洲永不能还中国等语,其毫无诚意显然可见,足证在现时状态下,直接交涉说之不可能云云。

【东京十五日电通电】 调查团各委员自本日起,即采取自由行动。其中如莱顿爵士及哈斯氏已于本早十一时二十三分由东京出发前赴横滨,而在该地搭乘日轮秩父丸径赴青岛,一俟该轮于十九日下午三时开抵青岛后,即由陆路转赴北平。

【东京十五日电通电】 调查团委员长莱顿爵士与秘书长哈斯氏,已于本早在内田代表岸秘书官及其他官民欢送之下,由东京出发。彼等拟由横滨乘日轮秩父丸,经由青岛前赴北平。其他调查委员拟于明晚九时,由东京前赴神户,以便在该地搭乘秩父丸,与莱顿爵士等同行。

【东京十五日新联电】 国联调查团十四日与内田之会见,事实上已告终局。然据今早东京各报记载,是日之会商又复陷于对立之状态,即调查团对于日本即时承认"满洲国"之事,以其有重大影响于九国公约及国联盟约所规定之中国领土权及行政主权保全之原则,且将与国际关系以重大之障碍与影响,故表明不希望日本承认"满洲国"之意思。内田对此,以"满洲国"独立乃俨然之事实,且又系"三千万民众之自决"而完全脱离中国政府者,在此关系之下,日本之断行承认已成为确固不变之方针,故以日本之自主的立场,将从速的实行。同时以为九国公约等件乃完全非所预想,乃力说日本之承认业已独立完成之"新国家",断无违反既存条约之事。故此调查团只得于未解决之状态下离开东京,事态已陷于相当之困难云。

【东京十五日电通电】 传调查团来东京时,携有关于解决满洲问题之三种方案:(一)自治领案;(二)在国联内部设置满洲常设委员会,俾监视"满洲国"案;(三)召集九国公约关系国之国际会议,而一任其处理满洲问题案。但内田在公式会见中,对于上述各种方案,均持反对态度,因是该团遂决即离东京。日政府方面因查调团[①]之报告殊不足恃,已下某种决心。故自本年秋间起,日本与各国间之国际关系,颇足令人重视。

(《大公报》,1932 年 7 月 16 日,第三版)

377. 调查团今日由日赴青,日阀协商治满新策,将以武藤大将代替本庄繁,日正准备承认伪国,英舆论认为违约

【神户十六日电通电】 莱顿爵士等已于本早九时乘秩父丸,在严重警戒之下,行抵神户。彼谓现颇为头痛及痢疾所苦。该一行拟俟其他委员于明早

---

① 编者按:原文如此,应为"调查团"。

九时来神聚齐后,即共乘该轮,于明日正午向青岛出发。

【东京十六日电通电】 关于内田向国联表明日政府对满态度之文件,已起草完毕。因是内田特于本日下午一时半往访斋藤,接洽此事。

【东京十六日新联电】 麦考易将军等调查委员一行二十五人,十六日午后九时二十五分搭乘特别连络头等车,由东京出发赴神户,与十五日先行出发之莱顿爵士及秘书长哈斯等会合,一行即搭乘十七日由该地出帆之秩父丸西行。

【东京十五日路透电】 莱顿爵士偕随员艾斯道,于本午乘秩父丸赴横滨。其他调查员于十七日在神户上船。日邮会社已允途经青岛,俾团员由青登陆。

【青岛十六日下午九时发专电】 沈鸿烈因调查团定十九日来青,十六日午乘江利舰,由威海返青。

(《大公报》,1932年7月17日,第三版)

378. 韩人谋刺调查团,日人又抓到宣传资科[料],竟谓我国允供给费用

【大连十六日电通电】 企图暗杀调查团各委员,而使日本在国际方面陷于不利之韩人决死队,五月初由沪来连。事被当局探悉,于调查团来连之二日前,即五月二十四日,在韩人船员宅拘捕名"柳相根"(年二十二岁)及"崔兴植"(二十二岁)之两韩人。彼等系属在沪所设韩国独立临时政府之爱国青年团员,与一月八日之"樱内门不敬事件"及"上海炸弹事件"均有关。原拟携带六响手枪及用水筒所制炸弹一枚,赴日暗杀大角海相,嗣以未获得护照,遂复奉该党暗杀调查团各委员之命令,于五月上旬来连,而期于是月二十六日调查委员在当地登岸时,即着手实行。

【大连十六日电通电】 暗杀调查团各委员阴谋暴露原因,系以驻沪日领事,因有在上海、大连间迭发密码电报者,遂特嘱当地邮局调查其发电人,而判明其为寄居大山路韩人金宅之崔兴植,当即加以逮捕。又电,调查团暗杀阴谋犯人之资金,据供称南京政府与抗日会等,均暗允作充分之供给。该犯人来连后,颇事挥霍。彼等拟以调查团暗杀事件为导火线,而期引起第二次世界大

战,俾朝鲜克获达到独立之目的。

(《大公报》,1932年7月17日,第三版)

379. 调查团明晚可抵青岛,罗外长必要时将北来晤洽,顾代表昨过津赴青岛迎候

【南京十七日下午七时发专电】 外交界传,调查团此次铩羽归来,政府因日方持坚强之态度,我方尚有须与调查团协商之处,必要时罗外长或将再赴平一行。同时拟派顾维钧随调查团赴日内瓦,向国联大会报告一切,正征求顾氏同意。

【本市消息】 国联调查团预定明晚抵青岛。青市长兼海军司令沈鸿烈,已电停泊塘沽之海圻军舰,即由塘沽返青,准备开赴外海,引导秩父丸入港。在北戴河避暑之顾维钧氏,日前接外交部长罗文干电,请即赴青迎晤国联调查团。顾于昨日由北戴河来津,下午四时抵东站。下车后曾赴张志潭宅吊丧,晚十时三十分,乘调查团专车赴济南,转往青岛。顾于启行时电知北平招待处,即派员筹备招待事宜。中国代表处参议刘洒藩[蕃]昨午由平来津,亦偕顾氏同行南下,预计今晚九时即可到达。闻调查团抵青将不作勾留,即偕顾氏返平,二十日晚可抵平云。

【东京十七日新联电】 搭乘十七日由神户出帆之秩父丸离日本之国联调查团一行,经由青岛,预定二十日抵北平,当即着手起草提出国联行政院之调查报告书最后的部分。该项报告书预定八月底脱稿,即行送出。日政府似将依据该报告书之内容如何,而对国联关系及"满洲国"之承认问题表明重大之决意。调查团与内田两次之会见,大体已明瞭。调查团对于日本之承认"满洲国",抱有抵触九国公约及国联盟约之见解。调查团此种见解如于报告书中发表,并为求满洲问题之解决起见而建议举行九国公约缔结国之国际会议时,国联对日本之关系除将完全陷于正面冲突外无他途。故日政府似将以先发制人之手段,而断行即速承认"满洲国"。但调查团或者对于满洲问题之复杂性及国联对日本之关系等有所考虑,而发见其他适当之解决案,亦未可知。目下外务当局正对两种场合考究对策。该两种场合,即最坏之场合及国联之处置日

本得以默认之场合,但日本则坚持不变更对满方针之态度。

【东京十七日新联电】 陆军方面重视满洲四头政治之统一问题,故经慎重考量,结果决定修正原案。荒木于十六日之阁议,向斋藤提示军部之修正案,要求考量。其修正之点如下:(一)总监府之名称,恐予一般以干涉满洲政治之感想,故改为满洲特派全权府;(二)特派总监改为特派全权,而副总监则改为事务总长;(三)财务,殖产二局,事实上无存在之必要,故予以删除,而仅设内务、业务、警务三局;(四)"满洲国"之指导机关与全权府分离,而于"满洲国"参议府加入日本人参议,以任指导。

调查团与内田会谈,双方意见根本不同

【东京特约通讯】 国联调查团与内田康哉作第一次正式会谈,交换东北问题意见。会谈内容双方在事前即约定不对外发表,故外间鲜知其详。七月十四日大阪《每日新闻》在记事之前,加以批评,略谓:"内田与调查团会谈,侧重'满洲国'承认问题。调查团所抱见解,与日本意见相距颇远。调查团匆遽离东京之原因,亦知彼等虽苦口相劝,决不能变更日本既定方针。"所记会谈内容如下:"十二日之会见,议论焦点集中于'满洲国'承认问题。调查团各委员对于'满洲国'承认之手续及时期,暨与九国条约法理的关系,提出深刻之质问,并表示意见,以为将本问题移交国际联盟处理,最为合法。内田毅然表示日本政府意见:(一)'满洲国'之独立,固可认为借日本因满洲事变发动自卫权之机会,但日政府关于独立运动,始终坚持严守中立之态度;(二)'满洲国'之成立,乃在满三千万民众之民族自决,乃为华盛顿九国公约及其他既存条约所未预定之新事态,对于此项既存事实,不能律以既存条约;(三)'满洲国'既尊重日本之既存权利,且誓言负责确保'机会均等、门户开放'原则,故日本政府对于'满洲国'不惜与以好意的援助,在日满相互关系上,实为当然之措置;(四)日本政府认为'满洲国'独立之完成,为确保远东和平之先决条件,故希望'满洲国'早日备具国际团体之资格;(五)根据上条理由,日本政府已办妥承认'满洲国'之一切手续。本来对于一新国家,国际法上之正式承认,专视与该国之特殊关系如何而定,不能受第三国之掣肘,且不受既存条约之拘束,应作自主之裁断,此为一般国际观念之原则。故关于'满洲国'之承认,日本政府自有其独特之见解,毫无移交国际联盟之意"云。同日大阪《每日新闻》又载有"联盟各国将组织'满洲国'不承认联盟"消息一则云:"日本政府既不变更其承认'满洲国'之根本方针,滞留东京之国联调查团似已决意不再加以劝告。一方面日本政府此种方针,必至激起日内瓦联盟会员国各代表之反感,万一日本竟违反会员国之公意,悍然独自承认'满洲国',各代表势将组织类似'满洲国不承认联盟'之国际团体,以与日本对抗。日本外务当局,对于此种第三国之'不承认联盟'毫不介意,俟准备完了,即采正式承认手续"云。(七月十四日镜寄至东京)

(《大公报》,1932年7月18日,第三版)

380. 社评:调查团惟一应尽之职责

国联调查团二度赴日,与内田、荒木面商满洲问题之解决,意见不洽,废然而去,将于今日由日抵青岛转平,着手为调查报告书之起草。莱顿爵士等数月辛劳,不久将告一段结束。吾人窃愿更以最后之意见,唤起该团诸君注意焉。

夫中国对于国联调查团不能有何等期待,吾人业既屡屡言之。该团由东北调查入关之日,吾人著论,希望其将在东见闻所及、日本劫制我民意种种情形,忠实报告,率直披露,以彰公道。今者一访荒木,两晤内田,于日本悍然不顾世界公理、决心蹂躏神圣条约之真意,必更洞悉无遗。在此种情形之下,日本既无悔心,中国当然莫可让步。调查团纵有任何建议,必难得系争国双方之赞同,故最贤明之办法,仍宜就东北实际情形,澈底揭穿,公开报告,听凭国联大会解决,斯即惟一应尽之职责,且舍此亦断无可循之道。此吾人所愿重言以声明之者也。

本来今日日本政权,系在荒木一派之手,荒木意见最为露骨而明瞭。本月九日调查团与之会见,据闻荒木表示,有三大要点:(一)"满洲国"之国防与日本国防为全然不可分;(二)为"满洲国"治安计,日本撤兵为不可能;(三)绝对不认中国在满洲有主权;且于中国主权下之国际管理案,绝对排除之。荒木声明如此,调查团两晤内田已属多事,与之争辩更嫌辞费。故今日国联本身问题,已不在如何调解中日纠纷,而在如何制裁日本横暴。彼日本敢于推翻历次大会议决案,自食其种种撤兵守约之诺言者,不外为"满洲国"独立已成事实之一点。强辞夺理,谓此种变化,既非国联议决案当时所能预料,更非九国公约所可适用。然而,吾人试问:"满洲国"是谁造成?"满洲国"是谁主政?日人或曰:此乃民族自决,则试问:何以义勇军遍地活跃,皆以反对伪国、抗拒日本为标帜?前日本埠英文《泰晤士报》曾谓:"试令日本军队今日由满洲撤退,则所谓'满洲国'领袖者,在二十四小时内即将无噍类。"此真一针见血之言也。日人或又曰:"满洲国"所用日人,乃私人行动,非政府所派,则试问日本现役军人、现任官吏,在"满洲国"任重要职务者有若干人?满铁社员同时在伪国服官者,更有若干人?"满洲国"军事、外交、警察、经济各种权力,何一不操在日人之手?如此而曰"独立为既成事实",甚且谓"日本守严正中立",是何颜之厚欤?由此言之,调查团果将东北政权组织之内幕和盘托出,即不啻打销日本承认伪国、反对中国主权之惟一论据。吾人所以并不希望调查团有何调解之建议,而但要求其赤裸裸揭发东北视察之见闻者,用意在此;且毋宁以报告之坦白直率,为有裨于实际问题。

抑自一方面观之,日本表示如此强硬,自有威胁国联之作用,实则该国政治、经济久已陷于困难,今后益无乐观之余地,最后斗争,决不足惧。盖去年之侵略东北,造成严重形势,意在藉外竞以纾内忧。乃以中国民众顽强抵抗,义军四起,应战不遑,用力多而效益少,暂时虽能占领,终不克安然统治。失望之极,军阀愈陷癫狂,犬养毅之生命,缘是牺牲焉。现任首相被军人明杀,案情之重,古今罕有。乃新阁成立,竟越常轨,以议会中最大多数之政党,一旦失党魁并失政权,此在标榜宪政之国家,是何等怪事?荒木以陆军大臣,对犬养案有直接责任者,乃竟加入新阁,重行任职,若无事然,此在军纪严明之国家,又是何等奇闻?由此两点观察,日本宪政形式、强国精神,直已动摇。无怪乎斋藤内阁名为举国一致,实则举国不一致,成立以来,财政经济一筹莫展,用人行政牵掣孔多。今之以对外强硬自豪者,要不过勉强挣扎,冀以虚声壮语、欺饰国民、乞哀军阀,以求和缓国内不测之风云耳!明夫此点,当知彼邦外强中干,断不足惧。不特此也,日本对华已结不解之譬,俄国对日断无并立之理,无论从外交、财政研究,日本之东北经营终必失败,扶植伪国绝对无成。各国苟明此理,应当不受其恫吓。如能助我张目,制彼暴行,还我主权,固所愿也;否则请友邦姑从壁上观,勿作违反正谊之调解。会当凭我不死之人心,与暴日长期策战,必有一日,使此国际孤立、无信不义之国家,匍匐于公理战胜之下。此从日本内情考察,实为信而有征之预言,非感情论也。

(《大公报》,1932年7月19日,第二版)

381. 调查团今日抵青即北来，顾代表切盼国人决心国救

【济南十八日下午三时发专电】 顾维钧、萧继荣、颜德庆、傅冠雄、施肇夔、郑礼庆、刘兰荪，十八晨九时半由平专车抵济，十时一刻赴青迎调查团。顾谈，调查团十九晨九时抵青，拟请其即日首途往平，过济不停。此次调查团到日，日人表示态度，强硬异常。其武力所占东北，须注重事实，说空话，无交还之可能。并有所谓伪国之代表团、学界请愿团等，要求承认"满洲国"，久据之心，路人皆见。彼之爱国程度，不惟保全本国固有一切，并对藉口国防经济生命，强占人之土地亦不放松。反观中国则否。东北已被人占，应全国一致，决心收回，其办法不外外交与军事。是在政府办理，而人民作其后援，既武力不克相衡，则经济抵抗为目前要图。全靠全国一致努力，方可使彼觉悟，对公理、公法稍加注意。日本五月在华贸易，东南各省减百之十五，而华北反增百之二十六，调查团颇疑中国无收回东北决心。盼国人勿顾目前小利，须知救国即为救身家正途，国亡，身家亦不保，人须先自救，方可希望别人帮忙。调查团在平编报告后方离华，避暑地各委员自择，相信大部必在北戴河、西山。我交调查团意见书已二十余件，其余材料已不多，到平再交。调查团在日时，已不断有材料交其留平专委。刻中俄复交，据知政府正努力进行中。

【东京十七日电通电】 调查团将在北平，以满洲调查材料为基础，而作成其最终报告。征诸该团委员与内田及荒木会见时之质问事项，大体似将于其结论中，主采左述两案：（一）满洲之独立，足使中国领土分裂，而与九国公约相抵触，故宜由九国公约关系国召开国际会议，俾协议解决满洲问题办法；（二）认满洲独立为一种新政权运动，而在国联内部设一常设委员会，俾当监视满洲之任，而于三年或五年间，静观其经过情形案。上述两案均意在阻止日政府承认"满洲国"，且当兹外传国联内部亦互约不承认"满洲国"之际，其影响所及，殊足令人重视。

【南京十日路透电】 关于顷间传闻，在最近内田与国联调查团会晤时，曾经提议召集一国际会议，解决满洲纠纷，并据闻当时内田声称，如召集此项会议时，必须有"满洲国"代表出席云云。据此间外交界称，会晤时是否有此种方案提出，不甚明瞭，但倘令□际曾讨论及此，中国政府虽赞成召集会议，但不能

同意"满洲国"派代表出席云。

日本新闻界奚落调查团

【东京特约通讯】 国联调查团与内田康哉第一次会谈情形,已详昨函。昨日(十四日)午前十时,复作第二次会谈,仍不欢而散。调查团表示,希望日本政府对承认伪国问题,详加考虑,不宜冒昧将事,使事件愈益纠纷。内田则仍固执其蛮横无理之理论,谓日本政府之方针,既已确定,决不为第三者所动摇。调查团对于所谓"日本帝国政府对满最高政策",表示疑惑之意,希望日本政府加以解释,以释世人疑念,并要求内田供给参考材料。内田已允在调查团离去东京以前,将日政府态度及最近各方面情报,制成一备忘录,交调查团作为参考材料。内田与调查团握别后,对日本新闻记者谈话云:"会见内容,因与调查团约定,故不能发表。前后两次会晤,双方开诚布公,交换意见,彼此立场不同,主张自相悬殊",仍不肯泄漏其内容。最后《朝日新闻》记者质问:"二次会见,对承认问题,意见能完全一致否?"内田仅答云:"总之,双方对于对方意见,彼此均极明白了解。"大阪《每日新闻》尚谓:"调查团对于日本立场,渐次了解。其急遽离日之原因,不外下列两点:(一)在东京起草报告书,缺少英法文材料,北平五国使馆内此类材料甚多,故以在北平起草较为便利;(二)日本政府对'满洲国'承认方针既已确定,无再滞留东京、交换意见之必要。"又云:"日政府前此对于起草报告书地点,反对在北平及北戴河。现在承认'满洲国'之根本方针既已决定,无论调查团报告如何着笔,日政府丝毫不感痛痒,起草地点更无关系,现在已无加以反对之必要。"该报对调查报告内容备极讪笑:"调查团与内田、荒木之会见,知日政府对于承认方针不能动撼,对日本立场极为谅解,内心非常失望。原来调查委员之间,意见彼此稍有不同。调查团本身尚无何等完善之解决案,大致以不伤损中国体面及尊重联盟规约、九国公约为前提,使满洲在名义上属于中国领土,同时并承认日本之实权,日本必可心满意足,此为调查团来日之本衷。孰知与日本当局会谈之后,始知双方意见相距尚远,故未将此意向日本当局陈说,即匆匆离日而去。调查委员之一部分,口吻极为悲观,以为无论提出何种报告,日本既决意承认'满洲国',而'满洲国'之存在又为实在事实,第三者公平之报告虽有历史的价值,在解决事件之本身,毫无何等供献。又有一部分委员与国联关系极深,则忧形于色,以为报告提出之结果,难免惹起日本与联盟之正面冲突,日本或将因之退出国联,最后报告宜采用能防止日本退出国联之解决案。故最终报告之起草，各委员之间意见难免冲突，将来或仅将调查事项作成一公平报告，不更提及具体的解决案，亦未可知。"该报最后论断云："调查团既已确切认识日本政府之立场，深感所负使命之重大，且极为困难，已陷于忧愁彷徨之境遇中"云。（七月十五日镜寄自东京）

(《大公报》，1932年7月19日，第三版)

382. 调查团北来今晚抵平，莱顿因病将由济南乘机北上

【青岛十九日下午四时发专电】 调查团一行三十余人，十九日午乘秩父丸抵青。因该轮量大，难靠岸，由后海换乘小轮登岸。莱顿因病，另用担架抬下。吉田同来。顾维钧、沈鸿烈及各界代表均赴码头欢迎，同乘车赴迎宾馆，定午后六时离青。

【青岛十九日请下午十时发专电】 调查团德、美、法、义四委员及哈斯、顾维钧等，均在迎宾馆，应沈鸿烈请午餐后，自由外出游览。莱顿登岸，乘救护车赴英领署休息。记者于午后五时赴迎宾馆访顾，由顾介绍，与哈斯谈话如下：（一）此次与内田会谈内容，双方约定均不发表，故此时亦不便发表，至日报所载种种，完全为日记者臆测之辞，并非事实；（二）因日外务省已公布，不对任何人宣布，故无更正之必要；（三）编制报告书时期，如无意外事故发生，决于八月底编制完竣；（四）编制报告书，重要工作完全在北平，至个人行动与工作无关。谈毕，哈与诸委员会在迎宾馆茶点后，即赴站。莱顿亦由救护车送站。莱用担架抬入，与送行者话别。莱顿抵济后，将乘机飞平，顾已电平派机往接。记者在站询顾使法期，顾答，须俟调查团工作完了后再定。车于六时半西开，秩父丸午后四时半离青。

【南京十九日下午九时发专电】 罗文干谈，调查团到平，政府已令顾维钧接待，本人与汪暂不赴平。

国闻社云。交通界讯，国联调查团昨午十二时许抵青岛，定昨晚六时偕中国代表顾维钧等一行同乘专车西上，预定今晨六时左右到济南。委员长莱顿因病或将下车乘飞机北来，上午十时前即可抵平。其余各委员及中日代表等，

仍乘原车北上,今晚六时抵平,仍下榻北京饭店。又北平当局昨接调查团在秩父丸来电称,莱顿氏以身体不适,抵青后拟乘飞机返平,请饬派飞机往接等语。当局以青岛无飞机场,故决定派福特机飞往济南迎候,同时并电青岛市政府转知该团。该机已于昨日下午四时半由清河航站飞往济南,昨日下午六时可飞到张庄飞行场降落。绥靖主任张学良并派顾问端那、伊雅格等,乘该机赴济迎候。又绥署前晚派卫队连长韩振侯带卫队四十名赴津,担任该团过津来平之保卫事宜。

【济南十八日下午十时发专电(迟到)】 朱世全、朱鹤翔过济赴青。据谈：外罗因事忙不克北来,本人奉派赴青,招待调查团。

【东京十八日路透电】 官场态度虽甚缄默,惟据暗示,国联调查团报告书或将影响日本承认"满洲国"问题。据一般印象,如报告书中无激刺日方情感之处,则日政府如不受人民压迫,对于承认"满洲国"事,将无期限的予以展缓云。

欧洲视线又集远东,国联前途将陷窘境

【日内瓦十八日路透电】 国联大会同意将第十三次常会展期至九月二十六日举行。

【伦敦十八日路透电】 欧洲注意点顷又集中远东危险地带。一般对于九月间之国联会议前途,已加以热切之推测。悲观派表示,如日本承认"满洲国",国联不能采取有力行动,则国联之前程将遇危机。欧美各国,尤其代表十九特委会之国家,对远东情势予以密切注意。各小国坚持反抗日本承认"满洲国",而各大国则为自身利益计,遇有机会到来,恐仍将照前规避。预料国联大会开会时,调查团报告书当可完成,如日本不展缓"满洲国"法律上之承认,则国联将处于艰窘情势中。一般相信,日本具有决心,无论出何牺牲代价,将令满洲与中国分离。《新闻纪事报》预料,调查报告书将指陈"日本需要满洲作为移殖过剩人口说之无据,调查团无疑的将不令日本为难,但显然不能容忍目前之情势"云。

(《大公报》,1932年7月20日,第三版)

383. 调查团为制报告归北平，莱顿病乘飞机到平即入医院，日本表示承认伪国形式可缓

【济南二十日下午三时发专电】　张学良以莱顿过青时病颇重，由平派两福特机飞济候迎。新机十九晚六时半到，旧机二十晨七时半到，均落张庄。调查团秘书费露得、技师哈同扣斯、张顾问伊雅格□玫、侍从医官左迪如等随来照料。调查团专车因十九夜大风雨及莱顿病，行甚缓，二十晨七时二十分始抵济，韩代表张鸿烈、闻承烈、王恺如到站迎。莱顿病较过青时稍轻，面呈笑容，不用人扶，强步下车，向欢迎者致谢，即登担架床抵站外，偕法委员及顾维钧、施肇夔乘汽车赴张庄，于九时十分同登机飞平。美、义、德各委员及日代表等，仍乘专车八时一刻过轨津浦路，八时三刻离济赴平。美、义两委员均在睡中，德委员希尼等曾在津浦站下车，进酒点，与闻承烈谈话。哈斯谈：莱顿病稍轻，调查团计划如期在平编制报告书，不致因莱顿病而延迟；日本态度虽强硬，调查团亦绝不变原来秉公主张。顾谈，调查团过青，哈斯曾向记者团发表谈话。

【本市消息】　国联调查团一行三十余人，昨晨七时余由青岛抵济南，旋由津浦路北上。下午五时十分，压道铁甲车抵天津总站，当即施行临时戒严。五时四十五分专车入站，到站欢迎者，有公安局长王一民、省府黄宗法、陶祝年、第二军部刘家弯，日本总领事桑岛主计，车上有德、美、义三国委员及日代表吉田。据某氏谈：莱顿爵士系晕船致病，因不耐火车之长途跋涉，故于晨间偕顾代表乘福特飞机飞平；此次各委员由日归来，与未赴日前态度大异，或系感受日方态度之刺戟所致。某代表称：调查团所拟定之步骤，达到目的者甚少，殊觉不能满意；至调查团报告书则决于八月底完成；莱顿爵士之病无大关系，不过晨间下车时，因不良于行，系用人扶上飞机。专车在津停二十余分钟，六时八分即向北平开去。

莱顿初次飞行

国闻社云。调查团委员长莱顿因病，偕法委员克劳德尔及顾维钧乘机返

平,于上午十一时到达。平市当局以莱顿过济将乘飞机返平,前日派福特飞机第二号飞至济南迎候,昨晨五时复派福特第一号赴济,以备应用。义、德、美三委及秘书长哈斯、日本代表吉田等,仍乘原车北上。莱顿委员长、法委员克劳德尔、中国代表顾维钧、莱顿秘书亚斯托,与中国代表顾问端那,顾之秘书施肇夔、富[傅]冠雄等下车分乘汽车赴张庄飞行场,登福特第二号机,于晨九时北飞。中国代表处参议萧继荣、郑礼庆等则乘一号机相继起飞。十一时第二号机先抵清河航站,五分钟后,第一机亦到。在站迎接者,有平津卫戍司令于学忠等多人。莱顿卧睡床上,下机时,由协和医院派人扶下,在飞机翼下稍息,旋搭协和医院卫生车,先开行离站,赴德国医院。顾偕于学忠一车继之,克劳德尔等则分乘汽车赴北京饭店。克氏到饭店未下车,又赴法使馆午餐。莱顿十一时半抵德国医院,寓三十九号病房。顾到院探视后,即返铁狮子胡同私邸休息。又据昨日乘飞机返平之调查团某随员谈,莱顿爵士年近古稀,从未乘坐飞机,此次尚为第一次。福特飞机内为莱氏备有卧床,颇舒适,莱氏卧游天空,极感愉快。

【北平二十日路透电】 莱顿于九时余登张主任飞机由济飞平,途中经行尚不及二小时。莱氏乘坐飞机,此为生平第一遭。氏虽孱弱,但对于飞行颇感兴趣,途中大半时间均躺在睡椅上,向窗外眺望,于将抵平时,起坐饱览风景。氏入德国医院后,由医士克礼诊视。医院迄未公布莱氏病状,但据可靠方面讯称,氏体温如常,其病症系由于体内宿疾云。

三委专车到平

【北平电话】 调查团专车昨晚九时十分到平,美、德、义三国委员及秘书长哈斯、日本代吉田等,均乘该车到平。在站欢迎者,有于学忠、顾维钧、荣臻、周大文、王承传、王广圻及各使馆参赞、武官等,内以日使馆武官为多。各委员下车后,与欢迎者略事周旋,即出站。美委员麦考易住友人幼维乐宅,哈斯亦住一友人家,其余各委则寓北京饭店。各委到平,均未发表谈话,若不愿发表意见者。又欢迎者在站候车时,日本武官多不识荣臻,有告之者,对荣均甚为注意云。

顾代表之谈话

记者于昨午十二时访顾维钧氏于其私邸,顾适从德国医院归来,当承接见。记者询以下列问题,顾氏逐一答覆。兹详志如次(以下记者问,顾答)。

问:"调查团此次赴日经过详情如何?"答:"调查团与日本当局谈话内容,约定双方均不发表。惟一般的经过,调查团俟全体返平后,或由秘书长哈斯氏对中外新闻界报告。"问:"莱顿病状。"答:"莱顿爵士自到日本后,即患感冒,卧病于驻日英大使馆,吾人已见报载。彼时医生诊断莱氏必需多睡眠,故该团抵日与各方接洽,莱氏多未出席。惟以与内田会谈,事关重要,遂力疾往晤,会谈共两次。离日来华之海程中,原冀可得舒适之睡眠,孰知舱中闷热异常,更感不适,在船中发烧,达一百零二度。抵青岛后,过济南换乘飞机,皆卧用轻便睡床,并未步行。今晨抵济南,因车行尚须十二小时,故乘飞机返平。"问:"日军侵我热河,调查团已否闻知此事?"答:"本人到青岛后,即得知。今晨到济南,复得正式报告,惟所述不详。调查团已经本人口头谈及,得悉此事之发生。"问:"顾代表是否将来偕调查团同行赴日内瓦?"答:"此时尚谈不到。因调查团在平尚有一月余之羁搁,以编制报告书。"问:"调查团报告书前传八月十五日可制成,目前有无变更?"答:"现时该团希望报告书于九月十五日以前寄到日内瓦。"问:"关于报告书结论,是否如日人宣传之□项方案?"答:"外间所传报告书之结论如何,殆尽为臆度之词,同时并含有刺探性质。"问:"调查团各委员何时赴北戴河?"答:"各委员到平后,以□须赶速编制报告,稍俟分配工作,即分别赴北戴河避暑。该地我方已布置招待。莱顿爵士因医生劝告,择一海滨休养最为相宜,拟在平稍事休息两三日,即先赴北戴河。"问:"汪精卫、罗文干有再来平说,确否?"答:"本人并无闻知。"

莱顿经过良好

莱顿入德国医院后,即经德医克礼检视一次。据克礼午间对记者称,莱氏因旅途颠播[簸],此时诊察尚不能详细,下午当可得准确之病状。据看护临时诊察结果,莱氏现时脉搏为八十四,温度三十七度三。莱氏以辛劳致疾,需要静养云云。

【北平电】 莱顿爵士入院后,经过十分良好。据某方面消息,莱顿病并不重,体温如恒,惟需要长时间之静养,四五日内将不能起床。据谓莱氏原有宿疾,近以操劳过度,故又发作,静养后即可痊愈云。

【南京二十日下午十时发专电】 政府方面闻莱顿病重,甚为关怀,二十日由外罗电莱慰问,表示笃念之意。

日本一种表示

【东京十九日电】 外相内田宣称，日政府在原则上已决定承认"新满洲政府"，惟承认事将展缓至国联调查团向国联提出报告书以后。又称如调查团能顾及既成事实，则日本将愿意尊重一切仪式；如调查团提议采用观望政策，则日本将不正式承认满洲独立，而仅予满洲以独立国之待遇云。

【伦敦十九日路透电】 伦敦方面闻国联调查团主席莱顿病重讯，颇为震动。《新闻纪事报》社评称，莱顿病势显甚严重之消息，极堪忧虑。不幸之调查团，即不遇任何枝节问题，其困难已极严重。莱顿氏反抗所谓"满洲政府"指挥调查团之莽撞企图，表示颇为坚决。但坚决之需要，顷间仅系开始。"满洲国"傀儡政府并非调查团能力之真正试验，需该团注意者，有一较此可畏百倍之势力在后云。

(《大公报》，1932年7月21日，第三版)

384. 短评：劳莱顿

莱顿爵士是英国绅士的典型，欧洲政家的模范。数月以来，治事之勤，用心之细，沉着坚定的态度，忠于法律的精神，一切都值得称道。

莱顿虽然只是委员之一，但调查团发言，往往都是莱顿代表，所以他的劳绩更大。

我们对调查团的结果，实不能多所期待，然而对于莱顿及各委员的辛苦，却不能不衷心道劳。因为事情是我们自己的，假若我们能自卫自决，这些欧美人根本上用不着这样奔走。

现在莱顿氏病了！这种难问题，纠缠上半年，大概的人是都要病的，何况是一个老翁。

我们诚心慰劳他，盼望他早占勿药！我想中国国民都有这样感想。

(《大公报》，1932年7月21日，第四版)

385. 读者论坛：望政府勿再因循误国

暴日侵占东北，已九阅月。在此九阅月中，政府业以种种外交手腕，试求解决，然结果毫无。此固吾人所早料及，无足骇怪。今则调查团东北之行，所得几何日人及其傀儡狰狞之面孔，紧迫之监视，行动之限制，固为调查团诸君所目击身受。调查团之自由剥夺殆尽，国联之尊严扫地无余。日本恣意妄为，目无余子，今后其横暴之程度，必与日俱增，其对中国危害之程度，亦必日甚一日。今则日本众议院果已全场一致通过从速承认伪国决议案矣，是东北之脱离中国版图，殆有"生米已经造成熟饭"之势。今日问题，唯问吾人是否准许日人安然享受此熟饭。直截了当，则问吾人今日将东北送与日本，甘心与否？愿与不愿，两言可决。如其愿也，拱手让之，无再声响，否则须拿定切实办法，勿以空言塞责，勿以大言欺人。所谓有充分准备者，须真作准备，充分与否，犹其次也。所谓长期抵抗，所谓决不丧权辱国，均须下一最大之决心，不作宣传工夫，而以事实证明。事实乃胜于雄辩。月前顾代表归来，以在东北耳闻目击人民颠连困苦之惨状，又重以调查团之讽言（调查团曾语顾氏：中国既毫无动作，何劳我等外人担忧），向当局作警惕之告语。于是京中当局感事态之严重，齐赴庐山，就商大计。庐山会议之结果，闻已定有新的对外具体方针。汪氏等仆仆风尘，席不暇暖，旋来北平。据其离京前对记者谈来平任务，谓不仅在晤见国联调查团，并将协议整个抗日计划。待汪等在平任务告终，又已离平返京。据吾人所知，汪等来平，与调查团会见三次，交换意见，又与张学良氏晤谈数次。所商谈之内容究竟如何，吾人了无所知。当然，事关外交与国防，自有未便明白宣布之处。然吾人于此，所未能已于言者：今日外交，已臻绝境。调查团将来报告书之内容，对于中国有几许之利，吾人不难悬揣；国联处置中日事件之能力，亦极微薄，故在今日情势之下，吾人亟须另觅途径，作自卫之准备，下牺牲之决心。不战亦亡，战亦不过亡。战而亡，尚替中国预布若干复兴之种子，博得国际若干之同情；若袖手而亡，则中国真永无望矣，亡而犹被恶名。况东亚战机日迫，大战之端已开，中国纵不欲战，亦必卷入漩涡。未来大战中，中国与其作被动之战，何如作主动之战，以存正义，以保民族人格，亦所以预占战后和会中之地位？此点政府亟宜认清，方能下一决心。

决心战争，则一面赶紧自作内部之准备；一面应念作外交之结缘。与俄复交,应以非常简捷手段成之。外交应有独立精神,不宜专仰列强鼻息。列强过去所与吾人之助力几何? 吾人为自救不得不联俄,同时为自救亦不得不联美。联美、联俄,俱为自救,无他意也。譬如昔年加富尔(Cavour)之联法驱奥然,亦决不使日本割去中国头颅之东三省。如日本果联甲以侵我,我并须再联乙以制甲。在今日情势之下,只图生存,何所顾忌?

总之,政府今日外交方针,亟宜大刀阔斧,如此决定,急速进行,缓且无及。盖处非常之时,遇非常之变,应以非常之手段,作断然之处置。优柔寡断,畏首畏尾,结果虽不卖国,国亦必亡,误国之罪亦与卖国等。愿我政府贤明之当局,熟筹而速决之,以应事机,以救危国。

(《大公报》,1932年7月21日,第八版)

386. 莱顿病已渐愈,总报告下月起草,将组起草委员会分配工作,调查团对热河问题极注意

国闻社云。国联调查团返平后,拟即开始编制总报告。惟以委员长莱顿现正卧病,同时整理调查所得材料之工作尚未完竣,故开始起草,尚须在旬日以后。据调查团发言人昨晚六时半对记者谈称,调查团在东三省调查所得材料尚在整理,最近期内即可告竣。整理工作系由各专门委员协同秘书分别任事,如铁路、经济等等,各分作一部份,由数人专负其责。每一部份整理完竣后,制成备忘录,送达各委员阅览。材料全部整理终了以后,由各委员等组织起草委员会,开会讨论,然后始从事报告书之编制。现时以整理工作之时日言,报告书起草大约尚须在旬日以后,故此时尚为秘书工作时期,旬日后为委员工作时期。相信十日内各委员或先不赴北戴河,以便届时分配工作。至赴西山游览,则不成问题。中国方面送致调查团之备忘录,计二十余种。闻尚有一小部分未送到,其数目不详。日本方面亦送有备忘录,皆供调查团参考用者。调查团对热河边境发生之问题极为注意,惟不能作何评论。莱顿今日病渐愈,并欲起床工作,已经医生劝阻。在莱顿病中,调查团如有对外接洽事宜,由义委员阿露温德代理,因阿氏姓名第一字母为A字也。又莱顿对张主任派飞机之静养赴济迎接,深致谢意云云。又德国医院消息,莱顿昨日经过更有进步,惟尚不能起床,再有三数日即可痊愈云。

【北平电话】 莱顿爵士前晚入医院,身体微发烧。昨晚热度已稍减,经过情形十分良好。

(《大公报》,1932年7月22日,第三版)

387. 朱鹤翔谈片

国闻社云。外交部参事朱鹤翔与朱世全两氏,前晚偕调查团由青岛抵平。记者昨晨访朱鹤翔氏于中国代表办事处,叩询一切。朱氏所谈如次:"此次调查团由日本返平,罗部长原定亲自北来,与该团接洽,只以外交、司法两部政务纷繁,乃派本人代表,先赴青岛招待该团,并同行北平,接洽一切。此间如必须罗部长亲来,罗氏或亦能抽暇来平一行。本人在平拟留一二日,即行返京。莱顿爵士以辛劳致疾,但不如外间所传病状之甚。闻莱氏三数日后即将先赴北戴河静养,顾少川代表将同行前往,其余各委将来或分到西山、北戴河消夏。中俄复交事,在进行中。王儒堂使俄说,仅见报载,在部内尚未闻及"云。

(《大公报》,1932年7月22日,第三版)

388. 国联调查委员决在海滨避暑,由绥署及北宁路负招待责任,调查团专车大部员役供使用,彭济群任招待处长

本市特讯。国联调查团各委员自日本归来,将加紧备制报告,以便于下月寄回日内瓦,交国联大会,备大会中讨论之用。惟北平气候燥热,旅馆中房屋偪窄,颇不便工作。而西人向例,每届暑期,多至山巅水涯凉爽之地避暑。故该团于上次由辽阳归来时,即先往北戴河海滨及青岛两处视察,目的即系选择避暑房屋。青岛因系通商口岸,市面烦嚣,于工作不便,故对北戴河海滨较为同意。惟因日本方面借口势力问题,颇加阻挠,其意欲留该团在日本奈良等处避暑,故调查团对避暑地点,在去日以前,无确定表示。此次在日,频遭日人之讽刺,已公然表明不受国联决议案之拘束,对该团避暑问题及编制报告,尤不重视,在日避暑自无研究必要。吾方得讯后,即着手在北戴河海滨,代觅避暑房屋,近一周以来,已大体就绪。由张主任委前任辽宁建设厅长彭济群氏,为

国联调查团招待处处长,办事人员由绥靖公署及北宁铁路局两处调用,均不另支薪水。处内设招待、保护、餐膳、庶务等组,分别负责。以前任本市特别二区主任宁向南、北宁路营业课长周贤颂负招待之责,由何柱国旅长及海滨公安局负保护之责。餐膳由北宁路餐膳事务所经理邱润初负责,调国联专车厨役、茶役至各委员住宅供用,庶务由北宁总局庶务课副课长朱泽宾负责。所用款项,由北宁路局先行代垫。避暑房屋已租定章家大楼海关税务司宅,王某、高某等宅数所,内部已粉饰一新,陈设亦略有添置,办事人已全部至海滨办公。绥署总务处长朱光沐氏,代表绥署协同办理招待之事。

(《大公报》,1932年7月22日,第七版)

389. 调查团昨晨举行例会,莱顿渐愈尚未起床

国闻社云。国联调查团返平后,昨晨十时在北京饭店开例会,出席克劳德尔、希尼、麦克易、露阿温德①四委员,莱顿派秘书亚斯托代表。据该团发言人昨日下午谈,是日所议乃普通事务,对起草报告书事未议及,大约仍须在旬日后开始。莱顿病已渐愈,惟不能起床。中国方面有电致莱顿慰问,系由顾维钧代表转致云。

(《大公报》,1932年7月23日,第三版)

390. 莱顿病渐愈,一周后可出院

国闻社云。国联调查团委员长莱顿爵士昨日病状更趋良好,医生宣布,一星期后可离床出院。又该德国秘书方格基亦患感冒,于昨日入德国医院治疗。该团昨晨十时在北京饭店开例会,秘书长哈斯夫妇及秘书吴秀峰等,定今晨乘平绥车赴南口游览长城,当晚返平云。

(《大公报》,1932年7月24日,第三版)

---

① 编者按:原文如此,应为"阿露温德"。

391. 伪国名义上虽独立实则为日本领地，英伦报纸警辟之论，谓国联与美国均不能恝置

【伦敦二十二日路透电】 英伦人士顷虽注意沃大瓦会议与国内问题，但知识界对于莱顿报告到达日内瓦时，对未解决之满洲危机，颇堪悬虑。《旁观报》社评代表一般观点，以为前途极感不安。据一切表示，日本对于干涉"满洲国"地位之任何办法，均将拒绝同意。"满洲国"名义上为独立，实际则为日本领地，亡韩历史可为殷鉴。国联与美国对此，均不能恝置，故彼等必须决定作何种程度之不赞同表示。顷间显然在日方煽动下，时有干涉海关人员之举，或将于国联调查团提出报告前，引起严重纠纷云。

(《大公报》,1932年7月24日,第三版)

392. 莱顿昨又微热

【北平二十四日路透电】 莱顿顷又微有寒热，仍有细菌存在，至于一般情形，颇堪认为满意。调查团德代表秘书葛兹病势仍重，昨夜经过不佳，顷尚未脱危险期。

(《大公报》,1932年7月25日,第三版)

393. 调查团注意热河消息，希望我方随时供给，报告书下月可开始起草，莱顿病渐愈将赴北戴河

国闻社云。国联调查团委员莱顿病况日有进步，拟四五日内出院后，即赴北戴河避暑。报告书起草，下月可开始。此项报告，原决八月十八日前即须提交国联，莱顿以时间不及，曾电请展至九月十五日。该团现时虽希望在九月十

五日以前将报告书寄日内瓦,但北平天气酷热,于工作不无影响,将有展期十月十五日或十一月十五日以前寄到国联之可能。又调查团对热河问题极注意,希望我方随时供给消息云。

(《大公报》,1932年7月26日,第三版)

394. 莱顿昨已工作,但尚未出院

国闻通信社云。国联调查团公布消息,该团委员长莱顿昨日病大愈,已开始工作,最短期间即可出院,昨日外报所载已经出院说不确。报告书下月准可起草。昨晨十时曾开例会,工作尚未有新的分配云。

(《大公报》,1932年7月27日,第三版)

395. 报告书下月起草,莱顿已工作但尚未出院,美报载报告书将直率宣布日本无理

国闻社云。国联调查团公布消息,该团委员长莱顿病已痊愈,开始阅览关于报告书整理工作。至于出院日期,尚无确息。报告书整理工作现大部已完成,但小部分尚待整理,准于下月起草,日期尚未定。至整理工作,则未必能于报告书起草前完成。该团义代表阿露温德,于昨日下午三时许赴先农坛游览,德代表希尼亦于昨日下午赴观象台及太庙游览云。

【纽约二十七日路透电】《纽约时报》日内瓦访员讯,莱顿报告书或将令日本为难,而引起日本与国联之破裂。预料报告书将宣布日已在满设立傀儡政府,破坏九国公约,且观当时纷扰情形,日政府并无采此偌大规模举动之充分理由云。

(《大公报》,1932年7月28日,第三版)

396. 国联调查团报告书八月底完成，德、义两委员昨赴北戴河避暑

国闻社云。某方消息，国联调查团报告书下月起草，八月底可望全部在平完成，九月十五以前寄到日内瓦。此项报告完成后，调查团工作即属终了。届时各团员将先后分途离华返国，殆为个人行动矣。至离华行期，已略定八月底，不拟在平多留。该团专门委员杨华特博士，前奉命偕其夫人赴间岛调查，业已事毕，于前日返抵北平。

【北平电话】 调查团义、德两委昨晚八时乘北宁路车赴北戴河，顾维钧未能同行，定今日前往云。

(《大公报》，1932 年 7 月 29 日，第三版)

397. 顾维钧昨赴北戴河

国闻社云。国联调查团义委员阿露温【德】、德委员希尼，业于前晚赴北戴河游览。中国代表顾维钧氏，已于昨晨八时二十五分搭北宁通车赴海滨招待。闻义、德两委及顾氏三四日即行返平云。

(《大公报》，1932 年 7 月 30 日，第四版)

398. 朱鹤祥等返京

【北平电话】 外部参事朱鹤祥、朱世全，前因代表外部招待国联调查团来平，兹已于昨日午后五时十五分乘平浦车返京云。

(《大公报》，1932 年 7 月 31 日，第三版)

索 引

A

爱斯特（阿斯德、阿特、阿士道、亚斯道、亚斯托、软斯脱） 118,157,160,176,208,305,326,347,435,469,475

B

巴黎 3,5,6,8-11,13-20,22-25,30-32,36,133,195,231,380

白里安（白氏） 1,2,5-8,11-15,18,21,24,27,61,69,122,135,142,143

鲍观澄 204,301,319,340,423,424

北戴河 137,181,224,350,353,358,359,362,364-372,374-376,382,384,386-388,395,396,399,438,440,444,460,464,465,470,473,474,476,478

北京饭店 79,107,138,183,193,194,203,210,211,213,214,219,221,224-226,234,235,239,241,247,249,253,354,359,369,370,373,375,377,386,399,401,404,419,437,467,469,475

北满 3,58,159,189,271,275,280,289,292,296,301,306,315,325,330,332,348,352,360,375,422-424

北宁路 49,53,92,108,111,131,139,141,146,165,174,203,212,213,218-220,224,233-235,237,239,246,248,252,254,257,261,262,271,294,350,351,354,356-359,362,379,380,399,401,419,427,431,438,441,474,475,478

北宁路局 53,78,108,109,112,136,237,350,359,382,441,475

北平（平市） 11,47-50,53,64,65,72,77,78,80,82-84,96,100,107,110,111,114,117,119,121,129,136,138,139,148,160,162,172,176,177,182,183,191,193,199,201-206,209-211,213,214,218-220,

223,224,226,227,232-242,
244-248,252-256,259,264,
271,285,288,297,298,310,
319,325,333,346,350,351,
354,356,358-360,362,364-
371,373-377,379,381,384,
385,387,388,393,395,396,
398-401,403,404,406,410,
411,414,415,417,418,422,
426,427,431,433,435,436,
449,454,457,458,460,464-
470,472-474,476-478

北平绥靖公署 78,108,403,435,
436

本庄(本庄繁) 161,164,166,228,
242,247,257,266,271,272,
278-280,284,288,291,294,
297,305,321,322,326,338,
340,360,424,458

卜白眉 85,95,103,119,120,159,
162,169,175,190,200,201,
203,205

柏林 17,31

C

蔡元 77,83,183,193,201,364-
367,386,436

长城 15,36,37,247,249,258,262,
263,366,440,475

长春 63,115,130,131,148,160,
166,169,171,205,212,213,
218-221,225,228,233,247,
248,250,257,260,265,267,
273,274,280,282,284-286,
288,291-296,298-301,305,
307,318,320,326,331,336,
338,342,344,347,348,355,
360,372,415,436,454

长冈(长冈春一) 323,326,332,
333,442

陈铭枢 29,30,102,132,140,145,
150,390,394,397,403,404

重光(重光葵) 10,11,27,28,36,
75,90,110,198,309

D

大阪 47,86,87,94,281,293,297,
319,372,408,446,447,451,
452,461,465

大和饭店(大和旅馆) 160,165,
256,261,267,272,278-280,
287,288,293,294,296,311-
313,317,323,328,329,337,
351,358,381,388

大连 35,40,49,62,63,130,148,
165,196,218,219,224,233,
239,242,245,246,248,252-
254,257,260,262,267,271-
274,292-294,296,310,311,
317,319,321,328,336,348,
350,351,356,358,360,362,
366,372,375-377,382,415,

422,426,436,448,451,459

道威斯　5,13,15,18

德和轮(德和)　110,112,117,118,120,126,127

德留蒙　8,14,27,31,33,114,116,148,211,223,225,301,323

德明饭店　141,157,163,167,173,176,185,187

抵货(抵制日货、排货)　5,57,67,86-91,94,97,123,133,150-152,158,159,167,172,173,177,191,195,235,290,308,309,333,406,413,418

丁超　250,256,264,267,299,306

东北　1,2,8-11,22,23,38,39,41,43,49,53,56,59,62,63,67,68,72,75,80,84,85,89,92,102,106,113,119,123,124,127,129,131,133,134,137,140,144,145,148,151-156,158,159,168-170,172,173,176,177,181,182,190,191,194-201,203-206,209,210,212-221,224-229,231,233-238,240,241,245-248,250,251,254-256,260-264,266-276,278-280,283-285,287,288,292-295,297-300,305,306,309,310,317,318,321,323-325,327-329,331,333,336-338,340,349,351,358,360-374,377,378,380-385,387,391,394,395,397-399,401-403,405-407,412-417,419-422,425,426,433,443,451,455,461-464,472

东北军　219,225,234,279

东京　11,14,15,21,28,31,32,34-37,39-45,47,56,57,74,75,91,117,137,169,173,182,198,212,220,223,225,242,243,267,271,275,276,280,286-288,297,304,307,367,372,396,398,401,409,414,427,436,442-462,464-467,470

东三省(辽吉黑、辽吉江、奉吉黑)　1,5,7,15,16,22,23,29,30,35,40,41,46,50,51,60-63,69,84,85,91,93,96,102,104-106,113,115,117,119,121,123-125,128,138,145,152-155,160,164,165,170,171,173,176,179-182,187-189,194-199,204,206,210,212-215,217,222,223,228-231,233,237,258,265,266,273-276,281,282,292,305,306,314,316,328,332,352,366,367,370-372,374,380,387,389,399,405,409,415,418,438,439,445,455,456,473

E

"二十一条"("二十一条件") 22,41,52-55,105,155,179,195,361

F

芳泽(芳泽谦吉) 6,7,11,13,14,31,40-42,47,171,227,277,280,382

非战公约(凯洛格非战公约、非战条约) 16,20,30,46,66,81,93,179,189,201,214,222,227,284,302,328,382

冯玉祥 129,130,389,390,392,417

G

戈公振 100,101,147,205,206,255,278,282,310,311,319

顾维钧(顾少川、顾代表、顾博士、顾氏) 9-13,15,26,38,49,54,56,64,66,68,71-73,76,77,79-81,92,95,96,99-101,107,110,112,113,117,118,120,126-128,131,132,138,140,141,146,147,150,151,156,157,160,164,167-174,176,181-183,185,187,190,191,200,201,203-207,210-214,218-221,223-226,233-235,237,239,241,242,247-249,251-255,257-259,261-263,267,271,272,274,275,278,280,281,283,286,287,291-294,296,297,300,301,305,307,310-313,317-319,326,327,342,344,347,348,350,351,353,356-358,360-362,364-375,377-391,393-398,400-404,406-408,411-417,419,421,422,424,426,427,436,437,441,444,455,460,464,466,468-470,472,474,475,478

关东军 115,189,199,228,262,266,284,287,297,340

郭泰祺 54,66,68,69,73-76,80,81,92,99,113,275,364

国联大会 33,41,46,60,65,74,88,89,116,121,122,142,220,273,295,326,382,395,405,407,428,439,443-445,460,462,467,474

国联调查团报告书(调查团报告书、莱顿报告书) 264,301,396,405,412,428,431,439,467,468,470,477,478

国联调查团(国联辽案调查团、莱顿调查团) 12,15,18,19,21,23-28,30-32,34-39,41-50,53,54,56,57,60,64-68,71-87,90-104,106-123,

126-129,131,132,134-143,145-154,156,158-160,162-164,167,169-177,182,183,185,187,188,190-194,199-202,204,205,207-214,217,219,220,223-227,230,232,234,235,237-239,242-249,251-253,255,257,259,261-264,267-271,274,275,277-288,290-293,295-297,300-302,305-310,313,316-320,322,323,326-328,330-333,340,342-344,346-351,353,354,356-375,377,379,380,382,384-386,389,399,401-405,408-411,413-415,419,421,427-431,434-439,442-456,458,460-462,464-466,468,471-478

国联理事会 2,35,37,45,231

国联盟约(国联会章、盟约) 6,7,16,21,30,31,33,41,46,66,70,81,97,116,123,125,133,136,141,158,160,170,176,178,180,189,201,205,208,214,221-223,231,238,264,276,309,316,320,382,405,409,410,428,434,437,458,460

国联秘书厅 2,6,7,24,220,292,295,300,326,405,426

国联行政院 1-6,8-10,13-16,20,21,23,30,32,33,36,61,114,117,134,136,158,159,170,171,214,216,221,222,225,280,295,297,301,306,316,319,320,323,326,403,414,447,448,460

国难会议 38,49,102,137,217

国闻社 47,49,83,84,123,225,235,236,239,246,249,253,259,269,278,296,305,330,331,342,350,351,356,361,373-375,385,399,401,403,405,406,411-414,419,421,427,435-437,444,454,455,466,468,473-478

H

哈尔滨(哈埠) 116,123,132,148,197,204,218,219,227,229,231,248,250,252,264,265,274,278,282,287-289,294,298,299,301,305-307,316,317,319,320,327,330,332,333,335,336,340,342-344,346-348,350,352,355,360,366,415,422-425,428,429,432

哈斯(海斯) 24,47,68,99-101,110,132,146,150,151,164,172,173,181,202,206,210,214,219,224-226,235,249,

254, 255, 258, 261, 262, 271,
331, 342, 356, 357, 359, 362,
369, 377, 405, 411, 427, 435,
436, 448 - 452, 456 - 459, 466,
468 - 470, 475

海伦　227, 228, 250, 336, 430, 432,
433

海圻舰（海圻）　71, 139, 202, 214,
254, 257, 262, 263, 271, 272,
310, 311, 328, 460

韩复榘（韩主席）　108, 172, 192,
378, 383, 385, 386, 389, 391,
411, 417 - 420

汉口　2, 110, 112, 117, 121, 131,
132, 135 - 137, 139, 141, 150,
151, 153, 157, 159, 160, 163,
167, 168, 171 - 174, 176, 177,
182, 185, 186, 188, 205, 237,
273, 276, 297, 397, 408

杭州（杭市）　80, 93, 96, 107, 109,
110, 113, 121, 122, 126, 128, 147

何葆华　167, 168, 185

何成濬　102, 135, 157, 160, 163,
167, 168, 185, 187

何柱国　257, 258, 261 - 263, 353,
357, 359, 362, 364 - 367, 369,
370, 437, 438, 440, 475

河北　46, 56, 103, 123, 174, 199,
315, 423

黑河　123, 227, 229, 249, 250, 280,
284 - 286, 292, 307, 317, 333,
336, 342, 346, 347, 355, 360,
429, 432

黑龙江　3, 51, 115, 229, 246, 250,
287, 298, 314, 333 - 336, 346,
393, 424

横滨　32, 34, 35, 39, 40, 318, 452,
454, 457 - 459

华懋饭店　57, 66, 68, 76, 99, 107,
113, 117, 120

华侨招待所　64, 77, 117, 131, 132,
134, 147

华盛顿　5, 19, 21, 28, 50, 51, 69, 88,
105, 133, 195, 221, 302, 304, 450

荒木（荒木贞夫）　43 - 45, 271, 275,
280, 408, 443, 444, 448 - 451,
456, 457, 461 - 465

黄宗法　111, 119, 120, 149, 153,
159, 169, 170, 183, 192, 200,
201, 206, 369, 436, 468

J

吉林　51, 62, 85, 106, 115, 117, 155,
171, 194, 195, 199, 218, 219,
246, 248, 264, 266, 274, 275,
292, 294, 298, 299, 301, 305,
307, 314, 317, 318, 331, 336,
357, 366, 415, 422, 424

吉林自卫军　256, 264, 267, 299

吉田（吉田伊三郎）　17, 35, 39, 43,
48, 56, 92, 99 - 101, 117, 118,
120, 121, 127, 146, 147, 156,

164，185，206，211，214，219，
224，225，239，241，242，247，
249，253，254，257，258，263，
272，294，296，301，309，310，
330，367，373，375－379，381，
383，386－388，390，391，393，
413，420，421，435，436，438，
450，456，466，468，469

济南　49，80，108，110，113，133，
141，149，172，173，180，181，
183，191，195，222，294，303，
308，314，333，359，373，378，
379，381－384，386，387，393，
409，417－421，460，464，466－
470

江湾　70，92，95，97－99，101，191，
192，333

蒋介石（蒋中正、蒋委员长）　99，
119，137，145－147，319，393，
404，407，408

蒋作宾　102，353，394，395，453

金问泗　13，68，118，120，205，206，
214，253，405

津浦路　49，92，109，132，153，234，
383，387，468

津浦路局　92，109，112，181，234

锦州　2，10，12－15，18－20，26，29，
36，37，53，61，97，154，194，199，
233，238，242，248，252，254，
257，258，261，264，267，271，
273，274，299，364，366，440

九国公约（华盛顿九国公约、九国条
约、华盛顿九国条约）　10，28，
46，50，66，88，115，125，179，
180，189，196，201，215，222，
223，314，426，434，448，449，
451，453，454，457，458，460－
462，464，465，477

九江　163，164，176

九一八事变（满洲事变、满洲案件、满
洲事件、辽案）　35，39，43，46，
54，59，67，70，123，156，166，
185，213，225，226，230，235，
246，250，267，268，270，271，
278，281，298，302，303，309，
315，325，331，338，360，399，461

驹井（驹井德三）　166，171，228，
284，305，307，360，445

军部　16，58，118，126，127，154，
161，162，165，166，175，183，
228，243，247，250，256，257，
260，270，278，287，371，409，
414，419，423，434，436，448，
450，451，456，461，468

K

阚铎　161，165，269

克劳德（克劳德尔、克劳尔、甘脱尔）
17，19，24，25，35，39，48，99，
101，117，118，121，127，140，
164，167，177，203，206，210，
211，214，219，224，226，249，

253,254,272,317,331,373,
375,377,384,405,411,427,
435,436,450,451,468,469,475
孔祥熙　54,68,76,79,80,92,101

L

莱顿(莱登、李登、莱敦、李顿)　17,
19-21,24,25,27,32,35,37,
39,41-43,45,47,48,57,60,
66,68,71,73,74,76,77,80,82,
84,86,92,94,95,99-101,104,
107,108,110,112,113,116-
118,120,121,126,127,131,
132,135,137,140-143,145,
147,150,151,156-160,164,
167,168,170,172-177,181-
188,190-192,200-207,209-
211,213-216,218-226,234,
235,239-242,245-249,253-
255,257,258,261,262,267,
271,272,274,278-280,282,
287,290-296,300,301,305,
307,310-312,317,319,321-
323,325-328,331-333,340,
347,348,350,351,357-359,
362,367,369,370,372-379,
381-393,395,396,399,403-
406,408,410,411,427,435-
438,442,443,446-453,455-
459,462,466-471,473-477
李杜　250,256,264,267,299,422

李鸿梽　255,296,310,312,372
励志社　57,64,71,77,113,116-
120,126,127,131,132,139,
140,145,146,150,151,157,
158,385,402,403
辽宁　51,85,96,97,155,161,165,
194,213,228,231,278,279,
281,283,298,299,314,328,
330,331,333,415,422,438,
440,441,474
林森(林主席)　54,67,73,95,96,
99,131,132,137,139-141,
147,149,394,397,408
刘崇杰　118,214,255,275,294,
296,310,362,364,365,377,
381,383-386,389,391,393,
397,402,403,405,411,414,
419,436,437
刘泗蕃　66,358,435,436,438,460
隆和轮(隆和)　140,150,151,156,
157,163,167,176,181,182,185
路透社(路透)　5,6,8,9,11,13-
15,17,18,21,23,24,27,28,31,
33,36,66,74,79,88,90,92,
123,141,169,173,198,211,
214,220,225,242,267,271,
274,275,280,286-288,292,
295,296,300,301,305,307,
316,320,326,332,344,347,
348,350,359,379,399,405,
426,428,431,435-437,439,

442,443,447,452,453,455, 459,464,467,469,471,476,477

伦敦　16,17,20,21,27,32,46,88, 295,301,305,405,467,471,476

罗文干(罗部长、外罗)　30,72,74, 77,99,102,126,127,132,134, 140,150,151,156,157,181, 184,252,305,349,363,389, 394,401-406,410-412,417, 419,421,426,460,466,467, 470,474

M

马柯迪(卜蓝迪尼、亚尔徒布兰乔尼、柯迪、马电柯迪、马列斯可特、马列司可忒、马克逊、马考蒂、阿露温德)　17,19,24,25,35,39, 48,99,101,118,120,127,137, 140,164,167,173,177,203, 210,211,214,219,226,235, 241,249,253,254,258,261, 262,307,331,373,375,381, 386-388,391,399,405,411, 427,435,436,449-451,456, 473,475,477

马占山(占山)　155,227-229,233, 234,242,246,247,249,250, 269,275,284-286,303,306, 307,316,317,333-336,342- 344,346-348,355,360,370, 424,425,428-430,432,433,

444

麦考益(麦考劳易、麦克劳易、麦可劳易、麦可劳依、麦可考易、麦克考易、麦克劳意、麦考易、麦克易)　19-21,24,25,27,35,39,44, 48,57,69,99,101,117,118, 121,122,126-128,140,147, 157,164,167,172,203,206, 210,211,213,214,219,226, 234,235,240,241,249,253- 255,258,261,262,293,313, 319,331,373,375,377,384, 395,399,401,405,411,427, 431,435-437,439,449-451, 459,469,475

满蒙　4,22,23,38,41,50,52-60, 105,106,124,125,130,180, 210,225,235,250,254,280, 282,287,308,324,325,338

满洲　2,3,5-7,9,11,13,16-21, 23-25,27,30-32,35,37,42- 45,48,50-52,55,56,58-60, 62,63,70,74,84,88,89,106, 114,115,118,119,123-125, 128-131,136,141,143,145, 147,150,152,158,159,169- 171,173,176,182,194,197- 199,202,207,210,213,217- 221,223,224,227-229,233, 235,241,242,246,247,251, 253,257,259-261,263,267,

271-274,278-282,284-287,289-296,298-311,314-339,341,342,344,346-349,351-355,357-359,361,366,367,372,379,380,396,405,409,410,412-414,418,422-427,429-431,434,437-440,443-458,460-465,467,470,471,476

莫斯科　284,289,301,347,349,426

N

南京　1,2,5,7,9-13,15,18,20,25,26,29,30,33,35,43,45,47-49,54,56,64-66,69,71,73,74,77,80,89,92,93,96,99,102,107,110,111,113,116-121,126-128,130-132,134,135,137,139-143,145-148,150-152,154,156-159,162-164,169,173,174,176,180-182,184,200,204,208,212,213,218,219,221,225,231,234,237,249,252,253,255,273,275,276,286,287,292,296,297,300,305,347,349,350,353,358,360-364,367,368,377,382,385,389,393-395,397-399,401,402,412,417,419-421,426,435,436,442,447,451,452,454,455,457,459,460,464,466,470

南满　3,9,10,20,92,106,115,148,178,198,218,225,242,243,245,246,252,254,267,272,274,286,291,294,301,304,315,322,334,336,337,358,415,422-424

南满铁路　52,55,61,124,196,233,286,298,304,315,318,336,415

内田（内田康哉）　272,334,335,350,351,360,434,443-445,447-462,464-466,470

宁向南　183,193,206,211,258,261,364,366,384,386,475

纽约　10,31,32,88,192,428,477

P

彭考　30,31,89,90

皮尔特（派尔脱、彼尔特、贝尔特、白尔特）　118,206,213,219,235,241,272,310,323,377,427,454

浦口　53,72,109,111,112,131,139,150,157,164,172,176,181,234,421

溥仪　59,63,114,115,123,129,130,197,198,228,235,236,247,259,260,265,271,274,279,282,284,291,296,300,301,305,314,328,349,422-425,445

Q

齐齐哈尔（黑垣） 5,148,205,219, 248-250,274,292,294,295, 298,316-319,336,342,343, 346-348,432

钱泰 64,112,117,118,120,205, 253,405

钱宗渊 92,109,164,181,190

秦皇岛 247,253-258,261,263, 271,272,278,286-288,310, 351,362,364,366,455

青岛 2,82,139,178,179,181,195, 224,225,257,294,303,330, 350,356,359,370,373-379, 381-383,385,386,388,390, 391,393,395,396,400,409, 427,455,457-460,462,466- 468,470,474

犬养（犬养毅） 22,23,35,40,170, 198,418,424,463

R

热河 29,30,166,199,255,299, 454,455,470,473,476,477

日内瓦 1,2,13,15,17,20,21,23, 24,27,30,31,33,41,46,69,74, 88-90,95,113,114,117,121, 122,128,136,142,148,171, 179,211,220,223,225,240, 242,246,275-277,292,295, 300-302,316,320,323,326, 332,333,349,353,403,405, 426,428,431,437,439,442, 443,460,462,467,470,474, 476-478

荣臻 202,209,211,214,219,225, 226,255,369,404,469

S

山东 22,56,105,108,123,178, 191,195,214,315,381,411, 417,421

山海关（榆关、天下第一关） 11,51, 53,145,148,160,165,174,212, 217,218,224,234,235,237, 242,246,248,252,254,257, 258,260-263,267,271,273, 298,299,338,350,351,353, 354,356,357,359-371,375, 376,378,387,427,435-440, 455

上海 2,13,27-34,37,39-41,43, 45,47,49,54,56,57,64,66- 76,79-84,86-93,95-97,99, 100,104,107-110,112-114, 116,117,120,121,124,125, 127,129,132,134-137,140, 141,149,152,158,176,180, 192,194,195,197,214,229- 231,237-239,244,245,254, 276,293,297,302-304,308,

315, 316, 320, 330, 332, 333,
352, 354, 358, 360, 362 – 364,
382, 394, 397, 398, 401 – 403,
406, 407, 413, 415, 422, 425,
426, 428, 429, 432, 434, 436,
439, 440, 459

邵华　43, 44, 119, 120, 153, 159, 175, 184, 192, 201

神户　28, 32, 35, 40, 47, 48, 73, 449, 457 – 460

沈鸿烈　139, 255, 262, 378, 379, 381, 384, 388, 409, 459, 460, 466

沈阳(沈垣)　13, 53, 81, 85, 96, 117, 123, 130, 140, 141, 144, 145, 148, 161, 165, 166, 169, 173, 180, 201, 209, 213, 217 – 219, 222, 240 – 242, 248, 253 – 256, 259 – 263, 267, 268, 271, 273 – 275, 278 – 284, 286 – 289, 291 – 293, 295 – 299, 304, 307, 309, 311, 312, 317, 321, 323, 324, 326, 327, 329, 330, 336 – 341, 343, 344, 348 – 351, 356, 358 – 361, 364, 366, 372, 415, 416, 427, 436 – 438, 441, 454

沈祖同　83, 138, 183, 201, 206, 211, 359, 369

施肇基(施公使、施代表)　2, 4 – 8, 10 – 13, 15, 227

施肇夔　255, 294, 296, 310, 377, 381, 383 – 385, 393, 397, 403,
464, 468, 469

十九国委员会(十九国特委会、十九国特别委员会)　220, 332, 428, 431, 439, 442, 443

矢野(矢野真)　50, 202, 214, 235, 241, 362

顺承王府　47, 203, 210, 211, 218, 219, 225, 234 – 236, 239 – 241, 246, 249, 369, 403, 404, 406, 417

斯蒂生　28, 302

松冈(松冈洋右)　56, 71, 170

宋子文(宋部长)　5, 13, 46, 54, 66, 68, 76, 79, 80, 92, 96, 113, 120, 128, 132, 364, 394, 398, 401 – 408, 411, 417 – 419, 421, 422, 426

孙科　80, 403

T

泰安　378, 379, 382, 383, 385, 389, 391, 393, 411, 417 – 421

泰山　227, 378, 379, 381 – 383, 385, 386, 389 – 393, 411, 417, 419

塘沽　63, 212, 237, 248, 356 – 358, 372, 377, 431, 435, 460

陶德曼　202, 211, 226, 235

天津(津市)　37, 38, 43, 49, 60, 63, 67, 82, 84, 104, 111, 120, 129 – 131, 135, 149, 150, 162, 180, 184, 190, 195, 200 – 202, 216, 218, 234, 235, 237, 241, 247,

254,261,265,293,297,328,
354,358,362,365,377,382,
385,386,393,396,419,420,
425,428,431,439,440,468

铁道部(铁部) 53,57,66,71,77,
110-112,119,131,132,139,
140,145-147,150,156,164,
234,359,385,394,404,409,
417,419

W

外务省 3,43,48,170,220,224,
242,290,367,450,452,455,
456,466

万宝山 219,305,333

万宝山案(万宝山事件、万宝山惨案)
67,81,180,195,210,300,
320,355

万福麟 214,219,226,234,246,
255,404,411,419,422

汪精卫(汪兆铭、汪院长) 99,119,
132,137,142,143,150,151,
164,211,246,252,401-407,
410-412,417-419,470

王承传 358,359,364,365,436,469

王广圻 64,117,118,120,121,126,
164,185,214,253,354,359,
361,362,364-367,381,383,
384,386,405,436,469

王景岐 76,95,100,101,118,120,
132

王树常 1,103,183,184,190,205

王文典 43,67,95,103,149,159,
169,175,190,193,200,201

王晓籁 92,117,118

王以哲 225,399

伪奉山路 53,160,202,224,233,
234,248,254,257,258,261,
262,271,350,351,356,357,
359,365-367,427,435,436,
438

闻承烈 110,378,383,386,468

吴恩培 161,164,165

吴淞 41,64,68,73,75,92,95,99,
101,107,137,152,191,192,300

吴铁城(吴市长) 28,54,64,66,68,
70,71,73,75,76,80,90-93,
96,99,108,120,397

吴秀峰 101,118,120,214,219,
224,247,257,272,370,377,
427,436-438,475

武昌 38,49,157,172,177

武汉 135,157,163,167,168,172,
173,176,185-188

X

西湖饭店 159,162,170,184,192,
200,201,206

西门 46,191,278,301,302,443

西姆士 89-91

希尼 17,19,24,26,31,35,39,48,
99,101,117,118,121,127,140,

164, 167, 173, 203, 206, 210, 211, 214, 216, 219, 226, 235, 249, 254, 255, 272, 307, 331, 373, 375, 381, 386 - 388, 391, 404, 405, 411, 427, 435, 436, 450, 451, 468, 475, 477, 478

熙洽 155, 228, 264, 265, 284, 305, 314, 331, 332, 422

下关 64, 77, 116, 121, 126, 127, 146, 156, 157, 182

夏斗寅(夏主席) 163, 167, 185, 187

萧继荣 132, 206, 255, 288, 296, 310, 377, 386, 435, 436, 438, 464, 469

谢介石 173, 204, 257, 280, 284, 296, 348, 396

熊希龄 100, 111, 123, 210, 211, 213, 221

徐谟 113, 127, 132, 176, 181, 275, 385, 402

徐州 10, 101, 131, 132, 139 - 141, 146, 164, 172, 174, 183, 190, 421

Y

严恩櫏 64, 118, 164, 255, 272, 294, 310, 311, 313

严智怡 103, 120, 153, 170, 175, 183, 192, 206, 363

盐崎(盐崎观三) 48, 92, 99, 100, 118, 120, 185, 206

颜德庆 118, 120, 164, 186, 188, 205, 214, 253, 356, 359, 362, 364 - 366, 369, 375, 381, 386, 435, 436, 438, 464

颜惠庆(颜博士、颜代表) 9, 26, 29, 31, 33, 46, 56, 65, 88 - 91, 300, 301, 326, 405, 442, 443

杨华特 48, 235, 331, 427, 435, 478

一·二八事变(上海事变、上海事件、沪案) 35, 38, 40, 41, 43 - 45, 68, 73, 74, 88, 89, 95, 97, 124, 135, 156, 158, 159, 164, 168, 172, 186, 187, 303, 304, 363

义勇军 37, 114, 123, 159, 247, 268 - 270, 275, 299, 306, 330, 352, 370, 372, 407, 421, 433, 438, 440, 455, 463

游弥坚 255, 294, 296, 310, 356, 372, 377, 384 - 386, 397, 402, 412

于冲汉 144, 161, 165, 166, 268, 269, 314

于学忠 77, 83, 211, 214, 235, 247, 249, 255, 369, 401, 403, 404, 411, 419, 422, 436, 469

Z

臧式毅 155, 162, 284, 288, 291, 314, 423

曾仲鸣 102, 132, 402 - 404, 411, 417 - 419, 421

闸北 40, 68, 70, 75, 92, 93, 95, 98 -

101,137,152,180,239,304,333
张伯苓　38,43,103,120,149,162,169,190,200,201,203,205,206
张鸿烈　191,378,383,385,386,391,393,468
张景惠　228,229,256,257,268,269,284,347,422,423
张祥麟　64,68,92,95,99-101,110,117,118,120,121,132,147,152,158,164,182,185,191,202,204-206,253,294,330,397,455
张学良（张主任、张绥靖主任）　1,10,47,60,63,105,113,138,149,190,202,203,205,209-211,213,214,216,219,220,224-226,234,235,239-242,247,249,252,253,255,264,282,283,298,299,314,319,333,349,351,353,359,364,365,368,369,376,401,403-406,410,411,417-421,430,436,467-469,472-474
张作相　1,155,202,226,234,246,401

章太炎（章炳麟）　251,252
赵欣伯　144,148,166,228,260,348,349
真茹　95,99,101
郑孝胥　236,284,285,300,331,423,445
中东铁路（中东路）　274,289,295,298,299,306,317,319,332,343,352,382,423,424
中国国联同志会（国联同志会）　100,123,138,145,203,210,221
周大文　77,83,138,211,214,241,255,369,401,404,411,414,419,422,469
周龙光　60,103,119,184,205,369,385,419
朱光沐　77,83,202,211,214,364,365,367-369,377,422,475
朱鹤翔　118,121,147,164,205,253,467,474
朱家骅　132,140,145,150,214
朱庆澜（朱子桥）　73,112,113,390
佐藤（佐藤尚武）　47,49,58,86,88-91,99,100,118,171,185,214,330

图书在版编目(CIP)数据

《大公报》报道与评论. 上 / 宋书强，郭欣，徐一鸣编. — 南京：南京大学出版社，2019.12
(李顿调查团档案文献集 / 张生主编)
ISBN 978-7-305-08657-1

Ⅰ. ①大… Ⅱ. ①宋… ②郭… ③徐… Ⅲ. ①中国历史—史料—民国 Ⅳ. ①K258.06

中国版本图书馆 CIP 数据核字(2019)第 228325 号

项目统筹	杨金荣
装帧设计	清　早
印制监督	郭　欣

出版发行　南京大学出版社
社　　址　南京市汉口路 22 号　　　邮　编　210093
出 版 人　金鑫荣

丛 书 名　李顿调查团档案文献集
丛书主编　张　生
书　　名　《大公报》报道与评论(上)
编　者　宋书强　郭　欣　徐一鸣
责任编辑　荣卫红　　　　　　编辑热线　025-83685720

照　　排　南京南琳图文制作有限公司
印　　刷　南京爱德印刷有限公司
开　　本　718×1000　1/16　印张 33.25　字数 562 千
版　　次　2019 年 12 月第 1 版　2019 年 12 月第 1 次印刷
ISBN 978-7-305-08657-1
定　　价　150.00 元

网址：http://www.njupco.com
官方微博：http://weibo.com/njupco
官方微信号：njupress
销售咨询热线：(025) 83594756

＊版权所有，侵权必究
＊凡购买南大版图书，如有印装质量问题，请与所购
　图书销售部门联系调换

ISBN 978-7-305-08657-1

定价:150.00元